历史的镜子

阎崇年 著

华文出版社
SINO-CULTURE PRESS

图书在版编目（CIP）数据

历史的镜子 / 阎崇年著 . -- 北京：华文出版社，
2023.6（2023.10 重印）

ISBN 978-7-5075-5795-4

Ⅰ . ①历… Ⅱ . ①阎… Ⅲ . ①中国历史 – 文集 Ⅳ .
① K207-53

中国国家版本馆 CIP 数据核字 (2023) 第 064061 号

历史的镜子

作　　者	阎崇年
责任编辑	杨艳丽
出版发行	华文出版社
地　　址	北京市西城区广外大街 305 号 8 区 2 号楼
邮政编码	100055
网　　址	http://www.hwcbs.cn
电　　话	总编室 010-58336210　编辑部 010-58336191
	发行部 010-58336202
经　　销	新华书店
制　　版	北京禾风雅艺文化发展有限公司
印　　刷	北京博海升彩色印刷有限公司
开　　本	710mm×1000mm　1/16
印　　张	34.25
字　　数	510
版　　次	2023 年 6 月第 1 版
印　　次	2023 年 10 月第 2 次印刷
标准书号	ISBN 978-7-5075-5795-4
定　　价	139.00 元

　　阎崇年，北京社会科学院研究员，著名历史学家。获北京市有突出贡献专家称号、中国版权事业终生成就者奖，享受国务院颁发的特殊津贴。

　　研究清史、满学和北京史。论文集有《燕步集》《燕史集》《袁崇焕研究论集》《满学论集》《清史论集》等；专著有《努尔哈赤传》《清朝开国史》《森林帝国》《康熙大帝》《北京文化史》等。

2023 年版序言

记得是 1984 年，我在北京市社会科学院历史研究所工作，应邀到北京电视台讲北京史。这是我第一次在电视平台普及历史文化。

1987 年，我应邀到日本京都、东京，先后进行了演讲。这是我第一次面对外国听众传播中华优秀传统文化的演讲。

1989 年，我作为访问学者，先后到美国的耶鲁大学、哥伦比亚大学、纽约大学、宾夕法尼亚大学、印第安纳大学、达姆斯大学、夏威夷大学等多所大学演讲，话题集中在清史和北京史这两个方面。记得在耶鲁大学的讲堂，该校历史系主任、时任美国历史学会主席的史景迁教授，向听众介绍我说，当年钱穆先生在这座讲台演讲，是穿着长衫布鞋；如今阎教授也在这座讲台演讲，则是西服革履，遂请我上台演讲。

1992 年，我到中国台湾地区参加"海峡两岸清史—档案学术研讨会"，并在淡江大学历史系为师生作了《爱国将领袁崇焕》的演讲。直至新冠疫情之前的 2019 年春天，我先后 10 次到中国台湾地区，除了多次演讲、看清宫档案之外，还两次被聘为客座教授，讲授清史。在台北故宫博物院先后两次向该院的专家学者讲"康熙大帝"和"雍正皇帝"。还在中国台湾地区出版了《努尔哈赤传》《袁崇焕研究论集》《正说清朝十二帝》《明亡清兴六十年》《康熙大帝》《大故宫》《御窑千年》《中国都市生活史》《清朝开国史》等 10 余部著作的繁体字竖排本。记得 2007 年我在已经被变卖的原国民党党部礼堂，给两千多位台湾同胞演讲清朝的历史故事，星云大师特地从佛光山赶到会场，与我同台对话。至于马来西亚和新加坡，我也多次去演讲，第一次在马来西亚世界书店遇到的一位林先生，竟然一直交往到现在，成为忘年之交。去新加坡演讲后，我特意到马六甲，考察郑和庙等历史遗迹，并在那里遥望曾母暗沙。

2007年，我应美国邀请到纽约演讲。事情是这样的：我在央视《百家讲坛》的讲座，在美国的华侨、华裔、华人中产生了很大影响。美国华美协进社，每年邀请一位华人文化名人到美国演讲或演出。当年梅兰芳、老舍先生就是该组织邀请去的。后来中断过一段时间。华美协进社何勇博士的邀请函云："我们在国内媒体的《百家讲坛》中见到您主讲的《清十二帝疑案》，令我们深切仰慕。我们想在适当时间，邀请您来纽约，为'中华文化系列讲座'作演讲，提供学者之间的交流机会，也促使我们的讲座更精彩、更吸引，若获您尊允，将甚为荣幸。"后来得知，他们通过网上投票，一致邀请我到纽约去演讲。赴美之后，演讲之前，请我在联合国大厦贵宾餐厅用餐。来自美国各地的华人和美国朋友，听我作的两场演讲，现场听众的热烈氛围和海外华人的爱国赤诚，给我留下了美好的记忆。

我演讲还有难忘的经历。有一次，我去中国和哈萨克斯坦边境考察，夜里准备休息了，突然有当地边防部队首长敲门见我，邀请我利用第二天早晨出操的时间，给官兵们讲一次课。这是我经历的唯一一次早饭前的讲课，至今记忆犹新。还有一次在海南省三沙市，我一下飞机就被热浪烘烤，但看到日夜守卫宝岛的年轻官兵，竟忘记了炎热和干渴，受邀在午休时间为守岛官兵讲历史上的爱国故事。

总之，学者学术研究的成果，以前主要是通过学术专著或报刊文章进行交流和传承，当代还可以通过电视、电台或网络平台传播给观众和听众。我的多次演讲，不仅传播了文化和知识，也让我走出书斋，跟无数热情的人们交流沟通，使我受到启发和感召，得到鼓励和鞭策。在很长一段时间里，来自各地的演讲邀请，令我非常感动，也应接不暇。我觉得，普及中华优秀传统文化和历史知识，是历史学者的重要使命和社会责任。所以，我尽可能地抽出时间，去各地演讲。经过考察和交流后，我得到了收获：一些学术观点，更加清晰和完善；一些历史资料，更加具体和熟稔。我由衷地感谢广大的听众、观众和读者，向你们致谢，向你们致敬！

我的演讲稿，曾多次被《光明日报》《北京日报》《解放日报》《天津日报》等通版刊发。至于演讲稿出集子，是在 2014 年，九州出版社出版了《阎崇年讲谈录》，收入讲稿 14 篇，20 余万字，并汇入中国友谊出版公司出版的《阎崇年集》（25 卷本）。

自 2004 年我登上中央电视台《百家讲坛》，到本书同读者见面，历时 20 年。其间，我应邀在海内外的机关、学校、图书馆、博物馆、书店、文化团体等单位，进行过数百次演讲。其地理范围，包括美国、日本、韩国、新加坡、马来西亚，我国香港、台湾，并走遍中国大陆 31 个省、自治区、直辖市。值此，华文出版社在出版《阎崇年文集》之时，将我的讲稿，初步汇集，加以编选，剔除重复，梳理文字，订正疏误，编成《阎崇年文集·演讲集》，分作"以史为鉴""文化遗产""历史人物""读书修身""爱国精神"五编，收文 47 篇，约 50 余万字。本书与 2014 年九州出版社出版的《阎崇年讲谈录》比较，两者区别，主要在于：

其一，前书收录文章截至 2013 年，后书截至 2023 年；

其二，后书字数比前书字数增加两倍多；

其三，所收录的文章，编辑重新加以增补、分类、调整和编审；

其四，部分文章做了内容充实，如《治学八议》增为《治学十二议》等。

本集与《阎崇年文集》其他卷中个别文章略有重复，也与本集文字或略有重复，主要是为保持原书体例和内容的完整性与系统性，并为读者查阅方便。他集亦有类似地方，我尽量删除重复，间有处理不周之处，亦敬请读者谅解。

感谢本集责编杨艳丽和相关编辑、领导。

是为序言。

阎崇年

2023 年 1 月 1 日

2014 年版序言

近十年来，我在国内外一些地方作演讲，就地域来说，有美国、新加坡、马来西亚等国家和地区；在中国有黑龙江、吉林、辽宁、北京、天津、河北、山西、内蒙古、陕西、甘肃、宁夏、新疆、河南、湖北、湖南、广东、海南、山东、上海、安徽、江苏、浙江、福建、江西、云南、贵州、四川、重庆等省直辖市、自治区，以及台湾地区。

听众对象，差异很大。以单位来说，有中央国家机关、中央直属机关、省市机关，有大学、中学、小学，有图书馆、博物馆，有多个地方的读书节，有干部培训班等。以听众来说，有领导干部，也有工人、农民；有两院院士，也有小学生；有九十多岁高龄的老者，也有幼儿园的小朋友；有军官、民众、企业家，还有监狱服刑人员等。以内容来说，有围绕《正说清朝十二帝》《明亡清兴六十年》《康熙大帝》《大故宫》等展开的，有总结历史经验与教训的，还有读书与修养等方面的。总之，演讲的时间、地点、对象、场景不同，听众的年龄、文化、身份、职业不同，演讲的主旨、内容、深浅、方式不同，演讲稿侧重点也有所不同。

在演讲中，令人难忘的故事感动我：在上海图书馆，一位听众听完报告后，拿着《正说清朝十二帝》让我在书上签名。我一看她岁数很大，便问："您高寿？"她说："92 岁。"我说："您今天可能是年龄最大的。"她指着旁边一位老者说："我姐姐也来听您的报告，她今年 93 岁！"在吉林市，一位妇女听完报告后，拿着《康熙大帝》让我签名，说是给孩子签。我问孩子多大，在哪里。她指着怀孕的肚子说:"在这里!"她又说:"我在进行胎教。等孩子生下懂事后,我要告诉他,当年妈妈怀着你听阎老师讲康熙大帝,让他像康熙一样爱学习,有志向,作贡献。"还有在镇江的"文心讲堂"[①]发生一个令人难忘的故事。2008年4月7日,我到"文心讲堂"演讲,周卫彬和倪艳(怀孕)夫妇来听我演讲。2013年11月26日下午,当我第二次在"文心讲堂"演讲时,这对夫妇带着六岁的儿子周子安又来听讲。演讲后,这位妈妈对我说,我儿子先受您在"百家讲坛"的胎教,今天在您两个多小时的演讲中,他聚精会神,认真听讲,一点不动,可乖了。然后,让我在《大故宫》书上签三个人的名字,并同他们一家三人合影留念。

还有一次,晚六点半,在山西师范大学演讲。礼堂能容一千五百个座位,实际到会三千多人,所有走道及台上,全是站着的听众。八点半演讲刚结束,热情的同学跳到讲台上照相,同学自动在礼堂内外排成长龙队,合影、签名,闪光灯不停地闪,一直持续到夜十一点半。

讲稿有些是录音稿,有些是文字稿,语言风格、深浅程度、内容故事,区别很大。因此,经过初步整理后收入本集的演讲稿,文字、风格有明显差异,也有部分内容重复,虽已做部分调整,但多保留了原貌,不当之处,敬祈见谅。

历史学者的责任,既有学术,又有普及,如鸟之双翼,不可偏颇。时代给予我一个机会,为公务员、军人、学生、市民、工农、白领、企业家演讲,普及历史知识,提高文化素养,增进知识智慧,激发生命活力,给社会,给大众,尽点绵薄之力,作点微小贡献。

我尽力做了一些,但还远远不够,愿继续努力,多做一些,做好一些。为社会多出一点论著,为听众多作几场演讲,努力做一个好的历史学者,认真做一个好的社会公民,这就是我的愿望。

阎崇年

[①] 因《文心雕龙》的著者刘勰为镇江人,故镇江图书馆的讲堂名为"文心讲堂"。

目 录

第一编　以史为鉴

明亡清兴的历史启示

清朝历经 296 年,我今天选取其中变迁剧烈的 60 年(其中包括明末 30 年)来跟大家交流,题目是《明亡清兴的历史启示》。

一、从断代史入手学习历史

每一个有文化的人都应当学习历史,为什么?

第一,为了更好地认知现实。佛教称有三世佛——过去、现在和未来,社会的发展也有过去、现在和未来。过去就是历史,不了解历史就不能更好地认知现在。

第二,历史上成千上万的人用鲜血、汗水和智慧凝结了丰富的历史经验,值得我们敬畏,也值得我们学习。

第三,前人犯了很多错误,这也是非常宝贵的财富,为避免重蹈覆辙,我们应该在学习中省悟。

第四,学史可以增长智慧,愉悦人生,延寿惜福,提高生活质量。

历史太漫长,内容也非常丰富庞杂,可以选择从断代史切入。而断代史又很多,比如先秦、秦汉、魏晋南北朝、隋唐、两宋、辽金元、明清等。在这些断代史里面,我觉得明亡清兴这一段是一个天崩地解、各种人物轮番登台表演的重要历史片断,很值得我们重视和研究,其中的成与败更令人回味无穷,尤需深加思考。

二、明亡清兴的两个关节点

明亡清兴，从明万历十一年（1583 年）到顺治元年即崇祯十七年（1644 年），一共 61 年。这 61 年有两个特别重要的关节点，那就是两位明朝皇帝错杀了两个人：明朝万历皇帝错杀了努尔哈赤的父亲塔克世，崇祯皇帝错杀了兵部尚书兼蓟辽督师袁崇焕。

万历年间，全国人口约有九千万，这么多人，杀一个边塞的普通人，本来没什么大不了的，因为就连大学士、六部尚书、总督、巡抚这样的大员，皇帝说杀就杀，说打就打，大臣随时都可能会被拉到午门外廷杖。但是，时任辽东总兵的李成梁，同蒙古、女真作战后，向皇帝报功说斩首 1560 级，这其中就有努尔哈赤的父亲塔克世。努尔哈赤当然不乐意，要求朝廷给个说法，万历皇帝不以为然，随便赔了 30 匹马等了事。

努尔哈赤非常不满，开始复仇。他用父亲和祖父遗留下的 13 副盔甲，纠结了大约 13 个人，开始起兵。不久，就发布了"七大恨"宣示，即"七条不满"，第一条就是"害我父、祖"，可见其起兵属含恨而起。

说得形象一点，就是万历皇帝和辽东总兵李成梁一起制造了一个焚毁大明王朝的纵火者。努尔哈赤点的这把火，从赫图阿拉（现辽宁省新宾满族自治县）燃起，星火燎原，越燃越大，蔓延到抚顺，然后到沈阳、辽阳，到广宁（现辽宁省北镇市），到山海关，还沿着京杭大运河直至山东济南府。这就是万历皇帝错杀一个人的后果。

万历皇帝的孙子崇祯皇帝也错杀了一个人，那就是明朝兵部尚书兼蓟辽督师袁崇焕。袁崇焕对崇祯皇帝赤胆忠诚、鞠躬尽瘁，但还是被崇祯皇帝杀了，而且动用了非常残酷的磔刑——千刀万剐。清末，澳大利亚的一个外交官莫理循在北京时曾到过磔刑刑场，拍了两幅磔刑照片。这些照片上的受刑人，胸膛裸露，被行刑者拿着刀一片片地往下割肉。

努尔哈赤向明王朝纵火，而明王朝又把能救这场火的袁崇焕给杀了。这两次错杀，直接导致明王朝的延续更加艰难。

三、明朝亡于"分"

从秦始皇到宣统皇帝，帝制时代一共有 2132 年。有人统计，中国历史上曾有皇帝 349（有人统计 350）位，统治时期达两百年以上的只有四朝：西汉、唐、明、清。明朝从洪武元年（1368 年）到崇祯十七年（1644 年），整整有 276 年。为什么一个长达 276 年的强大皇朝迅速灭亡了？清统治者从赫图阿拉的山沟里走出来，怎么就能一步一步发展壮大并最终取代明朝呢？

这个问题一直都有争论。明末清初的思想家黄宗羲在《明夷待访录》中认为，是君主专制导致了明朝的灭亡。他说得有道理，但细想起来也不尽然。明太祖朱元璋实行的是君主专制，其子永乐帝朱棣实行的也是君主专制，为什么都没有亡，到崇祯却亡了呢？所以，黄的这个结论不甚科学。

后来，有一位美国教授（司徒琳，Lynn A. Struve）写了一本《南明史》，认为明亡主要在于制度缺失，因为朱元璋时期把大学士的爵位降至七品，使皇权不能得到有效制约，从而导致明朝灭亡。这个说法也有些道理，但事实上明朝大学士的地位是逐渐提升的，品级后来也提升到了一品。所以，这个观点也不能完全说明问题。

还有一种观点认为明亡是由于后期吏治败坏，官员贪污。这也经不住推敲。贪污腐败问题，自明太祖至永乐、嘉靖年间一直不断。为什么那时没亡，到崇祯却亡了？可见，官场腐败也不是明亡的根本原因。

清朝统治者后来总结说明朝之所以亡，是"天"也，即上天要亡明。这个说法过于笼统和牵强，也未能说清楚明朝到底为什么灭亡。

我认为，明朝灭亡的原因，可以从政治、经济、军事、文化、民族、外事等多角度进行多方面的系统分析。仅此问题，大概就可以写一部百万字的大书。

我看待事物的方法之一，就是喜欢把复杂的问题简明化。我们可以尝试从一个侧面、一个角度、一个切入点来看明朝的灭亡。这样做，可能以偏概全，但是有助于我们从庞杂的史料中深刻地思考问题。

明朝灭亡的原因，我认为，可以简化为一个字——"分"，即分裂之分、分化之分、分解之分。"分"字上头是一个汉字"八"，下面是一个"刀"，也就是用刀切成八份。一个整体的东西分成若干份，就是"分"了。明朝的"分"简单来说有三个分：民族分，官民分，君臣分。

第一，民族分。明朝这个政权，首先是被以努尔哈赤和皇太极为首的满洲八旗这个铁拳打倒的。

明朝有很多少数民族，对明朝命运影响最大的是满族。满族的先世是女真，女真问题本来是明朝的内部问题，努尔哈赤就是明朝的官员。他忠诚地给明朝天子巡守看边，还从赫图阿拉骑着马到北京给万历皇帝朝贡。大家知道，从赫图阿拉到沈阳，200多里，从北京到沈阳号称"内七外八"，一共1500里，这还是现在的计算，以前的路曲折不平，绕来绕去，从赫图阿拉到北京有2000多里。他忠诚守边，又长途跋涉给皇帝进贡，应当是明朝的忠臣，怎么就起兵反明了呢？

明朝有一个民族政策叫作"分"，即分而治之。先用女真、满洲来治蒙古，后来又用蒙古来治女真、满洲。这种分法把这些民族分出去了，也分成了敌人。满洲的力量一步步壮大，先把女真的叶赫、哈达、乌拉、辉发等部落统一在一起，又合并了黑龙江地区，后来一直往乌苏里江以东，直至沿海地区。有一个说法"女真不满万，满万则天下无敌也"。当时，努尔哈赤建立基地，仅满洲八旗就有五六万，形成了一支强大的政治军事力量。

对明朝来说，光有满洲的反抗也还好办，可以用蒙古来制约它，但后来它又把蒙古分出去了。本来，明朝和蒙古的林丹汗结盟共同抵御努尔哈赤父子，但明朝对待蒙古的政策明显有误。当时，蒙古闹灾荒，缺粮食，袁崇焕主张用粮换他们的马，这样蒙古人有饭吃，明朝也得到了马匹，但崇祯皇帝不同意，说不行，你给他粮食吃，就等于资助他。这个时候，后金和清统治者就比较聪明，无偿送给蒙古人粮食。这样，蒙古人对他们感恩戴德，纷纷投靠过去。努尔哈赤父子还采取了其他政策，比如编蒙古八旗、联姻、重视喇嘛教等，把蒙古彻底拉了过去。由于明朝政策的错误，蒙古变成了明朝的敌人，成了满洲的同盟。

明正统十四年（1449 年），蒙古军队攻到北京德胜门外，掳走英宗皇帝，堂堂大明天子作了蒙古军队的俘虏。满族一个拳头打明朝，就已经使它不得安宁。现在满、蒙联盟，两个拳头打明朝，它就更加难受了。

当时，长城以北、贝加尔湖到外兴安岭以南，河套以东到大海，其间的各个民族都被努尔哈赤父子合在一起，包括汉族的一部分人，组成了蒙古八旗、汉军八旗。这样，满洲、蒙古、汉军八旗三个拳头同时打明朝，尤在崇祯年间为甚。"民族分"加速了明朝灭亡，同时也增强了满洲的信心。

第二，官民分。光有民族分，明朝也不至于亡，关键还有第二个分：官民分。明朝后期，官和民的关系很紧张。明朝实行保甲制，就是十户一甲。这十户赋税是定额的，有些人生活不下去就外逃，比如十户中逃亡两户，原本应负担的赋税就加在了八户身上；八户中有些人又生活不下去了，跑三户，十户赋税就由剩下的五户来负担；五户中再跑三户，剩下的两户就要负担十户的赋税；最后这两户也跑了。于是，其赋税又转到其他人头上。赶上闹灾荒，人们没粮食吃，只好吃草根树皮、观音土。苛捐杂税越来越重，民不聊生。官员又压榨，朝廷还不断加饷，导致官逼民反。同时，朝廷入不敷出，只好精减驿站、裁减军队，导致一些军人没饭吃，不得不铤而走险、揭竿而起。比如李自成，就是在驿站被裁下来后才起义的，这又增加了一个打击明朝的拳头，而且这个拳头很厉害，一直打到北京，逼得崇祯皇帝走投无路，自缢身亡，明朝也随之灭亡。

后金和清的官民关系，与明朝恰好相反。清朝的八旗制度，先在赫图阿拉，后到辽阳，再到沈阳，基本包括辽河以东地区，为其领土扩张奠定了很好的制度基础。清将官和民分为三级组织，即固山、甲喇、牛录（相当于现在省、市、县三级），军民编制一体、军政一体。明朝军队打仗时，士兵们是整营整营地逃，甚至官也逃。女真兵打仗时，据史书记载，是"欢呼雀跃"。男丁出去打仗，自己预备马、武器和干粮；老婆孩子送行，一边跳跃，一边呼喊，欢送男人们去打仗。男人们抢了东西回来大家分。清朝军队由北京一直往南打，东面沿着运河，西面沿着太行山，分八路，往前推，一直推进到黄河边上的山东济南府，把济南府打了下来。掳掠的牛羊、金银财宝、服装和绸缎，车载马驮，绵延200多里地。掳掠的财物拉回去，官、兵、民都分。在清朝兴起这段时期，官民之间的矛盾不明显，官民利益、立场比较一致。

满蒙联盟和农民反抗双拳出击，力量虽然很大，但明政权也未必就会垮掉。如果君臣团结一致，共同处理民族矛盾和官民矛盾，还可能有化解、缓和的余地，可明朝的君臣是不团结的，这是最致命的败局之笔。

第三，君臣分。天启皇帝自己不好好管理朝政，将朝政交给了太监，后宫则交给了客氏。正直的大臣联合起来反对魏忠贤。魏忠贤害怕，就趴到天启皇帝床边，一边绕，一边哭，天启皇帝心一软，反而将那些谏言的大臣抓到诏狱里严刑拷打。曾是天启皇帝老师的大学士、兵部尚书孙承宗，为人正直，很有政绩。他看不惯朝廷当时的情势，可又没有机会进言，就以给天启皇帝祝寿的名义进京。魏忠贤等人很害怕，认为孙承宗是来"清君侧"的。于是，又在天启皇帝面前哭，天启皇帝心又软，答应不让孙承宗来，并连夜下了一道诏书，称如果孙承宗一定要进京，就把他绑起来，押到京城。孙承宗一看不行，就回去了。此后，有人弹劾孙承宗，他就辞职了。天启皇帝连自己的老师竟然都容不下！后来，清军打到高阳，孙承宗已经70多岁了，明军寡不敌众，节节败退，清军劝降，但他决不投降，毅然自杀，全家老少几十口人也全部随他殉了大明社稷。连这样的忠臣都不容，天启皇帝对待臣下的做法可见一斑！

崇祯皇帝就更不像话了。在位17年，光大学士就换了50个，兵部尚书王洽、袁崇焕、陈新甲全都被杀。陈新甲任兵部尚书时，皇太极提出要和崇祯议和。崇祯皇帝秘密授意，让陈新甲"议和"。谁想陈新甲一时大意，将崇祯皇帝授意和谈的信函泄露了出去，结果秘密和谈一事就在朝廷里传开了。当时，崇祯皇帝如果坚持说和谈是我主张的，是我让他们秘密和谈的，你们大臣要处理就处理我，局面就会完全不一样。但崇祯皇帝就用了一个简单、极端的处理办法：杀陈新甲。后来，李自成快打到北京了，崇祯皇帝举行朝廷会议讨论都城是否南迁，想听听大家的意见。但陈新甲被杀在前，朝廷所有的大臣就一个态度：保持沉默，瞪着眼睛谁也不说话，因为他们搞不清崇祯心里是怎么想的。如果崇祯不主张迁都，你说迁都，就会把你杀了；如果你说不迁都，要是崇祯心里想迁都，也得把你杀了，左右都不是，所以一定要等崇祯先说。在这种情况下，君臣是没办法走到一起的。

类似的迁都问题也曾出现在清康熙年间。而康熙帝的处理方式就大不一样。康熙要削平吴三桂，米思翰和明珠力主坚决平叛。后来，吴三桂一路打到了湖南，逼近长沙，这时北京又闹地震，形势非常严峻。有人提出，吴三桂之所以反，就是因为米、明二人坚持平叛，杀了这两个人就好了。康熙没有采纳，说平叛是我主张的，要追究就追究我，谁敢追究皇上的责任！结果是君臣一心，再加上其他因素，最终取得了"平定三藩之乱"的胜利。

崇祯时期，朝廷财政紧张，便命令官员捐银子。崇祯皇帝让岳父周奎出5万，他说没钱。后来，李自成抄周家时发现，周奎竟有白银数以万两！这也是"君臣分"之果。

这种"君臣分"，发展到最严重时，便是李自成军队快进城了，崇祯要召集大臣商议军务，却没有一个人来。崇祯不仅让皇后周氏自缢，还亲手举剑砍死了一个女儿。他不但容不下朝臣，连自己的老婆孩子也不容。在这种情况下，崇祯皇帝四面楚歌，成了真正的孤家寡人，以致在煤山上吊自杀。

如果崇祯皇帝能君臣一体，共商国是，共渡难关，即使有李自成的起义，有多尔衮的进逼，还可以采取一些措施缓解矛盾，至少能延迟明朝的灭亡。

所以，虽然明朝覆亡的原因很多，但最重要的原因就是"分"：民族分、官民分、君臣分。特别是君臣分，领导群体中的核心散了，怎么还会有力量？后来，李自成失败，骄傲固然是其原因之一，但最主要的还是内部分裂。还有太平天国，它主要不是被曾国藩打败的，还是太平军内部分裂才导致了失败。

四、清朝兴于"合"

清朝之所以兴盛，其重要原因是"合"。它把不同民族合到一起，把官民尽可能合到一起，把君臣又合到一起。

清朝兴起的时候，君臣之间也有矛盾、摩擦和冲突，但总体上比较和谐。举个例子，努尔哈赤有一个大臣叫额亦都，是开国五大臣之一。此人作战勇敢，身先士卒，立下赫赫战功。他有 16 个儿子，二儿子叫达启。努尔哈赤很喜欢达启，从小养在宫里，后来还把女儿许配给他。没想到达启得意忘形，认为妻子是公主，父亲是开国大臣，于是吃喝玩乐，做了一些违法的事情。有一天晚上，额亦都聚集 16 个儿子一起喝酒。一开始大家还以为是父亲高兴，就开怀畅饮。酒过三巡，额亦都突然拍案而起，怒指达启说，照你现在这样下去，不但有辱家风，而且败坏国门。接着，就将达启拖到屋子里面，用被子一蒙，用弓弦勒死了。达启死后，额亦都一想这怎么跟努尔哈赤交代呢，就赶紧到努尔哈赤面前请罪，把事情经过一五一十说了。刚开始，努尔哈赤很吃惊，但听完后觉得额是为国尽忠，便没有追究其责任。

后金和清执政集团内部矛盾斗争的例子也有很多，比如努尔哈赤把他的长子杀了，皇太极兄弟几人把后母阿巴亥以殉葬的名义杀了，多尔衮把皇太极的长子豪格杀了。但是，从努尔哈赤一直到宣统皇帝，清朝执政集团内部都没有发生大的裂变。这也是清朝能够延续 268 年（从关外算应为 296 年）的一个重要原因。

从这个角度来看，清朝的兴盛，在于合；明朝的覆亡，在于分。这样我们就可以得出一个历史的经验：合则强，分则弱；合则胜，分则败；合则兴，分则亡。

一个国家如此，一个民族如此，一个企业、一个机关、一个单位也是如此。如果一个企业的领导核心分了，干部和职工分了，那这个企业就休想兴旺，更谈不上做大、做强。

我学历史至今，已整整 50 年了，学清史也有 44 年了，中间从未动摇过。我读了很多人物传记，侧重人物研究，历史上成功者很多，成功的原因也各不相同，但几乎所有的成功都有一个共同点，就是"四合"，即天合、地合、人合、己合；历史上失败者很多，失败的原因也各不相同，但共同之处正在于"四不合"，即天不合、地不合、人不合、己不合。孟轲在《孟子·公孙丑下》中曾讲过"天时不如地利，地利不如人和"。天时不如地利，地利重要；地利不如人和，人和重要。但他没有提及天和人的关系、地和人的关系、人和人的关系。一个人成功还是失败，简单来说，我认为取决于天、地、人、己这四维的关系。

天合 努尔哈赤之所以能够成为大清帝国的奠基人、开创者，主要原因就是天合。如果努尔哈赤早生一百年，他的反明举动一开始就会被强大的明朝镇压；晚生一百年，李自成进京站稳脚跟了，他的子孙也就难有作为了。这说明特定时代造就了他的成功。

地合 比如深圳发展这么快，依我看，第一是"天"，没有改革开放的"天"，它不过是一个渔村。但是，深圳的地理位置，也决定了它可以"借天之力"，加速自己的发展。还有东莞，东莞能有今天的发展，主要是占地利之便——靠近香港地区。当然，努尔哈赤在距北京两千多里地的赫图阿拉举兵，朝廷对他鞭长莫及，也应看作是"地合"。

人合 相信大家的体会都很深，我们在政府、企业工作，都离不开"人合"。

己合 我认为己合包括"三个平衡"：生理平衡，心理平衡，伦理平衡。心理平衡非常重要。当年，九部联军攻打努尔哈赤时，努尔哈赤手下还不到 1 万人。这场战争对建州来说事关生死存亡，如果战败，一百年内休想恢复。大兵压境，负责侦察的骑兵向努尔哈赤报告兵情时，吓得脸都变色了，直哆嗦。努尔哈赤让侦察兵退下，继续呼呼大睡，其妻富察氏推醒他说，你是害怕，还是方寸乱了？他说，我方寸乱了，能睡得着吗？第二天早晨，他派额亦都带了一百个老弱残兵和瘦马、病马前去交战，一交战就退，对方就追，很快进入他布下的陷阱。结果，对方3万多人、9000多匹马转眼全军覆没。在这么严峻的情况下，努尔哈赤都能心平如镜，足见其心理素质有多好！

努尔哈赤曾忍受过一个莫大的侮辱。一个叶赫的女子在十二三岁时就许配给他了，可后来又先后许配给了哈达的贝勒、辉发的贝勒、乌拉的布占泰和蒙古喀尔喀的莽古尔岱，先后共许配了五次，但都没有嫁。她真正要出嫁的时候，建州的贝勒们很着急，让努尔哈赤把她抢回来。努尔哈赤说，不能为了抢一个女人去发起战争。贝勒们说，大汗怎么能忍受这样的屈辱？许配给你20年的女子，却要嫁给别人，真是奇耻大辱！努尔哈赤却说，不能为了一个女子挑起战事。这件事，我都没有生气，你们生什么气呢？这反映了努尔哈赤该忍则忍，以大局为重的品性。他能妥善处理各种关系，而且有很强的自我调适的心理平衡能力。

有人曾专门调查过因癌症而死的病人，发现他们大多数有长期的心理障碍，主要原因就是"己不合"。很多人英年早逝，很可惜！我看报纸登了一个数字说，改革开放以来，民营企业家自杀的达1250余人，这还不包括很多没有进入媒体视野的乡镇企业家。我想，这可能都是不能做到"己合"所致，否则，就不会出现这种事情了。

今年8月，我给一些很有成就的海外华人作演讲，其中就讲了天合、地合、人合、己合。等我说完，一位50多岁的女教授站起来说："我反对你的说法。"她接着说，"我在美国多年，受尽磨难，历经艰辛，之所以没有自杀，活到现在，还能当教授，主要就是由于己合。而您说天合、地合、人合、己合，我建议您倒过来，应是己合、人合、地合、天合。"我的看法是，对个人而言，天合、地合、人合、己合需要一个最佳的配置，如果有一个最佳的配置，个人就能够最大限度地发挥人生价值，取得成功；如果没有，就会一次配置不好一次失败，终身配置不好终身失败。

最后，我建议诸位吸取历史经验，人人都处理好这"四合"，搞好生理、心理平衡，更好地发展事业，取得更大的成就！

附录

对　谈

主持人：感谢阎先生的精彩演讲！用了一个"分"字，就解释了明朝为什么灭亡，很透彻。下面，我们请中华书局总编辑李岩先生做点评，大家欢迎！

李岩（中华书局总编辑）：作为一名史学家，阎先生对清初历史的研究，对努尔哈赤、袁崇焕等人的研究，在全球来说都是顶尖的。

读史使人明智。在读史过程中，大家可以找寻到自我的历史认同感，可以吸取历史的智慧。关于历史对社会、对民众的意义，阎先生总结过五点，即求真、求知、励志、愉悦、借鉴。他特别主张要敬畏历史、还原历史。

意大利学者克罗齐说过，一切历史都是当代史。我们从现实的角度出发来研究历史，就是为了找寻动力之源，找寻个人的人生坐标。刚才，阎先生谈到"四合"的观点，我认为由此对明亡清兴作出的解释是非常新颖的。历史上的英雄人物往往集"四合"于一身，成就个人的伟业，进而也造就了今人所能看到、感受到的历史。这就是历史的魅力，也是学史的魅力。

主持人：感谢李岩先生的点评！下面是问答互动时间，请各位提问！

提问（北京新雷能有限责任公司董事长王彬）：企业里有很多能干的人，但往往存在两方面的缺陷：一是道德缺陷，社会责任感缺乏、不懂得尊重人；二是性格缺陷。这在客观上都给企业文化带来了损伤。企业需要他们的能干，又不能被他们的缺陷所害。如何处理这种情况？希望阎老师能从史学的角度给出一些建议。

阎崇年： 有两点可供您参考。

第一，《礼记·大学》曰，修身、齐家、治国、平天下。其中，首先是修身。对此，从小受传统文化熏陶的人，一懂事就知道。我建议，应把修身这一条列入培训计划，作为今后的培训项目之一。

第二，以前的帝王在任命大臣时，经常会听到不同的意见，打小报告的有之，奏密折的有之。皇帝们的处理很有意思，比如康熙就得经常处理一些对大臣进行批评甚至置之于死地的密折。当时，北京一个地方官上奏折称考试有舞弊现象，主持考试的一些高官知道后就串通起来，一致称举报人诬告。后来，这个地方官又上一个奏折，说如果他诬告，请把他的头劈开，一半挂在顺天府城门上，另一半任由处置。那些高官又联合起来攻击他，说他对皇帝大不敬。但是，康熙却没有认为他偏激，而是先通过密折制度，掌握了实情。康熙实行仁政，不愿意处分官员，他让参与舞弊的主考官退休，回家养老。对上奏章的官员，加以保护，并调其到外地工作，因为今后其在顺天府也不好开展工作了。

那么，应该如何处理你说的这种情况呢？我认为，第一是明察；第二是任人所长；第三就是要重视修身培训。

提问（国家发改委经济运行局副局长朱宏任）： 作为一个喜欢历史的人，我在读中国近代史时有个困惑：八国联军打进北京时，只有几万人。当时，确实是因为枪不如人、技不如人，没办法打赢他们吗？如果布下天罗地网，是否能打败他们呢？这是一个战术问题，还是历史的必然，或者还有其他方面的原因吗？请指教！

阎崇年： 您说的这个问题，有一种观点叫作"落后必然挨打，挨打就要失败"，这是教科书上的观点。

当然也有例外，比如埃塞俄比亚，当时意大利入侵，国王号召全民奋起，组织了10万军队，用土枪土炮对付入侵者的先进武器，意大利寡不敌众，最后被迫签订了赔款条约。鸦片战争时，道光皇帝如果坚决抗战，清朝军队还是有一定战斗力的。人们都说八旗军腐败，我曾看过一个材料，说打定海时，八旗军战至全军阵亡，没有一人投降。如果清朝真的抵抗，敌方从广东打到定海，会损失一部分力量；再往前，打到天津会再损失一部分力量，他们的后方远，弹药、粮食都供不上，等他们打到北京时，会怎么样呢？粮食能吃多久？弹药能撑多久？我认为鸦片战争的失败有其必然性，总体落后是个重要原因。

当时，英法联军打北京有相当大的偶然性。我看过一个材料说，一开始他们只是想把事态扩大，于是送给朝廷一封谈判信，说只要满足其几个条件，赔偿一点儿损失，就会退兵。对此，当时的恭亲王等人是能接受的，但是信的签名是英文，他们看不懂，担心英文写的有附带条件，就没敢签，找翻译又拖延了很长时间。这边久久没有答复，那边军队就往前打，绕着城打圆明园，直至火烧圆明园，造成了这个历史悲剧。

这些历史事件既有偶然性，也有必然性。其必然性是，清朝历史上一直存在腐败；偶然性是，如果清朝能将军民很好地组织起来，也可以能是另一种结局。我认为，历史就是在偶然与必然的轨迹上曲折发展的。偶然因素和必然因素结合在一起，就造就了历史。

提问（《中华遗产》杂志社总编辑夏骏）：满族入关，让中国历史有了一个辉煌的段落。但在今天满族作为一个少数民族，其人数比蒙古族、藏族等少数民族都要少。我想请问满族入关，从大的方面来讲，对这样一个人数不多的民族到底是好事还是坏事？

阎崇年：其实，至今，在我国的少数民族中，满族人口仍然仅次于壮族，多于蒙古族、藏族、维吾尔族，在少数民族人口数量上排第二。

满族入关，对这个民族本身来说是一把"双刃剑"。一方面，它的整个民族文化和民族素质提升了。满族由边远地区进入中原，他们的文化、物质、生活等方面的状况都得到了很大的改善，这对满族的发展肯定是有益的。另一方面，一个少数民族进入一个大的民族里面，整个被大的民族文化包围，必然面临被同化的问题。满族采取过很多措施，比如提倡讲满语，实行民族隔离等。在北京，满族人住内城，汉族人住外城；在西安、成都，满族人单住一座满城，有意和汉族人分开。但满族人还是愿意说汉语，愿意学汉族人的风俗习惯，以致最后独有的很多民族特点都消失了。这些特点的消失也是一把"双刃剑"，它使满族减轻了一些包袱，也使满族损失了一些可贵的东西。但是，总起来说，满族入关后的融入是得大于失。

提问（华盛天成营销策划机构首席顾问杨兵）：前段时间，中央电视台播放了一部十二集的大型纪录片"大国崛起"，看后觉得很振奋。一般认为，中华民族从比较发达的状态走向衰亡，转折点可以说是清代。似乎是比较普遍的一种说法。但是，清朝衰亡，是历史的必然，还是清政府不得力？这之间究竟是什么关系？

阎崇年：中国的落后从明朝就开始了，至晚是从万历年间开始。那时，西方已开始崛起，法国、英国已有议会，中国却还禁锢在封建专制里。很多人说落后从清朝开始，主要是指清朝在鸦片战争中失利。我觉得，这个问题可以从正反两方面来看。清朝的统治，对中华文化、中华民族，既有正面的影响，也有负面的影响。正面影响主要有以下三点。

第一，奠定了中华疆域。清朝的疆域约有 1400 万平方公里，比现在大三分之一。经常有人问，如果李自成在北京建立政权并得以巩固，中国的疆域会有多大。有人认为，最直接的结果就是今天的东北不在中国的版图里。如果李自成执掌政权，他能不能控制西北、新疆等广大地域，也是个未知数。明朝时，朝廷就基本控制不了东北和西北，对这段疆域的强力控制是在清朝，明朝是羁縻管理，一般控制。真正在西藏驻军，派驻藏大臣，以及册封达赖和班禅，是顺治、康熙、乾隆时期。现在中央册封达赖、班禅，派员驻藏都沿袭了民国的仪轨，而民国的仪规又是从清朝而来。这些历史记录，都是在国际上被承认的。

第二，多民族的融合。中国是一个统一的多民族国家，这么多民族统一在一个政权之下，虽然存在蒙古问题，但基本上没有分裂。几千年前，秦始皇修万里长城，人为地阻隔与北方游牧民族的联系；清朝则是满、蒙联盟，成功解决了几千年遗留下来的问题。清朝基本上没有大的民族战争，西南少数民族的改土归流、东南对高山族的政策等都把握得比较好。可以说，清朝解决民族问题，在中华两千年皇朝史上是最好的。

第三，延续了中华文明。古印度文字中断了，古巴比伦文字中断了，古埃及文字也中断了。而在清朝，中华文明没有中断。如果清朝皇帝强迫推行满语、满文，所有的科举考试全部用满文，谁敢反抗就杀谁，杀他个几百年，估计中华文明的命运也不会好到哪里去。但是，清朝没有这样做，尽管它也存在文字狱等问题。总的来说，清朝对中华文明的保存和延续是功不可没的。

从负面影响方面来看，清朝也实施了很多错误的政策。努尔哈赤既播下了"康乾盛世"的种子，也埋下了清朝灭亡的基因。比如八旗子弟、军民一体、亦战亦农，加上后来的新问题，就促使了清朝灭亡。我们经常批评八旗子弟游手好闲。可是，当兵名额有限，做官名额有限，朝廷不许他种地、经商，还管饭，给钱给粮，没事可干就只能游手好闲了。可见，八旗子弟之所以腐化，不在于这些人的品质修养，而是八旗制度所导致的。对此，康熙、雍正、乾隆都进行了很多改革，但没有能解决根本问题。到光绪、宣统年间，朝廷就再也养不起他们了。宣统三年（1911年），北京的旗人多达一百多万，占北京城市人口的一半，形成了一个庞大的寄生集团。辛亥革命以后，这些旗人的生活状况非常悲惨。八旗制度腐蚀了整个八旗子弟和爱新觉罗氏。这个制度问题是他们自己解决不了的。

主持人：有位嘉宾刚才发短信提问，阎老师，您曾说过"我能吃苦，像农民；很勇敢，像渔民；我机变，像商人。电视台把我逼上电视，现在我变了。但是我研究清史的工作不能变，我要在变与不变之中坚守我的本分"。我想问两个问题：一、您研究清史44年，第一次走上电视是什么感觉？二、您将多年的研究成果传于民间，是不是特别有自豪感？

阎崇年：我这段话是新闻媒体给逼出来的。原先，我一直在书斋里。2004 年，中央电视台一位编导找我，说要上一个讲清朝 12 位皇帝的节目，打算请 12 个人，每人讲一位皇帝，让我讲第一讲，因为我写过《努尔哈赤传》。我答应可以试一下。讲完第一讲后，他们说 12 个皇帝都由你讲吧。我说不行，清朝每个皇帝都有专门的研究者，后来推托不过，又讲了皇太极，讲了顺治、康熙。这时，收视率已达到开讲以来的最高点，于是更没办法脱身了，一直讲到了宣统皇帝。十二帝讲完后，电视台又有了新的创意，要接着前面的话题进行答疑。就这样一次一次不停地延续，一共讲了 38 讲。

刚开始，我跟观众没怎么接触，感触不深。后来，有一次演讲使我的确深受感动。那是在山西师范大学，可容纳 1500 人的礼堂，在开讲前两小时就座无虚席了，两边的走廊包括主席台前面的空地上都站满了人。开讲时已经进了 3000 人，还有不少人提前站了两个小时。人们的热情，让我非常吃惊和激动。我站着讲了两小时，讲完后又签名又照相，一直折腾到晚上十二点多。但是，我心甘情愿，因为太受感动了。

我走上电视，到各地演讲，不为名，也不图利。追名逐利对我没什么用，但这种和读者、大众的心灵交汇，确实深深地震撼了我。我应当继续效力于大家！

主持人：本期讲座到此结束，再一次感谢阎崇年先生，感谢点评嘉宾李岩先生，感谢各位光临！祝大家晚安！

（本文系 2006 年 11 月 28 日在国资委"中外名家系列讲座"第 127 讲的演讲稿）

清朝兴盛的历史宝鉴

引　言

马克思和恩格斯在《德意志意识形态》中说："我们仅仅知道一门唯一的科学，即历史科学。"我们从上述论断中得出一点启示，就是要重视历史，要敬畏历史。

司马光的《资治通鉴·进书表》说：

> 臣今骸骨癯瘁，目视昏近，齿牙无几，神识衰耗，目前所为，旋踵遗忘，臣之精力，尽于此书。伏望陛下宽其妄作之诛，察其愿忠之意，以清闲之宴，时赐省览，监前世之兴衰，考当今之得失，嘉善矜恶，取是舍非，足以懋稽古之盛德，跻无前之至治，俾四海苍生，咸蒙其福，则臣虽委骨九泉，志愿永毕矣！

司马光的结论，"监前世之兴衰，考当今之得失"。

我们以清朝兴盛为例，探讨清朝兴盛的原因。

清史中有一个大问题，就是清朝兴起与强盛的原因是什么。满族本来是东北边陲一个弱小的民族，它进关以后，定鼎北京，入主中原，统一华夏，国家强盛，其兴盛的原因是什么？明末清初的思想家、清末民初的革命家、新中国的学者专家，都思考过这个问题，也都从不同的侧面和角度提出了自己的见解。清朝兴起与强盛的原因很多，可以写一部大书。本文从五个角度、五个侧面、五个切入点，来阐述对清朝兴盛之因的浅见。

清朝的兴盛，究其原因，可以概括为一个字，就是"合"字。它主要表现为五个方面，即诸王大臣协合、民族关系统合、经济多元整合、文化传承融合、社会编制聚合。"合"字的含义：既有合力、合作、合聚的意思，也有配合、会合、统合的意思。"配合"如《诗经·大雅》："天作之合"；"会合"如《论语·宪问》："桓公九合诸侯"；"统合"如《左传》："水火合也"。"合"字，汉朝许慎《说文解字·合》曰："合，亼口也，从亼口。"清朝段玉裁注云："三口相同是为合。"《说文解字·亼》又曰："亼，三合也，从人一，象三合之形。"总之，"合"就是把不同的事物，甚至对立的两面合在一起。清朝以"合"为圭臬，为中国历史与人类文明作出三项重大的贡献：奠定中华版图、多民族的统一和传承中华文化。

下面从诸王大臣协合、民族关系统合、经济多元整合、文化传承融合、社会编制聚合五个方面，对清朝兴盛之因，加以分析和探讨。

一、诸王大臣协合

诸王大臣协合是清朝兴起与强盛的一个重要的因素。

清朝的诸王大臣（领导班子），主要有大汗或皇帝和宗室诸王、异姓贵族。清初的"三祖三宗"——太祖努尔哈赤、世祖顺治帝、圣祖康熙帝和太宗皇太极、世宗雍正帝、高宗乾隆帝，他们是如何处理同宗室贵族与异姓贵族这两个群体的关系，并使之不断协和，从而形成一个坚强的力量？

第一，异姓贵族。努尔哈赤起兵时，只有"十三副遗甲"、四五十人。他的事业如滚雪球，越滚越大。其关键是有一个坚强稳固的领导群体。这个群体的核心，先是开国的五大臣——额亦都、费英东、何和礼、安费扬古、扈尔汉。努尔哈赤起兵时，长子褚英4岁，次子代善才两个月，其他诸子尚未出生，所以努尔哈赤主要依靠五大臣。五大臣中的四人同他的年龄相近，安费扬古和他同岁，何和礼比他小 3 岁，额亦都比他小 4 岁，费英东比他小 6 岁。额亦都作战勇敢，"攻巴尔达城，至浑河，秋水方至，不能涉，以绳约军士，鱼贯而渡，夜薄其城，率骁卒先登，城兵起拒，跨堞而战，飞矢贯股，著于堞，挥刀断矢，战益力，被五十余创，卒拔其城"。额亦都爱护士卒，"每克敌受赐，辄散给将士之有功者，不以自私。太祖厚遇之，给妻以祖妹，后以和硕公主降焉"。他国而忘私，"额亦都次子达启，少材武，太祖育于宫中，长使尚皇女。达启怙宠而骄，遇诸皇子无礼，额亦都患之。一日，集诸子宴别墅，酒行，忽起，命执达启，众皆愕。额亦都抽刀而言曰：'天下安有父杀子者？顾此子傲慢，及今不治，他日必负国败门户，不从者，血此刃！'众乃惧。引达启入室，以被覆杀之。额亦都诣太祖谢。太祖惊惋久之，乃嗟叹。谓额亦都为国深虑，不可及也！"（《清史稿·额亦都传》）努尔哈赤说费英东："此真万人敌也！""费英东事太祖，转战，每遇敌，身先士卒，战必胜，攻必克，摧锋陷阵，当者辄披靡，国事有阙失，辄强谏，毅然不稍挠，佐太祖，功最高。"（《清史稿·费英东传》）其他三位大臣，也大体相似。努尔哈赤把其中两个女儿分别嫁给何和礼、额亦都，把长子褚英女儿嫁给费英东。安费扬古"少事太祖，终无贰志"。扈尔汉在努尔哈赤起兵 6 年时来归，才 13 岁，被收为养子。当年，猛士如云，五大臣团结，全体将士团结。何和礼死后，努尔哈赤说："朕所与并肩友好诸大臣，何不遗一人以送朕老矣！"他们同努尔哈赤同生死近 40 年，相处欢洽，始终如一。

第二，宗室贵族。诸王贝勒协合，是通过斗争增强的。虽然宗室贵族内部有几次大的斗争，但都没有酿成大的分裂。

第一次是处理舒尔哈齐和褚英的问题。这不是"太祖秘史"所说的"为了一个女人"，而是一场政治斗争。结果舒尔哈齐被幽死、褚英被处死，诸王大臣领导群体更加强固。褚英死后第二年，努尔哈赤建立后金政权。

第二次是处理代善的问题。天命五年（1620 年），小福晋德因泽告发代善与大妃有暧昧关系，代善次子硕托告发代善对前妻之子不公平，结果代善受到处理。从此，诸王大臣、四大贝勒关系更加密切。代善事件第二年，努尔哈赤夺占辽阳、沈阳，进入辽河平原。

第三次是"八王共治国政"，就是在满洲宗室内部实行贵族共和。皇权顺利过渡，产生新汗皇太极、福临（多尔衮、济尔哈朗摄政）。

第四次是处理阿敏、莽古尔泰的问题。尔后，打败林丹汗，统一察哈尔；随之，改族名为满洲、改国号为大清，出现新的军政局面。

第五次是处理多尔衮问题。八旗内部的利益失衡，得到及时调整，出现中原底定、华夏统一的新局面。

第六次是处理鳌拜的问题。皇权与相权关系得到新的调整，赢得平定三藩的胜利，接着统一台湾、反击沙俄侵略，签订《尼布楚条约》，出现康熙盛世的局面。

第七次是康熙晚年的皇储问题。雍正登台，整顿改革，扭转康熙晚年官贪政弛的局面，雍正成为康熙与乾隆之间承前启后的关键人物。

第八次是制定秘密立储制度，出现乾隆前期的兴盛局面。

我们知道，太平天国失败的一个重要原因，是领导集团的大分裂，自相残杀。明朝"靖难之役"也是领导集团内部的大分裂，自相残杀。但是，清朝没有这样的大分裂、大屠杀。这是清朝"三祖三宗"兴盛的重要原因。

二、民族关系统合

清朝以满族为主导民族。它无论在东北，还是在全国，当时都是一个少数民族。满洲要在东北地区、在华夏中原，占据统治地位，面临一个最大难题就是民族问题。摆在清初决策者面前可供选择的对异民族政策有：或者屠杀，或者分治，或者统合。屠杀明显是一个错误的民族政策，金代女真对蒙古施行的屠杀政策失败，就是一个沉痛的教训。分治也是错误民族政策，明朝对女真的"分而治之"政策失败又是一个沉痛的教训。当时，努尔哈赤选择民族统合政策，历史证明这是正确的政策。

努尔哈赤起兵之时，建州女真分为本部五部——苏克苏浒河部、浑河部、王甲部、董鄂部、哲陈部，长白山三部——讷殷部、朱舍里部、鸭绿江部，东海女真——渥集部、瓦尔喀部、库尔喀部，海西女真——叶赫部、乌拉部、哈达部、辉发部，黑龙江女真——萨哈连部、萨哈尔察部、呼尔哈部等。女真重要的部至少有18部。《尚书·梓材》曰："合由以容。"意思是不要互相残伤、彼此虐杀，要用大道以容之。就是要多包容，要多和合。努尔哈赤经过十年的时间，"顺者以德服，逆者以兵临"，完成建州女真诸部合一。明辽东经略熊廷弼在《熊经略集》中说："自建州之势合，而奴酋始强。"也就是说，努尔哈赤之所以强，他是从民族"合"开始的。清太祖努尔哈赤、清太宗皇太极所采取的基本策略是"合"——使建州女真合，使海西女真合，使东海女真合，使黑龙江女真合，逐渐使整个女真合一。并使漠南蒙古合，使降顺汉人合。合则土地广、人口众、兵力强、马匹壮、财力富、国势盛——"夫何敌于天下！"

在东北地区，满—通古斯语族有：满族、锡伯族、鄂伦春族、鄂温克族、赫哲族等，把他们合在一个政权下；蒙古语族——蒙古族、达斡尔族等，把他们合在一个政权下；汉语族——汉族，以及朝鲜族等，都合在一个政权下。

清入关后，汉族、满族、蒙古族、藏族、维吾尔族、高山族等，各民族都统合在清政权之下。乾隆朝纂修的《五体清文鉴》——汉文、满文、蒙古文、藏文、维吾尔文五种文字合在一起，这既是文化、学术界的一件盛事，也是清朝民族统合政策的一个很好的例证。

明清之际，多元政权分立：南明——福王弘光、唐王绍武、桂王永历、唐王隆武、鲁王政权，以及台湾先是荷兰侵占，后是郑氏政权；农民军政权——李自成大顺政权、张献忠大西政权；北部蒙古察哈尔林丹汗；西北准噶尔汗国等。清朝中国统一，中华金瓯合一。《礼记·乐记》曰："天高地下，万物散殊，而礼制行矣。流而不息，合同而化。"多元统合，化为而一。清中央政权之下的各个民族，共同生活在大清的疆域里：东起鄂霍次克海，西至葱岭，南达曾母暗沙，北跨外兴安岭，西北至巴尔喀什湖，正北临贝加尔湖，东北到库页岛。中国金瓯一统，民族协合，国力强盛，屹立世界。

清朝兴起与强盛的历史说明：民族要合不要分，合则部众，众则力大，大则强盛，盛则坚固。这是清朝"三祖三宗"兴盛的重要原因。

三、经济多元整合

清朝光有政治合、民族合的政策，而没有经济合的政策，也是不可能兴盛的。《左传·闵公元年》记载："合而能固。"清朝在政治合、民族合的同时，还有经济合，这样才能使社稷强固。

女真原是渔猎经济。建州女真迁到赫图阿拉后，逐渐实行农耕、狩猎、捕鱼、采集、畜牧等多元经济。进入辽河流域后，更重视手工业经济。

当年，蒙古实行游牧经济，到了中原以后，把大片的农田荒芜长草，游牧狩猎，对中原农耕经济造成很大的破坏。清朝不同，为多元经济，对蒙古的游牧经济、赫哲的渔猎经济、汉族的农耕经济，都能接纳。满洲缺乏的手工业经济，它们也能善待、学习。《满文老档》记载努尔哈赤的话："有人以为东珠、金银是宝呢，那是什么宝呢？天寒时能穿吗？饥饿时能吃吗？收养国的贤人，理解国人所不能理解的事情，制造出国人不能制造的物品的工匠，才是真正之宝。"（《满文老档》天命六年六月初七日）

努尔哈赤进入辽河地域，对贤人、对工匠，不仅不排斥，而且把他们看作国家之宝。他在辽东地区开矿、冶铁、制盐、造船，特别是皇太极在沈阳制造红衣大炮，向先进学习。

由于清入关前采取的多元经济，所以入关后很快能同中原经济协合，而不是排斥。这同元朝初年不一样。成吉思汗时期的蒙古，喝马奶、衣羊皮，是游牧经济。

蒙古贵族进入中原后，把大片农田变为牧场。北京南郊的南海子（南苑），史称"下马飞放泊"，就是元代皇家的猎场。蒙古皇帝、王公贵族，在这里牧马打猎。

清军入关后，重视农业，兴修水利。康熙治河，功绩很大。雍正、乾隆，重视农桑，下令编绘《耕织图》，配以耕织诗，出书立碑。今北京颐和园的《耕织图》就是很好的例证。

总之，清在辽沈地区，在中原地区，没有排斥农耕经济，而是采取同中原经济融合的政策。经济多元，整合发展。这是清朝"三祖三宗"兴盛的重要原因。

四、文化传承融合

中国是统一的多民族国家，中华民族是多元文化。中国是多元民族多元文化的国家，整体以汉文化为主体，所以中华文明五千年延续，没有中断。

世界四大文明古国的古巴比伦、古埃及、古印度的文字都中断了。古巴比伦在公元前 6 世纪被波斯帝国征服，公元前 4 世纪又被古希腊西北的马其顿王国的亚历山大征服；后来，古巴比伦文字已经消失，由希腊文字取而代之。7 世纪后则为阿拉伯人所占，巴格达成为阿拉伯帝国的首都。古埃及在公元前 300 年被古希腊人侵占，此后又被古罗马人统治，古希腊语成为官方语言。7 世纪，阿拉伯人占据古埃及后，阿拉伯文成为唯一通行的文字；伊斯兰文化涌入古埃及后，古埃及的宗教崇拜、法老制度等传统文化全部消失，古代语言文字完全消亡。古印度公元前 13 世纪遭雅利安人入侵，7 世纪中亚突厥穆斯林开始不断侵入古印度，10 世纪建立了穆斯林王朝，统治古印度 6 个世纪之久，迫使印度人改变了宗教信仰，近代又成为英国的殖民地。四大文明古国只有中国几千年来始终维持了独立的民族生命，虽然历史上也有短暂分裂，或建立少数民族政权，但我们的文化从夏、商、周以来传承连续，中华民族几千年来文化传承延续不断。有位哲人说过："当世列强，有今而无古；希腊罗马，有古而无今。惟我中国，有古有今。"

大家知道，中世纪罗马教皇"十字军东征"，强迫推行天主教文化。清朝满族没有向各族强制推行自己的语言、文字、宗教、文化（至于其强令汉人剃发、易服另文讨论）。而是对汉文化、蒙文化、藏文化、伊斯兰文化等各民族文化的政策，如同《礼记》所说"合内外之道"。清朝对中华各民族的多元文化，总的态度、总的政策是：吸收、融合。

对蒙古文化，用蒙古文字母拼写满洲语言，创制满洲文字。对蒙古喇嘛教，加以尊崇，进行笼络。皇太极在盛京兴建实胜寺，乾隆改北京雍亲王府为雍和宫。这是两个尊重蒙古文化的实例。

对西藏文化，在皇宫兴建雨花阁，在承德避暑山庄仿照拉萨布达拉宫的法式，兴建普陀宗乘之庙。普陀宗乘就是藏语"布达拉"的汉译。普陀宗乘之庙占地22万平方米，有近40座庙宇，是承德外八庙中最大的一座寺庙。庙宇建成正值乾隆60岁寿辰。内蒙古、外蒙古（今蒙古国）、新疆维吾尔族上层人物前来祝贺。《热河志》记载乾隆的话："自乾隆八年（1743年）以后，即诵习蒙古及西蕃字（藏文）经典，于今五十余年，几余虚心讨论，深知真诠。"这可以看出清朝皇帝虚心学习蒙古、西藏文化的态度。又在承德建须弥福寿之庙，俗称班禅行宫。乾隆四十五年（1780年），六世班禅从西藏日喀则来到承德，庆祝乾隆七十大寿。乾隆命按照班禅在日喀则的扎什伦布寺样式建造。后来，六世班禅到北京，因病圆寂。乾隆为他在北京黄寺修建清净化城塔。承德避暑山庄外八庙，融合了我国汉、满、蒙古、藏、维吾尔等多民族的建筑文化艺术，是"合"在建筑文化艺术上的体现。普宁寺为纪念平定准噶尔叛乱而建，庙内碑亭有满、汉、蒙古、藏四体文碑，碑文记载其事就是一个例证。

对伊斯兰文化。雍正八年（1730年）五月，署安徽按察使鲁国华条奏："回民戴白帽、设礼拜寺、妄立把斋名目，请严行禁止。"雍正帝谕曰："回民之在中国，其来已久。伊既为国家编氓，即皆为国家赤子也。朕临御天下，一视同仁。……至回民之自立为一教，乃其先代相传之土俗，亦犹中国之大，五方风气不齐，习尚因之各异，其来久矣。历观前代，亦未通行禁约，强其画一也。"[《清世宗实录》雍正八年（1729 年）五月甲戌] 命将鲁国华交部严加议处。

对汉族文化。在中国历史上，一个少数民族建立的政权，对汉族文化努力学习、积极吸收，满族做得是很突出的。

第一，学习汉族的制度。如考试制度，实行科举考试。满洲八旗、蒙古八旗都参加科举考试。如麻勒吉，满洲正黄旗，通满、汉文，顺治九年（1652 年）中状元；崇绮，蒙古正蓝旗，同治三年（1864 年）中状元。

第二，施行六部尚书、侍郎二元制。辽代的契丹官制，《辽史·百官志》记载："以国制治契丹，以汉制待汉人。"金朝的官制，《金史·百官志》记载：金承辽制，但有损益。清朝中央六部的尚书、侍郎实行"满汉双轨制"或称"满汉二元制"，即尚书，满、汉各一人；侍郎，左、右满、汉各一人。这比辽朝、金朝、元朝的官制应当说是一个进步。

第三，翻译汉族典籍。大量翻译汉族的儒家经典及优秀的文学作品，如用满文翻译《红楼梦》《西厢记》《聊斋志异》《三国演义》《水浒传》等。书法方面，满文篆字；文学方面，比如纳兰性德，其父为康熙朝大学士明珠。纳兰性德 22 岁中进士，一个说满语的叶赫青年，著有《纳兰词》，主编《通志堂经解》。他被誉为清代第一词人。其《长相思》云：

山一程，水一程，身向榆关那畔行，夜深千帐灯。

风一更，雪一更，聒碎乡心梦不成，故园无此声。

这首词上下片各 18 个字，自然、隽永、清逸、淡雅，被王国维誉为"千古壮观"。

第四，吸纳西方文化。对西方文化在一定时期、一定程度上，采取吸纳的态度。如国家图书馆收藏意大利音乐家内普里迪（中文名：德里格）的小提琴鸣奏曲的手稿。他是康熙五十年（1711 年）来华的耶稣会士，曾担任康熙帝的音乐师。他还同葡萄牙人、耶稣会士徐日升等参与《律吕正义》的编纂工作。2002 年，李岚清同志访问意大利，将此手稿复制品赠送给意大利总统作为纪念。

第五，学习汉族文化。满族既没有强迫停止使用汉族的语言文字，也没有排斥汉族的宗教信仰。中华传统文化在满族居于主导民族地位的清朝没有中断，而是继续发展。特别是清代，满洲的语言、文字、宗教、文化都同汉族不同。但是，满洲学习、吸纳、整理、总结汉族的传统文化，如编纂《全唐诗》《全唐文》《康熙字典》《古今图书集成》《皇舆全览图》《京城全图》《五体清文鉴》，以及《大藏经》（满文、蒙古文、藏文）、《四库全书》等。有人说，乾隆编修《四库全书》是"'四库'出而古书亡"。当然，乾隆修《四库全书》有它的负面作用，如抽毁、窜改、封禁、错漏；然而，因修《四库全书》使 3500 多种、79 000 多卷、230万页的珍贵古籍得以保存，传先哲精蕴，益后学披览。现存《四库全书》文渊阁本、文津阁本、文溯阁本三种完整的珍本，还有文澜阁本（残本）。这是迄今世界史上规模最大的一套图书集成。另如《大藏经》于雍正、乾隆时雕印，是木版印刷史上最大的一部书，全书 7600 万字，印制 100 部，724 函，它共用梨木雕刻经版 79 036 块，重 480 吨，两面雕版，保存完好。

清朝的文化汇合各民族文化的精华，加以继承和发展，以使各个民族如《礼记·礼器》所言："合于人心。"就是文化合、人心合。这是清朝"三祖三宗"兴盛的重要原因。

五、社会编制聚合

满洲兴起，对部民，怎样组织？降服部民，怎样组织？完全用明朝的办法不行，完全用蒙古的办法也不行，因为文化背景、经济条件、民族习俗、社会传统不同。那么，怎么办呢？

　　努尔哈赤想起了女真人的狩猎组织。八旗制度源于早年女真人在狩猎时的编制。当时，为了狩猎方便，10 个人为一队，各取一箭，其中一人为大箭，满语叫"牛录"，大箭者为主，满语叫"额真"，合起来叫"牛录额真"，就是"大箭主"，也就是十人长。后来，牛录组织由临时性演变成长期性，由狩猎组织演变成军事组织，一牛录由 10 人演变成 300 人。明万历二十九年（1601 年），努尔哈赤将牛录整编为四旗，每旗按三级编制：每 300 人为一牛录，设立牛录额真；每五个牛录组成一甲喇，设立甲喇额真；每五甲喇组成一固山，设立固山额真。后来，汉语名称为：牛录额真为佐领，甲喇额真为参领，固山额真为都统。到万历四十三年（1615 年），随着战争的胜利、土地的拓展、人口的激增、军队的扩大，四旗扩编为八旗。旗的颜色开始不甚规范，后加以规范。原有四旗的旗帜颜色分别为——正黄旗、正白旗、正红旗、正蓝旗；新增加的四旗颜色分别为——镶黄旗、镶白旗、镶红旗、镶蓝旗。镶黄旗、镶白旗、镶蓝旗分别将旗子镶上红边，镶红旗则镶上白边。正黄旗、正白旗、正红旗、正蓝旗的"正"字怎样读？是读"正"还是读"整"？都可以。如正黄旗的"正"可以理解为"整幅黄旗""整幅红旗""整幅白旗""整幅蓝旗"；也可以理解为对"镶"字而言，则是"正黄旗""正红旗""正白旗""正蓝旗"。后来，又编蒙古八旗、汉军八旗，加上满洲八旗，实际上共 24 旗。当时规范的叫法是：八旗满洲、八旗蒙古、八旗汉军，通常叫满洲八旗、蒙古八旗、汉军八旗。其中满洲镶黄旗、正黄旗、正白旗为"上三旗"，其他的为"下五旗"。

　　八旗制度是努尔哈赤的一大创造。八旗组织既是军事组织，又是行政、经济、司法、宗族组织，总之是一元化体制。通过八旗组织——固山、甲喇、牛录三级组织，将原来分散的女真——满洲人，将征服或降顺的蒙古人、汉人、朝鲜人、锡伯人、达斡尔人等，用八旗编制起来，形成"出则为兵、入则为民"，亦耕亦战、寓兵于农、兵民一体、军政合一的组织。这种编制在战时，发挥了独特的巨大作用。八旗制度适应"打天下"的战争形势，对全民实行军事化管理，是努尔哈赤取得胜利的一大法宝。

八旗制度是清朝根本性的社会制度，前世未有，后世也无。八旗制度兴，则清朝兴；八旗制度衰，则清朝亡。清兴在八旗，清亡也在八旗。八旗制度为大清帝国命运之所系。

清朝国策"合"的三项最大成果是：奠定中华版图、多民族的统一、传承中华文化。"合"的反义词是"分"。合则成，分则败；合则强，分则弱；合则盛，分则衰；合则荣，分则辱；合则存，分则亡。这是明清易鼎的历史经验，也是清朝强盛的历史宝鉴。

清朝重"和"与"安"——清改明皇极殿为太和殿、中极殿为中和殿、建极殿为保和殿；清改明承天门为天安门、厚载门为地安门；再加上皇城的长安左门、长安右门、东安门、西安门。国家与民族的"和"与"安"，成为清朝治国的国策。

清朝后来为什么衰落、败亡了呢？如果说清朝兴盛的根本原因在于一个"合"字，那么清朝衰落的根本原因也可以用一个字来概括，那就是"僵"字。具体来说，诸王大臣协合，强调君主，而忽视民主；民族关系统合，强调民族联合，而忽视民族平等；经济多元整合，强调"以农为本"，而忽视近代工业；文化传承融合，强调继承传统文化，而忽视科学技术；社会编制聚合，强调八旗严密组织，而忽视民人根本利益。总之，以上五个问题，"敬天法祖""率祖旧章"，却没有跟上世界发展大趋势，没有顺应历史潮流，缺乏不断维新，不能与时俱进，最后落伍，被淘汰出局。

总之，清朝强盛必然有一重大的内因寓于其中。这个内因是什么？就是中华文化精髓和中华民族精神——"合"的价值观，这是清朝强盛的内在因素，也是中华民族伟大生命力和凝聚力的内在因素。清朝兴盛的基本经验"合"——诸王大臣协合、民族关系统合、经济多元整合、文化传承融合、社会编制聚合，就是领导合、民族合、经济合、文化合、社会合。这是清朝兴盛的主要原因，也是清朝兴盛留给后人的历史宝鉴。

（本文系 2005 年 11 月 15 日在深圳南山宾馆的演讲稿）

康熙盛世

一个盛世的出现，要有国际、国内、个人三个层面的因素。盛世必有大天时。康熙大帝遇到了一个在清朝历史上、中国历史上、世界历史上少有的大天时。所以，谈论康熙盛世，要从康熙盛世三个层面——国际、国内、朝廷的大势说起。

一、国际因素

康熙盛世的出现，正逢西方列强崛起的两个高峰之间，而周边国家处于弱势，国际环境提供历史的挑战与机遇。

第一，中国和世界已开始连接。人类对世界的了解是逐步发展的。生活在地球上几块大陆上的人们，开始是封闭的，只知道自己，不知道大陆之外的世界。但是，世界上发生了三件大事：1487 年（明成化二十三年），葡萄牙人迪亚士的船队到达非洲南端好望角。1492 年（明弘治五年）10 月 12 日，西班牙支持的哥伦布到达美洲。1519 年（明正德十四年），麦哲伦一行经过三年，完成绕地球一周的航行。这三个事件，对世界历史发展产生了深远的影响。

从此，欧洲大陆和亚洲大陆、美洲大陆开始互通声气，人类社会开始由孤立的大陆逐渐连接在一起。从某种意义上说，21 世纪的世界一体化，正是从五百多年前这三个历史事件发端的。

也是以此为起点，中国开始与西方世界接触，并互相影响。康熙时期，中国面临着上述这样的机遇和挑战。

第二，西方崛起两个高峰之间。西方列强崛起，自 1492 年（明弘治五年）哥伦布地理大发现以后，先后出现三次高潮：第一次高潮是葡萄牙、西班牙、荷兰兴起的浪潮，主要是在 17 世纪；第二次高潮是英国、美国、法国兴起的浪潮，主要是在 18 世纪；第三次高潮是俄国、日本、德国兴起，主要是在 19 世纪。康熙时期，正好处于西方列强崛起第一次高潮和第二次高潮的两次高潮之间。

第一次高潮：葡萄牙、西班牙、荷兰的崛起。15 世纪中期（相当于中国明朝中期），欧洲伊比利亚半岛上面积不足 10 万平方公里的葡萄牙率先崛起。王子恩里克主持艰苦航海事业，终身不娶，为之献身。他的后继者，于 1487 年（明成化二十三年）到达非洲南端好望角。此后，葡萄牙殖民者到达美洲的巴西、亚洲的印度，1511 年（明正德六年）占马六甲；1553 年（明嘉靖三十二年），葡萄牙殖民者强行租占中国澳门，成为率先崛起的西方国家。到康熙时期，葡萄牙仍占据中国澳门。因澳门离京师遥远，对中原影响不大，也没有引起清朝当权者应有的重视。

但西班牙很快取代了葡萄牙的地位。一个叫哥伦布的人在葡萄牙遭到冷遇，却在西班牙得到支持。1492 年（明弘治五年）10 月 12 日，哥伦布到达美洲。这一天，西班牙定为国庆日。事情无独有偶。麦哲伦也因在葡萄牙被冷遇而到西班牙，1519 年（明正德十四年），麦哲伦船队出发，经过三年，完成人类历史上第一次绕地球一周的航行。麦哲伦在菲律宾群岛被杀，为此献出了生命。他们经过的大洋因其时风平浪静而被命名为"太平洋"。以此为契机，西班牙崛起，对外大肆扩张。除巴西外，今拉丁美洲多说西班牙语，就是一个很好的例证。

1588 年（明万历十六年），西班牙和英格兰发生海战，史称"英西大海战"。西班牙舰队战败，西班牙从昔日的霸权高峰上跌落下来。这时，正是中国明朝万历年间，清太祖努尔哈赤刚刚起兵五年。

后来，荷兰代西班牙而起。荷兰是欧洲的一个小国，领土面积仅相当于今北京面积的 2.5 倍。荷兰人凭借航海、贸易、金融等迅速崛起，成立荷兰东印度公司，发行股票融资，建立股票交易所、银行等。1624年（明天启四年），荷兰殖民者侵入中国台湾，占领台南部的赤嵌；两年后，西班牙殖民者侵占台北部的基隆。后来，荷兰取代西班牙，侵踞中国台湾。顺治十八年十二月十三日（1662年2月1日），郑成功驱逐荷兰殖民者，收复台湾，结束了荷兰人在台湾38年的统治。这时，荷兰也逐渐走向衰落。

第二次高潮：英国、美国、法国崛起。1688年（康熙二十七年），英国"光荣革命"（指不流血地确立议会高于王权的君主立宪制）；1774年（乾隆三十九年），美利坚合众国独立；1789年（乾隆五十四年），法国大革命。

第三次高潮：俄国、日本、德国崛起。1861年（咸丰十一年），俄国废除农奴制；1868年（同治七年），日本明治维新；1871年（同治十年），德国统一。西方崛起的第三次高潮是在康熙朝以后了。

康熙帝生于顺治十一年（1654年），死于康熙六十一年（1722年），正好是17世纪中叶到18世纪上半叶，横跨西方大国崛起第一次浪潮和第二次浪潮之间。其间，先是出现葡萄牙、西班牙、荷兰崛兴的浪潮，后是英国、美国、法国崛兴的浪潮。因此，康熙时代的特点是，康熙朝恰恰处于葡、西、荷与英、美、法西方大国崛起两个高峰的低谷之间。这给康熙帝的皇权事业提供了有利的时机。可以说，康熙帝的文治与武功几乎没有受到西方列强的干扰与阻挠。澳门、台湾、东北，虽然形势一度都很严峻，但都没有影响朝廷大局。

第三，四邻国家都比清朝落后。清朝周边国家，状况究竟如何？

东面的朝鲜，皇太极时已经臣服，向清朝纳贡称臣，其国王受清帝册封。

西面的哈萨克斯坦、阿富汗都比清朝落后、贫穷、弱小，更没有形成气候。

南面的安南（今越南）、暹罗（今泰国）、缅甸等，都向清廷朝贡，也比清朝落后、贫穷、弱小。

西南的印度处于莫卧儿帝国时期，受喜马拉雅山阻隔，也没有同清朝发生纠纷与摩擦。

北面的俄国、日本，后来形成清朝北方的两大列强，但在康熙时期都还没有崛起。虽然俄国有些小动作，但都被击败，没有得逞，没有形成大的气候、大的威胁。

此时，"西方"工业革命还远没有开始，因为哈格里夫斯发明珍妮纺织机，是康熙帝的孙子乾隆三十年（1765 年）的事；文艺复兴时代的科技，在明末已经传入一些，康熙帝本人也比较重视学习，但是这些东西对生产的影响本来就不是很重大；政治方面，康熙时期的欧洲都是君主制（民族国家形成时期），英国在1688 年（清康熙二十七年）发生"光荣革命"，确立君主立宪制，倒是值得借鉴，但当时全世界没有一个国家效仿，而且那时英国的力量还基本达不到中国的水平。至于美利坚合众国，康熙帝死了以后半个多世纪才建立。所以说，给康熙帝扣上"丧失学习西方、富国强兵机遇"的帽子，对康熙帝是不太公平的。

二、国内因素

康熙帝的时代，国内环境提供了历史的挑战与机遇。

第一，金瓯需要一统。从明万历十一年（1583 年），努尔哈赤起兵点燃战火，到康熙二十二年（1683 年），南明最后的象征——台湾郑氏延平王郑克塽归清，时间跨度整整百年。这一百年间，君王与民众、地主与农民、贵族与平民、士绅与商人，他们在经历战争磨难中，最需要的是什么呢？康熙帝的先祖和臣民们——普天之下，率土之滨，最重要的历史期待又是什么？是金瓯重新完整。而实现"金瓯一统"这个百年历史使命，既是康熙帝的责任，也是康熙帝的期待。

第二，民众需要富裕。战争破坏，社会动荡，给人民生命财产造成了巨大损失：在北方，"一望极目，田地荒凉"；在中原，"满目榛荒，人丁稀少"；在江南，"荒凉景象，残苦难言"；在湖广，"弥望千里，绝无人烟"；在四川，"民人死亡，十室九空"。就全国而言，经济态势，极其严重：国库空虚，民生凋敝，田土抛荒，路暴白骨，村无炊烟，户无鸡鸣。民要富，家要兴，族要盛，国要强。而实现"民众富裕"这个百年历史使命，既是康熙帝的责任，也是康熙帝的期待。

第三，文化需要融合。自努尔哈赤打着"七大恨告天"的旗号，到康熙帝即位时，再到吴三桂反叛，满汉之间，文化差异，异常突出，压力太大。特别是多尔衮摄政以来，在中原地区普遍推行"剃发、易服、圈地、占房、投充、捕逃"等"六大弊政"，以及流传到现在的"扬州十日""嘉定三屠""江阴抗清"等可歌可泣的血泪事件。摆在康熙帝面前的课题：是缓解民族文化矛盾，还是激化民族文化冲突？而实现"文化融合"这个百年历史使命，既是康熙帝的责任，也是康熙帝的期待。

第四，天下需要太平。一百年间，共四代人，地不分南北，族不分夷夏，人不分老幼，民不分贫富，民众都蒙受着战乱、屠杀、天灾、人祸、大旱、洪水、瘟疫、地震等灾难。黎民百姓，背井离乡，饥寒交迫，奔波流离，历尽苦难，饱经沧桑，他们最渴望天下太平。而实现"天下太平"这个百年历史使命，也就是儒家的最高境界——"平天下"，他们是康熙帝的责任，也是康熙帝的期待。

三、个人因素

康熙帝个人的历史机遇主要是：登上帝王的舞台。他在兄弟8人中，脱颖而出，登上大位。顺治皇帝共有8个儿子，但他临死前在世的只有6位，实际上可考虑的继位者只有2位，他们就是皇二子福全和皇三子玄烨。很侥幸，玄烨被选中。于是，玄烨成为清朝的康熙皇帝。

康熙帝在朝廷的历史地位主要是：清朝前期"三祖三宗"——太祖努尔哈赤、太宗皇太极、世祖顺治、圣祖康熙、世宗雍正、高宗乾隆，康熙帝则处于"二祖一宗"与"二宗一祖"的承前启后的特殊历史地位。

应当说，康熙朝是中国历史上最后一个没有受到外国势力干扰而获得长期独立发展的时期。庸君在伟大时代仍然是庸君，英君在伟大时代却成为伟人。康熙帝面临的局势是：既有压力，却无借鉴。当时国际、国内、朝廷的环境，对康熙帝的事业提供了难得的有利的形势，也提出了前所未有的课题。因为：

第一，从世界历史大势来看，西方大国崛起，逐浪推进，康熙朝处于西方大国崛起两个高潮之间，清朝面临最后一个可以长期独立发展的机遇。

第二，从中国历史规律来看，大乱之后往往有大治，短命天子之后往往有寿君。明末清初，百年战乱，给康熙帝提供一个做明君的历史机遇。

第三，从满洲贵族集团来看，康熙帝正好处在从"打江山"到"坐江山"的转折时期——满洲虽占有中原大地，却没有坐稳江山，如果不能恰当处理满汉文化关系，而使文化差异激化，有可能会重蹈蒙元君主最后被赶回漠北的历史悲剧。

因此，清朝296年历史发展的一个关节点，看康熙！清朝承前启后的一个关键期，看康熙！那么，康熙帝怎么办？

《孟子·告子下》曰："天将降大任于是人也，必先苦其心志，劳其筋骨，饿其体肤，空乏其身，行拂乱其所为，所以动心忍性，曾益其所不能。"康熙帝精读《论语》，熟读《孟子》，他对儒家的至理名言，不仅烂熟于胸，而且实践于行。康熙帝肩负着家族的、民族的、国家的、天下的重任，登上历史舞台，施展雄心抱负。

康熙大帝为了爱新觉罗家族、为了满洲族群、为了中华民族、为了天下太平，尽了自己的心力。他的旨趣是："从来帝王之治天下，未尝不以敬天法祖为首务。敬天法祖之实，在柔远能迩，休养苍生，公四海之利为利，一天下之心为心，体群臣，子庶民，保邦于未危，致治于未乱。夙夜孜孜，寤寐不遑，宽严相济，经权互用，以图国家久远之计而已。"（《清圣祖仁皇帝实录》卷二七五）

康熙帝在国际、国内、朝廷三方的机遇与挑战态势下，继任清朝第四任皇帝，登上历史舞台，执政61年，开启了史称"康熙盛世"的时代。

古今中外的伟大人物，都有其杰出的过人之处，也都有其突出的历史贡献。

康熙帝以其才华与天赋、智慧与胆识、勤政与谦虚、好学与著书、顽强与坚韧、宽容与简约，在人生旅途中，克服诸多艰难，完成重大任务。康熙帝的文治与武功，学养与行事，都令人称道，也都有特殊贡献。他幼年登极，以智取胜，亲掌朝纲；他崇儒重道，治理中国；他奖励农桑，蠲免田赋；他重视士人，缓和民族关系；他提倡学术，编纂群书；他勤奋好学，在诗文书法深有造诣；他决心撤藩，消除割据，巩固中原统一；他重用施琅，统一台湾；他悉心筹划，打败俄军，签订《尼布楚条约》；他善抚蒙古，巩固北部长城；他进兵安藏，加强对藏区管理——康熙帝是两千年帝王文治武功中所罕见的范例。

四、千年一帝

中国有确切文字记载的历史大约三千多年。第一个一千年，主要是商、周，《三字经》中"东西周、八百年"，再加上商，概数是千年。其后的两千年，秦王嬴政二十六年（公元前221年），嬴政自以为"德高三皇、功过五帝"，而自称始皇帝，从此中国开始有了皇帝；到清宣统三年（1911年），辛亥革命推翻清朝、废除帝制。这段历史有一个特点，就是有皇帝。我将这段历史称作中国皇朝历史。中国皇朝历史，总算2132年。

这2132年的皇朝历史，有多少位皇帝呢？有人统计共492位皇帝，有人统计共349位皇帝，康熙帝让他的大臣统计说211位皇帝。其统计数字之差异，主要是取样标准不同。这可以不管，我们重在思考这2132年皇朝的历史。

中国两千年皇朝历史，大体可以分作前后两段，前一段一千年，中国的政治中心主要是在西安。其间政治中心经常东西摆动——秦在咸阳，西汉在西安，东汉在洛阳，唐在西安，北宋在汴梁（今开封）。后一段一千年，中国的政治中心主要是在北京。其间政治中心经常南北摆动——辽上京在临潢（今内蒙古自治区巴林左旗波罗城），金都先在上京（今哈尔滨市阿城区）、后在中都（今北京），明都先在金陵（今南京市）、后在北京，清都先在沈阳、后在北京。从上述可以看出一个有意思的历史现象：中国两千年皇朝历史政治中心的摆动，先是东西摆动，后是南北摆动，从而呈现出大"十"字形变动的特点。

就其后一千年来说，辽、北宋、金、南宋、西夏、元、明、清8朝，一个重要的特点是国内的民族融合。辽—契丹、金—女真、西夏—党项、元—蒙古、清—满洲，8朝中有5朝是少数民族建立的。明朝虽然是汉族人建立的，但朱元璋以"驱逐胡虏、恢复中华"为号召，结果又被"胡虏"替代。

这里有一个很有意思的历史现象。辽、北宋、金、南宋、西夏、元、明、清8朝，共有皇帝90位。这8朝都有一个民族融合的问题。辽朝与北宋对峙，金朝与南宋对峙，元朝取代金朝，都是民族问题。朱元璋是汉人，他的口号是"驱逐胡虏、恢复中华"，带有浓厚的民族色彩。满洲以"七大恨告天"的旗号起兵，取代了明朝；民国孙中山又以"驱除鞑虏、恢复中华"为纲领推翻满洲人建立的清朝。

从辽太祖耶律阿保机神册元年（916年），到清宣统三年（1911年），总算一千年。折腾来，折腾去，都离不开"民族"二字。

那么，康熙帝自己如何评价自己呢？

自我评价　康熙帝晚年说："朕自幼强健，筋力颇佳，能挽十五力弓，发十三握箭，用兵临戎之事，皆所优为。然平生未尝妄杀一人，平定三藩，扫清漠北，皆出一心运筹。户部帑金，非用师赈饥，未敢枉费，谓此皆小民脂膏故也。所有巡狩行宫，不施采绘，每处所费，不过一二万金，较之河工岁费三百余万，尚不及百分之一。幼龄读书，即知酒色之可戒，小人之宜防，所以至老无恙。"（《清圣祖仁皇帝实录》卷二七五）又说："朕之生也，并无灵异；及其长也，亦无非常。八龄践祚，迄今五十七年，从不许人言祯符瑞应，……惟日用平常，以实心行实政而已。"（《清圣祖仁皇帝实录》卷二七五）

他的行为："天下粗安，四海承平，虽不能移风易俗，家给人足，但孜孜汲汲，小心敬慎，夙夜不遑，未尝少懈。数十年来，殚心竭力，有如一日，此岂仅'劳苦'

二字，所能该括耶！"（《清圣祖仁皇帝实录》卷二七五）

那么，《清史稿·圣祖本纪》如何评价康熙帝的呢？

历史评价 《清史稿·圣祖本纪》论曰："早承大业，勤政爱民，经文纬武，寰宇一统，虽曰守成，实同开创焉。圣学高深，崇儒重道。几暇格物，豁贯天人，尤为古今所未觏。而久道化成，风移俗易，天下和乐，克致太平。"（《清史稿·圣祖本纪三》卷八）这个评论是否公允，留待学者去评论！康熙时版图，东濒大海，南极曾母暗沙，西接葱岭，西北到巴尔喀什湖，北达贝加尔湖、外兴安岭，东北至库页岛，总面积约 1400 万平方公里，是当时世界上幅员最为辽阔、人口最为众多、军事最为强盛、实力最为雄厚的大帝国。康熙大帝吸收了中华多民族的、西方多国家的，悠久而又新近、博大而又深厚的文化营养，具有其时最高的文化素质。这为他展现雄才大略、帝王才气，实现宏图大业，陶冶了性格，开阔了视野，蓄聚了智慧，奠定了基础。康熙大帝奠下了清朝兴盛的根基，开创出康熙盛世的大局面。我们今人，怎样评价？

先作纵向比较。辽、金与两宋，凡 37 帝，半壁山河，均不足论。元朝 15 帝，太祖成吉思汗，打下基业，并未一统，更无盛世。元世祖忽必烈建元后，在位 24 年，也还没有盛世。其他诸帝，也不足论。明朝 16 帝，太祖朱元璋，推翻元朝，功绩很大；但是，冤案烦苛，史多讥评。明成祖朱棣，雄才大略，迁都北京，然"靖难"之举，史称之为"篡"。蒙古难题，六次北征，死于道途，抱恨告天。所谓"洪宣"之治，洪熙弟在位一年，宣德帝在位十年，都没有形成盛世的局面。清朝可以提及的是"三祖三宗"——清太祖努尔哈赤、世祖顺治、圣祖康熙、太宗皇太极、世宗雍正、高宗乾隆。"三宗"自然位在"三祖"之下。仅以"三祖"而论，清太祖努尔哈赤有开基创业之功，却未统一中原。顺治帝虽迁都燕京却英年早逝，只有康熙帝可以讨论。

康熙帝的前述三大贡献，迈越古人，千年以来，谁能与比？可谓千年一帝！

再作横向比较。当时与康熙帝大约同时代的君主，英国尚未工业革命，法国大革命和美利坚独立，都是乾隆朝的事。俄国和日本的崛起，都在 19 世纪中叶。俄国的彼得大帝、法国的路易十四，他们实际掌控的国家领土、国民经济实力、民族文化昌盛、人口数量之多、军事实力之强大，都不能同康熙朝相比。康熙帝不仅是中历史上的千年一帝，而且是世界历史上一位伟大的君主。

在康熙朝，四邻和睦，寰宇一统，疆域辽阔，版图奠定，中原地区，社会安定，半个世纪，无大战争，民族协合，国力强盛，经济恢复，府库充裕，黄河安澜，秋决很少。

康熙帝是清朝第四代君主。他在位期间，曾经先后智擒权臣、平定三藩、收复台湾、打败帝俄，还有绥服蒙古、抚安西藏，武功盛极一时，前朝无人可比。他又能重视学术、弘扬文化、编纂图书、奖励学者，文治上的成就也很高。他确实应该占历史伟人地位，当时在清朝宫廷里的西洋传教士们也有赞誉他是"人世间无与伦比的帝王"。李约瑟博士称其为"科学的皇帝"。

（本文系 2007 年 12 月 16 日在新加坡孔子学院的讲座稿）

康熙盛世的历史思考

尊敬的各位领导,今天是农历戊子年正月初七,还在过年期间,我想起了一条拜年的手机短信:"生活顺治、家庭康熙、人品雍正、事业乾隆、万事嘉庆、前途道光、财富咸丰、内外同治、千秋光绪、万众宣统。"最后还有一句拜年的话,我借用它给大家拜年——"我率大清全体皇帝给大家拜年!"我恭祝诸位在新的一年里,工作顺利,身体健康,学习进步,家庭幸福!

我今天同大家交流的题目是《康熙盛世的历史思考》。分作三个小题目——《盛世景象》《盛世缺憾》《盛世原因》。

大家知道,康熙帝是清朝的第四位皇帝,8岁登极,在位61年,享年69岁,是中国有文字记载以来,在位时间最长的皇帝。

从明万历十一年(1583年),努尔哈赤起兵点燃战火,到康熙二十二年(1683年),南明最后象征——台湾延平王郑克塽归清,时间跨度,整整百年。这一百年间,君王与民众、官员与百姓、贵族与平民、地主与农民、业主与工匠、士绅与商人,他们在痛苦、磨难、战乱、灾荒之后,最需要什么呢?是国家统一,民生富裕,文化融合,天下太平。康熙帝就是在国际与国内既有利又有挑战的历史条件下,面临"从打天下到坐天下"的历史与现实的课题。而"坐天下"又经历"乱世""治世""盛世"的艰难历程。康熙帝驾驶大清帝国的航船,在汹涌波涛的海洋上,经过"乱世"—"治世"—"盛世"半个世纪的航行,开创康熙盛世的局面,留下盛世历史的思考。

一、盛世景象

古今中外的伟大人物，都有其杰出的过人之处，也都有其突出的历史贡献。康熙帝以其才华与天赋，智慧与胆识，勤政与谦虚，好学与著述，顽强与坚韧，宽容与简约，在人生旅途中，克服诸多艰难，完成重大使命。康熙帝的文治与武功，学养与行事，都令人称道，也都有特殊贡献。他幼年登极，以智取胜，亲掌朝纲；他崇儒重道，治理中国；他奖励农桑，蠲免田赋；他重视治河，兴修水利；他重视士人，缓和民族关系；他提倡学术，编纂群书；他勤奋好学，于诗文书法深有造诣；他决心撤藩，消除割据，巩固中原统一；他重用施琅，统一台湾；他悉心筹划，打败俄军，签订《尼布楚条约》；他善抚蒙古，巩固北部长城；他进兵安藏，加强对藏区管理——是两千年帝王文治武功所罕见的。

但是，对康熙帝的历史评价，辛亥以来，众说纷纭。我先举一个例子。20世纪90年代初，香港回归之前，香港大学要做一个历史课题：《论黄金时代——康乾盛世》，并成立一个由香港、北京两方面学者合作的课题组，约我参加这项课题研究。但课题组主持人说，这个课题要经过一个专家委员会审议通过。事后这位教授对我说，没有被通过，其理由是——康乾时代不是历史的盛世，而是专制黑暗时代。课题虽没有被通过，却启发我思考一个严肃的课题：康熙朝的历史地位怎样评价？

对康熙帝历史功过的评价、对康熙朝历史地位的评价，清朝人的评价是肯定的；辛亥革命反满派观点是否定的；当代学者又是怎么看的？目前，学术界主要有三种观点：第一，康熙朝的历史是中国封建社会一个黑暗的时期；第二，康熙朝的历史是中国封建社会一个盛世的时期；第三，康熙朝是中国封建社会一次落日的辉煌。

先说第一种观点，界定康熙"黑暗"说的观点，主要论点说康熙朝是"封建专制"。封建君主专制从秦始皇到宣统帝，其间300多位君主，不可一概而论，不可不加分析。历史上的"文景之治""贞观之治""洪宣之治"等，也都是"封建专制"。因此，以"封建专制"作为否定"康熙盛世"的观点值得商榷。

次说第三种观点。论者认同康熙朝是"辉煌"，却认为是落日的辉煌。这个提法很有道理，但终究是一次辉煌。日出的辉煌与日没的辉煌，就"辉煌"这一点来说，都是辉煌。《尚书大传·卿云歌》曰："日月光华，旦复旦兮！"其实，康熙朝也好，大清朝也好，其他朝也好，都像日出日没，月升月落一样，既要观察其是日出或月升，日没或月落；更要观察日出月升时，是被乌云遮蔽，还是光亮天下。本文讨论的是学术界存在的第二种观点。

再说第二种观点。我个人不提"雍正盛世"，因为雍正朝十三年，时间太短；也不提"乾隆盛世"，因在国内外争议较大。我赞成"康熙盛世"的说法，有什么根据呢？我想，康熙盛世有五点景象，同大家交流。

康熙帝 61 年的君主生涯，做了许多事情。在历史的天平上，对中国历史和世界文明的发展，康熙帝作出的重大贡献是什么呢？康熙帝留给后世的历史宝鉴又是什么呢？概括说来，主要有五——中华版图奠定、民族关系稳定、中华文化承续、经济恢复发展、社会秩序安定。

第一，中华版图奠定。我们打开中国地图和东亚地图，看看当时的清朝疆域。

在东南，统一台湾，金瓯一统。明天启四年（1624 年）荷兰人侵占中国台湾。顺治十八年十二月十三日（1662 年 2 月 1 日），郑成功从荷兰人手中收复台湾。郑成功死后，其子郑经奉南明正朔（即承认南明的正统地位）。康熙二十二年（1683 年），康熙帝抓住郑经死后，其子郑克塽年幼、部属内讧、政局不稳的时机，以施琅为福建水师提督，文武兼施，征抚并用，统一了台湾，设台湾府，隶属于福建。台湾府下设三县——台湾县（今台南）、凤山县（今高雄）、诸罗县（今嘉义），派总兵官一员、率官兵八千，驻防台湾。从而加强了中央对台湾的管辖并促进了台湾经济文化的发展。

在东北，抵御外侵，缔结和约。黑龙江地域在皇太极时已经归属清朝。清军入关后，沙俄东进侵入我国黑龙江流域地区，占领雅克萨（现在俄国称阿尔巴津）、尼布楚（现在俄国称涅尔琴斯克）、呼玛尔（现在俄国称呼玛）等城。康熙帝统一台湾后，调派军队进行两次雅克萨自卫反击战，取得胜利。康熙二十八年（1689年），同俄国在尼布楚签订《尼布楚条约》，规定：格尔必齐河、额尔古纳河以东至海，外兴安岭以南，整个黑龙江流域、乌苏里江流域（包括库页岛）土地，归中国所有。这是中国历史上第一个同外国签订的边界条约，表明康熙帝独立自主外交的胜利。清朝加强了对黑龙江地区管辖，初步奠定了后来黑龙江等行省的规模。

在正北，多伦会盟，善治蒙古。努尔哈赤和皇太极解决了漠南蒙古问题，康熙帝则进一步解决漠北蒙古、初步解决漠西蒙古的问题。从秦汉匈奴到明朝蒙古2000年古代社会史上的北疆难题，到康熙帝时才算真正得解。康熙帝说："昔秦兴土石之工，修筑长城。我朝施恩于喀尔喀，使之防备朔方，较长城更为坚固。"秦汉以来，长城是中原农耕民族，用来防御北方骑兵南犯的屏障；康熙之后，蒙古成为中华各个民族防御沙俄南进的长城。

在西北，三次亲征，败噶尔丹。康熙帝先后三次亲征，遏制噶尔丹势力东犯，不仅稳定漠北喀尔喀蒙古局面，也稳定了漠南内蒙古的社会，更有利于中原地区的社会安定。

在西南，进兵高原，安定西藏。清初，顺治帝册封达赖喇嘛，西藏已完全归属于清朝。康熙帝又派兵平定西部蒙古势力对西藏的扰犯，册封班禅额尔德尼，任命西藏政务官员，在西藏驻军，设驻藏大臣，维护西藏的社会安定。

康熙朝国家一统、国力强盛，周边国家没有出现威胁，也没有出现动荡（俄国侵犯被击退）。这既是康熙帝治国的功绩，也是康熙盛世的表现。

第二，民族关系稳定。清代民族关系，从康熙朝开始，是中国皇朝史上最好的时期。在东北，打败俄国的侵略，解决并巩固了自辽河到黑龙江流域各民族的问题，东北的达斡尔，前代所谓的"边徼"之野，清朝则成为"龙兴之地"。在北方，中国自秦汉以来，匈奴一直是中央王朝北部的边患。明代的蒙古问题，始终未获彻底解决。己巳与庚戌，蒙古军队两次攻打京师，明英宗甚至成为蒙古瓦剌的俘虏。清朝兴起后对蒙古采取了既完全不同于中原汉族皇帝的做法，也不同于金代女真皇帝的做法。先后绥服了漠南蒙古（内蒙古）、漠北喀尔喀蒙古（今蒙古国）、漠西厄鲁特蒙古（西蒙古）。清朝对蒙古的绥服，"抚驭宾贡，夐越汉唐"。在西北，到乾隆完成对南北疆维吾尔族等统一。在西南，进兵安藏，加强了对西藏的统治。后乾隆《钦定西藏章程》设驻藏大臣、在西藏驻军、册封达赖和班禅、设立金奔巴瓶制度，西南云贵川的苗、瑶、彝等民族，改土归流，加强了对这些地区民族的管理，实现了中国皇朝史上多民族国家新的和谐。

康熙朝国家一统、国力强盛，多民族协合在一个中华大家庭中，没有出现大的民族动荡、民族分裂。这既是康熙帝治国的功绩，也是康熙盛世的表现。

第三，中华文化承续。清朝帝王为了钳制知识分子的思想、镇压异端、打击政敌，实行文字狱。清代文字狱始于顺治、康熙，发展于雍正，大行于乾隆，约计近百起。康熙帝主要有一起《南山集》案。这是应当批评的。但在文化方面，康熙帝主要做了几件有意义的事情：其一，兴文重教，编纂典籍。他重视文化教育，主持纂修了《康熙字典》《古今图书集成》《律历渊源》《全唐诗》《清文鉴》《皇舆全览图》等，总计60余种，20 000余卷。其二，移天缩地，兴建园林。康熙帝先后兴建畅春园、避暑山庄、木兰围场等，雍正、乾隆又大兴"三山五园"——香山静宜园、玉泉山静明园、万寿山清漪园（后改名颐和园）、圆明园、畅春园，将中国古典园林艺术推向高峰。其三，引进西学，学习科技等。

世界四大文明古国——古埃及、古巴比伦、古印度的文字中断，中国的中华文明在清朝不仅没有中断，而且得到传承，并激发了活力。

康熙朝国家一统、国力强盛，中华文化在交融中传承、在曲折中发展。这既是康熙帝治国的功绩，也是康熙盛世的表现。

第四，经济恢复发展。清军入关后，最大的弊政，莫过于圈占土地。跑马占田，任意圈夺。康熙帝颁令，停止圈地，招徕垦荒，重视耕织，恢复生产。治理黄河、淮河、运河、永定河，并兴修水利，培育新的稻种，取得很大成绩。蠲免田赋，赈济灾荒，没有见到"人食人"现象的记载。康熙四十八年（1709 年）十一月，户部库存银 5000 万两，"时当承平，无军旅之费，又无土木工程，朕每年经费，极其节省，此存库银两，并无别用，去年蠲免钱粮八百万两，所存尚多"（《清圣祖实录》卷二四〇）云云。上年十二月，征银 27 804 553 两，加上课银 295 728 两，共征银 28 100 281 两。（《清圣祖实录》卷二三六）康熙朝强调藏富于民，普免天下钱粮共 545 次之多，其中普免全国钱粮 3 次，计银 1.5 亿两。

康熙朝国家一统、国力强盛，社会经济经过战乱、灾荒后，有所恢复，也有所发展。这既是康熙帝治国的功绩，也是康熙盛世的表现。

第五，社会秩序安定。我说康熙朝社会安定，主要是指康熙二十二年（1683 年）统一台湾之后，虽然社会矛盾也有，民族纠纷也有，但没有大的、严重的社会动荡。康熙帝很有幸，他生活的后 40 年，中国社会处于由乱到治、由动到静的历史时期。原有的社会冲突、原有的动乱能量已经释放殆尽，新的社会冲突、新的动乱能量还没有积聚起来。康熙朝的社会安定，我举三个例子：

（1）从康熙二十年（1681 年）到六十一年（1722 年），中原地区 41 年间，没有大的厮杀争战，没有大的社会动荡，也没有大的社会危机。在中国两千年皇朝史上，统一王朝皇帝在位 40 年以上的有汉武帝（天汉民变）、唐玄宗（安史之乱）、明世宗（庚戌之变）、明神宗（萨尔浒大战）、清圣祖和清高宗（王伦起义）6 位，而中原地区连续 40 多年无战争的只有康熙朝。

（2）秋决死刑比较少。死刑的案件，康熙十二年（1673 年），"死犯共有八十余名"（《康熙起居注册》康熙十二年三月十一日）后来，"决一年之罪犯，减至二三十人"（《康熙起居注册》康熙四十五年十二月）。康熙十六年（1677 年），终岁决断死刑，"不过十数人焉"！当时有多少人口呢？当在一万万以上。当时有多少个省呢？全国设 18 个省，包括直隶、江苏、安徽、山东、陕西、河南、陕西、甘肃、福建、浙江、江西、湖广、偏沅、四川、广东、广西、云南、贵州（以康熙六十年为例），平均每省每年死刑不到一人。对一个上亿人口大国来说，一年死刑十余人，死刑数字算是很少的。这就说明：当时社会，相当安定。

（3）康熙帝多次四方出巡。他三次东巡、六次南巡、五次西巡、三次北征，还48次去木兰秋狝、53次到避暑山庄。试想：如果社会动荡，康熙四方出巡，这是不可能的。如康熙帝第五次南巡，到山东，民众扶老携幼，随舟拥道："夹岸黄童白叟，欢呼载道，感恩叩谢者，日有数十万。"（《清圣祖实录》卷二一九）到江南，缙绅士民数十万人，夹岸跪迎（《清圣祖实录》卷二二八）。

以上难免有官员组织民众夹道欢呼以博得圣上喜欢之举，也难免有官方夸大舆情的现象，但可以透露当时社会比较安定。

康熙朝国家一统、国力强盛、民族协合、文化发展，社会秩序比较安定。这既是康熙治国的功绩，也是康熙盛世的表现。

"盛世"的"盛"有强盛、繁盛、兴盛的意思。康熙朝的后40年，在中国皇朝史上，的确是一个相对强、繁、兴的局面——"强"，当时是世界上强大的帝国；"繁"，当时是比欧洲国家繁荣的帝国；"兴"，当时是东亚兴隆的帝国。康熙帝国有内在矛盾吗？有潜存危机吗？有。具体地说来，有五项缺憾。

二、盛世缺憾

康熙帝既有功绩，也有缺憾。康熙帝的缺失，可以列出很多。如台湾内附后开放海禁，但到康熙五十五年（1716年），突然宣布商贾"南洋不许行走"，此一决策显然有失误。又如晚年禁止天主教传布，则切断了中国与世界文化的联系。再如禁止采矿使国家财政收入减少，也使手工业材料缺乏，对社会经济影响很大。另如限制新武器的试验、制造、配置，影响军力的强盛等。但归纳来说，主要在五项制度方面有缺失。

清朝开国"二祖一宗"，即太祖努尔哈赤、太宗皇太极和世祖福临（还有多尔衮），在建国时、在入主中原后，于制度的设计，存在严重缺失。康熙帝在位时间久、皇权威望高，他应当、也可能对其弊端做出重大改革。康熙帝对这些问题的解决缺乏原始创新，或者根本没有意识到，或者意识到了也没有什么好办法。他的长处主要是解决传统的问题，比如勤政、治河、农桑、尊儒，善于在前人走过的道路上再前进一步，或者恢复起来，或者更加完善。他没有对自己遇到的各种新问题进行整体的认识、看到它们之间的联系、进行总体性的反思和回应。最后清朝灭亡正是新问题交织而严重的结果。

第一，八旗制度没有彻底改革。八旗制度在打天下时起过积极作用，但对治天下呢？这就表现出清朝"二祖一宗"（还有多尔衮）在八旗制度的设计上有严重的缺失。当时只考虑旗人政治、经济、社会利益而埋下隐患。主要表现在：

其一，在政治上，旗人贵族特权。如权力决策层核心的"五大"——内大臣（上三旗各 2 人）、领侍卫内大臣（上三旗各 2 人）、议政大臣（满洲贵族）、大学士和军机大臣（雍正设），主要是满洲贵族。如大学士，康熙十六年（1677 年）到二十七年（1688 年），满洲大学士中除觉罗勒德洪外，全是满洲正黄旗。康熙朝大学士 48 人，其中满洲 22 人，汉军 4 人，汉人 22 人，旗人占 55%，汉人占 45%。康熙朝 12 位河道总督，旗人占了 10 位。

其二，在经济上，旗人生计问题。八旗群体生计由国家包下来，缺乏旗人创业与谋生的机制，从而腐蚀了整个八旗群体。

其三，在社会上，旗民矛盾难题。旗人与民人、满洲贵族与汉族平民，分城居住，同罪不同罚，同刑不同法，享有特权，终世不变。

康熙帝对八旗制度缺乏原创性的改革和创新（八旗制度是他碰到的极少无法从前人那里学习解决方案的问题之一），只是解决了一些枝节问题。八旗贵族集团，在清政权巩固之后，其保守性大于进取性，顽固性大于创新性，安逸性大于勤奋性，寄生性大于谋生性，因此，这是一个拒绝分割部分利益给平民的集团，拒绝改革的保守集团。

　　八旗制度是清朝立国的根本制度。清朝有些制度是学习明朝的，如六部设置、内阁制度、科举制度、监察制度等，但八旗制度是明朝所没有的，也是以往皇朝所没有的。八旗制度的根本特点是维护八旗群体的政治特权和物质利益。清朝不同于明朝的关键一点，就是旗民矛盾。这是当时社会的基本矛盾，也是清朝的死结。康熙帝首先代表八旗贵族的利益。要进行八旗制度改革，根本一点就是分割出一部分旗人利益，特别是满洲贵族的利益，分给民人。孙中山先生同盟会纲领"驱除鞑虏、恢复中华"，就是将旗民矛盾提到了政治高度。

　　这个难题，努尔哈赤、皇太极时期，并不突出；顺治时期，已经突出，但顺治帝年轻，在位时间短，没有解决、也不可能解决。康熙帝不同，他在位时间长、政治上成熟、威望也很高，有条件、也有可能进行修正，或加以解决。但他没有这样做。从这种意义上说，康熙帝是一位政治家，而不是一位改革家。尔后，雍正帝在位时间短，乾隆帝缺乏魄力，也都没有解决这道难题。再往后，内忧外乱，矛盾丛生，失去了解决的机会。

　　第二，皇位继承没有建立章法。清朝的皇位继承，没有采取明朝的"嫡长制"。它在清太祖、太宗朝是"贵族公推制"。顺治朝用的是临终"皇帝遗命制"。康熙帝则采取"立皇太子制"。他将两岁的胤礽册立为皇太子，就是皇位的接班人。事与愿违，康熙帝对太子"两立两废"，闹得朝廷纷争，个人健康受损。英国在1688年（康熙二十七年）发生"光荣革命"，走向君主与议会共同统治的历史。清朝却在"家天下"的圈子里转悠。其结果，雍正帝实行"秘密立储制"，慈禧太后实行"懿旨确定制"，路子越走越窄，最后走向亡朝。

　　第三，吸纳西学没有进行推广。康熙帝时期的主要矛盾不是东西问题，而是满汉问题。康熙帝是中国历史上既了解西方科学文化，又精通中华传统文化的唯一的封建君主。他学习西方的天文学、数学、物理学、化学、地理学、生物学、音律学、医药学、解剖学、测绘学等，还建立蒙养斋，被西方称为"皇家科学院"。但他仅仅局限在个人兴趣、个别皇子、个别官员的研修上，没有成为政府政策，也没有形成国家行为。

这一点，康熙帝同俄国彼得大帝相比，显得有一定的差异。彼得大帝建立近代工厂，建立海军，康熙帝却始终没有产生对近代工业的狂热，也没有使社会越出封建经济一步，始终没有表现出某种跳出农耕经济向工业文明的尝试。彼得大帝面临的是向工业文明的过渡，康熙大帝面临的却是由牧猎文明向农耕文明的过渡。如果康熙帝能够再完成农耕文明向工业文明的过渡，自然是美好的。然而，毕竟受当时历史条件、社会条件、文化条件的局限，在中国不能产生俄国的彼得大帝，只能产生中国的康熙帝。

第四，人口发展没有长远之见。清承明制，丁纳银，地交赋，丁银与地赋分征。康熙朝的人口，随着社会安定、经济发展开始较快地增长。康熙五十一年(1712 年)规定："盛世滋生人丁，永不加赋。"(《清圣祖实录》卷二四九)这个规定的积极意义是，减免新增人丁的"人头税"。他的儿子雍正帝又规定"摊丁入地"，从此免除了"人头税"。这项政策的正面影响是，免除丁银，减轻人身依附，促进人员流动；负面影响是，刺激人口，过快增长，乾隆时达到 3 亿，道光十七年 (1837年) 全国人口达到 405 923 174 人。人口猛增，解决的一个方法是奖励垦荒，而大量垦荒又破坏生态平衡。一项重大政策的制定，要考虑长远的后果。这点康熙帝当时是不能认识到的，只是后人回顾历史，从中取得一点教训。

第五，文化差异没有根本协调。康熙帝为了解决满汉之间的文化冲突，采取许多措施，做了很多事情。弱化议政王大臣的权力，就是削弱满洲贵族权力的一项措施。康熙朝有过两起文字狱，皆因民族问题而起。清朝最后还是没有根本解决民族问题，特别是八旗群体特殊化、八旗贵族特权化的问题。孙中山"驱除鞑虏"的纲领，虽然带有强烈的民族主义色彩，却反映了埋在汉人心中的积怨。清朝最后还是在"民族"问题上翻了船。

清朝的近 300 年间，在全球竞赛中黯然落后，欧美则因制度创新和工业革命而卓然崛起，最终改变了全球格局。总起来说，康熙帝有功有过，有对有错，有成就，也有缺憾。他晚年在悲苦中结束了自己的一生。

三、盛世原因

康熙盛世出现，主要原因有五：

一是，国际环境有利，恰好处于西方大国两次崛起高潮之间；二是，周边国家关系协和，如果周边环境不好，清朝也难以独善其身；三是，国内有利因素，处在两次社会大动荡之间相对平静的时期；四是，满洲民族新兴，满洲民族共同体是一个上升的、有朝气的族群；五是，康熙个人素养。

这里引出一个古老的话题：是英雄创造历史，还是人民创造历史？我认为是英雄与人民共同创造历史。大家设想一下：如果康熙帝是一个荒淫无道的皇帝，或是一个穷兵黩武的皇帝，或是一个懦弱无为的皇帝，或是一个懒惰怠政的皇帝，尽管有上述四个客观有利条件，也不能出现康熙盛世！康熙帝的个人素养，对想在修身、齐家、治国、平天下中有所作为的人，都会得到有益的启发。

因此，康熙盛世出现的诸因素中，我着重探讨康熙帝的个人因素，特别是探讨康熙帝的个人素养。我在《正说清朝十二帝》中，分析清兴的根本原因时，突出讲一个"合"字；在《明亡清兴六十年》中，分析明亡的根本原因时，突出讲一个"分"字；在分析康熙帝个人素养时，也突出讲一个字，就是"一"字。在这里，我想起《论语·里仁》里，孔子说："吾道一以贯之。"《论语·卫灵公》里，孔子又说："予一以贯之。"孔子在《论语》中两次强调"一以贯之"。我说，康熙帝个人素养的一个重要特点就是"一"，就是"一以贯之"。

康熙帝修养"一以贯之"，其表现，举五例——知敬、知仁、知勤、知止、知学。

(1) 知敬：一以贯之。康熙帝认为，君子修德，在于知敬。知敬，就是要敬天、敬地、敬人、敬事、敬己，要有敬畏之心。康熙帝，地位至高，权力至上，怎样约束自己？皇帝的"敬"，就是对自己的约束。敬天，康熙帝说："朕自幼登极，凡祀坛庙、礼神佛，必以诚敬存心。"（康熙《庭训格言》）又说，曾因干旱，在交泰殿前圈席墙，斋戒祈祷，虽盐酱小菜，一毫不食，长跪三昼夜，至第四日，步诣天坛虔祷，油云忽作，大雨如注，"朕自谓精诚所感，可以上邀天鉴"。我在这里不是讲迷信，而是讲要虔诚敬天。敬地，必须敬畏养育我们的脚下这片大地。敬人，康熙帝说："人生于世，无论老少，虽一时一刻不可不存敬畏之心，……我等平日，凡事能敬畏于长上，则不得罪于朋侪，则不召过，且于养身亦大有益。"（康熙《庭训格言》）敬事，康熙帝说："凡天下事，不可轻忽，虽至微至易者，皆当以慎重处之。慎重者敬也！当无事时，敬以自持；而有事时，即敬以应事务，必谨终如始，慎修思永，习而安焉。"（康熙《庭训格言》）敬己，康熙帝说："节饮食，慎起居。"这都是敬身、敬己。敬己，要从小事做起："凡人修身治性，皆当谨于素日，朕于六月大暑之时，不用扇、不除冠，此皆平日不自放纵而能者也。"（康熙《庭训格言》）敬，不要时断时续，而要"一以贯之"。总之，康熙帝认为"敬"就是"正"，他说："念念敬，斯念念正；时时敬，斯时时正；事事敬，斯事事正。君子无在而不敬，故无在而不正。"（康熙《庭训格言》）

（2）知仁：一以贯之。知仁，就是重视仁爱。《大学》曰："为人君，止于仁。"康熙帝的庙号"仁皇帝"，说明后世对他一生用一个"仁"字来做总评价。康熙帝的仁爱之心，源自将心比心，"己所不欲，勿施于人"。他说："己逸而必念人之劳，己安而必思人之苦。"（康熙《庭训格言》）俗话说："俭以成廉，侈以成贪。"所以，康熙帝主张君子五戒："勤修不敢惰，制欲不敢纵，节乐不敢极，惜福不敢侈，守分不敢僭。"（康熙《庭训格言》）人有一颗仁爱之心，对人就会比较宽容。他对臣下宽和："人生于世，最要者惟行善。"（康熙《庭训格言》）

知仁要律己。大臣赞扬他书法"神化之妙，难以名言"；他则说："方将勉所未逮，非谓书法已工也。"大臣赞扬他的文章，他说："虽间有著作，较之往代，自觉未能媲美。"康熙四十一年（1702年）九月二十四日，两江总督阿山上奏说地方粮食丰收都是皇帝洪福与施恩的结果，真是"天心灵感，屡显丰饶景象"。康熙帝不接受他的奉承，反而给他一个批答："若云此皆皇帝洪福齐天，恩播遐迩所致，则江北属数地及山东数处，皆被水灾，民游食者亦多，抑非福不与天齐，恩未能传布所致耶？"

（3）知勤：一以贯之。勤，就是勤奋，而不懒惰；以劳为福，以逸为祸。康熙帝的勤奋，从8岁继位，到69岁病故，终生勤政，终生勤学。他的勤，包括勤奋、勤俭。他说："祖宗相传家法，勤俭敦朴为风。"（康熙《庭训格言》）他认为一个人的贫与富，重要的因素不在命运，而在勤勉："惟患人之不勤不勉。"（康熙《庭训格言》）因此，每一个人：当读书乐志，惟勤学力行。康熙帝的一生，是勤奋的一生。以他勤政为例，50余年，从不懈怠，御门听政，始终如一。他练书法，也极为勤勉。他每天至少写1000个字，说："善书法者，虽多出天性，大半尤恃勤学。朕自幼好书，今年老虽，极匆忙时，必书几行字，一日亦未间断，是故犹未至于荒废。人勤习一事，则身增一艺；若荒疏，即废弃也。"（康熙《庭训格言》）如何读书？他借用朱子的话："循序而有常，致一而不懈。"

（4）知止：一以贯之。一个人，既要知浮知沉，又要知合知分；既要知进知变，又要知足知止。知浮，可以不骄；知沉，可以不馁；知合，可以不孤；知分，可以不败；知进，可以不衰；知变，可以不僵；知足，可以不辱；知止，可以不殆。康熙帝作为君王，特别自勉自戒，知足知止。康熙帝说："世人衣不过被体，而衣千金之裘，犹以为不足，不知鹑衣袍缊者固自若也；食不过充肠，罗万钱之食，犹以为不足，不知箪食瓢饮者固自乐也！朕念及于此，恒自知足。虽贵为天子，而衣服不过适体；富有四海，而每日常膳，除赏赐外，所用肴馔从不兼味，此非朕勉强为之，实由天性自然，汝等见朕如此俭德，其共勉之。"（康熙《庭训格言》）康熙帝知足知止，既不立碑记功，也不自上尊号。他拒绝大臣请求为他立碑记功，说："凡立碑者，惟为一时之名，并不能与永载实史可比，此事理应停止。"他更不允为他上尊号。康熙二十年（1681年），因平定三藩大乱，大臣奏请加上尊号，他认为"此奏无益"，一不准；两年之后，台湾划一版图，大臣请上尊号，他认为"不愿烦扰多事",二不准;后大臣又上奏请求,他说"不必行",三不准;康熙二十六年(1687年),喀尔喀蒙古首领等联合上书,请加尊号,四不准;康熙三十六年(1697年),在三征噶尔丹胜利之后,大臣请上尊号,五不准;后王公、官员等一齐到畅春园再度请上尊号,命以后"毋复再奏",六不准;康熙四十二年(1703年),康熙帝五十大寿,王公官民又请上尊号,回答"终不允",七不准;康熙五十年(1711年),大臣赞扬他功超三王、德越二帝,请"上尊号",他答复道:"若侈陈功德,加上尊号,以取虚名,无益治道,朕所不喜",八不准;康熙五十一年(1712年),群臣以六旬万寿,请加上尊号,九不准;康熙六十年(1721年),诸王大臣等以御极一甲子,亘古所无,纷纷吁请恭上尊号,并称:"皇上参天赞地,迈帝超王,手定平成,致海晏河清之盛;身兼创守,备文谟武烈之全。道德已贯乎三才,福寿更高于千石。"他说:"这所奏无益,不准行。"十不准。康熙帝之文治武功,之出众才华,在中国历代帝王中确实是罕见的。而他十辞群臣上尊号,一贯坚拒别人的赞誉、恭维,更是难能可贵的。康熙帝在位61年,一直谦逊不骄,从不喜欢别人对他过分的阿谀与赞美。

(5)知学:一以贯之。知学就是重视读书学习。康熙帝立志高远。他说,圣人一生,只在志学。"志之所趋,无远弗届;志之所向,无坚不入。"(康熙《庭训格言》)凡人、俗人与贤人、圣人的区别在哪里?在于志学,就是读书学习,持之以恒。"初学贵有决定不移之志,又贵有勇猛精进之心,尤贵有贞常永固不退转之念。"(康熙《庭训格言》)康熙帝读书,终生坚持,手不释卷。他读"三百千"——《三字经》(1122字)、《百家姓》(568字)、《千字文》(1000字),读《大学》(1753字)、《中庸》(3567字)、《论语》(15 876字)、《孟子》(35 261字),共计59 147个字,都能念诵120遍、背诵120遍,直到老年,还能背诵。康熙帝终生读书,手不释卷,甚至老年,好学不辍。他还有《御制文集》《御制诗集》和《几暇格物编》。康熙帝是一位学习型的皇帝,也是一位学者型的皇帝。

总之,康熙帝的这些素养,不是一曝十寒,也不是浅尝辄止,而是"一以贯之"。康熙帝素养的可贵在于"一"字。但是，康熙帝突出"一"字，又产生了"僵"字。这个"僵"字的连带影响，则是"五项缺憾"。康熙帝自己说："公四海之利为利，一天下之心为心。"康熙帝的一生，历史怎样评价？

千年一帝 康熙帝在位 61 年，是中国两千年皇朝历史上执政时间最长的君主。康熙帝的主要三大贡献是：奠定中华版图、协和民族关系、传承中华文化。他的三个缺憾是：八旗制度未能彻底改革、文化差异未能深入弥合、学习西学方未能形成国策。但是，这些缺憾有其历史、民族、文化、地理的局限，不可苛责。从总体上说，无论就中国历史作纵向比较，或就世界历史作横向比较，都可以说康熙帝是中国皇朝史上的千年一帝，也是世界文明史上的千年名君。他与同时代的俄国沙皇彼得大帝、法国国王路易十四，同列世界伟大的君主。

（本文系 2008 年 2 月 13 日在太原的一次演讲）

屏障中原关盛衰

——民族与边疆问题的历史思考

民族与边疆问题是我们中国一个非常重要、非常突出的问题。我分三个方面做历史思考,同诸位交流切磋。

一、民族问题的纵向思考

从公元前 221 年到 1911 年, 2132 年的历史太漫长了, 研究起来也比较困难。我个人把它分了一下, 从中间切一刀, 前一千年, 后一千年。前一千年的历史有很多特点, 其中一个特点就是民族问题。大家知道, 秦始皇统一六国之后, 做的一件工作就是把六国的长城连接起来。为什么? 就是为了防范匈奴。也就是说, 秦朝面临的一个生死问题是民族问题。秦始皇让大将蒙恬率领 30 万军队镇守边疆, 还是为了秦政权的生死存亡问题。秦之后是西汉, 汉高祖刘邦带领军队对匈奴作战, 刘邦差一点做了俘虏。汉武帝雄才大略, 武功显赫, 但突出的问题还是民族问题。东汉时期这个问题也存在。东汉、三国之后, 时间不长就出现了南北朝。南北朝的突出问题还是民族问题。南北朝之后, 隋统治的时间很短, 接着是唐, 唐的突出问题还是民族问题。在西北是突厥, 在东北就是高丽。唐太宗讨伐高丽, 打得不太好, 战死的将士很多, 退兵到北京, 兴修悯忠寺(今法源寺),“悯忠”就是“悼念死亡的将士”。他要解决的还是一个民族问题。所以前一千年, 民族问题是当朝者需要解决的尖锐的、突出的问题。后一千年, 这个问题就更突出了。大家知道, 辽、北宋、金、南宋、西夏、元、明、清8个朝代，90个皇帝。两宋、辽、金加上西夏，5个朝代，47个皇帝，都没有实现统一。两宋、辽、金都是半壁江山，西夏是偏隅一方。这段时期，中国为什么没有统一，突出一点就是民族问题。北宋要统一碰到了契丹——辽，南宋要统一碰到了女真——金。他们之后就是蒙古，蒙古把中国统一了。元朝是蒙古族建立的，但还是面临民族问题。元之后就是朱元璋，朱元璋起义的口号是"驱逐胡虏，恢复中华"。胡是指蒙古人，所以说朱元璋起兵打的是民族旗号，推翻了元的统治，建立了明朝。朱元璋的子孙们传了16朝，一直被蒙古问题所困扰。崇祯朝被推翻，清朝取代明朝。清是满洲人建立的。清太祖努尔哈赤起兵时以"七大恨告天"，矛头指向明，还是一个民族问题。努尔哈赤没想到，他的子孙传到第12个皇帝溥仪，最后被孙中山推翻，孙中山的口号是"驱除鞑虏，恢复中华"，还是民族问题。

　　前一千年的中国的政治中心主要在西安，但这一千年的政治中心不是一个，而是以西安为中心，东西摆动。大家知道，秦的都城在咸阳，西汉到了长安，就是现在的西安，东汉则到了洛阳，隋在大兴（今洛阳），唐时又回到了长安。这样有时东，有时西，基本上是在渭河、黄河这条线上东西来回摆动，但是它有重点，重点在西安。来回摆动的原因之一就是民族问题。后一千年，大家都知道，辽上京临潢府在今内蒙古自治区巴林左旗南，其南京就是现在的北京。金上京在阿城，就是现在哈尔滨市阿城区。金从上京阿城迁到中都，就是现在的北京。元开始在上都，后迁到大都，也就是北京。元之后是明，明都城原来在金陵，就是现在的南京。永乐皇帝迁都北京，南京到北京，即从南到北。清都先在盛京，就是沈阳，顺治的时候迁都，迁到燕京，也就是北京，从沈阳到北京750公里，依然是南北摆动的。两宋、辽、金、元、明、清都城的特点是南北摆动，中心在北京。为什么南北摆动？原因很多，有经济的、民族的、政治的、地理的、军事的原因等，其中一个重要的原因是民族问题，直接影响到一千年的都城迁移，影响到几个重要王朝的政权更迭。我想，我们中国帝国时期的历史，前一千年也罢，后一千年也好，民族问题都是非常重要的问题，民族问题开始重点在西北，后来的重点在东北。契丹、女真、蒙古都是从东北兴起的，满洲也是这样的。为什么从西北转移到东北，有多种解释。比如说，清朝有位学者叫赵翼，他写了本书叫《廿二史劄记》，他说为什么"紫气东来"，从东北兴起，因为东北有一种气，这气从西北转移到东北了，这解释也是可以的，但不是太科学。有些学者认为是因为气候的变化。辽金时期、明朝后期、清朝前期的这段时间，地球逐渐转冷，黑龙江、吉林及辽宁的北部地区气温比较低，人们生活很困难，就开始向南移，由此引起民族之间的冲突，还有其他原因使得东北的民族问题比较突出，这个问题今天不作专题讨论。

纵向来看，中国的民族问题确实很突出，一直到清朝。元朝灭亡的原因是没有处理好民族问题，所以朱元璋提出了"驱逐胡虏"的口号，用这四个字煽动民心，在政治上反对元朝的统治。明朝灭亡的原因很多，其中一个原因也是民族问题没有处理好。明朝多的时候有 200 多万军队，怎么呼啦就倒了，重要原因之一就是民族问题没有处理好。我举个例子，这个例子大家都很熟悉，万历皇帝错杀了努尔哈赤的父亲塔克世，崇祯皇帝错杀了袁崇焕，这两个人的死直接加速了明朝的灭亡。历史现象虽然纷繁复杂，千头万绪，但是我们可以把它归纳到一点上，从而找出历史的关节点。我们学习通史的时候都说，明朝灭亡的起点是农民起义，对此我不赞成。我认为明朝灭亡的信号比这还早，早到明朝万历十一年（1583 年）。那一年，辽东总兵李成梁带兵攻打女真人山寨。这个李成梁同蒙古军队作战，一仗最多的曾经斩首 1745 级。这么大国的一个总兵带兵攻打女真一个小山寨，却伤亡惨重。因此，他恼羞成怒，攻破山寨后，下令屠城，见人就杀，结果努尔哈赤的父亲被杀了。本来努尔哈赤的父亲不是反对明朝的，却在混乱中被杀了。在明朝万历皇帝、辽东总兵李成梁眼里，这是一件很小的事情，杀了个辽东的草民，不算什么。可努尔哈赤不干了，找边官讨说法。边官很傲慢，回答三个字："误杀耳！"误杀了，怎么着吧？不行，赔你，赔你三十匹马、三十道敕书（就是边关贸易特许证）。明朝以为这个事完了，可是没完。努尔哈赤以此为理由起兵，"七大恨告天"，要报仇。我说是万历皇帝和辽东总兵李成梁自己点燃了烧毁明朝这座大厦的火，而且越烧越大，沈阳丢了，辽阳也丢了，最后是广宁（今北镇）也丢了。后金的军队攻到了现在的辽宁兴城。这时，明朝又出了个人叫袁崇焕，袁崇焕是来为明朝救火的，但崇祯皇帝又稀里糊涂地把袁崇焕给杀了。因此，明朝就没救了。所以我说明朝灭亡的起点就是在民族问题上发生错误。另外，明朝又攻打蒙古，把蒙古人的统治推翻了，两家成为仇人。努尔哈赤会做工作，跟蒙古人说，咱们两个共同对付明朝，我们帮你们报仇，这样就把蒙古人说动了。明朝的政策这时又出错。蒙古地区闹灾荒，没粮食吃，明朝的政策是禁运，不给粮食吃。袁崇焕等人想不能饿死他们，因为他们没有饭吃不能等死，就会到长城以里来抢啊打啊。那怎么办呢，就是用马换粮食吃，你蒙古人不是有马吗？用马来换粮食吃，你有粮食吃，我有战马了，也可以用马来抵抗后金军队。可崇祯帝说不行。结果是既不许卖粮食，又不能用马换来粮食吃，你不是把他们推到死亡线上吗？后金则比较聪明，跟蒙古人说你不用马来换，我的粮食白给你。蒙古人一看，好啊，我困难的时候你给我粮食吃，不用钱，白给啊，明朝用马换都不给，那好吧，我们满蒙联合对付明朝。女真一个拳头，明朝还能招架；但现在是满、蒙两个拳头，明朝皇帝就招架不住了。再加上李自成起兵，三个拳头打向崇祯皇帝，明朝肯定招架不了，所以明朝灭亡的重要原因就是在民族政策上犯了严重的错误。

康熙继位的时候是顺治十八年（1661 年）。康熙帝是怎么处理民族问题的？他主要是化解满汉矛盾。多尔衮实行了六条政策，我叫作六大弊政：第一剃发，第二易服，第三圈地，第四占房，第五投充，第六逃逃。

康熙帝怎么办？康熙帝没有用顺治的办法，也没有用多尔衮的办法，康熙帝就一条，缓和满汉之间的紧张关系，尽量促使满汉两种文化之间的融合。康熙帝是皇帝，但有些汉族知识分子就不买他的账。那康熙帝怎么办？也有办法。有"博学鸿词科"，也叫博学鸿儒科，你不考试，别人可以推荐你，象征性地考一下你就可以做官了。而且官还比进士的大，级别还高。但是，还是抵制，不来，那就抬呗，把你给抬来。抬来之后，不下地走路，你们不能把我抬到太和殿吧。我不吃饭，绝食，还得给抬回去。有这么大的抵触情绪。康熙帝就用一个办法——宽容汉族知识分子。范文程说过一句话："得天下在得民心，士为秀民，士心得则民心得矣。"（《清史列传·范文程》）士农工商，士为四民之首，士心得，士服你了，民心得矣，老百姓就服你了。

康熙帝不仅"抓"士，而且"抓"士里面的优秀者——名士，用我们今天的话来说是"抓住知识分子中的精英"。这些人"抓住"了，一般的知识分子就服了，老百姓也就服了。康熙帝南巡到了曲阜，进了大成殿，对孔子的塑像和牌位行三跪九叩大礼，并题了"万世师表"匾。注意啊，汉族皇帝到孔庙行二跪六叩之礼，康熙帝为三跪九叩，这不是磕几个头的问题，是政治态度，是接受孔子的学说，和解满汉之间的矛盾。从曲阜到杭州，从杭州过钱塘江到绍兴大禹陵，康熙帝对大禹陵也是三跪九叩，他知道大禹是汉族的英雄人物。所以到康熙后期，朝廷与汉族知识分子的关系逐渐缓和：黄宗羲老了，让他的儿子参加修《明史》；顾炎武老了，也同意他的三个外甥，一个状元、两个探花到京城做官。康熙还采取了其他措施，比如修《康熙字典》、修《古今图书集成》、编《全唐诗》，等等。

这是同汉族的关系，再就是同蒙古的关系。大家知道，明朝276年，蒙古问题始终没有解决，《明史·鞑靼传》《明史·瓦剌传》将鞑靼、瓦剌列为"外国"。大家都很熟悉，明英宗皇帝于正统十四年（1449年），做了蒙古瓦剌的俘虏。北京外城，前三门之外的外城，也是嘉靖为防范蒙古人而修的。蒙古有大漠，大漠之南是漠南蒙古，大漠之北是漠北蒙古（今蒙古国，以前习惯称外蒙古，也即喀尔喀蒙古），大漠之西是漠西蒙古。努尔哈赤、皇太极的时候解决了漠南蒙古，将他们编入了八旗。漠北蒙古这个问题怎么办？虽然皇太极的时候他们向清朝进贡，但是问题没有完全解决。

康熙帝还是比较高明的。大家知道，外蒙古（今蒙古国）当时有三个汗，就是土谢图汗、札萨克图汗和车臣汗，其中的两个汗之间闹矛盾，土谢图汗把札萨克图汗给杀了。康熙帝怎么解决这个问题啊？他就在现在的内蒙古多伦县举行会

盟，带领大臣、贵族、首领都去参加。说你杀人了，写个认罪书吧，写完了给其
他首领传阅，看完后说既然他杀人了，我把他的汗给免了。札萨克图汗那边呢，
弟弟接着做大汗，这样气就消了。对土谢图汗这边呢，康熙帝也有办法，不是免
了你的汗了吗？也忏悔了，那就再恢复。三个汗和哲布尊丹巴呼图克图四个人受
重赏，重赏后举行大型文艺演出、阅兵盛典，看看清朝军队的强大，然后修庙。
喀尔喀蒙古各部都服气了，完全臣服了。所以康熙帝有句话："昔秦兴土石之工，
修筑长城。我朝施恩于喀尔喀，使之防备朔方，较长城更为坚固。"（《清圣祖实录》
卷一五一）"明修长城清修庙"，清朝不修长城，修寺庙，对待蒙古，施以恩惠，
较长城更加坚固。康熙帝这话我觉得符合事实。大家知道长城是防蒙古的，清朝
不但不修筑长城，而且蒙古成了中国北方的长城。沙俄南侵，蒙古在那儿挡着。
蒙古变成了中国北方的长城，一直到清末都没有变。

　　西藏也是这样。顺治时候，达赖喇嘛到北京朝拜，带的队伍有 3000 人，跋
山涉水，历尽艰难，顺治帝在南苑接见了达赖，在太和殿设宴招待达赖，并册封
达赖喇嘛。后来，康熙帝又册封了班禅额尔德尼。所以，达赖、班禅正式册封是
在顺治、康熙时期。康熙朝开始在西藏驻军、设立驻藏官员。本来西藏的问题非
常复杂，不同教派之间、西藏与蒙古的关系，以及蒙古各部之间的关系等。康熙
帝比较聪明的一点就是，他把西藏跟蒙古人之间的关系逐渐剥离，使西藏问题比
较单纯，然后再处理。我看到的历史资料是这样的：整个清朝 296 年，西藏没有
要独立，没有说要脱离清朝。乾隆时候，又有《钦定西藏章程》，设立金奔巴瓶制度，
灵童转世的确定，在西藏通行清朝货币等问题都处理得比较好。

　　我觉得清朝皇帝有一个很重要的特点，对藏传佛教采取一种尊重的态度，对
达赖、班禅是尊重的。安定门外的黄寺是专门为达赖喇嘛修的，西黄寺是为班禅
修的。你信教，我尊重你，这一条很重要，这不是几个人的事，是整个藏民族的
问题。乾隆帝跟班禅和达赖完全可用藏语谈话。所以，蒙古族的上层首领、藏族
的上层首领，对康熙帝、乾隆帝可以说是心悦诚服。现在拉萨的布达拉宫还有壁

画，是顺治皇帝接见达赖喇嘛的画像，还供着"当今皇帝万岁万万岁"的牌位。所以我想，我们中国从秦始皇一直到清朝，两千多年，民族问题解决得比较好的是清朝，清朝民族是多元一体的，是民族和谐的。到晚期，虽然西方殖民者入侵，但是还没有闹到要分家、要独立的程度。当然，清朝的民族关系也有问题，特别是满洲特权，最后还是亡在民族问题上。所以，边疆地区的兄弟民族其地位、其作用是特殊的、重要的，是屏障中原关盛衰的。

二、疆域问题的横向思考

我算了一下清朝盛时的疆域，大约有1400万平方公里，奠定了中华版图。有人说汉武帝时候的版图大。我说汉武帝和匈奴作战，往西大体上到现在的甘肃西部，个别地方能到新疆哈密，那离天山南部还远着呢，离天山西部伊犁河就更远了。

还有人说明朝的版图大。"文化大革命"期间，我曾经到北京图书馆查过古地图，查的是北京图书馆善本部舆图组珍藏的古地图。根据明朝的地图，当时长城以外的蒙古地区，包括内蒙古和外蒙古（今蒙古国），明朝是不能控制的。瓦剌部，也就是新疆这块地方，明朝也不能有效地控制。朱元璋曾经派人去攻打过蒙古地区，东北打到贝尔池，也就是现在的呼伦贝尔的贝尔湖那儿。永乐年间往正北打，一直打到克鲁伦河。但打完后守不住，也还是等于没有控制。清朝则不同，清朝真正把现在的内蒙古、外蒙古（今蒙古国）及漠西蒙古，全部划入自己的版图。这些地区每年都要朝贡，皇帝在每年的正月初一召见汉族官员，正月初二就要在保和殿摆宴招待各个民族首领、官员，包括蒙古王公贵族等。

往北看，现在的黑龙江入海口，俄罗斯称之为萨哈林岛，就是库页岛，在清朝时是属于中国的，当时的俄国还没有到那里。再往西一点是外兴安岭，当时外兴安岭以南，所有黑龙江流域的领地都归清朝。康熙二十八年（1689年）中俄双方签订《尼布楚条约》，确定了中俄东段边界，额尔古纳河、格尔必齐河以东到鄂霍次克海，所有黑龙江、乌苏里江流域的土地都是属于清朝的。再往西是贝加尔湖，贝加尔湖以东以南地域是清朝的。再往西，天山南北地区，包括天山以西，一直到巴尔喀什湖地区，都是清朝的。

往东南就是台湾。康熙二十二年（1683 年）康熙帝统一台湾，翌年中央政府决定在台湾设一府三县——台湾府和台湾县、诸罗县、凤山县，隶福建省，台湾从此真正地划入了清朝版图。光绪十一年（1885 年）设台湾巡抚，在台湾正式建省。康熙年间纂修台湾地方志书，康熙三十三年（1694 年），高拱乾分巡台湾时修纂了《台湾府志》。康熙五十五年（1716 年），知县周钟瑄开局编修《诸罗县志》，越年成书。到康熙末年，台湾、凤山、诸罗三县都修纂了地方志书。那时，台湾举子到北京参加会试和殿试。

往南是曾母暗沙。我曾经到过马六甲，从马六甲看曾母暗沙，曾母暗沙贴近赤道，还在菲律宾往南一点。这样我们看，北起外兴安岭，南到曾母暗沙，东到大海，西到萨雷阔勒岭，大约 1400 万平方公里的土地，都是属于清朝的。

那么，当时的世界是什么样子呢？我在江苏演讲时，有人就提问，说康熙的时候英国已经完成工业革命了，法国已经开始资产阶级大革命了，美利坚合众国也已经建立了，而清朝还是封建制。我说，请问，你是学什么的？他说，是历史系的。我问，几年级的？他说，是研三的。我说，在座的如果有不识字的提这个问题还可以理解，你历史系研三的学生不应该提这个问题。英国工业革命、法国大革命、美利坚合众国建立都是在康熙的儿子雍正、雍正的儿子乾隆时候发生的。康熙那个时代英国没有工业革命、法国没有大革命、美国没有建立、德意志没有统一、俄国没有农奴制改革、日本也没有明治维新，当时世界上领土最广大、军力最强大、经济最繁华、文化最昌盛的，就是康熙帝国。

当时，资本主义世界还没有一个国家兴起。有人经常会提到彼得大帝，说彼得大帝和康熙同时代，经历差不多，年龄差不多，但是彼得大帝那个时候已经走向工业化了。可是，我要说，康熙王朝已经完成了一个过渡，由渔猎文明向农耕文明的过渡，如果他能再完成一个过渡——由农业文明向工业文明的过渡，那当然好了。但是，这个问题当时并没有摆到康熙帝的议事日程上。那时候，这个问题还不成为问题。

清朝后期丧权辱国，割地赔款，这是沉痛的历史教训；但是清朝前期的疆域，是应当肯定的。功是功，该肯定的肯定，吸取历史经验；过是过，该否定的否定，借鉴历史教训，这才是科学的历史态度。

三、民族边疆的当代思考

我学习这段历史，一直有个想法。怎么引起的呢？我到日本去，一个很深的感受就是，日本人强调大和民族。我有些日本朋友到中国来，到北京就住日本人开的宾馆，请吃饭就吃日本料理。我不是笼统地排外，但是我深深地感觉到，日本人的大和民族精神是多么根深蒂固，又是多么鲜明强烈。日本不只是大和民族，也有华人、朝鲜人、美利坚人等，但最后都能融合成一个大和民族。

在美国，美国人里有白人、黑人，有英格兰人、日耳曼人、法兰西人等，但他们都以美利坚而自豪。在韩国，我也有同样的感受。

这种民族精神值得我们思考。我们 56 个民族，每个民族都有所长，都应该发挥各自的长处，都对中华历史作出过贡献，但中华民族共同的民族精神更应该提倡、更应该发扬。

有一个美籍华人从纽约给我打电话，强调一定要把中华文化的共同性说一说。在国外的华人，不管在什么地方都是中华儿女。在国内，不管是蒙古族、满族，还是汉族，都是中国人，都要体现出中华民族的共同性，都应该强调中华民族的精神。

（本文原是应民族出版社禹宾熙社长之邀，以"康熙的民族与边疆"为题，于 2008 年 6 月 12 日，在该社学术讲座上所做的报告，后经修改和补充，以本题目刊载于《中国民族报》2008 年 8 月 1 日第 7 版）

明清痛失的改革机遇

明末抗御后金将领袁崇焕建成关外宁锦防线,并取得宁锦大捷。宁锦防线是宁锦之战的防务依托,宁锦大捷则使宁锦防线得以巩固。本文就宁锦防线、宁锦大捷及其相关诸问题,粗作分析,进行探论。

主持人王一鸣: 改革与人类社会的进步相伴而生, 也是我们发展的强大动力。总书记最近说, 改革开放是决定当代中国命运的关键一招。2013 年年底召开的十八届三中全会标志着中国进入了全面深化改革的新时代, 会议审议通过的决定明确了今后一段时期的改革路线图, 也极大地鼓舞了全国人民深化改革的信心。我们在推进改革的进程中要以史为鉴, 挖掘隐含在历史背后的内在逻辑, 为当代改革提供丰富的思想启迪。今天, 我们非常荣幸地邀请到了北京社会科学院研究员、北京满学会会长、中国紫禁城学会副会长阎崇年先生。阎老师在《百家讲坛》做过很多次演讲, 今天到场的很多同志也都是慕名而来的, 很多人还买了他的光碟。阎老师是著名的历史学家, 毕业于北京师范大学历史系, 研究清史、满学, 兼及北京史, 出版专著数十部, 发表论文百余篇, 作品被翻译成英、德、法、日、韩等多国文字, 在央视《百家讲坛》主讲了《清十二帝疑案》《明亡清兴六十年》《康熙大帝》和《大故宫》等系列讲座, 在国内外具有广泛的影响力, 被誉为《百家讲坛》的开坛元勋。我想大家都充满了期待, 下面我们把时间留给阎会长, 让我们用掌声欢迎他为我们讲解《明清痛失的改革机遇》。

阎崇年: 从中国第一个皇帝秦始皇开始, 到最后一个皇帝宣统, 共 2132 年,中间经历了上百名皇帝。有人统计是 219 位，有人统计是 350 位，因为取样不同，所以统计的数字不同。而建立了大一统的王朝，执政 200 年以上的只有 4 个：西汉、唐、明、清。这 4 个大一统王朝，汉和唐，离我们太远；明和清，离我们比较近，可以借鉴的东西比较多。所以，我就选择明、清社会的发展，特别是改革有哪些经验和教训值得我们思考，作为今天的主题。

我国有两位著名的大历史学家，很巧都姓司马，一个叫司马迁，另一个是司马光。司马迁用 10 个字给历史研究的使命作了规定——"究天人之际，通古今之变"，就是为了当代的发展。司马光在《资治通鉴》向宋神宗进书表里也说过一段话，概括来说是 6 个字——"考古今，知兴替"，知道历代王朝的兴替，也是为了当下更好的发展。为了今天的发展，要研究历史的兴替经验，研究历代王朝改革的成败经验和教训。明朝和清朝都经历了一个发展、兴盛、衰落和灭亡的过程，这个过程主要是内在机制发生作用。毛泽东主席曾经说过，内因是变化的根据，外因是变化的条件，外因通过内因而起作用。所以，研究明清社会发展就要研究内在的原因怎么演变的。

一、明朝的兴替与改革

第一，明朝的兴起及贡献。

明朝对中国历史发展贡献巨大。明朝有 16 个皇帝，历经 276 年。这 16 个皇帝当中可以称作雄才大略之君的只有两个人，一个是明太祖朱元璋，另一个是明成祖朱棣。朱元璋 17 岁出家做和尚，碰上灾荒，他就托钵游食、乞讨要饭三年。他回到皇觉寺做和尚时，正赶上元朝末期民变四起，就从军了。朱元璋起兵后，经过了 16 年的拼搏，于洪武元年（1368 年）建立明朝，他又在位 31 年。加起来，他在政治舞台上待了 47 年，接近半个世纪。

在这半个世纪的纷争中，朱元璋做了很多事情，《明太祖实录》大约 68 万字就是讲他的贡献。但我个人认为，朱元璋的历史贡献主要就一条，就是"驱逐胡虏，恢复中华，立纲陈纪，救济斯民"。这话出自《明太祖实录》第 26 卷，这 16 个字意义重大。中国从北宋算起（北宋和辽是并立的），一共是 167 年；接下来是南宋和金的并立，共 157 年；之后蒙古取代他们，统治了 98 年，合起来算接近 400 年的时间，特别是在北方，契丹、女真、蒙古不断更迭政权，当时老百姓最大的渴望就是"驱逐胡虏，恢复中华"，而朱元璋做到了。

分裂和战乱自安禄山始，唐玄宗天宝十四年（755 年），安禄山在北京起兵，打到洛阳，打进了长安，从此唐朝衰落，出现藩镇割据，以及后来的五代十国，再到朱元璋时（从 755 年到 1368 年），中间经历了 600 多年，朱元璋把这个局面改变了，中国重新出现了统一。朱元璋说要立纲陈纪，就是要恢复到盛唐时期的典章制度。朱元璋做皇帝在位 31 年，还是在实践这 16 个字。我认为，朱元璋这 16 个字概括起来说就是两条：一是民族，二是民生。前 8 个字是民族——"驱逐胡虏，恢复中华"；后 8 个字是民生——"立纲陈纪，救济斯民"，让老百姓生活得好一点。

永乐皇帝朱棣经过靖难之役后做了皇帝，主要有两个贡献：第一个是派郑和七下西洋。这是中国航海史、交通史、文化史上的一个空前壮举，也是人类航海史上的空前壮举。永乐皇帝还派亦失哈八次到奴儿干（现在黑龙江入海口庙街，俄国叫尼古拉耶夫斯克），其意义可以与郑和七下西洋相媲美。因为派亦失哈到奴儿干并设立奴儿干都司，明朝的国土就一直扩展到黑龙江的入海口（包括库页岛，即今萨哈林岛），这个在明朝之前是没有的。永乐皇帝在那儿建立了一个名为奴儿干都司的军政机构，派遣官员视察，而且定期朝贡。所以，我认为永乐皇帝是雄才大略之主，既派郑和七下西洋，又派亦失哈八下奴儿干。第二个贡献就是迁都北京。原来明朝都城在南京，后来往北推了大约 3000 里，整个政治中心的北移，标志着中国的版图向北方的拓展和巩固。特别是迁都北京之后，天子守国门，皇帝亲自把守国家的大门。尽管永乐皇帝犯了很多的错误，但就这两个贡献来说，永乐皇帝确实称得上是雄才大略。所以，明朝朱元璋叫明太祖，朱棣叫明成祖，明朝称祖的只有这两个人。

第二，明朝的灭亡与改革的拖延。

明朝后来为什么会灭亡？原因太复杂了，如果从侧面选一个点来说，我觉得一个重要原因就是制度上的缺陷。在讲清朝十二帝之一努尔哈赤的时候，我认为"清太祖努尔哈赤既播下了康乾盛世的种子，也埋下了光宣衰世的基因"。其实，讲明朝，可以说朱元璋既播下了明朝强盛的种子，也埋下了明朝衰亡的基因。历朝历代基本都是这样，所以需要改革。这个基因是什么？朱元璋埋下了后来明朝灭亡的基因是什么？努尔哈赤埋下了后来清朝灭亡的基因是什么？事情很复杂，我今天只举两个例子来做分析，明朝举一个例子，就是分封藩王制；清朝举一个例子，就是八旗制度。

先说明朝。朱元璋做皇帝后在总结历史经验时，他认为宋、元灭亡是因为宋、元时皇帝太孤立了，没有把子孙分封建国，所以宋朝和元朝都先后灭亡了。他就反其道而行之，学习汉高祖刘邦的分封做法，分封诸王，以此来强固明朝的根本，这是朱元璋的本意。还有一个原因他没说，就是让子女生活得好一点，给个金饭碗。

分封藩王制埋下了明朝灭亡的一个祸根，因为这个制度有不可持续性。到洪武七年（1374年），开始分封藩王4年后，有人就看出问题了。这个人叫叶伯巨，官不大，山西平遥的训导，相当于现在平遥县教育局的干部，一个未入流的小知识分子。他怎么想起来给朱元璋提意见呢？当时正逢天变，星象有变化，朱元璋求直言，征求意见。一看朱元璋征求意见，叶伯巨便写道，朝廷存在最大的弊病就是分封诸王，这事要研究、要改。上报后，朱元璋说了三句话："此子间吾骨肉，速逮来，吾手射之。"你这小子离间我和我儿子的骨肉之情，马上派人把他抓到南京，我亲手用箭把他射死。当时的宰相还不错，趁着朱元璋高兴的时候，说这个人先关监狱里头再说，就把叶伯巨关监狱里了。后来，叶伯巨死在了监狱里。朱元璋失去了这次改革的机会，问题越发严重。

明朝藩王分封制度有一定的合理性，也有不合理性。我把这个制度总结为四个"请"和几个"不许"：一要请名，王生了孩子，要有名字，报到北京，由皇帝批；二要请旨，才能结婚；三是人死了要请葬；四是出城要请示。结果导致有些王爷的儿子、孙子到了40多岁还没有名字，不能结婚；王爷、郡王的女儿、孙女，有的都30多岁了，没名字也不能出嫁。死了以后不能葬，尸体都臭了也不能葬。朱元璋还规定王子王孙不许为士、不许务农、不许务工、不许经商、不许从军、不许教书，即不士不农不工不商不军。这样一代又一代，问题就层出不穷了。

有一个小王爷不念书，又不做工，做什么都不行，他没事干，看上了他爸爸的妾，把这个妾给奸淫了，老王爷发现后，就打了儿子的老师，说因为老师没有教育好，实际上等于杀鸡给猴看。但小王爷不但不接受教训，还想了一招毒计。八月中秋节，小王爷请老王爷来赏灯，他事先设好埋伏，老王爷以为自己儿子学好了，就去赴宴了。结果埋伏好的人手突然跳出来，把老王爷用锤子砸死了，又把尸体打扫干净，换上干净衣服，抬到大堂，说老王爷得急病死了，用今天的话说就是心肌梗死，报到皇帝那儿，又哭又搞祭奠。后来，有人揭发了他，皇帝派人一验尸，才发现真相。

还有的皇子王孙更瞎闹了，拿弹弓打行人的眼睛，犯了法以后，知府、知县都不能管，因为他是皇子王孙，享受法律上的特权。有一个小王子要选美，把城门关闭后，开始选了600个美女，又从中筛选剩下60个人，没选上的不让回家，让家里拿钱来赎人。本来把人抓了去选美，就已经民怨沸腾了，再让人家拿钱赎人，更激起民愤。还有一个王爷看好旁边一家民宅，他要占那房子，人家不同意；王爷就打算花很少的钱买，人家也不同意。于是，王爷就找几个彪形大汉到这家去，既不打人，也不骂人，专等那人吃饭的时候把碗夺下来，一天三顿不能吃饭；喝水的时候把杯子夺了，不让喝水；睡觉的时候躺在主人身子旁边，不让睡觉。这么折腾若干天，就把人给活活折腾死了。如果告他，他既没打你，也没骂你，也拿不出证据来。有的皇子王孙就这样为非作歹。

到了弘治皇帝的时候，有一个叫倪岳的礼部尚书，提出分封藩王制度不合理，需要改进。由于他地位高，就报到皇帝那儿了。皇帝说，这事研究研究再说吧，就给拖下了。本来弘治皇帝比较强势，对这个制度做点改革也还是可以的，结果一拖再拖，就没办成。

第三次是嘉靖的时候，皇子王孙吃饭成了问题。一个名叫林润的御史，正式上奏疏建议改革藩王制度。他说天下财富，供京师的大米一年 400 万石，光各个藩王每年给粮食 853 万石，还有官员的工资、俸禄、军队的用粮。因此，他提出，藩王制度已经影响到国家政权，要改革。嘉靖皇帝看到奏折，让礼部先讨论并提出方案，礼部上报一个方案后，嘉靖皇帝又让听听各个王府的意见。嘉靖皇帝还是不负责任，又将此事拖下去了。

嘉靖死后，他儿子隆庆皇帝继位。机会又来了，有一个叫戚元佐的礼部郎中，上个奏章，这个奏章特别长，不算标点符号 2303 个字。他就讲一个道理，说朱元璋的时候，亲王、郡王一共 49 个人，公主当时才 9 个人。到本朝是 28 492 位，比原来多了近 500 倍，禄米供不上，所以要改革。有人提出反对意见，认为祖制不敢擅变，祖宗定下的规定不能擅自改动。戚元佐就驳斥说，法穷则变，变则通，通则久。这是在理论上，在事实上他也拿出数据了。他说，朱元璋在位的时候就变了，开始时亲王 5 万石粮食，供应不上了，减成 1 万石；到永乐的时候减成 2000 石，永乐也在变；太祖、成祖当年也在变，他们如果活到现在也会变的，只不过他们作古了，所以我们也可以变。他提出了一套完整的办法，比如说封爵的限制、祭祀官员的限制、亲疏的限制、公主女眷的限制，等等，送到隆庆皇帝那儿。隆庆皇帝说这个办法礼部先研究一下。礼部就专门开会讨论，还找了一些其他相关部门一块儿协调，讨论之后觉得这个办法可行，就又报上去了。皇帝让把方案送到各个王府征求意见，王府就提困难，说，不行啊，过一段时间再说吧。就又搁下了。

过了一段时间，河南巡抚栗永禄又提出这个问题来，这人很大胆，上奏章说这问题不解决不行。他说查了《玉牒》（皇帝的家谱），现在有 28 924 位，比上一次又多了，一年光禄米（粮食）供给王府的就是 870 万石。国家在不闹灾荒的情况下征收一年是 400 万石，边境还要打仗，还有兵和官员的俸禄、粮饷，皇宫自己还要吃饭。他又提出了非常详细的改革方案，共 933 个字，当时来说也很长了。但又有人提出反对意见，说，这是祖宗制定的，你怎么能变？栗永禄说，两个祖宗（明太祖和明成祖，就是朱元璋和朱棣）那时候叫作"酌时通变"（用我们今天的话叫作与时俱进），所以我们也应该像祖宗那样"酌时通变"。皇帝认为这个问题还是挺重要的，让礼部负责召集相关的部门开会讨论，听听大家的意见。这时候问题已经很严重了，讨论完之后大家意见一致，就是这事还是要变。皇帝说，这事很重要，还是征求各个王府的意见吧，很快王府就全给顶回来了。改革就是动这些既得利益者，你要与虎谋皮那肯定不行，这事情又搁置下来了。

到万历的时候，当朝宰相张居正提出改革，他与李太后、宫内大太监冯保的关系很好。张居正改革主要有三条：第一条是政治层面的改革，主要是吏治，他的政令一直能下到基层，行政效率提高了；第二条是经济层面的改革，就是丈量土地，把原来隐没的土地、不纳税的土地清查出来，这样国家的财富增加了；第三条就是财税层面的改革，增加财政收入。这三条都有一定效果，但我个人认为，史学界还有其他学界对张居正改革估计过高。张居正改革的确难能可贵，初有成效，但是张居正改革的要害是省、州、府、县，矛头向下，而影响明朝生死存亡的国家层面的制度，张居正却没有触碰。就是这么一点点改革，也触犯了很多人的利益，即使张居正改革收到了一点成效，最后也失败了。张居正改革失败的一个重要原因，就是没有和当权的万历皇帝取得共识，所以万历皇帝反过来整治张居正。张居正死后，万历皇帝后来不郊不庙 30 年，就是不祭天、不祭祖 30 年，不上朝、不临朝 20 多年。

这时候，满洲兴起了，已经威胁到了皇权，70 多岁的大学士举着奏章在宫门前头跪了三个时辰，要万历皇帝在文华殿举行会议，共同商议怎么对待女真兴起的问题。万历皇帝不召见群臣，不讨论对策，照样不理政事，更谈不到改革了。万历帝死了以后，他的儿子泰昌皇帝，在位一个月就死了，也谈不到改革。再以后就是天启皇帝，16 岁做皇帝，在位 7 年，喜欢做木匠，不理政事，魏忠贤专权，23 岁死了，那更谈不到改革了。到崇祯这时候，改革也晚了，一边是农民起义，李自成、张献忠都起来了，一边是满洲崛起，沈阳、辽阳都丢了，皇太极后来改国号为清，内外两边全都打明朝，导致了明朝的灭亡。

总的来说，就王府分封藩王这一件事情，明朝至少有 5 次机会进行改革，但一次一次地失去改革的机会，最终灭亡。下面来说清朝。

二、清朝的兴替与改革

第一，清朝的兴起与贡献。

清朝前期的贡献，主要有三条，第一个贡献是版图。有人说中国版图汉武帝时候最大，有人说唐太宗时期最大，都不能这么说。是清朝的版图最大。清朝的疆域，北到贝加尔湖、外兴安岭、库页岛（现在俄国叫萨哈林岛）一线，东北到鄂霍次克海，西北到巴尔喀什湖，西到帕米尔，西南到喜马拉雅山，东南到台湾，南到曾母暗沙。有没有根据？有，我们有舆图。康熙的时候测绘了《皇舆全览图》，那个图的特点是实测。那时候，外国向中央朝贡和往来的一共有 86 个国家和地区。因此，我一直认为南海诸岛是我们中国的，是没有问题的。舆图证据、文献证据和考古证据，都证明曾母暗沙等南海岛屿都是中国的。明清强盛的时候，国土有 1400 万平方公里。现在我们的海域是 300 万平方公里，海岸线 18 000 公里。这是明清奠定的，主要是在清朝。

第二个贡献是民族。我国当今有 56 个民族，当年都生活在中华这块土地上。从秦始皇到明朝，民族问题始终没有得到很好的解决，特别是蒙古问题没解决。

清朝把这道难题解决了。努尔哈赤和皇太极的时候把内蒙古（漠南蒙古）解决了，康熙把外蒙古（今蒙古国）解决了。后来，雍正、乾隆的时候，把漠西蒙古（厄鲁特蒙古）解决了。所以，康熙说"昔秦兴土石之工，修筑长城，我朝施恩于喀尔喀蒙古（今蒙古国），使之防备朔方，较长城更为坚固"。这话说得对，历来长城是防蒙古的，清朝时蒙古成为我们国家防御俄国等外来侵略的坚固的长城。我个人认为，从秦始皇到清朝，民族问题纠缠了我们2000多年，清朝是解决得最好的。所以，我觉得处理民族问题，还是要研究我们自己的民族问题的管理经验，特别是清朝在这方面的管理经验，既不能照搬苏联，也不能照搬西方的民族管理经验。

第三个贡献是文化。满洲人的母语是满语。现在世界四大文明古国，传统文化历经3000年没消亡的只有中国。古埃及文字中断了，古印度文字中断了，古巴比伦文字也中断了，只有我们中华文明没有中断，是大家共同努力把这个文明维持下来了。清朝没有中断，修了《四库全书》，编了《古今图书集成》；还出了《五体清文鉴》，这是本汉、满、蒙古、维吾尔、藏五种文字对照的大字典；包括前面提到的康熙时的《皇舆全览图》，等等，这些都是国家一统、民族协合、文化融合的表现。

第二，清朝的衰落与改革机遇的丧失。

清朝也存在问题，我举一个例子——八旗制度问题。八旗制度是清朝根本的社会制度，前朝没有，后世也无。清朝兴也八旗，亡也八旗，八旗盛则清朝兴，八旗衰则清朝亡。努尔哈赤制定八旗制度的时候，这个制度发挥了积极的作用。清朝定都北京后，多尔衮把八旗制度往全国推行。这个八旗制有12个"定"。

第一是定身份。现在，很多人都管在旗的叫旗民。我认为这么说不对，在清朝，旗是旗，民是民，是两种不同的身份，他们叫旗人、民人（老百姓）。旗人身份不能转成民人，民人身份也不能转成旗人，特殊情况除外。所以定身份，世世代代都定了。

第二是定旗分。上三旗（正黄旗、镶黄旗、正白旗）的永远是上三旗，下五旗的永远是下五旗。旗与旗之间的旗分是不能变动的（皇帝恩准的例外）。

第三是定佐领。清朝八旗制实行三级管理，基层叫作牛录（佐领），中层叫作甲喇（参领），上层叫作固山（都统）。牛录 300 丁，按照人数来说相当于现在一个营，我认为大体相当于现在一个团的建制。甲喇相当于一个师，固山相当于一个军，说 24 旗相当于现在的 24 个军。最基层的佐领大体相当于现在的团长，佐领主要有五类：勋旧佐领、优异世管佐领、世管佐领、互管佐领、公中佐领。佐领不仅是军事首领，还是行政首领，同时是宗族的族长、总负责，其职务如互管佐领是世袭的。

第四叫定住地。北京北城是黄旗，东城是白旗，南城是蓝旗，西城是红旗，固定了，每一个胡同都定好了。

第五是定钱粮。旗人有钱粮，这个大家都知道。

第六是定土地。多尔衮率清军入关的时候，跑马圈地，都定好了每个人多少地。由于土地不能流转，这问题就来了，不要说万世一系，到入关以后的第二代——康熙年间，土地矛盾开始激化。

第七是定生计。八旗子弟跟明朝宗室一样，不许做工，不许务农，不许经商，但是许当兵，并且当兵有指标，一家一个当兵，后来增加兵额到两个。如果一个家庭有 7 个儿子，那剩下的 5 个也没有办法。

第八是定学校。哪儿的旗人，学校就在哪儿。

第九是定服饰。各旗有各自的衣服，配饰也是固定的。

第十是定婚姻，满汉不通婚，但后来又变通了。

第十一是定法律。旗人、宗室犯了法，知县、知府都不能管，由单独的佐领来管，这就是法律特权，同罪不同罚。汉人和满人发生冲突，汉人归汉官判，旗人归旗官判，旗人官员可以豁免或重罪轻罚。

第十二是定丧葬。死了埋在哪儿还得定。倘若你是福州将军，派到福州死在那儿，还得把尸体运回来，埋到固定的营地。

到了清朝宣统时期，北京的旗人 100 多万人，养活这些人口成为很大的问题。清朝后期，好多旗人没饭吃，规定给的粮和米却迟迟拖欠。就像明朝中后期，一些贵族开始当强盗，烧杀抢掠，还有一些隐姓埋名去当雇工，以谋生计。常说八旗子弟游手好闲，提笼架鸟。如果一个旗人如此，是家庭教育不好，如果一个胡同旗人如此，则是地域风气不好，如果整个八旗子弟如此，那则是八旗制度所致。因此，要改革八旗制度。

第一次制度改革机会是在多尔衮执政时。清军进入北京城后，面临的形势变了，掌握全国政权跟在关外不一样，要考虑长治久安的问题。多尔衮照搬了他爸爸努尔哈赤和哥哥皇太极的办法，在北京实行八旗制度。顺治帝英年早逝，这个问题就要由康熙帝来解决。康熙帝在位 61 年，他登极 20 年之后全国局势基本安定下来，连续 41 年中原地区无战争。从秦始皇到宣统的 2132 年中，只有康熙一朝 40 多年中原地区没有战争。因此，我们中华人民共和国成立 60 余年，中原地区也没有战争，给我们的发展和改革提供了一个难能可贵的条件。

康熙帝看到了住房难的问题，就拨了款项盖了 2000 间房子，旗人不胜感恩。但是 2000 间房子解决不了问题，于是把这个重任就转给了雍正。雍正帝一登极就连着发了 11 道谕旨：给总督一道，给巡抚一道，给布政使一道，给知府一道，给知州一道，给知县一道，给总兵一道，给提督（各省军区司令）一道，等等。那时候，没有电脑，只能手写，每个总督一份，每个巡抚一份，当时 1300 个县，给知县的得抄 1300 份，都得事前准备好，正月初一这一天全发出去，雷厉风行。现在好多搞清史研究的说雍正帝是改革家，的确雍正帝做了一些改革。但是，他的改革还是矛头冲下，总督要廉洁，巡抚要廉洁，知府、知州、知县要廉洁，否则三尺俱在，严惩不贷。雍正在位 13 年，没有触动清朝体制的问题，特别是八旗制的问题。他虽然做了一点尝试：移民，给旗人钱、地，搬到关外去生活，自给自足。但是，钱发了，有的人却不去了。还有领了钱去了，马上又回来的，所以这个办法行不通。按道理，雍正帝这个强势的皇帝可以推行一部分改革，但八旗制度最为关键的十二定，一条都没改。

乾隆在位 60 年，大权在握，皇恩浩荡。乾隆帝也发现了住房难的问题，很多旗人从顺治、康熙、雍正，再到乾隆，已经第四代了，还住在南锣鼓巷等地，院里住不下了。乾隆帝说盖几百间房子象征性地解决一下，结果也没解决，特别是八旗制度这十二定，一条没解决。明朝养的是朱元璋 104 个封王的皇子和他的家属。清朝养的是八旗，八旗满洲、八旗蒙古、八旗汉军，一共 24 个旗和他们的眷属，人数就多了，全由国家包养起来。

嘉庆帝登极，白莲教折腾了 8 年，花了 2 亿两银子把这事平息下去了，也没改。重任又转给了道光。

作为皇帝，首要责任是怎样填补制度上的罅隙、漏洞，但道光帝没有。鸦片战争战败，道光帝不但没有吸取历史教训，反而认为林则徐不好，把他发配到新疆伊犁，没有真正地研究鸦片战争为什么失败，该怎么解决，或者实行改革。历史上，我们看不到道光帝改革。道光帝要承担历史责任，中国清代第一个和外国签订了不平等条约，也是历史上第一个割地赔款的，就是道光皇帝。

咸丰帝时期，内有太平天国，外有英法联军，咸丰帝顾不上改革，31 岁逝于避暑山庄。同治 6 岁亲政，实权很快掌控在慈禧手中。光绪帝家中母子不和、叔嫂不和，就更顾不上改革了。虽然想做一点改革，但遇到了戊戌政变。直到八国联军之后，慈禧逃到西安发现改革的重要性，再要改革已经晚了。

总的来说，清朝历史有 8 次改革的机会，都丧失了。最后，清朝统治被辛亥革命推翻。现实是很痛苦的，清朝的大贵族、亲王都要靠卖字画、文物为生。一般的旗人没法生活，拉洋车又没体力。像德胜门、安定门里，一般的旗人，家庭妓院很多，就靠女性卖身来养家糊口，最后损害的还是八旗自己的人。

所以，明、清兴盛的种子是明太祖、清太祖播下的，灭亡的基因也是明太祖、清太祖埋下的。清朝讲究"祖宗成法""率祖旧章"，即祖先定的章程一定遵循不能变。凡是祖宗说过的话，后来的皇帝都不能变；凡是祖宗定的制度，后来的皇帝都不能变。因此，矛盾越积累越深，社会问题越积累越多，最后连皇室自己的人都养不起了，那老百姓就更养不起了。明朝灭亡、崇祯自缢，这个坟墓是朱元璋开始挖的第一锹，后来清朝宣统皇帝被推翻、清朝灭亡的坟墓是努尔哈赤挖的第一锹，后来一代一代接着往下挖。因此，从明、清来看，改革既是社会发展的问题，也是明朝朱氏家族和清朝爱新觉罗家族自身生死存亡的问题，历史是严肃的，不带感情的。

附录

提　问

王一鸣：刚才阎老师作了一个非常精彩的演讲，他抓了两条线来说明、清。明朝分封诸王制，清朝八旗制度，一直想改，有方案，部门也讨论了，但最后没改动，利益格局没有被根本触动，最后丧失的还是自身的利益。下面把时间交给大家，与阎老师讨论交流。

提问1：阎教授，您好，我有个问题想请教您。您曾经讲过，当年皇太极进攻北京城的时候，他久攻不下，然后使了一招离间计，崇祯皇帝中计，把袁崇焕抓起来了，凌迟处死，老百姓就买他的肉，用一个铜板买一块肉，这个史书上说叫啖其肉，也就是生吃他的肉。如果以这个事情为背景，您怎么理解"群众的眼睛都是雪亮"的这句话？

阎崇年：关于袁崇焕的事情，现在有各种各样的看法，我们能看到满文材料、档案，的确是皇太极用了反间计，崇祯皇帝中计，把袁崇焕杀了，这是直接原因，当然还有间接原因。另外，现在我们还能看到的满文材料，是袁崇焕杀毛文龙，毛文龙私通后金讲和的时候，因为这个事情背着朝廷是不可以的。当时，杀袁崇焕公开宣传，理由就是他要投敌，要引敌进北京城，这当时激起了民愤。杀了袁崇焕，老百姓买他的肉，吃一口生肉喝一口酒。这个事情来自计六奇的《明季北略》，而且只有这本书记载了，其他的史书基本没有看到这方面的记载。我对这条史料的看法，第一就没有见到更多的材料来说这事情，可信度值得研究。因此，我在书里引了这条材料，说这个可信度还需要其他材料做旁证。第二，明朝从永乐迁都北京以来，第一次碰到满洲军队打到北京城，有一种民族的愤恨。老百姓都认为这个事情是袁崇焕做的，把所有罪名加到他身上，所以民众有这种激愤的情绪是可以理解的，特别是崇祯皇帝为什么非杀袁崇焕不可，他头一年十二月初一把他抓了，到第二年八月十六才杀了，中间经过这么长的时间。中国明清皇帝，包括明清以前的皇帝，有一个惯用的手法，当老百姓对某个事情不满的时候，找一个替罪羊，把所有不满情绪加到他身上。嘉靖皇帝的时候，蒙古俺答汗率兵打到北京，先把兵部尚书杀了，因为你不好，所以出了这个问题，不作自我批评。袁崇焕的时候，皇太极打到北京，贵族的、太监的皇庄受到很大的损失，老百姓的利益损失也很大，所以崇祯皇帝决定让袁崇焕来承担这个历史责任。多种因素加在了一起。我认为当时老百姓不了解真相。但是，仔细一想，剐刑我们没见过，我只见过照片，太悲惨了，所以，肉一片一片地刮，鲜血淋漓，拿着酒一面吃肉一面喝的场面，我觉得不大合常理。写历史书的人，有人也是根据这个传说记录下来的，然而吃袁崇焕的肉这条史料，还需要考据。搞历史的人有两个毛病，第一个毛病是要查这个材料出处，出处有计六奇的《明季北略》。还有一个毛病就是要考据这个材料是否可靠，有没有别的材料证明这个材料，这就属于学术工作。

提问 2：阎老师，您好，我想问一下，您在研究当中是如何处理正史和野史之间的关系的呢？

阎崇年：首先要明确什么叫正史，什么叫野史。传统的观点认为，官方正式编修的史书叫正史，民间写的史书叫野史。《二十四史》都算正史，而一些笔记就算野史。据我了解，现在的清史学者就是将非官方的记载，如笔记、文集、刊本、正式出刊的稿本等作为史料来对待。对待这些史料要甄别，要考据。虽然这些材料是野史，不是官方记载的，如果有其他的材料可以互相旁证，这个材料可靠就可以用，没有其他的材料旁证，也可以用，但要注明这个材料没有旁证，只是一家之说，只是供大家参考，将它区别处理、区别对待。谢谢。

提问3：阎老师，您好，您刚才提到以八旗制和分封制为例，我记得您提到一个数据，就是您各统计了明、清分别有几次改革的机会，请问改革的次数、时机您是怎么确定的？是根据一个单独的历史事件，还是综合判断？为什么他们的改革没能更进一步？

阎崇年：每一次改革都有标志性事件。比如说康熙，八旗问题提出来了，他就解决几间房子，没有进行制度的改革。比如说开放，很多人都问，康熙帝如果像彼得大帝一样，再进一步发展一下不就是发展资本主义了吗？康熙怎么不往前走一步？康熙帝晚年封闭了，雍正帝就跟随着康熙的脚步，没有把这个机会扩大，没有利用这个机会进一步发展。比如数学，康熙帝自己特别喜欢数学，数学水平很高，康熙帝的数学水平相当于当时的数学家的水平。所以，他跟大学士说，没有人跟我讨论数学，你们了解一下谁的数学好，我要跟他讨论数学。大学士经过研究，说有一个人叫梅文鼎，他写的数学书水平很高。康熙帝说好，找到他，我跟他谈一谈。康熙帝于是在南巡的时候跟梅文鼎进行了交谈，有的书上说，两个人谈了三天三夜。跟一个大数学家谈三天三夜，你得懂数学，否则你没法对话。我怎么知道数学难呢？我认识一个人，写了一本数学专著叫《四色定理》，送到中科院数学所（现在的数学院），没有一个专家对他提出评论意见。专家们说他的书有错也没关系，因为几个人看了，没法对话。后来，20世纪80年代我作为访问学者到美国去，他拜托我：把这本《四色定理》带到美国去，请他们的专家看一看，给出评论，否定也没关系，否定之后知道错在哪儿。我说我是学历史的，如何找数学家呢？他告诉我先带着，有机会就谈，没机会就带回来。碰巧我到了加州理工学院，他们请我吃饭，请了10个博士，美国的、英国的、法国的，我说我是搞历史的就不参加了。他说你看看，不同国家的博士都是什么样，恰好有一个人会中文，我就跟他说这个事。他告诉我芝加哥大学有两个教授就研究四色定理，他们用计算机计算的，而且出了专著。他认识的那位先生是拿铅笔算的。我问出了书可以复印吗？他说可以，我们吃完饭已经夜里十二点多了，那边图书馆是 24 小时开放的，他夜里就到图书馆去复印。大概凌晨三点多钟，他通知我说，阎老师，我复印好了。我便把复印版本带回来送给了那位先生。我告诉他，人家出书了，这是成果，您可以看一下。后来，这位先生再没找过我，就说明对话要有一定水平才能聊到一起。如果当年康熙帝做出一个规定，科举考试加一门数学，那我们今天的情况就不一样了，但他没有。为什么没有？为什么把改革没有再往前走一步？这之中是否有更深的原因。为此我最近写了一篇文章叫作《森林文化之千年变局》，刊登在《辽宁大学学报》2014 年第一期，文字较长，15 000 字，其中讨论了您刚才问的这个问题，因为时间关系我觉得三两句说不清，先说到这儿。

提问 4：阎老师，您好，当前，我国电影电视作品特别喜欢和历史相结合，历史剧也特别火爆，如《甄嬛传》《雍正王朝》等。这些影视剧对历史有一些歪曲，但最后的结果又是惊人的相似。您如何看待历史的正确传播与电视作品改编之间的矛盾？如何才能让民众在娱乐的同时清晰地认识历史、了解历史，而不歪曲它呢？谢谢您。

阎崇年：记者经常问这个问题。第一，我认为一定要分开处理。历史是科学，影视是艺术，这是两个不同的门类。历史作为科学来说，必须真实，只能正说，戏说就不是历史。因此，这条底线一定要守住。史学界一直要坚守这个底线，我研究历史，解读历史，尽我最大努力保持历史真实性。然而，影视，过去叫听戏看戏，现在叫看电影，是把戏用电影的形式表现出来，所以影视剧要编故事、编情节，要塑造人物，而真正的历史人物不能塑造，是什么人物就是什么人物，你需要做的是把材料集中起来，尽可能反映这个人物。这个界限要划清楚了。

第二，《甄嬛传》我虽然没看，但我家里人看过，看完之后经常问我，电视剧里出现的情节有没有？我说，没有。雍正这个名字是真的，甄嬛这个人物却没有，他的那些后妃更是都没有。那我们在看影视作品的时候该如何对待？我认为您就把它作为电视剧来看，别当作历史来看，千万别把电视剧当作历史，这条底线要守住，那么看看也很有意思。家里人看，亲戚看，大家聊起来津津有味，我告诉他们可以把它作为故事来看、作为戏来看，别当作历史来看。谢谢！

提问 5：阎教授，您好，您刚才提到，研究民族问题，应该研究清朝民族管理的经验，您能不能给我们介绍几条清朝解决民族问题的经验？

阎崇年：谢谢。这个问题比较复杂，即使简单介绍也需要 2 个小时，一两句话也说不清楚。我只有一条要着重强调，我讲《康熙大帝》的时候，我讲了雅克萨反击战，其中有满洲人、汉人、蒙古人、达斡尔人等参加这个反击战，为祖国的领土完整和主权的尊严作出了贡献，当时我自己觉得很全了，加了好几个少数民族，还加了"等"字。后来，我去了鄂温克，鄂温克旗原来的一个书记，他说，阎教授，您的节目我看了，我有一个建议，希望您在"等"字前头再加一个鄂温克，我们鄂温克人在雅克萨战争中也作出了贡献，很多人牺牲了。他问我："您为什么不加上我们鄂温克族？您是不是不知道？"我告诉他我知道。他问我："那您为什么不加？"我解释说，电视台给我 32 分 20 秒，所以用等字省略了部分民族名称。他问我，是否有办法补救。我告诉他，电视讲座没法补救，只能在中华书局出书再版印《康熙大帝》的时候，我把它加上。后来，我要求中华书局再版时加上鄂温克这个民族的名称。新书出版后，我把这本书给这位老先生寄过去了。他说，那好。他心理得到安慰，虽然他们民族很小，但他们作出贡献了，所以我们也要考虑到。中华民族的历史一定是各个民族共同创造的。国家发改委这个机构太重要，我个人觉得既要防止少数民族个别人的地方分裂主义，同时也要防止汉族里个别人的大汉族沙文主义，两者都要防止，因为这两个都不利于中华民族的统一。谢谢！

主持人：我想可能还有很多人想问问题，但由于时间关系，我们今天这个活动只能到此结束了。我们相信，也期待以后还会有机会邀请阎先生再来讲座。最后，感谢阎教授的精彩演讲，也感谢大家的积极参与，让我们以热烈的掌声来结束我们此次活动！

尊敬的阎崇年老师，您百忙中应邀参加我委第35期青年读书论坛，在委内获得了很好的反响，感谢您对论坛的大力支持！

祝您工作顺利，身体健康，万事如意！

［本文系2014年11月19日国家发改委机关党委的讲稿，后刊载于2014年2月28日在国家发展改革委青年读书论坛（第35期）；王一鸣为国家发改委宏观经济研究院常务副院长、党委书记］

海洋文化：中华历史的文化短板

过去，我总是讲历史说文化；今天，倒过来讲文化说历史。着重讲海洋文化：中华历史的文化短板。先从五种经济文化类型说起。

一、五种经济文化类型

我认为，中国古代社会有五种基本经济文化类型，即农耕文化、草原文化、森林文化、高原文化和海洋文化。

第一是农耕文化。中国大部分地区属于农耕文化，以农桑为主，其范围多大？农耕文化占多大面积？拿中国分省地图看，中原地带河北、河南、山东、山西、陕西、甘肃，往南江苏、安徽、浙江、江西、福建，又往南湖北、湖南、四川，再往南广东、广西等，中原核心地区农耕文化面积总共 300 多万平方公里。有人不信。那我们具体算一算（以万平方公里为单位）：北京 1.6，天津 1.1，上海 0.6，重庆 8.3，河北 19，山西 16，河南 17，山东 15，陕西 20，甘肃 40，宁夏 6.6，江苏 10，浙江 10，安徽 14，江西 17，福建 12，湖北 19，湖南 21，广东 18，广西 24，四川 48，总计 338.2 万平方公里。但是，其中如四川，天府平原没有多大，大部分是川西高原，应当属于高原文化。

第二是草原文化。"天苍苍，野茫茫，风吹草低见牛羊"，说的就是草原文化。衣牛羊之皮，食牛羊之肉。草原文化多大面积？明清强盛时期，草原文化面积，包括内蒙古、外蒙古（即漠北蒙古，又称喀尔喀蒙古，今蒙古国）、西蒙古（厄鲁特蒙古）、北蒙古（贝加尔湖以南布里亚特蒙古）和巴尔喀什湖以东、伊塞克湖以北地域等。以上五大块面积 300 多万平方公里。

第三是森林文化。森林文化的地理范围，西起大兴安岭，东到大海，南至长城，北达库页岛（现在俄国叫萨哈林岛）、外兴安岭、贝加尔湖一线，贝加尔湖以东到大海，森林莽莽，一望无际。森林文化面积多大？包括今辽宁、吉林、黑龙江、乌苏里江以东至入海口、黑龙江以北到外兴安岭山脊、贝加尔湖以东。以上六块地域，总面积 300 多万平方公里。

第四是高原文化。高原地域，青藏高原 250 万平方公里，云贵高原 50 万平方公里，还有其他高原，总面积也有 300 多万平方公里。

第五是海洋文化。从黑龙江入海口，鞑靼海峡、日本海、渤海、东海、黄海到南海，北起库页岛，南到曾母暗沙。当年黑龙江、吉林都是临海的。今辽宁、河北、天津、江苏、上海、浙江、福建、广东、广西、海南岛、香港、澳门、台湾等都临海，现海岸线长两万多公里。中国沿海及岛屿的文化，我把它叫作海洋文化。

明清盛时的中国，从北京往北到黑龙江入海口约 5000 公里，就是 1 万华里；从北京往南到曾母暗沙约 5000 公里，也是 1 万华里，从北到南约 1 万公里。我去海参崴（现在俄国叫符拉迪沃斯托克），去伯力（现在俄国叫哈巴罗夫斯克），去伊尔库茨克，就是要体验一下，我们国家古代强盛时候北面是什么样子。2015年夏天，我去了西伯利亚考察，看看苏武牧羊的贝加尔湖，我在贝加尔湖的岛上住了三天。这个湖，南北长 676 公里，湖水是清澈的、纯净的，湖的四周，一片森林，不见天日。

这五大经济文化形态，农耕文化在我国历史上占主导地位，主要王朝是农耕文化的汉人建立的。草原文化建立过全国政权，就是蒙古建的元朝。森林文化建立过全国性政权，就是满洲建立的清朝。高原文化建立过局部性、区域性的政权，如南诏、吐蕃。

然而，在中国五千年文明史上，海洋文化从来没有建立过全国性的或区域性的政权。《中国历史年表》里没有海洋政权的年号，就是一个明证。海洋文化在中华文化史上，从来都处于一个比较被忽视的地位，农耕、草原、森林、高原、海洋"五兄弟"中，海洋是被忽视的。海洋文化是中华文化发展史上的一个孤独。

二、千年历史的文化演进

回顾中国的历史，通常说五千年文明史，但有记载的文明史，是从甲骨文算起，到现在三千多年。那么甲骨文之前的历史，三皇五帝和唐尧虞舜，包括夏朝，我把它叫作考古的历史和传说的历史。从有甲骨文的商朝开始，就成了有文字记载的历史、文明的历史。因此，中华五千年文明的历史分两段，前一段是考古的、传说的历史时代，后一段是有文字记载的历史时代。有文字记载的商和周两个朝代，最高执政者称王，所以一般把商和周这两个朝代叫作王制的历史，大数算是一千年。从秦始皇开始（公元前 221 年），到宣统三年（1911 年），一共是 2132年。这段时期，是有皇帝的历史，我称作帝制的历史。这 2132 年分两段，前一段，秦始皇到唐朝；第二段，包括辽、北宋、金、南宋、西夏、元、明、清。所以，中国三千年有文字记载的历史，可以分作三个千年。

第一个一千年，主要是商周。周朝灭商，战争融合，建立周朝。周朝都城镐京，因靠西部而称西周，后来迁都洛阳，因靠东部而称东周。东周分为春秋和战国，打来打去，斯胜斯败。就是农耕文化内部在斗争、在融合。这一千年，变化很大，是经济文化大发展、大融合的时期。强凌弱、众暴寡、战争频繁、动荡不安，春秋五霸、战国七雄，各国之间，今天互为盟邦，明天互为敌人，合纵连横，争霸战争。我算了一下，主要是八个经济文化板块——北方四块：第一是齐鲁文化；第二是燕赵文化；第三是秦晋文化；第四是河洛文化，即河出图、洛出书，也就是黄河的洛阳、开封之间，黄河中游这一地域。这四个文化板块，互相碰撞融合。

南方四块：第一是吴越文化；第二是楚湘文化；第三是巴蜀文化，包括三星堆遗址、金沙遗址等；第四是岭南文化，主要是两广。

春秋战国北方四个经济文化板块和南方四个经济文化板块，彼此战争，相互融合，到公元前 221 年，秦始皇统一六国。文化发展，超越千古。殷商甲骨文、周朝钟鼎文、商周青铜器、西周石鼓文，孔子的《论语》，老子的《道德经》，以及《诗经》的情志、《周易》的智慧、《孙子兵法》、屈原的《离骚》，诸子百家，竞相争鸣；思想精华，令人惊叹！这个时期，在人类文明史上闪烁出一道光辉。但是，有碰撞，有斗争，有融合，为此也付出了巨大的代价。大家知道司马迁在《报任安书》中说："盖文王拘，而演《周易》；仲尼厄，而作《春秋》；屈原放逐，乃赋《离骚》；左丘失明，厥有《国语》；孙子膑脚，《兵法》修列；不韦迁蜀，世传《吕览》；韩非囚秦，《说难》《孤愤》；《诗》三百篇，大抵圣贤发愤之所为作也。"这些都是一千年间文化在融合与战争的过程中产生并发展的。

这个时期，草原文化、森林文化都没有登上中原历史文化舞台。中原历史文化舞台是汉族农耕文化之间的争夺。那么秦始皇统一后，这个民族叫什么名字，应该叫秦，为什么不叫秦而叫汉呢？我个人认为，第一，秦朝时间太短；第二，秦始皇焚书坑儒，得罪了读书人，读书人没有权、没有钱，却有话语权；第三，刘邦建立汉朝，这样就把这个新型的统合成的民族，叫作汉族，这是第一个一千年。

第二个一千年，从秦始皇到唐，中原地区继续融合，历史出现新的因素，草原文化进入中原。西汉的刘邦在平城（今山西大同境）被匈奴包围了七天七夜，差点就被抓住了。他的谋士给他出个策略——第一用美女，第二用金钱，买通关节，他就跑了，没被抓住；如果刘邦被抓住，历史则另写。匈奴势力很大，这是对中原文化的挑战。汉武帝派卫青、霍去病等，进攻匈奴，以战争来解决农耕文化和草原文化之间的问题。后来一直到唐，唐太宗主要是应对突厥的问题，突厥还是草原文化。因此，草原文化跟中原地区农耕文化的矛盾和冲突一直到唐末。

这个时期，文化繁荣，气象博大，令人震撼。万里长城、阿房宫殿、秦皇兵马俑、汉墓马王堆、司马迁的《史记》、司马相如的汉赋、王羲之的书法、阎立本的绘画、李杜的诗篇、大唐的宫殿、敦煌壁画、龙门石窟、张骞出使西域、玄奘西行、鉴真东渡，东西交流，盛况空前，向全世界展示中华文化的盛大光明。但是，在这场文化冲突和融合中，也有牺牲，也有奉献。譬如，王昭君的出塞和亲、蔡文姬的胡笳十八拍、木兰从军的传说、文成公主的故事，既奏民族融合的乐章，也挽贵族闺秀的悲歌。在这个时期，历史向前发展，文化出现辉煌。

　　第三个一千年，主要是东北森林文化崛起。东北森林文化逐渐进入中原，争夺中原的统治权。最开始是安禄山。安禄山是胡人，因为他在今辽宁朝阳这个地方，在大兴安岭以东，我个人觉得应该基本上属于森林文化，但中间也有同草原文化的交叉。安禄山从现在的北京出发，一路打到洛阳，往西又打到长安。唐玄宗带着杨贵妃跑了。之后，契丹兴起，建立辽朝；女真崛起，建立金朝，南北对峙，半壁山河。后来，女真人后裔满族崛起，占领山海关外，打到北京，往南挺进，占领广州，把中原重新统一。这个也有代价，袁崇焕被磔杀，也是在这次冲突中的一个结果。史可法的抗清，也是这次的结果。"扬州十日""嘉定三屠"，都是这场冲突当中的悲剧。任何大的冲突、大的融合，都有大的牺牲，也必有一个大的文化繁荣。

　　由上可以看出，第一个一千年，海洋文化排在外面；第二个一千年，海洋文化还是排在外面；第三个一千年，海洋文化仍然排在外面，没有进入中原文化的正统。古希腊不是这样的，古罗马不是这样的，英国不是这样的，日本也不是这样的。

　　这里有一个问题，就是中原农耕文化、西北草原文化、东北森林文化、西部高原文化，都缺乏海洋文化的基因。那么有人说，永乐帝派郑和七下西洋，怎么能说他没有海洋文化基因呢？永乐帝的父亲朱元璋，是个小农，遇上灾荒，后来出家，当了和尚。朱元璋父子是典型的农耕文化基因。他派郑和七下西洋，不是为了发展海洋文化，不是建立海权，而是什么呢？第一为了寻找建文帝的下落，第二为了宣扬大明的国威，当然也进行了一些贸易，后来就海禁了。我们中国的海洋文化，元朝也没有发展。忽必烈是草原民族，会骑马，会弯射，没有海洋文化基因。忽必烈派军队到日本，十万军队驾船过去了，都到岸了，差一步就登岸了，但一场飓风，船翻兵亡，只剩下三至五个人活着回到大都。我说，他这次战争失败的原因很多，其中最重要的一条，是他没有海洋文化基因，不了解海洋气候、海洋风向、海洋规律。明朝也没有，倭寇从海上侵犯，从辽东一直到广东，没有建立强大的海军同倭寇战斗。戚继光打赢了。戚继光是中国历史上第一个反抗外来侵略，并且取得胜利的大英雄。戚继光之所以能够打败倭寇，原因很多，其中一个原因就是戚继光有海洋文化意识。戚继光是山东蓬莱人，大家去过蓬莱的水城，戚继光有水兵、有船队，他知道洋流、潮汐、风信、气象等海洋知识。到了清朝，满族是马上民族，骑马射猎可以，海洋文化基因没有。

三、反观历史的文化短板

由上，从有甲骨文字开始到清朝，三千多年来，海洋文化一直处于孤独状态。那么，到了近代呢？

第一，鸦片战争，英国从大西洋穿过印度洋到了广州珠江口，清朝没有强大的海军来对付，他们又往北打，打到定海，打到南京，在船上签订《南京条约》，割地赔款，丧权辱国。鸦片战争失败，道光皇帝思考了失败的真正原因没有？我觉得没有从文化方面找原因，而是责怪林则徐坏了事，没有林则徐就没有这事儿，怎么办？把林则徐发配到新疆伊犁。我认为，道光皇帝更应该检讨一下，为什么打败了？其中一个重要的教训，就是我们海洋文化的缺失，海军力量不行，海上防御不行。

第二，英法联军，又从海上打进来了，从天津登陆，打到了北京，清军失败了。咸丰皇帝先跑了，跑到避暑山庄，圆明园被烧了，签订了卖国的《北京条约》。

我们要检讨清朝的腐败，但光这也不够，还要检讨清朝缺乏海洋意识，没有建立强大的海军，去对付西方从海上来的侵略。第二次鸦片战争之后，慈禧太后当权，说都是肃顺不好，把肃顺杀了，也没有检讨失败的真正原因。

第三，八国联军，还是从海上打来，又打到北京，到了现在的故宫，幸好有几个宫殿，如梵华楼、佛日楼等，在东北角落，全是金佛，没有被抢，因为他们没看到那个角落。八国联军侵华，清朝又失败了，签订不平等的《辛丑条约》。但是，清廷也没有总结海上失败这个重要因素。

第四，甲午海战，更是在海上失败。应当说，清朝政府买了几艘船，训练一支海军，建立了北洋海军，但没有足够重视，没有提高到国家战略应有地位的重视。如果真正重视，提到国家生死层面重视，就不会拿着建海军的银子去修颐和园，为慈禧过生日。结果甲午海战又打败了，签订了《马关条约》。

其实，康熙帝说过一句话："海外如西洋等国，千百年后，中国恐受其累。此朕逆料之言。"（《清圣祖实录》卷二百七十）他告诫："国家承平日久，务须安不忘危。"康熙帝这话说得很好，有预见性。他说千百年后西洋等国，要从海上打到中国，侵略中国，让他的子孙务必注意这件事情。但是，他话说是说了，没有形成制度，没有制定政策，没有采取措施，他的子孙把这几句话也忘了。

综上，外国海上侵略，清朝战争失败，签订不平等条约——割地，近150万平方公里；赔款，《清史稿·食货志六》记载：《南京条约》2100万两，《北京条约》1600万两，《伊犁条约》600万两，《马关条约》并"赎辽费"23 000万两，《辛丑条约》45 000万两，连利息共90 000万两白银，加深了清朝的危机，加速了清朝的覆亡。

清朝覆亡后，在民国时期，这个问题解决了没有？我觉得没有。民国时期也没有建立一支像样的海军。民国时还是传统的农耕文化观念，缺乏海洋文化意识，缺乏海洋强军理念。重安内，轻御外，日寇海上打来，结果吃了大亏。

抗日战争，日军是从海上打来的。日本是个岛国，海军侵略到中国来。大家知道著名的淞沪抗战，中日双方约 70 万军队，在上海附近对垒。那时候，中国人同仇敌忾，要跟日寇决战。一开始，国民政府军已经占主动，日军被动，怎么又输了呢？就是日本的海军，从杭州湾强行登陆，中国海军防御不够、实力也不够。日本侵略军强行登岸后，从海上和陆上两面夹击，国民军被动了，淞沪抗战失败了。接着，南京丢了，武汉丢了，长沙丢了，广州也丢了。我觉得淞沪抗战失败的一个重要原因，是中国海军不行，海上力量不行，说到底就是海洋文化问题没解决。

新中国成立后解决了没有？我觉得新中国成立后比过去重视了，建立海军，加强海防，发展鱼雷，制造潜艇，但我觉得还不够。怎么证明不够呢？我们过去没有航空母舰，美国有、俄罗斯有、英国有、法国有、印度有、泰国也有，但中国没有。我去三沙市，当地朋友说，阎教授，三沙这地方太漂亮了，太重要了，但这个国家也闹，那个国家也吵，另一个国家也争，很简单，我们有一艘航空母舰在那儿一停，吵闹就消停了，问题就好解决了，因为弱者受欺啊！堂堂中华人民共和国，14 万万人口，960 万平方公里土地，两万多公里海岸线，航空母舰美国有、英国有、法国有、印度有、泰国有，难道中国就不能有吗？中国不但要买，中国还要造，我们买航空母舰训练军队，不是为了训练而训练，是为了防止侵略的。"人不犯我，我不犯人。"你侵略中国，中国就用航空母舰保卫自己，反抗侵略者。后来，我又想，这个问题的一个症结还是在于：中华民族五千年来缺乏海洋文化基因，缺乏海洋文化意识。

我学历史这些年，一直在思考，农耕文化我们都重视了，草原文化也重视了，森林文化也重视了，就是对海洋文化重视不够。

三千年中华文明史给了我们重要启示，就是四句话——发展海洋文化，建立强大海军，建设海洋强国，制定海洋方略。

回顾历史，过去这三千年就是农耕文化、草原文化、森林文化、高原文化在争夺、在融合；今后的一千年，即从 2001 年开始以后的一千年，大国之间的竞争，一个天上、一个海上！天上，中国成绩很大；海上，如果没有强大的海军，抵抗不住海上的外来侵略，那么将来还是会很被动。

近年报上有一个数字，令人惊讶。到现在为止，就总兵力而言，我们国家陆军、海军、空军的比例多大？是 72：11：17。美国陆军、海军、空军的比例是多少？是 4：3：3。这就看出我们在海洋文化方面的差距。

在我看来，中国应该在各个方面，该节省就节省，别奢侈浪费，要勒紧裤腰带，把我国海军建成世界一流的强大海军，国家建设成世界一流的海洋强国，这样我们中华民族在未来的一百年或者更远一点，才能自立于世界文明之林，否则可能还要被动，甚至还要挨打。

综上，我讲述研究中国古代经济文化类型，特别是海洋文化——中华历史的文化孤独，这么一点体会和心得，同诸位朋友共同交流、相互切磋。

（本文系在"《天津日报》大讲堂"的演讲稿，刊载于《天津日报》2015 年 12 月 14 日第 10 版。刊出时因版限制，文字有节缩）

鉴戒历史　反腐倡廉

人类自从有了公权和私有之后,反贪腐、倡清廉成了个永恒的课题。

中国自《周礼》以降,从秦汉、隋唐、两宋,到明清,一直重视反腐倡廉问题。当然,古代的反腐倡廉,同当代的反腐倡廉,特别同当下的反腐倡廉,性质不同,内容不同。但是,历史上一些反腐倡廉的经验与教训,值得借鉴,可供参酌。我今天同大家交流反腐倡廉的机制、尚廉、反贪和思考四个问题。

一、监察机制

清朝是中国最后的帝制朝代,吸取历代官吏监督与反腐倡廉的机制经验,又不断加以完善。所以我重点以清朝为例,做简略介绍。

明清主要的中央监察机构为都察院。主官为左都御史,其官品有变化,从正一品到正二品,满汉各一;其下为左副都御史,满汉各二人,官三品,以及左佥都御史等。中央设两个独立机构:都察院和给(jǐ)事中。

都察院下设:

(1)御史(官由三品到七品),明设十三道御史,清设十五道御史,即京畿、河南、江南、浙江、山西、山东、陕西、湖广、江西、福建、四川、广东、广西、云南、贵州,后于光绪三十二年(1906年)增设辽沈道,析江南为江苏、安徽二道,湖广为湖北、湖南二道,并增甘肃、新疆二道,共为二十道。各道的职能是交错的,如江南道稽查户部、宝泉局、仓储、漕运,磨勘三库奏销等。

（2）巡视五城御史，一年更替。有兵马司指挥等，兼有公安职能。

（3）巡按御史，每省一人，后裁撤。也有临时差遣。

（4）专设御史：如巡盐御史、巡漕御史、巡视京仓和通州仓御史、巡视屯田御史、巡农御史，以及茶马御史、河工御史等。

（5）内务府御史（内御史），雍正二年（1724年）设，其机关称内御史衙门，在今北海公园东门外。

（6）宗室御史。

六科给事中。秦始设，后历朝有变化。以清为例，六科即吏、户、礼、兵、刑、工，掌印给事中满汉各一人，官四至七品；给事中每科 10 至 15 人。六科自为一署。职责为侍从、进言、谏诤、监察、封驳等。后与都察院合，称科道。

御史有几个特点：

（1）机构独立，直属最高，上下垂直，个人负责。

（2）官品不高，谏言为主，风险很大，成仁成鬼，在于片纸。

（3）"许风闻言事"，后取消。

（4）左都御使与刑部尚书、大理寺卿合议死刑案件，可以封驳，称三法司。

（5）原左都御史、理藩院尚书不议政，自康熙二十九年（1690年）开始列为议政大臣。"故事，二院长官俱不豫议政，豫议自此始。"（《清史稿·职官志》卷一百五十）

（6）御史和给事中，规定"言官言无罪"，但皇帝生气也可处罚。

又，右都御史、右副都御史、右佥都御史，为督、抚坐衔，不是实职，而是名义。（《清史稿·职官志》卷一百十五）

二、三类官员

历史上官员太多，我选择廉官、贪官、言官三例，同大家探讨。

（1）廉官：张英（1637—1708），安徽桐城人，康熙进士，入翰林院。康熙十六年（1677 年）设南书房，召张英入直，并在皇城西安门内赐第，清朝汉官住在皇城里的这是首例。时平定三藩之乱，战务繁忙，军报多时一天三五百封。康熙帝每日乾清门听政后，就来到懋勤殿，与张英等儒臣，讲论经史诗词。张英随侍左右："辰入暮出，退或复宣召，辍食趋宫门，慎密恪勤，上益器之。幸南苑及巡行四方，必以英从。一时制诰，多出其手。"（《清史稿·张英传》卷二百六十七）官做到文华殿大学士，奉敕主编《渊鉴类函》，454 卷。张英家训：务本力田，随分知足。张英性格：性情和易，不务表襮（bó，表露）。不去随意讨好，做善事不张扬：有所荐举，终不使其人知，推荐他人做官或升官，始终不使别人知道——做好事，不宣扬。

张英任宰相时，有一个"六尺巷"的故事。说的是：安徽桐城张家和吴家为邻，吴家要拓展院墙，影响张家，张家不让。官司打到县衙，张家是显宦，吴家是豪富，谁也得罪不起，知县非常为难。张家写信给当朝宰相张英，希望他修书给知县关照。张英见信后，提笔写道："一纸书来只为墙，让他三尺又何妨。长城万里今犹在，不见当年秦始皇。"（六尺巷石碑）张家见信后，主动让出三尺。吴家受感动，也让出三尺。于是出现了至今犹在的"六尺巷"。

张英退休回乡后，更加谦逊低调。相传，晚年他在家乡西山居住，有条山间小道，他出来散步时，遇见挑柴的樵夫，总要退到路边草地上，让樵夫先行。

张英的妻子姚氏，也是桐城人，节俭贤惠。张英初官翰林时，薪水很低，家里很穷，有人馈送千金，不接受，并告诉妻子姚氏。姚氏说："穷人家或得馈赠十金五金，童仆都欣喜相告。今无故得千金，人问是从哪儿来的，能不惭愧吗？"有时，家里经济拮据，典当衣物，买米做饭。后张英俸禄稍丰裕，姚氏勤俭之风不改，一件青衫，数年不换。张英做了宰相，姚氏更加谦卑。亲友派丫鬟来问起居，姚氏正在缝补旧衣，来人问她："夫人安在？"姚氏恭敬起应，来的丫鬟大为惭愧。张英 60 岁时，姚氏仍亲手缝制棉衣、棉鞋给宰相丈夫御寒。儿子张廷玉，继入翰林，直南书房。有一天，康熙帝环顾左右说："张廷玉兄弟，母教之有素，不独父训也！"张廷玉母亲得到康熙皇帝的赞扬。姚氏还喜读书，工诗文，有《含章阁诗》传世。(《清史稿·列女传》卷五百八)

张英的儿子张廷玉(1672—1755)，官做到军机大臣、大学士，死后配享太庙。史评："终清世，汉大臣配享太庙，惟廷玉一人而已。"(《清史稿·张廷玉传》卷二百八十八)张廷玉也有古大臣之风。雍正十一年(1733年)殿试时，雍正帝钦点一甲三名，即状元、榜眼、探花。考卷是密封的，拆卷时知一甲第三名张若霭为张廷玉之子，荣登探花，众臣敬贺。按例一甲可以免试庶吉士三年学习和散馆考试，即授为翰林院修撰、编修、检讨。但张廷玉没有顺水推舟，玉成其事，却叩谢皇恩，跪下坚辞：若霭是臣子，这万万不可！雍正帝说，卷子是密封的，你又回避，钦点之前并不知道是谁的试卷，此事与你无关。廷玉仍跪地不起，雍正帝说，这次科试，你已回避，是朕主意，你快起来！廷玉跪奏道，臣家两代辅臣，已经蒙恩了；天下寒士很多，应该让给别人。雍正帝稍加思索，说，好吧，让二甲第一名(第四名)升为一甲第三名，若霭降为二甲第一名。

桐城张家为清代书香门第典范。张英四个儿子——廷瓒、廷玉、廷璐、廷㻑都是进士，廷璐子若需、若需子曾敞都是进士，廷玉子若霭、若澄也都是进士。张英之家为书香门第："以科第世其家，四世皆为讲官。"张英、张廷玉父子大学士，是康熙、雍正、乾隆、嘉庆四代帝师。张氏一门，前后六代十二位翰林，共有二十四位进士——这在清代是绝无仅有的。史称："自祖父至曾玄十二人，先后列侍从，跻鼎贵，玉堂谱里，世系蝉联，门阀之清华，殆可空前绝后矣。"(陈康祺《郎潜纪闻初笔》卷五)张英、张廷玉父子都享年84岁，算是高寿。

读书要有一个家庭环境。由张氏一门可见，书香家庭对一个青年、一个学子的成才是多么重要！

(2)贪官：王亶望(?—1781)，山西临汾人，江苏巡抚王师之子。亶望考取举人后，没有参加会试和殿试，虽没取得进士功名，但花钱买了个知县。后升为云南省武定府知府。乾隆帝引见后，命他仍然去甘肃，等待分配，后任宁夏府知府。再升任浙江布政使，就是副省级，并暂署巡抚，就是代省长。王亶望虽然学历不高，又不是正途，但会做官，官运亨通。王亶望喜欢拍马屁，却拍到马蹄子上。乾隆三十八年（1773 年），乾隆帝到天津巡视，王亶望借机向乾隆帝献上金如意，金如意上嵌饰珠宝，非常贵重，但遭拒绝。一年后，王亶望由浙江布政使兼代理巡抚，调任甘肃布政使，这显然是明调暗降。

王亶望到甘肃就职后，做了一件事，令乾隆帝发怒。原来规定：允民用豆和麦，可捐纳国子监的生员，可以应试入官，这叫作"监粮"，乾隆帝曾下令废除。他向陕甘总督勒尔谨申请，以内地仓储未实为由，代为上疏申请甘肃省诸州县都可以收捐；随之，又请于勒尔谨，令民众改为输纳白银。王亶望又虚报旱灾，谎称以粟治赈，就是直接或变相贪污赈灾粮银，以饱私囊。他们做得很巧妙，自总督以下官员都有份，王亶望获取更多。议行半年多，王亶望疏报共收捐（卖名额或卖文凭）19 017 名，获得豆麦 827 500 余石。（《清高宗实录》卷九百七十一）

事发，乾隆帝说："甘肃民贫地瘠，安得有二万人捐监？又安得有如许余粮？今半年已得八十二万，年复一年，经久陈红（陈粮），又将安用？即云每岁借给民间，何如留于闾阎，听其自为流转？"（《清史稿·王亶望传》卷三百三十九）因发"四不可解"（《清高宗实录》卷九百七十一）诘问勒尔谨。勒尔谨巧辞回复。乾隆帝没有深究，只是告诫说："尔等既身任其事，勉力妥为之可也。"尔后，王亶望升任浙江巡抚。

猴改不了爬树，狗改不了吃屎。王亶望任浙江巡抚后，迎驾乾隆帝南巡。王亶望在杭州迎驾，建造屋宇，点缀灯彩，华缛繁费，极为奢侈。乾隆帝既喜欢豪华铺张，又不愿显得奢华，告诫下不为例。

王亶望案由突发事件引起。乾隆四十六年（1781 年），甘肃循化（今属青海）撒拉族苏四十三率众起事。陕甘总督勒尔谨督师兵败，被逮捕下狱。大学士阿桂、尚书和珅先后出师甘肃，因雨延期入境。乾隆帝因疑甘肃连年报告大旱不实，令调查据实奏闻。阿桂等上奏王亶望等卖官、虚报旱灾等罪。乾隆帝大怒，命逮捕陕甘总督勒尔谨、原巡抚王亶望、甘肃布政使王廷赞、兰州知府蒋全迪等下狱。此案受牵连的勒尔谨，满洲镶白旗人，乾隆初以翻译进士授刑部主事，迁员外郎。后升任陕甘总督。下刑部论斩，命改斩监候，死于狱中。此案也受牵连的陈辉祖，为两广总督陈大受之子，时任闽浙总督兼浙江巡抚，以查抄王亶望家时匿藏金玉器，后赐自裁，其子戍伊犁。（《清史稿·陈辉祖传》卷三百三十九）此案还牵连已故乾隆三年（1738 年）状元、军机大臣、文华殿大学士兼户部尚书、四库全书馆正总裁、上书房总师傅兼翰林院掌院学士于敏中，时敏中已死，并入祀贤良祠。乾隆帝命"于敏中著撤出贤良祠"（《清史稿·于敏中传》卷三百十九），遭身后之辱。

经审：诸州县贿赂数以千万计；抄王亶望家得金银 100 余万两。审结：总督勒尔谨自裁（死于狱中），巡抚王亶望论斩，布政使王廷赞论绞，兰州知府蒋全迪斩首，州县官贪污赈济银 2 万两以上者 22 人俱斩首。还有，王亶望之子王裘发伊犁，幼子下狱到年满 12 岁时逐个流放。尔后，又发现并诛杀闵鹓元等 11 人，获罪董熙等 6 人。

王亶望之案，总督勒尔谨、巡抚王亶望等贪污腐败，激发了甘肃苏四十三民变。此案杀总督勒尔谨和陈辉祖二人，巡抚王亶望一人，布政使王廷赞一人，知府和知县等 33 人，其他受处分官员多人。

此案，乾隆帝早有耳闻，派军机大臣、刑部尚书袁守侗，觉罗、刑部左侍郎阿扬阿前往，盘查甘肃监粮。不料，这位大司寇上奏称"仓粮系属实贮"。乾隆帝信以为真，不再追查。这次案发之后，乾隆帝在承德避暑山庄，问讯阿扬阿当年前往甘肃盘查粮仓之事。阿扬阿奏称："在甘省盘查时，逐一签量，按州核对，俱系实贮在仓，并无短缺。"乾隆帝对此毫不相信，他认为：此必当地官员一闻查仓之信，挪东掩西，为一时弥缝之计，其签量人役，均系地方官所管，易于通同弊混，而袁守侗、阿扬阿等受其欺蔽，率称并无亏短。为此，下谕：此等签量人役, 即系地方官所管之人, 阿扬阿当时"虽逐仓查验, 亦止能签量廒口数尺之地, 至里面进深处所, 下面铺板, 或掺和糠土, 上面铺盖谷石, 此等弊窦, 阿扬阿能一一察出不受其蒙蔽乎? "乾隆帝此谕问得很好, 把袁守侗、阿扬阿的受骗失职实际情况, 揭示清楚。在短时间内, 他们开销监粮 600 余万石, 又销去旧存常平仓 130 余万石, 合计 730 余万石, 为何并未察及——是官官相护, 或是知情不举, 或是敷衍塞责, 或是确受蒙蔽? 乾隆帝说, 袁守侗、阿扬阿查办此案, 均难辞咎, 著交部严加议处。部议袁守侗夺官, 命留任治河, 两年后病死, 阿扬阿革职。

(3) 言官: 郭琇 (1638—1715), 字瑞甫, 号华野, 山东即墨人, 出身诗文之家。他 9 岁丧父, 10 岁丧继母, 幼年坎坷, 曾在即墨城东 40 里深山仙姑庵苦读。庵在山中, 高崖绝壑, 榛莽满布, 樵牧之迹, 也为罕见。他居住茅舍三间, 没有围墙。每当风雨之夜, 狐啸狼嚎, 悲凉吓人。郭琇却夜以继日, 学习不辍, "宿火中宵, 且泣且读"。康熙八年 (1669 年) 考中举人。第二年, 中进士, 年 32 岁。考中进士后, 未分配工作, 乡居 8 年, 读书待仕。康熙十七年 (1678 年), 为江南吴江县 (今苏州市吴江区) 知县。郭琇"居心恬淡, 莅事精锐", 励精图治, 关切民生, 9 年县令, 两袖清风。后来, 康熙帝南巡时说: "郭琇前为吴江县令, 居官甚善, 百姓至今感颂。"(《清史列传》卷一〇《郭琇》) 康熙二十三年 (1684 年) 六月, 皇太子师傅汤斌任江苏巡抚, 很欣赏县令郭琇。康熙二十五年 (1686 年), 汤斌推荐, 经过考试, 部议驳覆, 康熙帝特批, 郭琇任江南道监察御史。后升左金都御史。从此, 郭琇开始了一生中最为辉煌、最为人们称道的监察官员生涯。郭琇最突出的事迹是弹劾当朝宰相明珠。

明珠是康熙朝六十一年 48 位大学士中最有权势者之一。明珠出身叶赫部 (慈禧娘家所在部), 部灭亡后, 明珠父亲尼雅哈投降努尔哈赤, 后来立功, 做了佐领, 随军入关。明珠随父入关后, 初任侍卫, 迁内务府郎中。后升为内务府总管 (二品)、刑部尚书。康熙十年 (1671 年), 康熙帝擒鳌拜、掌朝纲后, 明珠充任给皇帝讲解经典的经筵讲官, 和康熙帝有较多的接触。不久, 在撤藩平叛过程中, 明珠力主撤藩、坚决平叛，受到康熙帝的信任。他担任兵部尚书，每天处理紧急军务，深得康熙帝的器重。康熙十四年（1675年）转吏部尚书。康熙十六年（1677年），正当平叛高潮时，明珠为武英殿大学士［从康熙十六年（1677年）到二十七年（1688年）共12年］，入阁办事。明珠从区区宫廷侍卫，升为刑部尚书、兵部尚书、吏部尚书、内阁大学士，说明他才智非凡。恰在这时，御史郭琇挺身而出，弹劾权相明珠。

郭琇弹劾明珠，奏章恐被拦截，反遭杀身之祸。有资料记载：一日，明珠寿诞，宾客满堂。依惯例，御史不给当朝官长贺寿。这天，郭琇来到明珠相府。明珠格外高兴，将郭琇迎到大堂。郭琇当众从袖中取出弹章，示意要弹劾当朝大员，说完转身而去。随后立即奏上弹章。满朝哗然，不便拦截。

康熙二十七年（1688年）二月，郭琇上《纠大臣疏》——大臣背公结党、纳贿营私、仰请乾断、立赐严谴、以清政本一疏，弹劾大学士、权相明珠等，举朝震惊。这是郭琇御史生涯中当时轰动、后人称颂的大过人之处。郭琇弹劾明珠，疏文，要点如下：第一，把持阁务。明珠指麾大学士余国柱秉承其意向，草拟圣旨。即有错误，同官不敢驳正。满洲则佛伦、葛思泰及其族侄傅腊塔、席柱等，汉人则余国柱等，结为死党，寄以腹心。凡会议、会推，他们把持，戴德私门。第二，市恩立威。明珠凡是奉到谕旨，或称某人贤，就向彼说："由我力荐。"或称某人不善，则向彼说："上意不喜，吾当从容挽救。"市恩立威，挟取贿赂。第三，卖官鬻爵。凡督、抚、藩、臬、学道缺出，按缺论价，辗转卖官，任意派缺，无端索取，欲满而止。贿赂公行，士风大坏。第四，控制言路。每日退朝后，出中左门，明珠同拱立以待的部院大臣及心腹密语多时，泄露机密。明珠还与余国柱等交结，糜费河银，大半分肥。第五，内心阴毒。明珠见人柔颜甘语，百般款曲，而阴行鸷害，意毒谋险。对上奏本章，必须先行请问；对参劾自己的人，借事排陷，闻者骇惧。郭琇奏章上去之后，直声振天下，人称"铁面御史"。不久，郭琇升为都察院左都御史。

康熙帝得到郭琇弹劾明珠奏疏后，可以采取的办法：一是，当众公布；二是，大开杀戒；三是，置若罔闻。但康熙帝没有这么做，他举重若轻，半年之间，做了以下处置。

第一，解除大学士。当时有大学士7人，解职4人——明珠（满洲正黄旗）革职，勒德洪（觉罗、满洲正红旗）革职，余国柱（户部尚书迁）革职，李之芳（吏部尚书迁）退休回乡。

第二，处置诸尚书。革职或解职5位尚书、1位都御史——户部尚书佛伦（满洲正白旗）解任，吏部尚书科尔坤解任，刑部尚书徐乾学调职，工部尚书熊一潇革职，左都御史徐元文调职。

第三，其他的大员。有民谣："五方宝物归东海（徐乾学），万国金珠贡澹人（高士奇）。"徐乾学已解任，其弟徐元文为状元、徐秉义为探花；徐乾学与南书房师傅、礼部侍郎高士奇为子女姻亲；高士奇与王顼龄结亲，王顼龄与左都御史王鸿绪为兄弟，王顼龄之弟王九龄为日讲起居注官、礼部侍郎；还牵扯地方大员，如湖广巡抚张汧等。

这是一个盘根错节、休戚与共的朝廷官僚集团。这个集团不仅影响皇权，而且事关皇位继承。所以，康熙帝决定削弱明珠集团，以加强皇权。

但是，重大弹劾，必遭报复。明珠不是一个人，而是一个集团；被郭琇打击的，不是明珠一个人，而是明珠集团。因此，明珠集团必然反扑，也必然报复。他们打击报复郭琇，先后制造了"三案"——"私书案""冒名案"和"钱粮案"。

第一案：私书案。康熙二十八年（1689年）九月，山西道御史张星法疏参山东巡抚钱珏贪黩劣迹，命钱珏明白回奏。钱珏大怒，反咬一口，说郭琇曾写信给自己，嘱荐关照山东知县高上达等人；并揭发郭琇的私人信件，称郭琇致书嘱托推荐未遂，便衔恨唆使张星法诬劾自己。康熙帝命左都御史马齐审理此案。马齐严刑逼供，再三用夹棍审讯张星法，迫其供认"堂官郭某（郭琇）"指使。十月，郭琇上疏抗辩，并指出这样做，或为若辈主使，或为钱珏主使，目的是肆行罗织罪名，欲致臣于死地。

不久，刑部等衙门定拟题复：都察院左都御史郭琇，为教官刘奉家等曾寄书嘱托山东巡抚钱珏，缘此不便自行纠弹，故嘱御史张星法将钱珏题参，有玷大臣之职，应照例革职，杖一百，准其折赎。张星法既听郭琇之言，将钱珏纠参，且多方巧辩，亦照例革职，杖一百，准折赎。知县高上达等，央求郭琇等寄书钱珏，俱应革职。

康熙帝曰：郭琇本当依议处分，念其耿直敢言，屡经超擢，从宽免革职治罪，降五级调用。后郭琇被休致回乡。张星法从宽免革职治罪，著降二级留任。凡官员理应各尽职业，不得扶同结党，钱珏既接私书，彼时不行具题，今被纠参，始行举出，殊属不合，可以原品解任。(《康熙起居注册》康熙二十八年十月初十日)

私书嘱托有玷官箴，是郭琇获咎之源。嘱人纠劾事宜，虽自陈心迹，矢口否认，但部议仍作为罪状之一，尚难辨析。以郭琇的性格、名声、地位，参一巡抚并非难事，毋需假手于人。但私书嘱托，有隙可乘，确在情理之中。此案之定谳，不能排除明珠党羽暗中左右之可能。因此，"私书案"成为郭琇仕途中的重大转折点。这里可以看出，作为言官，疏参别人，必严律己。

第二案：冒名案。郭琇既被降调，在京等待工作。时前明珠案内被参革职的户部尚书佛伦，已改任山东巡抚。他对郭琇仍怀恨在心，寻找机会报复。康熙二十九年（1690 年）五月，佛伦诬劾称：郭琇的父亲郭景昌，原名尔标，曾经在明末清初倡乱伏法，郭琇私改父名，冒请诰封。这是一个有欺君之罪的大罪名。疏入，礼部不待核实，就将诰命追夺。康熙帝接到佛伦揭发郭琇的奏章后，命大学士伊桑阿于无人之处，询问郭琇实情。郭琇回答伊桑阿：是诬告。回答时，他边流涕边述说：臣祖父耀横，被尔标之乱挟仇谋害，指仇为亲，实属罗织。康熙帝虽知道了实情，但诰封没有发还。10 年后，郭琇以湖广总督入京陛见，为"冒名案"上《辨白冤诬疏》云：臣本生父郭景昌，系即墨县学庠生。郭尔标乃只身光棍，横赌街坊，为宗族之所不齿，并无妻室，何有子嗣？因而投充宗昌家仆，是阖邑之所共知者。当尔标甲申（顺治元年）作乱之时……后尔标被柯永盛拿获正法。臣父与臣顺治三年始得回籍。时臣已九岁，臣伯父郭尔印乏子，过继臣承嗣。本生父于是年九月内病故，过继父于康熙十五年（1676年）正月内病故，有丁艰呈词可查。是事迹之彰明较著者也。况臣生父与尔标，固系远族；即臣过继父与彼亦系远堂，各有宗谱支派，又何能掩人耳目？《郭华野先生疏稿》卷三）郭琇内称：伏祈皇上敕问佛伦，当日诬臣事件，或系访闻，或系告发，必有其人，请提来臣与质对。事若有据，臣有欺君之罪；事若无稽，而罪在佛伦矣！疏入，康熙帝询问大学士佛伦，佛伦以举报舛误对，把责任推到下属。康熙帝决定重新颁发诰命。身为大学士的佛伦，张冠李戴，无中生有，加罪郭琇，以泄私忿。

郭琇被诬，十年申冤。后人评论道："设使人寿不及待，则其含负奇屈于地下者，当复何如！吁，直道难行，仕途荆棘。"（陈康祺《郎潜纪闻二笔》卷三）

第三案：钱粮案。康熙二十九年（1690年）中，江宁巡抚洪之杰以吴江县亏空漕项，事涉前任知县郭琇，行文山东巡抚佛伦解送对质。佛伦派员押送郭琇起赴江宁，在上元县看守，后进行讯问。事情的经过是：郭琇任吴江知县时，县丞赵炯经收康熙二十二、二十三等年漕米2300石，虽具印结存，但暗中亏空。郭琇当时毫无觉察，在离任时俱结移交署印官张绮梅。后因大计（每三年一次对地方官员的考核），赵炯降调，事遂暴露。郭琇闻之，即遣家人董起凤等于康熙二十七年（1688年）代买还仓。此案本已了结，但因江苏按察使高承爵系高士奇同宗、明珠侄婿，而借之报复。

高承爵严刑夹讯张绮梅等人，逼迫他诬指郭琇亏空漕粮，然终未得逞。据称，审讯时，高承爵在堂上，而明珠、高士奇私人"皆伏屏后窃听，画手蹑足，群目眈眈，争欲刑讯，以快夙愤"。江宁士民为郭琇蒙冤愤愤不平，"皆眦裂发指，袖瓦砾伺击"。当高承爵刑讯张绮梅一无所获，气急败坏，声称"上脑箍"时，郭琇愤怒地对张绮梅道："若辈不过欲死我耳！何不诬承而自苦若是！"高承爵怒问郭琇："尔不畏死耶？"郭琇笑曰："我畏死不至此，畏死者方坐堂上。"（《华野郭公年谱》）时因康熙帝降旨，大臣不许擅刑，高承爵等不敢恣肆，便删改群供，拟遣戍陕西。当郭琇遣戍陕西之讯传到即墨时，其妻屈氏泣血草疏，即"率一仆妇，策蹇走京师"，就是骑着毛驴上北京申冤。疏将上，康熙帝特恩旨宽免，释郭琇回乡。（郭廷翼《屈氏行述》，雍正刻本）

此案，郭琇固有失察之咎，但事后补齐，例有所据。明珠、高士奇、高承爵等对郭琇恨之入骨，故纵赵炯逍遥法外，而对张绮梅施以酷刑，企图加罪郭琇。

以上三案中，"冒名案"纯属诬陷，"私书案"和"钱粮案"属于小题大做，借题发挥。三案迭起，实由明珠等高官贵族兴风作浪所致，必欲置郭琇于死地，以报"疏劾"之仇。面对接二连三的打击报复，郭琇坚贞不屈，顽强抗争。其《剖明心迹虽死犹生疏》云：窃臣生性憨直，疾恶如仇。去岁一疏两疏，今岁又一疏，不避嫌怨，不畏报复，无非去当道之豺狼，而为社稷生民计也。乃若辈之怨臣、恨臣，愿得臣而甘心焉，盖已久矣，特无隙可乘耳……惟得见皇上，剖明心事，使天下后世知臣之死，由于奸邪罗织、阴谋煅炼，则臣虽死犹生矣。（《郭华野先生疏稿》卷一）郭琇面对邪恶，不屈不挠，高风亮节，矢志如一，视死如归，确是一位堂堂正正、鼎鼎赫赫的监察名臣。

康熙帝在对郭琇疏劾明珠集团案件中，有三点做法，很值得思考。

第一，"留中不下"。康熙帝对郭琇弹劾明珠的奏章，没有公开下发。清国史馆修《明珠传》时，找不到郭琇弹劾奏章的原件。后乾隆帝命将郭琇参劾明珠原疏，写入《明珠传》中。康熙帝为什么这样做？主要是为避免事情扩大化。

第二，保护郭琇。明珠党人，一而再，再而三，甚至不惜造谣陷害，以报复郭琇。康熙帝很有意思，如对"冒名案"，命大学士伊桑阿于无人处问郭琇，琇"以诬告对"。康熙帝心里有了底数，处理起来，从容主动。如"私书案"，原拟革职、杖一百、准其折赎，康熙帝定降五级调用；"冒名案"，追夺诰命（后发还）；"钱粮案"原拟遣戍陕西，恩旨宽免。后命郭琇任湖广总督。

第三，"执两用中"。郭琇与明珠，在弹劾与被弹劾的天平上，是对立的两极。康熙帝既利用郭琇牵制明珠，制约明珠集团；又利用明珠牵制郭琇，限制郭琇势力。后来，明珠任内大臣二十余年，用其才能而杀其威势；郭琇先在家闲居，后任湖广总督，既保护其人，又不忘其功。所以，乾隆帝说："我皇祖圣明英断，刑赏持平，实为执两用中之极则。"（《清史列传》卷八《明珠》）

综上，明君需要耿直之臣，郭琇应运而出；忠臣需要英明之君，康熙帝俯纳劾疏。康熙帝、明珠、郭琇，君主、廷臣、言官，结成错综复杂的三角关系。康熙帝之于明珠，既委以朝廷重任，又借言官加以抑制；康熙帝之于郭琇，既纳其参劾之疏，又加以笼络保护。为君难，为臣难，为言官尤难。幸遇康熙帝这样的英明之君，郭琇尚不能善始善终，可见谏官难当，忠言难吐，劾章难上，直路难行。

三、历史经验

清代反贪时紧时松，时严时宽。历史的经验是：

第一，垂直独立。明清的监察机构，垂直独立。科道官员，官阶低，位置重。个人独立，个人负责，所上封奏，直达至尊。科道言官重点是监察内阁六部、司寺院府，甚至皇帝。御史多清廉自律，忠耿敢言，不畏死生。如御史蒋钦，江苏常熟人，进士，也是南京御史，接连三次被廷杖：第一次是同其他御史集体谏言正德帝不要巡游，被"逮下诏狱，廷杖为民"。第二次是三天之后，他单独上疏，痛斥奸臣。疏入，结果再杖三十，下狱。第三次是又过三天，他再上疏，斥奸臣——"臣昨再疏受杖，血肉淋漓，伏枕狱中"，疏中望正德皇帝，将大太监刘瑾的头割下，悬挂在午门！又说，如果我被杀，那就使我同古代忠贤之人龙逄（páng）、比干一起在地下游玩！史书记载：蒋钦在夜间起草第三封奏疏时，灯下听到鬼声。蒋钦说，我疏上之后，会身罹大祸，这是先祖显灵要我不写这个奏疏吗！于是，整理衣冠，站起来说，如果是我的先祖，就大声告诉我！刚说完，声音从墙壁里发出，益加凄惨。蒋钦叹道，既已做御史，就得义而忘私，如果我缄默不语，辜负了国家，也为先人羞！于是奋笔疾书，曰："死即死，此稿不可易也！"鬼声停

止。天亮，疏入，再杖三十。杖后三日，死于狱中，年49岁。（《明史·蒋钦传》卷一百八十八）

言官不仅言事言人，还言制度。如明嘉靖四十一年（1562年），御史林润言："天下之事，极弊而大可虑者，莫甚于宗藩禄廪。天下岁供京师粮四百万石，而诸府禄米凡八百五十三万石。以山西言，存留百五十二万石，而宗禄三百十二万；以河南言，存留八十四万三千石，而宗禄百九十二万。是二省之粮，借令全输，不足供禄米之半，况吏禄、军饷皆出其中乎？故自郡王以上，犹得厚享，将军以下，多不能自存，饥寒困辱，势所必至，常号呼道路，聚诟有司。守土之臣，每惧生变。夫赋不可增，而宗室日益蕃衍，可不为寒心？"（《明史·食货六》卷八十二）

官员贪污腐败属个别想象，若发生群体性、普遍性的贪污腐败案件，必有"体制缺陷和制度漏洞"。举一例："五年来，最高人民法院受理案件50 773件，审结49 863件，分别比前五年上升174%和191%，审限内结案率82.4%；地方各级人民法院受理案件5610.5万件，审结、执结5525.9万件。"（高法人大报告）这既说明法院的成绩，也说明社会矛盾严重。因此，就应消除"体制缺陷和制度漏洞"。我在《正说清朝十二帝》中说过一句话："清太祖努尔哈赤既播下了康乾盛世的种子，也埋下了光宣哀世的基因。"记者追问我："基因"指什么？我没回答。基因就是当年努尔哈赤制定的八旗制度。这个制度，既有合理性，随着时间推移，也日益显露出其不合理性。可以说，清朝兴也八旗，亡也八旗。其亡，就亡在没有对"制度漏洞"进行必要的彻底的改革。

第二，盛世重典。明清大案，贪污官员，多为宠臣，贪赃枉法，严惩不贷。要让贪官污吏，付出沉重代价：身陷极刑，家产籍没，妻妾为奴，殃及子孙。"观其所诛殛，要可以鉴矣！"雍正帝还规定贪官贪污国库银米：父死子赔，子死孙赔。这些举措，今不必用，但盛世用重典，贪腐代价惨重——贪污者虑及后果，有利于防贪。《水浒传》说"官逼民反"，为防止民反，必严惩贪官。治贪从高端始。先清源泉，再理浊流。源清流不浊，源浊流不清。乾隆帝惩贪重点是总督、巡抚、布政使，结果却漏掉了更大的贪官，如和珅。

第三，精官利民。明中央"六部一院"——吏、户、礼、兵、刑、工和都察院，每部一尚书、二侍郎，总共20来人。清朝"六部二院"——吏、户、礼、兵、刑、工和都察院、理藩院，每部（院）双轨制，总共30来人。省、府、州、县，官员也很少。当代情况复杂，官员应多一些，但我国现有官员可能是古今中外最多的。机构重叠，人浮于事。过去讲"精兵简政"，应当讲"精官简政"。建议划定职数权限：处级归省市，局级归中央。过去处级归皇帝任免，现在放得太松了。

第四，读书尚廉。中央提出干部读书、廉政文化、修养官德，这很正确，也很重要。纵观古今，重读书，严官箴，这样的官员廉者多而贪者少。因此，在官员中，提倡读书，提倡清廉，提倡"文官不爱钱，武官不惜死"的美德。当下中央发布诸多措施，出现三少——接待少，应酬少，喝酒少，这就给干部省出许多时间。省出时间干什么？多读书。于谦任兵部尚书，下班后——"清风一枕南窗卧，闲来只读几卷书。"明清许多官员，有文集，有诗集，有论著，有理想。官员的官德，要树大德，要有理想——

一心：人生自古谁无死，留取丹心照汗青。（文天祥）

二天：先天下之忧而忧，后天下之乐而乐。（范仲淹）

三立：太上立德，其次立功，其次立言。（《左传》）

四为：为天地立心，为生民立命，为往圣继绝学，为万世开太平。（张横渠）

一个御史的故事　故事发生在明正德朝。明朝第十任皇帝、正德帝朱厚照，2岁就做皇太子，15岁继承皇位，在位16年，31岁死。正德帝行为怪异，很不安分，喜欢游猎，离宫索居，堪称皇帝中的一"怪"。当时，西北有战事，他要御驾亲征，大臣们鉴于"土木之变"明英宗被俘的惨痛教训，坚决反对。他执意孤行，亲自出征，得胜回朝，下诏加封自己为"威武大将军"。他曾微服出巡，到居庸关，守关官员"闭关拒命"，他扫兴而回。于是，他又派亲信去守居庸关，然后深夜微服出关，终于得手。他往西北到过大同、榆林、绥德等地，往江南到过南京、镇江一带。时间少则几个月，最长达一年之久。朝廷没有了皇帝，皇帝的车驾也没有 GPS（全球定位系统）定位，连内阁大学士都不知道皇帝到哪里去了。

正德帝的出巡与荒唐，受到官员的谏阻。皇帝动怒，就对谏阻官员实行廷杖。正德二年（1507 年）闰正月，廷杖言官艾洪等二十一人于阙下。二月，又廷杖御史王良臣等于午门。（《明史·武宗本纪》卷十六）

南京御史陆崑，浙江归安（今湖州市）人，进士，带领十三道御史薄彦徽、葛浩、贡安甫、王蕃、史良佐、李熙、任诺、姚学礼、张鸣凤、蒋钦、曹闵、黄昭道、王弘、萧乾元等，上疏抨击正德帝宠幸太监，日事宴游，说："广殿细旃（zhān，同'毡'），岂知小民穷檐蔀（bù，意'遮蔽'）屋风雨之不庇；锦衣玉食，岂知小民祁寒暑雨冻馁之弗堪；驰骋宴乐，岂知小民疾首蹙頞（è，鼻梁）赴诉之无路。"意思是，居住宽广宫殿，怎能知道百姓身栖不避风雨的疾苦；穿绫罗吃美食，怎能知道百姓身处冬寒暑热的饥寒；骑马打猎享乐，怎能知道百姓困顿苦难而控诉无门。疏上，触怒，谕旨："悉逮下诏狱，各杖三十，除名。"陆崑等被捕入狱，各杖三十，免除官职。其中黄昭道、王弘、萧乾元 3 人在南京，命即在南京阙下杖之。（《明史·陆崑传》卷一百八十八）

一个能官的故事　陈鹏年(1663—1723)，湖南湘潭人。康熙三十年(1691 年)中进士，出任浙江西安（今浙江衢州境内）知县。陈鹏年在任上，清理豪强霸占田地，平反徐氏冤死十年错案。他下令禁止溺死女婴，当地民众被感化，将本想扔掉的女婴留下抚养，都改姓陈。后陈鹏年调任山东，亲自分发赈济粮食，严控借赈肥私官员，"全活数万人"。康熙帝南巡回銮，在山东济宁船上召见他，赐予御书。不久，陈鹏年升任江宁（今南京）府知府。陈鹏年一生中，曾三次蒙受大难，三次到武英殿修书。

一蒙难。康熙四十四年（1705 年），康熙帝第五次南巡。江南江西总督阿山召集属下，商量加征地丁银，作为皇帝巡幸的接待费。陈鹏年身为下级，竭力反对，事情告吹。阿山和陈鹏年结下疙瘩，又让陈鹏年去主管建造行宫。阿山的侍从向陈鹏年索贿，被顶了回去，于是嫉恨陈鹏年的人就开始传闲话。康熙帝要到京口（今江苏镇江）检阅水师，阿山成心刁难陈鹏年，命令他在江上垒石铺路，限期一天完工。江流湍急，施工困难。众人担心完不成任务，人心惶遽。陈鹏年亲自率百姓运输土石，到黎明时，工程告竣。阿山还不罢休，又上奏折，参劾陈鹏年贪污残暴，将他关押在江宁监狱。阿山必欲置陈鹏年于死地，又加上"大不敬"的罪名。陈鹏年在任江宁知府时，下令封闭妓院，并将其改为讲堂，悬榜曰"天语丁宁"，每月宣讲圣谕。这本是好事，但被阿山指为亵渎圣谕，论罪当斩。消息一出，江宁百姓，呼号罢市，千余士子，举幡叩阍（告御状）。江宁织造曹寅也叩头为陈鹏年祈情。康熙帝经过调查，命陈鹏年罢官免死，征入武英殿修书。是为陈鹏年第一次入武英殿修书。他曾有《初伏直武英殿》诗，其小序云："奉命直武英殿，日在凉堂广厦之间，带星而入，昏黑而返。"起早贪黑，辛劳修书。

二蒙难。陈鹏年在武英殿修书，一干就是三年。康熙四十七年（1708年），陈鹏年再次被起用，出任苏州知府，后任江苏布政使。他一如从前，改革风俗，清理积案。当地发生饥荒和瘟疫，《清史稿·陈鹏年传》说他亲自"周历村墟，询民疾苦，请赈贷，全活甚众"。他获得巡抚张伯行的器重："事无钜细，倚以裁决。"不料就此卷入总督和巡抚矛盾漩涡之中，再遭厄运。清制：各省设巡抚，一省或数省设总督；总督和巡抚往往同城，发生很多摩擦。当时的两江总督噶礼，不仅和巡抚张伯行矛盾很深，而且因陈鹏年"素伉直，忤噶礼"，也和陈鹏年矛盾很深。噶礼找茬儿弹劾陈鹏年，不仅要夺他的官，而且要将他遣戍黑龙江。翌年，危难之时，又是康熙帝下旨宽宥，让陈鹏年回京到武英殿修书。是为陈鹏年第二次入武英殿修书。

三蒙难。噶礼仍穷追不舍，又上书康熙帝，举报陈鹏年写"反诗"。康熙帝把诗发给阁臣传阅，说："朕阅其诗，并无干碍。朕纂辑群书甚多，诗中所用典故，朕皆知之……今与尔等公看，可知朕心之公矣！"为陈鹏年主持了公道。后世有人称赞康熙帝此举"如神之哲，洞察隐微，可为万世法"。这自然有些过誉，但康熙帝的博览群书、明察秋毫，的确让陈鹏年又躲过一次生死劫难。武英殿的"凉堂广厦"，也再次成为陈鹏年仕途受挫时的避难所。是为陈鹏年第三次入武英殿修书。

俗话说：善有善报，恶有恶报。噶礼，满洲正红旗人，其先祖为清开国五大臣之一的何和礼，其母为康熙帝幼年的乳母。噶礼依恃祖上的功劳和母亲的恩遇，狂贪暴虐，恶贯满盈。后噶礼的母亲向康熙帝叩阍，说噶礼在食物中下毒药图谋弑母。康熙帝命刑部调查，刑部核实，拟噶礼当极刑，谕令噶礼自尽。

康熙六十年（1721年），黄河决口。康熙帝想起了当年赈灾的陈鹏年，第三次起用他，让他去治河，不久任河道总督。他忙得没时间回府，"止宿河堧（ruán），寝食俱废"（《清史稿·陈鹏年传》卷二百七十七），也就是，夜宿河堤旁空地，废寝忘食，日晒水浸，洁己奉公，疲病交加。雍正元年（1723年），陈鹏年病逝于治河工地，年60岁。雍正帝下谕说："陈鹏年洁己奉公，实心为国。因河工决口，自请前往堵筑，寝食俱废，风雨不辞，积劳成疾，殁于公所。闻其家有八旬老母，室如悬磬。此真'鞠躬尽瘁、死而后已'之臣。"（《清史列传·陈鹏年》卷十三）陈鹏年官到总督（正部），积劳成疾，累死之后，家贫如洗，四壁空空，像倒悬的磬一样。陈鹏年身后谥"恪勤"，可谓恰如其分——恪尽职守、勤勉任事。

四、反　贪

清朝反贪大案很多，兹举高恒、王亶望和国泰三案，案情与处理，并列述如下。

高恒案　高恒，高佳氏，满洲镶黄旗人，大学士高斌之子。高斌官文渊阁大学士、军机大臣、内大臣、吏部尚书、直隶总督、南河（江南河务）总督等，女儿是乾隆帝的慧贤皇贵妃。（《清史稿·后妃传》卷二百十四）高斌一生，勤奋兢

业，以 73 岁高龄，累死在治河工地上，与靳辅等同受庙祀。(《清史稿·高斌传》
卷三百十) 高恒依恃乃父为高官，又是乾隆帝小舅子，没有经过科举考试，以国
子监荫生，被授予户部主事。这自然比科举考试升官来得快，也来得容易。经外
放，任肥差——山海关、淮安关、张家口关等税关的长官。不久，署理长芦盐政，
接着任天津总兵。乾隆二十二年 (1757 年)，授两淮盐政。这两淮盐政既是贵差，
又是肥差，当年康熙帝任命李煦担任。可见乾隆帝对高恒的信任和重任。乾隆
三十年 (1765 年)，署户部侍郎，相当于财政部副部长兼国家税务总局局长。不久，
任总管内务府大臣，就是大内的总管。总管内务府大臣是至亲、至信、至重、至
要的官缺。乾隆三十二年 (1767 年)，署吏部侍郎，任管干部和人事的副部长。这时，
乾隆帝屡次南巡，两淮盐商在扬州迎驾，兴建行宫，大肆铺张，花费巨大。

　　高恒在任两淮盐政期间，令盐商每一引盐抽银三两为公家用钱，这笔银子他
中饱私囊，没有报告户部。乾隆三十三年 (1768 年)，两淮盐政尤拔世，奏报高
恒贪污弊端，乾隆帝命罢高恒官，查办此案。经过调查，高恒贪污银子 467 万余两。
这个数字多大呢? 全国年征盐课银: 康熙六十年 (1721 年) 为 377 万余两，雍
正十二年 (1734 年) 为 399 万余两，高恒竟然贪 476 万余两! 乾隆帝命刑部调
查审理，事实清楚，证据充足。谕旨: 高恒受盐商贿金，伏诛。(《清史稿·高恒传》
卷三百三十九) 但大学士傅恒为高恒求情: 请皇上推慧贤皇贵妃恩，免其死。乾
隆帝说，如果皇贵妃兄弟犯法免死，那么皇后兄弟犯法当奈何? 这话是说给傅恒
听的——傅恒的姐姐是乾隆帝孝贤纯皇后富察氏。傅恒一听，话外有音，这是"敲
山震虎"，警告我的! 由是战栗，不再敢言。

　　俗话说: "福无双至，祸不单行。"高恒之子高朴，也不是科举正途出身，以祖、
父、姑三重关系，初为员外郎，继为给事中，巡山东漕政，升左副都御史 (副部
级)。乾隆四十一年 (1776 年)，高朴任新疆叶尔羌办事大臣。距叶尔羌四百余里
有座密尔岱山，产美玉，已封禁。高朴到叶尔羌后，疏请开采，每年一次。两年后，
新疆阿奇木伯克色提巴勒底，奏诉高朴役使回民三千人上山采玉，婪索金银，盗

卖官玉。乾隆帝得到奏报，命将高朴夺官严鞫。经查，高朴在叶尔羌存银 16 000 余两、黄金 500 余两，并将美玉寄回家。（《清史稿·高恒子朴传》卷三百三十九）乾隆帝谕曰："高朴贪婪无忌，罔顾法纪，较其父高恒尤甚，不能念为慧贤皇贵妃侄而稍矜宥也。"也就是说，不能因高朴是皇贵妃的亲侄子，就可以免受处罚。乾隆帝命：杀高朴，籍其家。

高恒、高朴父子案刚结，王亶望案又起。前已述，现从略。

王亶望之案审结后，又有国泰大案。

国泰案　国泰，满洲镶白旗人，富察氏，纨绔子弟，家教不严。其父文绶，历官山西布政使、河南巡抚，署陕甘总督、湖广总督、四川总督，曾三次因徇庇贪污犯等罪而被免官，并发往军台或伊犁效力。（《清史稿·文绶传》卷三百三十二）文绶常年在京外做官，无暇严教儿子。国泰依仗出身上三旗，父亲又是高官，少年得意，骄横跋扈。对待属吏，小不当意，便发脾气，加以呵斥。这里讲一个故事。身任山东布政使的于易简，见了山东巡抚国泰，竟然"长跪白事"，就是跪着说事。于易简是何许人？他是当朝大学士、军机大臣、头名状元于敏中的弟弟。大学士阿桂等曾以国泰骄横乖张，请改为在京做官，但他还是执迷不悟。

乾隆四十七年（1782 年），御史钱沣劾奏山东巡抚国泰和布政使于易简吏治废弛，贪纵营私，贪婪无餍，搜刮百姓，州县库空。乾隆帝命尚书和珅、左都御史刘墉前往调查处理，并令钱沣同往。这三个人态度不同：刘墉（山东诸城人），主持正义，以国泰虐害其乡里，偏向钱沣；钱沣因揭发此案，坚持严查，不屈不挠；和珅虽"怵钱沣"，却暗里袒护国泰，事先透露消息，国泰已做准备——假借市银（市场流通银子）补足库银亏空。和珅到济南后，立即盘查历城银库里的帑银，并令抽看库银数十封，足数无缺，立即起身，返回行馆。（《清史稿·和珅传》卷三百十九）这里有个故事："帑银以五十两为一铤，市银则否。"也就是说，帑银与市银的规格与包装不一样。有论者说刘墉先同钱沣商量，共同定下举措。于是，钱沣按计行事——请立即封库，第二天再查。第二天，他们来到银库，发现库银为外借的市银充数。钱沣按问得实，召来商人，归还所借，银库为之一空。刘墉和钱沣再查章丘、东平、益都三州县的银库，全都亏缺。（《清史稿·钱沣传》卷三百二十二）经查，山东各州县银库亏二百多万两银子，都是国泰、于易简在官时的事。在审讯国泰时，国泰对钱沣骂道："汝何物，敢劾我耶！"刘墉大怒道："御史（钱沣）奉诏治汝，汝敢骂天使耶？"当即命人抽国泰的嘴巴。国泰害怕，跪在地上。和珅看着，也没办法。国泰等罪状属实，和珅也无法庇护。

此案经进一步审理，国泰承认贪婪索取其下属官员，数辄至千万。于易简谄媚国泰，督抚伙同贪婪。狱定，皆论斩，乾隆帝命改斩监候，下刑部狱。命国泰即在狱中自裁。（《清史稿·国泰传》卷三百三十九）

这里讲钱沣借钱的故事。钱沣在弹劾国泰前，自知凶多吉少，做被戍边准备——对好友邵南江翰林说："家有急用，需钱十千，可借乎？"邵答："钱可移用，将何事也？"钱说："子勿问何事。"借了钱，三天后，钱沣上弹劾国泰的奏章。事后，邵问钱："子前告我需钱十千，岂为此事耶？"钱沣说，是，我想弹劾国泰必被遣戍，故预备点钱用。邵说，若有此事，十千钱不够用啊！钱说，我喜食牛肉，在路上可以不用仆从，以五千钱买牛肉，每天吃肉充饥，其余钱我自己预备，能到达戍地就行。听到这番话的人无不震惊。陈康祺对此说："乾隆至今，不少敢言之谏官，求如通政之廉俭为体，刚正为用，亦本朝有数直臣也。"（陈康祺《郎潜纪闻三笔》卷十一）乾隆六十年（1795 年），有书记载，和珅后来将钱沣毒死。做个言官，坚持正义，刚正直言，多么不易！

以上大案，事涉大学士 1 人，总督、巡抚、布政使 8 人。他们官不可谓不高，刑不可谓不重——主犯杀头，抄没家产，殃及子孙。《清史稿》卷三百三十九为乾隆朝 18 位省部级贪官列传或附传，纂者最后论道："高宗谴诸贪吏，身大辟，家籍没，僇（lù）及于子孙。凡所连染，穷治不稍贷，可谓严矣！"但是，为什么贪污之风屡禁不止，且愈演愈烈呢？《清史稿》本卷纂者又评论："乃营私觍（wěi）法，前后相望，岂以执政者尚贪侈，源浊流不能清欤？抑以坐苞苴败者，亦或论才宥罪，执法未尝无挠欤？"（《清史稿》卷三百三十九）就是说，其一，源浊流不能清；其二，执法受到干扰。不过，历史经验，可以总结。

乾隆惩贪的历史鉴戒：

（1）盛世当用重刑。贪赃枉法，代价沉重：身陷极刑，家产籍没，妻妾为奴，殃及子孙。"观其所诛殛，要可以鉴矣！"

（2）贪官多为宠臣。怙宠乱政，民饥成乱。贪官多是宠臣，骚乱多因民怨。《水浒传》说"官逼民反"，为防止民反，必严惩贪官。

（3）治贪从高端始。先清源泉，再理浊流。源清流不浊，源浊流不清。乾隆帝惩贪重点是总督、巡抚、布政使，结果却漏掉了更大的贪官，如和珅。

（本文系 2013 年 4 月 27 日在北京市纪检干部讲堂的演讲稿）

赫图阿拉之问

"赫图阿拉之问"这个"问"是怎样提出来的？ 20 世纪 90 年代的一天，著名学者、中共北京市委主管文化的副书记王光先生，在北京市社会科学院高起祥院长的陪同下，来到我家。在谈话间，王光先生对所谈的问题做了自己的认知、理解和表述。他说："当年，毛主席提出了一个问题：满族是一个只有几十万人口的民族，军队也不过十万人，怎么会打败有一万万人口、一百多万军队的明朝？而且满族人在中原建立政权长达 268 年。这个问题很长时间没有人回答，周总理也曾提出过这个问题让大家研究。这也是三百年来学界、政界、军界人士不断提出的'历史之问'。"王光先生还说，"崇年同志，这个问题你回答一下怎么样？"我说："书记，这道历史难题很重要，也应当回答；但我才疏学浅，知识和能力有限，回答不了。"他说："不必着急，积累材料，慢慢思考，不设时限。"

此后, 20 年来，我时常思考这个"赫图阿拉之问"，即"历史之问"——读书时、行路时、品茶时、交谈时，甚至梦境朦胧时，也有意无意地在思考这个问题，试图破解这道难题。今天把我的思考先跟诸位汇报，并求教。

我想，这个问题的答案应是"多因一果"。原因虽然多，但一定有主有次，我思考主要原因有三条：人事、天地和文化。

先说人事　事业取得成功，关键在人，在于得人，得英杰之人和贤能之人。越是伟大的事业，越需要有杰出的贤能之人。《尚书·吕刑》有一句话："一人有庆，兆民赖之。"这句话过去有人说是不是英雄主义史观。是英雄造时势，还是时势造英雄？英雄与时势的关系，今天我们不讨论。但是，可以肯定，一人有庆，的确能给兆民带来福祉。

清朝很有幸，清太祖努尔哈赤、清太宗皇太极、清世祖顺治帝福临、清圣祖康熙帝玄烨、清世宗雍正帝胤禛和清高宗乾隆帝弘历（中期前），这6代150多年，其领导核心层比较优秀，也比较稳定。

一个人优秀和杰出并不够，还需要有团队和集体优秀。以清朝开国名将额亦都为例。他跟随努尔哈赤起兵，最主要特点有两个字：一是"勇"，二是"忠"。他曾在攻城时被箭射穿股部而钉在城墙上，却用佩刀把箭杆砍断，带着穿透骨肉的箭杆爬上城，率领官兵破城，取得夺城大胜。这个人不但勇而且忠。他有16个儿子，其中一个儿子叫达启。努尔哈赤很喜欢达启，把自己的女儿嫁给了他。少年得志让达启有些飘飘然，虽然还没到严重违法乱纪的地步，但额亦都注意到了。在一次家庭酒席上，额亦都怒斥达启骄纵妄为，将来一定会负国败门户，于是一气之下用弓弦将其勒死。事后他向努尔哈赤请罪，努尔哈赤虽然也很难过，但转念一想，额亦都是为了国家利益，应该适当表扬，最终免于刑罚。

额亦都等对努尔哈赤很忠诚。努尔哈赤后来到他坟前吊唁时痛哭流涕，怀念这位既勇又忠的助手。努尔哈赤的五个开国大臣都在他之前死去，每个人死，他都要亲自去吊唁，趴在坟头哭。这显示的不只是一个人，而是一个坚强的集体。

我联想到了努尔哈赤、皇太极、福临、玄烨、胤禛、弘历执政期间，都没有发生大的核心层的军事裂变。

我们国家从秦始皇到宣统帝，共2132年的皇朝历史，但200年以上大一统的皇朝只有四个：第一个是汉朝，214年；第二个是唐朝，289年；第三个是明朝，276年；第四个是清朝，268年。

汉朝"诛吕"是很大的宫廷政治事件，引起了庙堂震荡和社会震动。唐朝有李世民发动的"玄武门之变"，明朝有朱棣发动的"靖难之役"，都是惊天动地。而清朝没有，从天命到宣统，整个清朝最高执政集团有过矛盾和争论，有过吵吵闹闹，但没有内部军事政变，没有发生主体裂变，也没有大的军政分裂动乱。这是清朝能够入关建立统治并且长达 268 年的一个重要原因。

次说天地　清朝执政者既善于优化人事，又善于借天借地。这个"天"就是司马迁说的"究天人之际，通古今之变"的"天"，即天时。天时，有小天时，有大天时。魏源说："小天时以决利钝，大天时以决兴亡。"因此，一个朝代的兴亡必有大天时。孟子说"五百年必有王者兴"，这个五百年是一个概数，也可以是三百年。满洲的崛起、清朝的入关正赶上了三百年一遇的大天时。这个天时主要表现在：中原大旱三年、赤地千里、饿殍遍野，甚至人食人；蒙古各部分裂衰弱；李自成率农民军占领了北京；女真各部正处于由分裂走向统一的状态。这四点是努尔哈赤、皇太极遇到的大天时。

这个"地"就是《孟子·公孙丑下》所说的"地利"。光有天时并不够，还要有地利，他们很善于借用"地"这个条件。清朝兴起的基地是赫图阿拉，今辽宁省抚顺市新宾满族自治县永陵镇赫图阿拉村。赫图阿拉是满语的汉语音译，原意 hetu 是横，ala 是岗，汉语直译作"横岗"，也译作"平顶山"。赫图阿拉是一座平顶小山城。这是"女真多山城"的一例典型。赫图阿拉的地形罕见，呈椭圆柱形，平地凸起，像一个"高桩馒头"，高 10～20 米，上筑城墙，高约 6 米。它三面环山，四面临水，凭借天险，易守难攻。它漫山遍野森林覆盖，至今森林覆盖率达 80%。它面积不大，经测算是 246 000 平方米，合 369 亩，相当于故宫博物院面积的三分之一。山上只有一口井，千军万马和城中军民，都用这一口井的水。已历 600 多年，至今井口水离地面，约为 10 厘米，伸手可掬，常年充盈，到现在还在用。赫图阿拉气候相对温暖，土地比较肥沃，雨量充沛，物产较丰，宜于人们生存，是一个天然的好基地。

赫图阿拉的地理区位，西到抚顺约 200 里，远离辽河平原重镇沈阳和明朝辽东首府辽阳，有苏子河水汇入辽河。赫图阿拉这座山城，三面依山，四面环水，既封闭、有利于隐秘防守，暗自发展，又开放、有利于进兵开拓，图谋大业。他们很善于利用这个基地，如果这个基地不是在赫图阿拉，而是在如北京通州，不要说十三副遗甲起兵，就 13 000 人起兵，也会很快被消灭。赫图阿拉距离北京远近适中，如果是以乌拉（今吉林省永吉县一带）作为基地，几万人长途跋涉，不要说打到北京，在半途就会被拦截歼灭了。

努尔哈赤以赫图阿拉作为满洲的发祥基地，统一女真，创立满文，创建八旗，建立后金——清太祖努尔哈赤在赫图阿拉黄衣称朕，建立后金，建元天命，奠定了清朝的基业。

所以说，清朝利用了三百年一遇的天时之机和非常难得的地理之利，善于借天借地。

再说文化 除人事、天地之外，赫图阿拉的背后，更有着大文化的支撑。

满洲文化有什么特点？一百年来，清史学界、历史地理学界、民族学界等普遍认为他们是草原文化、游牧经济。有学者认为蒙古和满洲都属于牧区，和中原农区对峙。当前学术界主流观点是满洲地区为草原文化、游牧经济。如果这样认识和判断的话，满洲文化与蒙古文化就没有大的区别了。我经过实地考察、研读文献、查阅档案和深入探索，提出满洲属于森林文化的观点。森林文化是一个新的历史文化概念，检索文献，前此未见。森林文化是指主要生活在森林地域的族群，人与森林暨人与人在互动中所产生的文化形态，称作森林文化。当然，一个新的概念或定义的提出，可能不够全面，但有比无为好。满洲文化就总体来说，不属于草原文化，而属于森林文化；不是游牧经济，而是渔猎经济。

这里面就牵涉中华文明的文化组成问题。我个人认为，从秦始皇元年（公元前 221 年）到清宣统三年（1911 年），2132 年的皇朝时代，中华文明是由五种文化形态组成：中原农耕文化、西北草原文化、东北森林文化、西部高原文化和沿海暨岛屿海洋文化。上述这五种基本的经济文化形态，共同组成了中华民族的伟大文明。在人类发展史上，任何一种文化形态，不是单一的、孤立的、固化的、绝对的，而是多元的、联系的、演变的、相对的。譬如，农耕文化区域也有森林、草地；草原文化区域，也有农耕、森林；森林文化区域，也有草地、农耕；海洋文化地域，也有农耕、草地、森林等，特别是在不同文化接壤和交错的地带，文化的多元性格外明显。关键之点是其主导的生产方式和生活方式。

这五种文化形态中，其所分布的面积各有多大呢？

中原　农耕文化面积有多大？中原人一直觉得很大。我一个省一个省面积相加，加起来中原农耕文化核心地区面积约 340 万平方公里，比较来说，并不算大。

西北　草原文化面积有多大？包括现在的内蒙古，草原文化面积约 116 万平方公里，喀尔喀蒙古（今蒙古国），面积约 156 万平方公里，合起来是 270 余万平方公里。还有天山以北、阿尔泰以南，明清叫作厄鲁特蒙古，即西部蒙古，以及贝加尔湖以东以南的布里亚特蒙古，即北蒙古，在明清强盛时都是中国的。这么算起来，明清强盛时草原文化面积有 300 多万平方公里。

东北　森林文化面积有多大？在地球北半球冻土带以南存在的一条森林文化带，其各族群的部民，过着定居生活，为渔猎经济，兼以蓄养、采集、农耕，祭祀神树等。在明清强盛时期，它包括：（1）今辽宁省 15 万平方公里，（2）今吉林省 19 万平方公里，（3）今黑龙江省 46 万平方公里，（4）乌苏里江以东到海约 40 万平方公里，(5) 黑龙江以北外兴安岭以南（包括库页岛）60 多万平方公里，（6）还有乌第河以西、尼布楚、齐洛台（现在俄国叫赤塔）等地带，总面积 300 多万平方公里。就是说东北森林文化范围约 300 万平方公里。

西部　高原文化面积有多大？青藏高原 250 万平方公里，云贵高原 50 万平方公里，西部高原文化面积共 300 多万平方公里。

以上四个面积合起来就是 1200 多万平方公里，还有沿海暨岛屿海洋文化面积。总算起来，在明清盛时，中国的国土面积大约 1400 万平方公里。努尔哈赤、皇太极背后是 300 多万平方公里森林文化的支撑，和中原农耕文化面积大体上差不多。

那么，东北森林文化有什么特点？

第一，地域经纬度。打开世界地图，在北半球冻土带以南、草原带以北，北亚、北欧、北美有一条森林带。其亚洲的东北部，有一片广袤的土地，生长着茂密的森林，苍苍莽莽，遮天蔽日，居住着不同的族群，有着特殊的生产和生活方式，也有独特的文化形态。这片广阔地带，处于东经120°～145°，北纬42°～70°之间。东北森林文化范围大体在大兴安岭以东到大海，长城以北到外兴安岭以南。明清盛时中国东北森林带的特点就是满洲族群等及其先人等森林文化的特点。这里，我说的只是文化，不牵涉其他。

第二，祭祀主神是神树——树木和森林。中原农耕文化祭祀主神是社稷——祭祀社（土地）和稷（五谷）之神。森林文化祭祀主神是索罗杆子。乾隆时《满洲祭神祭天典礼》中有一幅满洲祭神祭天典礼图，图中竖立有一根一根的神杆，每根神杆留有九枝。这就是祭祀森林的写照。

第三，生产方式，满洲主要是渔猎采集经济，也兼有其他。森林文化的衣食住行主要来源于狩猎、鱼、采集的收获品。草原文化的主要生产方式是游牧，"食牛羊之肉，衣牛羊之皮"。

第四，生活方式，满洲及其先民生活定居，家家养猪，有的也养驯鹿。这不同于草原文化以游牧为主，逐水草而居的迁徙生活。

第五，贡品，主要是当地土特产。蒙古主要是进贡马匹、骆驼；满洲主要进贡品有海东青、人参、貂皮、虎皮、鹿茸、熊胆、木耳、松茸、蘑菇、蜂蜜等，基本是森林中的动植物产品。

以上说明，东北森林文化和西北草原文化的主要生产方式和生活方式是不同的。但是，中国东北部地域的森林文化与西北部地域的草原文化，经常被学人混为一体。森林文化的独特光芒，往往被掩映在草原文化的光影之下。实际上，森林文化和草原文化各具特色，各展异彩，对比鲜明，因而值得研究。

总之，从公元前17世纪到17世纪三千多年间，这里的森林文化，后来孕育出森林帝国。那么满洲怎样利用森林文化优势取得政权并且巩固政权？我主要介绍五个方面。

第一，森林文化统合的力量。满洲把东北森林文化约 300 万平方公里内各个族群统合，如努尔哈赤经过 10 年征抚统一了建州女真，又经过 10 年统一了海西女真，再加上皇太极经过 7 年，统合黑龙江女真和东海女真，并组成八旗满洲军队。总合起来共为 50 年时间，基本上把东北地区森林文化 300 多万平方公里土地和部民，完全从明朝手里接收，变成自己的势力基础和政权基地。这是约 300 万平方公里蕴含的文化力量。

第二，实行"满蒙联盟"。清朝执政者的高明之处在于对满洲森林文化和蒙古草原文化进行文化统合。努尔哈赤先统合今内蒙古东部，采取联姻、赏赐、编旗、朝贡、重教（藏传佛教）等措施，把内蒙古东部绥抚。皇太极继承努尔哈赤遗业，征抚了漠南蒙古西部（察哈尔一带），打败林丹大汗，并设立八旗蒙古。顺治时间短，主要是对付李自成、张献忠及其余部和南明四王势力。康熙帝通过巧妙而智慧的策略，一矢不发，使喀尔喀蒙古（今蒙古国）完全绥抚。康熙帝说："昔秦兴土石之工，修筑长城，我朝施恩于喀尔喀，使之防备朔方，较长城更为坚固。"雍正时解决了青海蒙古问题。乾隆时解决了天山以北、阿尔泰以南的厄鲁特蒙古难题，设伊犁将军，编扎萨克旗，又统合维吾尔族、哈萨克族等。经过清初六代，草原文化和森林文化两种文化力量统合，面积总数约有 600 多万平方公里。册封章嘉呼图克图、哲布尊丹巴呼图克图。"明修长城，清修庙。"长城不再是防御蒙古的屏障，蒙古却成了抵抗外来侵略的中华长城。皇朝史上两千多年没有解决的匈奴—突厥—蒙古难题，清朝基本解决了。

第三，清朝通过册封达赖喇嘛和班禅额尔德尼，在西藏驻军，设驻藏大臣，尊教重俗，制定《西藏善后章程》等治策，以及在云贵川实行"改土归流"等举措，将高原文化 300 多万平方公里土地完全纳入清朝版图。

第四，康熙时统一台湾，北从黑龙江入海口（包括库页岛），南到曾母暗沙，统合了海洋文化。

第五，清入关前，将或降或俘或投或附的汉儒、汉官、汉民、汉兵组成八旗汉军。入关后，推行"崇儒重道"国策，实行科举考试，学习和吸纳中原汉族传统文化，逐渐使中原广大汉族知识阶层稍息了反抗意识，统合中原农耕文化。

于是，中华文明五种文化力量——农耕文化、草原文化、森林文化、高原文化、海洋文化实现了文化统合，特别是满、蒙、疆、藏、台完全归入清朝版图，疆域达到 1400 万平方公里，这是过去没有过的。其中，八旗满洲、八旗蒙古、八旗汉军，像鼎之三足，成为清朝政权的强力支柱。

上面说的是满洲怎么利用自身森林文化优势，逐渐统合各种文化，取得全国政权，并且巩固政权。

但清朝也有很多问题，我只讲两点。

其一，五种文化形态中，清朝不重视海洋文化。他们起于森林，长于骑射，缺乏海洋文化基因。海上防御薄弱，结果英国挑起第一次鸦片战争从海上打来，英法联军从海上打来，八国联军从海上打来，甲午战争从海上打来，后来，日本侵华还是海上打来。海洋文化是中国传统文化的一块短板，我们在这方面吃过历史大亏。

其二，清朝文化统合，没有处理好满汉关系，最后被孙中山以"驱除鞑虏，恢复中华"为口号的辛亥革命所推翻。

我在 20 余年探索森林文化的格物致知历程中，广泛收集资料，广行实地踏查，做出逻辑分析，寻求理论探索，阐述以森林文化为特征的森林帝国的初生发展、崛起历程、兴盛衰落、分合聚散和历史交替的自然过程，而写成《森林帝国》一书。

我们开始提到的赫图阿拉，后被清尊为兴京，就是清朝兴起的京城。明天启元年即天命六年（1621 年），努尔哈赤夺取沈阳、辽阳，进入辽河平原。同年，努尔哈赤迁都原明朝辽东首府——辽阳。后清尊辽阳为东京，就是清朝东部的京城。明天启五年即后金天命十年（1625 年），努尔哈赤再迁都沈阳。后清尊沈阳为盛京，就是清朝兴盛的京城。明崇祯十七年即清顺治元年（1644 年），清摄政睿亲王多尔衮又迁都燕京（北京）。从此，清朝定鼎北京，入主中原，统一全国，稳定政权，也是中国五千年文明史上第一个由非汉族皇帝君临天下二百年以上的大一统皇朝，更是森林文化第一次在中华五种——农耕、草原、森林、高原、海洋经济文化类型中成为主导中华文化的历史时代。这里的问题是：清朝缘何由几十万人口、十多万军队，战胜明朝一万万人口、一百多万军队，并打败李自成、张献忠数百万农民军队，且巩固统治长达 268 年之久？满洲森林帝国的起点在赫图阿拉，所以我把这道历史难题称作"赫图阿拉之问"，即"历史之问"。

　　以上是我对"赫图阿拉之问"，即"历史之问"讲的一点粗浅见解，希望诸位贤达指正。

　　（本文系 2017 年 9 月 29 日在远集坊讲坛第一期的演讲稿，后略有修改和补充）

清朝历史的十大贡献

清朝处于一个特殊的历史时代：从纵向看，清朝是中国两千年皇朝历史的最后一个皇朝，是中国社会由古代向近代发展的转型时期。从横向看，西方主要国家英国、法国、德国、意大利、美国等，纷纷走上资本主义发展道路，实行议会制、总统制或内阁制，发展工业，开拓市场，对外进行殖民扩张；中国的近邻俄国废除农奴制、日本实行明治维新，也开始走向国家富强和对外扩张之路，加紧对清朝进行疯狂侵略。清朝面临从海上到陆上，从南到北，从东到西，四面八方的威胁。因此，应对清朝的历史地位，做出恰如其分的评价。

清朝的历史地位，学术界争论很大。比如，第一，兴起时期，一种意见认为，清军入关使中国历史倒退三百年；另一种意见认为，清初结束逐鹿称雄局面，实现中国统一。第二，鼎盛时期，一种意见认为，"康雍乾"是中国历史上的黑暗专制时代；另一种意见认为，"康雍乾盛世"是中国历史上的黄金时代等。如何看待清朝的历史地位，近百年来，见仁见智。我认为，对清朝每一时期的历史，应当采取求真求是的态度。我略谈一下自己的看法。

清朝的历史，有过耻辱，也有过辉煌。清朝的辉煌，对中国历史的发展、对世界文明的进步，功绩斐然，贡献巨大。应当特别强调清朝对历史的贡献，不是某个人的贡献，也不是某个民族的贡献，而是中华民族各族人民对中华文明、对人类文明的共同贡献。

第一，屹立世界东方。在中国 55 个少数民族中，营建大一统皇朝的只有蒙古和满洲，但元帝国仅享祚 98 年，清帝国则绵祚 268 年。如果从清太祖天命元年

（1616 年）算起，则有 296 年。清朝占据中国历史舞台长达 296 年，在自秦始皇以降整个中国 2132 年、492 位皇帝的皇朝历史长河中，清朝的历史约占其总数的七分之一。在中国秦以降两千多年的皇朝历史上，开创过 200 年以上大一统皇朝的，只有西汉、唐、明和清。在上述四朝开创大一统皇朝的君主中，汉高祖刘邦、唐高祖李渊和明太祖朱元璋都是汉族人，只有努尔哈赤是满族人。从世界历史看，顺治定都北京时，英、法、德、意、俄尚未强大，美利坚尚未独立建国，日本更处在衰弱状态。可以说，努尔哈赤、皇太极奠定的大清帝国，是当时世界上最强大的帝国，屹立于世界的东方。

第二，奠定中华版图。盛清时，疆界超过秦皇、汉武、唐宗、宋祖，也超过盛明时的版图。清朝在管辖的版图内，建立政区、派遣官员、驻扎军队、定期巡防、征收赋税、按时朝贡，实行长期有效的统治。盛清的版图，东临鄂霍次克海，南极曾母暗沙，西南界喜马拉雅山，西达葱岭，西北至巴尔喀什湖，正北到大漠，东北跨外兴安岭，直至库页岛（现在俄国叫萨哈林岛），疆土面积约 1400 平方公里。在清朝"康乾盛世"的世界舆图上，被法国启蒙学者伏尔泰誉为"举世最优美、最古老、最广大、人口最多而治理最好的国家"。"康乾之治"的清朝，是当时世界上一个疆域最为辽阔、国力最为强盛、人口最为众多、物产最为富庶、经济最为发达、文化最为繁荣的大帝国。

第三，多民族的统一。清代民族关系是中国皇朝史上最好的时期。在东北，清朝解决了自辽河到黑龙江流域各民族的问题，前代所谓的"边徼"之野，清朝则成为"龙兴之地"。在北方，中国自秦、汉以来，匈奴一直是中央王朝北部的边患。为此，秦始皇连接六国长城而为万里长城。明代的蒙古问题，始终未获彻底解决。己巳年（1449 年）与庚戌年（1550 年），蒙古军队两次攻打京师，明英宗甚至成为蒙古瓦剌的俘虏。清朝兴起后对蒙古采取了既完全不同于中原汉族皇帝的做法，也不同于金代女真皇帝的做法。先后绥服了漠南蒙古、漠北喀尔喀蒙古、漠西厄鲁特蒙古。清朝对蒙古"抚驭宾贡，夐越汉唐"。可以说，中国两千年古代社会史上的匈奴、突厥、蒙古之难题，到清朝才算得解。后来，康熙帝说："昔秦兴土石之工，修筑长城。我朝施恩于喀尔喀，使之防备朔方，较长城更为坚固。"①昔日长城防御蒙古，清朝蒙古成为抵御沙俄侵略的长城。在西北，对南北疆维吾尔、蒙古、哈萨克等族统一。在西南，乾隆朝《钦定西藏章程》设驻藏大臣、在西藏驻军、册封达赖喇嘛和班禅额尔德尼、设立金奔巴瓶制度，云、贵、川的改土归流等，加强了对这些地区民族的管理。东南高山等族随着台湾统一而归属清朝管辖。清朝真正实现了中国皇朝史上多民族国家的广阔版图统一。

第四，创制满洲文字。时东北亚阿尔泰语系的满—通古斯语族，其诸民族均无文字。金代创制的女真文也已经失传。万历二十七年 (1599 年)，创制满文，这就是无圈点满文（老满文）。后对老满文加以改进，而成为加圈点满文（新满文）。满语文成为后金—清朝的官方语言和文字之一。其时，东北亚满—通古斯语族的诸民族，除满洲外都没有文字。满文记录下东北亚地区文化人类学的珍贵资料。满文通行后成为满汉、中西文化交流的重要桥梁。中国的"四书""五经"先后翻译成满文，而后再从满文翻译成西文，在西方广泛传播。创制满文是满族发展史上的一块里程碑，是东北亚文明史上、也是中华文化史上的一件大事，更是人类文明史上一件大事。现存满文图书 1000 余种，满文档案 200 余万件（套），是人类重要的文化财富。

第五，兴建皇家园林。皇宫的宁寿宫暨乾隆花园、建福宫花园、御花园等；西郊的"三山五园"——万寿山清漪园（颐和园）、香山静宜园、玉泉山静明园和畅春园、圆明园，京城以外的承德避暑山庄暨外八庙、热河木兰围场，天坛祈年殿（换成蓝色琉璃瓦），西苑（今中南海和北海）、南苑（南海子）。特别是圆明园三园即圆明园四十八景区、长春园三十景区、万春园（绮春园）三十景区，共一百零八景区，集中南北园林之优、中西园林之长，融于一园，达到中华古典园林史上的顶峰。康熙兴建畅春园、避暑山庄、木兰围场，雍正兴修圆明园，乾

①《清圣祖实录》第一五一卷，康熙三十年（1691 年）五月壬辰，中华书局影印本，1985 年。

隆在北京及京畿保护、维修、兴建的皇家宫殿园林，如皇宫的宁寿宫暨乾隆花园、清漪园（颐和园）、静宜园（香山）、静明园（玉泉山）、避暑山庄等。这些皇家园林，无不体现着清代园林文化的辉煌，是园林艺术史上的明珠，而且大多已被列为世界文化遗产。

　　第六，传承中华文化。清朝满族没有向各族强制推行自己的语言、文字、宗教（对汉族曾强令剃发、易服），而是对汉、蒙古、藏、伊斯兰等的文化政策，如同《礼记》所说："合外内之道。"[①] 汇合各民族文化的精华，加以继承和发展。特别是对传统的汉文化，编修《全唐诗》、《全唐文》、《康熙字典》、《古今图书集成》、《四库全书》、《大清实录》（汉、满、蒙文本）、《满文大藏经》、《律历渊源》、《无圈点老档》（又称《旧满洲档》《满文老档》《满文原档》）、《皇舆全览图》、《京城全图》、《八旗通志》、《满洲源流考》、《御制五体清文鉴》等，是多民族文化的硕果。其中《四库全书》抄录七部，即皇宫文渊阁、圆明园文源阁、盛京文溯阁、承德文津阁即北四阁，共四部；扬州文汇阁、杭州文澜阁、镇江文宗阁即南三阁，各贮存一部，供士子阅览。《御制五体清文鉴》在世界语言学史上占有重要地位。世界的四大文明古国，古埃及、古印度、古巴比伦的古语言文字都中断了，唯独中华自商甲骨文以来的汉语汉文没有中断，而是得以传承和发扬。清朝为中华传统文化的传承与发展作出了历史性贡献。

　　第七，英杰人物辈出。在中华历史人物星汉中，清代是 56 六个民族里贡献政治家、军事家、文学家、艺术家、语言学家和科学家最多的一个历史时期。政治家，如清太祖努尔哈赤、清太宗皇太极、摄政睿亲王多尔衮、康熙帝玄烨、雍正帝胤禛、乾隆帝弘历；军事家，如代善、兆惠、阿桂；民族英雄，如郑成功、萨布素、林则徐；思想家，如王夫之、黄宗羲、顾炎武、戴震；文学家，如纳兰性德、曹雪芹、蒲松龄、吴敬梓；语言学家，如额尔德尼、达海、徐元梦；天文数学家，

---

①《礼记·中庸》第五三卷，《十三经注疏》本，中华书局影印，1980 年。

如明安图、梅文鼎、王锡阐、李善兰、王贞仪；地理学家，如何国宗；生物学家如吴其浚《植物名实图考》、陈淏子《花镜》、汪灏《广群芳谱》；医药学家，如王清任《医林改错》、桑结嘉措《蓝琉璃》、赵学敏《本草纲目拾遗》及瘟病四大家的叶天士、薛生白、吴鞠通、王孟英；学者，如万斯同、钱大昕、赵翼、顾祖禹、段玉裁、陈梦雷、章学诚；水利学家，如靳辅、陈潢等，都对中华文明和人类文明作出了贡献。

第八，中国人口激增。中国人口数字，缺乏精确统计。据专家估算，中国的人口，汉朝约 5000 万，明万历约 9000 万，有人说一亿。清朝的人口，顺治十八年（1661 年）人丁户口为 19 137 625，康熙六十年（1721 年）人丁户口为 24 918 359，雍正十二年（1734 年）人丁户口为 26 417 932，乾隆五十六年（1791 年）为 304 354 110 名口，[①] 道光二十一年（1841 年）为 413 457 311 名口，[②] 就是说道光时人口突破 4 亿，成为世界第一人口大国，有人估计约占当时世界人口的三分之一。人口增多有正面与负面的双面影响。其正面影响是：说明这个历史时期社会比较安定，经济有所发展，粮食作物产量增加，所以人口增长较快，总体国力加强。后来，西方列强不敢、也不能瓜分中国。其负面影响是：政府奖励垦荒，破坏生态平衡，人口增长过快，造成社会压力，定期引发社会震荡，造成重大社会危机。

第九，开发三北地区。"三北"就是东北、正北、西北地区。东北，就是山海关以北，一直到黑龙江下游。这个地区特别是黑龙江下游，在明朝时还处于比较原始的状态。清军入关以前，它的势力已经到达黑龙江流域，那里许多原始部民归顺了后金—清，加入了八旗。辽河流域，清太祖努尔哈赤将都城从赫图阿拉，一迁到辽阳，二迁到沈阳，使沈阳第一次成为都城，加快了沈阳及辽河地区开发的步伐，使经济与社会得到全面的开发与迅速的发展。似可以说，近代辽河流域、沈海地带的区域经济开发，清太祖努尔哈赤是其经始者。后来，清朝在东北设卡

---

① 《清高宗实录》第一三九三卷，乾隆五十六年（1791 年）十二月末，中华书局影印本，1986 年。
② 《清宣宗实录》第三六四卷，道光二十一年（1841 年）十二月"是年"，中华书局影印本，1986 年。

伦,派军队戍边,建立一些新的城市,如齐齐哈尔、呼玛、瑷珲等,一直到黑龙江北岸。东北是清朝肇兴之地,东北辽河、松花江、牡丹江、乌苏里江、黑龙江地区得到广泛开发。正北蒙古地区,在整个明代战争动乱,一部分蒙古牧民炊无锅、穿无衣、食无盐、饮无茶。清朝不同,清朝建立满蒙联盟,搞满蒙联姻,整个蒙古地区在清军入关后基本没有大的战争,社会稳定,经济发展,生活安定。西北地区,北疆主要是厄鲁特蒙古,南疆主要是回部,清朝在中国历史上第一次把新疆问题解决了。清朝把新疆统一,先设伊犁将军,后设立新疆省,在新疆派官员、驻兵、屯垦、设卡、贸易,大大促进了西北地区经济的开发和文化的发展。总之,"三北"地区在清朝时期经济和文化有大的发展。

第十,保护文化遗产。中国统一政权的都城,新政权都要抛弃旧王朝或皇朝的都城与宫殿:周武王灭纣未都朝歌而仍回镐京,秦始皇统一六国后仍都咸阳,西汉定都长安,东汉奠都洛阳,隋朝都大兴,唐朝都长安,宋京东迁汴梁(今开封)、又迁临安(今杭州),蒙古成吉思汗焚毁中都使"可怜一片繁华地、空见春风长绿蒿",① 元先在上都、后迁大都,明初定都金陵、永乐才迁都北京。纵观中国历史上大一统王朝或皇朝——商、周、秦、汉、隋、唐、宋、元、明,清朝之前,所有大一统王朝或皇朝的兴国之君,宸居前朝宫殿,史册盖无一例。然而,清摄政睿亲王多尔衮一反历代大一统王朝对前朝宫殿焚、毁、拆、弃、迁的做法,对故明燕京紫禁宫殿下令加以保护、修缮和利用。经过清代兴建、修葺的文物,保存至今的故宫、天坛、颐和园、避暑山庄暨外八庙、沈阳故宫、清朝五陵(永陵、福陵、昭陵、清东陵、清西陵)和明朝十三陵等都被列为世界文化遗产。

由上,就中国历史和世界历史的横向比较来说,清朝有着十大贡献,这是中华各民族共同创造的。清朝"康雍乾"时期出现过辉煌,也存在盛世下的危机。在清朝所处的17—19世纪,世界历史发展的江河,向着国际化、工业化、民主化奔流。我们在肯定清朝历史贡献的同时,还要考察清朝在国际化、工业化、民

---

① 《日下旧闻考》,北京古籍出版社,1981 年。

主化大潮中，所采取的"率祖旧章""持盈保泰"①的保守态度——清朝皇帝先后8次失去了革故鼎新的历史机遇。②清帝拒绝维新，终遭灭顶之灾。

我多次说过，应当敬畏历史：为什么要"敬"？因为吸取前人经验，会得到宝贵的智慧；为什么要"畏"？因为重蹈前人错误，要受到历史的惩罚。所以，对待清朝的历史，既不要忘却历史的耻辱，更不要抹去历史的辉煌。应正视以往的辉煌，要总结历史的鉴戒。

但是，上述清朝历史的十大贡献，并不等同于清代皇帝的十大贡献。于此，要说明四点：

其一，清朝历史的十大贡献，主要是清代中华各族人民所作出的十项重要贡献。从努尔哈赤起兵（1583年），到康熙帝统一台湾（1683年），整一百年，战火不断，万众苦难，生民涂炭，各种社会力量，得到重新组合。而后，近百年间，中原地区，社会安定，百业复兴，人口剧增，版图一统，出现"康乾之治"的大局面。

其二，清朝列帝，主要是被称为"三祖三宗"的清太祖努尔哈赤、太宗皇太极、世祖福临、圣祖玄烨、世宗胤禛、高宗弘历，于治国安民而言，既有功可赞，也有过可鉴。

其三，清朝民众，士农工商，各族部民，旗绿官兵，为上述"十大贡献"，付出汗水、鲜血、辛劳和智慧。"十大贡献"的历史功业是亿万人民群众创造的。

其四，清朝前六帝既结出"历史功绩"之果，也埋下后六帝衰败之因。特别是清朝后六帝"率祖旧章""持盈保泰"，拒绝改革、极权专制，终于走向自己愿望的反面——对外丧权辱国、割地赔款，对内民变四起、终被推翻。

因此，清朝的历史贡献可赞，清朝的历史教训可鉴。

（本文系2004年8月26日在沈阳中国清文化国际学术研讨会的发言稿）

---

① 《清高宗实录》第四二二卷，乾隆二年（1737年）五月戊子，中华书局影印本，1985年。
② 《正说清朝十二帝》，中华书局，2017年，第307页。

从明清宫案借历史智慧

明清宫案，有上百起。主要围绕三个主题——正义与邪恶、忠诚与奸佞、清廉与贪婪，在权力、情爱、金钱上展开，或三者交织在一起。宫案有故事，故事生动；但也蕴道理，道理深刻。所以，我们应从明清宫案借历史智慧。

第一个宫案，永乐帝太子师的宫案。永乐皇帝的徐皇后，是明开国元勋、大将军徐达的女儿，生有三个儿子，每个相差两岁。这三个同胞兄弟，先争世子，又争太子，再争天子，演出骨肉相残的悲剧。太子朱高炽继承皇位，高煦、高燧都没有很好的下场。太子的两位老师——解缙和杨士奇因智慧高下而结局不同。

解缙（1369—1415），江西吉水人，是个大才子、大学问家。19岁就中进士，时天下才取95人，入选翰林院庶吉士。19岁的解缙才华横溢，勇敢直率。明太祖朱元璋对他非常器重喜爱，经常让他在身边。

朱元璋比解缙大41岁，一天他对解缙说，朕与你，虽说是君臣，却如同父子，你有话可要知无不言啊！于是，率真的解缙当天就给朱元璋上了万言书。这封万言书，对朱元璋大到用人、治策等国务，小到皇帝读什么书，都批评一通，特别是严肃指出了朱元璋杀人过多等弊政。朱元璋看到奏疏，称赞解缙有才华，却对奏疏内容未置可否。

解缙非常正直单纯，对国事很关心，也做了思考，但是他少年得志，不懂人情世故，还不会审时度势，于是接着又上了一份《太平十策》。朱元璋这次根本就没搭理解缙。后来，朱元璋就找了个茬儿，把解缙调走，去做御史了。解缙并没有从中吸取教训，又继续秉笔直书，或为人申冤，或弹劾官员。后来，解缙的父亲觐见，朱元璋对他父亲说，大器晚成，如果你把儿子带回家，指导他好好学习进步，十年后，再来派大用也不晚。朱元璋就这样客气地把解缙赶回家了。说明他确实珍惜解缙这个人才。永乐时解缙得到重用，先主修《永乐大典》，又做太子老师。但解缙又出了岔子，被下狱。永乐十三年（1415年），朱棣阅看在押犯的名单，见到解缙名字，对锦衣卫头目纪纲说，解缙还在啊？——这话可有三种含义：拟再用，等一等，要他死。纪纲理解为后者，就在一个寒冬深夜，把解缙灌醉，埋在雪中，活活将其冻死。还抄了他的家，妻儿老小及宗族都发配到辽东。

解缙，一代才俊，悲剧谢幕，才47岁。最终是因福得祸。可叹解缙曾写下"日月光天德，山河壮帝居"的名句，却没能在皇帝威权下有个善终。解缙，虽人很聪明，但缺少智慧。聪明很重要，智慧更重要。

杨士奇（1365—1444），名寓，泰和（今江西省吉安市泰和县）人。很小就失去父亲，随母改嫁罗家。家里非常贫寒，但他学习勤勉，很早就靠教书来养活自己。在建文初，被召入翰林，参与纂修《明太祖实录》。永乐帝即位，杨士奇改为编修，不久又进入内阁。永乐二年（1404年），被选中做了皇太子朱高炽的老师。杨士奇在永乐、洪熙、宣德、正统四朝，连续做了43年内阁大臣，其中做了21年的内阁宰相，这在明史中他是唯一的人。

第二个，"五全皇后"的故事。在明清500多年的宫廷史上，作为一名宫中女子，从世子妃、太子妃、皇后、皇太后，一直做到太皇太后的，只有一个人，就是洪熙帝的张皇后。她是朱元璋的孙媳妇、朱棣的儿媳妇、洪熙帝朱高炽的皇后、宣德帝朱瞻基的生母、英宗朱祁镇的祖母。我给她起个代称，叫作"五全皇后"。

当然皇后也不是铁打的。有人当了皇后却不会做，被免职并打入冷宫。如成化皇帝朱见深是明朝第七位皇帝，18岁继位，在位23年，死时41岁。他幼年时期，皇父英宗亲征、被俘、被囚、复辟，大起大落，自己也经历了作为皇太子被立、被废、再被立的反复折腾。这种奇特的人生经历，使得成化皇帝演绎出不少奇特的故事，万贵妃就是其中的一个故事。

成化帝朱见深虚岁 3 岁时，皇父在"土木之变"中被俘。他的奶奶孙太后，把他立为皇太子，并把他放在身边养育。孙太后有一位宫女，姓万（1430—1487），小名贞儿，山东诸城万家庄人。她 4 岁就被选进宫，聪明伶俐，善解人意，在孙太后宫里做宫女。她比朱见深大 17 岁，这时已经 20 岁了，悉心照料 3 岁的见深。朱见深小时候很难见到父亲和母亲，是奶奶孙太后和宫女万氏给予他温暖的呵护和耐心的教育，特别是万氏，既当她的奴仆，也扮演母亲和姐姐的角色，长大了又成了他的妃子。两人每天形影不离，万氏成为他的感情寄托。

朱见深 15 岁时，孙太后去世，他与万氏的亲密关系很快升温。但因出身和年龄的反差太大，皇父英宗和钱皇后绝不允许让万氏成为见深的正妻。皇父英宗亲自为他选了三位女子，分别是吴氏、王氏和柏氏。但是，没来得及册立，皇父就去世了，临终前遗命见深百日后完婚。

成化帝于天顺八年（1464 年）七月二十一日，册吴氏为皇后，并举行了隆重的婚礼。吴皇后知书达理，雅好音律，自当主持六宫，母仪天下。但吴皇后很快就与万氏发生冲突，于是令太监用棍棒痛打万氏，打得她身上青一块紫一块。万氏哭着向皇帝诉说。八月二十二日，刚刚册立一个月的吴皇后，就被成化帝给废了。废后吴氏搬出坤宁宫，到西内别馆居住。两个月后，成化帝举行第二次大婚礼，册王氏为皇后。

四个月的时间里，皇帝两次举行大婚，这在紫禁城的历史上，是唯一的。新皇后王氏，聪明贤惠，很有智慧。王皇后一辈子受到成化帝宠幸不到十次，但她对丈夫恪尽妻道，毫无怨言。面对万贵妃的专宠，她处之坦然。其结果呢？史书说她"母仪两朝，寿过八十"，被誉为明史中"最尊且寿"的皇后。王皇后先后做了 23 年皇后、18 皇太后、13 年太皇太后，共计 54 年。王皇后居上不骄，居下不忌，心地善良，言行知礼，看得淡，想得开，心胸宽，气量大，这是王皇后幸福人生和健康长寿的一个秘诀。

第三个，此心光明王阳明的宫案。王阳明原名王守仁（1472—1529），浙江余姚人，母亲怀孕 14 个月才生他，到 5 岁还不会说话。这位王守仁，后来在绍兴的阳明洞旁盖房子居住，所以被称为王阳明。王阳明 9 岁的时候，他父亲王华考中状元，后来做了弘治帝的老师。

王阳明入仕后，便受到大太监刘瑾的残害，人生蒙受大挫折，做礼部侍郎的父亲受他牵连，也被罢官回家，不久就故去了。

正德元年（1506 年），刘瑾逮捕御史戴铣等 20 多人。王阳明上疏营救，遭廷杖四十，被打得差点儿断了气，很久才苏醒。关在监狱半年之后，被贬到贵州龙场驿。

龙场，在今贵州省贵阳市的修文县。这里万山高耸，偏僻荒凉，多为苗民。善良的苗民见王阳明无处落脚，睡在草树之中，就帮他搬到一个山洞居住。洞口直上直下，山洞很低，也很窄小，没有家具铺盖，王阳明住在洞里，以草为被褥。这个山洞后来当地人起名叫"玩易窝"。过了些时日，又找到一个大些的洞穴，人在里面可以直起身来。就搬到这个大的洞穴居住，现在当地人们把它叫作"阳明洞"。这两个山洞，我都去考察过，而且都去过两次。

王阳明把中原儒家文明和教育带到了这个偏僻的地方，教百姓盖房子、烧窑制砖，把房屋布置起来，分成不同的功能区，把带来的图书，整齐摆放，屋外还种上松、竹、芍药等。王阳明还带着驿卒放火烧荒，翻土耕种，得以温饱。

王阳明身处龙场驿这个偏僻艰苦而又安静优美的环境，很少交往，又没书读，只有苦思冥想。他夜以继日，回忆过去，琢磨学问，回顾好骑射、好侠义、好咬文嚼字、好神仙、好佛氏，以及为学、为官的种种体验，整天思考"格物"之说。这"格物"二字，出自《大学》，说，修养身心有一个顺序是：格物、致知、诚意、正心、修身、齐家、治国、平天下。其中，以"修身"为基础。

第一，格物致知，致良知。就是探索万物规律，要透过表面，用心思考，用心总结，探求规律。还要通过启发、教育、力行，唤起良知，使人性之良善，得到发扬，透出光明。

第二，知行合一，重笃行。就是知中有行，行中有知，不是先知后行，也不是先行后知，而是知行合一，重视行、坚持行。其中，更加强调"行"。

王阳明学说简称"阳明学"，丰富了中华儒学的宝库。他的弟子众多，世称姚江学派。有《王文成公全书》等著作传世。

第四个，万历梃击疑案。万历皇帝暨相关的疑案有梃击疑案、红丸疑案、移宫疑案，还有张居正疑案、冯保疑案、诏书疑案等。这6大疑案主要围绕权力、金钱、女色。我讲"梃击案"。此案牵扯六个人：万历帝、郑贵妃、皇太子，张差（打太子者）、庞保（小太监）、刘成（小太监）。事情发生后，大学士吴道南问孙承宗的意见。

　　事关东宫，不可不问；事连贵妃，不可深问。庞保、刘成而下，不可不问也；庞保、刘成而上，不可深问也。

这就是说：事情关系东宫太子，不可以不问；但又关系到郑贵妃，又不可深问；太监庞保、刘成以下，不能不问的；至于庞保、刘成以上的大太监，因在郑贵妃身边，是不可深问的。这样就把万历皇帝、皇太子、郑贵妃、大太监和小太监的关系分析得很清楚，因之处理起来，十分得当，圆满结局。这是智慧。

第五个宫案，学霸——商辂和文震孟的遭遇。明朝唯一连中三元的学霸——商辂。大家都知道，科举考试中，最高级别的考试，就是在皇宫里的殿试。明朝276年，能够进入皇宫参加殿试的佼佼者，不多，也不算少。有明一代，殿试89科，也就是先后考出了89位状元。但是，在乡试、会试、殿试中，都获得第一名，也就是把解（jiè，音界）元、会元、状元集于一身的，只有一个人，这个人，名叫商辂（lù，音路）。商辂（1414—1486），今浙江省杭州市淳安县人。他不仅学问超群、为人正直，而且丰姿瑰玮、仪表堂堂。因此，明英宗在殿试的时候，钦点商辂为状元，并让他做展书官，就是在皇帝经筵的时候，任陪侍的官员，商辂就在皇帝身边做文学侍从、以备顾问。但是，风光太短，好景不长。正统十四年（1449 年）八月，土木之变，英宗被俘，郕王朱祁钰替代英宗，改年号为景泰。英宗复辟后，未再用他。

文震孟（1574—1636），长洲（今苏州市）人，出身于名门之家。他的高祖文林，做温州知府，是位清官。文学家吴宽、书法家李应祯、画家沈周都是他的朋友。文林死后缺钱丧葬，吏民凑钱，帮助办理丧事，当时文林的儿子，也就是文震孟的曾祖文徵明，只有 16 岁，婉言谢绝。于是，官民修建"却金亭"，纪念他谢绝千金捐款这件事。文震孟就是生长在这样风骨清朗，饱润涵养，长于诗文，尤精书画的家庭氛围里。但他科场不顺，十次科考，九次挫败。天启二年（1622 年），文震孟第十次参加科举考试，金殿钦点，高中状元，时年 49 岁。这种百折不挠的精神，终于得到回报。文震孟考中状元之后，授修撰，入翰林，任侍讲，就是给皇帝讲课。

当时魏忠贤专权，斥逐忠臣。文震孟气愤，上了一道《勤政讲学疏》，说，大小臣工都因循守旧，粉饰太平，官员上朝，就像演戏的傀儡登场，这将使祖宗天下逐渐被消减。魏忠贤乘天启帝看戏的时候，指着奏疏中"傀儡登场"四个字，诬陷说文震孟把皇帝比成傀儡，不杀无以示天下。天启皇帝点头。于是传旨，廷杖文震孟八十。首辅叶向高、次辅韩爌力争，言官也上章疏救，为他求情。于是，文震孟被降级外调，又被斥为民。文震孟敢讲真话，时称"真讲官"。崇祯元年（1628年），惩治阉党，起用正人，召文震孟入朝，还是做侍读，给皇帝讲课。文震孟态度严正，不畏邪恶，敢于耿直规劝，营救大臣。崇祯皇帝提拔他为礼部左侍郎兼东阁大学士，进入内阁。结果他做大学士仅三个月，就遭小人暗算，被免官回乡。不久死去，年 63 岁。

此外，清初有八案：囚弟案、杀子案、代善案、阿巴亥殉葬案、皇太极继位案、皇太极死因案、阿敏案、莽古尔泰案。清入关前，有两位皇帝，清太祖努尔哈赤和清太宗皇太极，前者在位 11 年，后者在位 17 年，共 28 年。如从努尔哈赤起兵算起，到多尔衮率清军入关，则共 60 年。清顺治有八案：大庄妃和多尔衮私情疑案、顺治继位疑案、范文程疑案、孝庄下嫁疑案、顺治董鄂妃疑案、顺治出家疑案、朱三太子疑案、吴三桂真假降清疑案等。雍正有八案：夺嫡疑案、康熙遗诏疑案、逼母自杀疑案、杀弟疑案、迁养心殿疑案、选清西陵疑案、被吕四娘暗杀疑案、铅丹中毒死疑案，等等。

明清之际的 60 年，宫廷中明朝主要是三个人：万历皇帝、天启皇帝和崇祯皇帝，清朝主要是天命大汗和崇德皇帝、多尔衮。这 60 年，是天昏地暗的 60 年、历史巨变的 60 年。这个内乱，主要表现在三个方面：

其一，关外，女真—满洲要称王、称帝，要夺取皇权；

其二，关内，中原农民称王、称帝，也要夺取皇权；

其三，朝廷，党争（东林党、阉党等），也要控制皇帝，执掌皇权。

此外，西方大国崛起，开始大航海时代。

中国为了国家重新统一，花了整整一百年。就是说，从明万历十一年(1583 年)乱起，到康熙帝二十二年（1683 年）重新统一台湾，整一百年。这一百年，国力大部分消耗在战火之中。为了巩固这种统治，康熙中期到乾隆中期，又大约花了一百年，实现了国家空前强大和统一。其标志是，除中原地区重新统一外，满、蒙、疆、藏、台，完全处于中央政权统辖之下，成为当时世界上地域最辽阔、人口最众多、经济最富庶、文化最昌盛、社会最安定的国家。

但是，事物有阳，必定有阴。这里我补充一点。中华文明由中原农耕文化、西北草原文化、东北森林文化、西部高原文化、沿海暨岛屿海洋文化组成。明清两代在重视农耕、草原、森林、高原文化的同时，却忽略了海洋文化的发展。西方国家首先从海洋崛起，荷兰、西班牙、葡萄牙、英国等都是如此，东方国家日本也是岛国。海洋文化是西方大国崛起的长项，却是中华文明的短板。以短对长，吃了大亏。鸦片战争、英法联军、甲午海战、八国联军等，都是从海上打来，中国吃了大亏。这是重要的历史鉴诫。

综合，我们要善于从历史事件、人物关系中学习经验，巧借智慧。

（本文系 2019 年 11 月 2 日在新加坡中国文化中心的讲座稿）

第二编　文化遗产

"日月光华，旦复旦兮！"
——紫禁城文化管见

　　我特别喜欢来故宫，到了故宫就会有收获。但是来了，我最怕的就是讲话。我不是说客气话，因为我觉得故宫每一位先生、女士都是专家，在专家面前随便说句话，北京话叫作"露怯"。但我还是要说几句。

一、故宫学

　　我想，用《尚书大传·卿云歌》中的八个字做今天讲话的题目："日月光华，旦复旦兮！"这句话的意思是，日落月出，旭日又升。在中国历史上，皇朝更替，国鼎频移。但紫禁城文化，日月光华，煌煌灿烂。紫禁文化，朝代更迭，月沉日出，旦而复旦！故宫学的文化光辉，紫禁城的文化光辉，像"日月光华，旦复旦兮！"明朝紫禁城的文化是一个高峰。后来，明朝衰亡，崇祯帝上吊了。清朝皇帝进来之后，形成紫禁城文化的又一个高峰。后来，清朝灭亡了，宣统帝从神武门出去，回了他的老家醇亲王北府。民国成立了故宫博物院。"旦复旦兮"，一次一次地太阳从东面升起，显示出紫禁城文化如同日月的光华！

　　这次论坛，上午说到故宫学。我觉得郑院长来了以后，提出了故宫学，我个人是十分赞成的。故宫学的内容很多——建筑、器物、书画、园林、宫史，物质的、非物质的，方方面面、林林总总。其内容博大精深，丰富精彩，值得广泛、深入、系统、整体地进行研究。把研究故宫的多方面学科整合到一起，称为"故宫学"，这是郑院长的学术创意。故宫学作为一种学科来研究,这是故宫研究史上的一座里程碑。

我接着上午冯骥才先生说的,希望有一个载体把这个事继续下去,形成一个学术研究团队。本来故宫已经有一个很大的故宫学研究团队了,我建议在这个基础上成立故宫学研究院,把陶瓷中心、绘画中心、古建中心、宫廷史的研究、图书文献学的研究等,整合到一起,用故宫学研究院(或者叫作紫禁城文化研究院等),做一个学术载体,集中故宫自己的专家和院外相关的一些专家,把故宫学的研究,在21世纪逐渐地、一步步地往前推进。这门学科不仅仅是中国的,应当也是世界的,任何一个人的力量是不够的。上午也说到了台北故宫博物院,我觉得台北故宫博物院的藏品,也是北京故宫学研究的一个组成部分,它不是独立在外,而是存在于北京故宫学研究之内。这是一个想法,供郑院长和各位专家参考。

二、紫禁城与民族文化

紫禁城文化这个题目太大了。我从一个侧面说说我的想法,向诸位专家请教。

我觉得紫禁城文化有许多问题值得研究,但有一个切入点,值得我们研究紫禁城文化的时候参考或借鉴,这个切入点就是民族文化。像每个人都有自己的性格一样,紫禁城文化也有它的性格。那么,紫禁城文化有些什么性格特征呢?

紫禁城文化的一个特点,就是民族之间文化的碰撞和交汇。秦始皇以前不说了,太远。秦始皇在位时间很短,还是一个民族的文化,它把六国长城连起来,这个长城阻隔了什么呢?还是文化,中原汉族农耕文化和塞北匈奴草原文化。秦不久之后是西汉,西汉也碰到这个问题。刘邦和匈奴打仗差点被俘虏,也面临文化之间的冲突问题。东汉更不用说了,东汉时的北京基本上城外就是匈奴骚扰的地方。渔阳太守张堪亲自率领十万骑兵,同匈奴征战。东汉以后魏晋南北朝则更是如此。隋、唐几次大的军事活动,都和突厥有关,和民族有关系。唐朝怎么衰亡的呢？唐朝衰亡的一个转折点就是安史之乱。安禄山是胡人，从北京起兵，打到洛阳，元朝的时候，北京称为大都；进而打到长安（今西安）。虽然唐朝平定了安史之乱，但从此走向衰落。五代十国不用说了。五代十国之后的两宋，主要是民族问题，北宋和契丹建立的辽朝对立，南宋和女真建立的金朝对立。辽、金之后的元，是蒙古人建立的，还是民族问题。元朝末期，朱元璋旗号是"驱逐胡虏"，还是民族问题。最后，朱元璋子孙崇祯朝的灭亡，直接和民族有关系。后来，清朝进来了。清朝太祖高皇帝努尔哈赤口号是"七大恨告天"，还是民族问题。但他没有想到、也不可能想到，自己的子孙被孙中山推翻了，孙中山的口号是"驱除鞑虏"，还是民族问题。因此，我想，从秦始皇到宣统帝退位，这2132年，其中一个重要的内容就是民族文化之间的关系。从辽设陪都南京（今北京），到清末宣统帝，大约一千年间，北京紫禁城文化一个突出的特点就是民族文化的问题。

我2006年到南方几个城市，到了扬州，扬州人就问我"扬州十日"；到了嘉定，嘉定人就问我"嘉定三屠"；到了江阴，江阴人就问我对江阴抗清怎么看。辛亥革命到现在快一个世纪了，那时的民族问题还这么敏感。由此看来，民族文化是很重要的。民族文化和故宫学、紫禁城文化，发生了直接的、密切的关联。我们故宫有很多的专家研究陶瓷、玉器、书画、古建，研究得非常高深、非常精湛，但宏观看起来民族问题很值得研究。

说起民族文化，可以稍微说远一点。我想，我们中国的文化大体上有这么几块：中原是农耕文化，西北是草原文化，这些都是没有争议的。那么东北算什么呢？算是游牧文化吗？绝对不是游牧。我想东北地区是不是主要是森林文化。它是以渔猎为主要的经济形式。往南是农业吗？也不是，东南和岭南有海洋。所以，我想中国秦始皇以后的两千年，特别是后一千年，东南沿海的海洋文化、中原的农业文化、西北的草原文化和东北的森林文化，这四种文化力量在不停交换，也不停摩擦，但其核心是中原的农耕文化。

北京是紫禁城文化民族特点的集中地。北京处于中原农耕文化、西北草原文化、东北森林文化、东南海洋文化交汇之区。北京南襟河济，北连朔漠，位于中原农耕民族和塞外游牧民族、关外渔猎民族交汇之地，历来为中华民族内部各族融汇和相争之区。

正是由于各兄弟民族长期的争局和融合（还有其他原因），中国经济、政治、文化中心的东移，北京才成为元、明、清三代全国的都城。紫禁城的建筑和园林，也汇合了各个民族文化之优长。四方民族，杂居北京，他们的衣食住行、坊里习俗、宗教信仰、岁时纪胜、市井生活，使北京紫禁城文化更加色彩斑斓。所以，紫禁城文化的一个特点就是中华各族文化的融合。

三、文化冲突和交融

最近，我在想，清朝皇家权力，在皇帝之下，其核心层、决策层，可以概括为六个"大"：第一个是内大臣，第二个是领侍卫内大臣，第三个是议政大臣，第四个是内阁大学士，第五个是军机大臣（雍正朝设），第六个是内务府总管大臣。清朝皇权，皇帝之下，决策层、核心层，主要就是这六个"大"。内大臣是上三旗每个旗出2人，共6个人，纯满洲，而且是满洲上三旗。领侍卫内大臣是上三旗每个旗出2人，共6个人，还是满洲上三旗，其他旗没有资格。议政大臣绝对是满洲贵族，一般人是不可以的。所以这三个"大"——内大臣、领侍卫大臣、议政大臣，完全是满洲贵族，特别是满洲贵族中的上三旗。大学士我数了一下，康熙朝六十一年，大学士有48人。这48人中，旗人占了接近55%，权力在大学士中也还是满洲人占主体。军机大臣晚一点，到雍正的时候才有。军机大臣，情况也差不多。所以要看皇宫，看紫禁城的文化，民族问题是一个重要的因素。故宫的绘画也好、瓷器也好、玉器也好、建筑也好、文献也好、宫廷史也好，都离不开民族文化的特点。

　　这个文化之间的冲突和交融，辽、金、元、清，契丹、女真、蒙古、满洲的起源主要在东北，不在西北。清朝有一个大学者赵翼，写过《廿二史劄记》。他做了一个解释，他说气从东北来，所以东北的民族不停地进入中原，辽、金、元、清，他的解释有点玄乎，不一定科学，但是他说明了一个现象，契丹、女真、蒙古、满洲都是从东北而进入中原，或是占据半壁山河，或是统一了全国。这就形成后来的"紫气东来"说。这个文化和紫禁城文化有什么直接关系呢？我说几个例子来讨论。

　　第一个例子：辽朝和金朝，时间比较短，又是半壁山河。而元朝真正是统一了全国。元朝建大都的时候是全国统一的政权。元建大都的时候有一个现象，我给概括了八个字："太液为主，宫殿为客。"元朝紫禁城的中心是在太液池（现在的中南海、北海）。这个是中心，东面是大内（现在故宫的大体位置），西面是兴圣宫和隆福宫（大体是现在北京图书馆分馆和中南海的一部分）。这三组宫殿建筑，其核心在哪里？核心不在宫，而核心在池。所以我说："太液为主，宫殿为客。"但明朝相反，明朝倒过来。我也给概括了八个字："宫殿为主，太液为客。"明朝以紫禁城为主，太液池西苑为客——皇帝在那里玩，不占主导的地位。为什么说元和明的宫殿建筑主客做了颠倒呢？由"太液为主，宫殿为客"，变成了"宫殿为主，太液为客"呢？我在美国哥伦比亚大学演讲的时候，他们有一个教授，原是哈佛大学历史学博士，重点研究元大都，研究忽必烈，写《忽必烈传》。我和他讨论了这个问题。他说，他没有思考过这个问题。我想，就是两种文化，即蒙古草原文化与汉族农耕文化的差异。草原文化人以牛羊为衣食之源，牛羊靠吃草为食，草靠水为生，所以水是草原文化的核心。元上都的帐篷、大汗的帐篷，扎在水的周围。大家都很熟悉苏麻喇姑的故事，苏麻喇姑是孝庄太皇太后的使女，蒙古人，她每年腊月三十都有一个习惯，洗脚之后的水不倒，澄清之后盛出一碗喝了。她的解释是这样可以消灾。我个人从民俗学、文化学、社会学来理解，这是对水的崇敬，真的是不得了。不能忘了水是蒙古人的中心，过年的时候要把洗脚水给喝了，尽管是洗脚水，澄干净也要喝了。说明了蒙古人以水为他们文化的核心，所以它在城市布局、宫殿布局上是"太液为主，宫殿为客"。明朝汉族是农耕文化，朱元璋在江南，在南京做皇帝，南京是水泽之乡，水不成问题，安全是关键问题。所以永乐在这里建北京紫禁城，高高的城墙把自己围起来，首先是安全，其次是游玩，所以主客变了："宫殿为主，太液为客。"这是一个例子。

第二个例子：元朝皇宫的核心是太液池，太液池的核心是万岁山（现在的北海内）。那个时候和现在不一样，《南村辍耕录》里讲得很清楚。广寒殿的瓦是绿色的，树是绿色的，草是绿色的，山上路也是找绿色的石头铺的，山、石、水、殿、草、树，全是绿色。大内丹陛地面不是石头的，而是铺上草。皇宫大殿的墙全是挂了绿色的。这和草原文化有直接的关系，它崇尚草原的绿色。明朝因为是农耕文化，所以明朝尚黄。元朝并不尚黄，而是尚白。元朝正月初一，给忽必烈庆贺的时候，大臣穿白色的衣服，汉人是不习惯的。明朝崇尚黄色是因为中原黄土文化。康熙帝说："白素之物，最为吉祥。佛经中以白为净，故蒙古西番僧众供佛，见贵人必进白绫手帕，以为贽见之礼。且我朝一应喜庆筵宴，桌张亦必用素白布疋，以为盖袱。此正古人绘事后素之义也。"（康熙《庭训格言》清雍正八年内府刻本）清朝满洲原来也尚白，因为是受了明朝尚黄的文化影响，也跟着尚黄，这又是一个例子。

后来，元朝建立了皇宫，我是从建筑学家处看到的材料，是一个帷帐式的，采用蒙古包的样式。这点大家很熟悉。清朝北京的皇宫有很大的变化，坤宁宫是一个突出的例子。它就是满洲文化在宫殿的反映。明坤宁宫正门居中，清坤宁宫正门则改为偏东开，完全是为了萨满祭祀。宫内设三口大锅，里面又杀猪又祭祀，这是萨满文化的表现，满洲文化的表现。所以满洲人到了皇宫之后，对皇宫有很多重大的改变，坤宁宫是一个例子。文渊阁前面的碑楼，它上面是一个盝顶，是满洲尚武精神在建筑上的表现。还有雨花阁等，都是好的例子。我想，明清的皇宫中民族文化是一个很重要的特点。宫廷音乐、宫廷舞蹈、宫廷礼仪、宫廷建筑，等等，民族文化渗透到各个方面。这是研究紫禁城文化应当考虑的一个因素。

四、研究误区

还有一个问题，我想紫禁城文化的研究现在仍然存在三个误区。

第一个误区，认为宫廷文化是腐朽的文化。第二个误区，帝王将相是应该否定的。第三个误区，清朝皇帝是异族统治。

中国文化，近世以来，始终存在保护传统文化与否定传统文化的争论。否定传统文化的根源在哪里？远的不说，中国自20世纪初以来，有一种文化激进主义，或称其为文化极端主义，其表现特征是狂热、焦躁、急于求成、否定传统。对内表现为"否定传统"，对外则表现为"崇洋媚外"。从同盟会的"驱除鞑虏"、到"五四"的"打倒孔家店"，再到"文化大革命"的"破四旧"等，文化激进主义的浪潮，一浪高过一浪，到了无以复加的地步。时间过了一个世纪。应该回过头来，认真盘点，仔细思考。最近，我参加了一次社会科学的文化晚会，给我的印象是：疯狂、冲击、极端、喧闹、焦躁。

故宫是自永乐皇帝以后，明清皇帝的家，也是当时全国的政治中心和文化中心。帝王将相不是不可以批评，是可以批评的。但是，哪些是可以批评的，哪些是可以继承的，哪些是可以发扬的，哪些是可以扬弃的，这些都可以研究。

这里面有清朝的皇帝。我原来就在屋子里研究清朝的几个皇帝，研究努尔哈赤也好，研究皇太极也好，做书、写文章，没有想过其他的，学术研讨会就研讨吧，我错了，你就可以批评。现在一讲不得了，我不上网，别人告诉我的，有的人对满洲人反抗的情绪非常强烈。甚至有人讲，康熙帝是外国人。我说，康熙帝有二分的血统是汉人，他妈妈是汉人；另二分之一中，有一半他奶奶是蒙古人，一半他爸爸是满洲人。康熙帝的血统汉人占50%，满洲占25%，蒙古血缘占25%。你要是说康熙帝不是中国人，那么《尼布楚条约》怎样解释？黑龙江大片的土地怎么办？不都变成外国的了吗？我问，你这是站在中国人民的立场来考虑问题，还是站在外国的角度来考虑问题的？现在韩国和朝鲜都说女真是他们的。的确努尔哈赤的先人是在图们江那岸（现在的朝鲜）生活过。那么，你不就把努尔哈赤推到"夷夏之防"了吗？明末清初的"夷夏之防"，是汉族和非汉族之间的关系，和我们今天的中国与外国的关系不是一回事。就是这些民族问题认识上的误区和概念上的模糊，一直影响到现在。所以我想，紫禁城文化研究还有一个任务，就是研究清楚这些历史的真相，还历史以本来的面目。

前两天，北京电视台找我去参加一个社会科学文化的晚会，整整两个小时。回家以后，我40多分钟心都完全静不下来，就老在那里不停地喝水。音响、乐器、唱歌、舞蹈都是那么的狂热、那么的奔放，心脏快要跳出来了，这种文化的狂热我不太清楚是怎么回事。他们说这是从美国学的，根据我的了解，美国也不完全是这样的。美国在一些群体中有这种现象，但它也有高雅的。我们这个民族什么时候能够静下来，认真学习，认真思考，认真传承我们中华民族的优秀文化，使整个文化素质有一个大的提高。

我觉得紫禁城文化的研究、故宫学的研究，应当破除那些传统的迷信。上午刘梦溪先生谈到了"引领"。紫禁城的文化、故宫的文化是我们中华民族文化中最优秀文化的一部分，全国最好的东西集中到皇宫，全国最精粹的丝织品、家具、工艺品、艺术品、建筑，集中在皇宫。把这些最优秀的东西都作为批判的东西、腐朽的东西、垃圾的东西、不能提的东西，那我们民族还有什么可以提的东西呢？我听说故宫要出版一套500卷的文化大书，这对紫禁城文化的传承和弘扬，这对中华民族文化素质的提升，是一个功德无量的旷世文化工程。中国的知识分子，有一个责任，也有一个义务，那就是继承中华文化的优秀传统，弘扬社会主义和谐文化。

我不是说俗文化不重要，俗文化也重要。但是，不能重视了俗文化，就轻视高雅文化、宫廷文化。中国紫禁城文化，不仅是明清五百年的，而且是中华五千年的。紫禁城文化是我们中华五千年文化的精华。先秦以来，文化留存下来最精彩的文物，一些集中在西安，一些则集中在北京。中华有文字记载3000多年的历史文化精华，集中在紫禁城，聚集在北京故宫。

文化上的激进主义、否定一切、批判一切、扬弃一切，是害处大，而益处少。同时，文化保守主义也不可取，故步自封不可取。文化要和谐发展，兼收并蓄，把优秀的东西弘扬起来，这样中华民族的复兴才有意思。如果把精华的东西都批判了，都抛弃了，中华民族怎么复兴呢？有的人到了巴黎卢浮宫看人家的油画，就说我们的画不行。我说，您这个话说对了一半；我们的油画不如凡·高；凡·高也画不了吴道子的画。我们的建筑和罗马大教堂没法比，但是我们的紫禁城三大殿，他们最好的工艺师也建不了。中西建筑、艺术，各有文化优长。所以，在文化上盲目自大是不可取的，妄自菲薄也是不可取的。应该把我们中华文化的精华——紫禁城文化传承、弘扬。

我就说这么几点，错了请大家批评。

（本文系 2007 年 11 月 10 日在故宫紫禁城文化论坛的讲稿）

皇宫过大年

各位朋友：我是阎崇年。庚子新年快要到了，我给大家拜个早年！

过年，本来的意思是庆祝丰收。"年"的古字，上半部是"禾"，禾苗的禾，下半部是"千"，千万的"千"。古代最大数字曾经是"千"，后来才有"万"字。那么，收获的庄稼用最大数字"千"来计算，当然是大丰收了！所以，过年是为了庆祝一年的大丰收。

明清皇宫过年，时间拉得很长，从腊月初一到正月十五，都算在过年期间。腊月，也就是农历十二月，大部分时间是准备过年。比如打扫卫生，布置环境和宫殿，准备新衣、礼物，皇帝也要准备红包，准备节日食品茶酒，张贴门联、门神，张挂宫灯、天灯等，其间还要过腊八节，腊月二十三是祭灶神节。从腊月三十到正月十五，都算是过年期间。乾隆时期留下的资料比较丰富，我以这个时期作为例子，看看当时清宫是怎样过大年的。我重点说皇宫过年的几个细节。

第一，准备。腊月初一，开始准备过年，如东西六宫挂门神和《宫训图》。乾隆皇帝对东西六宫做了整顿，如统一匾额。以永寿宫现有的匾额为蓝本，为其他十一座后宫统一制作和题写了匾额。还统一家具陈设。十二座宫院，照壁、地平、宝座，跟宝座配套的铜炉瓶、香几、甪端炉、香筒等，还有铜火盆、大柜、大案，以及陈设等，统一配置。东西六宫的匾额和家具陈设都是不能移动的。还有两样东西是移动的，每年过年的时候才能见到，这就是东西六宫的门神和《宫训图》。

门神、门对，由工部负责。仅道光十七年（1837年）过年就安挂了1659对门神。这些门神、门对，大约在腊月二十四，分别张挂在东西六宫，到正月初三日请（摘）

下。而东西六宫的《宫训图》，乾隆时以古代著名后妃的美德为范本，绘《宫训图》十二幅，每年腊月二十四张挂，正月初三日摘下，收藏在景阳宫的学诗堂。乾隆皇帝给这十二幅《宫训图》都配赞语四言十二句，赞扬榜样后妃的美德，告诫后妃永远效法。

第二，放假。腊月二十五，皇帝停止御门听政，也就是停止上朝。政府各衙门也是在腊月二十五封印、封门，开始放假。皇子读书的上书房，也在腊月二十五放年假。到正月初五送神以后，初六日，皇帝开始御门听政，大臣们都上班，皇子也开始上学。所以，皇帝和官员、皇子放假大约 10 天，当然，即使是放假，还是有各种活动的。

皇宫里最忙活、最热闹、最快乐的是除夕之夜和大年初一。我以乾隆六十一年也就是嘉庆元年（1796 年）正月初一为例，看看 85 岁的耄耋老人乾隆太上皇帝是怎样过大年的。

子正（0 时）刚过，起床、洗漱、穿吉服、开笔。乾隆帝新年第一件事是到养心殿东暖阁开笔。这里御案上有预先准备的白玉烛台、文房四宝、屠苏酒、金瓯永固杯等。他先亲手点燃蜡烛，再把屠苏酒倒入金瓯永固杯里，用万年青毛笔，书写"天下太平""风调雨顺"等吉祥语，表达对新一年的美好祈愿。然后，用双手捧起"金瓯永固杯"，将杯中屠苏酒一饮而尽。乾隆皇帝从 25 岁继位到 89 岁去世，每年正月初一，都开笔写字，一共写下了 64 幅（份）元旦开笔，如今都保存在第一历史档案馆。这时，宫中燃放鞭炮。

丑初（1 时），到钦安殿祭拜，祈愿健康长寿。

丑正（2 时），出乾清门，到奉先殿祭祀列祖列宗。

寅初（3 时），到御药房给药王神磕头，祈愿健康长寿。回宫，喝茶，吃饺子。

寅正（4 时），到堂子行祭神祭天典礼。这是满洲的礼仪，汉军、汉官不参加。

卯初（5 时），再到中正殿、建福宫、重华宫拜佛。

卯正（6 时）刚过，到慈宁宫行庆贺礼。

辰初（7时），到中和殿，受内大臣、领侍卫内大臣及内阁、礼部等官员拜贺。

辰正（8时），到太和殿，参加授受大典，接受文武百官三跪九叩朝拜，也就是"大团拜"。乾隆做太上皇，嘉庆皇帝继位。宫内皇历用乾隆六十一年、外朝用嘉庆元年（1796年）。

巳正（10时），在乾清宫受后妃行庆贺礼。而后受皇子、皇孙、皇曾孙、皇玄孙等庆贺。再到重华宫，受贵人、常在等女眷贺礼。然后更衣，换成便服，皇帝与皇后、妃嫔等共进早膳。

午初（11时），出神武门，到景山西侧的大高玄殿磕头。然后到西苑承光殿（今北海）码头，乘冰上拖床，达西岸，到北海西北岸的弘仁寺、阐福寺拜佛。然后到景山寿皇殿向先祖御容画像瞻拜。

午正（12时），在乾清宫设大宴。皇帝宴桌东西两边，有亲王、郡王、皇子、皇孙、皇重孙、皇玄孙等陪宴。这时的乾隆太上皇，已有五世同堂的大家庭！

未初（13时），宴会高潮过去，奏乐，演戏。戏刚演完了，又开始传宴。接着是酒席。开始送酒，又奏乐，皇子奉酒一杯，到太上皇宝座前，跪着敬酒；太上皇尝酒后，皇孙等敬陪长辈宴者酒。酒后，停止奏乐，享用果茶。宴会到此完毕，然后奏乐，太上皇离开宝座，出乾清宫，步行回养心殿。

酉初（17时），送酒膳。酒膳完毕，太上皇回养心殿休息。

大年初一这一天，85岁的乾隆帝连续17个小时，忙得不亦乐乎！

过年的最后一个高潮，是正月十五元宵节。元宵节经常在圆明园山高水长殿活动。比如闹花灯、放焰火、摔跤，冰嬉也就是冰上运动，等等。

清宫元宵由内务府的御茶膳房备办，元宵皮用来自高丽的江米粉也就是糯米面，馅料是白糖、奶油和核桃仁等。连续三天帝后晚餐都增加一份元宵。除享用以外，皇帝还要亲自到大高玄殿和寿皇殿，把元宵供奉给神祖。还会把元宵赏赐给亲贵、大臣，甚至外国使臣。

过完元宵节，年也就过完了。

　　刚才，我说了清宫过大年的几个片段，可以看出，过年，是中国传统节庆里最重要的节日。在过年期间，人们怀念祖先，供奉神灵，家庭团聚，温暖祥和，共享美味佳肴。过年，也是忙碌后的短暂休整，新年的开端。浓浓的年味，浸透在乡情、亲情、友情的团圆欢乐吉祥之中。

　　（本文系 2020 年 1 月 3 日在喜马拉雅网络平台的演讲稿）

千年御窑的多元借鉴

我最近在中央电视台《百家讲坛》讲《御窑千年》，同名书已由生活·读书·新知三联书店出版。我讲的不是中国瓷器史，而是以宋元明清为时段、以御窑及其瓷器为主线的中国瓷器文化史。为什么选择御窑千年及其瓷器进行讲述呢？

瓷器是中国的一项创造，也是中国文化对世界文化的一个贡献。以一件器物即瓷器（china）和中国（China）在西方为同一单词，这是仅有的、唯一的，也是我们的一个文化自信。每一个中国的国民都应当知道瓷器，也都应当有一点瓷器文化与艺术的修养。中国瓷器的出现时间，学界说法不一：有说两汉，有说魏晋，有说唐朝，也有说五代。至晚是在唐朝，瓷器已很发达。这有浙江慈溪上林湖后司岙发现越窑秘色瓷窑遗址，陕西西安法门寺出土秘色瓷器，海上考古发现大量唐代外销瓷器等，文物多例，均可作证。

以国家之财力，尽天下之资源，聚全国之巧匠，集士人之智慧，曾经烧造出不可胜计的精美绝伦的瓷器——御窑，在当时供皇帝宫廷专享，体现皇家之天宠尊贵与千载一得；而作为文化礼品和贸易使者，体现中华传统文化之礼仪四邦与艺术魅力。御窑瓷器经皇朝兴替传承，以不同方式流转，如今已经成为全民共有共享的国家财富、文化遗产，并且已经成为人类共有共享的文化财富、艺术珍品。故宫博物院现藏瓷器 367 000 余件，多出自官窑，数量惊人，极其珍贵。由是，我关注御窑与瓷器的历史。

北宋景德元年（1004 年），宋真宗赐名景德镇；景德镇开始"奉御董造"官用瓷器；宋神宗元丰五年（1082 年），在饶州设置瓷窑博易务，即瓷窑税务所；

元朝在浮梁设立国家磁局，明朝在景德镇设置御器厂，清朝则设立御窑厂——总算起来，御窑历史，约有千年。民窑历史，则更绵长。千年御窑历史，中华文化自信，从中可以吸取多元宝贵借鉴。

一、大国工匠：精益求精，追求卓越

在帝制时代，建筑、舟车、武备、器物等主要制造者是工匠。《说文解字》："工，巧饰也，象人有规矩"；"匠，木工也。从匚、斤，斤、所以作器也。"工匠是既重规矩、又巧成器物的人。良工巧匠，尤为难得。但遗憾的是，中国旧文化史对工匠尊重不够，"士农工商"四民中，"工"居第三位，其社会地位，既不如士农，也不如商贾。重道轻器、厚士薄工——重道厚士可嘉许，轻器薄工应反思。在"二十四史"中，以纪传来说，帝王和将相是人物传记的核心，官员和士人是人物传记的主体，除《元史·工艺列传》外，工匠入传，其他诸史，一概鲜有。例如，明朝杰出的木工蒯祥、石工陆祥，为人宽厚，技艺卓绝，虽官至工部侍郎，《明史》却未入传。

清代景德镇工匠多时达 10 余万人，制瓷工艺多至 72 道，每一道都离不开工匠。千年御窑历史，涌现杰出工匠。讲一个故事：明朝万历年间，皇帝谕旨，景德镇御窑烧造大龙缸，并派太监潘相督陶。这尊大龙缸，体量大，技艺精，难度高，时限紧。太监潘相传旨，克期完工，完美无疵，奉送北京，否则斩首！御窑工匠，全心全力，夜以继日，烧成一炉，微有瑕疵，再烧一炉，或有罍，或变形，反复烧造，全都失败。太监潘相，督责更甚。御窑的工匠，或受呵斥，或遭鞭笞，惶惶不安，人人自危。万般无奈之时，万计无施之刻，窑工把桩（领班）师傅童宾，为烧成大龙缸，为工友的安全，面对熊熊窑火，纵身一跃，投入烈焰，以身殉职。当日熄火，翌日开窑。巨丽龙缸，豁然出窑。而童宾，身躯化作青烟，灵魂升上天空。童妻痛哭收尸，奠酒三祭，葬凤凰山。乡人感泣，尊为窑神，立祠祭祀。在今景德镇市古窑民俗博览园广场上，矗立窑神童宾铜像，高9.9米，重8.8吨，通高15.9米，庄严肃穆，气势雄伟。

这个故事，感动天地，哀泣鬼神。正如清朝督陶官唐英所说：

> 一旦身投烈焰，岂无妻子割舍之痛与骨肉锻炼之苦？而皆不在顾，
> 卒能上济国事，而下贷百工之命也，何其壮乎！（唐英《火神童公传》）

工匠，为御窑烧造瓷器，献出了汗水、劳力、智慧和生命。其实，皇家御窑，窑火千年，动人故事，何止童宾！另如工匠陈国治，祁门人，爱心敬业，技艺超群。他的作品和人品获赠一副对联："瓦缶胜金玉，布衣傲王侯。"（金武祥《栗香随笔》）再如工匠汪绂，婺源人，幼年丧父，家徒四壁，生活贫苦，"十日未尝一饱"。后到"景德镇，画碗，佣其间"。他劳作之余，刻苦研读，常年坚持，成绩超凡，著述26种182卷，与黄宗羲、王夫之、顾炎武等一起被写入《清史稿·儒林传》。

一个伟大行业，必有伟大英雄，必有惊世精品，必有动人故事。让我们通过重温御窑的悠久历史和灿烂文化，从新的角度，以新的诠释，感悟中华传统文化的博大精深，感受中华工匠精神的动人魅力。

2015年，我应邀参加"童宾铜像揭幕及学术研讨会"，仰望矗立在景德镇古窑博览区广场的"窑神童宾"塑像，心情澎湃，肃然起敬，心底迸发要为伟大工匠精神高声讴歌、撰写实录的愿望。

重道轻器、厚理薄技，这是中华两千多年传统文化的一个弊憾。为什么中国近世落后挨打，割地赔款，备受欺凌？原因之一是，重道轻器，厚理薄技。明清以来，片面地将"器"蔑之为"雕虫小技""奇器淫巧"，不重视科学技术的发展与创新，以致科技落后，每受侵略，屡遭挨打。无论过去，还是现在，以及未来，中国人需要：既重道、又重术；既厚理、又厚器；既重知、又重行；既厚士、又厚工。

我既关心物，更关心人。《御窑千年》中涉及约 400 位人物。工匠"窑神"童宾是御窑史上的英烈，督陶"瓷神"唐英则是御窑史上的英杰。

二、督陶官员：真做实干，精于管理

"济济多士，文王以宁。"这是《诗经·大雅·文王》里的名言。御窑瓷器，首在得人，重在多士。御窑瓷器是凝聚绘画、书法、篆刻、雕塑、釉彩、设计等多种艺术及能工巧匠智慧的结晶。对御窑的管理，督陶官员，责大任重。督陶官既是个肥缺，用人不当，祸害万千；又是个要缺，用人得体，成就斐然。在千年御窑史的督陶官中，出现过贪腐之徒。明宣德时太监张善到景德镇，侵吞精美瓷器，分送亲朋好友。后被告发，押回北京，斩首示众。太监潘相监陶，横征暴敛，鱼肉工匠，招惹是非，激起民变，影响极坏，后被调回。但更多的是勤能之官，清廉之吏。明成化时的督陶官何瓛（huán），华亭（今上海）人，体恤百姓，为官清廉，年老退职，庶民相送。在乡安静，读书著述，卒年 85 岁，是"仁者寿"的一例。又如万历督陶官陈有年，余姚人，政绩显著，调回京师，官至吏部尚书。门无私谒之客，身有相伴之书。致仕回乡，出京那天，全部行囊，一箧旧书，一笥旧衣。同僚送行，见之落泪。到了杭州，家人来接，让买油布，苫盖房子，以遮漏雨。回到家里，不幸着火，房屋被烧，他租一间房子给妻子住，自己则住在庙里。死后，翻检屋中旧箱，只有三两银子。无法入殓，家人借贷，才算办了丧事。《明史》有传，称陈有年"羔羊之节，骨鲠之风"，勤慎廉能，名闻天下。

再如清代唐英（1682—1756），沈阳人。出身内务府正白旗包衣（奴仆）。康熙时在内务府造办处侍役。雍正六年（1728 年），唐英受命以"内务府员外郎衔，驻景德镇御窑厂，佐理陶务，充驻御窑厂协理官"。这一年，他 47 岁。唐英初到御窑厂，于瓷器烧造，如自己所说："茫然不晓，日唯诺于工匠之意，惴惴焉，惟辱命误公之是惧。"唐英面临新的职责、新的挑战，是退缩、应付，还是担当、奋进——放下官员架子，变外行为内行？唐英的回答是："用杜门，谢交游，聚精会神，苦心竭力，与工匠同其食息者三年。"（唐英《瓷务事宜示谕稿序》）唐英苦学三年，做到"四不、四同、四学、四会"。

　　第一，闭门谢客，"四不"：不应酬，不唱和，不访客，不出游。

　　第二，放下架子，"四同"：同工匠，同吃饭，同劳作，同休息。

　　第三，钻研业务，"四学"：学技术，学瓷艺，学窑务，学管理。

　　第四，成为内行，"四会"：会制胎，会彩画，会釉料，会窑火。

"不经一番寒彻骨，怎得梅花扑鼻香。"三年后，唐英说："于物料火候、生克变化之理，虽不敢谓全知，颇有得于抽添变通之道。向之唯诺于工匠意旨者，今可出其意旨唯诺夫工匠矣。因于泥土、釉料、坯胎、窑火诸务，研究探讨，往往得心应手。"

一个内府官员，"纸上得来终觉浅，绝知此事要躬身"（陆游句）。唐英，躬下身来，向工匠学习，变外行为内行，实在难得，实为可贵。其精神，其践行，堪称榜样，百世可鉴。唐英贡献，主要有四：

第一，烧造精美瓷器。他经手上百万件瓷器，其中精品、绝品，既仿古，又采今，被誉称："有陶以来，未有今日之美备！"如主持烧造的乾隆多彩釉大瓶"瓷母"，纵15层纹饰、横12面开光、施15种彩釉、集宋元明清各种工艺于一器，奇美精绝，巧夺天工，为世界瓷器史上的一座丰碑。

第二，瓷艺学术贡献。他编写出《陶务述略》《陶冶图说》《瓷务事宜示谕稿序》等著作，填补瓷艺史上的学术空白，成为瓷器史上的经典文献。

第三，制定管理制度。在人事、财物、统计、核算、工艺等方面，制定制度。《陶成纪事碑记》和《烧造瓷器则例章程册》，是其重要著作，前者记述57种瓷器工艺，后者拟定313条规章，细致具体，有章可循。早在200多年前，御窑生产已经实行成本核算，财物管理，观念超前，可赞可鉴。

第四，留下大量著作。有诗文集《陶人心语》《陶人心语续选》，戏曲集《灯月闲情》（含 17 个剧作）。今人整编汇成《唐英全集》和《唐英督陶文档》等。

唐英一生，酷爱读书。《陶人心语》说："予性喜读书，每漏下四五，披阅不休。"他业余时间读书，如"闲坐小窗读《周易》，不知春去几多时"。身为陶官，二十八年如同一日，敬慎不懈。他从粤关调回江西首巡景德镇御窑厂时，民众夹道欢迎："抵镇日，渡昌江，阖镇士民工贾，群迓于两岸，……且欢腾鼓舞，颇有故旧远归之意。"唐英感泣，赋诗咏怀："青丝染霜回故地，何劳镇民夹道迎。衰翁有负众家恩，关外子身吾陶人。"（《陶人心语续选》）

唐英出身内务府正白旗包衣，虽身份卑贱，却品行高洁。唐英为人——"未能随俗惟求己，除却读书都让人"。这是唐英人生观的写照。既有严以律己的内省，又有宽以待人的胸怀。唐英为官——"真清真白阶前雪，奇富奇贫架上书"。这是真的心扉、善的心灵、美的心境。唐英，不幸也奴仆，有幸也奴仆。他之不幸，出身奴仆，没有享受八旗特权，而任劳、任怨、任贫、任贱，与工匠"同其食息"；他之有幸，出身奴仆，没有成为八旗纨绔，而善书、善画、善艺、善陶，被誉为"陶瓷神人"。而有幸与不幸嫁接结出的一枚硕果——唐英功业，灿烂辉煌。从瓷器历史来看，无论是在当时的中国，还是在当时的世界，都是引领瓷器潮流创新的前沿者，唐英当之无愧。因此，不仅在中国瓷器史上，而且在世界瓷器史上，唐英都应当有着自己的历史地位。唐英既有论著又懂工艺，既长文史又善书画，既敏于学又笃于行，既为官员又做工匠。"浮梁城下水，清照使臣心。"其清廉情操，其敬业精神，其理论著述，其"唐窑"精品——做出历史结论：御窑千年史，唐英第一人。

三、创新精神：源头活水，器物求新

千年御窑的历史表明：中国瓷器文化始终贯穿着一条主线，不是姓"皇"，而是姓"新"，就是不断创新。创新，既是御窑之魂，也是瓷器之魂。在这里，我想起朱熹的《观书有感》诗云：

　　　半亩方塘一鉴开，

　　　天光云影共徘徊。

　　　问渠那得清如许，

　　　为有源头活水来。

此诗旨趣是："言日新之功。"诗分四层，因果递进：因源头活水，方渠清如许；因渠清如许，才光影徘徊；因光影徘徊，故方塘如鉴。朱熹这首诗的精粹就是"活水"，也就是"日新"。如《礼记·大学》引述汤之《盘铭》的"苟日新，日日新，又日新"。御窑千年，贵在求新。由此，我联想到御窑千年的历史文化，在精美瓷器的背后，隐藏着的精华是"新"，就是思想创新、管理创新、技艺创新、产品创新！创新，既是中国瓷器文化发展之原动力，更是中国瓷器文化绵延之生命力！宋的青白釉，"青如天，明如镜，薄如纸，声如磬"；元的青花瓷和釉里红瓷，一改单一颜色瓷器的局面，而开创彩色瓷器的新境界；明代的斗彩、五彩，斗奇争艳，彩色缤纷；清的珐琅彩、粉彩，各种色彩、各种绘画，都可以纵情而灵动地展现在瓷器上——在国内一马当先，在世界独领风骚！

这里有一个问题：为什么景德镇能成为中华瓷器之都、创新基地？为什么这个创新基地窑火千年、长盛不衰？这是一个应当思考、研究、总结和回答的问题。研究这个问题，可以为今人提供历史的经验、智慧的启迪。

缘此我想，列举四点：

其一，形成一流创新基地。《荀子·劝学》说："积土成山，风雨兴焉；积水成渊，蛟龙生焉。"也就是说，积土成山能兴风雨，积水成渊会生蛟龙。由此，就要搭建创新平台，形成创新生态。清乾隆时的景德镇，督陶官唐英说："民窑二三百区，终岁烟火相望，工匠人夫不下数十万，靡不借瓷资生。"景德镇成为瓷器创新基地。

其二，汇集一流创新人才。汇集宫廷一流绘画、书法名家，结合民间一流制胎、修模、彩绘、上釉、窑火等能工巧匠，每个元素既要坐实人才优秀，每个优秀元素更要密切配合。如制瓷修模的名匠，"景德一镇，群推名手，不过二三人"（唐英《陶冶图说》）。可见制瓷人才、创新人才之难得、之可贵。当时，瓷器一流技艺人才形成一个产业链，或集中在、或汇聚于景德镇的御窑中。

其三，充实一流创新资金。要想成品创新，必须加大投入。每一件创新瓷器，其研发，其烧造，都要有大量金银投入。其时，创新产品的资金，钱从国库、内帑、关榷、盐商、捐纳、罚赔等多渠道筹措，也包括督陶官自掏腰包。这就保证了创新瓷器的投入和运作。国盛瓷则盛，国衰瓷则衰。在皇朝时代，御窑暨瓷器的盛衰，折射着皇朝的兴替。

其四，构建一流创新体系。皇帝谕旨创新要求，宫廷做出瓷器官样，臣工按旨慎勤落实，工匠巧手慧心制作，每道工艺不能出错，各方各面，互相配合，尽心尽力，厥职完成。想别人所未想，做别人所未做，能别人所未能，成别人所未成。不断出新意，不断在收获，烧造出新奇唯一、空前精美的瓷器。

千年御窑历史启示，中国发展离不开对优秀传统文化的继承与创新，中国复兴离不开文化的自觉与自信。

四、瓷器之路：中国创造，引领风尚

中国的瓷器连同丝绸和茶叶等，经由陆海两条通路，走向世界，进行国际文化交流。这被称作"丝绸之路"，又被称作"瓷器之路"，和现在的"一带一路"基本重合。汉唐以来，丝绸之路，东西之间，已经开通。从宋到清，在"一带一路"上，瓷器成为中外文化交流的"使者"。

在宋代，中国航海技术、海外贸易有了更大发展。当时中国造船与航海技术，居于世界领先地位。船坚抗风，船大行远。南宋广州商船装载瓷器出口的情状，宋人朱彧《萍洲可谈》记载："舶船深阔各数十丈，商人分占贮货，人得数尺许，下以贮物、夜卧其上。货多陶器，大小相套，无少隙地。"从宋开始，"海上丝绸之路"又称作"海上瓷器之路"。水下考古，可以作证。

1987 年，在广东省阳江市东南约 20 海里上下川岛海域，发现南宋一艘沉船，后定名为"南海一号"。2007 年，打捞沉船出水，整体平移到在海陵岛十里银滩上新建"广东海上丝绸之路博物馆"的"水晶宫"里。内建造两条长 60 米、宽 40 米的水下观光走廊。我曾参观过。计有南宋瓷器 30 余种、6 万余件，经 800 余年风浪泥沙冲刷，大多完好，品相如新。

在元代，陆路海路，空前大通。中国商船沿阿拉伯海西航，到达波斯湾、亚丁湾、红海、非洲东岸。在埃及库赛尔港口，出土元末明初景德镇青花瓷。在肯尼亚出土不少元代景德镇瓷器，其安哥瓦纳古城遗址，出土元青花瓷。在新疆伊犁河畔霍城（蒙古察合台汗国首府）也出土元青花凤首扁壶。至今在伊朗和土耳其的国家博物馆里，还珍藏着大量的元青花瓷器。

在明代，郑和七下西洋，瓷器之路，南北通、东西通。《明史·外国传》记载，明朝同 87 个国家和地区有外事交往。同期，西方进入大航海时代，东西交流，实属空前。

以"南澳一号"为例。南澳岛位于广东省汕头市南澳县（南澳岛），为泉州港到南洋航船必经之路。2007 年，有渔民发现一艘古沉船，后定名为"南澳一号"。船长 27 米，宽 7.8 米，共有 25 个舱位，是迄今为止所发现明代沉船里舱位最多的一艘。到 2010 年共出水瓷器 9711 件，多产于明嘉靖到万历年间，如景德镇窑万历青花仕女大盘、大碗及套装粉盒等。其中，有一件高约 30 厘米、腹径约 20 厘米的青花大罐，光彩如新，引人注目。

陆上对内瓷器传布四方。明代瓷器大量从北京运至少数民族地区。西域、蒙古、女真等贡使，返回时所装瓷器多至数十车，高至三丈余。其包装方法是：

初买时，每一器内纳少土，及豆、麦少许，叠数十个，辄牢缚成一片。
置之湿地，频洒以水。久之则豆、麦生芽，缠绕胶固。试投之荦确（luò
què，坚硬）之地，不损破者，始以登车。（沈德符《万历野获编》）

在清代，盛清疆域，空前一统。满、蒙、疆、藏、台，都归属清朝。乾隆
二十七年（1762 年），设立伊犁将军。"丝绸之路"的陆路，西域完全打通：自北
京经西安，穿过河西走廊，到吐鲁番，分作三路——南路，绕经塔里木盆地南缘，
过喀什噶尔（今喀什），到今乌兹别克斯坦的撒马尔罕；中路，自吐鲁番，经库尔勒、
喀什噶尔（今喀什），到撒马尔罕；北路，自吐鲁番，经天山北麓，过惠远（今霍城），
再分作三路——南向，沿伊塞克湖南缘，到撒马尔罕；西向——沿伊犁河谷西行，
到巴尔喀什湖，再西往伏尔加河；北向，经塔尔巴哈台（今塔城）、阿勒泰，到
俄罗斯、喀尔喀蒙古（今蒙古国）、哈萨克等地。

海上瓷器之路，在南海地区，我国西沙群岛永乐岛沉船中发现瓷器 133 件
（片）；在东南亚地区，冲绳岛、菲律宾、泰国、马来西亚、新加坡、爪哇岛等
都有瓷器出土或藏品。以"碗礁 1 号"为例，沉船位于福建平潭岛海域。2005 年，
进行发掘，获得成功。这是一艘清康熙时沉船，船上发现完好青花大瓷盘 55 件等，
累计出水瓷器 17 000 余件，色泽艳丽，光洁如新。

中国瓷器使中国风尚流行世界。在欧洲，法国太阳王路易十四喜爱中国瓷器，
在凡尔赛宫建造"瓷宫"，特别收藏来自中国的青花瓷。各国君主，争相效仿。
英国女王玛丽二世醉心于华瓷，宫廷陈设华瓷。1730 年（雍正八年），英国东印
度公司从中国进口瓷器 51.7 万件。1780 年（乾隆四十五年），英国向清朝定购瓷
器达 80 万件之多。葡萄牙贝纳宫多处厅室墙面贴有青花瓷砖，皇宫外墙也用青
花碎片组成图案，充满淡雅的东方情调。瑞典至今完好地保存着中国宫，陈列着
中国瓷器珍品。东欧腓特烈·奥古斯特（1670—1733），1697 年（康熙三十六年）
当选为波兰国王。据记载，奥古斯特二世以 600 名萨克森骑兵，换取普鲁士帝国

腓特烈·威廉一世127件中国瓷器。他死后留下35 798件精美中国瓷器。在欧洲，到乾隆中期，法、德学了中国制瓷经验，才烧造出瓷器。美国总统华盛顿，也喜欢中国瓷器，有自己专用的华瓷餐具。

瓷器之路，历史表明：中国瓷器成为中华文化的友善代表、国际文化交流的诚信使者。以往瓷器之路辉煌，今后瓷器之路宽广。中国创烧的瓷器，作为中华文化的一个符号，在中外文化交流史上，不仅是一条颜色锦绣斑斓的彩带，而且是一座跨越四洲三洋的津梁。瓷器、china、China、中国——优美动人故事，一代传一代、一地接一地，讲下去，传开来。

（本文系写于2017年的一篇演讲稿）

雍正帝与圆明园

圆明园的第一主人是雍正帝,他继位后不出巡,除了紫禁城就是圆明园,最后又死在圆明园。雍正帝与圆明园结下了不解之缘。

一、引 子

清朝的皇家园林,要从满洲的文化特征说起。

满洲先世过着狩猎、采集生活。满洲渔猎文化对北京城外和京畿的一个重要影响是大规模地兴建皇家园林。其中以康、雍、乾三帝为甚,而雍正帝是承上启下的。

先是睿亲王多尔衮率清军占领北京,御政中一件大事,就是定都的问题。多尔衮建议迁都北京,但其胞兄英亲王阿济格反对:"今宜乘此兵威,大肆屠戮,留置诸王,以镇燕都。而大兵则或还守沈阳,或退保山海,可无后患。"上述意见如被采纳,燕京宫殿必遭残毁,北京清代皇家园林也无从谈起。然而,多尔衮向顺治帝奏言:"臣再三思维,燕京势踞形胜,乃自古兴王之地,有明建都之所。今既蒙天畀,皇上迁都于此,以定天下。则宅中图治,宇内朝宗,无不通达。可以慰天下仰望之心,可以锡四方和恒之福。伏祈皇上熟虑俯纳焉。"年方7岁的顺治帝,自然采纳多尔衮迁都之奏。同年十月一日,顺治帝因皇极殿(今太和殿)被李自成焚毁,便在皇极门(今太和门)基址上张设御幄,颁诏天下,定鼎燕京。

此前,在北京都城历史上,凡是牧猎民族建立的王朝,都大规模地兴建苑囿行宫。辽契丹建延芳淀(今京东通州),金女真建太宁宫(今北海),元蒙古辟飞放泊（今南苑）和通州柳林行宫等，都是例证。而明朝汉族朱家皇帝，属传统农耕文化，喜静怠动，不善骑射，囿于宫廷，沉湎声色。但满洲先民是关外的渔猎民族，他们喜林莽、长骑射，喜凉爽、恶溽暑。满洲建立的清朝，其前期又呈现一统富强的局面。这就使得清朝皇家苑囿行宫的兴筑，达到了中国皇朝园林史上的高峰。

顺治时期，清军入关不久，满洲骑射习俗，保留尚多，眷恋自然。多尔衮曾谕建喀喇避暑城："京城建都年久，地污水咸。春、秋、冬三季，犹可居止。至于夏月，溽暑难堪。但念京城乃历代都会之地，营建匪易，不可迁移。稽之辽、金、元，曾于边外上都等城，为夏日避暑之地。予思若仿前代造建大城，恐糜费钱粮，重累百姓。今拟只建小城一座，以便往来避暑。"多尔衮死，此意遂罢。顺治帝虽修葺南海子，但他笃信佛教，痴情董鄂妃，又过早离世，没有大兴园林。康熙兴建畅春园，游幸静宜园（香山）、静明园（玉泉山），其规模都不算大。康熙经始的避暑山庄和木兰围场，虽是满洲骑射文化在园林艺术上的两颗明珠，但限于当时财力拮据，囿于康熙帝节俭本性，没有将造园艺术发挥得淋漓尽致。雍正继位后，开始大规模兴建圆明园。

二、勤　政

圆明园在北京城西北郊，畅春园（今北大西）之北、清漪园（今颐和园）迤东，原为明代一座私园，清初成为官园。康熙三十七年（1698 年）胤禛被封为贝勒，康熙四十六年（1707 年）十一月十一日，"皇四子多罗贝勒恭请上幸花园进宴"[《清圣祖实录》康熙四十六年（1707 年）十一月己未]。也就是说，胤禛请康熙帝从畅春园到他的园子吃饭。时康熙帝以畅春园作为紫禁城外的治居之所，胤禛随驾护跸，可能受赐园子。有学者认为，这所园子就是后来的圆明园。康熙四十八年（1709 年）胤禛晋封为雍亲王。对皇父赐园，略加修葺，增建堂馆，粗具规模。

园名为康熙帝所赐，雍正帝《御制圆明园记》说："园既成，仰荷慈恩，锡以园额曰'圆明'。"（《日下旧闻考》卷八十）园名之"圆明"，康熙帝的原意不太清楚。雍正帝解释说："至若嘉名之锡以圆明，意旨深远，殊未易窥。尝稽古籍之言，体认圆明之德。夫圆而入神，君子之时中也；明而普照，达人之睿智也。"其实，"圆"字，《易·繫辞上》曰："圆而神"，疏云："圆者，运而不穷。"雍正帝释"圆"似从《易经》而来。"明"字，《尚书·旅獒》曰："明王慎德。"雍正帝释"德"，也是将"明"同"德"相联系。这很自然。《大学》的开宗明义就是"大学之道，在明明德"。总之，康熙帝赐雍亲王胤禛园子名"圆明"寓意高远而深刻。圆明园的匾额有两方：其一为康熙帝手书，悬挂在大殿；其二为雍正帝手书，悬挂在大宫门。

雍正帝继位后，圆明园由藩邸赐园，而成为皇帝治居之所。雍正二年（1724年）正月，雍正帝一边服丧，一边兴建园林。同年设圆明园八旗。三年（1725年）八月，雍正帝服丧期满，开始到圆明园居住和理政。圆明园从此开始成为清帝治居的御园。后每年春末到秋初、秋末至春初两个时节到园中治居成为定制。雍正帝住圆明园的原因：一是嫌宫内窒息嘈杂，二是喜园中景物宜人，三是宜于酷暑纳凉。这年，开始大修圆明园，后逐渐完成二十余处重要景点建筑群。就是说圆明园已经初步具备朝廷、衙署的规模，可以在这里御政。乾隆帝在《御制圆明园后记》中说："昔我皇考因皇祖赐园修而葺之，略具朝署之规，以乘时行令，布政亲贤。"

但是，这时雍正帝继位不久，忙于巩固权力，敛于建筑奢华，崇尚康熙俭朴风气，没有大兴土木建筑。所以，乾隆帝说，其建筑"不尚其华尚其朴，不称其富称其幽"。

圆明园同皇宫一样，分为外朝与内廷两大部分，先说外朝区。

圆明园外朝区在园的南部，前为大宫门，门前为左右朝房。其后，东为宗人府、内阁、吏部、礼部、兵部、都察院等，西为内务府、户部、刑部、工部、钦天监等。大宫门内为出入贤良门，又称为二宫门。门额为雍正帝手书。门前有河，河形如月。

门内正中为"正大光明殿"，是为雍正帝坐朝听政的殿堂。殿联："心天地之心而宵衣旰食；乐兆民之乐以和性怡情。"雍正八年（1730 年）元宵节，这里安设鳌山灯，"万国来朝鳌山灯"。其东侧为"勤政亲贤殿"（又称"勤政殿"）。雍正帝日常上午在这里批阅奏章，召见大臣，处理政务。殿额为雍正帝手书。殿后楹额是雍正帝亲自书写的"为君难"。为君与为臣孰难？乾隆帝有个解释："为君难，为臣不易。"创业与守成孰难？乾隆帝也有个解释："创拨乱之业其功既难，守已成之基其道不易。"将为君与为臣、守成与创业之两难算都说全了。

雍正帝为此殿命名为"勤政"，是他的一种理政价值取向。在中国皇朝历史上，纵观中国历史上 349 位皇帝（以《辞海·中国历史纪年表》统计），像雍正帝那样勤政的君主，前无古人，后无来者。他在位期间，自诩"以勤先天下"，不巡幸、不游猎，日理政事、终年不息。仅以朱批奏折而言，雍正朝现存汉文奏折 35 000余件、满文奏折 6600 余件，共有 41 600 余件，他在位 12 年零 8 个月，实际约4247 天，平均每天批阅奏折约 10 件，多在夜间，亲笔朱批，不假手于他人，有的奏折上的批语竟有 1000 多字。所以，"勤政"两字是雍正帝为君的一个特点，可以说雍正帝是一位勤政的皇帝。

长春仙馆在正大光明殿西偏，雍正七年（1729 年）赐弘历居此，时称莲花馆。弘历继位后，莲花馆改名长春仙馆，为皇太后宴息之所。乾隆帝退位后，嘉庆帝尝居于此。馆内有含碧堂，中有温泉水，"其水常温，冬不互冱"（《养吉斋丛录》卷十八）。

雍正八年（1730 年）八月十九日，京师地震。雍正帝"偶先登舟"，游荡水中，虽有地震，未受惊吓。

圆明园的帝后生活的内廷区，建筑繁多，景色秀丽。

三、生　活

圆明园内廷是雍正帝及其后妃生活之区。"正大光明殿"的北面有湖，湖后为

"九州清晏殿"。这是雍正帝寝息之所。以"九州清晏"为殿名，寓意国泰民安，海宇升平。乾隆帝曾作诗道："昔我皇考，宅是广居，盱食宵衣，左图右书，园林游观，以适几余。"它的前面第一层殿，悬挂康熙帝御书"圆明"匾额。其上二层就是"奉三无私殿"。殿附近有牡丹台，乾隆帝改为"镂月开云"，为圆明园全盛时四十景之一。这里有一个故事。康熙六十一年（1722 年）三月，康熙帝游幸圆明园，雍亲王胤禛和后来的乾隆帝弘历，在牡丹台迎驾銮舆，聆听训诲，陪侍赏花，与宴引觞。祖孙"三个皇帝"聚于一堂，其乐融融。可说是清代历史上的一桩政坛趣事，也是一桩家庭趣事。后来，乾隆帝题其额为"纪恩堂"，以纪念这件旷世盛事。

　　"慈云普护"在"九州清晏"后湖对岸，是一所观音庙。雍正帝写诗云："夜静梵音来水面，月明渔唱到窗边。虚堂虑息难成寐，冰簟心清即入禅。"说的是，他夜深人静心绪万千的心境。雍正帝崇佛信道，他延请道士张太虚、王定乾等到圆明园内炼丹，以求吞服灵丹妙药，长生不老。结果不灵，还是死了。雍正帝刚死，新君乾隆帝下令驱逐张太虚等道士，并严谕他们不许透露宫中只言片字。乾隆帝对圆明园中道士的严厉态度，从侧面反映出可能同其父食道士烧炼丹药致死有关。近人金梁（息侯）在《清帝外纪·世宗崩》中说："惟世宗之崩，相传修炼丹饵所致，或出有因。"但这类宫闱秘事，要确证定论，说易而实难。

　　圆明园西边有西山，借景入园，北远山村，西峰秀色，湖光山水，令人心旷神怡。雍正帝有《雨后九州清晏望西山》诗略云："山色崔嵬千叠翠，湖光潋滟万垂波。游鱼避钓依寒藻，翔鸟惊弦就碧萝。"还有"四宜书屋"景区。"四宜"取意"春宜花，夏宜风，秋宜月，冬宜雪"。一年四季，宜于居住。雍正帝常休憩于此，他的诗集名《四宜堂集》。另外，还有"天然图画""碧桐书院""杏花春馆""鱼跃鸢飞""平湖秋月""万方安和"等景区。

　　"万方安和"建筑在水上，图呈"卍"字形，构思巧妙，建筑奇特，是中国古代建筑艺术的一朵奇葩。乾隆帝诗云："四面尽通廊，中间正且方；周旋皆中矩，镇静以持纲。"它四面通明，冬暖夏凉，沿廊漫步，如在水上。所以雍正帝乐于在此游览，赏心悦目。

雍正帝在生活上表面节俭。举一个例子。福建巡抚黄国材雍正三年（1725 年）六月初三日的奏折上，雍正帝朱批道："奏事的折子也一概用绫绢为面，物力艰难，殊为可惜，以后改用素纸就行了。"虽然折子面用绫绢有限，但说明他惜物节俭。雍正帝遗留下的朱批谕旨，许多是把纸张裁成小条，表示他注意节约纸张。

雍正帝在园中，喜欢雕虫玩物、西洋奇巧。一次，他给内务府的上谕中，详细说明所需香袋的制作式样："著照现在挂的香袋式样，用象牙雕刻透花做一对。象牙墙像火镰包的掐簧，两面盖，透地糊纱，或盛鲜花，或盛香，皆用得。香袋边不必做挑出去的丝子挂络，底下要钟形，上边要宝盖形，中间或连环、方胜俱可。钦此。"雍正帝还有犬马之好，屡次谕示制作狗衣、狗笼、狗窝、狗套头等。他还亲自规定样式，做成后又多次修整。对西洋器物玩意，他很喜爱，如通天气表（温度计）、千里眼（望远镜）、眼镜等物，并令内务府造办处仿制。

雍正帝在圆明园中是否喝酒？他的父皇康熙帝不大饮酒，更反对喝得酩酊大醉。《大义觉迷录》中曾静列雍正帝十大罪状之一为酗酒。当时传说，他天天饮酒，有时与隆科多喝到深夜，把隆科多灌醉，让人抬出园去。又传说他与诸王、大臣在龙舟上赌博酗酒。这些多是野史传闻。雍正帝的《花下偶成》诗云："对酒吟诗花劝饮，花前得句自推敲。九重三殿谁为友，皓月清风作契交。"这说明雍正帝喝酒，但是否喝得烂醉，本文就不作讨论。

雍正十三年（1735 年）八月二十三日，雍正帝死于圆明园九州清晏寝宫。乾隆继位后，开始大兴圆明园工程，圆明园进入鼎盛时期。

四、鼎　盛

康熙帝将圆明园赐给雍亲王胤禛，后经雍正、乾隆、嘉庆、道光、咸丰五朝，

150 余年的建设，特别是乾隆时期，凭江山一统、政局稳定、国力鼎盛、府库充盈，以举国财力、物力、人力，移江南名胜美景，藉北国林莽气势，鉴历代造园手法，取西方建筑艺术，溶古今、中西、南北建筑优长于一园，兼有满洲建筑特色，建成被誉为"万园之园"的圆明园。

圆明园在乾隆时期，于雍正圆明园基础上，增建、扩建，新辟长春园。此园在圆明园东垣外水磨村辟地而建，因乾隆帝居住在圆明园中的长春仙馆，故将新园命名为长春园。后又在南方圈进绮春园（同治时改名万春园）。这 3 个园子，周围 20 里，紧密相连，合称为圆明三园，习称圆明园。圆明园景区，雍正帝以四字命名的只有 14 处景点，乾隆扩建为 40 景，统一用四字定名。这就是：正大光明、勤政亲贤、九州清晏、镂月开云、天然图画、碧桐书院、慈云普护、上下天光、杏花春馆、坦坦荡荡、茹古涵今、长春仙馆、万方安和、武陵春色、山高水长、月地云居、鸿慈永祜、汇芳书院、日天琳宇、澹泊宁静、映水兰香、水木明瑟、濂溪乐处、多稼如云、鱼跃鸢飞、北远山村、西峰秀色、四宜书屋、方壶胜境、澡身浴德、平湖秋月、蓬岛瑶台、接秀山房、别有洞天、夹镜鸣琴、涵虚朗鉴、廓然大公、坐石临流、曲院风荷、洞天深处。长春园有澹怀堂、含经堂、蒨园、如园、思永斋、淳化轩、玉玲珑馆、谐奇趣、蓄水楼、养雀笼、方外观、海晏堂、远瀛观、万花阵、大水法、狮子林等 30 景。绮春园（万春园）也有 30 景：敷春堂、鉴德书屋、翠合轩、凌虚阁、协性斋、澄光榭、问月楼、我见室、蔚藻堂、蔼方圃、镜绿亭、淙玉轩、舒卉轩、竹林院、夕霏榭、清夏斋、镜虹馆、春雨山房、含光楼、涵清馆、华滋庭、苔香室、虚明镜、含淳堂、春泽斋、水心榭、四宜书屋、茗柯精舍、来薰室、般若观。嘉庆帝有《御制绮春园三十景诗》。所以，圆明三园总计有 100 处景区（也作 108 景区）。园中共有数百座亭台宫殿，每所建筑都布置着精美的陈设、珍贵的文物和艺术品。

乾隆帝在《御制圆明园后记》中说："然规模之宏敞，丘壑之幽深，风土草木之清佳，高楼邃室之具备，亦可称观止。实天宝地灵之区，帝王豫游之地，无以逾此。"圆明园体现着清代皇家园林文化的辉煌，汇聚中华五年文明的精粹，是园林艺术史上的灿烂明珠。

但是，咸丰十年（1860 年），英法联军侵入北京，圆明园遭到焚毁；光绪二十六年（1900 年），八国联军再次侵入北京，圆明园复遭焚毁。现在能看到的景象是："可怜一片繁华地，空见春风长绿蒿。"圆明园遗址成为激励人们爱国情怀的教科书。

（本文系写于 2006 年的一篇演讲稿）

"平西府"是吴三桂的王府吗?

一、奥运结缘

我为什么要讲北京昌平郑各庄康熙行宫和理亲王府的故事呢? 这要从一件小事说起。

北京市昌平区北七家镇郑各庄, 近些年来, 飞速发展, 盖五星级酒店, 兴建温都水城, 开设滑雪场馆, 文化旅游, 大大发展。过去, 郑各庄有个地名叫"平西府", 民间传说是清平西王吴三桂的府邸。吴三桂的故事, 人们津津乐道; 陈圆圆的悲剧, 可谓家喻户晓。几年前, 郑各庄托人请我去做客。家里人说不能随便去, 如果他们提出平西府的事要你表态, 你怎么办——说是, 那不符合历史事实; 说不是, 伤了别人的面子。

2008 年, 奥运会火炬传递, 北京电视台邀我作嘉宾。当火炬传到昌平郑各庄时, 主持人问我, 阎老师, 您知道郑各庄吗? 我说, 知道。又问, 您去过郑各庄吗? 我答, 没去过。再问, 您想去看看吗? 我答, 很想去。说者无意, 听者有心。郑各庄领导当晚就托《北京青年报》的曾志崇同志打电话来, 说并不需要我就平西府之事表态, 只是邀请我去看看。他们说, 您在电视上说了郑各庄, 我们请您吃顿饭还不行吗?

2008 年中秋节, 我到了昌平郑各庄。郑各庄村支部书记兼宏福集团董事长黄福水先生、办公室主任郝玉增先生, 以及村里的秀才们等, 陪我参观城墙遗址、护城河, 还看了铜井。然后, 问我, 您说这不是平西王吴三桂的府, 是谁的住处呢?

是啊，这里城墙基址依稀可见，护城河故址尚在，清代水井保存完整，可以看出曾经是座不小的城池。那么，是什么城池的遗址呢？丰盛的午餐没吃出滋味，心里一直思考着黄福水先生逼问的这道难题。我自感十分惭愧——我所任职的北京社会科学院是研究北京的，我所参加的中国紫禁城学会研究的也与宫殿王府有关，怎么就被难住了呢？

回家一进门，就急不可待地查阅有关资料，连查三天，毫无结果，于是求助同行友人。请故宫博物院晋宏逵副院长和周苏琴研究员，请中国第一历史档案馆秦国经副馆长和吴元丰研究员等朋友，帮助查找，毫无结果。黄福水先生也是急性人，第二次约我交谈。我回答，汉文过硬资料，一条也没查到。

汉文资料不足，就查满文档案。已经整理的清宫建筑满文档案，从数字化库查找，还是找不到蛛丝马迹。黄福水先生第三次请我去郑各庄。我说，已经查找过的满文资料中，还是没有找到。

情急之下，我提出一个想法：台湾方面请我作为访问学者赴台，因我特忙，尚未答应。干脆借机到台湾去，查找相关满文资料。第二天，我即回复邀请方，决定赴台。我将已经掌握的汉文和满文资料，进行梳理，找出难点，准备赴台，侥幸一试。

2008 年 11 月 2 日我即到台。我抓紧时间，到台北故宫博物院图书文献处，开始查找同北京昌平郑各庄的城墙、护城河等相关的满文档案。

台北故宫博物院珍藏的清宫档案，有 40 余万件。大海捞针，从何入手？我分析：城墙、护城河等都同皇家有关，要从清内务府档案入手；既然汉文档案没有，就从清内务府满文档案入手。我把要查询的满文档案范围，向那里的专家冯明珠副院长、庄吉发教授，以及陈龙贵、吕玉女、许玉纯等友人交流、沟通，请求他们帮忙。这时，台北故宫博物院正在筹备"康熙大展"和"雍正大展"，12 月 11 日我应周功鑫院长之邀，给台北故宫博物院做了《康熙皇帝的历史评价》的演讲，19日又应冯明珠副院长之邀，给台北故宫博物院做了《雍正皇帝的历史评价》的报告。

当我离开台北故宫博物院时，院长周功鑫说用她的车送我到宾馆。副院长冯明珠说："阎先生，送您一件小礼物，请您到宾馆后再打开。"我就提着冯院长递过来的纸袋上了车。

二、意外大礼

2008 年 12 月 19 日，我乘坐台北故宫博物院周院长的车回到宾馆，打开冯明珠副院长赠送的礼物，原来是一件清代满文档案复印件，题目是《奏报郑家庄行宫工程用银数折》。我眼前一亮。

原来，他们在台北故宫博物院图书文献处的满文档案里，查到康熙六十年（1721 年）十月十六日的清内务府《奏报郑家庄行宫工程用银数折》（满文）原件。这件满文档案，虽年代久远，"水渍霉斑"；却字迹清晰，保存完好。档案记载：清郑各庄行宫、王府、城池与兵营，于康熙五十七年（1718 年）十二月初五日开工，在康熙六十年（1721 年）十月十六日竣工。工程负责人列名者共 4 人，即监造郑家庄行宫与王府工程的内务府上驷院郎中尚之勋、营造司郎中五十一（按：人名）、都虞司员外郎偏图、刑部郎中和顺，四人联署的满文《奏报郑家庄行宫工程用银数折》档案。

这真是一份意外的大礼！

这份满文奏折，记载康熙郑各庄行宫、王府、城池的兴建工程，相当详细，数据可信，经中国第一历史档案馆郭美兰研究员做了汉译。档案文字，并不难懂，为使读者能看到翻译的原档，征引如下：

监造郑家庄行宫、王府郎中奴才尚之勋等谨奏：为奏闻事。

康熙五十七年十二月内，为在郑家庄地方营建行宫、王府、城垣及城楼、兵丁住房，经由内务府等衙门具奏，遣派我等。是以奴才等监造行宫之大小房屋二百九十间、游廊九十六间，王府之大小房屋一百八十九间，南极庙之大小房屋三十间，城楼十间、城门二座、城墙五百九十丈九尺五寸，流水之大沟四条、大小石桥十座、滚水坝一个、井十五眼，修葺土城五百二十四丈，挑挖护城河长六百六十七丈六尺，饭茶房、兵丁住房、铺子房共一千九百七十三间，夯筑土墙五千三百五十丈七尺一寸。

营造此等工程，除取部司现有杉木、铜、锡、纸等项使用外，采买松木、柏木、椴木、柳木、樟木、榆木、清沙石、豆渣石、山子石、砖瓦、青白灰、绳、麻刀、木钉、水坯、乌铁、磨铁等项及蓆子、苫箔、竹木、鱼肚胶等，计支付匠役之雇价银在内，共用银二十六万八千七百六十二两五钱六分三厘。其中扣除由部领银二十三万七百五十二两五钱六分三厘，富户监察御史鄂其善所交银二千二百二十两，富当所交银六百五十两，原员外郎乌勒讷所交银一万两，员外郎浑齐所交银一千八百一十两，顺天府府丞连孝先所交银一万七千六十七两八钱三分，并出售工程所伐木签、秤兑所得银四千八百八十三两五分二厘。以此银采买糊行宫壁纱橱、绘画斗方、热炕木、装修、建造斗栱、蓆棚、排置院内之缸、缸架、南极神开光做道场、锡香炉、蜡台、垫尺、桌子、杌子等项，匠役等所用笤帚、筐子、缸子、水桶等物，以及支给计档人、掌班等之饭钱，共用银四千八百六十七两三钱八分二厘，尚余银十五两六钱七分。今既工竣，相应将此余银如数交部。为此谨具奏闻。

这份满文奏折，详细奏报了今昌平郑各庄康熙行宫、王府、城池、兵营竣工事宜，并将财务细目做了奏报。也就是说，在郑各庄看到的城池遗址，曾经是康熙晚期建造的行宫和王府。

当我初步解开"郑各庄难题"的时候，心情激动，格外高兴。

记得某年某月某日，北京社会科学院高起祥院长陪同市委主管宣传文化的副书记王光先生，到家里看我。王光先生边看我书柜里的书，边对我说："崇年同志，你研究历史是一件快乐的事情！"我说："书记，不是的，研究的过程是痛苦的！"他说："这话怎么讲？"我说："研究过程是艰苦的，研究成果是幸福的。"他又说："怎样解释呢？"我说："譬如农民，种地是辛苦的——锄禾日当午，汗滴禾下土；但收获是幸福的——庄稼获丰收，粮食积满仓。"王光先生近年出版诗集《雁庐余稿》，深知写作的艰辛，也尝到收获的甘甜。

当我拿到台北故宫博物院赠送的这份大礼时，初步揭开郑各庄城池遗址之谜，也是享受艰苦耕耘后的丰收喜悦。

然而，孤证难立。这么一份奏折，就能断定康熙行宫、王府在郑各庄吗？这座王府是康熙哪位皇子的府第呢？探寻的脚步并没有停下。

三、双档合璧

郑各庄康熙行宫、王府工程，既有竣工满文档案，也应有开工满文档案。竣工满文档案收藏在内务府，开工满文档案也应在内务府。这份满文档案既然没有在台北故宫博物院，就应在北京故宫博物院。

原北京故宫博物院明清档案部已划归中国第一历史档案馆，所以我就到中国第一历史档案馆满文部查找。说来容易，找到却难。中国第一历史档案馆珍藏的满文档案有二百多万件。这批满文档案，有些已经翻译出版，有些已经整理归类，有些已经数字化，有些已经编目摘由——这都好办，相对来说，容易查找。但有相当一批档案，尚在尘封，未及整理，查找这些资料，犹如大海捞针。

心善意诚，终有回报。经馆长邹爱莲、满文部主任吴元丰、满文专家郭美兰等领导和专家共同努力协助，费尽心思，耐心查找，在尘封多年的满文档案包袱里，终于找到了郑各庄清康熙行宫、王府工程开工的满文档案。这是一份为呈奏工程样式的文字说明，还有康熙帝的朱批谕旨。这份珍贵满文档案，实在难得一见，经郭美兰研究员汉译，其主要内容摘录如下：

行宫以北，照十四阿哥（引者按：康熙帝第十四子胤禵）所住房屋之例，院落加宽，免去后月台、前配楼、后楼，代之以房屋，修建王府一所。其中大衙门五间，共长八丈二尺五寸，计廊在内宽二丈二尺五寸，柱高一丈五尺，为十一檩歇山顶。北面正房五间，共长七丈二尺五寸，计廊在内宽三丈六尺，柱高一丈四尺，为九檩歇山顶。……大门五间，共长五丈七尺九寸，计廊在内宽二丈七尺五寸，柱高一丈三尺五寸，为七檩歇山顶。……大衙门两侧厢房各五间，共长六丈一尺，计廊在内宽二丈五尺，柱高一丈二尺，为七檩硬山顶，……正房两侧厢房各三间，共长三丈七尺，计廊在内宽二丈五尺，柱高一丈二尺。两侧耳房各三间，共长三丈一尺，计廊在内宽二丈五尺，柱高一丈二尺，为七檩硬山顶。罩房十九间，共长十九丈六尺，计廊在内宽二丈二尺，柱高一丈，为七檩硬山式。小衙门三间，共长三丈八尺，计廊在内宽二丈二尺五寸，柱高一丈三尺，为七檩歇山顶。其两侧房屋，各六间，共长六丈九尺六寸，宽一丈六尺，柱高一丈。小衙门两侧之房屋各五间，共长六丈四尺，宽一丈六尺，柱高九尺五寸。两侧小房各十间，其一间长一丈、宽一丈五尺、柱高八尺，为硬山顶。……净房四间，其一间长宽各八尺，柱高七尺，为四檩硬山顶。前月台五丈一尺，宽二丈五尺，高二尺六寸。其周围台阶、斗板用青沙石，外围房一百五间、堆房三十六间、仓房三十间、草料房十五间、门一间，其一间长一丈、宽一丈二尺、柱高八尺……马厩房二十间，其一间长一丈、宽二丈、柱高九尺，为七檩硬山顶。……围墙一百二十四丈，高一丈二尺，宽二尺四寸五分。隔墙一百九十六丈，高八尺五寸，宽一尺六寸。甬路三十八丈五尺（中间铺方砖，两边镶城砖）。……

　　康熙行宫和王府的开工档案与竣工档案，竟然合掌，双璧联珠。再加上其他相关的满文、汉文资料，可以证明：康熙帝晚年在京北兴建了行宫和王府。这座康熙行宫和王府是否就在昌平郑各庄呢？

　　2009 年 4 月 19 日，在郑各庄召开"揭秘郑家庄皇城专家研讨会"，我和南开大学冯尔康教授、中国社科院历史所杨珍研究员、北京大学徐凯教授、北京文史馆赵书馆员、中国第一历史档案馆吴元丰和郭美兰研究员、北京市文物局专家于平副局长、雍正帝第九世孙爱新觉罗·启骧先生，郑各庄当地秀才蒋国震、李永宽，以及黄福水、郝玉增先生等，实地踏查，翻阅资料，切磋研讨，分析档案记载、民间传说和历史地名，初步取得共识。

四、尘埃落定

　　专家们认为，上述两件满文档案所记载的郑家庄"行宫"，是康熙的行宫；郑家庄"王府"，是为废太子允礽准备的王府。后康熙帝去世，雍正帝诏命允礽的儿子弘晳为理郡王，举家迁到该府居住，后晋为亲王，成为理亲王府。

　　那么，满文档案中所说郑家庄行宫和王府，就是在今天的昌平郑各庄吗？

　　经查，清"三祖三宗"实录和《清史稿》中，提到过四个郑家庄：安徽合肥郑家庄、山西太原郑家庄、直隶蓟州郑家庄和北京德外郑家庄。

　　其一，安徽合肥郑家庄。顺治十一年（1654 年）安徽合肥郑家庄出现怪异，《清史稿·灾异志三》记载："合肥郑家庄产一鸡，三嘴、三眼、三翼、三足，色黄，比三日死。"说明安徽合肥有个郑家庄。但在清康熙、雍正、乾隆的实录中，没有出现安徽合肥郑家庄的记载，更没有在此地建造王府的记载。这里也没有康熙行宫与王府的历史遗迹。

　　其二，山西祁县郑家庄。山西省太原府祁县郑家庄，在"府西南百四十里"。《清圣祖实录》记载"上驻跸祁县郑家庄"。这一天，康熙帝在阅射时，有一兵乘马惊逸逼近御仗，傅尔丹疾趋向前擒之，并勒止其马，受到特赐貂皮褂的奖励。经查山西祁县郑家庄并无城墙、护城河与王府的记载。那么，是直隶蓟州的郑家庄吗?

其三，直隶蓟州郑家庄。《清圣祖实录》中出现蓟州郑家庄，曾是康熙帝到清孝陵祭祀途中的临时行宫。但雍正、乾隆"实录"中没有出现相关记载。此处没有兴建王府的文献与档案记载。因此，城池、行宫与王府同在一地的郑家庄，不会是蓟州的郑家庄。

其四，北京德外郑家庄。《清史稿·世宗本纪》记载：雍正元年（1723 年）五月初七日，"敕理郡王弘晳移住郑家庄"。这个郑家庄，既不是安徽合肥郑家庄，也不是直隶蓟州郑家庄，更不是山西祁县郑家庄，而是北京德外郑家庄，即今北京市昌平区北七家镇郑各庄。其理由是：

第一，地理区位。《光绪昌平州志》记载：郑各庄即郑家庄，"距城三十五里"。档案记载："郑各庄离京城既然有二十余里，除理王弘晳自行来京外，不便照在城居住诸王一体行走，故除上升殿之日，听传来京外，每月朝会一次，射箭一次。"合肥、祁县和蓟州的郑家庄，从里程说都不符合上文记述。

第二，地面遗存。1958 年北京文物普查时，这里还有土墙垣长约 500 米；有城南门遗址，并保存南门汉白玉石匾额一方，楷书"来熏门"。现经实测为：郑各庄皇城遗址，东西长 570 米，南北长 510 米，总面积近 30 万平方米；护城河遗存，南、北各长约 504 米，东、西各长约 584 米，总长 2176 米。实测数据与档案记载大体相当。经实地踏查，有皇城残垣的遗迹和青灰城砖。城墙外现东、南、西三面护城河基本保存。2006 年，村里发现了一眼铜帮水井，同民间传说的"金井"吻合。

第三，方志载述。《康熙昌平州志》的总图中有"郑家庄皇城"的标识。《光绪昌平州志》记载，康熙五十八年（1719 年）奉旨盖造王府、营房，仅占去"垦荒地"为"伍拾玖亩伍厘玖毫"。

第四，笔记载录。礼亲王代善后裔昭槤在《啸亭杂录》中记载："理亲王府在德胜门外郑家庄。"昭梿既是清帝宗室，又是乾隆朝人，记载当为可信。《京师坊巷志稿》也记载：（理）密王旧府在德胜门外郑家庄，俗称平西府。王得罪后，长子弘晳降袭郡王云云。

第五，实录记载。《清圣祖实录》中出现"郑家庄"六处，其中祁县郑家庄两次，蓟州郑家庄三次，北京郑家庄一次;《清世宗实录》中出现"郑家庄"九处，都是指北京郑家庄;《清高宗实录》中出现"郑家庄"二十次，其中祁县郑家庄两次，北京郑家庄十八次。从中可以清楚地反映出：康熙郑家庄行宫与王府的所在地，是北京德外郑家庄。康熙帝死后，其停灵厝柩之所，曾有安奉郑家庄的方案，雍正帝力主设在景山寿皇殿。说明它不会是合肥郑家庄，也不会是祁县郑家庄，更不会是蓟州郑家庄。

第六，档案为证。现在查到相关 16 件满文档案，凡涉及郑家庄的，都是指在北京德胜门外郑家庄。《内务府等奏为经钦天监敬谨看得可于康熙五十八年正式动工折》（康熙五十七年十二月初八日）中的动工上梁折;《和硕恒亲王允祺等奏理王弘晳迁居郑各庄事宜折》（雍正元年五月二十二日）中"郑各庄距京城二十余里";《和硕恒亲王允祺等奏请理王弘晳迁居折》（雍正元年六月二十日）中"因郑各庄靠近清河，相应将拜唐阿等人之口粮，由该处行文到部，由清河仓发放"等，都是明证。

这里还要说明的是，郑家庄、郑各庄、郑格庄满文名称不统一，清汉文官书译文也不统一，"家"与"各"字在地名上也常互通。因此，综合各种记载、各种分析，清康熙行宫和理亲王府就在今昌平郑各庄。

清代王府不在京城、且行宫与王府有城墙和护城河的，仅此一例。

五、王爷乔迁

清朝王府搬家是个什么样子？和咱们老百姓搬家有什么不同？下面以理王弘晳搬家为例，看看王府是怎样乔迁的。

康熙帝废太子允礽和他的王妃及其子女们住在紫禁城里的咸安宫，他的儿子弘晳被封王后，要搬家到郑各庄理王府。搬家前，向雍正帝谕旨，主要内容有：

第一，理王迁居：命理王弘晳率领子弟家人迁移到郑各庄居住。

第二，随迁人员：废太子允礽妻妾 11 位，有子 12 人，哪些人随迁呢？理王弘晳之弟在宫内养育者有 2 人、与其同住一处者有 3 人，弘晳之子在宫内养育者有 3 人、与其同住一处者有 5 人，将他们与弘晳一同移往郑各庄居住。弘晳又有一子由十五阿哥（允禑）抚养，仍由其抚养。

第三，搬家车辆：理王弘晳自皇宫搬家至郑各庄时，由内务府、兵部领取官车，运往一应器用等物。

第四，所属人员：拨给理王弘晳诚王所属 185 人、简王所属 80 人、弘昉所属 80 人，共 345 人，将满洲内府佐领 1 员、旗鼓佐领 1 员，兼归理王弘晳所属侍卫官员。现有护军、披甲、领催、拜唐阿等，俱兼归两个牛录，各拨饷米。理王弘晳既已拨入镶蓝旗，则领取王之俸米及所属人等之饷米时，由其府牛录行文旗下，照例领取。

第五，王府住房：郑各庄城内有房 410 间，若不敷用，再行添建。

第六，人员待遇：理王弘晳已经分府，其 111 名太监暂给饷米，3 年截止，再由王府发放。

第七，管理规定：王府由长史（管王府）和城守尉（管戍守）二元管理：理王的侍卫、官员出缺，由王府长史请旨补放。随同理王弘晳前往居住的侍卫、官员、拜唐阿、太监等，若因事请假，告王府长史、城守尉后，限期遣往，若逾期，不陈明缘由，加以隐瞒，则由城守尉参奏王府长史，办理府务之人。

第八，弘晳出入：郑各庄距京城 20 余里，可不同于在京城诸王等上朝，除皇帝升殿时听宣赴京城上朝外，每月上朝一次、射箭一次。凡有集会，听宣而来。若皇上外出，免每日朝会。正月初一堂子行礼、进表、祭祀各坛庙，理王弘晳前来，调拨房屋一处，为王下榻之所。

理王弘晳乔迁时，按郡王礼举行。经奏报，获旨准。据《和硕恒亲王允祺等奏议理王弘晳移居诸事折》（雍正元年九月十六日），记载如下：

第一，时间。经钦天监选择吉日，定于雍正元年（1723 年）九月二十日卯时（5～7 时）乔迁起行。

第二，辞行。乔迁前一日，理王弘晳及其福晋，向雍正皇帝请安、辞行。

第三，礼仪。设多罗郡王仪仗，王同辈弟兄内有品级、已成亲的阿哥等，前往送行。在王福晋之前，派内管领妻 4 人、果子正女人 6 人、果子女人 10 人随送，派护军参领一员、计护军校在内派内府护军二十人，在前引路。

第四，随送。派领侍卫内大臣一员、散秩大臣二员、侍卫二十名、内务府总管一员、内府官员十名送行。

第五，衣饰。送行的阿哥、大臣、侍卫、官员等，俱穿着锦袍、补褂。

第六，饭食。派尚膳总管一员、饭上人四名，委尚茶正一员、茶上人四名，内管领二员，于前一日前往郑各庄，预备饭三十桌，饽饽十桌，供王、福晋等食用。

第七，礼迎。照例派出内府所属年高结发夫妻一对，先一日前往新家等候，王到出迎，祝福祈祷。

第八，返回。食毕谢恩，送往的阿哥、大臣、侍卫、官员等即可返回。

雍正元年（1723 年）九月二十日（公历 10 月 18 日），理郡王弘晳乔迁到郑各庄的王府居住。康熙时兴建的郑各庄王府，正式成为理郡王弘晳的王府。

乔迁之后，其结果呢？

六、王府平毁

昌平郑各庄的理王府，其总体规模有多大呢？

雍正（1723 年）元年五月，按清廷有关规定拨给郑家庄驻防官兵房屋，"城守尉衙署一所，十五间；佐领衙署六所，各七间；防御衙署六所，骁骑校衙署六所，俱各五间；笔帖式衙署二所，各三间；甲兵六百名，各营房二间"。有文计算：郑家庄行宫、王府与官兵用房，总计驻防官兵房舍衙署等 1323 间。另外，王府所属当差行走之 345 人，若按每人（户）分配 2 间住房，则又需要住房 690 间。合王府 151 间，共计建筑住房当在 2164 间以上。还应有 111 名太监的住房。

昌平郑各庄的康熙行宫和理亲王府，其结局如何呢？

郑各庄康熙行宫，康熙帝来这里住过没有？有，肯定有。根据《清圣祖实录》的记载，康熙帝曾先后三次驻跸郑各庄行宫：第一次，康熙五十八年（1719 年）十月丙午（初七日）；第二次，康熙五十九年（1720 年）四月戊申（十二日）；第三次在同年十月壬寅（初九日）。可以说，康熙帝至少有三次在郑各庄行宫居住过。郑各庄行宫是在康熙六十年（1721 年）才告竣工，他怎么在此前就住过呢？可能的解释是：作为郑各庄行宫和王府的竣工和工程结算时间是康熙六十年（1721 年），可能行宫先于王府完工，康熙帝去巡视，或到小汤山温泉，在此行宫居住。康熙六十一年（1722 年），康熙帝过世，这座行宫再也没有皇帝住过，后来随着理亲王府废毁而弃毁。

理亲王府的废毁有一段故事。雍正帝对兄长废太子允礽及其子、自己的侄子弘皙，还算不错。先是封弘皙为理郡王，后晋为亲王。虽说理亲王弘皙的行动受到某些限制，但大体上还是说得过去的。然而，雍正帝死后，弘皙的堂弟弘历，即乾隆皇帝继位，弘皙就没有好果子吃啦。

乾隆四年（1739 年）十月，革除弘皙理亲王，其御定理由是：

第一，弘皙历史上有"污点"，曾随同乃父允礽获罪，圈禁在家。

第二，弘皙"行止不端，浮躁乖张，于朕前毫无敬谨之意"。

第三，弘皙"自以为旧日东宫嫡子，居心甚不可问"。

第四，弘皙于乾隆帝诞辰，进献"鹅黄肩舆一乘"。

第五，弘皙与庄亲王允禄"交结往来"；允禄是弘皙的第十六皇叔，因此事允禄并未被革亲王爵，弘皙却被革了王爵。

根据以上罪名，命将弘晳削去王爵，在景山东果园圈禁。弘晳被黜宗室，改名四十六，其子孙革除宗室，系红带子。弘晳于乾隆七年（1742年）去世，享年49岁。弘晳的王爵，由允礽第十子弘㬙继承，降为理郡王。王府由郑各庄迁到城里，后在东城王大人胡同（今东城区北新桥三条东口路北华侨大厦一带）。

到乾隆二十九年（1764年）二月，郑各庄兵丁被派往福州驻防。随之，官兵调走，整户跟随，"其空闲房屋，毁仓空地"，人走房空，连根拔除。

以上就是昌平郑各庄的一段往事。昔日的康熙行宫和理亲王府，如今已经是社会主义的新农村——远近闻名的温都水城和国际文化广场滑雪场，就是在昔日康熙行宫和理王府的遗址上兴建的。这里既有历史文化的丰富积淀，又有人文北京的繁荣景象。

至于今郑各庄南邻的平西府村，有多种传说：一说是有人问路，回答者平手往西一指，所以叫平西府。有人附会作平西王吴三桂的府。其实，吴三桂没有在北京开府，他的儿子吴应熊在北京有额驸府，是在城里，不在郊外。那么，村名为什么叫平西府？我想：当年这里为理亲王弘晳府，弘晳犯罪后，忌读"弘晳"二字，弘晳府谐音"平西府"。于是老百姓俗称为"弘晳府"，后来谐音作"平西府"。

（本文系2009年在北京市昌平区北七家镇郑各庄等地几次演讲稿及座谈会的讲话，经综合整理而成）

清初旗民的文化冲突与融合

清朝只分旗、民，不分满、汉。在清朝，在旗的就是旗人，不在旗的是民人。因此，只分旗、民，不分满、汉。"满族"这个词是民国以来才有的。因此，清朝的文化冲突主要是旗和民的文化冲突。现在，我就清初旗和民的文化冲突与融合，也就是话剧《知己》的历史背景与大家做些交流。

一、知己中凝结深情厚谊

今天，我要讲三个问题：第一，冲突；第二，融合；第三，胸怀。

端午节那天，我看了一场话剧《知己》，看完了挺高兴，过了几天接到了在文化界很有地位的两位先生的短信说，话剧《知己》，主题好，演艺高，看后觉得很感人。我个人对这个戏的看法可以概括为五个好：第一，主题好，反映了旗和民的文化冲突与融合，反映了朋友间的友谊；第二，编剧好；第三，演员好；第四，导演好；第五，我看了之后感觉好。

知己，就是朋友，朋友的事情是我们中国的一个古老的话题。近些年，谈这个问题谈得少了，一谈到朋友总是酒肉朋友。特别是在之前的一个特定文化环境之下，朋友不是朋友了，出现了"卖友求荣"，更有甚者，是"诬友求荣"。现在，文化氛围有所改变，但是"友"这个题目还是值得好好儿琢磨的，所以我很喜欢《知己》这个题目。孔子讲仁，孟子讲义，"义"主要说的就是朋友之间要有义，不是虚。朋友之间要有诚，要有信，不是伪，更不是"卖友求荣""诬友求荣"。朋友有很多种。去年年底，我到台湾，和星云大师对话，就谈到朋友的问题。他问我，对朋友怎么看。我说，人离不开朋友，小时候有小朋友，中年有中年朋友，老了有老友。朋友有四种：有一时的朋友，在某个时间段是朋友，之后就不是了；一地的朋友，在这个地方是朋友，离开就不是了；一事的朋友，比如做这个生意的时候是朋友，做完了就当不是了；还有一生的朋友。一时一地一事的朋友不难，一生的朋友不容易，特别是一生的知己，不容易。人们常说人一生有一二知己足矣，能有一两个知己就满足了。

星云大师说："我对朋友也有一个概括，人生的朋友有四品：第一品，朋友如花。就是说朋友把你当作一朵花，你鲜花盛开的时候把你插在头上，当你凋落的时候就遗弃你，你富贵的时候捧着你，你不富贵的时候抛弃你。第二品，朋友如秤。你高的时候他就低，你低的时候他就高，你富贵的时候他就阿谀逢迎，你在低谷时他就藐视你。这两种朋友是损友。第三品，朋友如山。在山脚下他仰望你，爬到山顶上也不认为就比你高了，不会蔑视你。第四品，朋友如地。地载万物，和你共同生存，对你友好。如山之友和如地之友这两种是益友。"

郭启宏老师的《知己》，表达了他对朋友的看法，就是：人生难得一知己。故事说的是顾贞观、纳兰性德、吴兆骞等人之间的关系，由此写出的一部历史剧。我知道人艺的观众、演员、导演和工作人员等都是文化素质很高的，所以今天我到这里来是诚惶诚恐，要多查些材料。刚才我说了，围绕《知己》的文化背景，我想和大家交流三点：冲突、融合、胸怀，前面讲的算一个小序言。

二、冲突中逐渐走向融合

旗和民的文化冲突在顾贞观、纳兰性德、吴兆骞所在时期之前重要的有三个回合。第一个回合是清太祖努尔哈赤在万历十一年（1583 年）起兵，他打的旗号是"七大恨告天"，就是有七条仇恨集中对明，打着民族旗号起兵。最后，他的子孙——宣统皇帝被孙中山推翻，孙中山先生打的旗号也是民族旗号："驱除鞑虏，恢复中华。"当初，朱元璋起兵打的旗号是"驱逐胡虏，恢复中华"，还是民族旗号。等到清朝取代了明朝，还是民族文化的冲突。由于努尔哈赤起兵是打着"七大恨告天"的旗号，因此与汉人的文化、中原的文化就有冲突、矛盾。他打下开原城——现在的辽宁开原——所引起的当地的满汉、旗民文化之间的冲突是怎样的呢？朝鲜人有记载："树无空枝，屋无空梁。"也就是说，树上和屋里都是吊死的人，没有空着的。当然这话肯定有夸大，但说明努尔哈赤攻占开原后，很多汉人反抗，反抗不了也不投降，就上吊自杀了。努尔哈赤当时对儒、士，也就是知识分子采取的是屠儒政策，很多知识分子就跑到山里躲起来，这是第一个回合的冲突。冲突到一定程度就缓和。皇太极继承皇位之后就采取了一种缓和的政策，那时辽东有些知识分子到满洲的贝勒家里做家奴——满文叫阿哈，也就是奴仆。皇太极下令，凡是念书人都可以参加考试，考中之后有官做。贝勒们反对这样做，因为如此一来，奴仆考中做官去了，家里的奴仆就少了。皇太极就说，他们还是可以考，考走之后，再换一个阿哈给补上，就减少了一些八旗贵族的抵制。这样通过考试就选出一些儒生到官府里做文职官员。

因此，在第一个回合当中是努尔哈赤时期的冲突和皇太极时期的缓和。第二个回合就是多尔衮在顺治元年（1644年）统领清兵入关，1645年清军攻下南京——南京是明朝的陪都——多尔衮在全国所有占领的地方下令剃发，于是出现了"留头不留发，留发不留头"的惨象。有的人反抗，这就有了"扬州十日""嘉定三屠""江阴抗清"一幕幕的历史悲剧。除了剃发，还要易服，跑马圈地，八旗到了北京之后还要占房，当地居民的房子被占之后没有地方住，就把他们搬到前三门以外——前门外、崇文门外、宣武门外——搬到外城去住，内城就给八旗住：北城是两黄旗，东城是两白旗，西城是两红旗，南城是两蓝旗，这也是文化的冲突。城里人搬到城外住致使城外的房子不够了，盖房也没有那么多木料、砖瓦等，这就致使房价猛涨，很多人就露宿街头，这也是一种冲突。八旗没有什么文化，更不懂孔孟之道，就把孔庙、国子监的红墙打洞，让小孩在里面玩，把马牵进去在里面放，这也是文化冲突。多尔衮死于顺治七年（1650年），顺治亲政期间开始实行缓和政策，采取了很多措施，比如提倡学习汉文等。

顺治死后，康熙即位，当时康熙年幼，四大臣——索尼、鳌拜、遏必隆、苏克萨哈辅政。在此期间又加剧了旗民文化间的冲突，他们认为顺治做得太过了，应该首崇满洲，首先满足满洲贵族的利益，官员也是先提拔满洲的，直到康熙除掉鳌拜亲政之后，才又采取措施缓和旗民间的矛盾，这是第三个回合。

《知己》主要说的是发生在康熙亲政之后旗民文化间的冲突与融合背景下的事情。《知己》的缘起很简单：顺治期间发生了一桩案子，叫"丁酉科场案"。顺治时实行全国的科举制度——这是因为当时有一个叫范文程的人，是范仲淹的后代，在皇太极时期就被加以重用，官封大学士，他给顺治帝上奏章说"士为秀民，士心得，则民心得矣"，主张科举。顺治帝采纳了这个建议，就恢复了明代的科举制度。顺治丁酉年是顺治十四年（1657年），江南主要是现在的江苏首府苏州，在那里举行乡试，就是省一级的考试来考举人。考完之后发榜时，大家觉得结果不公，认为有舞弊，而且是大范围的舞弊。当时的主考人叫方犹，副主考人叫钱开宗，考试结束后坐船离开，那些参加完考试的士子就跟着他们的船，一面骂一面拿石头砸他们的船，士子们还编了个传奇，叫《万金记》。为什么叫《万金记》呢？方（主考官姓方）去一点就是万，钱（副主考官姓钱）去掉右边就是金，意思是主、副考官为了万两黄金也就是金钱进行贪污、舞弊、腐败。后来，事情闹大了，一直闹到北京。当时顺治20岁，正想有所作为，就命人彻查，由于考试已经结束，调查起来很困难，于是下令重考，所有人到北京太和殿前太和门的广场上重新考试。当时正是北京的正月，很冷，大家都站在案子前答考卷，两旁还有大兵监考，气氛很紧张，有的人比较镇定，就比较顺利答卷子，有的人紧张，就哆嗦，答得就不好，好比现在高考，也是有发挥得很好的和怯场的。吴兆骞的学问很好，但到了北京在这种情况下很紧张，就没答好卷子，结果就被认为是作弊，因为他在江南的时候答得很好。最后，这些没有答好的人都被认为是有舞弊行为，被判流放宁古塔，即现在黑龙江省的宁安。这时是顺治十五年（1658 年）的正月，主、副考官，以及查实是舞弊的共 18 人被斩首。学界和文化界对这个案子的处理基本持一种看法：顺治皇帝用这个案子来打击江南的士人，打击汉族知识分子。我个人认为这是其一。二是因为明朝后期科场腐败非常严重，宰相张居正的三个儿子都高中三甲，于是有人上书批评张居正，结果这个人被廷杖之后又削职为民，最后到了崇祯皇帝的时候舞弊就更严重了。明朝科举考试的腐败，吏治的腐败和官员的贪污是一致的。顺治帝这样做也是为了抑制腐败，所以从这一点说他这样做也是有道理的，果然从"丁酉科场案"之后，科场经过整肃，风气好转多了。

吴兆骞是江苏吴江人，26 岁考中举人。他很聪明，小的时候很骄傲，关于这一点我讲两个故事，一个故事是说：他考试考了第一，另外一个同学考第二，他就对那个同学说，要是没有我的话，第一才是你的。这话就说得狂了点，这次你考第一，下次也许就是别人第一，同学之间应该谦虚一些嘛。还有一个故事是：冬天的时候班里有个同学戴着帽子，他把人家的帽子当尿盆往里面撒尿，然后又把这个帽子扣在人家头上，同学又气又哭，就去找老师告状。老师就对他说，兆骞啊，你将来能成名，但是要有大的灾难。因为他又聪明又胆子大，所以能成名，但出格了就要有灾难。这个老师水平还是很高的，预言了吴兆骞后来的经历。

从这里我就联想到一件事，就是怎么对待聪明的问题，我认为有五种人，现在提出来和大家讨论。第一种人是不聪明自己也觉得不聪明，这种人，别人不会嫉妒，自己也比较踏实，就能平平稳稳的。第二种人是不聪明自己觉得聪明，这就叫作自作聪明。这种人喜欢出风头，就容易有大大小小的磨难。第三种人是聪明，自己也觉得聪明。这种人容易沾沾自喜，也容易碰钉子。第四种人是聪明，自己觉得不聪明，处处谦虚、谨慎，这种人容易成事。第五种人是聪明又掌控聪明，就是该聪明的时候就聪明，该糊涂的时候就糊涂。比如说考试的时候就要聪明，但是该糊涂的时候也要糊涂，这个很不容易，郑板桥说得好："难得糊涂！"

吴兆骞就是聪明，也表露出自己聪明。他的老师说的很对，他确实出名了，我们现在都知道了，但他也确实经历了灾难：流放宁古塔 23 年。吴兆骞在北京廷试结束后，就地戴枷被押送到宁古塔，他的妻子之后也从苏州押解到北京，再押解到宁古塔，在那里还和他大概生了两三个孩子。

常州、苏州、无锡地区是明清时期文人荟萃的地方，其中一个人就是顾贞观。顾贞观是无锡人，过去属于苏州府，和吴兆骞算是老乡。《知己》的中心刻画人物就是顾贞观，这个人是很复杂的，远征老师演得很好，多种元素集中在这一个人身上。第一个元素就是家族的元素，大家都知道东林党，东林书院的创始人就是他的祖先顾宪成。顾宪成在明朝万历时考中进士，为人耿直，批评宰相、皇帝，被罢官回乡。他的弟弟顾允成也很耿直，官做不成也回家了。顾宪成回到无锡，和弟弟重新修缮了一下他们家从宋代就有的东林书院，设立了东林讲堂开始讲学。那个地区的文人都到那里去交流切磋，物议时政，裁量人物，带有明显的政治特点，影响越来越大，不仅是江南地区，还直接影响到北京，以此为基础形成了一股政治势力，即东林党，和它对立的就是魏忠贤的阉党。前期东林党集中了不仅江南还有北京的有志之士，比如明朝后期的高攀龙。他也是无锡人，直接批评阉党，批评皇帝，后来被罢官回家，回家后还继续批评，得罪了阉党的一个头目，要杀他。他得知后就写好遗书自杀了。所以顾贞观正直的品格是有家风的，并且还有地域原因，江南地区的士人有一种风骨，这有他的自身原因，就是儒家思想中"以天下为己任""先天下之忧而忧，后天下之乐而乐"的胸怀。

纳兰性德是一个很特殊的人，话剧中他让爸爸、当朝宰相明珠救吴兆骞，他爸爸吞吞吐吐，立场不稳定。明珠在这个问题上来回摇摆是有他的特殊难处的。他要处理几个关系：明珠的长子是纳兰性德，纳兰性德比康熙小一岁，与康熙相比明珠的年龄是父辈了。明珠是叶赫那拉氏，康熙是爱新觉罗氏，这两个家族有亲与仇的矛盾：明珠的父亲是尼雅哈，尼雅哈的父亲是金台石，金台石的妹妹嫁给了努尔哈赤，生了皇太极，也就是说，康熙的爷爷的妈是明珠的姑奶奶，所以是亲，没有叶赫那拉氏就没有康熙；还有仇，叶赫部和努尔哈赤打仗，九部联军，有书记载到努尔哈赤下令把叶赫贝勒布寨的尸体剖开成两半，一半让叶赫拿回去，另一半留在建州，从此建州和叶赫结下了不共戴天之仇。因此，明珠在康熙身边做事要比一般的君臣之间更小心，这是第一个关系。第二个是和索额图的关系，索额图的父亲索尼是康熙幼年时为首的辅政大臣，索尼另一个儿子的女儿嫁给康熙做皇后，生下的儿子是皇太子，也就是说，索额图是皇后的叔叔。索额图还辅助康熙除掉了鳌拜，将来皇太子继承了皇位，索额图的地位就更不可一世了。因此，明珠也要小心谨慎地处理和索额图的关系。第三个关系就是张与弛的关系，清朝对汉族的政策是时紧时松的，如果明珠没考虑好，正好碰上康熙在民族关系、文化政策要紧缩的时候，弄不好不只是被罢官，命都要丢了。还有一个关系，明珠和索额图都是正黄旗，正黄旗出了两个宰相，形成两个势力，索额图是太子党，明珠也有一个党，手下都有很多知识分子。索额图一方比较出名的有李光地、汤斌，汤斌是太子的老师。明珠手下有徐乾学，徐乾学不简单，一家三鼎甲，哥仨一个状元、一个榜眼、一个探花。还有一个高士奇，是南书房的，是明珠推荐给康熙的。当初，高士奇从浙江到北京来，盘缠花完了，就在报国寺代人写信维持生计，明珠发现他字写得不错，就把他举荐到皇宫写字。有一天，康熙看到了他写的"天子重英豪"几字，大为赞赏，明珠就借机把他推荐到了康熙帝身边，到了南书房。高士奇很不得了，有记载说他随身带着一个荷包，里面装的都是金豆，见到太监的时候就会问：皇上这几天看什么书——这个很重要，比如他要是看《论语》，就要在底下准备这方面的材料好回答皇上的问题，如果答不上来就糟了；皇上这几天喜欢吃什么；皇上这几天情绪怎么样——要是这几天正不高兴，一上奏折就正好碰钉子上了；如果高兴，一上奏折兴许就批了。这些细节都是非常重要的情报，太监提供一个信息，高士奇就给他一个金豆，因此他的消息很灵通。高士奇住在西安门，每天一下班回家，那条胡同就站满了各种打听情报的人，像明珠这样的堂堂宰相也要向他打听情报。当时在北京的知识分子，凡是出自徐乾学、高士奇门下的就受到敬重，让人另眼相看。因此，要救吴兆骞不单是个人的事情，背后是两种文化、两个家族、两股势力集团等因素在较量。纳兰性德要几天的期限，明珠没法一下就答应，需要等待时机。

　　明珠很聪明，他平时给康熙讲经，察觉到康熙开始重视儒学的学习，发现康熙的政策有转变，就是要缓和旗民文化之间的冲突。所以他对康熙不但是臣、是奴，还是友、是师，还有亲与仇的关系，很复杂。顺治十五年（1658 年），吴兆骞被流放到宁古塔，过了三年顺治帝就死了，康熙 8 岁即位，到他 14 岁亲政之前还是小孩子，不能处理这件事，亲政之后还没来得及处理就发生了一件大事，就是吴三桂的叛乱。吴三桂叛乱不得了，是三藩叛乱，一个是在云南的他自己的藩，一个是尚可喜儿子在广州的藩，还有一个是耿精忠在福州的藩。仅用 3 个月，吴三桂就占有了云贵川、陕甘宁、两广湘、浙闽赣、台湾，非常厉害。这时候，康熙帝一天要处理的紧急军报多的时候有 400 件。这时候，明珠是不能提出放吴兆骞这件事的，康熙帝也顾不上。康熙帝要缓和旗民之间的文化冲突，他采取了很多措施，比如博学鸿儒，让汉人的知识分子来考试做官等。那些有名的知识分子，比如朱彝尊等人根本对这个不加理会。因此，采取这个政策让这些人来象征性的，比如，写首诗就给你官做，用这种方法笼络这些高知，从而得士心，再而得人心。最后这些人都来做官了，包括顾贞观在内的也到了内阁做官。当时的词人三绝都到了南书房，在康熙身边。在这个基础上，在康熙二十年（1681 年）的时候，终于把吴兆骞救出来了。这也不是个人的问题，是旗民文化融合的结果。话剧里讲的花钱赎人的事情主要是徐乾学、纳兰性德等人出的钱。因为放人需要有个名头，这是顺治帝定的案，康熙帝把他放了是不是翻案了？这是要背不孝之名的。那时战争是需要钱的，所以可以通过这个名头用钱把他赎回来。吴兆骞从宁古塔回来后，过了三年就死了，纳兰性德非常仗义，自己捐钱，把吴兆骞的尸体运回了他的老家埋葬，还给了他的家属一笔抚恤金。

　　明珠家里养了一大批高级知识分子，经常来往。当时最著名的几个人也都在明珠身边，他们也都成了纳兰性德的老师、朋友。纳兰性德 16 岁中进士，很聪明，对待这些汉族的士人非常尊重，资助过很多知识分子出书，并给予各种帮助。比如对顾贞观——原来顾贞观住在千佛寺里，下着雪的时候写的《金缕曲》。用胡适先生的话说，纳兰性德是清代第一词人——虽然他的词在这出戏里没出现——他的《长相思》就是在随康熙冬巡途中，也就是话剧里第一次和顾贞观见面之前作的，"山一程，水一程，身向榆关那畔行，夜深千帐灯"，没有那种生活是写不出来的。因此，纳兰性德不但是个慷慨好义的人，还是个著名的词人。当时吴兆骞出狱后就住在纳兰性德家，他是老大，有两个弟弟，吴兆骞就教他的弟弟念书。其中一个叫揆叙，后来学问做得很好，做到国子监的祭酒，相当于现在的教育部部长。纳兰性德的第三个弟弟揆方的学问也很不错。

　　通过了解康熙朝的最高层庙堂的斗争，大家就更能体会出赎出吴兆骞是非常不容易的事。康熙朝高层的斗争主要有三个回合，第一个回合就是明珠和索额图之间的斗争。清朝分为满洲八旗、蒙古八旗和汉军八旗共 24 旗，其中最高权力集中在满洲八旗，在这八旗里又集中在上三旗中，上三旗就是两黄旗加正白旗。到了康熙时期，正黄旗又高于另外两旗成为权力最集中的一旗，因为两个宰相都是正黄旗的，索额图是皇亲国戚，明珠主要靠笼络士人。他们争斗的结果是索额图先败——因为皇太子的案子。同时，左都御史郭琇想要参劾明珠，但以当时明珠的地位，郭琇参劾他的奏章到不了康熙那就被拦了。关于这个有记载：郭琇写好弹劾明珠的奏章后，去给明珠祝寿——一般御史不给宰相贺寿，表示清廉，明珠很高兴，将他迎到大堂，郭琇当着众人的面将奏章拿出，之后扭头就走，如此一来整个朝廷都知道这件事了，明珠也没法拦了，因此，这本奏章就到了康熙帝御案上。不久，康熙就把明珠的宰相之职给免了。第二个回合是明珠和索额图的势力集团之间的争斗。在明珠和索额图都经历了失败之后，他们手下的人大多也被罢官回家了。第三个回合就是皇子之间的斗争，一直持续到康熙帝死，雍正帝继位，余波都没消失。明珠和索额图的斗争从康熙亲政开始一直到他死，一直是一波一波不断发展，所以吴兆謇的这件事牵连了整个康熙朝的朝臣文士、军功贵族，引起了非常复杂的斗争。

三、冲突中彰显文化胸怀

最后，我想说一下胸怀。旗民间的文化冲突，清朝到现在四百年了。前一段我到扬州演讲，让我谈对史可法的看法，有人问我对"扬州十日"怎么看；之后我又到嘉定，报告完了之后又有人提问：您对"嘉定三屠"怎么评价；然后我又到江阴，还没开讲就有人提问题：您对"江阴抗清"怎么看？这么长时间过去了，问题依然尖锐。这还不足为怪，前不久我到苏州，有人给我讲了一件事：有一条上海经嘉定到太仓的公路，简称应该叫沪嘉太公路，但这条路实际叫沪嘉浏公路，浏是浏河，公路离浏河很远，但离太仓很近，为什么会这样呢？因为当年清军攻到此处，嘉定要抗清，太仓也要抗清，这两个县商量好一同坚守，结果当清军到嘉定时，嘉定抵抗了，结果"嘉定三屠"，但是当清军到了太仓的时候，太仓投降了。自此以后，一直持续到民国，嘉定和太仓两个县不通婚。1949 年之后，不存在旗民矛盾了，这个矛盾却依然存在，主持修这条公路的是嘉定人，因此不用太仓的名字。400 年过去了，文化的冲突一直影响到现在。看了《知己》这部话剧之后，我就联想到这些问题，就是文化的胸怀问题。

扯开一点说，我们中国的文化自有文字记载以来是 3000 多年，我将它分为几段：第一个一千年中——也就是商周这一千年，文化之间有冲突也有融合，特别是东周、春秋、战国这几个时期，涌现出多种文化，像北方的燕赵文化、齐鲁文化、秦晋文化，南方的吴越文化、荆楚文化、巴蜀文化、两粤文化，以及河洛文化等。表现在这些文化之间的矛盾冲突与融合充斥于这一千年之中，政治中心不固定，多中心，最后以秦始皇统一六国标志着中原地区的文化基本融合了，形成了汉文化也就是今天传统文化的核心。第二个一千年从秦始皇统一六国到五代末，这个时期是以西北的草原文化与中原的农耕文化的冲突与融合为主要特点，政治中心在东西摆动，以安史之乱为转变标志。从这以后一直到清朝是第三个一千年，这个时期我认为是以东北的"森林文化"与中原的农耕文化的冲突与融合为特点，政治中心在南北摆动，总的中心在北京。开始是契丹建立的辽与北宋的冲突，接着是女真建立的金与南宋的冲突，元朝不用说，然后明朝与蒙古的对抗，最后是满洲兴起之后在全国建立了政权所引起的文化冲突。在这三个阶段之后，中原农耕文化与草原文化的矛盾基本解决了。和森林文化的矛盾基本解决了，中原内部文化间的矛盾也基本解决了，此时的特点是东方传统文化和西方文化之间的冲突和融合。这个时期的开端在清朝就出现了，出现了鸦片战争，八国联军攻打北京等。这个问题一直持续到现在，我们现在仍然处于东西方文化的冲突与融合当中。

《知己》反映了旗民间的冲突与融合，我们现在以更大的胸怀来看待这些冲突和融合，冲突造成痛苦，但也带来了文化的融合。总之，这部戏虽然很短，但是反映了一个非常广阔的文化背景，是从人艺这个小舞台到全国文化的大舞台。我很感激人艺排了这部戏。特别是在被利益充斥的当代，朋友之间讲义、讲信、讲诚、讲情，是我们今天更应该珍视的东西。

附录

问　答

问：您在每个历史积累的时段是怎样学习的？在哪个年龄段的收获最大？用什么办法去学习？

答：在刚过去的全国读书日，我做了几场报告。我说在类似读书日这些活动里，都是官员在号召群众读书，但是我认为第一应该是官员读书。有的官员总说忙，康熙帝从5岁开始读书，到69岁过世，终生手不释卷，哪位能比康熙帝还忙？第二就是家长读书，不要光是催着孩子读书。曾经有人向我抱怨孩子不爱读书，让我给他讲讲读书的重要性。我一问家长休息的时候干什么，结果是孩子爸爸经常串门喝酒、妈妈就爱看电视。于是，我建议这位家长去图书馆借书，自己先带头读书。节日放假7天，家长读了7天书，果然孩子比以前爱看书了，这就是身教重于言教。为什么会出现我前面说的一家三鼎甲的现象呢？就是因为家庭有文化的氛围。所以我建议第一是领导带头读书，第二是家长带头读书。读书不仅能影响旁人，还能修身养性。康熙帝发现明末清初那些长寿的人，多是书画家和学有专攻的人，他认为原因是这些人精力专一，有利于身心健康。大家也不用看太多，我推荐一本书，一共1753个字，就是《大学》，"四书"里的第一本。有人说读书是乐趣，乐在其中，我认为读书是苦在其中，乐在其后。这和农民种地一样，种的时候很辛苦，丰收的时候才喜悦。比如，我给大家讲纳兰性德的事，我在之前查资料很辛苦，但和大家说的时候大家能受到启发，也很高兴，就是这个道理。

问：您怎么看待文化冲突与融合中某些文化的消亡。

答：我学了一点佛学，佛学认为人的死亡不是死，是往生。我觉得用这个词来描述死亡比较准确，从宇宙的范围来说，这个生命结束后就转化成其他的。文化也是这样，在不断的融合之中，一部分文化变化之后以新的形式出现，就像蝉蜕一样，蜕变一次就进化一次。大家知道中国有56个民族，55个少数民族，大部分的少数民族没有文字。有一个时期，给没有文字的这些民族制造文字然后让他们学，初衷是好的，是重视他们的文化，但是比如一个500人的民族，以前没有文字记载，现在突然学习这种文字，没有几个人能够交流，外人也看不懂，还要学汉语、英语，结果反而成了负担。现在制造一个没有用处的文字，所以我认为文化和生命一样，是不断发展、演变的，像小河逐渐汇合成大河，最后流向大海一样，各种文化最终会汇合到人类文化的海洋里面，这样想胸怀就宽广了，海纳百川嘛。

问：我赞成您刚才说的官员要带头读书，但是现在人读书的热情似乎总是高涨不起来。现在好多人读书不是因为求知，而是为了文凭，我觉得好像是有更深层的原因，您认为应该怎么解决？

答：不管别人的初衷是什么，首先从自身做起，自己多学习，能影响到的人，让他们多学习。康熙帝有一句话很好，圣人之所以成为圣人就在于"学"。我们读书不只为了成为圣人，而是为了增长知识、学习智慧、修养身心、完善自我。

最后，我有个感悟，就是一个人的成功原因有很多，最关键的就是天合、地合、人合、己合，失败的原因就是这些都不和，就是天不合、地不合、人不合、己也不合。前三个合孟子曾说过，我就说说己合，这个很重要。

己合，就是三个平衡：第一，生理平衡。罗京很可惜，英年早逝！48 岁是一个折断年龄，是个关口，后面的关口还有 61 岁、73 岁、84 岁，这都是生理变化的关口，所以要爱惜生命，处理好生理平衡。第二，心理平衡。很多病都是心理压力造成的，心理不平衡就会造成生理不平衡。我们国家每年自杀的人大概有 20 万，自杀未遂的大约有 100 万，全世界因为精神病自杀的 100 多万人。北大有个学生自杀了，原因是他所在的班级是由各地的第一名组成的。一年之后，他在班里的名次是 45，他承受不了了，这就是心理问题。第三，伦理平衡，不管做什么，肯定不能违法犯罪。

我把这"四合"送给大家，希望每个人都能"四合"，取得成功，身体健康，谢谢大家。

（本文系 2013 年 7 月 15 日在北京人民艺术剧院的演讲稿）

孔庙与儒学

一

我今年虚岁 77 岁，小学是在山东蓬莱上的。虽说我的曾祖父、祖父、父亲和我四代在北京，但那时家长在京打工不带家眷，孩子长到十五六岁时，生活可以独立，再来北京打工或上学。所以，我的小学是在山东蓬莱农村上的。学校名字叫"维新小学"，校名来自《诗经》"周虽旧邦，其命维新"。这是民国初年创办的学校，此前是村里私塾，没有公立小学校。70 年前，我上小学的第一天，至今记忆犹新的一件事就是：家长带我到学校，老师领我到孔子牌位前磕头。从此，我对孔子产生敬仰、崇拜的心理。家长、老师谆谆教诲说：记住，带字的纸不能垫在屁股下面坐，那是对圣人的大不敬。我当时不懂孔子的学说，但牢记一条：孔子是圣人，是读书人的楷模，是我们的"万世师表"。但是，我们上小学时，正是日军侵华的时代，家乡是国民军、八路军、日伪军三种势力控制的"三管"地区。星期一校会，校长在操场上带领大家读《总理遗嘱》，上课时用八路军油印的课本，日伪军扫荡时又飘动太阳旗。课余时间，老师带领排练抗日话剧《锁着的箱子》，剧中演一位农村夫妇掩护抗日受伤的八路军战士，我扮演一个小孩，也从中帮助妈妈掩护受伤的抗日战士。日军扫荡就停课躲藏。在那个战乱的时代、动荡的时代，没有静下来认真读书。

到北京后，读中学的书，读大学的书，已是新中国，红旗飘飘，凯歌阵阵，也没有认真读儒学的书，读孔子的书。因为有一小段时间，我曾学先秦史，所以读了一点经书、子书。记得"文革"前我被"下放劳动"，带着《论语》，为遮人耳目，用旧杂志纸给《论语》包了书皮，还在书皮正面用红笔书写八个大字："祝毛主席万寿无疆。"就是如此谨慎，如此伪装，还是被"汇报"，被"审查"。

1966 年，我骑自行车沿京杭大运河考察，特意绕路曲阜，亲见"孔府""孔庙""孔林"遭到空前绝后的灾难。

真正可以公开地、大模大样地读《论语》，还是在改革开放以后。儒家经典太多，可谓读不胜读。我认为还是阅读儒家基本的书籍、学习儒家基本的理念。

二

儒学基本的书是"四书""五经"。

儒学入门的书为"四书"，即《大学》《中庸》《论语》《孟子》。"四书"的精粹在《大学》。《大学》的精要在"三纲"，即明德、亲民、至善，"八纲"，即格物、致知、诚意、正心、修身、齐家、治国、平天下。其中，格物致知的"格致"在仁，诚意正心的"诚正"在中，修身齐家的"修齐"在合，治国平天下的"治平"在公。可以说，格致在仁，诚正在中，修齐在合，治平在公。因此，我认为，仁、中、合、公是儒家思想的精华。

"五经"即《诗》《书》《易》《礼》《春秋》——《诗》《书》《易》三部，加上《礼》一分作"三礼"即《周官》《礼记》《仪礼》为 6 部，再加上《春秋》一分作"三春秋"即《春秋左传》《春秋公羊传》《春秋穀梁传》为 9 部，再加上《论语》《孟子》《中庸》为 12 部，最后加上《尔雅》，合为"十三经"。

孔子儒学的代表作品是《论语》。《论语》文字精练，共 15 876 字。《论语》读起来不难懂，有高中文化的，慢慢读，可以读懂。《论语》一书，思想宏富，博大精深。读的时候，要抓根本。孔子的核心思想、《论语》的文化精髓，我认为是"仁爱"。

仁爱是儒学的精髓。《论语》中"仁"字出现112次。孔子说："泛爱众，而亲仁。"
《论语·学而》）把"仁"和"爱"联系在一起。《孟子》表述得很精辟："仁者爱人。"（《孟
子》第二十八章）这就是儒家的"仁爱"理念。在《论语》中，孔子说："敬事而信，
节用而爱人。"（《论语·学而》）又说："人而不仁，如礼何？人而不仁，如乐何？"
（《论语·八佾》）又说："夫仁者，己欲立而立人，己欲达而达人。"（《论语·雍
也》）还说："民兴于仁。"（《论语·泰伯》）再说："人而不仁，疾之已甚。"（《论
语·泰伯》……

仁爱，这是人类普遍的主题。世界各种文化的大思想家，都把"爱"作为自
己的理念，也把"爱"作为献给人类的礼物。在世界古代史上，最具影响的三大
思想家，即儒家的孔子、佛家的释迦牟尼、基督教的耶稣，其思想都突出"爱"——
儒家讲仁爱，佛家讲慈爱，基督教讲博爱，都突出"爱"。

儒家、佛家、基督教对"爱"的理念有同，也有不同。其相同点是：人间、人生、
人文，最需要的是关怀，是仁爱。爱，是男女老幼、古今中外，普遍需求，普遍
关怀的。爱，是两千年来，儒家、佛家、基督教薪火相传，生生不息的火种。以
往的历史，特别是有文字记载的历史，是人们苦难的记录——战争、水灾、旱灾、
地震、瘟疫、疾病、饥饿、星坠……人们需要关怀，需要抚爱，需要慰藉，需要
希望。于是，儒家的仁爱、佛家的慈爱、基督教的博爱，送给了那些需要爱的人，
抚慰着他们的心灵。

但是，儒家的仁爱、佛家的慈爱、基督教的博爱，又有不同：儒家的仁爱，
颇具人性。小人"求名以害仁"；君子"杀身以成仁"。儒家强调爱君子，不爱
小人。基督教的博爱，强调人的自由、平等、博爱，将爱播撒人间，达到世界博爱。
当然，这只是理念，实际上还存在不自由、不平等、不博爱。佛家的慈爱，强调
泛爱，就是普爱众生。人、动物、植物、无机物，都在慈爱之列。这启发人们有
更博大的胸怀，更广博的慈悲。

爱君子，爱世人，爱众生，这是一切伟大思想家的共性，也是人类追求的理想。

三

儒家思想有极大的局限性。这是因为，其一，当时就有局限；其二，时间推移使某些论述过时而局限；其三，不能适应新时代而局限。

我认为，我们在继承和弘扬儒家文化的同时，既要看到儒家文化的精华，也要看到儒家文化的局限。我们对待儒家文化的态度，还是那句老话：取其精华，去其糟粕。这就像吃饭一样，把饭吃下去，吸收其营养，排除其糟粕。我认为，儒家文化在当代，其局限性主要表现在：

第一，厚德薄智。儒家做人的标准是"五常"：仁、义、礼、智、信。这是"五常之道，王者所当修饬也"（参见董仲舒《举贤良策一》）。这仁、义、礼、智、信的五条中，仁、义、礼、信占了四条，智只占一条，且排在第四位。儒家重德是对的，但轻智是不对的。在古代，农耕或征战，体力占有很大的比重；在现代，知识、智慧占有更大的比重。其实，人犯错误，固然厚"德"是重要的因素，但缺"智"也是重要的因素。

第二，厚理薄技。厚理是对的，但不能薄技。翻开"二十四史"，儒林传、文苑传所占篇幅很大，科技人物传记却占很少篇幅。这是中国古代科学技术不够发达的重要理论原因。犹如科举考试，要求通儒家经典，却对科技知识关怀不够。

第三，重礼轻法。《论语》中"礼"75字，"法"2字。一个国家、一个社会的治理，既要有礼，也要有法。以礼与法治国，不能扬此抑彼，二者缺一不可，如同鸟之两翼。儒家侧重礼，法家侧重法，各执一端。应当是既重礼，又重法。

第四，重本轻末。民以食为本，这是对的；但轻末（轻商）是不对的。"士农工商"中的"商"为四民之末。两千多年的皇朝社会，一直贯穿"抑商"的国策。有一篇文章题目是《难入正史最是商》，说《史记·货殖列传》中虽列十多位商人的名字及其产业，但其后的正史很少言商，即使商业比较发达的宋朝，只列入一个朱勔，还在《佞幸传》里。有文章调侃说，宋朝妓女李师师等的记载远比商人要多、要详。明朝也是如此，柳如是、董小宛、陈圆圆也比商人的记载多。

第五，重义轻利。君子重义是对的，但君子耻言利是不对的。应当既重义，也重利。

第六，重知轻行。知与行的关系，儒家重知而轻行。对此，陶行知先生发表自己的看法："阳明先生说：'知是行之始，行是知之成。'我以为不对。应该是：'行是知之始，知是行之成。'"他举例说，小孩子烫了手才知道火是热的，冰了手才知道雪是冷的。他又举例说，富兰克林放了风筝才知道电气可以由一根线从天空引到地上；瓦特烧水，看见蒸汽推动壶盖便知道蒸汽也能推动机器。其实，知与行是一个辩证的关系——有时知为先，有时行为先，要看具体情况。上面故事说明，就知与行的关系而言，儒家更关注知，更重视知。重思想轻行动，重动口轻践行，是旧读书人的一个缺陷。

四

北京是全国的政治中心、文化中心、教育中心。在帝制时代，皇帝宣讲经学的最高殿堂是辟雍，国家最高纪念大成至圣先师孔子的庙堂是孔庙，国家唯一的最高学府是国子监。因此，元、明、清500多年来，北京是全中国政治、文化、教育的中心，及其儒家文化圈东亚的日本、朝鲜、安南（越南）、暹罗（泰国）、缅甸、琉球、苏禄（菲律宾）等国，其政治中心体现在紫禁城，其文化中心体现在国子监，其文化中心堂庙在孔庙。所以，孔庙和国子监在中国，在东亚，其独具的地位，其极大的影响，其中心的磁力，其巨大的作用，无论怎样评价，都是不过分的。

清代全国1300多个县都有孔庙，加上一些省会、府治的孔庙，全国大约有近2000座。一些民族地区也有孔庙，如内蒙古呼和浩特、多伦也建有孔庙。北京孔庙，其规模不及山东曲阜的孔庙，但曲阜孔庙是孔子的家庙，而北京孔庙是国家的国庙，是天子祭祀大成至圣先师孔子的庙堂。北京孔庙的西侧为国子监。

国子监是元、明、清三代国家最高学府，也是皇帝举行隆重、盛大经筵的殿堂。所以，孔庙和国子监是元、明、清三代，600多年国家的儒学中心。

今天，在这里举行学习儒家经典的报告会，更具有特殊而重大的意义。以孔庙和国子监为中心，将中国的传统文化辐射向全国、向东亚、向世界，让世界更多人了解中国传统儒家文化，在全人类提倡"仁爱"，倡导"和谐"，让世界人为"为天地立心，为生民立命，为往圣继绝学，为万世开太平"。

孔子是中华传统文化的一颗璀璨明珠，是中华传统文化的精华，是向世界展示中华文化的窗口，也是向人类显示"仁爱"与"和谐"文明的平台。

（本文系 2010 年 9 月 27 日在北京孔庙讲坛的讲稿，据录音稿加以整理而成）

一座避暑山庄　一部清朝历史

我第一次到承德避暑山庄是 1976 年，修缮工程刚刚结束，我随着故宫的一些先生一块儿到这儿来。到承德来那天，在路上听了中央人民广播电台的广播，刚好是播送粉碎"四人帮"的消息，到了承德看到市民载歌载舞，正欢庆这次胜利。当时，大家都很激动，在这种情形下，我们到了避暑山庄。后来也多次到这里来，但我每一次来都会有新的感受、新的体验，这次来又有不一样的体验。原来一直这样说"一座避暑山庄，半部清朝历史"。之所以这样说，是因为有的先生主要是研究中国近代史的，从近代史的角度来看，避暑山庄是半部清朝历史。我认为，一座避暑山庄不是"半部清朝历史"，应是"一部清朝历史"。因为避暑山庄的建立从根源上说是源自清太祖努尔哈赤、清太宗皇太极的狩猎。清朝入关后第一任皇帝是顺治，但是实际掌权的是睿亲王多尔衮。多尔衮当时是无冕的皇帝，到塞外打猎。他说北京的秋天和冬天还可以，但是夏天太热，他们从关外到了北京有点受不了，所以要在夏天的时候找个既能避暑又能打猎的地方。多尔衮选择的地方当时叫喀喇城，计划用 200 万两银子建避暑山庄。但当时正值战争期间，国库没钱，多尔衮却坚持要做，就将每一亩地增加银子做税收来积攒这笔钱，但正要动工的时候，多尔衮却突然故去了。顺治帝当时小，也想建个避暑山庄，苦于战争还没有完全结束，还没有经济实力。一直到康熙平定了"三藩之乱"，又统一了台湾，国家开始安定起来，康熙帝在多尔衮选址的基础上又选，就选了我们现在脚下这块风水宝地，现在的承德避暑山庄。从康熙四十二年（1703 年）开始到现在 300 多年了。避暑山庄建立 300 年的时候在北京举行了一个大的庆典，我也参加了。现在回想起来，的确是"一座避暑山庄，一部清朝历史"。

清朝历史关于政治、经济、文化、军事、民族、外交这 6 个方面的主要缩影，一个是北京的故宫，一个就是承德的避暑山庄。承德避暑山庄影射了清朝全部政治、经济、文化、军事、民族、外交，说避暑山庄是"一部清朝历史"当之无愧，名实相副。清朝到底有什么贡献，我和美国哈佛大学东亚研究中心孔飞力教授、耶鲁大学的史景迁教授（当时是美国历史学会主席），一块儿探讨这个问题。外国的历史学家对清朝的历史贡献给予充分肯定，不是一笔抹杀。他们认为清朝历史对中国历史有三个重大贡献。

第一，就是版图。很多人说中国最大版图出现在汉朝、在唐朝，也有的说是在元朝（说元朝版图大，没有问题），但是历史上在一个地方有行政建制、委派官员、驻扎军队、定期巡逻、征收赋税，严格意义上国家对版图主权控制范围最大的还属清朝，我认为这点是毫无疑问的。我们现在领土面积是 960 万平方公里，清朝的疆域到底多大？有一些书说是 1000 万平方公里，后来又说到 1100 万平方公里、1200 万平方公里，我在中央电视台讲的是 1400 万平方公里。我跑了很多地方，往北跑到俄罗斯，往南跑到三沙市，一个一个地算，我在这严肃认真地说，清朝版图最大时的疆域面积是 1400 万平方公里。1400 万平方公里是什么概念？在当时世界上是最大的。康熙时候，俄罗斯还没有完全兴起；美利坚合众国还没有；法国还没有大革命，也是刚兴起；英国也还没完全兴起，所以世界上当时疆土最大的国家就是我们中国，也就是说，这个大国大疆域的地位在清朝完全确立下来了。今天我们跟俄国、印度等外交谈判，版图的基础就是清朝的版图。昨天晚上放的《皇舆全览图》，我跟老板说再修改的时候一定要把皇舆图全加上，整个中华版图全都展现。当时的《皇舆全览图》，都是经过实地测量、测绘，先做地区，再做省，最后合起来做成全国的地图。《皇舆全览图》是当时世界上第一份经过实测绘绘制出来的全中国疆域地图。后来亚洲地图的基础就是康熙时候的《皇舆全览图》。世界地图绘制的基础中国舆地也是这个地图。这个地图后来用铜版在法国印刷了，一直沿用到今天。我们今天南海那些问题完全能拿出文献证据、地图证据、考古证据，证据表明那都是我们的。我们这个版图多大啊！往北到黑龙江入海口约为 10 000 里，往南到曾母暗沙也约为 10 000 里，也就是说，我们南北的界线是 10 000 公里，不得了。我们东西的界线从连云港到霍尔果斯是 5000 公里。实际上，当时的疆域是到现在的巴尔喀什湖，到现在的哈萨克斯坦的阿拉木图以东。哈萨克斯坦当时请求加入清朝，乾隆说不行，你们来朝贡就可以了。后来，就出现了一个万国来朝的局面。《康熙大帝》的结尾，加上了一个万国来朝的局面，体现了我们中华民族的伟大、历史的伟大。既然是艺术作品，是不是可以叫"中华全席"，我想更能体现我们中华民族的伟大，更能体现中华民族伟大复兴的现实意义。

第二，就是民族。我们现在 56 个民族，当时都生活在这个领域上，我仔细研究过，从甲骨文记载以来，到清朝为止，民族问题处理得比较好的，或者说最好的，新中国以前就是清朝。不仅我们自己这样说，外国学者，包括美国、日本、韩国的学者，他们一直都认为这个时期中国民族问题处理得比较好。清朝处理民族问题的经验主要是继承了从周朝以来 2000 多年的民族经验，集其大成。那个时候外蒙古（今蒙古国）没有独立，凝聚在一个大家庭里面。

第三，就是文化。文化太了不起了。四大文明古国中，古印度文化中断了，现在不说古印度语了，印度国语、国文都是英文了，它中断了；古埃及的语言文字也中断了，现在的官方语言是阿拉伯语和英文；古巴比伦更不用说了，楔形文字根本就没有了。全世界拥有古老文明的大国只有我们中国，从甲骨文到现在没间断过，一直延续下来，我们保存的古籍全世界最丰富、最完整。我们编年的历史从公元前 841 年算起到现在，2000 多年，一天不断，全世界只有我们国家。那么清朝是个少数民族——满族，他们的语言是满语，属阿尔泰语系，和汉语不是一个语系。如果他们进来就下令，所有人都必须说满语，科举考试用满文，不学满语不给官做，反抗的话，给关起来。一代不行两代，两代不行三代，三代不行四代，四代不行五代，这样一来我们汉文化就中断了。我去了 10 次台湾，台湾七八十岁老先生汉语说不好，他就用日语跟你说话。我说，这怎么回事啊？他们说，那时人上学的时候必须学日语，回家也不允许说汉语，必须讲日语，有人举报的话，警察局就找你，那些老先生说日语比说汉语还利索。清朝从努尔哈赤开始，努尔哈赤的老师是浙江汉人，起草文书完全用汉文，别人再翻译成蒙古文。老师是个汉人，所以努尔哈赤的儿子让这个老师教给他们汉语。皇太极就更明确要求，皇子既要学汉文汉语，又要学满文满语。开始举行科举考试，凡是知识分子给八旗贝勒当家奴的，一律可以参加考试，考试合格给官做。贝勒们极力反对，说，我家干活劳力给抽走了。皇太极说，没关系，考取了，我再给你换一个没文化的阿哈补上，一顶一，这样考了一批秀才、举人，后来又考进士，成立了翰林院，相当于现在的研究室、文献室。清入关之后，范文程给多尔衮上了个建议，说："得天下在得民心。"怎么办？就是要科举考试，很多人不来考试，山西有个傅山不来考试，很有名望，抬着来，抬到天安门广场也不下来，躺在床上不走。后来，给送回去了，给他一个官员的待遇，让他有饭吃就行。康熙帝开始，自己带头念《大学》、念《中庸》、去祭孔。康熙祭孔不是个仪式，是国家政策的转变，所以他写了"万世师表"匾，全国、全世界孔庙里面的"万世师表"都是康熙写的。在台湾，我问他们，我说，这谁写的？他们说，康熙皇帝写的。我说，康熙写的怎么到台湾了？他们说中国各地孔庙都是康熙赐匾，历史上咱们就是一个国家，都是一种文化。所以，说起这个文化，满族还是比较虚心地吸纳了汉族文化，而且自己也得到了提升，这是个非常重要的历史经验。康熙帝有虚心学习的风范，使得我们5000 年的文化没有中断。我在电视台讲完这点的时候，接到一个从美国打来的电话。他说，阎老师，世界几大文明古国，就属中国文字没有中断，电话里我们聊了很长时间。过了一个月，他从纽约专程坐飞机过来找我。他说，阎老师，只要有机会就要讲我们中华文明对世界的贡献，5000 年汉字没有中断，这是我们的骄傲。元朝可能中断了，但是元朝时间短。康熙帝在这个问题上还算英明！

以上这三个贡献我觉得还是应该给予肯定的。

清朝一个巨大的成就是民族问题。我最近又简单捋了一下这两千多年的历史，从秦始皇到清朝2132年，我认为历朝历代成败的一个关键就是民族问题。秦始皇亡在哪儿，陈胜、吴广起义。恩格斯说过"要查历史原因背后的原因是什么"。其背后原因，就是民族问题。秦始皇派公子扶苏和蒙恬带领30万军队修长城、守长城，结果他死了。如果公子扶苏当时在场，胡亥也就不能即位，赵高"指鹿为马"的故事也就可能没有了。那么即使陈胜、吴广揭竿而起，他有30万正规军在咸阳集中对陈胜、吴广的话，那么陈胜、吴广也很难抵抗。所以，秦朝灭亡的重要原因就是匈奴的问题。西汉、东汉、魏晋南北朝还是这个问题。唐朝衰落就是这个问题，开始是突厥，也就是蒙古的前身，后来是安禄山，胡人（现在的辽宁朝阳），从今北京起兵，一直打到长安，杨贵妃也死了，唐朝从此一蹶不振，接着后来就是五代十国。宋朝是什么问题，北宋的问题是契丹，后来南宋的问题是女真。蒙古还是民族问题。明朝灭亡最根本的问题不是李自成、张献忠起义，最根本的问题是民族问题把它掏空了，没有力量对付李自成、张献忠。所以，从秦始皇算起，到清朝的2132年的时间里，中国最重要、中央政权最头疼的就是处理民族问题。那么，清朝的经验值得研究。我们新中国到今年才65年，时间还算短，清朝民族经验积累，我算了一下，从万历十一年（1583年）努尔哈赤起兵，到康熙二十二年（1683年）康熙统一台湾，花了100年的时间，才把国家稳定下来。所以，我们60多年的时间，已经非常稳定了，远远超过他们。从康熙二十二年（1683年）开始，到乾隆80岁的时候（1790年），大致算又100年，就是说清朝在积累边疆民族宗教经验的时候，大体上花了近200年的时间。所以，我们现在60多年的时间，还是短，还要不断积累经验，不断完善民族方面的政策。清朝到乾隆时候总结了2000年历代处理民族问题的经验和教训，也总结了清朝从老祖宗努尔哈赤到乾隆200年的经验，我觉得比较完善。我们1949年之后，民族问题怎么处理，旧的东西不能完全用，新的东西我们自己没有经验。学苏联吧，我个人觉得，结果还是吃了亏，因为苏联跟我们情况不一样，历史不一样，文化不一样，国情不一样，照搬苏联历史经验肯定吃亏，而且历史证明，苏联的民族政策有问题。有人说要学习美国，我说不可以，美国的历史、文化、国情跟我们不一样，他有些经验我们可以参考，但是不能完全照搬、完全套用美国的历史经验。那么，怎么办？就是要研究历史上民族、宗教、边疆等方面的经验，凡是成功的经验，我们尽量参考，凡是不成功的经验，我们尽量避免。所以，我觉得，清朝处理民族问题的经验，是我们今天应当认真研究的，那么承德避暑山庄和外八庙就提供了实物和案例，提供了一个范本。具体说，分五点：

第一点是"重教尊俗"。重视宗教、尊重民族的风俗习惯。清朝，满洲自己信奉萨满教。那么，入关之后，一个办法就是全国推行萨满教，所有民族都必须信奉萨满教——我是统治民族，我的文化具有主体地位，我掌握皇权，强行推。他们没有这么做，但也没有完全放弃，在皇宫里信萨满教。坤宁宫里，万字炕、煮肉的大锅，每天祭祀，完全是萨满教，但是这个只限在皇族。满洲大众怎么办呢？就是祭祀萨满教，原来在御河桥，后来改到现在贵宾楼饭店那地方。整个满族局限在堂子祭祀，皇亲贵族聚集在皇宫里，在坤宁宫祭祀，没有向全北京推广，没有向全国推广。宗教问题和民族问题是直接关联的，比如藏族是喇嘛教，蒙古族是喇嘛教，南疆主要是伊斯兰教等。我觉得从努尔哈赤开始到乾隆，第一是重教。我讲一个故事，就是修《大藏经》。孝庄太后说要修大藏经，当时打仗，国库没钱，我自己出钱，太皇太后把私房钱拿出来。不够，就跟娘家兄弟、侄子等筹集，没有银子的，就赶了一批牛羊过来，把牛羊卖了来资助。还不够，康熙把私房钱捐出来。还差一点，有一部分大臣主动捐一点，这个书就修好了。现藏于台北故宫博物院，修得太好了，每一页都价值连城，我没有见过比那部书再漂亮的书了。这书修出来之后，对西藏、对蒙古，影响太大了。乾隆藏文、满文、蒙古文精通，不是一般懂。乾隆把满文的大藏经翻译成藏文的大藏经，逐字逐句审定，哪个地方不太准确，应该怎么译，再译成蒙文的大藏经，都亲自审定，所以乾隆精通佛经。雍正精通佛经，雍正专门有本书，在佛光山图书馆现在可以看到。康熙也懂。但是，我认为清朝皇帝尊奉喇嘛教，第一尊敬，第二敬奉。我去年去西藏布达拉宫，特意看了达赖喇嘛坐像对面的牌位，"大清皇帝万万岁"，这太重要了，这不是个口号，这就说明西藏达赖喇嘛、班禅喇嘛，都是大清国的国民，西藏是中国的一部分，这是个政治标志，不是个简单口号。西藏完全属于清朝，西方有人说，西藏不属于中国完全是不符合历史的。清朝自己重视萨满教，但是也尊重别人，伊斯兰教也好，藏传佛教也好，等等，都被尊重。比如伊斯兰教，雍正皇帝时候，署安徽按察使鲁国华条奏："回民平日皆戴白帽，设立礼拜清正（真）等寺，妄立把斋名目，违制惑众，应请严行禁革。"得旨："回民之在中国，其来已久。伊既为国家编氓，即皆为国家赤子也。朕临御天下，一视同仁，岂忍令回民独处德化之外？……至回民之自为一教，乃其先代相沿之土俗，亦犹中国之大，五方风气不齐，习尚因之各异，其来久矣。历观前代，亦未通行禁约．强其画一也。""鲁国华此奏，非有挟私报复之心，即欲惑乱国政，著将鲁国华交部严加议处。"（《清世宗实录》卷九十四）我想，如果雍正采纳鲁国华的建议的话，回民一律不许戴白帽子，不许做礼拜，肯定会发生一定范围的社会不安定。雍正从大局考虑，使国家安定起来。所以，重教尊俗，这个理念，从努尔哈赤开始就灌输下来了。

第二点是多元管理。边疆民族问题不是一刀切、一个办法，至少有8种办法。当时，漠南蒙古东边那部分，编为八旗了；西边那部分是盟旗。这是内蒙古，东边和西边不一样，管理不一样。外蒙古（今蒙古国）又不一样，盟旗制又不一样。新疆的蒙古族又不一样，是军府制，设伊犁将军。都是蒙古，但西蒙古、外蒙古（今蒙古国）、内蒙古都不一样，内蒙古东部、西部又不一样，区别情况管理。《毛泽东选集》上说了，具体问题具体分析，这是马克思主义灵魂。那么，对南疆和北疆管理也不一样，南疆是维吾尔伯克制；对云南、贵州的少数民族具体地区也不一样，有的实行土司，有的实行流官。完全区别对待，根据具体情况再处理，这样社会比较安定。

第三点是平衡利益。今天，我作为一个学者随便说了。刚才，讲解员、副局长也说了，比如西藏、南疆、北疆，就是藏、维吾尔、蒙古这三方面的问题，清朝皇帝怎么平衡利益？西藏有问题怎么办，有蒙古和维吾尔来平衡；维吾尔有问题了，这边是藏、那边是蒙，互相制约来平衡；蒙古出问题了怎么办，用西藏、维吾尔来处理、来平衡，总体上保持一个平衡。蒙古更是了，内蒙古和外蒙古（今蒙古国）要保持一个平衡。外蒙古（今蒙古国）是三个部——土谢图汗、札萨克图汗、车臣汗，三个部之间，不采取一个部独大的办法，而是三个部彼此之间平衡，哪个部过大了，就用另两个部去平衡。那么，新疆的蒙古和外蒙古（今蒙古国）之间又不平衡了，怎么办？彼此之间再去平衡。中央的责任是调动各个方面不平衡的地方去平衡，尽量不自己出兵平衡，保持不同地区、不同民族、不同部门的平衡，非常细致，将来有机会单说。

第四点是笼络首领。平常有句俗话，叫"头头抓，抓头头"。当时，康熙、雍正、乾隆都是抓头头，让头头再去抓。后来，我觉得，西藏也好、蒙古也好，历史上太复杂了，那么康熙帝怎么解决，其实他就抓了几条。一条就是抓了四大活佛。前藏就是达赖喇嘛，各个方面、各种措施，处理好与达赖喇嘛的关系，通过达赖喇嘛，还有驻藏大臣、驻军等其他因素，来处理西藏的问题，保持西藏的稳定；后藏是通过班禅额尔德尼，所以乾隆对班禅到这儿来给他过70岁生日很重视。不光是重视，通过处理和他的关系，跟他一块儿念经、一块儿修行，两人探讨三天三夜，既谈佛，又谈管理。达赖、班禅是心悦诚服地归附清朝，归附中国，为清保护地方平安。那么青海地区的活佛就是章嘉活佛，刚才谁说就是内蒙古，实际不是内蒙古，就是管青海、海南藏族这块。章嘉呼图克图和乾隆亦师亦友。正式朝觐的时候，乾隆帝是君王；私下里，章嘉呼图克图是乾隆的老师，教他佛法、佛教经典，又是朋友，喝茶、作诗，亦师亦友，关系非同一般的融洽。通过章嘉呼图克图控制、管理青海、海南、甘南四川的藏区，一直到新疆北部这一块。第四个活佛就是哲布尊丹巴呼图克图。哲布尊丹巴活佛主要是解决外蒙古（今蒙古国）三个部之间关系。把哲布尊丹巴呼图克图解决了，外蒙古（今蒙古国）的问题基本解决了，因为他政教合一。所以，清朝诸帝用了很大的精力和时间、心思，来处理同这四大活佛的关系。这四大活佛就是抓头头，抓住了，基本稳定了前藏、后藏、青海、南疆、北疆和外蒙古（今蒙古国）的问题，内蒙古有理藩院比较简单一点。

第五点是从长远着手。我讲一个例子，外蒙古（今蒙古国）三个部——土谢图汗部、札萨克图汗部、车臣汗部，土谢图汗部居中，他们都是成吉思汗的后裔，都是亲属。三个部闹矛盾，其中一个部把另一个部的头领杀了，要引起战争了。康熙帝没有谁正义支持谁，他怎么办？康熙帝把三部首领都请到多伦会盟，带八旗兵也去了。他跟土谢图汗说，你把本家人杀了，你对不对啊？他（土谢图汗）说，我不对。那你写个认罪书，我会赦免你。土谢图汗写得很深刻，很认真，给康熙帝看了，康熙帝给他修改。给了谁呢？给了被杀部落首领的弟弟看，他也觉得写得挺深刻，但那不行，人杀了，写个检讨就完了吗？康熙帝怎么处理？他说，我封你做札萨克图汗。他就高兴了，他哥哥不死他还做不了呢。杀人不能偿命，赔吧，土谢图汗也赔不起，康熙帝出国库的钱，先给土谢图汗，你去赔偿，这个气就消了。完了就坐一块儿开会，土谢图汗先念检讨书，是不是掉泪了没说，反正很诚恳。那边看人家也赔罪了，私下赔偿也达成协议了，也做了首领了，也认可了。接着就喝酒，看文艺节目，骑马射箭。康熙帝亲自骑马射箭，不是定点射，而是骑射，一边打马跑，一边弯弓射，十箭十中，都射中了。康熙帝说咱们各个亲王都射，那些亲王多年不打仗了，吃得挺胖的，扶着上了马，所有那几个王一箭都射不中，跪下给康熙帝叩头，五体投地，服了。八旗军队阵容整齐，打也打不了，都诚心诚意地归附清朝，所以一直到清朝结束、到民国，外蒙古（今蒙古国）没独立，还是要归附清朝。外蒙古（今蒙古国）独立是民国的事了。从此，很长一段时间，外蒙古（今蒙古国）没有打仗，完全处于和平环境中，老百姓就高兴。这个康熙太有远见了，处理外蒙古（今蒙古国）问题，关键是土谢图汗是最强大的汗，他稳住了，其他就都稳住了。喀尔喀蒙古（今蒙古国）有两大问题需要解决：一个是呼图克图问题的解决，另一个是汗问题的解决。为了解决这两个人，康熙帝太有意思了。他在会盟时看到土谢图汗岁数大了，没有几年了，就培养他的儿子，看他儿子岁数也比较大了，也不能长久，就培养他的孙子。怎么培养呢？就是把他的公主下嫁给汗14岁的孙子。公主12岁，他就说服太后、皇后。把女儿、孙女嫁那么老远，也心疼啊，都说通了，就结婚了。公主府就是现在呼和浩特的博物馆旧址，基本保存下来了。清朝公主府保存完整的就这一座了。最主要的是，没过多久，老汗死了，他的儿子继位，儿子三年又死了，孙子继位。孙子是谁呢？就是康熙帝的女婿，也就是额驸。这个哲布尊丹巴呼图克图是谁呢？是他额驸的儿子。哲布尊丹巴呼图克图是他额驸的儿子，王是他的女婿，政和教完全统治了。康熙又请吃饭又封王，把外蒙古（今蒙古国）问题彻底解决了。这里其实就是一个汗，一个哲布尊丹巴呼图克图，把这两个抓住了，而且看了三代——爷爷、儿子、孙子，最后还看到重孙子，这一眼就看了四代，稳定了整个外蒙古（今蒙古国）局面。

当然，还有其他一些经验，时间不够了。但是，清朝在处理民族问题上也有些问题，也不是处理得绝对很好，有些手段也是有点过了，这正是我们要吸取的，特别是对待汉族问题上，也没有完全处理好。我做过统计，康熙有一段时间大学士全是满人，汉人一个没有，满人里面全是上三旗，下五旗都没有；领侍卫内大臣6个人，全是上三旗，在满汉关系这点上他更没有摆平。最后孙中山"驱除鞑虏，恢复中华"，在民族问题上做文章，清朝便结束了。还有一些其他的教训，我们今天要吸取，经验可以参考。

今天因为时间很短，我就讲到这里，可能有很多错误之处，请大家批评指正。

（本文系 2004 年 9 月 12 日在避暑山庄时的谈话，根据录音整理而成）

清廷与台湾的历史原貌辨析
——以台湾西瓜为例

清廷与台湾的历史关系,本来不称其为问题;但是近年以来,却真成了问题。本文就清廷与台湾的历史原貌,列举史实,略作辨析。

一、问题的提起

据专家考证,台湾原来与大陆连在一起,约一万年前,冰川融化,海面上升,台湾开始形成岛屿,同大陆相连的陆地成了海峡,台湾与大陆隔海相望。其后,经过漫长历史演变,到了清朝,台湾与大陆的关系,是本文探讨的内容。

清朝与台湾的关系,可以分作三个时期:明郑时期、清朝时期和日据时期。

元至正二十年（1360 年）,元朝在澎湖设置巡检司。元亡明兴,明朝前期,台湾管理,比较弱化。先设立澎湖巡检司,尔后撤掉。后又设置类似海防巡逻的"游兵",天启时只有 935 名,军力单薄,训练松弛。天启二年（1622 年）,荷兰人入侵澎湖,明兵拒战,初始失利,经调大陆军力增援,两年之后,荷兰军队,退走海上。明天启四年即后金天命九年（1624 年）,荷兰殖民者侵入中国台湾,占领台湾南部的赤嵌,筑城建堡,派驻军队,作为基地;两年后,西班牙殖民者侵占台湾北部的鸡笼（基隆）。明崇祯十五年即清崇德七年（1642 年）,荷兰军进攻鸡笼,西班牙守军投降,荷兰又占领台湾北部。此期,郑氏势力,到了台湾。吴伟业《鹿樵纪闻》记载:"闽地大旱,（郑）芝龙招集流亡,倾家资,市耕牛、粟、麦分给之,载往台湾,令其垦辟荒土，而收其赋，郑氏以此富强。"郑氏开发台湾，为其立足基地。

　　明崇祯十七年即清顺治元年（1644年），李自成入北京，明朝覆亡。不久清兵入关，顺治帝定鼎中原，郑芝龙投降清朝。郑成功（1624—1662）反对其父郑芝龙变节降清，决心反清复明，于南明隆武二年即清顺治三年（1646年），在南澳（今广东境）起兵。郑成功受南明唐王之恩，改姓朱（国姓爷名由此而得）；后受永历之恩，被封为延平郡王，后为延平王，并受赐招讨大将军。清廷以名利诱成功，与其进行和议不果。清顺治十六年（1659年）郑成功率大军北伐，由闽浙沿海，攻入长江，克取镇江，进攻南京。但在南京城外，郑军失利，退兵闽南。郑成功回金门、厦门之后，进取之志大受挫折，因而渡海入台，开辟台湾基地。

　　顺治十八年（1661年），郑成功率领水师，从台湾鹿耳门（今台南境）登陆，进攻荷兰总督所在地赤嵌城。荷兰人求和，愿以10万两银犒军，郑成功则声言："台湾者，中国之土地也。"郑成功率军先后奋战八个月，于顺治十八年十二月十三日（1662年2月1日），逼迫荷兰总督揆一投降。郑成功驱逐荷兰殖民者，收复台湾，结束了荷兰人在中国台湾38年的统治。郑成功是中国历史上第一位反抗西方殖民侵略的伟大民族英雄。收复台湾后，郑成功治理与开发台湾，发展经济，颇有建树。但他在收复台湾五个月后病死，享年39岁。他的儿子郑经嗣立，为南明延平郡王。在清康熙帝平定三藩之乱时，郑经响应吴三桂等旗号，渡海登陆，与清作战，惨遭失败。郑经兵败返台之后，意志消沉，沉溺酒色，康熙二十年（1681年）病逝，享年40岁。长子克𡒄被杀，次子克塽12岁即位，因年幼，被摄政。其时，家族内讧，文武离心，力量削弱，政权解体。

　　康熙二十二年（1683年）八月十八日，清朝统一台湾。[1] 从此，台湾归于清朝中央政府管辖。[2] 康熙帝统一台湾后，主要采取如下措施：第一，设立一府三

---

①《清圣祖仁皇帝实录》卷一一一，康熙二十二年（1683年）八月戊辰，中华书局，1985年。
②《清代起居注册·康熙朝》，康熙二十二年（1683年）九月初十日，中华书局，2009年。

县，即台湾府和台湾、诸罗（今嘉义）、凤山（今台南）三县，隶福建省，分别由朝廷任命知府和知县。第二，派驻军队。据康熙三十三年（1694 年）修纂的《台湾府志》记载：设镇守总兵官 1 人，水师副将 1 人，澎湖水师副将 1 人，另参将 2 人，游击 8 人，守备 18，千总 20 人，把总 30 人，下面分水陆各 5 营，领官兵总计 10 000 多人，分驻台湾各要地，以维持地方治安。第三，兴办府学、县学、义学、社学，开科取士。从康熙三十三年（1694 年），到光绪二十九年（1903 年），有台湾进士 33 名。[1] 第四，垦荒兴农，修治水利，通商贸易，减轻租税等。

雍正朝，增设彰化县和淡水厅、澎湖厅，从而设置变为"一府四县二厅"，驻军增为 12 067 人。嘉庆十七年（1812 年），增设噶玛兰厅，台湾已为一府四县三厅。光绪十一年（1885 年），由于台湾"为南洋门户，关系紧要，自应因时变通"，刘铭传上《台湾郡县添改撤裁疏》获准，设立台湾巡抚 [2]。刘铭传为第一任台湾巡抚，台湾成为清朝的第二十个行省，比东三省改制早十七年，比新疆建省晚一年。台湾便成为"一省三府、一直隶州、十一县、三厅"的行政建制。在台湾省下设：台湾府（府治在今台中市内）领台湾、彰化、云林、苗栗四县和埔里社厅；台南府（府治在今台南市内）领安平、凤山、恒春、嘉义四县和澎湖厅；台北府（府治仍在今台北市内）领淡水、新竹、宜兰三县和基隆厅；台东直隶州（州治在今花莲县）。巡抚、知府、知州和知县等官员都由清朝皇帝任免。

清光绪二十一年（1895 年）中日《马关条约》规定：将中国台湾割给日本。从此，中国台湾进入日本统治时期。1945 年，日本在"二战"中失败投降，台湾重新回归祖国，结束 50 年台湾日据时期的殖民地历史。

清朝时期台湾 212 年的历史，有着政治、经济、文化、社会、教育、贸易等多方面的关系，本文以清帝向台湾御赐西瓜籽，台湾向清廷进贡台湾西瓜，双向互动，作为史例，综合分析，从而揭示清廷与台湾的历史关系原貌。

---

[1]《清代台湾进士题名碑图鉴》，北京台湾会馆编辑出版，2016 年。
[2]《清德宗景皇帝实录》卷二一五，光绪十一年（1895 年）九月庚子。

二、以西瓜为例

清朝康熙年间，台湾内附清廷。尔后，中央政府在台设官治理、驻扎军队、兴农垦荒、按地定赋，兴学开科、安抚土民。同时，康熙、雍正、乾隆三朝，中央与地方对台湾的农业生产十分关心，甚至关切到西瓜的培育。仅以西瓜为例，概略加以阐述。

清朝第一任台湾知府蒋毓英在康熙二十四年（1685 年）初修的《台湾府志》，在《物产》篇里谈到西瓜，说："蔓生，汉时张骞西域得之，故名。台湾四时皆有。"[①] 可见当时台湾地区已产西瓜。但清朝宫廷与台湾西瓜的关系，最早见于康熙五十二年（1713 年）的满文奏折。时任福建巡抚觉罗满保，在四月二十六日的满文奏折里，向皇帝报告说："窃照四月十一日，奴才家人返回，赍捧瓜子一匣传谕：著带此至福建试种。"[②] 当时，台湾属福建巡抚管辖，满保"将瓜子留大半，派可靠之人带往台湾播种，待其成熟，再具奏闻"。台湾西瓜，八月播种，十二月成熟。康熙五十三年（1714 年）正月初九，台湾试种的西瓜运到福州后，觉罗满保随即派专人将这批西瓜进呈京师。觉罗满保"恭请圣主施恩，复赐大内所存西瓜籽，以便本年于台湾播种"。[③] 同年十二月二十四日，觉罗满保又向康熙帝奏报："今年六月，奴才派人赍御赐西瓜籽到台湾种植，今携西瓜至。问之，言八月下种，雨水略少，十月正值生长之际，叶又生虫，故西瓜表皮稍有疤痕，而瓜瓤仍好。……今特派人赍捧御览，叩请圣主施恩，复赐大内西瓜籽，六月带往台湾

① 康熙《台湾府志·物产》，康熙三十五年（1696 年）刻本。
② 《福建巡抚满保奏报试种西瓜并田禾粮价折（满文）》（康熙五十二年四月二十六日），原件藏台北故宫博物院，参见影印《宫中档康熙朝奏折》，载《康熙朝满文朱批奏折全译》第848页，中国社会科学出版社，1996年。
③ 《福建巡抚满保奏进台湾试种西瓜折（满文）》（康熙五十三年正月初九日），原件藏台北故宫博物院，参见影印《宫中档康熙朝奏折》，载《康熙朝满文朱批奏折全译》第927页，中国社会科学出版社，1996年。

谨种。"康熙帝朱批道:"已送去了。"① 宫中的优良西瓜籽已送到福建,再转送到台湾,适时播种,期获收成。

康熙五十四年(1715年)二月初六日,福建浙江总督范时崇向康熙皇帝上了一道《台湾进贡西瓜已到浙江皆完好》的奏折。奏折称:"臣查台湾所产西瓜,于十二月成熟,往年驰贡,每于正月十五日以前,在福州府起行。上年十一月内,臣差标下把总沈国臣往台办运。据禀:往回两阻风信,至正月二十三日始到福州,随即起行北上,至二月初六日到浙江衢州府,臣亲自拣选,幸皆完好,不胜欢跃,但因阻风,较之往年迟进十余日,又恐天气渐和,前途不无少有损坏,理合具折奏明,伏祈圣主睿鉴。"康熙帝朱批:"知道了。"②

但是,这年台湾因有风灾,西瓜生长得不好。康熙五十四年(1715年),康熙帝派员送去的西瓜籽,在台湾如期试种。但因为当年台湾有风灾而成果不佳,福建巡抚觉罗满保说:"九月十五日遇大风,藤断花落,损伤大半。"结果"大者只得四十余,继之生长者皆小,已不能再长大"。满保"不胜惧畏"地将台湾送来的西瓜选了些好的恭进御览。康熙帝宽仁地安慰他说:"西瓜事小,有何关系!"③

康熙五十五年(1716年)正月初九日,满保在奏折中"叩请圣主再次恩赏内廷西瓜籽",运到台湾种植。康熙帝又赐下大内的西瓜籽,运往台湾种植。

从此以后,直到康熙帝逝世的六十一年(1722年),每年皇帝都颁赐内廷瓜籽给福建官员,命令他们运到台湾播种。不过,台湾地区因常有风灾水患,西瓜的收成时好时坏,不很理想。如康熙五十八年(1719年)正月,觉罗满保时已升

---

① 福建巡抚觉罗满保奏折(台):《福建巡抚满保奏进台湾所产西瓜折(满文)》(康熙五十三年十二月二十四日),原件藏台北故宫博物院,参见影印《宫中档康熙朝奏折》,载《康熙朝满文朱批奏折全译》第992页,中国社会科学出版社,1996年。

② 福建浙江总督范时崇奏折:《台湾进贡西瓜已到浙江皆完好》(康熙五十四年二月初六日),《明清宫藏档案汇编》第8册第112页,九州出版社,2009年。

③《闽浙总督满保奏报台湾西瓜田禾遭受风害籽(满文)》(康熙五十五年正月初九日),原件藏台北故宫博物院,参见影印《宫中档康熙朝奏折》,载《康熙朝满文朱批奏折全译》第1079页,中国社会科学出版社,1996年。

任闽浙总督，他说台湾"因雨水少，西瓜大较往年为差"①。六十一年（1722 年）五月，满保又奏报：去年大风"瓜藤被风刮走，找出瓜根，虽加土灌水培养，仍不开花"，后来虽有收成，却是大小不等的西瓜。满保总督照旧"叩请圣主再赏大内西瓜籽，于今年适时好生播种"，康熙帝回答他"将要赏去"。②这是康熙帝驾崩前五个多月的事。

康熙帝不因台湾试种西瓜不甚理想而停赐西瓜种子，他却十年如一日地与福建官员为培育台湾西瓜而操心，对海峡两岸，农业之发展，如此热心，如此耐心，一视同仁，难能可贵。他在所写的一篇《刈麦记》里说："朕念切民依，痌瘝一体。年近七旬，精力渐衰，扶杖而阅耕种，临畦而观刈获，遇雨旸时若，则收割之际，苍颜野老，共庆有秋。黄口稚子，无愁乏食。此朕一时之真乐也。"这种情怀，对大陆与台湾海岛的居民，从刈麦与西瓜来看，是同出情怀的。

雍正帝即位后，继续往台湾运送西瓜籽。雍正元年（1723 年）正月初三日，闽浙总督觉罗满保向新天子雍正皇帝上《恭进御赐西瓜籽所收获西瓜》奏折。这份满文奏折汉译说："福建浙江总督奴才觉罗满保恭进：御赐西瓜籽所获西瓜一百，泉州西瓜二十，台湾土产西瓜四十。"朱批："御籽西瓜，来年进八十个足矣。泉州、台湾西瓜免进，不需要。"③同年三月二十九日，满保家人从北京返回，满文奏折（汉译）称："雍正元年三月十九日，臣赍折家人返回，臣将御赐西瓜籽跪奉祗领恭谨收贮"④云云。雍正帝又向台湾御赐西瓜籽，在台湾种植。来年正月

①《闽浙总督满保奏进台湾所种西瓜王瓜折（满文）》（康熙五十八年正月初五日），原件藏台北故宫博物院，参见影印《宫中档康熙朝奏折》，载《康熙朝满文朱批奏折全译》第 1353 页，中国社会科学出版社，1996 年。
②《闽浙总督满保奏报台湾御种西瓜被风并请种子折（满文）》（康熙六十一年五月二十一日），原件藏台北故宫博物院，参见影印《宫中档康熙朝奏折》，载《康熙朝满文朱批奏折全译》第 1505 页，中国社会科学出版社，1996 年。
③闽浙总督满保奏折：《恭进御赐西瓜籽所收获台湾西瓜》（满译汉）（雍正元年正月初三日），《明清官藏档案汇编》第 8 册第 166 页，九州出版社，2009 年。
④闽浙总督满保奏折：《御赐西瓜籽带往台湾播种》（满译汉）（雍正元年三月二十九日），《明清官藏档案汇编》第 8 册第 255 页，九州出版社，2009 年。

初三日，满保又向朝廷进贡由内廷西瓜籽种植的台湾西瓜 80 个。朱批："知道了。本年西瓜甚好，籽已送去。"并"询问台湾粮食收成情形"。[1] 回奏道："本年台湾三县豆子收成甚好，米价七钱、八钱不等，地方太平。"尔后，雍正九年（1731年）十二月十八日，福建巡抚赵国麟向雍正帝恭进西瓜 12 个。[2] 雍正十一年（1733年）十二月十五日，署理福建水师提督陈勇，向雍正帝恭进西瓜 12 个。[3] 以上两份"进单"，虽没有标明西瓜产地，但可以断定产自台湾。

乾隆初期，沿袭旧例，进贡西瓜，仍然继续。内廷颁给榆次瓜种交由台湾种植成熟恭进。乾隆元年（1736 年）正月初六日，浙闽总督郝玉麟奏折称："窃照闽省向蒙内廷颁给榆次瓜种，发交台湾种植成熟，例于春正恭进，以备荐飨之用。兹据台湾府运送到省，臣查钦奉上谕，各省食物果品，停止进贡，但此项西瓜，系奉颁瓜种栽植，非臣下备办者比理，合照例恭进。臣谨奏明，伏乞皇上睿鉴。"乾隆帝朱批："览。"[4] 内廷颁发的山西榆次瓜种，送到台湾种植，表明在清政权的统一治理下，既是瓜种的交流，也是文化的交融。

乾隆帝将台湾进贡的西瓜，赐给个别大臣分享。乾隆元年（1736 年）三月初一日，直隶总督李卫上《钦赏台湾西瓜谢恩》，奏折称："直隶总督驻扎保定府臣李卫谨奏，为恭谢天恩事。乾隆元年（1736 年）二月二十二日，赍折千总牛朝栋，自京捧回钦赏臣台湾西瓜一圆到保，随出郭跪迎至署，虔设香案，望阙叩头谢恩祗领，伏思臣仰荷隆恩，自随圣驾往来，赏赉稠叠，逾于格外，《易》书所称：昼日三接，用锡马蕃，庶古人仅见。诸形容者，臣皆得之。身受感戴，微忱夙夜

---

[1] 闽浙总督满保奏折：《进贡台湾产西瓜》（满译汉）（雍正二年正月初三日），《明清宫藏档案汇编》第 9 册第 21 页，九州出版社，2009 年。

[2] 福建巡抚赵国麟进单：《恭进西瓜十二个（汉文）》（雍正九年十二月十八日），《明清宫藏档案汇编》第 11 册第 79 页，九州出版社，2009 年。

[3] 署理福建水师提督陈勇进单：《恭进西瓜十二个（汉文）》（雍正十一年十二月十五日），《明清宫藏档案汇编》第 11 册第 205 页，九州出版社，2009 年。

[4] 浙闽总督郝玉麟奏折：《内廷颁给榆次瓜种交由台湾种植成熟恭进（汉文）》（乾隆元年正月初六日），《明清宫藏档案汇编》第 11 册第 371 页，九州出版社，2009 年。

未安。今回署未几，差员赍奏。又蒙钦赏远方贡物于春初，时睹难得之佳品。圣主在九重之上，念及微臣，瓜瓞绵绵，自天锡（赐）福荐之，几筵分之满门殁存均露，唧感无地，理合恭折，叩谢天恩，伏祈圣鉴。谨奏。"乾隆帝朱批："览卿奏谢矣！"①后来，没有见到关于朝廷赐种、台湾种植并进贡西瓜的满汉文档案记载。

以上，就所见清朝宫廷与台湾西瓜的相关满汉文档案，共有15件，其中满文档案10件、汉文档案5件，分藏在海峡两岸，时间跨度为康、雍、乾三朝。这15件满汉文档案，在农业方面，北温带与亚热带农作物的交流与实验；在行政方面，中央与地方管理者的沟通与强化；在文化方面，京师文化与地方文化的交流与融合；在政治方面体现加强朝廷对台湾的管理与辖制。

总之，台湾西瓜从一个侧面证明，在康雍乾时期，台湾为福建省辖的一个府。康熙帝曾经为改良台湾西瓜品种，把宫廷里的优良西瓜种子发放到福建，并命令派人带到台湾试种。他还将台湾出产的芒果树移植到北方，希望能在北方繁殖传布。雍正帝和乾隆帝"率祖旧章"，以"西瓜籽"和"进贡西瓜"为纽带，加强中央与地方的联结，维护清廷对台湾的统治。

有人可能认为，清廷向台湾赐西瓜籽与台湾向清廷进贡西瓜，不能证明清朝对台湾的主权关系，这是需要辨析的问题。

三、简略的辨析

清廷同台湾的关系，应以史为据，分辨事实，剖明真相，恢复历史的原貌。

近年来，清朝与台湾的关系，有一些将台湾与清朝关系"淡化"和"外化"的现象。

将台湾与清朝关系"淡化"，现行中学历史教科书是一个例证。该书分别论

---

① 直隶总督李卫奏折：《钦赏台湾西瓜谢恩（汉文）》（乾隆元年三月初一日），《明清宫藏台湾档案汇编》第11册，九州出版社，2009年，第418页。

述中国历史起源、古代封建社会与国家、先秦的剧变、大帝国的规制与运作、草原游牧民族的生活方式与文化、门阀政治与士族社会、从中古到近世的变革、士大夫精神与庶民文化、明清之际中国与西方的直接交通、鸦片战争前的中国等十九章，对清朝历史、对康雍乾盛清时期的历史、对清朝与台湾关系历史的叙述，极为简略，也极为粗疏。特别是清朝前期历史的叙述，文字过简，间隔过大，书中笔锋一转，就是鸦片战争。整个清朝前期历史的叙述，虽有其合理性，但容易给读者一个感觉：前期清朝强盛的简述，后期鸦片战争的爆发，以及一系列不平等条约的签订，都是为"辛亥革命"作历史铺垫。这是辛亥时期"反满""排满"政治色彩的遗射，这或是书中清朝前期历史简略的历史原因；而近年"台独"对清史的歪曲与喧嚣，或是其中的文化因素。"淡化"固然应当关注，但"外化"就更加值得深思。

将台湾与清朝关系"外化"的体现，在教科书中将清史置于外国史中讲授是一个例证，台湾某博物馆有关序言文字说明又是一个例证。后者，台湾某博物馆陈列说明文字，根本不承认康熙帝统一后之台湾为中国的一部分，该文字说：

> 1684 年（康熙二十三年）4 月，[①]台湾有史以来，第一次被编入中国版图（但此时，中国仍未诞生，东亚大陆由少数民族满洲族统治多数民族汉族形成一帝国——清国）。

上述观点，没有依据，违背历史，凭空臆断，有点荒唐。现将理由，分述如下。

第一，官书记载，确然有征。《清圣祖实录》记载："差往福建料理钱粮侍郎苏拜，会同福建督抚提督疏言：台湾地方千余里，应设一府三县，设巡道一员分辖；应设总兵官一员、副将二员、兵八千，分为水陆八营；澎湖应设副将一员、

---

① 《清圣祖仁皇帝实录》卷一二四，康熙二十五（1686 年）年正月甲申二十四日，中华书局，1985 年。

兵二千，分为二营，每营各设游守千把等官。从之。"① 台湾于康熙二十二年（1683年）八月归于中国清朝，康熙二十三年（1684 年）四月，正式设立一府三县，并派官兵驻守。这就表明，台湾已经完全归属于中国清朝。

第二，划入版图，纂修志书。清江南道御史严鲁榘疏言："近礼部奉命开馆纂修《一统志》书，适台湾、金门、厦门等处，已属内地，设立郡县文武官员，请敕礼部，增入通志之内。"结果："疏入，下部议行。"② 台湾同内地一样，例行纂修《台湾府志》。不久，由知府蒋毓英纂修的十卷本《台湾府志》雕梓刊行。③ 这就昭示：台湾府是隶属于福建省，福建省隶属于中国清朝。

第三，台湾被"编入中国版图"不是在康熙二十三年（1684 年），而是在清康熙朝以前，历史已经证明，本文不再阐述。台湾在明郑时期，算是南明的疆土，郑成功及其子郑经的"延平郡王"是南明政权封的。清朝只是从南明的明郑政权接管了台湾的版图。

第四，说"1684 年（康熙二十三年）……中国仍未诞生"，其"根据"是"此时"的"东亚大陆由少数民族满洲族统治多数民族汉族形成一帝国——清国"。中国是"一体多元"即统一的多民族国家。孙中山先生提出的汉、满、蒙古、回、藏"五族共和"，自然承认清朝是中国 2123 年皇朝史上的一个朝代。孙先生从来没有认为只有汉族建立的政权才是中国。

第五，在世界历史上，许多国家是多民族的，不能简单地以某个民族人执掌政权，而否认该政权在其历史中的连续性与合法性。在世界历史上，只有中国历史，自殷商有文字记载以来，直到今天，其间虽有民族间的冲突，但更多融合；虽有民族间的分裂，但更多统一，最后，江河归海，九派合一，形成中华民族的大一统局面。

---

①《清圣祖仁皇帝实录》卷一一五，康熙二十三年(1664 年)四月巳酉十四日，中华书局，1985 年。
②《清圣祖仁皇帝实录》卷一二四，康熙二十五年(1688 年)正月甲申二十九日，中华书局，1985 年。
③《中国地方志联合目录》第 549 页，中华书局，1985 年。

第六，中华民族，不断融合。蔡学海先生在《万民归宗——民族的构成与融合》文中，对中华民族的概念，阐释说："盖中国自古以来，种族观念即非常淡薄，平常区分夷夏，总是以文化上的'礼'为准则，所谓'诸侯用夷礼则夷之，夷而进于中国则中国之'，便是一种极为开朗，且能兼容并蓄的伟大王道作风。因此，中华民族的演进过程之中，常见融合。有时虽也有分裂与对峙，但事后总会带来另一次更大的融合与团结。中华民族今天在东亚大陆所以能拥有一块一千一百余万方公里的领土和数亿人口，绝非偶然。人为的因素固然不能免，但也绝不是霸道所能悖致。"[1] 清朝的满洲，是中华民族的一个成员，满洲建立的清朝，同秦、汉、唐、宋、元、明一样，都是中国历史上的一个皇朝，其疆土则是中华版图的一个部分。

总之，从以上台湾历史历程，从清朝同台湾行政、文化、吏治、经济，从清廷赐西瓜籽到台湾、台湾进贡所产西瓜的事例，从中华民族融合过程等方面分析，可以得出一个结论：从清康熙二十二年（1683 年）统一台湾，到光绪二十一年（1895年）割让给日本[2]，其间台湾是中国清朝的一个省（先是一个府）。1945 年，日本在第二次世界大战失败之后，中国台湾结束 50 年的日本统治时期，又回归中国。这是台湾与清廷关系的历史原貌，也是当代人们的共识。

（本文系 2008 年 3 月 4 日在福州的演讲稿）

---

[1] 邢义田主编《中国文化新论·根源篇》，联经出版公司，1981 年，第 125-127 页。
[2] 《清德宗景皇帝实录》卷三六四，光绪二十一年（1895 年）三月甲午二十三日，中华书局，1985 年。

康熙南巡下扬州

　　清朝皇家第一个大旅游团由康熙皇帝率领，这个团队人数最多的时候大约有两万人，这可能是历史上最大的一个旅游团，而且由皇帝亲自带队，其影响可谓广泛而久远。康熙帝先后六次下江南，十二次到过扬州，在清朝历史上开了一个先例。他是清朝皇帝当中第一位穿越六条大江河的：运河、海河、黄河、淮河、长江和钱塘江。行程相当于现在的八个省、直辖市，这在中国历史上，在扬州的历史上，都创下了纪录。南巡不仅对扬州影响重大，也对整个南方社会有深远的影响。我想分三个方面来跟大家交流。

一、六次南巡的原因、条件和期待

　　康熙帝为什么要南巡？是不是酒足饭饱之后，一拍脑门：朕要下江南了？不是的。分析起来，大约有五个原因。

　　第一，天下一统安定。大家知道，明末清初这段历史，从明万历十一年（1583年），努尔哈赤起兵，点燃了战火，中间经过了60年，就是明清之间的战争、农民的战争。这几场仗一共打了60年。到顺治元年（1644年），战火没有停熄，尤其是清跟南明、清跟农民军的残余部分连续打了18年。到康熙元年（1662年），稍微停顿了一下。接着从康熙十二年（1673年）到康熙二十年（1681年），又连续打了8年的平定三藩之乱的战争。战争刚结束，接着就是台湾的事情。康熙二十二年（1683年）八月中秋节，康熙帝接到海上的一个捷报，赋诗一首："明月中秋节，驰书海外来。自今天汉上，万里烟云开。"这四句诗是说，正过中秋佳节的时候，从海外传来了报捷的文书，战争的烟云消散了，和平了。注意这一年是康熙二十二年（1683 年），从 1583 年点燃了战火，到 1683 年海峡两岸一统，整整一百年。到了这个时候，才可以说中原一统安定，这是康熙南巡的第一个条件。如果没有这个条件，中原动荡战乱，不可能南巡，也不可能到扬州。

第二，治河、通漕、兴农。治河，治黄河、淮河。通漕，通达漕运，运河的漕运。兴农，发展农业。我刚才说了，中原地区一百年战火不断，没有精力，没有钱粮来治河，这在当时是一个很大的问题。康熙帝在乾清宫的柱子上挂了张条幅，这个条幅说了三件事情：治河、通漕、三藩。这三件事情，他日日夜夜挂念。我们平时说座右铭，他是挂在柱子上作"柱右铭"，时时刻刻不忘这三件大事。到这个时候，三藩之乱平定了，还剩了两件事——治河和通漕，康熙帝这个时候有条件来解决漕运问题。这个时候，黄河是个什么样子呢？黄河泛滥。他坐船来到江苏高邮、淮安一带，看到一片泽国；在一片四周都是水的一个高地上，有一些百姓搭个草棚子在那里栖居。他说，我要治理黄河，一定要看一看黄河什么样，有些什么问题，怎么解决好，必须亲自考察。就是要亲自看看黄河、淮河、运河，问题在什么地方，怎么来解决。所以，他决定要南巡。

这里，我讲一个故事。1966 年，我骑自行车从北京、经天津沿着京杭大运河一直往南骑，骑到淮阴的清江口，也就是黄河、淮河、运河交汇的那个地方，在河的堤岸上走，前头有一段就是淮河。淮河有个洪泽湖，我从那走的时候是冬天，洪泽湖的湖水放干了，整个就是一片空湖，民工在那疏浚，把淤泥挖走。当地民工说这个工程方圆 60 里，他们告诉我是 60 万人同时在工地上挖泥和挑土。我正好夜里在这里走，整个 60 里地，当时叫作挑灯夜战。天上的星星、地上的灯光，交织在一起，分不清哪是天上，哪是人间。我在那里就有一个感受，治理淮河，疏浚洪泽湖，治理运河、黄河是一项多么伟大而艰巨的工程。康熙帝南巡的第二个原因和期待是治理黄河、淮河，疏通漕运。

第三，缓和满汉文化冲突。大家知道，满汉矛盾很尖锐，康熙帝的曾祖父努尔哈赤实行一个政策叫"杀儒"——杀知识分子，不是杀一个杀两个，是成批地杀，造成了很坏的影响。努尔哈赤的儿子，即康熙的祖父皇太极，又实行了一个错误的政策叫作"七掠中原"，满洲的军队七次到了中原进行掠夺。其中一次由多尔衮率军队，东自运河，西到太行山麓，沿着山河之间，八旗军队分为八路，由北向南推进 1000 里，到黄河南岸的山东省济南府。有一次俘获人口 462 303 人，其一路掳掠黄金 4039 两，白银 977 406 两（《清太宗实录》卷四五）。掳掠的人口、牲口、财产、珠宝、金银，用马、骡子、驴驮着，往山海关外走，队伍长 200 里。对清朝来说，皇太极对中原的掳掠扩大了它的实力；对中原百姓来说，则是一场巨大的灾难。皇太极死了以后，多尔衮做摄政王，那时候福临小，只有 6 岁，多尔衮继续了这个政策，到北京坐了天下之后，宣布剃发、易服、圈地、占房、投充、逋逃，我把这总结为六大弊政。六大弊政其中一条就是剃发。当时流传一句话叫作："留头不留发，留发不留头。"汉人，特别是江南的汉人起来反抗，这就出现了"扬州十日""嘉定三屠""江阴抗清"，一幕又一幕的历史悲剧。这些历史悲剧，到康熙帝南巡的时候人们还印象尤深，因为才过去 41 年。康熙帝那时候到了扬州，人们怎么想？你父亲顺治帝宣布剃发易服，你叔叔多尔衮宣布"留头不留发，留发不留头"，现在你来了，到我们扬州来了。所以康熙帝南巡的第三条原因是尽量缓解满汉民族矛盾和文化冲突。

第四，宣扬皇帝权威。中国历史上一些皇帝，譬如说秦始皇巡游、汉武帝巡游、隋炀帝巡游，浩浩荡荡。康熙帝这个时候，中原一统安定，他也效仿秦皇、汉武南巡，显示皇权的威望。康熙帝既是君主又是学者，可以说是个文化型、学者型的皇帝。学者有一句名言叫作"读万卷书，行万里路"，我也受这个思想影响，读书要万卷，我现在读书已经过了万卷，行路已经过了万里。我前面刚讲过，1966 年，我借了一个机会，沿着京杭大运河骑着自行车，一直骑到杭州，目的就是行万里路。康熙帝南巡，也是因为他不仅读儒家的万卷书，还要行万里路，当然，他这个"行"有时候坐船，有时候坐轿子，有时候骑马，也有时候步行，其根本目的还是为了树立和巩固皇家权威。

第五，观赏江南山水。康熙帝的爷爷在山海关外，他曾爷爷努尔哈赤在辽宁那儿，他父亲是进了山海关了，在北京做皇帝了，但江南山水，也只是看画、看诗，自己没亲自看一看。"烟花三月下扬州"，顺治只是能看看诗，自己没下过扬州，没有体验扬州到底是怎么美。康熙帝在南巡时到扬州，到江宁，到苏州，到杭州，亲自体验一下江南美丽的山山水水，就这个意义来说也有旅游的性质。

基于以上这五点，所以康熙帝就决定南巡。

二、六次南巡的过程

康熙帝六次南巡的过程，我一次一次地讲。

康熙帝第一次南巡是康熙二十三年（1684年）。诸位想想：康熙帝为什么早不南巡，晚不南巡，而在这个时候南巡呢？把三藩之乱平定后，二十一年（1682年）和二十二年（1683年）花两年的时间把台湾海峡两岸合一了，中原的战火平息了，他就喘了口气，所以在康熙二十三年（1684年）南巡。从北京沿着京杭大运河一直往前走，其中就到了扬州，回来的时候又到了扬州。我们一说到扬州，大家就会想到御码头，当时情形不是这样的。康熙帝第一次南巡到扬州后，晚上住在哪儿呢？《清圣祖实录》记载，他的龙舟晚上停泊在仪征江边，康熙帝晚上是在长江上一个船上度过的。长江再平稳船也会随波起伏，晚上睡觉怎么也不会安稳。为什么不进城住扬州行宫呢？就我刚才说的，他父亲、他叔叔那个时候搞的"扬州十日"，他怕进了城里不安全，他有一种恐惧，干脆住到江中船上得了，住船上相对来说就安全一点。

扬州太吸引人了，康熙帝读过《全唐诗》，他对扬州向往已久，但是没有亲自看过，所以他白天进了扬州府的府城。白天相对安全点，保卫工作做得好一点，他匆匆忙忙看了一天，主要看了三个地方：第一个是栖灵寺，第二个是平山堂，第三个是江天寺。《清圣祖实录》记载里，没有说他到大明寺，说他到了栖灵寺。当时这寺的名字叫大明寺，康熙帝为什么不说大明寺而说栖灵寺呢？有的学者分析说，他忌讳"大明"这两个字。既然来了又回避不了，怎么办呢？大家知道大明寺里有一个塔叫栖灵塔，他就说到了栖灵塔，借作栖灵寺。大明寺是南朝宋的大明年间修的，康熙是大清皇帝，他忌讳"大明"两个字，所以叫作栖灵寺。栖灵塔大家都很熟悉了，是隋炀帝时候修的。他就借这塔来说这寺，借"栖灵"两个字，来避开"大明"这两个字。后来寺又重修，乾隆时候又重修，一直到20世纪80年代，扬州市人民政府才重新恢复原名，叫作大明寺。平山堂他也来过了。平山堂大家都很熟悉，我看到路口有个大牌子"淮东第一观"，历史上就留下这个古迹。平山堂历史上的文人，"挥毫万字，一饮千盅"，文人喝了酒，一千盅酒，喝那么多夸张了，挥毫写下了一万字，这是文人雅士聚会的平山堂。还有江天寺，就是我们这个地方，就是鉴真图书馆附近的地方。所以现在的大明寺、平山堂、鉴真图书馆，是康熙帝第一次南巡就到的地方。

沿途康熙帝到山东曲阜孔庙祭孔。康熙帝到了大成殿，进了大成殿就是孔子的塑像。塑像前面有个牌位，康熙帝对着孔子的塑像和孔子的牌位行三跪九叩大礼。汉族皇帝到孔庙祭孔的时候是二跪六叩，康熙帝是三跪九叩，表示对孔夫子的崇敬。他在这个地方还赞扬孔子："开万世之文明，树百王之仪范。"对待孔子，评价很高。还有四个字说孔夫子是"万世师表"即现在孔庙大成殿上面"万世师表"匾上的那四个字，是康熙帝写的。我去年到台湾，又到了台南，台南有个孔庙，正中一块大匾"万世师表"。康熙、乾隆、嘉庆、道光、咸丰、同治、光绪，一代一块匾，现在还挂在那儿。所以，台南的孔庙、曲阜的孔庙和北京的孔庙、南京的孔庙等一脉相承，都挂康熙帝书写的"万世师表"匾。康熙帝还在曲阜请了孔子的后裔给他讲课，讲《大学》。谁讲呢？孔尚任，大家都知道他是《桃花扇》的作者，那时候他还没写《桃花扇》。他给康熙帝讲课，讲《大学》第一章："大学之道，在明明德，在亲民，在止于至善。"我想起一件事情，这个时候的康熙帝对孔夫子三跪九叩，听孔子的后裔讲《大学》、讲《易经》，康熙是皇帝，这不仅是个人行为，而且是政府行为。这表明什么呢？表明康熙帝对孔夫子学问、品德的尊崇和接受，所以他三跪九叩。康熙帝小时候念《论语》《孟子》《大学》《中庸》，念120遍，背120遍，背得滚瓜烂熟，一直到老了还能背。关于康熙帝的背诵，我讲一个故事给大家听。康熙帝的皇子们，由当时的大儒给他们上课。康熙帝下朝之后就到上书房的课堂上，检查孩子们的功课。他跟老师说，你让我的皇子背经书。老师就把经书打开画一段，皇子接过书哼呀、哼呀地背。老师在干吗呢？老师拿着书，眼睛一点儿不敢离开那字，错了好指出来，皇子的爸爸——皇帝在旁边监督着呢。康熙帝干啥呢？康熙帝就坐在那里闭着眼睛听。皇子刚一背完，老师还没说话呢，康熙帝就说，一字不错。康熙帝的专业是皇帝，刚退了朝，脑袋里想的是社稷江山的事情，到这儿来突然点了一段，他也没有事先准备呀，他就能听出一字不错。老师是专业的，还要对着看，看对还是不对。

　　我插讲一个故事。前一段时间我去台湾做文化交流。一个记者说："阎老师，《大学》《中庸》《孟子》《论语》，我全会背。"我说："你全会背？"她说："全会啊。"我说："你是新闻界的精英。"我对她这话半信半疑，是台湾记者都能背还是她一个人能背？第二个记者又来了："阎老师，我想提一个问题。"我说："你别提，我先提一个问题。"她问："什么问题啊？"我说："《大学》《中庸》《孟子》《论语》，你会背吗？"她说："会啊。现在给你背？"我说："别唷，你就十五分钟采访时间，背了你就甭采访了，那你回去交不了差。"我还是不全信，第三个记者来了，这是个男的，前两个是女的。我说："《论语》《孟子》，你会背吗？"他说："会啊。"诸位，我还是半信半疑，中午别人请吃饭，我就把这个故事说了，主持请客的林载爵先生说："唉，全会背，不会背中学不能毕业。"回来之后，有一所大学请我去演讲，正好中文系的，还有教授、博导也在座。别的系咱不管，就讲中文系；中文系的学生咱不说，就说老师；老师里副教授咱们不说，就说正教授；正教授里咱们说博导，不是博导咱们还不说；博导里面研究鲁迅、郭沫若，研究现代文学的不算，就说专门研究先秦文学的。我说："能把《论语》《孟子》背下来的中文系教授、博导请举手。"没有一人举手，我连着在几所大学求证这个问题，没有一个举手的，这就值得我们思考。

康熙帝到了南京，当时叫江宁。做什么呢？祭明孝陵。康熙帝到那儿说了一句话。在这里，我先跟大家介绍一下他曾祖父努尔哈赤、祖父皇太极是怎么说的，大意就是："朱元璋，你原来不就是一个穷和尚吗？你们朱家的天下我们要坐了。"他们要坐天下是这个态度，把朱元璋看成一个穷和尚。康熙帝态度变了。康熙帝到了南京的明孝陵说什么呢？说"明太祖，一代开创令主，功德并隆"。他爷爷说朱元璋是个"穷和尚"，他则说是"一代开创令主，功德并隆"。后来南巡，康熙帝又写了"治隆唐宋"四个字，就是明朝的治理和唐朝、宋朝是并提的，态度有了多大的变化！

祭大禹陵。康熙帝到杭州，过钱塘江，到了绍兴。绍兴大禹陵大家都熟悉。大禹是什么人啊？大禹是汉族人的英雄，并不是满洲人的英雄。康熙帝到大禹陵前，对着大禹陵三跪九叩。什么意思啊？就是康熙帝承认大禹，既是汉族的英雄，也是满洲的英雄，是中华各族共同的英雄，所以才三跪九叩。

这是第一次南巡。

康熙帝第二次南巡是康熙二十八年（1689 年）。中间隔了 5 年，为什么隔 5 年呢？有一个原因，就是康熙二十三年（1684 年）来南巡的时候有紧急奏报：俄国侵入黑龙江流域。朝廷讨论回击还是不回击。两种意见：一种意见中国那么大地儿，甭管它。还有一种意见是寸土不让，要回击沙皇俄国的侵略。经过准备到康熙二十四年（1685 年），清朝进行了第一次雅克萨自卫反击战。雅克萨在什么地方呢？就在现在黑龙江的漠河，黑龙江北岸。这一仗把沙皇俄国侵略者打败了，取得了胜利。随后，又进行第二次雅克萨自卫反击战。康熙二十四年（1685 年）、二十五年（1686 年），两次反击沙皇俄国侵略，雅克萨自卫反击战取得了胜利，完全把沙皇俄国的势力给摧毁了，雅克萨又夺回来了康熙帝这时心踏实下来了，这样他才开始第二次南巡。

　　第二次南巡路线还是上次那样，到我们扬州有什么可记的呢？他那个御舟，龙舟，停到江都的陈家湾。这地儿我没去过，有机会我会去看一看，不知现在还有没有。他到这个地方，老百姓就不一样了，经过五年多的时间，历史记载"阖郡士民迎驾"，也就是说，扬州阖郡的市民夹道迎接康熙皇帝南巡到扬州，和第一次有所不同了。他一看态度有所缓和了，就进城了，住在扬州府城里头，住了一天。第一次是一天没住，第二次住一天，还在这儿发布御旨，说他沿路看到河患很严重、百姓生活很困苦，要把这个事情仔细调查一下，他回来的时候要跟他汇报，然后商讨进一步治河的政策和策略。回来的时候，他的御舟就停在宝塔湾，就是后来的御码头，这是第二次。

　　康熙帝第三次南巡是康熙三十八年（1699 年），与第二次时间隔了 10 年。大伙儿纳闷了，怎么隔了十年才南巡呢？因为十年之间发生了一件大事情，噶尔丹发动了一场叛乱，康熙帝御驾亲征，特别是第二次和第三次亲征，从北京出发，骑着马，千里跋涉，最远到现在外蒙古（今蒙古国）克鲁伦河。那些地方我去考察过，都是戈壁。什么叫戈壁？我原本以为就是沙漠，不是的，没有沙漠，一望无际，寸草不生，那地是干裂的，根本不长草，所以叫戈壁。康熙到那个地方去了，他就顾不上南巡了。

　　我在这里捎带讲两个故事。一个说吃饭。康熙帝御驾亲征，后勤给养的粮食供应不上，离后方太远了。康熙帝问，官兵怎么吃饭？说一天只能吃一顿饭，"朕也一日一餐"。我要跟官兵一样，一天吃一顿饭。又走了一段，粮食更供不上了，官兵兼日而食，两天吃一顿饭。康熙说："朕也兼日而食。"两天吃一顿饭。没有水，那个地方根本没有水。我们江南想象不到没有水的情景。我讲一个没有水的事情，不是在蒙古，而是我到新疆去考察。从乌鲁木齐坐汽车早上八点钟出发，我们北京几个人说，甭吃早点了，中午一块吃吧！早上八点出发，诸位，这午饭晚上八点才吃。为什么到晚八点才吃午饭？因为汽车开着，路旁一个村庄没有。没有村庄你怎么吃饭？没水，你怎么吃饭？就忍着吧，一直忍到晚上八点，才有那么一个很小的小水洼，有几户人家，弄点面条，才吃了顿"午饭"。那沿途怎么办呢？你们在长江流域根本无法体会。白天摄氏 42℃，戈壁上的 42℃，可实际上有 45℃，甚至 50℃。你一口水刚咽下去，嗓子又马上渴了，你再喝一口下去还是干的，我就一小杯水，不敢喝，怎么办呢？喝一口水就不咽，含着，含在嗓子里，累了再把它咽下去，再过一会儿渴得不行了，再喝一小口水含着。我看咱们在座诸位跷二郎腿坐，在戈壁那是不可以的，你要二郎腿这么坐着就都是汗，所以人就得两腿叉开坐。所以，我想，我就是从新疆感受当时康熙帝三次亲征条件很艰苦。在这种情况下，我说一点儿稍微离题的事情对大家有点儿帮助——他还坚持学习，夜里还手不释卷。那是野外帐篷啊，有紧急军报跟他去报告的时候，夜里十一二点钟了，他还在看书，还在那儿做数学题，所以康熙帝这种学习精神，也是不得了的。

从第二次南巡到第三次南巡，中间间隔 10 年，就是因为亲征噶尔丹。康熙三十八年（1699 年）前噶尔丹死了，平定噶尔丹的战争取得胜利了，所以康熙帝又踏实了，开始了第三次南巡。他看到淮扬地方多次遭受水患，他躬亲巡省，亲自到水灾地区看，他目睹田庐、房舍被淹了，觉得心里头不安，所以下决心要把扬州这一带、淮扬这一带水利修好，让百姓能够安居乐业。这一次他到了高旻寺。到高旻寺之前，这个高旻寺要修，皇家要出钱，后来当地的官员、盐商大伙儿凑钱，就修起来了，他写了五个字"敕建高旻寺"。特别值得一提的是，离咱们扬州 15 里地的地方叫沙坝桥，我没考证是现在什么地方，他亲自到那儿看水灾情况，然后部署怎么在这个地方把水利疏通好，免得百姓受灾。

在这里面我再插入一个小故事。康熙帝南巡，行宫旁边一个村子老百姓家着火了，作为皇帝你有警卫守着你，这御帐没火就可以了。他却吩咐他的警卫给老百姓救火。老百姓着火房子的火灭了，他说，你们查一查一共烧了多少间房子。

他说，老百姓不容易，一着火家里头东西都烧了，哪有钱再盖房子？于是烧毁的房子每一间房子发三两银子，让灾民把房子建起来。这总算可以了吧？他说，这钱别发给地方官，发给地方官他们若贪了，老百姓得不到实惠，你们侍卫亲自一户一户地把银子发到受灾老百姓手里。很细致啊！免得官员从中间盘剥，有一些官就是发国难财、民难财。这是第三次南巡。

康熙帝第四次南巡是康熙四十二年（1703年）。第四次南巡来去都在扬州住。这时候住在扬州府，府里头有个行宫，以后就每两年一次了。

康熙帝第五次南巡是康熙四十四年（1705年）。这次南巡有个特点，就是经常泛滥的黄河、淮河已经基本得到整治。他这次南巡来看看效果到底怎么样。一看，果然这些问题基本解决了，他很高兴，当地老百姓也比较高兴。这时候，老百姓情况完全不一样了，沿着扬州附近运河两岸夹道欢迎，船往前走，老百姓就跟着往前走，一面走一面欢呼。他说，船往前走老百姓跟着往前跑也很累啊。他跟地方官说，用我们今天的话来说，大家这种心情我很理解，不要跟着往前跑了，特别是年纪大的都很累了，劝他们在岸上表示一下心意就可以了，对他们要蠲免一些钱粮，要进行些救济。从这次情况来看，文化冲突缓和了。

在第五次南巡之前，从宫里头传出话，说康熙皇帝要第五次南巡了。这一年，他52岁。这时，曹寅和一些盐商、地方官，商量要给皇帝修一个行宫，而且这个行宫怎么建的有详细的记载：几进院子，房子多少间，厢房、朝房什么样，都有详细记载。还有个花园，康熙帝不知道。康熙帝来了，他住在行宫，他一看也挺高兴。这时候，水患问题基本上解决了，江南地区满汉之间矛盾也有所缓和，他这时候就不是以水利为主了，就比较享受了。他在这儿干什么呀？每天都有记载，有一个叫汪康年的人写了本书，记载圣祖五幸江南的事，记得很具体。譬如说，三月十一日晚上到了扬州，各地的盐商和官员匍匐叩接，磕头来迎接他。第一次南巡他怕群众，怕对他如何如何，所以不敢上岸。这时，情景不一样了，十三日他就住在西面宝塔湾行宫，而且写字赏赐。十四日，皇帝要乘坐龙舟往镇江去。

去之前，曹寅等官员，还有一些盐商，又为皇帝送礼。曹寅送什么呢？送古董。康熙帝收了什么呢？收了一个玉环、一对白玉鹦鹉，收了扬州盐商的献礼60件，每一件都可以说价值连城。这次是皇太子允礽跟着来了。献给他多少呢？献给他40件，也不少了，他当然很高兴。这里头我就想了，不让官受贿，你这个皇帝却接受人家的送礼，这么贵重的礼品，这事儿也值得批评一下。这是去的时候。回来时又在扬州住，还住在这个行宫。他要走了，官员、盐商说您别走，再留两天。他说好，留两天。过两天，您别走。再挽留，再留两天。这样共在扬州住了11天。11天都做什么了？我跟大家说出来听听。初一，皇上到了二十里铺，江宁织造曹寅带领官员，还有些商人来叩请圣驾，中午到行宫游玩，晚上看戏、宴会。初二，两淮盐商招待皇帝。干吗呢？看戏、宴会。初三，皇上在行宫里头游览花园，晚上赏灯，登船之后，宴会、看戏。初四、初五，低级一点儿的文武官员叩见，之后吃饭、看戏。初六晚上，还是吃饭、看戏，连着六天，每天都是宴会、看戏。最多的一次，记载的是摆了100桌宴席，这筵席是谁买单呢？曹寅等人买单。文献明确记载是曹寅等买单摆100桌酒席。后来认为曹寅亏空就是与接驾花费有关。这么一来一往，我算了一下，康熙帝第五次南巡在扬州住了11天。

　　康熙帝第六次南巡是康熙四十六年（1707年）。这是康熙帝最后一次南巡。这次康熙帝南巡，河清海晏，盛况空前。河北当时叫直隶，直隶和山东沿运河两岸，有小孩，有老人，个别还有妇女，两岸跪着的、站着的、追着船跑的，欢迎康熙帝，史书记载数十万人。我觉得这数肯定夸大了，但可见人是很多。这样就从山东过了微山湖，到了江苏，进入扬州地区。这次在扬州一共住了10天。10天基本上不是查黄河了，因为治河有成绩。这次就是游山玩水、宴会、看戏，还有当地官员进了很多美女，一会儿我还要说。

　　这样康熙二十三年（1684年）、二十八年（1689年）、三十八年（1699年）、四十二年（1703年）、四十四年（1705年）、四十六年（1707年），一共6次下江南，往返都算上，共12次到扬州。那为什么康熙四十六年（1707年）以后他就不南巡了啊？从康熙二十三年（1684 年）第一次南巡到四十六年（1707 年）第六次是他 32 岁到 54 岁，正是年富力强的时候。按说他应该接着来，为什么不来了呢？因为康熙四十七年（1708 年）发生了一件事，他北巡的时候，把皇太子允礽废了，这是个很大的事情。允礽小时候母亲赫舍里氏就死了，他两岁就做了太子。康熙帝废太子时动心了。史书记载，儿子们、大臣们，都跪着听圣旨。史书记载康熙帝"且谕且泣"，一面念一面哭泣，念完之后，扑倒在地。大伙把他架起来，不久康熙帝就中风了。康熙帝晚年右手不能写字，批答奏章是用左手。后来记载他两条腿肿得很厉害、很粗，脚穿靴子也困难，把靴子划开一个口子才能穿上，后来靴子也穿不上，拿个毡子把脚裹上。有个官员拍马屁，给他上个奏折，说"祝圣上万安"，这是好意啊，拍马屁也是好意啊，祝您万安。康熙帝看完，啪！给摔了，朱批道："朕一安尚无，何来万安？！"这官员本来想拍个马屁，结果讨个没趣。这说明康熙帝心情不好啊！一安都没有何来万安，还有心思下江南吗？坐船从北京到江南一个来回，大约多少里啊？我初步算了一下，现在说京杭大运河是 3500 里，来回 7000 里。他还到绍兴，从杭州到绍兴还有一块呢，他到曲阜呢，岔过去到曲阜再回来到泰山，泰山又不挨运河，还得到泰山玩，再到运河上，我算了算一个来回大致算 1 万里，显然他这时候体力不支，所以康熙四十六年（1707年）之后就没有再南巡。废了太子后，接着又立了。立了又废，两立两废。最后一废，他身体就更不行了，走路还要别人搀扶着。所以，康熙帝后来没有体力、没有精力也没有心情南巡。

康熙帝南巡与扬州有什么关系？我下面跟大家交流第三个问题：康熙帝南巡与扬州的关系。

三、南巡的影响

第一，影响扬州社会与文化。本来扬州就有名，通过康熙六下江南、十二次到扬州，扬州的影响更大了。从皇帝到大臣到百姓，影响深远。举一个例子吧，第一次来在扬州一天没住，住在船上；第二次来在扬州住了一天；第三次来扬州住了三天；第四次来扬州住了四天；第五次来扬州住了十一天；第六次来扬州住了十天。从住的天数来看，就很说明问题，也说明满汉之间的矛盾有所化解。康熙帝多次到扬州，对扬州文化有更多了解，著名的《全唐诗》就在扬州开局、刻印，后又刻印《全唐文》，一直影响至今。乾隆修《四库全书》，在扬州建文汇阁贮藏，扬州成为江浙文苑士子四大文化中心（南京、杭州、扬州和镇江）之一。

第二，化解满汉文化差异。我举个例子，比如说康熙帝在他的行宫里写匾，给谁的呢？给董仲舒，汉代大儒董仲舒，匾上写着"正谊明道"，这是肯定董仲舒。还有个北宋大儒叫周敦颐，给他送的匾是什么呢？是"礼明太极"，就是承认儒家的文化传统。还有，大家知道宋朝抗金的宗泽，中学课本都有，康熙帝就在扬州给宗泽写"忠荩永昭"的匾，以我们今天的话来说，就是光明永远传下去，忠心耿耿的精神永远传照下去。宗泽是抗金的呀，清满洲就是金的后裔，今天来表彰宗泽什么意思？还有陆秀夫，南宋背九岁小皇帝赵昺投海而死的陆秀夫，康熙帝也送了个匾，写了四个字"忠节不磨"。这用今天的话来说就是永垂不朽。陆秀夫是抗击蒙古的，蒙古也是"鞑子"，清朝对"鞑子"是忌讳的，他表彰宗泽也好，陆秀夫也好，其目的是什么？是化解满汉之间的民族积怨和文化差异。

第三，影响北京宫廷。康熙帝南巡对北京的宫廷影响太大，扬州菜传到宫廷，南戏影响了宫廷，服装影响了宫廷。特别是康熙帝下江南之后，他的妃子里面出现了汉族的姓氏，比较重要的有这么几个姓：王氏、陈氏、高氏、石氏、袁氏、马氏、易氏、张氏、刘氏等。这里至少有 8 个是南方的汉族女性。康熙帝晚年生的儿子很有意思，从康熙帝的第二十五个儿子到第三十五个儿子，一共 11 个儿子，江南女子生的儿子是 10 个。在此之前的几个多是满洲人、蒙古人生的。他的女儿呢？从第十四到第二十皇女，7 个皇女当中可以证明是江南汉人女子生的至少有 4 个，而且这些都是在他晚年，特别是下江南之后生的。还有园林，康熙帝让画师画了南巡图，沿路程画草稿。根据扬州、江南的园林，在北京的畅春园、避暑山庄建园林，江南的文化对北方，特别是对宫廷影响很大。

第四，笼络汉族官员。我讲个故事给大家听。有个江苏巡抚叫宋荦，当时江苏巡抚是在苏州。宋荦在苏州，康熙帝南巡他来接驾。康熙帝怎么跟宋荦谈呢？不像电视剧那样跪着磕头，然后口呼万岁，不是这样的。康熙帝说，你今年多大年纪啊？宋荦说臣62岁。问，你的视力还好吗？宋荦说，臣看书大字还可以，看小字就看不清了。康熙帝说，我送你副眼镜吧，你回去试试看。说完就送了副眼镜儿给宋荦。第二天又见宋荦，问，这眼镜戴上怎样啊？宋荦说，臣戴着这眼镜，不但大字看得很清楚，小字看得也清楚了。康熙帝又问，你牙口怎么样啊？宋荦说，臣吃软东西还行，吃硬东西不行。清朝的男人到50岁后，牙基本就不行了，那时候又不会镶牙、种牙，怎么办呢？康熙说，我的御厨，他做了一道菜，一品豆腐。我给起名儿叫"康熙豆腐"，这道豆腐，味道鲜美，松软可口，老年人牙口不好，吃这个可以，但是我如果让我的御厨做点豆腐送到你巡抚衙门里头，你只能吃一次，你再吃就没有了啊！这样吧，我通知我的御厨，明天到你巡抚衙门厨房，教给你的厨师做这道豆腐，然后你什么时候想吃，什么时候做就可以了，你的子孙都可以吃。第二天，他真派御厨到巡抚衙门去了，教给宋荦的厨师做"康熙豆腐"。过了两天，又见宋荦，康熙帝问，那道豆腐怎么样啊？宋荦说，臣吃了这个豆腐以后，觉得味道很好，牙口不好吃这个就行了。康熙说，好，你就继续吃得了。他们君臣之间，没有到这儿汇报一下工作，你这里粮食产量多少，GDP完成多少，怎么搞得干劲不足啊，还要继续努力啊！没有这些话，就是君臣感情的沟通和交流。大家想想看，你说宋荦戴上康熙皇帝送的眼镜，吃了康熙皇帝送的豆腐，还有亲笔赐的字，那真是忠心耿耿地为"圣上"康熙卖命啊。所以，康熙帝在南巡的时候，我给概括出八赐：第一赐匾，送个匾给你。第二赐字，送一幅字给你。第三赐宴，举行宴会请人吃饭。第四赐食，御厨做好菜给送到家里去。第五赐银。第六赐物，很好的玩物字画皇帝赐给你。最后还有两赐：一个是赐见，接见官员;一个是赐官,给你封官升级。通过这8个"赐",君臣关系比原来密切了,尤其是对汉族官员格外笼络,以后汉人死心塌地,甚至忠心耿耿地为他做事情。

再举个你们江苏的例子。陈鹏年,官也做到江苏巡抚,相当于现在的省委书记或省长。当时,城里有家妓院。他说,这不行,影响民风。他便下令封了。这房子得利用起来,他让人把房子打扫干净,说可以在这进行教育,搞文化活动,进行学习啊。于是,在墙上张贴"圣谕广训",也就是康熙帝语录。他还常挂块匾,上题"天语叮咛"四个字。本来这是个好事情,可有人歪曲,上纲上线,打小报告,密折上去了,说这个陈鹏年对圣上大不敬,居然在妓院这地方写上皇帝圣谕广训。朝廷讨论,定陈鹏年"论死",就是死罪斩首,但不立即执行,等于死缓。曹寅做了件好事,曹寅等康熙帝南巡到了江宁,对康熙帝又不能直说,慢慢地看着康熙帝没生气的时候,他就在御前的石阶上磕头,不说话,光磕头。史书记载头磕得台阶咚咚响,血流满地,额头鲜血直流。康熙帝一看,问是怎么回事啊?曹寅说,陈鹏年的意思是宣传皇帝的恩德,取缔那些乌七八糟的东西。康熙帝一听,明白了,说:"你不就是想让他免死吗?"康熙帝犹豫了半天,说:"好吧,免陈鹏年一死。"康熙免了陈鹏年死罪后又派他到北京武英殿修书处修书。清代重要的书多是在武英殿修的。后来,陈年鹏表现很好,又做了巡抚、河道总督。陈鹏年管治河,有一年发大水了,他就到工地日夜劳瘁,跟民工一起来治河,累死在工地上。陈鹏年因公死后,别人到他家里一看,家里有一个80岁的老母亲,四壁空空,室如悬磬。后来,雍正皇帝说陈鹏年"鞠躬尽瘁,死而后已"。陈鹏年免死修书的故事是发生在康熙帝南巡的时候,也发生在江苏。所以,我说南巡密切了君臣关系。

我们应当看到,康熙帝南巡浪费惊人。康熙帝自己说他的随从仅三百人而已。但实际上,特别是后来几次南巡,随从人员越来越多,到一两万人。南巡的钱从哪里来?他说都由国库出,实际上很多都是出自地方官员的筹措和盐商的捐献。官员的钱哪里来?他们的薪俸是有数的,最后还是老百姓的钱。有的官员钱凑不上了，就出现亏空，一些官员因康熙南巡而财政亏空。后来，乾隆时南巡亏空更厉害，挥霍也更厉害。曹雪芹的祖先曹寅等后来被抄家，财政亏空的重要原因就是他接驾花的钱太多。

最后有一点，我附带提一下，就是康熙帝南巡故事很多，电视剧、小说等说康熙帝下江南时，去参加科举考试；说他怎么抽工夫去赶考，住在村野鸡毛小店，如何如何，纯属编造，史无其事。大家一定要明白，这些都属于编故事，都属于戏说，不是真实的历史。

我个人想，康熙帝这样的皇帝，有人说是"千古一帝"，我不赞成，不是千古，而是千年。就是从唐以后，两宋、辽、金、西夏、元、明、清一千年，8个朝代90个皇帝，在这个范围里康熙帝是"千年一帝"。社会动乱敢下江南吗？敢沿着河堤走，一走十几里、几十里，一面走一面问老乡，这水怎么回事？从康熙二十年之后，四十年间中原地区没有战争。诸位，我们中国历史，在位满40年的皇帝，第一个是汉武帝，在位54年，晚期不行，有"天汉民变"，也乱了。第二个是唐玄宗，在位44年，有安史之乱，杨贵妃都被勒死了，后期也说不上太平。第三个是明朝的嘉靖皇帝，在位45年，他自己都被宫女杨金英差点给勒死，勒断了气儿，有人跑去报告皇后，皇后来了赶紧解开带子，人已经没气了，把御医找来。御医叫许绅，《明史·许绅传》记载这事儿。许绅一看急了，皇帝救不活的话，御医有死罪。许绅知道命难保，他就重症下猛药，一个时辰后，嘉靖帝哇的一声，"吐紫血数升"（未必这么多），缓过气儿来了。这能算太平吗？皇帝自己都不太平，天下能太平吗？后来，嘉靖皇帝有办法儿，他不是在乾清宫住嘛？他那床分上中下3层，一张床3层，安9张床，共27张床。那时候没电灯，晚上把蜡烛一吹，盖上被窝，搁个枕头，27张床，谁知道皇帝睡哪张床上，别人要来害他，这翻翻，那翻翻，不早就被发现了吗？后来，我跟故宫里的专家讲，我说想看看那27张床是什么样的。他们说没办法，后来宫廷房子改建，已经看不到原貌了。万历帝在位48年，有萨尔浒大战，双方动员20多万军队作战，明军号称47万，这也不太平啊！乾隆帝在位 60 年，中期有"王伦起义"，中原地区也有战争。就康熙帝这 40 年，中原地区没有战争。我说是"康熙盛世"。康熙帝不能跟今天比，但可以跟中国历史上的北宋、南宋、辽、金、西夏、元、明、清相比。比方说两宋、辽、金皆半壁山河，西夏偏处一隅，都不足论。元朝成吉思汗没在中原称帝，忽必烈武功有余，文治不足。朱元璋呢？朱元璋"驱逐胡虏，恢复中华"，推翻元朝有功，但杀人太多。有一次，星云大师问我："朱元璋也是出家人，应该是戒杀啊，为什么杀那么多人呢？"朱元璋杀人太多，枉杀人太多，也不能算千年一帝。永乐皇帝发动靖难之役，都城从南京迁到北京，北京人很感谢他；永乐皇帝时，郑和七下西洋、亦失哈八下奴儿干，都表现出他雄才大略，但那皇位是怎么得的呢？有的史官写一个字："篡。"

总之，所以我算了一下，两宋、辽、金、西夏、元、明、清，千年可称一帝者，就是康熙帝。康熙南巡下扬州也很浪费，但是在当时重点还是为了政治上需要统一、经济上需要治水兴农、文化上需要民族协和，其正面影响更大一些，但他南巡的负面东西，也要批评，也不能继承。

（本文系 2009 年 5 月 16 日，应星云大师之邀，在鉴真图书馆讲坛，即扬州讲坛上的演讲稿，发表于《扬州讲坛名家精粹（贰）》，上海文化出版社，2012 年）

镇江：文宗阁与《四库全书》

　　中国有句老话叫"班门弄斧"，在鲁班门前是不能弄斧的。我是给自己定了一条规矩，就是"到了什么地方，不讲什么地方"。到了镇江，不能讲镇江，因为在座的每一位先生都是镇江的专家。到镇江说扬州，到扬州说镇江，可以扬长避短。现在命题作文，叫我说一说镇江文宗阁和《四库全书》，我就勉为其难，说一点看法，供诸位讨论。

一、文宗阁的复建

　　第一个问题，就是文宗阁的复建。乾隆皇帝下了谕旨，把《四库全书》中的一部藏在镇江的文宗阁。我始终闹不明白，乾隆皇帝为什么单单偏爱镇江？其余6个阁，一个是在承德避暑山庄，乾隆皇帝每年都去，康熙皇帝以前也是每年都去，康熙皇帝大概去了48次避暑山庄。乾隆皇帝每年五月份去，一直到天凉之后回北京，所以他在那里修了一个文津阁，看看《四库全书》，可以理解。沈阳是清朝的留都盛京，皇家的《玉牒》和重要的典籍一律有一个副本，贮藏在沈阳崇谟阁，他为《四库全书》在那儿单修一个阁——文溯阁，也可以理解。圆明园，从雍正皇帝开始，特别是到乾隆皇帝的时候，尽心尽力地建圆明园，乾隆大部分时间，除了避暑山庄，就在圆明园，他在那里头搁一部《四库全书》，他的儿子也经常在那里翻一翻，看一看，建了文源阁，也可以理解。再者，皇宫当然要藏一部了，为这个事情，修了文渊阁。文渊阁明朝有，在南京，搬到北京之后烧了，乾隆皇帝为了储存《四库全书》，又重建了文渊阁，现在又重修了，大家有机会可以到北京看一看，它很快要正式开放了。浙江杭州有文澜阁可以理解，因为浙江是个经济文化大省。江苏当时的江宁府大家都很清楚，非常重要。江宁将军住江宁，江苏巡抚住苏州。当时，南京、苏州地位很重要，那么江苏这部《四库全书》应该说或者放在南京，或者放在苏州。乾隆帝没有这么做，而把《四库全书》放在了镇江。还有另外一部放在江北扬州，这个也有道理，因为修《四库全书》的时候，扬州人马曰琯先生出了很多的书。江苏一些重要的书是马家出的。开始的时候出了300多部书，那些书今天来说都是价值连城的。有人打小报告说马先生家里还有。乾隆皇帝派巡抚到他家去访问、做客，实际上是了解一下他家里到底有多少藏书。这位马先生坐不住了，书也藏不住了，第二批又交了一些。可是，乾隆还不放心，又派人到他家里去摸底，要参观他的书，马家的藏书基本上让乾隆皇帝摸清了，再不献就不好了。乾隆帝说，我借你的，用完了就还你。实际上用完了，相当一部分没有还，那马家也没有办法。乾隆帝南巡时又住在扬州，给扬州留一部《四库全书》也有道理。

镇江也捐了一些书，但不是最多，即使对江苏来说，也不是最多的。那么为什么把这部《四库全书》放在镇江呢？我就始终没有想明白。乾隆帝也没有特别交代，就说江南士子很重要，要放一部在镇江供江南士子看。昨天晚上，钱老（镇江文史研究会总顾问）说了，今天早上又说了，我也请教他，乾隆帝为什么选这儿？他说其中一个重要的原因，就是这个"地"，天地的地，因为镇江这个地方太重要了，正好在当时长江的中间。乾隆帝当时特别喜欢镇江，所以他每次下江南的时候在镇江的天数，比其他地方多。乾隆对镇江有特殊的情感，我想这是其一。

还有就是，在别的地方，书和阁中间有一个时间差，而镇江是先有阁后有书。大家知道，藏《四库全书》7个阁中有6个都带一个水字。北京文渊阁的"渊"带个水字，圆明园文源阁的"源"是带个水字，承德文津阁的"津"是带水字的，沈阳文溯阁的"溯"是带水字的，扬州文汇阁的"汇"也带水字的，杭州文澜阁的"澜"

是带水字的，就是我们镇江的文宗阁的"宗"是不带水字的。所以，有人就提这个问题，我也想过这个问题：为什么文宗阁的"宗"是不带水字偏旁的？有好多种解释，其中一种解释就是文宗阁在先，在《四库全书》之前，阁已经盖起来了，而且这块匾又是乾隆帝题写的，别人写的可以给他补上；乾隆帝写的，御笔没有错，不能题改。这是一。还有一种说法说，有一部分文献记载：镇江这个叫文淙阁，但后来正式公文发文的时候，乾隆帝正式谕旨的时候就没了那三点水，也就成了现在的文宗阁。

还有些什么原因？我想，这个问题值得研究。建议诸位镇江的先生把这事再深入研究一下，为什么藏《四库全书》的7个阁中有6个是带水的，就是我们这儿的不带水字。是不是因为我们这儿旁边就是水？文澜阁在西湖边也有水啊。文渊阁本来是没有水的，后来从元朝大都，内金水河，这么引水到了文渊阁前头，原因是水防火。内金水河从紫禁城的东南角，注入筒子河，再流到通惠河，然后从天津入海。

南三阁和北方四阁不同。今天上午，凤凰卫视的一个记者问我有什么不同。我说，不同有很多，其中一个不同，文渊阁是皇家的，别人不能看的；文源阁在圆明园，老百姓进不去；承德避暑山庄是皇帝的夏宫，文津阁一般人进不去，不开放；盛京那个文溯阁，是清朝的留都，别人也是不能进的。汉人一般是不给出关的，出关基本上是流放，流放宁古塔，流放盛京，流放尚阳堡，流放卜魁（今齐齐哈尔）。但是，江南这三个阁、文汇阁、文宗阁文澜阁，士子可以用。所以，实际上，它们当时是一个公共图书馆，但不像我们今天任何人都能看，那时也有条件。尽管有条件，还是有很多人可以看。这是南三阁和北四阁的一个重大的不同。

我们文宗阁的《四库全书》交书比较晚，校对得也比较细。太平天国的时候给烧了。太可惜了！皇家很惋惜，老百姓也很惋惜，士子就更惋惜了。所以，很多人就想复建文宗阁。

我们图书馆的徐苏副馆长写了本书，专门研究了此事，主张复建，他做了很深的研究。清朝的溥良（1854—1922），爱新觉罗宗室，念书考中进士，入了翰林院，后升到都察院左都御史，相当于现在的监察部部长，可能还大一些，相当于现在中纪委书记。当时，正部级就是六个部：吏、户、礼、兵、刑、工，六个部加上都察院等于七。正部级，按照单数算是七个人，所以这个左都御史实际地位是很高的。后他又转为礼部尚书。礼部尚书官很大，比我们现在的教育部部长大，相当于现在的政治局委员兼教委主任这么一个级别，所以溥良当时地位是很高的。他还到江苏做过教育厅厅长。溥良亲自给光绪皇帝写了一个奏章，要将这个文宗阁复建。但溥良这个愿望根本不能实现。虽然他这个愿望非常好，但是第一天时不对，第二地利不对。复建文宗阁不能在北京定这个事情，要在镇江定。当年，定建文宗阁的时候就是在镇江，不是在北京定的。溥良如果联系当地的知府和一部分有钱的商人集资来建，这事可能建成。但是，他依靠光绪皇帝来建，而光绪没有实权，慈禧掌权 48 年，光绪要重建得奏报慈禧，你不直接跟慈禧说，而是跟光绪说，人也不对。溥良第一天时不对，第二地利不对，第三人合也不对，所以这事办不成。

王先谦（1842—1917）也想办这个事情。王先谦地位很高，他是国子监祭酒，当时国立大学校长，比现在北大校长、清华校长、人大校长、北师大校长四个校长加一块还要大，因为当时全国就一所大学。他就在皇宫的东华门办公。他编的《十一朝东华录》，我们现在也读得到。王先谦说话有分量，但也办不成文宗阁复建这事。我说还是那三不对，一天不对，二地不对，三人不对，事办不成。

再从民国一直到当代，昨天钱老跟我说，他们当地有一位彭克诚先生也提出复建这个事情，也查了材料，查了《两淮盐法志》，查了文宗阁的图，很有贡献，但也未成。彭先生是 2007 年的时候提的，天时还不到。

现在，我们把这个事情给办成了！第一是天时到了。天时太重要了，成小事要有小天时，成大事要有大天时。没有天时，任何人也做不成事情。我们今天坐在这儿进行研讨，上午进行文宗阁复建落成开放的仪式，天时恰好，地球转到

2011 年，转到这个时候，这事成了，而且还在镇江。扬州这事还没成。同样一个天时，镇江成了，扬州还没成。我们这里一成，扬州很着急。所以，光有天时，没有地利，还不行。镇江有地利。这两条有利都有了，还不行，还要人。我说咱们许津荣书记兼市长，还是很有眼力的，看出文化这个大体，在中央作出文化大发展大繁荣之前，作出这个决定。在 2008 年，提前三年作出这个决定，了不起。我上午引了《尚书·吕刑》一句话："一人有庆，兆民赖之。"如果领导不重视，抓别的，那这事就做不成。因此，天合、地合、人合，三个条件统一了，我们文宗阁复建这事就办成了。

清后期办不成，民国也办不成，中华人民共和国成立62年，前50年也办不成，今年办成了。所以我们大家在座的，都是很有幸的。这是我要和大家交流的第一个题目。

二、关于《四库全书》的两大问题

乾隆皇帝修《四库全书》，其积极面，我在《大故宫》（长江文艺出版社 2012年版）里讲了，其消极面我今天讲两个问题。

第一个问题，在修《四库全书》的时候，修了一些书，删了一些书，改了一些书，毁了一些书。这是从秦始皇焚书坑儒以来封建文化专制的一个结果，这一点要批评。关于这一点，诸位贤达说得很多，辛亥革命以后这话说得就更多，文章也很多，我就不重复了。

第二个问题，我看大家讲得比较少，我把这一点讲一讲。修《四库全书》用了 4000 多人。这 4000 多人不是一般的人，基本上是当时中国知识界的精英，一般来说至少要是个进士，不得低于举人。乾隆帝修《四库全书》20 多年时间，当时知识界的精英都直接或者间接地参加了。20 多年、4000 多个知识精英，抄写一部《四库全书》，现在统计出来大概是 7 亿字一部。一共 7 部，大约 50 亿个字，用毛笔抄下来。这个工作主要是把现成的书，精抄一下，集中起来。乾隆修《四库全书》的时候，欧洲在做什么？法国在做什么？英国在做什么？美国在做什么？同时期，我以法国为例。这个时候的法国"百科全书派"（伏尔泰、狄德罗、卢梭等），他们在高扬一种批判精神，为法国大革命制造理论的、思想的、舆论的准备。准备的一个成果就是《百科全书》。《百科全书》中有新的思想、新的见解，反映的是新的时代。"百科全书派"的工作，为尔后的法国大革命起了思想的、理论的、舆论的奠基作用。乾隆时候花了20多年的时间，集中了几千个当时的知识精英，抄写已经有的书，重抄一遍后合起来，其中一个大的弊病就是扼杀了学术批判精神和思想创新精神。这个工作不是一种学术批判工作，把《论语》重抄一遍，不具有一种学术批判精神，也没有思想的创新精神。现成的书重新抄一遍，前后20多年，加上乾隆朝前后，总算起来半个世纪左右，我们整个中国思想界，跟法国思想界来比，差距拉大了。我觉得从学术的角度看，从历史的眼光看，这是乾隆修《四库全书》的两个大问题。我们是后人，我们后人看前人的时候，比当事人看得清楚一些。我们明白这个书，虽然有价值有贡献，但是有几个问题，值得我们今天引以为鉴。我们今天要高扬学术批判精神，高扬思想创新精神，在批判中前进，在创新中前进，推动文化不断发展。这是我今天要跟大家交流的第二个问题。

三、《四库全书》的价值

刚才说了修《四库全书》的两个问题，那么《四库全书》是没有价值、没有作用的吗？不是的，我认为乾隆帝修《四库全书》，价值很大。对乾隆修《四库全书》，自辛亥革命以来，某些学者持全盘否定的态度，我不赞成；全盘肯定的态度，我也不赞成。我认为，对《四库全书》应当肯定它积极的部分，而批评它消极的部分，全面地看这个事情。它有哪些积极的东西？哪些值得我们今天借鉴的东西？《四库全书》为我们后人提供的有益的东西，我想至少有八条。

第一，千秋文化，宏伟大业。我们中国明清以来 600 年，大的文化工程有三：一是《永乐大典》；二是《古今图书集成》；三是《四库全书》。《四库全书》是我们中国从有甲骨文字以来，一直到现在为止，一部空前的文献大集成。民国没有这么大的文化工程，虽然我们今天也有很大的文化工程，单就古籍的整理、古籍的集成还没有超过《四库全书》的。据学者研究，全世界所有国家，没有一部书超过《四库全书》的。乾隆皇帝花了 20 年的时间，集中了数以千计的专家、学者和文化人，推出了一部古今中外最宏大的文化工程，这对历史是一个贡献，对文化更是一个贡献，这是第一。

第二，保存珍贵文化遗产。有人说他毁了一些书，删了一些书。我说这是一面，像人手一样，手心是一面，手背又是一面，它也有保存文献的一面。诸位啊，当时，很多的书分散在民间，稿本、孤本、写本、善本分散在民间，有少数私家藏书，不多。这些书经过天灾人祸、家境变迁，几百年靠个人保存下来是很困难的。通过修《四库全书》，把全国能收集到的重要的书，给它原样抄下来，抄 7 份，保存下来了。好多的原书，现在根本找不到，但我们今天还能看到，因为有《四库全书》。如果没有《四库全书》，大概好多书我们今天根本看不到。这是一个很大的贡献。我是念书的人，我知道找一本书太困难了。保存了一本珍贵文化遗产，现在拿到文物市场都是不得了的。数以千计的文化遗产被保留下来了，还抄 7 份，扬州文汇阁那份烧了，承德文津阁的还没烧。它如果就留一份，那就不行了，大部分就损失了。这 7 份，现在完整的还有 3 份：文渊阁一份，现在在台北故宫博物院，我去看过；承德文津阁一份，我也去看过，后来挪到国家图书馆了；沈阳文溯阁那份我也看过，现在挪到兰州去了。杭州文澜阁那份呢，我去看过，不全了。我去看的时候，看见书上盖着塑料苫布，心情非常难过。我说，你们干吗盖块塑料布呀？他们说，因为房子漏雨。我说这怎么可以，国宝啊！你们怎么可以让漏雨？他们说没钱修缮。我回头就到文化部，找图书管理司司长，他说不可能，立即去杭州看了一看，发现确实如此，然后赶快修好。不能再漏雨啊，国宝啊！

这几部我都亲自看过，保存了下来。

过去查个材料太困难了。现在文渊阁的《四库全书》已经影印了，文津阁的《四库全书》也影印了。我们想查《四库全书》很方便，一查就查到了。有些人，不客气地说，批评《四库全书》的，一部分人没看过《四库全书》，没用过《四库全书》，他要真去查过用过《四库全书》，便会觉得，幸亏这么宝贵的材料保存下来了，不然我们看不到。今天上午，市委宣传部部长讲的那个例子，昨天晚上钱老也讲过，就是那个青蒿素，古籍保存下来了有关青蒿素的记载，现在研究出新药，这是一年救活数以百万计人命的科学大事。

第三，集佚古代典籍珍本。到乾隆修《四库全书》的时候，《永乐大典》就不全了。乾隆帝下令把《永乐大典》里面能找到的书，都给辑出来。辑出来之后，抄7份合并到《四库全书》里。经过英法联军、八国联军等事件之后，《永乐大典》就基本上没有了，所存寥寥无几。他要不辑，我们现在看不到，永远在地球上消失了。在修《四库全书》的时候，把《永乐大典》里的那些书辑佚出来。这对保存古籍也是功德无量的。胡适先生有一句话，"一个汉字发明，就像发现一个星星一样"。保存300多部古籍，把它们辑佚起来，对人类文化，是一个重大贡献。

第四，汇总清代前期成果。到乾隆帝修《四库全书》的时候，清朝经过顺治十八年、康熙六十一年、雍正十三年，到乾隆五十年左右的时候，一百多年的文化和学术的积累，把这些书汇总到《四库全书》里头，保存下来了。因为有一些个人著作，当时是没有刻本的，就是手写的本子，藏在自己家里，作者死了以后，可能就被儿子卖掉了。修《四库全书》时，把这些清朝人写的书也汇集起来了，汇集到《四库全书》里头。有人做了统计，这种书大约占《四库全书》总数的四分之一。我们今天能够比较完整地看到清朝前期一百多年学者的著作、诗词等，都是因为在《四库全书》中保存下来了。

第五，《四库全书》方便学人阅读使用。大家想想看，原来存在镇江的一部书，在北京的一个进士想看，根本没法看，他不能跑到镇江来看这本书。但是汇到《四库全书》里头了，他在北京就可以看了，在杭州也可以看，在扬州也可以看，就方便多了。

第六，有利文化广泛流传。今天我们把《四库全书》影印了。如果没有《四库全书》，而是一本一本印，印七万多本书，任何个人力量都是不够的。现在，世界各个重要大学图书馆，大陆、台湾地区重要大学图书馆、重要公共图书馆，基本上都有影印的《四库全书》。许多的学人，都可以在那里看到。特别是近年把《四库全书》数字化了，坐屋里在电脑前都可以看了。这个贡献的源头，就是乾隆年间修的《四库全书》。不然，我们今人不能享受到这个文化成果。

第七，便于分类、检索、查阅。中国古书太多了，20世纪五六十年代，北京孔庙的东庑作为中国书店，全是经史子集。我当时就经常到那里看书，书是浩如烟海。乾隆是用四部分类法，经史子集分类分目，你到那里就可以检索了。经，先查《尚书》这一类；史再分类，纲举目张，查阅起来非常方便。民国时期的图书分类基本上是按四库分类法。后来，20世纪50年代，学了苏联的分类，现在出版还是用的苏联的分类方法。但是，四库分类法是我们图书分类方法中的一个重要方法。与四库检索分类相关的两部书，一部是《四部荟要》，一部是《四库全书总目提要》。《四部荟要》有两部，一部被烧毁，另一部现在存台湾地区，后来影印出版了。《四库全书总目提要》太重要了，可能有些人已经注意，有些人还没有注意。《四库全书总目提要》把《四库全书》里面每一本都做了提要：作者是谁，主要内容是什么，哪些地方是优点，哪些地方是不足等，都做了评论。有一次，一个记者问我，要过新年了，让我给读者提点建议。我问，什么建议啊？他说，比如读什么书。我说，现在大学已经基本普及了，有大学毕业文化程度的人，我建议每人案子上备一本《四库全书总目提要》。有人问："我不研究文史，有必要吗？"我说："有必要！"我来之前，一个专门做石头的朋友问我："阎老师，我研究石头，苦于找不到书看。"我告诉他《四库全书》里头就有专门研究石头的《石经》。其实，《四库全书》还有专门研究墨的《墨经》、研究茶的《茶经》，从陆羽的《茶经》开始到清朝的《续茶经》，都给汇编到一起了。要不是汇编一起，《茶经》在汪洋大海里便没法找。几百年的书了，可能根本找不到。

所以，我个人的体会，有大学文化程度的人，案子上放一本《四库全书总目提要》，随时翻一翻，大有好处。我年轻时候看到有个人学问真大，旁征博引，后来我发现他案子上有部《四库全书总目提要》。我翻看了后觉得挺受益的，于是回去后自己也买了一部，有时候是每天翻，至少是每周翻。碰到一个书就查一下，非常方便。

第八，提供整理古籍经验。我们新中国成立 62 年以来，多次进行古籍整理，多次进行全国古籍普查。我个人觉得全国普查，用政府的力量来做的，《永乐大典》是一次，更重要的一次就是《四库全书》。乾隆的《四库全书》用政府的力量，调集全国各地的总督、巡抚、知府进行访查，对全国的书做了一次总的调查和梳理，然后进行选择，重要的就编到《四库全书》里。其中当然有一些疏漏，有的书他们觉得不重要，就没有选入，这是见仁见智的问题。总之，编修《四库全书》时古籍整理的经验，仍然值得我们今天学习。

综上所述，我觉得乾隆帝修《四库全书》的价值，至少有这八条。

四、自古才人多磨难

我在查材料的时候有一个想法，与大家共享。在帝制时代，在封建文化专制的时代，自古文才多磨难。历朝如此，清朝更甚。大家知道，《四库全书》总纂官三个人：第一个是纪晓岚，第二是陆锡熊，第三是孙士毅。我们今天一打开《四库全书总目提要》都有这三个人的名字。真正的《四库全书》，牵涉一大堆的关系，许多人都是冠名的，真正主持工作的是这三个人。

人们常说"自古文人多磨难"，我说"自古才人多磨难"。文人并不一定多磨难。纪晓岚（1724—1805）被发配到乌鲁木齐，从北京骑着驴或者步行，走着到乌鲁木齐。前些年，我坐火车去乌鲁木齐，六天六夜。纪晓岚是走着去的，来回两年零八个月。

陆锡熊（1734—1792）是《四库全书》的三个总编之一，后来有人发现书有错。7 亿字，能不出错吗？7 亿字，写的人水平也参差不齐。乾隆帝说，你陆锡熊负责的，现在要重抄，那纸钱和工钱谁出啊？让陆出，出了钱之后还不行，还把他发配到沈阳去校对文溯阁的《四库全书》，一个字一个字地校对。最后，陆锡熊就死在盛京沈阳，堂堂《四库全书》总编最后就这么死了。

孙士毅（1720—1796），这个人官做到巡抚，相当于现在省长一级。他的那个总督出了问题了。乾隆帝说，你是巡抚，他是总督，你怎么没有检举揭发他？乾隆这话说得有道理，也没道理。孙士毅对乾隆帝说，他犯罪不会告诉我，他不告诉我，我怎么会知道？我不知道，怎么揭发他？你怎么能怪我呢？乾隆帝一不高兴就下旨把孙士毅发配到乌鲁木齐，还抄了家。

三个总纂官，两个发配乌鲁木齐，一个发配关外盛京沈阳。这孙士毅，还算好，被抄家，家里一分钱没有，官做到巡抚了，家里还穷，说明这是个清官。但是，皇上已经说了你有罪，不能这么算了，只好罚他去修《四库全书》。他戴罪修《四库全书》。

《四库全书》有一个总校官叫陆费墀（？—1790），被发现他校对的也有问题。7 部书，接近 50 亿个字，当然可能有个别抄错的。朝廷罚陆费墀出钱，雇人重抄。抄了之后还不行，抄家，把陆费墀家抄了，就留 1000 两银子给他老婆孩子的生活费用，剩下的钱充公，把钱拨到扬州，做书套，做书盒，买纸重抄。陆费墀最后修《四库全书》落得这么一个悲剧的结果。这是四个人的例子。

《古今图书集成》，我们这里也曾经收了一部。《古今图书集成》实际做编修事的是两个人，一个人叫陈梦雷，另一个人叫允祉（康熙的三儿子）。陈梦雷对修《古今图书集成》功劳很大，三个死罪也可以免了。陈梦雷考了进士在北京朝考，考了庶吉士，进研究生院，后来散馆考试，等于博士生毕业了，分配到翰林院工作，一路顺风，不久却倒霉了。他母亲到北京看他，看完以后，他要把他母亲送回福建。陪他母亲回去，送完后想回来，正好赶上三藩之乱——吴三桂发动叛乱、尚可喜、耿精忠也叛乱。耿精忠逼着陈梦雷叛乱，他不干，就剃了头穿了袈裟出家到庙里。耿精忠说不行，还给他抓回来，非让他做一个官。可是，他不做，就这样左右纠缠。三藩平定后朝廷一查他，你有问题啊。其实，他还做了一件好事情呢：他把秘密的情报用蜡封起来，做了一个蜡丸，通过李光地送到朝廷，报告朝廷说我是心向朝廷的。结果李光地把这个功劳独吞了。康熙帝本来要对陈梦雷论斩，后来有人保他，就发配盛京。一发配17年，罚他在那里编书。"四壁图书列，松烟一径明。"他点着松烟在看书，积累了大量的资料。康熙帝东巡，他去迎接，跪在那里说我要回去为朝廷效力，说我是翰林院的，我会满语。康熙帝说："你会满语？"就用满语跟他对话，发现是真的会满语。陈梦雷被特赦回京，做了允祉的老师。他就开始在亲王府（后来的熙春园，现在清华大学的一小部分）以一个人的力量修《古今图书集成》。受亲王的资助，他聘了80个人把这个《古今图书集成》整理出来。有一天，康熙到允祉的园子里去，允祉就把这个事情报告给皇父。康熙帝就说，这个事很好，还说要完善一下。于是，陈梦雷又做了修改和补充。

但是，陈梦雷命不好，只差一点《古今图书集成》就完工了，康熙帝却死了。雍正帝即位后，这个老三允祉和老二允礽关系比较好，老二就是废太子允礽，他们俩年纪接近，小时候一块玩的，但允祉还不算太子党。雍正上台之后，说允祉和废太子关系好，先把他关到了北京的景山，后来没有多久就死了。而陈梦雷，你的主子不好，那你也不好啊，就把陈梦雷先入狱后发配到现在的齐齐哈尔。这一年，他72岁，两个枷，两个圆圈，他一个，他夫人一个，"耦枷而行"，70多岁了。他太太我没有考证是大脚还是小脚，我想可能是小脚，因为她是福建人，雍正年间应该是小脚。

后来，雍正又让蒋廷锡重新把《古今图书集成》稍微补充修改一下，把原来陈梦雷的名字全部抹掉，一个字不提。我们现在看到影印的《古今图书集成》是蒋廷锡主编的，但是《清史稿》的《蒋廷锡传》里对这个事情一个字没提。这么大的一个事情，《清史稿》的作者一个字没提，那是因为他认为这个事情的功劳不是蒋廷锡的，还是陈梦雷的，但是他不敢写。我们今天可以把这个历史恢复原貌。

对《古今图书集成》贡献最大的两个人就是这么个结果。

还有就是《永乐大典》。《永乐大典》大家都知道是解缙主编的。解缙是大才子，解缙在大明门门联上写的是："日月光天德，山河壮帝居。"多大气魄啊！解缙最后怎么死的？他死在做错了一件事情上。解缙是大学士，永乐帝很重视他，永乐帝问解缙："谁继承我的皇位，做太子合适呢？"解缙当时就直说了，还是立嫡长子。嫡长子就是后来的仁宗朱高炽。永乐帝还有个儿子叫汉王朱高煦，高煦特别想做皇帝，一听说解缙荐他哥哥，便对解缙恨之入骨，变着法陷害解缙，不断在他爸爸面前说瞎话。永乐帝一生气就把解缙抓了关起来。后来，永乐就把这事给忘了，关了7年。有一次，永乐想起这个事情，问起解缙这个人现在怎么样了？锦衣卫说解缙在牢里。永乐就说了一句"解缙还在"，这四个字什么意思？一种意思是"解缙还在！"他可以用；一种是"现在还在？"意思是怎么还没死啊？永乐没具体解释。锦衣卫想永乐的意思是要杀他还是怎么的？当天晚上就把解缙从牢里带出来了。解缙是大学士，虽然被关进去了，被关起也是大学士啊，将来放出来也不得了。锦衣卫就请解缙喝酒，当时解缙很高兴，以为要放他出去了，喝醉了。北京冬天很冷，下大雪，他们就把解缙推到雪地里，没管他。第二天扒开雪一看，人早就冻僵了，冻死了。堂堂解缙啊，修《永乐大典》的主要负责人，就是这么死的。

我们看看这三部大书，《永乐大典》的总纂解缙被灌醉冻死；《古今图书集成》的两个人，陈梦雷被发配而死，允祉被冤死；《四库全书》三个总纂官：纪晓岚发配乌鲁木齐、孙士毅发配乌鲁木齐、陆锡熊发配沈阳，总校对陆费墀，客死在沈阳。自古文人多磨难，还有后半句，磨难之中出文人。或者说，自古文才多磨难，磨难之中出文才。

好多才子是在磨难当中出现的。譬如说杨慎，就是《三国演义》开篇《临江仙》的作者，后来电视连续剧《三国演义》的主题歌也是这个。杨慎的爸爸杨廷和是宰相，杨慎是状元，他得罪了嘉靖皇帝，被发配到云南永昌（现在的云南保山），接近缅甸。杨慎，这样一个才子，当然会很郁闷。嘉靖皇帝后来想起他来了，说杨慎呢？有几个大臣，曾经得到了杨慎父亲的恩，便保护杨慎，说他又老又病没有威胁了。但是嘉靖在位太长了——45 年，嘉靖如果在位 10 年的话，杨慎肯定会被放回来了，回来后肯定还是大学士。杨慎最后死在云南戍地。他有特殊的才能、经历，才能写出那首《临江仙》：

滚滚长江东逝水，浪花淘尽英雄。是非成败转头空，青山依旧在，几度夕阳红。白发渔樵江渚上，惯看秋月春风。一壶浊酒喜相逢，古今多少事，都付笑谈中。

我查了《宋词三百首》，有三首《临江仙》，我个人觉得都不如杨慎这首好。杨慎的确把世情看透了。在座有很多文学院的教授，我不懂文学，个人姑妄说了，我觉得杨慎这首词好在"空灵"二字。"滚滚长江"是实，"东逝水"是空；"英雄"是实，"浪花淘尽"又空；"是非成败"是实，"青山依旧在"是实，然而"几度夕阳红"，又是空；"白发渔樵江渚上"是实，"惯看秋月春风"又是空。春风什么样，谁能看得见？只能看到树枝摇，树叶摆，看不到风什么样，是空；"一壶浊酒喜相逢"是实，"古今多少事，都付笑谈中"，又是空。

今天这个说得远了点，我主要是想表达：在帝制时代一个文人，一个有才能的文人，能发挥他的才能，为民所用，很难。

我常说，中国历史上一个朝代，能连续 40 年没有战争的，只有康熙朝。我们现在中原地区，62 年没有战争，难能可贵。好好利用现在这样一个时机，把我们的文化事业、我们自己的事情做好，以自己的实际行动，纪念镇江文宗阁复建落成。

附录一

阎崇年就文宗阁复建一事
致信时任镇江市委书记兼市长许津荣 [1]

尊敬的镇江市许津荣书记兼市长：

您好！

我应镇江图书馆"文心讲堂"的邀请，于 4 月 6 日到镇江，作《康熙与读书》的演讲。其间，我先后参观了焦山、金山的文物古迹、佛教禅寺等。在金山，我特意考察了《四库全书》文宗阁的遗址。

乾隆修《四库全书》，正如您所知道的，共抄写了七部珍藏：北四阁——皇宫的文渊阁、圆明园的文源阁、避暑山庄的文津阁、沈阳的文溯阁，南三阁——镇江的文宗阁、扬州的文汇阁、杭州的文澜阁。时代变迁，沧海桑田。北四阁的皇宫文渊阁，阁虽存而书已被转藏在台北故宫博物院；圆明园文源阁，书与阁遭英法联军焚毁；避暑山庄文津阁，阁虽存而书已由国家图书馆保存；沈阳文溯阁，阁虽存但书现藏在兰州，并在兰州仿建了文溯阁而收藏该书。南三阁的杭州文澜阁书已不完整，扬州文汇阁书与阁俱毁于战火，镇江文宗阁书与阁也俱毁于战火。现在，南方三阁，仅存杭州的文澜阁。

当年，江苏的南京（江宁将军驻地）、苏州（江苏巡抚驻地），都没有建阁珍藏《四库全书》，而选在镇江兴建文宗阁收藏《四库全书》，这是镇江的幸运，也是镇江的骄傲。然而，不幸的是，一场无情战火，书阁化为灰烬。

我在参观《四库全书》文宗阁的遗址时，既对文宗阁惨遭焚毁惋惜，又对文宗阁复建抱有希望。于是产生一个想法：要是复建文宗阁，收藏《四库全书》的

---

① 许津荣时任镇江市市委书记兼市长，现任江苏省副省长，省政府党组成员。

影印本或精抄本，确是一件具有重大意义的事情。

为此，我做了一点调查了解：

第一，基址尚存。文宗阁基址尚存，没有建高楼大厦，如果兴工复建，不需大量动迁。

第二，图样可鉴。北京文渊阁、承德文津阁、沈阳文溯阁、杭州文澜阁，都有建筑实物可资借鉴。

第三，复建资金。我同金山江天寺住持心澄和尚交谈，他表示愿意化缘筹措全部复建费用，不需政府出钱。

第四，阁成存书。心澄和尚表示，他负责筹资购买全套《四库全书》(影印本)，以供复建文宗阁珍藏。

第五，补充收藏。日后如果条件许可，将《四库全书》抄录一部珍藏，当是文坛佳话，更为后世传颂。

现在，镇江市经济发展，社会安定，市里领导，重视文化，冀望在贵书记兼市长的重视与支持下，镇江市委、市府，在三五年内，复建文宗阁，将是镇江文化之壮举，是中华文坛之盛举，是世界文明之喜事！

冒昧敬陈，聊供参酌。

北京社会科学院研究员

阎崇年　　　敬礼

2008 年 4 月 24 日

附录二

许津荣书记的回信

阎老师！

您好！非常感谢您对镇江的关心和对中华文化所作的贡献。关于您信中所提原址复建文宗阁的建议我们正在认真考虑，结合城市北部滨水区改造、建设和环境修复，充实和完善文化内涵，让镇江这座历史文化名城更具魅力。

欢迎您常来镇江指导！

镇江市委 许津荣

2008 年 5 月 30 日

（本文系 2010 年 1 月 28 日，为镇江文宗阁复建落成，在镇江文史研究会所做的演讲稿）

瑷珲：文化内涵·爱国精神·历史传承 ①

今天，我跟大家作一个学术和文化的交流，题目是《瑷珲：文化内涵·爱国精神·历史传承》。简单来说，就是 6 个字，文化、精神、传承。我们瑷珲的文化、黑河的文化，它的内涵、它的特点，是什么？这个问题 300 年以来一直有争论。黑龙江有"龙江文化"、吉林有"长白文化"、辽宁有"辽河文化"。但在关内来看，都是东北，那东北三省有没有共同的文化特点？"不识庐山真面目，只缘身在此山中"，我们要"识"黑龙江文化、吉林文化、辽宁文化的真面目，要用两只眼睛看：一方面要身在"此山中"；另一方面要身在"此山外"。比如说，宇航员看地球，比我们在黑河看地球看得更全面、更广阔、更清晰。所以我想，我们不仅要从爱辉看、从黑河看，从黑龙江看，扩大一点，我们要从东北看爱辉、从东北亚来看瑷珲的文化。

著名的明史学家、女真史学家吴晗先生，他说"东北是属于游牧经济"，和内蒙古的草原文化有些相似之处。还有一些学者讲过，东北地区处在草原文化和农耕文化的双重边缘，不具有文化的独特性，且认为在中华文明中居于较为次要的位置。或者将森林文化和草原文化都划为"牧区"，也就是说，把东北的文化包括黑龙江文化、黑河的文化、瑷珲的文化归属到了牧区文化。这些年，我去过黑龙江和内蒙古的很多地方，感觉到黑龙江的莽莽大森林与内蒙古的广阔大草原是存在很大区别的，由此我产生了疑问，东北是不是不属于草原文化？是不是应该属于森林文化？最初只是想法，不能证实。苏联时期，出过一本书《森林学》，书中附有一张北半

---

① 1956 年 12 月，国务院将瑷珲县改称爱辉县，作为历史名词，写作瑷珲；作为现今的行政区别，写作爱辉区。

球卫星航拍图，标记了北半球森林带，在北纬 42°～ 62°之间，古代的北欧、北美、北亚，其中我国东北的辽宁、吉林、黑龙江是在北纬 42°～ 70°之间，基本上在北半球森林带上。所以我想，东北的文化，是不是可以叫作"森林文化"，那时还不能确定。近些年，我又重新思考，不断论证，森林文化在中国，可以从横向和纵向做考察：以横向来说，森林文化与农耕、草原、高原、海洋诸文化，各占多少面积，有着何种地位？这就关联到对中华文明多种文化形态的认识问题。

如何划分中华文明的多种形态？我认为，中华文明有五种文化形态。

农耕文化　在中国古代分布很广，其重心在长城以南的中原地区，主要包括黄河、淮河、长江、钱塘江、珠江流域等，约相当于现今面积（以万平方公里为单位）：北京（1.68）、天津（1.1）、上海（0.6）、重庆（8.23）、河北（19）、山西（16）、河南（17）、山东（15）、陕西（20）、甘肃（40）、宁夏（6.6）、江苏（10）、浙江（10）、安徽（14）、江西（17）、福建（12）、湖南（21）、湖北（19）、广东（18）、广西（24）、四川（49）等 21 个省、自治区、直辖市，共 339.21 万平方公里，其中如川西北主要是高原，其面积 30 多万平方公里。因此，中原农耕文化核心地域面积达 300 多万平方公里。

草原文化　其主要地域东起大兴安岭，南邻燕山、长城和天山一线，西迄巴尔喀什湖地带，北达后贝加尔湖一线。明清盛时草原文化地理范围：漠南蒙古（内蒙古）分布于今内蒙古自治区（118），漠北喀尔喀蒙古（今蒙古国）分布于今蒙古国（156.5），以上面积共近 275 万平方公里。还有天山以北漠西厄鲁特蒙古（西蒙古）地区，即今新疆天山以北、阿尔泰山以南准格尔草原等地域，贝加尔湖以东以南布里亚特蒙古（北蒙古）地域等。总之，在明清盛时，西北草原文化区域的面积，合计为 300 多万平方公里。

森林文化　在明清盛时，其主要范围，西起大兴安岭以东，南抵长城一线，东达大海，北到外兴安岭、库页岛、雅库茨克一线。它包括：今辽宁省（15）、吉林省（19）、黑龙江省（46），共 80 万平方公里；乌苏里江以东至滨海地区约为 40 平方公里，黑龙江以北、外兴安岭以南为 60 多万平方公里，还有贝加尔湖以东以南、大兴安岭以北、尼布楚至乌第河等地域，其面积总数约为 300 万平方公里。

高原文化　主要包括今西藏（123）、青海（72）、云南（39）、贵州（18），总面积 252 万平方公里，还有川西高原等；另从高原地域看，青藏高原（250）、云贵高原（50），总数亦约为 300 万平方公里。

海洋文化　明清盛时的地理范围，包括今黑龙江、吉林、辽宁、河北、天津、山东、江苏、上海、浙江、福建、广东、广西、海南等省、自治区、直辖市，即从鄂霍次克海、鞑靼海峡、日本海、渤海、黄海、东海到南海的沿海地域及今台湾岛（3.6）、海南岛（3.4）、香港（0.11）、澳门（0.0025），以及南海诸岛屿——东沙群岛、西沙群岛、中沙群岛、南沙群岛等，直至曾母暗沙。海洋文化虽然非常重要，却是从来没有在中央政权占据主导或主体的地位。（东北三省的黑龙江、鸭绿江、图们江等入海口都被列强吞并了）而农耕文化、草原文化、森林文化执政者又缺乏海洋文化基因，海洋文化是中国两千多年皇朝史上的一块文化短板，成为后来屡败于从海上打来的西方和东方列强的一个重要文化原因。

如何理解瑷珲的文化形态。瑷珲文化追本溯源，就是属于东北森林文化。

从地理要素看　森林文化的地理因素，其经纬度、海拔高度、气象因素等都存在着重要的地理特征：以经纬度而言，森林文化地带，在东经 120°～ 145°、北纬 42°—62°这个广阔地带，这也是中国明清盛时的东北森林文化之区域。再看清盛时瑷珲的行政版图，康熙二十二年(1683 年) 清政府设置黑龙江将军（黑龙江也是第一次出现在行政区划上），将军府设在旧瑷珲城，管辖范围东至外兴安岭兴安河 2600 余里宁古塔（牡丹江市海林市长汀镇古城村）界，西至内兴安岭 150 里岭西墨尔根（今嫩江）界，南至内兴安岭喀穆尼峰七百里齐齐哈尔界，北至外兴安岭 3300 余里俄罗斯界（面积约为 137.5 万平方公里，相当于目前国土面积的 14.3%），涵盖森林文化的绝大部分。再看如今的爱辉的地理位置，东经 125° 29′～ 127° 40′之间，北纬 49° 24′～ 50° 58′，位处东北亚的中心。

从森林生态看 以现实事例而言，爱辉是国家级生态区，林业经营总面积119.4 万公顷，森林覆盖率 70.85%。在古代更是森林莽莽、覆盖大地、遮天蔽日、鸟兽成群。清初流人吴兆骞跟随萨布素备战瑷珲城时，目睹渥集老林，曾写道"松林千里无际，皆太古时物。车马横过六十里不见天日。微风震撼，涛声澎湃，啼鸟号顾，略不畏人"。民谚也提供森林生态的佐证："棒打狍子瓢舀鱼，野鸡飞到饭锅里。"这是森林文化的自然生态，也是瑷珲文化的自然生态。

从经济特征看 森林文化的特征是渔猎经济，是以狩猎、捕鱼、采集并重，且定居而不迁徙。总的来说，瑷珲先民，例如，鄂伦春族、达斡尔族、鄂温克族等，其主要要衣食之源，既不是在土地上耕作收获的庄稼之谷物，也不是在草原上牧放的牛马羊驼之肉乳，而是在于森林、河湖所出的多种产品。秋冬狩猎，春夏捕鱼，也有畜养（驯鹿、猪），以及采集，后来个别地方有了农作，但仍以渔猎为主。

从文化特点看 森林文化与其他文化形态的文化相比，在语族、信仰、思维等方面都不尽相同，有着自身的特点。历史和事实证明，不同文化形态，祭祀不同主神。中国汉族属于农耕文化，祭祀"社稷"之神。草原文化以天地为神，祭祀天地、敬畏天地。而森林文化族群认为神从天上降落到森林中，于是将树木作为神的化身而加以崇拜。例如，瑷珲的满族、鄂伦春族，都是将大树作为神加以祭祀。在语言文字上，草原文化与森林文化的一个重要区分标志是语言，草原文化诸族群如蒙古族、达斡尔族、东部裕固族等，主要说蒙古语、行蒙古文。而森林文化诸族群，如满洲、鄂温克、鄂伦春、锡伯、赫哲等，主要说满—通古斯语、行满文，这也森林文化的一个重要标志。

从生活习俗上看 森林文化区域内的古人类所穿衣服，或用兽皮做，或用鱼皮做。例如，瑷珲的鄂伦春族以桦树皮、兽皮缝制服装，并按特有的审美标准，雕、绣上崇尚的鸟兽、树木、白云等图案和花纹，主要有狍头帽、狍皮衣裤、狍腿皮靴等。在住所上，春天多住撮罗子、斜仁柱，用树立长木作支架，围以桦树皮，而成为简易住房。冬季则多半穴居或深穴居，以避免风寒、防雨雪。行具：陆路，多用马匹、爬犁、小车，其材质多为树木和树皮制作。水路用船，用木做龙骨、用桦树皮黏合而成，也有独木舟。在新生乡岭上人博物馆，就陈列着许多相关展品。综上，瑷珲文化是典型的森林文化代表。同时，在古代一度曾是森林文化的中心区域。

如何理解瑷珲文化的精神特点？我认为体现为勇敢、协作、开阔、坚韧、智慧和爱国。

一是勇敢性　瑷珲先民多为狩猎民族，他们的勇敢和农民的勇敢情状不一样，农民种收稻、麦、粱、谷，虽然需要艰苦和耐力，但没有生命危险，狩猎时，要面对凶猛禽兽，具有随时被反扑的危险性。举一个例子，康熙帝狩猎时，看到老虎，一箭没有射中，老虎反扑过来，旁边一个卫士因惊吓没能迅速做出反应，另一个卫士冲上去，拿起叉子直接插向老虎咽喉，其他人一拥而上把老虎打死，勇士受到表彰。狩猎更需要一种勇敢精神，这也是八旗军队比明朝军队更勇猛善战的原因之一。

二是协作性　古代狩猎一般是围猎，从四面八方围堵猎物，逐渐缩小合围圈，缩至很小时进行捕获，整个过程必须协同合作。这种狩猎方法对清朝的军事思想有很大影响。例如，崇德四年（1639 年），皇太极派军远征索伦部的博穆博果尔。大兵至铎陈、阿萨津、雅克萨、多金等城。其地在黑龙江中游北岸，今黑龙江黑河爱辉江东六十四屯地带。大军取得战绩，但未能捉获博穆博果尔。崇德五年（1640 年）七月发兵，皇太极设计"南攻北截"的兵略，即从南面进攻，北面由蒙古在齐洛台地方阻截。果然，博穆博果尔受到南面攻击，往北逃逸，而被俘获，这就是围猎方法的军事应用。

三是开阔性　小农是"三十亩地一头牛，老婆孩子热炕头"，其耕作范围，一般在五里之内；而狩猎时，猎人骑马，驰骋山林，范围达方圆数百里，例如，新生的鄂伦春族狩猎时往往要到达呼玛、大兴安岭等地区，往返近千里。这使他们具有更加广阔的胸怀。

四是坚韧性　森林带的冬季，特别是古瑷珲的冬季比农耕带更寒冷、更漫长，历史上是清朝流放犯人的主要地方之一，艰苦环境锻炼了人的耐劳品格和坚韧毅力。

五是智慧性 两次雅克萨自卫反击战充分体现了森林文化的经验和狩猎民族的智慧。康熙二十一年（1682 年）9 月，康熙帝派彭春、郎坦、萨布素等，以猎鹿为名北上，到雅克萨去侦察敌情。沿着黑龙江一边走一边打猎，以解决后勤供应问题，并迷惑敌方，到达雅克萨城下，俄国人未能察觉，他们顺利活捉一些舌头回来审问，把地理环境、指挥官、军队数量、住所、武器装备等底细情况摸排清楚后，及时报告北京朝廷，清军根据实际情况，科学决策，相继取得了两次雅克萨之战的胜利，直接促成了《尼布楚条约》的签订。八旗的牛录组织就是从狩猎的实际经验演变形成的，后形成八旗，可以说没有狩猎的历史经验，就没有清朝的八旗制度，没有清朝的八旗制度就没有清帝国的建立。所以我说，清朝兴也八旗，亡也八旗。

六是爱国性 爱国精神是森林文化精神中最重要的一个特点，也是瑷珲文化精神的内涵。表现为捍卫国家主权、维护民族利益的具体行动和宁死不屈、视死如归的民族气节。在雅克萨战争胜利后，索额图历经千辛万苦，从北京一路来到尼布楚，与俄国代表戈洛文在尼布楚举行谈判，过程中严格按照康熙帝指示，全力维护国家利益。签订了中国历史上同外国签订的第一个平等条约。条约规定：外兴安岭以南，整个黑龙江流域、乌苏里江流域（包括库页岛）土地，归中国所有；双方进行贸易互市；两国永敦邦谊等。黑龙江地区，也出现了很多英雄。我觉得第一个就是萨布素，他是中华历史上第一个在北方，反抗外来侵略的民族英雄，两次雅克萨之战击败敌军，保卫了雅克萨，赢得了 170 余年中国边境的平稳繁荣。还有民族英雄姚福升，光绪三十三年（1907 年），他到任瑷珲，当时的瑷珲正在受到俄国侵略，清政府非常腐败，人人保命、保官、保俸禄，在这种情况下，他挺身而出，代表黑龙江，也代表中国，对内安定民心，重建瑷珲;对外据理力争，竭力捍卫国家主权。还有烈女碑所纪念的瑷珲妇女，她们代表着一批人，代表着家国和民族，她们在保卫瑷珲城的战斗中，或与敌人同归于尽，或投江自尽，或焚火而亡，以铮铮铁骨、宁死不屈，写下了瑷珲的骄傲、瑷珲的气节、瑷珲的大义、璦珲的光荣。

前两年，我到伊尔库茨克考察，那里有 30 万人口，83 座英雄塑像建在十字路口、广场、大的建筑前，让大家去学习。我们中华民族不缺少民族英雄和爱国志士，缺少的是对英雄的宣传、弘扬和学习。从有人类以来，为我们中华民族作出贡献的所有英雄，都值得后人尊敬和学习，我们应该在全民族、全社会营造出一种学习英雄、尊重英雄、发扬英雄精神的文化氛围。我们黑河市、爱辉区、璦珲镇，在这方面做得很好，修建了萨布素塑像、烈女碑，正在修缮姚福升故居，等等，这都是很好的爱国主义教育。

如何继承我们的传统文化以及璦珲文化？我个人有几点想法。

第一，就是读书。文化传承的最重要载体就是书籍，我们如何知道秦皇汉武？正是史记和汉书等书籍记载下来的，否则就是传说。我们的中华编年史，从公元前 841 年到现在，一年都没有中断过，在全世界我们也是唯一的。我觉得做好文化传承、增强文化自信，第一条应该做到的就是读书。北京有个规定，公务员每年读 12 本书，年底要汇报。北京有个退休老人，一天读一本，一年读 365 本，这种精神是非常值得我们学习的，但我们工作人员工作比较忙，没那么多时间，但至少一个月要读 1 本书，一年读 12 本是可以的。再者，我们黑龙江有个好处，尤其是黑河、爱辉，冬季时间特别长，更适合关起门来多读书。

第二，就是修己。读书与修己，合二而为一。孔子说："古之学者为己，今之学者为人。"（《论语·宪问》）意思是说，古人读书多为修身克己，今人读书多为名利耀人。学习优秀传统文化，要将读书和修身、阅读和求新，融为一体，不断修炼，涵养心性，止于至善。我们传承中华传统文化要把读书和修养结合起来、把知和行统一起来。我认识个博士，跟我说自己一直很苦恼，从初中开始就为如何考重点高中苦恼，考上重点高中后就为如何考重点大学苦恼，考上重点大学后又为如何保送硕士苦恼，保送硕士后还为如何保送博士苦恼，保送博士后再为如何留在北京工作苦恼。我说："你完全弄反了，读书和功名利禄联系起来不是完全没有必要，但是不能仅仅为了功名利禄，一定要读书和自己的修养结合起来。"

第三，就是日新。我们中国传统文化核心的就是，《周易》里的那八个字——"自强不息"和"厚德载物"。"自强不息"，就是"苟日新，日日新，又日新"，就是每天要都有进步，每天都在发展。我说人生三个 30 年，第一个 30 年主要是读书，现在博士毕业就得 30 岁了；第二个 30 年主要是工作，国家公务员也好、事业单位人员也好、企业人员也好，主要是工作；第三个 30 年主要是思考问题了，这 30 年要是利用好，可以有更多的成果，最后留下的还是文化。咱们爱辉区张建国书记重视文化，对瑷珲历史文化的研究非常扎实，黑河、爱辉领导也非常重视文化，这是对的。要坚定文化自信，只要把中华民族 14 亿人民凝聚起来，我们就可以战胜一切困难。我们瑷珲要坚定文化自信，"英雄之城，爱国之民"一定能走得更远，取得更加辉煌的发展。

谢谢大家！

（本文系 2018 年 5 月 28 日在黑龙江省黑河市爱辉区所作演讲的记录稿）

第三编　历史人物

康熙帝勤奋学习与严格教子

康熙帝是中国历史上少有的勤奋学习的帝王，也是历史上少有的严格教子的君主。康熙帝之所以做出过人的业绩，是因为他有过人的思想；他之所以有过人的思想，是因为他有过人的学习。康熙帝是一位终身学习型皇帝。

一、日讲·经筵·自学

康熙帝重经读史，崇儒重道，视儒学为"经世之根本""治国之方略"，积极接纳、勤奋吸收汉族传统文化。

康熙帝自幼勤奋学习。他做皇子时，5岁入书房读书。他有着强烈的求知欲望，常"早夜诵读，无间寒暑，至忘寝食"，又喜好书法，"自幼好临池，每日写千余字，从无间断"。他养成良好的读书习惯，经年累月，终生不辍。他说："朕听政之余暇，无间寒暑，惟有读书、作字而已。"他读"四书""必使字字成诵，从来不肯自欺"。后来，他要求皇子读书，读满百遍，还要背诵，这是他早年读书经验的传承。他后来回忆道：

> 诸日未理事前，五更即起诵读，日暮理事稍暇，复讲论琢磨，竟至过劳，痰中带血，亦未少辍。

康熙帝继承皇位后，重视儒家经典。他认为，"至治之日，不以法令为亟，而以教化为先";因为"法令禁于一时,而教化维于可久。若徒恃法令,而教化不先,是舍本而务末也"。康熙十七年(1678年)正月,诏曰:"一代之兴,必有博学鸿儒,振起文运,阐发经史,以备顾问。朕万几余暇,思得博通之士,用资典学。"这一治国的政治思想,不仅深刻影响当朝,而且为雍正、乾隆所继承和阐发。康熙帝为从儒家经典和历史著作中汲取营养,学习传统的治国理论和治国方法,便"先行日讲,次举经筵,选择儒臣,分班进讲"。所以,康熙帝的学习,主要是日讲、经筵、自学。

日讲——康熙帝学习的一条重要途径。在清朝,皇子们读书到上书房,而皇帝读书则举行日讲。皇帝日讲的讲官,从翰林院中选出十员,分工轮流担任讲席。康熙十年(1671年)二月,任命了一批通熟经史的满汉官员担任侍读、侍讲。四月,初行日讲。明朝诸帝,长期以来对于经筵、日讲,多持敷衍态度。有的君主一生之中只进行过几次日讲、经筵,便被史臣赞誉为盛事。康熙帝却一反明朝君主懒惰、敷衍之故套,实行并坚持日讲。康熙朝的日讲,在数量上已经超过历代君主,但仍嫌次数少,一再打破惯例,增加日讲次数。康熙十一年(1672年)闰七月十六日,伏暑刚过,《康熙起居注册》记载:"方今秋爽,天宜讲书,尔等即于本月二十五日进讲。"康熙十二年(1673年)二月,他又要求讲官改变隔日进讲旧例,而为每日进讲。他说:"人主临御天下,建极绥猷,未有不以讲学明理为先务,朕听政之暇,即于宫中披阅典籍,殊觉义理无穷,乐此不疲。向来隔日进讲,朕心犹为未足。嗣后尔等须日侍讲读,阐发书旨,为学之功,庶可无间。"后来,他又谕示破除寒暑停讲的惯例。《康熙起居注册》十二年(1673年)五月三日记载:"学问之道,必无间断,方有裨益,以后虽寒暑不必辍讲。"他在巡幸南苑期间,讲官侍从,日讲不辍。难能可贵的是,在万寿节祭礼之前斋戒期、因病不能御门听政之时也不辍讲。在平定三藩叛乱期间,军务紧急,战报送至,康熙帝一般是起床后不及用膳即御门听政,而后再行日讲,以至于时近中午,饥肠辘辘,尚未休息。后来,三藩平定,台湾统一,从康熙二十二年(1683年)八月始,康熙帝将日讲安排在御门听政之前。个别时候，因为政务较少，在日讲、听政之后，还一日两讲。他在《清圣祖御制文集·讲筵绪论》中说："读书以有恒为主，积累滋灌，则义蕴日新。每见人期效于旦夕，常致精神误用，实归无益也。"这反映出康熙帝主动热情的学习精神与持之以恒的学习态度。康熙帝在 15 年间，系统地、完整地学习了《大学》《中庸》《论语》《孟子》《诗经》《尚书》《礼记》《易经》《资治通鉴纲目》《资治通鉴》等儒家经典和历史著作，创造了日讲近 900 次的纪录。康熙时期，编撰的日讲教材有：《日讲四书解义》《日讲春秋解义》《日讲书经解义》《日讲礼记解义》《日讲易经解义》等。康熙帝还特别谕示儒臣编撰《御纂朱子全书》和《御纂性理精义》。常年刻苦的学习，使康熙帝打下儒学基础和通晓治国理念。

经筵——康熙帝学习的又一重要途径。经筵就是为皇帝讲解经史而特设的讲席。由大学士、翰林院侍读学士、翰林院侍讲学士等充任讲官。举行经筵，仪式隆重，常在文华殿举行，有时也在孔庙举行。就经筵而言，自康熙十年（1671 年）二月，到他去世前，半个世纪的时间，除因巡幸、出征、患病、国丧等因偶尔未举行之外，基本从未停止。这在历朝皇帝中都是罕见的。康熙帝对经筵讲官十分尊重。通过经筵，"证诸六经之文，通诸历代之史，以为敷政出治之本"。康熙帝对经筵的长期举行、对经筵讲官的尊重，表现了他对中华传统文化的重视与执着。康熙帝依此为治军治国、仁政爱民，得到理念的支撑与经验的通鉴。

康熙帝的经筵、日讲，从不徒务虚名，必致融会义理。他说："讲学必相互阐发，方能融会义理，有裨身心。"因此，在经筵、日讲之前，讲官须预选内容，撰写讲章，缮写成正副两本——正本呈给康熙帝，副本讲官做讲稿。经筵、日讲时，康熙帝与儒臣反复讨论，期于贯通义理，务使经筵日讲，不致流于形式。康熙帝要求讲官在经筵、日讲时，不必忌讳，大胆讲解；偶有失误，也予谅解。他于讲官本人，体恤备至：日讲之后，常赐御制书画以示慰劳；寒暑令节，也常赠给貂裘、纱缎、果品之属；遇有优缺，从速升转；如有疾病，遣太医诊治并赐药物；去世之后，遣使吊祭，赠予美谥，录用子孙。康熙皇帝的这些行动，使得讲官们感激涕零，实心报效，经筵与日讲也都收到很好的效果。

自学——康熙帝学习的另一重要途径。康熙帝随着年龄的增长与学力的提升，更需要长期坚持自学。于是，自学是康熙帝成年后所采取的一种主要学习形式。康熙二十五年（1686 年）闰四月，康熙帝以日讲仪节繁琐，为时良久，有妨披览载籍，下令停止。至此，除经筵因系典礼仍然按期举行外，坚持了 15 年之久的日讲宣告停止。从此，康熙帝开始了以自学为主的新的学习阶段。他在自学中，刻苦勤奋，持之以恒。他自己后来回忆道："及至十七八，更笃于学，诸日未理事前，五更即起诵读，日暮理事稍暇，复讲论琢磨，竟至过劳，痰中带血，亦未少辍。"康熙十六年（1677 年）十一月，他专选张英、高士奇等入直南书房，辅导自己学习《春秋》《礼记》《资治通鉴》等书，并学习书法、诗词等，南书房成为日讲之外的另一个重要自学场所。为了督促自己自学，他在座右铭中自箴："无一日不写字，无一日不看书，义理自然贯通！"至康熙二十四年（1685 年）时，他利用自学，系统地精读了《通鉴》《通鉴纲目》《纲目大全》等书，并边学习、边研究，"不但错误者悉加改正，即阙失者亦皆增补"。

康熙帝于经史子集、诗词歌赋，莫不涉猎，学识渊博。他读书不是为消遣，而是为治国，"体会古帝王孜孜求治之意"，以治国、平天下。他在出巡途中，深夜乘舟，或居行宫，谈《周易》、看《尚书》、读《左传》、诵《诗经》，赋诗著文，习以为常，虽年已花甲，仍手不释卷。康熙帝重视史籍，下令编纂《清文鉴》（满文字书）、《康熙字典》、《古今图书集成》、《全唐诗》、《皇舆全览图》等，开一代整理与出版文化典籍之风。他还有《御制文集》（三集）147 卷、著录数以千计的文章；有《御制诗集》传世，留下 1147 首诗词。这些都是康熙帝长期刻苦学习的结果。

二、热爱自然科学

康熙帝喜爱、研习自然科学。他学习和研究自然科学的一个动因，是因不懂自然科学而在御政时遇到了困难。事情的缘起是一场历法之争。

明朝长期以来袭用郭守敬制定的《大统历》，日积月累，误差严重，交食不验，时有发生。明崇祯年间，聘请传教士汤若望主持改进历法，修成《崇祯历书》，未及推行，明朝覆亡。清顺治二年（1645 年），摄政睿亲王多尔衮将其改名为《时宪历》，颁行于世，并任汤若望掌钦天监印。康熙初，杨光先上疏对汤若望新历加以非难和指责。这就是关于历法的汤（若望）、杨（光先）之争。

汤若望（1591—1666），耶稣会士，德国人，万历四十七年（1619 年）来华。这一年恰好发生萨尔浒大战。他先到澳门，后入广州，再到北京。崇祯时，创设历局，修订历法，汤若望任事，与人共同编成《崇祯历书》，设馆在今北京宣武门内南堂地方。明清易鼎，清廷命汤若望掌管钦天监事。汤若望同顺治帝关系密切。顺治帝病危时，议立嗣君。顺治帝福临因皇子年幼，想立皇弟；皇太后的意思是立皇三子——8 岁的玄烨，并征询汤若望的意见。汤若望以玄烨出过天花可终生免疫为由，支持皇太后的意见。顺治帝就一言而定玄烨继承皇位。顺治帝死后，汤若望在康熙初年，被抓进监狱。事情的引发是杨光先的诬告。

杨光先（1597—1669），安徽歙县人，为人好争斗。崇祯时来到京师，抬着棺材至阙下，上疏弹劾大学士温体仁，遭到廷杖，谪戍辽西。明亡后，回江南，后又旅居京师。他不懂天文历法，却自诩为天算学家。顺治时上疏，指责《时宪历》封面不当题写"依西洋新法"五个字，攻击汤若望。时顺治帝对汤若望优礼有加，礼部不予受理。康熙三年（1664 年），杨光先再次诬告汤若望，一面上疏朝廷，一面散发传单。杨光先指责《时宪历》只编了 200 年，大清皇朝万万年，这岂不是让大清短祚吗？他又说："宁可使中夏无好历法，不可使中夏有西洋人。"这是一场保守对维新、愚昧对科学之争。时汤若望患病，行动不便，昏迷恍惚，戴着 9 条锁链，躺在小木床上，手举望远镜，还在观测日蚀。翌年三月，辅政大臣鳌拜等支持杨光先，定汤若望死罪，钦天监 5 位部门负责官员被处死，废弃《时宪历》。孝庄太皇太后认为对汤若望处分过重。她说："汤若望一向为先皇帝信任，礼遇极隆，你们必欲置之于死地耶！"经两次覆议，汤若望免死下狱。恢复旧历法，废除《时宪历》。杨光先则掌管钦天监，吴明烜为监副。后汤若望死于寓所。

康熙帝亲政后，用比利时人南怀仁治理历法。南怀仁借地震的机会，奏称杨光先等在历法、测验方面的错误。康熙八年（1669 年），16 岁的康熙皇帝，以"历法精微，难以遽定"，命大学士图海等 20 人会同钦天监官员，赴观象台，共同测验。届时，大学士、尚书等官员，聚集一处，当场测验。结果，南怀仁所测都应验，杨光先等所言都不应验。他们还做了其他的验证，并表明了南怀仁的正确，杨光先的谬误。最后，议政王等议：推倒杨光先诬告汤若望案，议杨光先斩首，为汤若望及同案死者平反。康熙帝命对杨光先夺其官、免其死、遣回籍（死于途中）；给汤若望平反。康熙帝后任命耶稣会士南怀仁为钦天监监正、工部右侍郎，开创了清朝用西洋人在六部做官的先例。

汤、杨之争，《清史稿·汤若望、杨光先、南怀仁传》论曰："其在当日，嫉忌远人，牵涉宗教，引绳批根，互为起仆，诚一时得失之林也。圣祖尝言：'当历法争议未已，己所未学，不能定是非，乃发愤研讨，卒能深造密微，穷极其阃奥。为天下主，虚己励学如是。'"后康熙帝回忆说：

> 尔等惟知朕算术之精，却不知朕学算之故。朕幼时，钦天监汉官与西洋人不睦，互相参劾，几致大辟。杨光先、汤若望于午门外九卿前当面测睹日影，奈九卿中无一知其法者。朕思己不知，焉能断人之是非？因自愤而学焉。

于是，康熙帝发奋学习自然科学——师从耶稣会士研修数学、化学、医学、药学、天文学、地理学、音韵学、光学、力学、地图学、解剖学等。

康熙帝首先刻苦学习数学。康熙帝在举行经筵、日讲的同时，又以极大的热情研究数学。耶稣会士张诚、白晋等将《几何原本》译成满文，在内廷讲授，而康熙帝的学业成绩令人惊叹。他亲自动手演算习题、做实验，北京故宫博物院至今还保存着康熙帝演算数学题时用的桌子、文具和仪器。他在巡视水利时，也亲自同皇子们拉线测量。法国传教士白晋在《康熙皇帝》一书中，曾经记载康熙帝认真学习的情景：

> 康熙皇帝传旨，每天早上由上驷院备马接我们进宫，傍晚送我们返回寓所。还指派两位擅长满语和汉语的内廷官员，协助我们准备进讲的文稿，并令书法家把草稿誊写清楚。皇上谕旨我们每天进宫中授文稿内容。皇上认真听讲，反复练习，亲手绘图，对不懂的地方立刻提出问题。就这样整整几个小时和我们在一起学习，然后把文稿留在身边，在内室里反复阅读。同时，皇上还经常练习运算和仪器的用法，复习欧几里德的主要定律，并努力记住其推理过程。这样学习了五六个月。康熙皇帝精通了几何学原理，取得了很大的进步，以至于一看到某个定律的几何图形，就能立即想到这个定律及其证明。有一天，皇上说，他打算把这些定律从头至尾阅读十二遍以上。我们用满语把这些原理写出来，并在草稿中补充和欧几里德、阿基米德著作中的必要而有价值的定律和图形。除上述课程外，康熙皇帝还掌握了比例规的全部操作法、主要数学仪器的用法和几种几何学及算术的应用法。

白晋又记载：康熙帝在谈到他刻苦学习时，说自己从不感到学习苦恼，并颇有感触地追述，他从少年时代起，就以坚忍不拔的毅力，专心致志地学习规定的一切知识。他还说：

他每天都和我们在一起度过两三个小时。此外，在内室里，不论白天，还是夜晚，皇上都把更多的时间用于研究数学。由于这位皇帝特别厌烦萎靡不振的、无所事事的生活，所以即使工作到深夜，次日清晨也一定起得很早。因此，尽管我们经常注意要早进宫谒见圣上，但仍有好几次在我们动身之前，皇上就已传旨令我们进宫。这有时只是为了让我们审阅他在前一天晚上所做的算题。因为每当学习到几何学中最有价值的知识时，皇上总是怀着浓厚的兴趣，把这些知识应用于实际，并练习数学仪器的操作。由此可见，康熙皇帝为了独立解决与我们以往讲过的相类似的问题，曾经做出何等努力，实在令人钦佩之至。

康熙帝通过认真学习，著有《御制三角形推算法论》（满汉文合璧），载于《清圣祖御制诗文集》中。当时，在康熙皇帝的授意并主持下，曾编修两部数学著作：一部为满文《欧几里德几何学》，这是康熙帝在听了白晋等人关于几何学的讲授后，命张诚、白晋把欧洲最古老的这部几何学著作译成满文的，这是至今世界上仅有的一部满文几何学著作。另一部为《数理精蕴》。因为康熙帝本人对数学情有独钟，他组织人员编纂了这部除微积分之外的当时中西数学大全。《数理精蕴》一书内特别列有"难题"一卷，应是康熙帝解题的学习心得。

康熙帝对医学很感兴趣，也很有研究。他说自己"年力盛时，能挽十五力弓，发十三握箭"，可见他体格强健、长于弓马。他年轻时得过几场大病，使他很早就留心医药学。康熙帝40岁那年得了疟疾，中医药未能治愈，耶稣会士洪若翰、刘应进金鸡纳霜（奎宁）。康熙帝服用后，很灵验，病好了。他召见洪若翰、刘应等，在西安门赏赐房屋，后这里成为天主教北堂。此后，康熙帝便对西医、西药产生兴趣，命在京城内炼制西药，还在宫中设立实验室，亲自临观。他提倡种牛痘以防天花。塞外的游牧族群，特别怕得天花。顺治帝因患天花而死，康熙帝也出过天花，脸上留下麻子。清朝在塞外建避暑山庄、木兰围场，原因之一是蒙、藏贵族王公等可以不入京朝觐，减少出天花的机会。他命先给自己子女及宫中女子种痘，还给蒙古四十九旗及喀尔喀蒙古牧民种痘，这就使千万人因种痘而免去患天花死亡或不死而留下麻子的悲剧。

康熙帝重视地理测量，他每次巡幸或者出征，都注意携带仪器进行测量。从康熙四十六年（1707 年）至五十六年（1717 年），他又组织耶稣会士白晋、雷孝思、杜德美、巴多明及中国学者等，进行全国大地测绘，编绘了《皇舆全览图》。《皇舆全览图》是当时世界上最先进、最完整的经过实测而绘制的中国及东北亚地图。

康熙帝还冲破封建礼教束缚，命耶稣会士巴多明等，将西洋《人体解剖学》书籍翻译成满文、汉文。他命他们将一只冬眠的熊进行解剖，并亲自临视。康熙帝还在西苑（今中南海）丰泽园种水稻，培育优良稻种；在避暑山庄进行农作物栽培实验。

康熙帝很谦虚，不肯轻易出书。康熙帝悉心治河数十年，查阅治河典籍，视察河水变化，摸索治河方法，制定治河政策，结果成绩明显，出现了黄河等 40 年的安澜局面。河道总督张鹏翮请将治河谕旨编纂成书，刻书颁行，永久遵守。康熙帝断然不同意，他说：“前代治河之书，无不翻阅，泛论虽易，实行则难。河水没有定性，治河不可一法。今日治河之言，欲令后人遵行，断不可行。”这表现了康熙帝可贵的谦逊的科学态度。

康熙帝身边有一批耶稣会士教师。康熙二十七年（1688 年），6 位法国耶稣会士科学家白晋、张诚等在乾清宫，受到康熙帝的召见。他们献上了从法国带来的 30 种科技仪器和书籍作为见面礼。这令康熙帝“天颜喜悦”。他当即决定让白晋、张诚入宫，担任他的科学师傅。康熙帝把耶稣会士从法国带来的科技仪器，摆放在自己的房间里，“把着直尺和圆规爱不释手”。2004 年，在法国巴黎凡尔赛宫举办的“康熙大帝展”，展出了故宫珍藏的康熙年间西洋科学仪器，至今仍运转自如，光彩耀人。这些展品主要有：

（1）手摇计算机。世界上第一台手摇计算机是法国科学家巴斯加于 1642 年制造的，通过里面的齿轮进位进行计算。故宫博物院收藏着 10 台手摇计算机，都是康熙年间制作的，能进行加减乘除运算。

（2）铜镀金比例规。原是伽利略发明的计算工具，可以进行乘、除、开平方等各种计算。康熙帝的比例规增加平分、正弦等不同的计算。

（3）康熙角尺：尺上镌刻有"康熙御制"四个字。

（4）平面和立体几何模型，全部由楠木精制。这套模型是清宫造办处为康熙帝学习几何学所制作的教具。

（5）绘图仪：质地有银、木、漆、鲨鱼皮等，每套六至二十余件不等。盒内装有比例规、半圆仪、分厘尺、假数尺、两脚规、鸭嘴笔等。为适用野外作业，有的还配有刀子、剪子、铅笔、火镰、放大镜、黑板、画棒等。这类仪器是康熙时期清宫造办处仿照西洋绘图仪器制作的，用于野外绘图。

（6）御制简平地平合璧仪：它是集简平仪、地平仪、罗盘、象限仪、矩度为一体的多功能测量仪器，携带方便，具有适合野外作业的特点。它共分六层，由清宫造办处制造。在梵蒂冈罗马传信部档案中，有关于康熙帝向法国科学家学习代数的档案。档案记载："朕自起身以来，每天同阿哥们学习代数求根公式。"

康熙帝说："殷忧劳世，习与性成，学于古训，不敢荒宇，前途之计，后世之寄，畴勤畴恤，繄余是视，兢兢业业，不知老之将至。"这表现了康熙帝生命不息、学习不止的宝贵精神。总之，康熙皇帝对自然科学的兴趣始终不衰，学习自然科学成了康熙皇帝终身爱好的事业。康熙皇帝是一位学习型皇帝，是二十五史中唯一了解西方文明、尊重科学精神的皇帝。

康熙帝晚年身体不好。一次，大学士呈折恭祝他万安，他批答说，朕至今"行走需人搀扶，甚虚弱。何言万安？一安亦无！"不要说万安，一安也没有！他还说："朕以右手病，不能写字，用左手批旨，断不假手于人。"可见病情不轻，但是仍很顽强。大臣们向他进补药，他不赞成乱用补药。康熙帝养生主张八个字："饮食有节，起居有常。"

康熙帝自著科学文集《几暇格物编》。这对日理万机的帝王来说，确是难能可贵的。康熙帝学习西方科技，虽然有利于当时科学技术的发展，但仅限于康熙帝个人和宫廷，没有形成政策和制度。康熙帝在畅春园蒙养斋设立算学馆，被西方称为"中国科学院"。蒙养斋的创建，对培养中国数学家，完成前述科学巨著《律历渊源》《数理精蕴》有过重要贡献。大数学家梅毂成、明安图、何国宗等，都是在蒙养斋学习而后有成的。康熙朝以后，皇帝们对科学一个比一个缺乏兴趣。乾隆帝对科学一窍不通，他们感兴趣的只是自鸣钟和西洋楼大水法之类的玩物。虽然康熙帝打开了一扇了解西方科技文化的窗户，但清朝失去了一个发展近代科学技术的机会。

三、重视子孙教育

康熙帝不但重视自身的学习，而且重视子孙的教育。康熙帝的子女，是清朝皇帝中最多的，共有 35 子、20 女。有学者统计，康熙帝的皇孙共 97 人。康熙帝对子孙的教育特别认真，也特别严格。

康熙帝也像平民百姓一样，严格教子，望子成龙。老百姓的儿子，经过教育，可以成才，但不能成龙；除非造反，夺得天下，自登皇位。"高阳酒徒"汉高祖刘邦和"凤阳贫僧"明太祖朱元璋等，他们之所以成龙，绝不是父母培养教育出来的。在中国帝制时代，只有皇帝才可能通过教育使自己的儿子成龙；至于平民百姓，那是万万做不到的。

康熙帝培养儿子的主要目标是从皇子中产生一位满意的接班人，以使大清帝国江山永固、社稷万年。首先，以儒家经典教育皇子。其次，以"国语骑射"培养皇子。再次，训练皇子实际能力。最后，传授治国安邦之道。诸皇子的培养教育，以皇太子为重点。早在康熙十四年（1675 年），对年仅 1 岁的皇太子允礽，加以眷宠，施以特教。初始，康熙帝亲自教他读书、写字。允礽 6 岁就傅，康熙帝令大学士张英、李光地做他的老师，又命大学士熊赐履教他性理之书。康熙帝三次亲征噶尔丹，命皇太子留京代理政务。康熙帝几次南巡，也多命皇太子留守京城。

康熙三十二年（1693 年），康熙帝患病，命皇太子代理政事："朕因违和，于国家政，久未办理，奏章照常送进，令皇太子办理，付批办处批发。"康熙帝病愈后，命皇太子协助处理一般政务和旗务。他对其他皇子，如皇四子、皇八子、皇十四子等，常委以军政重任，既对其加强锻炼，又对其进行考察。

清朝皇子所受的教育主要是儒家经典。此外，他们精力之耗，多擅书画，亦习戏曲。所以，康熙皇帝对皇子的教育，首之为成龙，次之为襄政，又次之为领兵，再次之为务学，复次之为书画。康熙帝对皇子的教育，不仅制定严格的制度，而且进行严格的检查。

康熙帝对子孙的教育，通过多种方式进行，一是言传、身教；二是参加祭祀、打猎、巡幸、出征等实践活动；三是上学读书。上学读书是康熙帝教育青少年子孙的基本方法。

清人吴振棫的《养吉斋丛录》记载："我朝家法，皇子、皇孙六岁，即就外傅读书。"学习的时间，"寅刻（3～5 时）至书房，先习满洲、蒙古文毕，然后习汉书。师傅入直，率以卯刻（5～7 时）。幼稚课简，午前即退直。迟退者，至未（13～15 时）正二刻，或至申刻（15～17 时）"。休假日，"惟元旦免入直，除夕及前一日巳刻，准散直"。也就是说，一年之中，不论寒暑，休假只有元旦一天和其前两个半天。相比之下，今日学生的假日可谓多矣、长矣！

康熙帝确定了皇子皇孙的教育制度。康熙帝定制，皇子皇孙 6 岁开始在上书房读书。康熙帝亲自为皇子们选定师傅，初有张英、熊赐履、李光地、徐元梦、汤斌等一代名儒。皇子老师中的汉人师傅，主要教授儒家经典；满人师傅称谙达——内谙达教授满文和蒙古文，外谙达教授骑马、射箭技艺。举例来说，《康熙起居注册》等书记载了皇子于康熙二十六年（1687 年）六月初十日这一天读书的情状。

寅时（3～5 时），皇子在上书房读书，先复习前一天的功课，准备师傅到来上课。

卯时（5～7时），满文师傅达哈塔、汉文师傅汤斌和少詹事耿介，进入名叫无逸斋（在畅春园）的上书房，向皇太子恭行臣子礼后，侍立在东侧；管记载皇太子言行的起居注官德格勒、彭孙遹侍立在西侧。皇太子胤礽伏案诵读《礼记》中的章节，诵读不停。允礽遵照皇父康熙帝"书必背足一百二十遍"的规定，在背足遍数之后，令汤斌靠近案前，听他背书。年近60岁的汤斌跪着捧接皇太子的书。听完胤礽的背诵，一字不错，就用朱笔点上记号，重画一段，再读新书，捧还经书，退回原来的地方站立。皇太子又写楷字一纸，约数百字。

辰时（7～9时），康熙帝上完早朝，向太皇太后请安之后，来到皇太子读书的畅春园无逸斋。皇太子率领诸臣到上书房外台阶下恭迎。康熙帝入斋后升座，问汤斌曰："皇太子书背熟否？"汤斌奏道："很熟。"康熙帝接过书后，皇太子朗朗背诵，一字不错。康熙帝又问起居注官："尔等看皇太子读书如何？"奏道："皇太子睿质歧嶷，学问渊通，实在是宗庙万年无疆之庆！"康熙帝嘱咐他们对皇太子不要过分夸奖，而应严加要求。检查完皇太子的功课，康熙帝回宫。

巳时（9～11时），时值初伏，日已近午，骄阳似火。皇太子不摇折扇，不解衣冠，凝神端坐，或背诵经书，或伏案写字。这时，他们的师傅达哈塔、汤斌和耿介，因为年迈暑热，晨起过早，伫立时久，体力不支，斜立昏盹，几乎颠仆。皇太子写好满文一章，让师傅达哈塔等传观批阅校对。汤斌奏道："笔笔中锋，端严秀劲，真佳书也！"达哈塔也奏道："笔法精妙，结构纯熟。"皇太子又温习背诵师傅画定的《礼记》篇章120遍。

午时（11～13时），侍卫给皇太子进午膳。皇太子命赐诸师傅也吃饭。诸臣叩头谢恩后，就座吃饭。膳后，皇太子没有休息，接着正襟危坐，又读《礼记》。读过120遍，再由汤斌等跪着接书，听皇太子背诵。

未时（13～15时），侍卫端进点心，呈在皇太子等面前。皇太子吃完点心后，侍卫在庭院中张侯——安上箭靶。皇太子步出门外，站在阶下，运力挽弓，扣弦射箭。这既是一节体育课，又是一节军事课，是为教育太子"崇文宣武"，治理国家。

皇太子射完箭后，回屋入座，开始疏讲。汤斌和耿介跪在书案前面，先生翻书出题，学生依题讲解。

申时（15～17时），康熙帝又来到无逸斋。皇长子胤禔、皇三子胤祉、皇四子胤禛、皇五子胤祺、（皇六子早殇）皇七子胤祐、皇八子胤禩，同来侍读。康熙帝说："朕宫中从无不读书之子。向来皇子读书情形，外人不知。今特召诸皇子前来讲诵。"汤斌按照康熙帝的旨意，从书案上信手取下经书，随意翻书命题。诸皇子依次鱼贯进前背诵、疏讲。皇五子胤祺因学满文，所以只写满文一篇，书写工整，圈点准确。康熙帝亲自书写程颐七言律诗一首，又写"存诚"两个大字一幅，给皇子们示范。群臣称颂说：得小字"秀丽"、大字"苍劲"。

酉时（17～19时），侍卫在院中张侯——安置箭靶之后，康熙帝令诸子依次弯射，各皇子成绩不等。又命诸位师傅射箭。随后，康熙帝亲射，连发连中。

天色已暮，诸臣退出。皇太子等在畅春园无逸斋一天的功课完毕。

康熙帝对皇子还进行自然科学知识的教育，如数学、天文学、地理学、医学、测量学、农学等。先以观测日食为例。康熙三十六年（1697年）闰三月初一日，日食。时康熙帝亲征噶尔丹在外，皇太子在北京进行观测，他使用皇父所赐嵌有三层玻璃之小镜子，装于自鸣钟之上，用望日千里镜观望，日食似不到十分，日光、房屋、墙壁及人影俱为可见，甚属明耀。二十一日，自京城发出，送皇父览阅。康熙帝得到奏报后，朱批曰："览尔所奏，果然如此。"后来，皇四子胤禛（雍正）回忆道："昔年遇日食四五分之时，日光照耀，难以仰视。皇考亲率朕同诸兄弟在乾清宫，用千里镜，四周用夹纸遮蔽日光，然后看出考验所亏分数。此朕身经实验者。"又以几何学为例，法国耶稣会士白晋在写给法兰西国王路易十四的信中说，康熙帝亲自给皇三子胤祉讲解几何学，并培养其科学才能。后又让允祉等向意大利耶稣会士德理格学习律吕知识，"命臣德理格在皇三子、皇十五子、皇十六子殿下前，每日讲究其精微，修造新书"。康熙帝命在畅春园蒙养斋开馆，派胤祉主持纂修《律历渊源》，汇律吕、历法和算法于一书。胤祉还为《古今图书集成》的纂辑做出贡献，成为康熙朝一位杰出的学者。但他在雍正继位后，仍未逃过劫难，被夺爵，禁景山永安亭而死。

康熙帝自己喜欢书法，也教皇子书法。他同皇子们说："朕自幼好临池，每日写千余字，从无间断。凡古名人之墨迹、石刻，无不细心临摹，积今三十余年，实亦性之所好。"他对有的皇子练字，做出具体规定：每一日要写十幅呈览。在皇父严格的要求与督促之下，皇太子、皇三子、皇四子、皇七子、皇十三子和皇十四子等，都写得一手好字。皇二十一子胤禧，史载其"诗清秀，尤工画，远希董源，近接文徵明"；皇三子胤祉和皇七子胤祐，以其尤长书法而受命书写康熙帝景陵的《神功圣德碑文》。康熙帝的诸皇子中，凡工艺术而又不参与争夺皇位者，多得善终（因病夭折者除外）。

但是，教育只能影响一个人的性格，而不能改变一个人的性格。康熙帝的 35 个儿子中，序齿的有 24 位，实际上成人（年满 16 岁）的，只有 21 位。这 21 个儿子，是由 17 个妻子生育的。他们除了一人能做皇帝外，其他的均为普通皇子。

康熙帝教育子孙，是他为君之道中的一项重要内容。其目的在于培养接班人。清朝的皇帝没有暴君，没有昏君，也没有怠君。康熙帝的继承者雍正、雍正的继承者乾隆都很优秀，也都很杰出。康熙帝的皇子中，没有不学无术之庸人，也没有胡作非为之纨绔。他们都有一定素养、一技之长。这些都同康熙、同清朝重视皇子皇孙的教育有关。但康熙帝的儿子太多，在位时间又长，"夜长梦多"，皇子们结党自固，争夺皇位，最后导致残酷的宫廷斗争，有的被囚，有的屈死，实在是令人遗憾的事情，也是康熙帝生前所没有料到的。

总之，学习是康熙帝为君之道的一把历史钥匙。康熙帝自己终身学习，对子孙重视严格教育，这个宝贵的历史经验，值得借鉴，应当弘扬。

（本文系多次演讲的文稿综合而成，内容做了调整与修改）

康熙帝的读书之道

康熙帝的言行事功表明，他有大过人之处；他的言行之所以能大过人，是因为他有大过人的思想；他的思想之所以能大过人，是因为他有大过人的学习。"朝于斯，夕于斯"，终身学习，手不释卷。读书学习，这是康熙帝智慧的重要源泉，也是他养心、修身、治国、平天下的一件法宝。

康熙帝是一位读书学习型皇帝。他的《庭训格言》，即《康熙语录》，共246条，其中有41条讲读书学习，占总条数的六分之一，就是例证。由此，我联想到孔子的话："好仁不好学，其蔽也愚；好知不好学，其蔽也荡；好信不好学，其蔽也贼（败坏）；好直不好学，其蔽也绞（迂）；好勇不好学，其蔽也乱；好刚不好学，其蔽也狂。"（《论语·阳货》）由上可见：读书学习，增长智慧，修养身心，非常重要。

一、读书学习的四个阶段

康熙帝的读书学习，从5岁开始，到69岁故去，其间65年，经历了4个阶段——少年好学，中年苦学，盛年博学，老年通学。

少年好学　"好"是爱好、喜好，也就是说，康熙帝少年非常好学。《三字经》说："子不学，非所宜。幼不学，老何为？"少年儿童学习，对人的一生来说，是很重要的。康熙帝小时候，由祖母、苏麻喇姑、保母教他满语、蒙古语，由略通儒学的张、林二太监，教他汉语文的识字、句读。句读是很重要的。《三字经》说："凡训蒙，须讲究，详训诂，明句读。"过去，小学启蒙学习，主要是两件事：一是识字，二是句读。那么，"句读"是什么意思呢？又为什么重要呢？古时候没有标点符号，要靠老师教给断句，就是教给句读。这样，既能识字，又会断句，就有了阅读的能力。

幼年玄烨，在祖母孝庄太皇太后和皇父的训教下，从5岁开始到上书房读书，汉人师傅教他读"三百千"——《三字经》《百家姓》《千字文》，满洲师傅教他满语骑射（《清圣祖实录》卷一）。他有时读书痴迷，忘了玩耍，忘了寝食。祖母见他勤奋好学，打趣地说道，你贵为天子，还要像生员科举赶考那样苦读吗？他仍然孜孜以求地读书。少年玄烨，勤奋好学，可以说是——"朝于斯，夕于斯"。

康熙帝读书，史书记载："粤自五龄，矢志读书。当是之时，鞠育深宫，不离阿保，非有左右丞弼，而好学孜孜，出于天性，早夜读诵，无间寒暑，至忘寝食。年十龄，益博综群书，潜心好古，背诵不遗。虽皇上天姿敏妙，一见辄记忆，而必百倍其功。反复乎简编，沉潜乎理义，使书与心契，无少乖违。故于古人文字，随举一篇，皆口诵如流，不遗一字。"（《康熙起居注册》康熙二十三年十一月十七日）这些话，既洋溢着赞美之词，也反映了实际情况。

康熙帝认为，一个人幼年所读的书，终身受益。"应须早学，勿失机会。朕七八岁所读之经书，至今五六十年，犹不遗忘。至于二十以外所读经书，数月不温，即至荒疏矣。然人或有幼年，遭逢坎坷，失于早学，则于盛年，尤当励志。盖幼而学者，如日出之光；壮而学者，如炳烛之光。虽学之迟者，亦犹贤乎始终不学者也！"（康熙《庭训格言》）

他回忆少年好学时说："诸日未理事前，五更即起诵读，日暮理事稍暇，复讲论琢磨，竟至过劳，痰中带血，亦未少辍。朕少年好学如此。"（康熙《庭训格言》）

中年苦学 "苦"是刻苦、艰苦的"苦"，也就是说，康熙帝中年的读书学习能够勤奋刻苦，按照常规，循序渐进。《三字经》说："为学者，必有初，小学终，至四书。""四书"就是《大学》《中庸》《论语》《孟子》。在"《孝经》通，四书熟"之后，"如六经，始可读"。"六经"就是《诗》《书》《易》《礼》《春秋》《乐》（已佚）。康熙帝说："八龄践阼，辄以学、庸、训诂，询之左右，求得大意，而后愉快。日所读者，必使字字成诵，从来不肯自欺。及'四子'之书，既已通贯，乃读《尚书》，于'典谟''训诰'之中，体会古帝王孜孜求治之意，期见之施行。及读大《易》，观象玩占，实觉义理悦心，故乐此不疲耳。"（《清圣祖实录》卷一一七）也就是说，他 8 岁继位后，读《大学》《中庸》，后来读《论语》《孟子》等，再读《尚书》《易经》。于"诗歌古辞，上薄风骚，下陵汉、魏、六朝，三唐以降，不足道也"（《康熙起居注册》康熙二十三年十一月十七日）。康熙帝读书，每篇新书，都要念 120 遍，背 120 遍，篇篇成诵，意思融通。

康熙九年（1670 年）十月，康熙帝年 17 岁，举行"经筵大典"，就是由讲官给皇帝讲解"四书""五经"等。此后，每日大清早，康熙帝到乾清宫弘德殿，听讲官进讲，讲毕，辰时（7～9 时），到乾清门听政，有时则先听政而后进讲，非特殊情况，从不间断。康熙十二年（1673 年）三月，因乾清宫楹柱损坏，遇雨渗漏，需要修葺，移驻瀛台，暂住几天，也不废讲。夏日酷暑，奏请停讲。他让讲官暂停数日，但"讲章仍照常进呈"——师傅停讲，他不停学。康熙帝认为，学问之道，不可间断，无论寒暑，不可废学。他不满足于隔日进讲，命令大臣们"日侍讲读，阐发书旨，为学之功，庶可无间"。经筵改为每天举行。在平定三藩之乱的紧张时刻，也乘间隙，进讲经史。

康熙帝亲政后，每日早朝，御门听政，虽政务极为纷繁，但必定抽时读书，寒暑无间，乐此不疲。他说："人心至灵，出入无响，一刻不亲书册，此心未免旁骛。朕在宫中，手不释卷，正为此也。"康熙帝读书有乐趣，也有习惯，坚持不懈，一以贯之。在南巡途中的行殿（御舟）上，带着书卷，经常读到深夜。他南巡的御舟到南京燕子矶，读书至三更。南书房高士奇进言："南巡以来，行殿读书写字，每至夜分，诚恐圣躬过劳，宜少自节养。"但他仍然坚持博学群书，增长知识，修炼心性，思考治道。他在亲征噶尔丹期间，晚上常常手不释卷，命张诚等给他讲解几何学及其他自然科学知识。

盛年博学　"博"是博大、博览的"博"，也就是说，康熙帝在盛年时的读书学习能够博览众取。《礼记·大学》："致知在格物。"也就是说，读书的过程是格物致知的过程。什么是"格物致知"呢？格物致知的"格"就是推究、探索，"物"就是事物、东西，"致"就是使到、得到，"知"就是知识、智慧，总之，就是推究事物，得到知识和智慧。

康熙帝22岁时，即从康熙十四年（1675年）四月二十三日开始，规定在讲官进讲之后，由他复讲一遍，以求阐明义理，有裨知识贯通。谕曰："日讲原期有益身心，加进学问。今止讲官进讲，朕不复讲，则但循旧例，渐至日久将成故事，不惟于学问之道无益，亦非所以为法于后世。自后进讲时，讲官讲毕，朕仍复讲，如此互相讲论，方可有裨于实学。"康熙帝读书：读书、讲论、体验、笃行——改变了以讲官进讲儒家经籍的陈规旧例，从而开创经筵大典的新局面。"讲"是重要的学习，自己明白了，不一定能讲明白。这一点我在《百家讲坛》讲课深有体会。有些问题，不讲的时候以为已经研究明白了，但一讲就发现还没有真正弄明白。非得真明白，才能讲明白。

康熙帝读书，除儒家经典外，也涉猎史部的《史记》《汉书》《资治通鉴》等，还遍读道、释、医、农及诸子百家之书。他说过："至若史、汉以及诸子百家、内典、道书，莫不涉猎，触事犹能记忆。"他还读医书、药书、农书、地理书、治河书等，几乎是无书不读。并学习西方的天文、数学、物理、化学、农学、地理、医学、药学、测绘、语言、音乐、绘画、人体解剖等知识。康熙帝勤奋学习，使他成为当时学贯中西的学者，既值得称道，也值得学习。

康熙帝读书重点，一是经，二是史，读经与治史，互相参证，相辅相成，从"经"中"探求治天下之大道"，阐发义理；从"史"中了解世运升降、君臣得失、治国之道。法国耶稣会士白晋说，康熙帝对《通鉴纲目》"整部内容丰富的历史是如此精通，以至要指出一些他不能立刻回忆起来的史实是很困难的"。

康熙帝将经、史、子、集打通，汲取儒学的治道、历史的治鉴、诸子的智慧、文学的涵养，以及西学的科技，陶冶自己的素养，提升治国的能力。

老年通学 "通"是融通、贯通的"通"，也就是说，康熙帝晚年的读书学习能够融会贯通。康熙帝在学习过程中，嗜学敏求，虚心倾听，寻绎玩味，启沃心路，是既通晓儒家的"帝王之学"又熟悉历史的封建君主。

康熙帝强调："书不贵多而贵精，学必由博而致约。"说明他的读书学问，愈老愈纯，愈老愈通。读书的过程，是一个三段式的过程，就是少→多→少的过程，也就是寡→博→约的过程。

他不像有的帝王那样，或为附庸风雅，或徒具虚名，或自我炫耀，或自欺欺人。在读书中，他体验了心灵乐趣与实用价值，"圣人扶阳抑阴，防微杜渐，垂世立教之精心，朕皆反复探索，必心与理会，不使纤毫扦格。实觉义理悦心，故乐此不疲"。

康熙帝说："朕闲暇时，与熊赐履讲论经史，有疑必问。"他问大儒熊赐履读书切要之法。熊赐履答："凡读书全要得古圣人立言之意。得立言意，中心默识，应事接物，方才得力。""博学笃志，切问近思，为圣门求仁之方。"也就是说，读"圣贤之书"，要领会其立意，掌握其实质，并非死记纸上的字句。康熙帝说："诚然。"他说："人君讲究学问，若不实心体认，徒应故事，讲官进讲之后，即置之度外，是务虚名，于心身何益？"

经常有人问我："应当怎样学习？"我认为康熙帝的读书人生是很值得借鉴的。少年读书，重在培养兴趣，贵在养成习惯；青年读书，重在打下基础，贵在读懂扎实；盛年读书，重在博览群书，贵在提高素养；老年读书，重在回眸人生，贵在融会贯通。所以，康熙帝的读书人生，有普适意义。

二、读书学习的四种境界

康熙帝读书，有四种境界——欣然、愤然、敬然、陶然的境界。

一是欣然境界。欣，是欣喜、欣悦。康熙帝读书，有一种欣然的境界。玄烨小时候即以读书为乐。史书记载："皇上冲龄读书时，奉圣夫人（康熙帝保母孙氏）爱护圣躬，恐勤诵过苦，乃匿所读书，冀得暂辍，皇上必索读之不少休。"（《康熙起居注册》康熙二十三年十一月十七日）

良心要实，学心要虚。读书学习，必要虚心。他说："人心虚则所学进，盈则所学退。朕生性好问，虽极粗鄙之夫，彼亦有中理之言，朕于此等，决不遗弃，必搜其源而切记之。"（康熙《庭训格言》）有了虚心，才能用功。康熙帝常对大臣说："朕在宫中，手不释卷。""学问之道，宜无间断。"（《清史稿》卷六《圣祖本纪一》）玄烨勤奋读书，常常至于深夜："五龄以后，好学不倦，丙夜披阅，每至宵分！"（《清圣祖实录》卷一）他常深夜读书，直至天快亮。祖母太皇太后担心他因读书累坏了身体，后来玄烨果真苦读累得吐血！

二是愤然境界。愤，是发愤、激愤。康熙帝读书，有一种愤然的境界。《论语·述而》："不愤不启，不悱不发。"朱熹注释："愤者，心求通而未得之意。"我前面讲过，中西历法之争，康熙帝深切地感到：自己不懂得，怎能定是非？于是，他发愤读书学习。我引述他讲的一个故事："朕幼年习射，奢旧人教射者，断不以朕射为善。诸人皆称曰：善！彼独以为否，故朕能骑射精熟。尔等甚不可被虚意承顺赞美之言所欺。诸凡学问，皆应以此，存心可也。"（康熙《庭训格言》）他的体会是："凡事可论贵贱老少，惟读书不问贵贱老少。读书一卷，则有一卷之益；读书一日，则有一日之益。此夫子所以发愤忘食，学如不及也！"（康熙《庭训格言》）"学如不及"也是心求通而未得的情态。即便是在三藩之乱，局势艰难，京师地震，官民惊恐，十分困难之际，康熙帝依旧坚持经筵进讲不可废误。

总之，康熙帝认为："凡人进德修业，事事从读书起。多读书，则嗜欲淡；嗜欲淡，则费用省；费用省，则营求少；营求少，则立品高。"（康熙《庭训格言》）

三是敬然境界。敬，是尊敬、恭敬。康熙帝读书，有一种敬然的境界。在《庭训格言》中，"敬"字出现了 41 次。朱熹说："为学之道，莫先于穷理。穷理之要，必在于读书。读书之法，莫贵于循序而致精。而致精之本，则又在于居敬而持志。"（《朱文公文集》卷一四《甲寅行宫便殿奏札二》）也就是说，学习重在穷理，穷理重在读书，读书重在精通，精通重在"居敬"，精髓在于一个"敬"字。

有了敬心，才会好学，向智者学，向长者学。康熙帝说："人多强不知以为知，乃大非善事。是故，孔子云：'知之为知之，不知为不知。'朕自幼即如此。每见高年人，必问其以往经历之事，而切记于心，决不自以为知，而不访于人也！"（康熙《庭训格言》）

四是陶然境界。陶，是和陶、乐陶。康熙帝读书，有一种陶然的境界。《诗经·王风·君子阳阳》："君子陶陶。"我借用《诗经》里的"陶"字，说明康熙帝学习的陶然心境。他自己也说"读书乐志"。譬如，康熙二十四年（1685年）三月，康熙帝在理政之余，通读《资治通鉴》，并将《资治通鉴》《资治通鉴纲目》《纲目大全》三部编年体史书，仔细通读，朱笔圈点，做出批注，达107则。他在《序文》中说："自元旦以至岁除，未尝有一日之间，即巡幸所至，亦必以卷帙自随。"（《御制资治通鉴纲目序》）《资治通鉴纲目》一书，他先后通读、细读了四遍（宋荦《漫堂年谱》）。他将读书学习看作一种和悦的、快乐的事情，要读到愉悦，读到赏心，读到快乐，也读到幸福。

三、读书学习的四点经验

康熙帝读书，有四点经验——贵恒久、贵思悟、贵知行、贵著述。值得思考，值得借鉴。

一贵恒久。康熙帝读书，既重恒，又重久。一个人，读点书并不难，难的是长久坚持；一个人，平时读书并不难，难的是动荡时静心坚持读书。所以，一个人读书的恒久，既表现为平常时坚持，更表现为困难时坚持。康熙帝读书有毅力，善坚持。在平定三藩之乱时，局势紧张，寝食难安，"每日军报三四百疏，手批口谕，发纵指示"，这种情况下，他依然坚持读书学习。

康熙帝学习之所以恒久，一以贯之，关键在毅力。以书法为例，他说："朕自幼嗜书法，凡见古人墨迹，必临一过，所临之条幅、手卷将及万余，赏赐人者不下数千。天下有名庙宇禅林，无一处无朕御书匾额，约计其数亦有千余。"（康熙《庭训格言》）康熙帝对书法，颇下功夫，"听政之暇，无间寒暑，惟有读书、写字而已"。他学明董其昌字体，还让翰林沈荃教他书法。他又向善于书法之人学习，用笔时轻重疏密，或疾或缓，各有体势，因而有异于寻常人的书法。他说："学书须临古人法帖，宫中古法帖甚多，朕皆临阅。有李北海书华山寺碑，字极大，临摹虽难，朕不惮劳，必临摹而后已。朕性好此，久历年所，毫无间断也。"（《清圣祖实录》卷二一）宫中古法帖甚多，他都赏阅临遍。在他 50 初度后，曾向大臣们说："朕自幼好临池，每日写千余字，从无间断，凡古名人之墨迹、石刻，无不细心临摹，积今三十余年，实亦性之所好。"白晋在给法兰西国王路易十四的奏报中说，康熙皇帝"写得一手漂亮的满文与汉文"。康熙帝的书法能不能跻身于书法名家之林？我认为：完全可以。

二贵思悟。康熙帝读书，既重思，又重悟。康熙帝说："读书务求实学，若不询问、覆讲，则进益与否，何由得知？"因而经筵讲学，以皇帝听讲与亲讲相结合的方式进行。康熙十六年（1677 年）六月初五日，他亲自讲述，评论是："讲论精微，义理融贯。"

不读死书，不信空文。康熙帝说："凡看书不为书所愚始善。即如董子（仲舒）所云'风不鸣条，雨不破块'，谓之升平世界。果使风不鸣条，则万物何以鼓动发生？雨不破块，则田亩如何耕作布种？以此观之，俱系粉饰空文而已。似此者，皆不可信以为真也。"（康熙《庭训格言》）

康熙帝读书，追问根底。他看到石鱼，即鱼化石，便亲自查阅《水经注》《酉阳杂俎》《池北偶谈》等书上的有关记载。然后，他发问："其与鱼俱生耶，抑鱼之化？"是鱼与石同时生的，还是鱼化作石的呢？又如，对潮汐现象，他到山海关、天津、钱塘江等处观察潮涨潮落，询问当地人，并问西洋传教士地中海的情况，还观察泉、井水位的变化，命人做记录，最后得出同先贤一致的结论："属月之盈昃，其理甚明。"（康熙《几暇格物编》）

读书只有读到不忍放下，才算真正品出书中真趣。康熙帝读书，达到了这个境界。他引述朱熹的话："读书须读到不忍舍处，方是得书真味。若读之数过，略晓其义即厌之，欲别求书者，则是于此一卷书，犹未得趣也！"认为此言极是。他说："朕自幼亦尝发愤读书、看书，当其读某一经之时，固讲论而切记之。年来翻阅其中，复有宜详解者。朱子斯言，凡读书者，皆宜知之！"（康熙《庭训格言》）朱熹的意思是：书必须读到废寝忘食、不愿意放下时，那才是体会到书中的真正滋味。如果书读了几遍，知道了大意，就放弃它，再去寻找别的书来读，那么，这本书来说，就没有得到它的旨趣。康熙帝说自己从小就曾经发愤读书，刻苦学习。当读到某一经典时，就一定要读懂它，讲论它，把它牢牢记住。近年，翻阅以前读过的书，又发现了一些地方应进一步深入理解。朱子的这些话，读书的人，都应知道。

三贵知行。康熙帝读书，既重知，又重行。他说："明理最是紧要，朕平日读书穷理，总是要讲求治道，见诸措施。故明理之后，必须实行。不行，徒空谈耳。"又说，"读书得之虽多，讲论得之尤速，思虑得之最深，行事得之最实。"（康熙《庭训格言》）那么他怎样知行呢？在生活方面，南巡的船，他试坐多种，后亲自参与设计、制作。凡做事情，要人行，己先行。在康熙帝亲征噶尔丹的行军路上，运粮困难，其实不管军粮有多困难，保证康熙帝吃饭的粮食还是可以保障的，但他克己严行，说："将士每日一餐，朕亦每日进膳一次。"在如此艰苦的条件下，午夜特呈紧急军报时，他还在灯下看书呢！

康熙帝读书，重视实验。在读书过程中，还演算题、搞测量、做实验，在北京城头占风、派人探测黄河源头、解剖冬熊了解其胃中食物等，都像专家做学术研究一样。他读书不为表演，不图虚名，而是对书中义理真正怀着兴趣，想做深层探讨。因此，他后来成为一位学术造诣很深的君主。

康熙帝在《资治通鉴纲目》满文译本序文中说："朝夕起居之时，循环披览，手未释卷，以是考前代君臣得失之故，世运升降之由，纪纲法度之所以立，人心风俗之所由纯。事关乎典常，言有裨于治体，靡不竟委穷源，详加论断，如是者有年矣。"他引述朱熹的话："朱子云：读书之法，当循序而有常，致一而不懈，从容乎句读文义之间，而体验乎操守践履之实，然后，心静理明，渐见意味。不然，则虽广求博取，日诵五车，亦奚益于学哉！此言乃读书之至要也。人之读书，本欲存诸心、体诸身，而求实得于己也。如不然，将泛然读之，何用？凡读书人，皆宜奉此以为训也！"（康熙《庭训格言》）也就是说，读书的方法，应当循序渐进，坚持不懈。从文字语义中，从容领会其真意；在德行操守方面，力行而体验。然后，做到心中平静，道理明晰，从而体味出妙旨。否则，即使博览群书，一天读书五车，于治学无益。

他在《御纂朱子全书序》中说："朕读其书，察其理，非此不能知天人相与之奥，非此不能治万邦于衽席，非此不能仁心仁政施于天下，非此不能外内为一家。"因此，康熙帝崇尚理学的期待是：其一，为了"天人合一"；其二，为了统治万邦；其三，为了仁政治国；其四，为了天下一家。这就是强调从思想文化方面巩固清王朝的一统天下。

四贵著述。康熙帝读书，既重编，又重著。康熙帝认为图书的功能是："能令古今人隔千百年觌面共语，能使天下士隔千万里携手谈心，成人功名，佐人事业，开人识见，为人凭据。"（《庭训格言》）所以，他一方面亲自组织、编纂了大量书籍，如《康熙字典》《全唐诗》《律历渊源》《皇舆全览图》《古今图书集成》等，既是古代典籍的整理，也是自身体验的总结，形成了在中国版本史上极有影响的书品精良、版式美观的"康版"；另一方面，他勤于笔耕，撰写了诗文集。学习与著述，就像春蚕，读书如吃桑，著述则如成茧。

康熙帝所著文，由臣下整理成《康熙御制文集》一至四集，共 176 卷，武英殿版，陆续雕印。康熙五十年（1711 年）以前的著述，为一至三集，140 卷；康熙五十一年（1712 年）到六十一年（1722 年）的著述为第四集，36 卷。《康熙御制文集》中的大部分是他在世时亲自主持，由大学士张英与詹事府詹事高士奇等人协助完成的。第四集则是在他身后由雍正帝刊行的。

康熙帝《御制诗集》收录 1147 首七言与五言诗及少量词，题材广泛，内容丰富，是他亲历活动的记录，可补正史之不足，具有重要的史料价值。

康熙帝《几暇格物编》，共 93 篇文章。他喜爱读书，留心考察，潜心研究，勤于著述。当他出师、行猎或巡视各地时，他留意各地的方言习俗、山川物产、动物虫鱼、药材草木等的异同关系，如蝗虫滋生的规律，各地农作物像水稻、小麦、西瓜、葡萄等生产的情形等。又因为他学过西洋的科学知识，他对自然界的若干现象也有所论述，例如，他注意到黑龙江西部察哈延山"喷焰吐火，气息如煤"的奇特现象。他从瀚海的螺蚌壳，推知远古蒙古大沙漠曾是水乡泽国。他也曾在一次打猎后，命人将一只冬眠熊解剖实验。这是他学习西方解剖学后的一次亲身实验。康熙帝探讨人体生理构造，命令西洋人把西文《人体解剖学》译成满文本（《张诚日记》），由于大臣反对，没有雕梓印行。但其书稿今存于故宫博物院。

康熙帝《庭训格言》更值得一提。他晚年体弱多病，亲自口述，由皇子或侍从笔录，雍正帝继位之后出版。这本《庭训格言》以康熙帝一生体验为主，告诉后人一些有益的做人处世、读书修身的道理。全书 27 419 个字，共 246 条，讲述养心、修身、齐家、治国、平天下的经验与道理。其中多是《清实录》与《圣训》所阙，有重要价值。书中有六分之一条数是讲读书学习的。例如，康熙帝引述孔子"吾十有五而志于学"后，论道："圣人一生，只在志学一言，又实能学而不厌，此圣人之所以为圣也！千古圣贤与我同类，人何为甘于自弃而不学？苟志于学，希贤希圣，孰能御之？是故志学乃作圣之第一义也。"（康熙《庭训格言》）也就是说，圣人不是高不可攀的，圣人之所以成为圣人，其关键是两个字——志学。如果一个人立志于学，一以贯之，成贤成圣，谁能阻挡？所以，"志学"是做圣人的第一要义。

康熙帝过分推崇儒家理学部分，作为文化遗产，或许今天已不适用；但他的读书之道，今天仍可借鉴。康熙帝的读书经验，如读书"四个阶段"——少年好学、中年苦学、盛年博学、老年通学；读书"四种境界"——欣然境界、愤然境界、敬然境界、陶然境界；读书"四点经验"——贵恒久、贵思悟、贵知行、贵著述，于今人，犹可鉴。

（本文系在《天津日报》一次讲座的讲稿，后加修改）

林则徐：海洋文化的先驱者

从甲骨文开始，我们才有了文字记载，原来都是传说或者神话。从甲骨文到秦的小篆、大篆再到汉朝的隶书，以及后来的草书、楷书、行书等，从商朝以来到现在，3000 多年历史，才得以记载下来。没有这些，我们现在怎么会知道林则徐呢？早就遗忘了，记忆力也就是两代到三代。夏、商、周朝以后最大的两件事情，一是创制文字，二是秦统一六国。秦始皇统一六国，之后我们中国才有了统一的版图。尽管仍然有分裂，但整体上我们是一个统一的国家，如果没有这个统一，也就没有今天林则徐的故事。

我想，世界上的大国认真说起来就三个，亚洲的中国、美洲的美国、欧洲的俄罗斯。这三个大国都有非常特殊的条件，美国与我们面积差不多，人口少于中国，整个南北美洲真正的大国就美国一个。亚洲真正的大国就是中国，日本、韩国和朝鲜都很小，印度太靠南了，太热了，过热、过冷都对一个国家成为大国有影响。我们国家现在领土面积是 960 万平方公里，明清最大时为 1400 万平方公里。有过短期的分裂，但从秦始皇统一六国之后，我们的文脉没有断开。这就是我们今天讨论林则徐的基础。所以林则徐的故事不但反映汉族，它也反映我们各个民族。然后就是欧洲，法、德、英、意、奥、西、葡七国面积加起来都没有中国清代新疆的面积大，所以我们也是联合国中亚洲唯一常任理事国。第三个是俄罗斯，原来 2400 万平方公里土地，现在 1700 万平方公里。每个民族都出现过自己的英雄，我们中华民族的英雄就是反抗外来侵略的英雄。宋朝以前不存在这个问题。从明朝说，第一位是戚继光，打败了倭寇。明朝后期郑成功，把荷兰打败了，收回了台湾。清朝称得上民族英雄的就是两个人。一个叫萨布素。当年，俄国把中国黑龙江雅克萨（黑龙江北岸）给占了，萨布素带着军队从嫩江一带带着炮，逆流而上，运到雅克萨，击败俄国，这才签订了《尼布楚条约》。所以萨布素是清朝反对外来侵略的第一个民族英雄。另一个就是林则徐。林则徐的意义和作用远远超过戚继光、郑成功、萨布素。因为林则徐所处的时代，他的历史功绩、历史作用，在国内国际所产生的影响，超过以往任何一个民族英雄。

为什么会这样呢？因为这时候有两个冲撞。第一个是中国内部的冲撞，看中国历史，从有文字记载以来第一段就是王制（商纣王、周武王、诸侯王等）。第二段是从秦始皇开始才有帝制（皇帝），一直到宣统。这 2132 年的帝制，古代和近代之间交接的碰撞点就在于鸦片战争。鸦片战争之前，完全处于古代，之后由古代向近代演变。中国台湾地区学术界也是同样的观点，我在台湾几所大学任客座教授期间，我发现他们的教科书与我们有相同之处，都是近代从鸦片战争开始。所以，第一个碰撞是古代和近代之间交接的碰撞。第二个则是东方和西方的碰撞。原来的少部分倭寇捣乱没有影响整个历史进程，而影响最大的事件就是鸦片战争。这个碰撞，道光帝、林则徐当时都没有自觉地认识到这个问题，因为他们对当时世界的大势是不太了解的。

西方世界原来落后于我们，明朝就是个例子，郑和下西洋的舰队超过他们。清朝前期，包括老百姓的生活水平、经济实力也是远高于西方的。所以，西方才要来中国找黄金，做发财梦。但是，我们之间最大的不同就是，西方把海洋文化发展起来了。第一次大国崛起——荷兰，地处海边，称为海上马车夫。接着西班牙兴起，西班牙也同样临海。西班牙打败了荷兰，称霸海上。而后英国崛起击败西班牙，号称日不落帝国。西方各国日益崛起时，康熙帝也在学习了解西方近况，西方的历史文化、科学技术，甚至包括工厂的化学实验，制作陶器珐琅彩等都有所涉及。西方来华的耶稣会士和康熙帝整天接触，所以康熙会绘制现代地图。现在我们看到的古地图都是仿制的，西方近代地图是实地测量的。康熙派人全国测量，南至海南岛，西至西藏，东至黑龙江，西北到新疆，每个省都实测，而后绘制了中国地图——《皇舆全览图》。这是第一幅经过实测绘制的中国地图。这就是受西方传教士传来的欧洲人画地图的影响，黄河的河源谁也没有踏入过，泛滥、决口就靠堵，直到大禹治水才开始疏导。康熙帝第一次派侍卫到黄河、长江之源探源，才了解了河源实况。康熙帝死前有段语录，说："海外如西洋等国，千百年后，中国恐受其累。此朕逆料之言。"告诫子孙莫忘，但没有制定相应的政策，以解决海防问题。康熙帝以后，雍正时间较短，乾隆帝前期把重点放在蒙古问题的解决上，后期国家统一，万国来朝，所以死前固守"持盈保泰"，不思进取，不做改革。当时，他们对陆防很重视，但历朝历代都没有海军，原因是文化问题。

直到现在还有一大部分人认为，我们中华文明只有一种文明，即农耕文明，清朝之所以败在洋人手上，其中一个重要原因就是源于此。农耕文明是我们中华农民的主体，但中原核心地区农耕面积加起来 300 多万平方公里，并不是很大。除此之外，还有西北草原文化、东北森林文化、西部高原文化、沿海暨岛屿海洋文化。草原文化在清朝盛时包括内蒙古、外蒙古（今蒙古国）、西蒙古（厄鲁特蒙古）、北蒙布里亚特蒙古（贝加尔湖以东以南），总面积 300 万平方公里，与我们汉族农耕面积基本相同。第三种是东北的森林文化，300 万平方公里，清朝满族就属于森林文化族群，骑射民族。第四是西部高原文化，也是 300 万平方公里。还有一直未被重视的沿海暨岛屿海洋文化。我们国家从秦始皇以后 2132 年，汉族是农耕民族、蒙古是马背上的民族，都惧怕大海。一直到明朝、清朝鸦片战争，中国都没有海军，长江有江师，湖有湖师，但就是没有海师，所以明清的水师是不包括海军的（直到光绪），这就是没有海防的严重性。

林则徐疏陈："自道光元年以来，粤关征银三千余万两，收其利必防其害，使以关税十分之一制砲、造船，制夷已可裕如。"也就是说，从税收白银三千万两银子里抽出三百万两来建设海上防御——当时主要是买船和建设炮台，就可以保证洋人打不进来，但道光皇帝不听。鸦片战争赔款 2100 万两白银都赔了，300 万两建立海防却不舍得，其中一个重要原因，我想还是没有海洋意识。西方列强已经兴起了，我们不行，列强就会打进来，打进来就直接威胁皇权，这些他都没有意识，他认为打你一下就跑了，没有一个根本意识。这个错误还体现在什么地方呢？你看道光皇帝，从鸦片战争中本可以总结经验："为什么失败了？""应该怎样对付敌人侵略？"他没有，而是把林则徐、邓廷桢等发配到新疆，完事了。这是鸦片战争，是从海上打来的。后来，英法联军又从海上打来了，打到天津，逆着运河到了北京，圆明园被烧了，这次应该重视海军了吧？没有，认为都是肃顺不好，八大臣不好，把肃顺杀了。那么到了八国联军打过来时，吸取教训了没有？还是没有，丧权辱国，签订条约，慈禧太后带光绪跑到西安，多狼狈啊，回来以后建立海军了吗？没有。一直到光绪晚期，才设立水师，还在昆明湖里练。在昆明湖能练水师吗？搞个划艇比赛倒可以。把国库里四万万两银子都赔出去了，还不算利息，算利息大概九万万两，要是用来建立海军，能建立多强大的海军啊。到光绪晚期，甲午战争又打了败仗，再想起重视海军，已经晚了。

我觉得在中国传统文化中，海洋文化是个短板，这个短板影响到鸦片战争以来中国的情况，到民国时期仍然是这样。蒋介石是农耕文化出身，虽然到日本振武上的军校，但也不懂海军。抗日战争的时候，从七七事变，到1938年上海抗战，国民政府军在淞沪抗战中本来占优势，日本陆军已经由优势变为劣势。但是为什么出现了逆转呢？就是日本海军在杭州湾登陆，腹背夹击，国民党军队由主动变为了被动，兵败如山倒，上海丢了，接着南京丢了，武汉丢了，长沙丢了，广州丢了，只三个月。抗日战争中，日本是海洋民族，是岛国，他和英国、西班牙、意大利等都有海洋文化。中华民国政府在抗日战争时期，全部海军总吨位是九万五千吨，日本一个大和号的舰艇系列是九万六千吨，比我们整个海军吨位加在一块儿还多。中华人民共和国成立以后，我们开始重视海军了。毛泽东说，一定要建设强大的海军，但是我们发展的是鱼雷之类的，一直没造航空母舰。我去海南省三沙市给海军战士官兵作报告，作完报告之后吃饭，当地海军政委和司令说起那时候南海诸国七嘴八舌地闹，其实很简单，有一艘航空母舰往那儿一停，杂音就没有了。为什么呢？他们七嘴八舌，我们顶多外交部发表个声明，也没有实际作用，但航空母舰一停，飞机可以起飞。如果从大陆派飞机的话，飞到那儿油就不够了，回不来，必须有航空母舰。只要有一艘航空母舰在南海一停，问题就好办多了。可是，我们买了一艘航空母舰后，有人说，第一我们是买的，第二我们买的是旧的，第三是为了训练才买的。事实上，买航空母舰就是为了打仗。我们不侵略别人，你侵略我们，我们好反抗你，这也是打仗。我认为，这个说法不是说话人的问题，而是我们两千多年海洋文化的短板影响太深。我们现在在造航空母舰，造一艘下水，还造，两艘、三艘，一艘艘地造，美国有，英国有，法国有，印度有，泰国都有航空母舰，我们中国造几艘航空母舰怎么不可以？14亿人，960万平方公里，两万公里的海岸线，怎么就不可以有航母，为什么还说我是买的，是旧的，是为了训练用的。没必要。这就是我们的海洋文化意识的问题，是几千年的传统。所以说，对整个民族来说，林则徐有民族精神，有新的思维，其重大贡献，不可估量。从失败中我们也有教训，学习英雄的精神，才能实现民族的伟大复兴。

这就要提到道光皇帝了。道光皇帝这一代是中国历史的耻辱柱。我简单说一下道光帝，他爸爸是嘉庆皇帝，嘉庆皇帝就是个庸君。清朝发展有四个阶段，第一个阶段是天命、天聪、顺治三代，从赫图阿拉的一个小山村发展起来，辽阳、沈阳占领了，辽东占领了，辽西也占领了，除了宁远之外，整个东北都占领了。在明朝时期，整个东北问题都解决了，一直解决到库页岛，也就是黑龙江入海口，成立了一个省一级的军政机构，叫奴儿干都司。后金兴起之后，就从明朝手里接管了东北那块300万平方公里的土地。入关之后，就是康雍乾这三代的发展。这三代应该说在做帝王上还都算优秀，康熙基本上不胡闹，雍正也还很努力，乾隆后来有点自满，但也的确做了不少事情。到这个时期，纵向比较，中国达到了一个较高的地位，横向比是落后的。乾隆比较保守，他希望他的接班人不要太差，也不要太优秀，要取中，把这份家业守住就可以了。乾隆帝有好多儿子可以选，选的这个嘉庆帝唯唯诺诺，规规矩矩，也不出格，也没有什么大的创新创造，就是这样一个君主。嘉庆帝一上台就碰上白莲教，五个省的白莲教，基本上中国南部就乱了，费了很大事，花了五年的时间，花了两万万两白银才平定。接着又不断地出事，天理教都打到皇宫里了，从西华门打进去，一直打到乾清门前面的隆宗门。还有一次，一个人到皇宫里，要刺杀嘉庆帝，他跑到神武门里面的顺贞门，藏在门后，等皇帝进来就刺杀。跑到皇宫里刺杀皇帝，这是明清以来没有过的事。但是，嘉庆帝还是循规蹈矩。

嘉庆帝为什么选旻宁这个儿子呢？嘉庆帝临死的时候，活着的儿子有四个，就要从这四个儿子里选择，活着的老大就是道光帝，他妈妈是皇后，是嘉庆帝做皇帝之前，即做亲王时候的王妃，嫡福晋。嘉庆帝做了皇帝，嫡福晋就做了皇后，皇后生的儿子，当然就是嫡子。"有嫡立嫡，无嫡立长。"换言之，正妻有儿子，无论大小都要立他。正妻没有儿子，怎么办呢？立长。道光帝在活着的兄弟里面是嫡又是长，肯定就是他了，但得有秘密立储这一步。道光帝小时候就比较听话，功课不错，他继位前写过《养正书屋诗文集》四十卷，现在我们可以看到，文章也不错，四书五经都能背，毛笔字也很好。他 15 岁时，他爸爸做皇帝，就把他秘密地立为太子了，他妈妈福分不够，嘉庆二年（1797 年），刚当皇后才一年多就死了。所以他十五六岁母亲就死了，父亲根本顾不上他。他母亲死了以后，他继母，也就是贵妃，就升为皇后。这个皇后自己生了两个儿子，一个叫绵恺，另一个叫绵忻。道光帝受儒家教育训练得很好，不经常参加打猎这些活动，小的时候参加过一次，10 岁的时候打了一只鹿，他爷爷很高兴，说自己打这个动物的时候 12 岁，道光比自己还小，所以有福。道光帝先天不足，他不像雍正帝，35 个兄弟，天天你琢磨我我琢磨你的，他就没有，反正作为嫡长子，也没人和他争。

他爸爸嘉庆帝死得非常突然。嘉庆帝去避暑山庄，本来挺好的，突然就死了。这是个清史之谜，一种说法是被雷击死的，正史不可能写皇帝被雷击死了，就只说他头一天不舒服，第二天就死了。其他材料中也有这种说法，因为夏天雷多树也多。他死了之后谁即位呢？道光帝的继母没说"皇帝死之前的遗嘱说让我的儿子即位"，而是派人到避暑山庄，说让旻宁，嫡长子即位，是民心所向。这种情况下也需要依据，军机大臣们派人到乾清宫正大光明匾的后面找，没发现锦匣诏书。想到可能是带在身上，几个太监就找，随行的十几个箱子里都没有，有个随行太监腰上背了个小盒，又没有钥匙，大臣们就把盒子当面砸了，打开一看是秘密立储的遗诏，写着让旻宁继位。这就确定了，然后把棺材从北京运到避暑山庄，把大行皇帝——大行皇帝不是行走的皇帝，皇帝死了入土埋葬之前，没入殓也好，入殓装棺材也好，一直到埋到土里之前，这段时间叫大行皇帝——的遗体运回到皇宫，举行仪式后，道光帝即位。

道光皇帝这个人，我觉得他是重小轻大，优柔寡断。他就注重小事，比如说衣服破了，我在这儿打个补丁，皇帝不打补丁的衣服多了；他想吃外面卖的芝麻烧饼，让人去买烧饼，买回来又嫌贵，一个皇帝连普通市民都吃得起的烧饼都不舍得吃。他注意小的事情，但国家大事、国策、怎么发展，一概不想，谨小慎微。做皇子，特别是做太子，一定要注意这一点，出一点错，老爸就不高兴了，就可能把你废了，所以一言一行都谨小慎微、循规蹈矩。他和雍正帝还不一样，雍正帝是"反正我当不了皇帝"，我老四，我爸 35 个儿子，根本轮不到我，他就放开了，该玩玩，该写字写字，该信道信道，当上皇帝后呢？因为原来已经放开了，所以雍正当皇帝就放得开。这个道光呢，从小到当上皇帝，就一直没放开，一点小事，就看看我爸怎么想的、同意不同意啊，对我怎么看啊，就怕把秘密立储给废了，所以千方百计地看爸爸的眼色行事。他根本够不上一个政治家，根本不考虑军国大计、怎么发展、怎么用人，缺乏帝王的训练。不像永乐皇帝的孙子，后来也当皇帝了，打猎可以打，到蒙古出征也带着他，12 岁骑着马跟着，那是真的经过蒙古草原的考验。道光这样一个皇帝，就被推上去了，前几年还比较顺利，没碰见他爸爸那样的难事，后来就碰上了鸦片战争。他对银子特别节省，学他爷爷乾隆，银库里面的存钱绳因为时间太长都断了，所以想申请点钱非常难。因此，吃个烧饼都不舍得，他怎么会舍得花 300 万两银子建海防呢？

但道光帝还是很重视才华的。林则徐很有才华，是人人公认的才子，要仪表有仪表，要口才有口才，要主意有主意，要诗文有诗文，要结交朋友有良师益友，做什么事情都是最优秀的。所以道光帝对林则徐印象比较好，他派给林则徐的岗位都在长江三角洲、杭州嘉兴湖州地域，天下最富庶地方，"苏杭熟，天下足"，两个州丰收了，天下就饿不着了，派他去这里做官，又让他管盐政，都是肥缺，皇帝喜欢谁就派谁去管盐商，不喜欢谁就让他去贫穷的地方当官。林则徐从知县做起，一直在镇江、江苏、杭州一带地方，后来做湖广总督，再后来做两广总督，除了被流放到西北，没在贫穷的地方待过，说明吏部和皇帝派官的时候就考虑到了林则徐的才华。当时，鸦片形势已经很严峻了，军队抽大烟，官员抽大烟，八旗子弟抽大烟。

我们稍微说一下八旗。八旗人第一是定钱粮，按着户口发钱发粮，一辈子每月发；二是定房子，给你四合院；三是定佐领，定户口，你不能转户口；四是定旗分，你是正黄旗，就子子孙孙一辈子都是，除非皇帝特批；五是不许做工，不许经商，不许种地，也不参加科举考试，只当兵。开始的时候，人口少，兵不够用；后来，人口多了，兵就越来越多，一户抽一丁或两丁，最多抽三丁，一户有七八个孩子，剩下的孩子怎么办？只有游手好闲。所以说，八旗子弟游手好闲不是个人问题，是制度问题。一个孩子调皮捣蛋是家教不好，一个胡同的孩子打群架是胡同的风气不好，所有八旗子弟全这样，那就是制度问题了。八旗子弟从康熙时就不行了，三藩之乱的时候派八旗子弟去平叛，他们一边听戏一边往前走，听上瘾了晚上听到太晚了，说长官还没醒呢，咱们停一停再往前走。叛军都打到岳阳了，这边走几个月还没走到，康熙帝一看不行，就不派他们了。因此，从康熙一直到道光，八旗军队一直很腐败。

道光执政期间没有大的改革措施，顶多在漕运上做了点事。黄河一泛滥，运河堵了，便改成海运，这是救急的事。例如，关于禁烟，朝廷上有严禁与弛禁之争；在反抗侵略问题上，有主战与主和之争——其实，任何朝代都有两派，康熙平定吴三桂时也有两派，一派说打，另一派说不打。康熙说，一定得打。别人就没有反对意见了。因此，所有皇帝在做出重大决策之前，没有一种意见的。康熙治河的时候，有两种意见。持两种意见的，一个叫靳辅，另一个叫于成龙，两个人都是"正部级"。康熙也拿不定主意，说凡是在北京做官的，老家在黄河边上的，每个人写个意见。结果两种意见都有，派人去黄河边调查，也是两种意见都有，他最后决定用于成龙的办法。最后做成了。他问于成龙怎么做的，于成龙这人比较直爽，说我用的是靳辅的办法，我到现场一看发现我的办法不行，就用了他的方法。于是，河治理好了，靳辅也官复原职。明君是两面都听，关键在于"断"，多谋善断。道光帝就老是错断：禁烟是严禁，还是弛禁？他召见了林则徐 19 次，清史都没有这样的事情——短期内见一个大臣见了 19 次。当时，其他人肯定也七嘴八舌的。道光帝听完这个就信了，听那个也觉得有道理，这是做领导的大忌，道光帝就犯了这个大忌。关于战与和的问题也是，林则徐打胜了，那好，继续打；别人说战争不好，那就别打了；琦善去了，说应该撤，那就撤。来回折腾。优柔寡断，误了大事。所以我说道光帝对鸦片战争战败负有历史责任。

　　本次讲座主要还是说林则徐。关于林则徐，用四个字可以概括，第一是国，第二是家，第三是友，第四是己。"苟利国家生死以"，只要对国家有利，我宁可舍生忘死；"岂因祸福避趋之"，怎么能够因为是祸我就躲避是福我就趋前呢？还是要以国家的利益为利益，来决定我的生死。我个人觉得林则徐的一生里的每件事都是这样，治河是这样；虎门销烟，反抗外来侵略，也是这样。后来被发配伊犁。换个人，说我这么卖力气，你对我这样，我起码消极一下，但林则徐没有，修水利，现在还叫林公渠，造福伊犁的老百姓。他还亲自到南疆，南疆四个城，从伊犁到南四城太困难了。我讲一个具体的例子，20 世纪 90 年代，我去新疆考察，到喀什噶尔，先到乌鲁木齐，坐车，四天三夜两个司机连续开，没有道路，车就在戈壁上开。下午五点多吃午饭，为什么这么晚？车停了没地方吃饭，周围没有居民点。从早上八点开到下午五点，才有一个卖新疆面条的小摊。白天晚上地开车，什么时候有饭店什么时候吃饭，就这样也花四天三夜，还是坐汽车。林则徐那时候没有汽车，路上没有草，骑马也不行，只能骑骆驼，至少得一个月。太不容易了。就这样走到南疆四城，四个城都去了，帮忙修水利，现在还在用。从南疆又到了东疆，也就是吐鲁番、哈密一带，修坎儿井。坎儿井就是在地下挖一暗渠，在那里流水，免得日照，河水蒸发；时间长了，有的地方塌了，有的不通了，他亲自带着他儿子和当地民工下到坎儿井里面去疏通，把水提上来。林则徐当时一点抱怨情绪都没有，主动提出来，家里还往里捐钱去做这些，从此就看出他的伟大精神。后来，黄河决口，他完全可以抱病不去，最后他已经病了，又从福建到广西，在半路就病死了，真是"鞠躬尽瘁，死而后已"。所以，我说林则徐这种"苟利国家生死以，岂因祸福避趋之"的精神，就是我们中华民族顽强奋斗精神的典型代表，有这样伟大的精神，他才能做出这样伟大的事业。我相信大家看完话剧《林则徐》之后，会对民族精神起到巨大鼓舞的作用，对中华民族伟大复兴作出很大贡献。

这是"国"，关于"家"，林则徐把孩子带在身边亲自教，历练孩子。他被发配到新疆，一路就骑着毛驴走，非常枯燥。他教育孩子留下了大量的家书，他们家几代人都是勤勤恳恳为国为民工作，也就是家风好。贪官有贪官的家风，忠臣有忠臣的家风，好多人家连出六代进士，家风一定很好。我觉得物以类聚、人以群分，小人近小人，君子近君子，君子要远小人。你看他最好的一个朋友是王鼎，王鼎就是正人君子。王鼎管户部，还管过刑部，做过御史，很有钱，但是一分不贪。哪儿河口决口了，哪儿要修水利就派他去，修好了就回来，官不断升，最后我认为他就是自杀了，就是尸谏，以尸体向皇上进谏，这是最高的谏言。他的那封遗书被小人藏起来了，我相信他是真的尸谏，用自己来反对琦善的错误主张，他是主战派，他主战绝对是为了国家。他已经做到大学士了，却一分不贪，死了之后家里一分多余钱都没有。所以说清朝是有几个清官的，像于成龙、陈鹏年，死了以后，四壁都是空空的，什么装饰都没有，就是墙上挂几个陶罐，装点豆豉，别的什么都没有，王鼎就是这样一个清官。那么王鼎和林则徐能成为忘年交、挚友，能为了支持林则徐，反对琦善的投降，以自杀向皇帝进谏言，支持正义的事业，是很伟大的。

　　林则徐还有一个朋友叫魏源，湖南人，也是一个清官。魏源有两部书，一部叫《圣武纪》，搞清史的必备。林则徐找人帮他翻译《西夷四州记》，就是西方国家的情况，因为他到新疆，不知道能不能回得来，因为条件很艰苦，他就把这件事情交给了魏源。他和魏源并不是很熟悉，但是他会观察人，观察有才能、前途无量的人，于是他主动见了魏源，两个人床对床聊了一夜。第二天要上路，林则徐把《西夷四州记》全部资料给了魏源，魏源在这个基础上写成了《海国图志》。咱们过去讲中国向西方学习，比如像严复，从清朝来说最早接触西方的，魏源和林则徐，代表中国最早向西方学习的一批人。"以夷制夷"，学习之后要血洗仇恨，使国家富强起来，这种爱国精神很崇高。每次说起中国最早学习西方的一批人，提到他们的很少，像康有为等就已经很晚了，而且主要学习的是东洋，学日本。除了魏源，还有左宗棠。林则徐到新疆，走的时候特意派人找了左宗棠。那时候，左宗棠很年轻，还没成气候，林则徐就和他讲了西夷的形势。林则徐对左宗棠说，终为中国患者，其俄罗斯乎。林则徐之后，俄罗斯占领了160万平方公里的土地，第一个提出要防俄罗斯的就是他，后来果然应验了。俄罗斯这个国家很怪，一寸土也争。所以说，讲爱国，就是要寸土不让，就像林则徐说，我这个炮台就是要收回来，不能让你夺去，琦善就把香港给卖了。从林则徐这几个朋友，就能看出他的品格、他的情操、他的志向和他的精神。

　　关于"自己"的"己"，林则徐特别注意自身的修养，生活很有情趣。有一个小故事：梅妻鹤子。讲的是北宋有个文人叫林逋，没有妻子，把梅花作为妻子；没有儿子，把仙鹤当作儿子；他看不惯官场的肮脏，不做官。在杭州西湖一个叫孤山的小山，种点菜，钓些鱼，来个客人就划着小船回家和客人喝茶，杭州的几任知府都定期去看他。皇帝宋真宗知道了，亲自供给他银子用于吃和穿。宋朝有些人就是不为名、不为利、不张扬，过很安静士人的生活。《宋史》里面有 42 个这样的人，专门列传，还是不少的。林则徐生活很有情趣，可能是因为官场太累了，需要松弛一下，他父亲画了一个《梅妻鹤子图》。他父亲过世后，他就把这幅画收起来了，找名人在上面题字，有几十个名人，这幅画现在收藏在北京故宫博物院。他在做杭嘉湖道的时候，就把林逋的墓给修了，种了一些梅树，碑也修了一下。乾隆帝也很欣赏这个故事，他六下江南，五次到孤山，还写了很多诗。所以说，林则徐性格丰富饱满，不是个书呆子，是有生活情趣的。

我希望话剧《林则徐》的演出，能引起更多人对鸦片失败原因的深层思考，能激励国人重视海洋文化，发展海洋文化，使中国逐渐发展成为海洋大国、海洋强国。学习林则徐"苟利国家生死以，岂因祸福避趋之"的情怀和品格，破除保守，眼望世界，实现中华民族的伟大复兴！

总之，我个人对编剧、导演、演员等各位在座的不在座的所有人付出的创造性的劳作、原创性的演出，既敬佩，又羡慕。我坚信：话剧《林则徐》的演出，将是中国话剧史上的一座丰碑。我要好好向大家学习，向话剧《林则徐》所表现的伟大精神学习。我想话剧《林则徐》的演出，一定会很成功，一定会很轰动！预祝话剧《林则徐》演出成功！谢谢大家！

（本文系 2019 年 10 月 25 日在国家大剧院的讲座稿）

明清的士人

星云大师在十年前要我在扬州讲坛讲《明清的士人》。我说:"大师,这个题目很重要,但很不好讲。"星云大师又说:"讲士人的爱国精神。"我说:"好!"从此,这个题目在我脑子里徘徊了十年。最近,妙圆法师打电话给我,要我在扬州讲酝酿十年的题目。我说:"这是给我的一个学习机会。"

一、"士"的含义及士人阶层形成

士,甲骨文中有"士"字,[①] 其字形至今没有变化。《说文解字》:"士,事也。数,始于一,终于十,从一十。孔子曰:'推十合一为士。'"段玉裁注:"数,始一,终十。学者由博返约,故云推十合一。……若一以贯之,则圣人之极也。"[②] "士",不是象形字,不是形声字,也不是假借字,不是指事字,是不是会意字?

士,《辞海》中有多个义项。一是古代男子的大号,就是男子的美称。二是古代四民之一。三是指低级贵族,如《尚书·多士》:"用告商王士。"四是读书人等。"四民",最早见于《春秋穀梁传·成公元年》:"古者有四民:有士民,有商民,有农民,有工民。"四民各有所业:"学以居位,曰士;辟土植谷,曰农;作巧成器,曰工;通财鬻货,曰商。"[③] 后来又演变为多元含义,如将士、兵士等。

---

① 《殷墟文字甲编》第 3933 字。
② "六书"有一曰指事,上丁是也;二曰象形,日月是也;三曰形声,江河是也;四曰会意,武信是也;五曰转注,考老是也;六曰假借,令长是也。
③ 《汉书·食货志上》。

从秦始皇到宣统帝的两千多年间，"士"，三个没有变：

第一，"士"作为"读书人"及其延伸，没有变。

第二，"士"居于四民之首的社会地位，没有变。

第三，"士"是精神文明主要创造者、传播者，没有变。

从字的本原及其社会地位看，"士"主要有三个特点：

第一，事，"士"与"事"互相通假，"事"属"史"部，与史、事有关。

第二，文，既"始一终十"，又"推十合一"，还"以一贯十"，是文化人。

第三，首，被列为"四民之首"，就是有文化修养并有道德的人。

"士"，在中国传统社会里，主要指读书人。包括哪些人？在社会居民中，除种地农人、做工工人、做买卖商人之外，都是士人（有例外）。士人范围包括：

（1）官员，"学而优则仕"，考中进士，或举人，多列入官员阶层。

（2）教书读书人，包括国学、府学、县学、私塾先生、生员。

（3）各级幕僚、参议等。

（4）有文化之人，包括史书《文苑传》《儒林传》《艺术传》《畴人传》等群体的人，以及有文化的士绅等。

用今天的话来说，包括文化、艺术、教育、科技、IT（互联网技术）、白领、企业家、事业单位、公务员等，就职业而言，都类似古代的"士"。换句话说，除农、工、商等，都是"士"的阶层。今天常说的"工农兵学商"，其中"兵"是一个特殊的社会群体，不算作一个阶层。这样，还基本是"四民"。

在四民中，其社会地位在不断变化：在商朝是"士商农工"，到周朝演变成"士农商工"，再到汉朝，如《汉书·食货志上》记载："士农工商，四民有业。"又演变成"士农工商"——这个顺序直到清末。商，在四民中由第二位，降到第三位，再降到第四位。农，由第三位升到第二位，没有再变。工，由第四位升到第三位，也没有再变。唯独士，历朝历代，始终位首。可以说，从商朝有文字记载3000多年以来，不管朝代如何更替，士始终处于"四民"之首。

士，从商、周、秦、汉、魏晋等，已经逐渐形成一个阶层。在两汉，特别是在魏晋，门阀制度盛行，士的阶层较弱。从隋朝实行科举制度以来，大量平民进入"士"阶层，唐朝更盛。科举制扩大，强化了士的阶层。可以说，从隋唐以来，士已经形成一个壮大的社会阶层。宋元明清，尤其是明清，"士"在社会上、在历史上，起着、起过重大的历史作用。

士，为什么从商周到明清，始终位于"四民之首"呢？其原因可能有：士，在社会全民中是最有文化者；政权机构的主要人员，从大学士、六部尚书侍郎、省府县长官，到国子监、翰林院、钦天监、太医院、都察院、理藩院，地方各级行政机构官员等，基本上都是出身于读书人。他们有文化、有地位、有俸禄、有权力、有话语权，形成一个社会"士"的阶层，自然优于农人、工人、商人。

士，最主要的特点是读书人，有文化。他们是帝制时代精神文化的主要创造者和重要传承者。历代留下的经史子集、诗词歌赋、天文历算、书法绘画、音乐舞蹈、建筑设计、园林规划、医药典籍等，他们或受到加持，如纂修《永乐大典》《古今图书集成》《四库全书》，或没被扼杀，如《红楼梦》《明夷待访录》《桃花扇》等。如起草文书，内阁主要是学士（清副部或正局级），部主要是郎中（局级），府主要是主事（处级），县主要是科长（科级）等。

文化，其优秀代表，如孔子、老子、孙子、屈原、司马迁、张衡、华佗、王羲之、阎立本、吴道子、李白、杜甫、苏东坡、郭守敬、黄公望、赵孟頫、关汉卿、杨慎、文徵明、董其昌、曹雪芹、魏源等，不胜枚举。

士，既然成为一个社会阶层，就必然发生分化，有忠有奸，有贤有愚，有雄杰也有败类。然而，就中国历史而言，"士"的主体、主流是具有爱国精神的。

士，就其总体而言，有理想，有胸怀，有情操、有正气，有风骨、有丹心。正气之源，在于理想。宋人张载名言"四为"："为天地立心，为生民立命，为往圣继绝学，为万世开太平。"有了这种理想，才会有《左传》所说胸怀壮志的"三立"：

"大上有立德，其次有立功，其次有立言，虽久不废，此之谓不朽。"① 有了这种志向，才会有范仲淹所说情怀的"两之"："先天下之忧而忧，后天下之乐而乐。"集中到一点，就是以文天祥为代表的正气和丹心。文天祥（1256 年），年 20，考进士，洋洋万言，一挥而就，被钦点状元。打仗，朝廷不予费用，变卖家产，自筹资金，组织军队，兵败被俘，写下《过零丁洋》，千古传颂，家喻户晓：

> 辛苦遭逢起一经，干戈寥落四周星。
>
> 山河破碎风飘絮，身世浮沉雨打萍。
>
> 惶恐滩头说惶恐，零丁洋里叹零丁。
>
> 人生自古谁无死，留取丹心照汗青。②

文天祥的正气，贯彻终生。他兵败被俘，押至大都，忽必烈亲自劝降，许以高官厚禄，但坚贞不屈，不为所动，而惨遭杀害，年 47。他的夫人欧阳氏刑场收尸，从其衣带中发现遗书，没有哀怨，没有悲伤，而是充满正气曰：

> 孔曰成仁，孟曰取义，惟其义尽，所以仁至。读圣贤书，所学何事，而今而后，庶几无愧。③

清人修《四库全书》，称其"平生大节，照耀古今"。

文天祥的正气和丹心，是中华民族的正气和丹心组成部分。所有读书人，最根本的就是要树立并弘扬中华民族的正气和丹心。

---

①《左传·襄二十四年》卷三五。
②《文山先生全集》卷一四。
③《宋史·文天祥传》卷四百一十八。

二、明代士人：正气·风骨

明朝的"士"，一般泛称作"士大夫"，是指"已出仕"和"未出仕"的读书人。"已出仕"指在政府任职、去职、停职及致仕等各级官员；"未出仕"指未授职的士人，包括举人，国子监和府县学、私塾的学生，以及一般布衣之士等。[①]

明朝对士人，过分残暴，惩罚严酷，如东厂、西厂、内厂、锦衣卫等，任意抓捕，施行廷杖，搞得朝廷大臣没有尊严，死得惨烈。尽管如此，明朝士人，仍然前赴后继，维护江山社稷，维护传统礼法，从而表现出士人的风骨，爱国的情怀。

明朝士人的风骨，集中表现有三次：

第一次，是"靖难之役"，永乐帝夺取政权后，永乐新贵族与建文旧贵族之间，进行了一场生与死、天堂与地狱的残酷厮杀。许多建文旧臣，拒顺新主。《明史纪事本末》记载：方孝孺被诛十族、其党连坐死者873人；邹瑾之案，诛戮者440人；练子宁之狱，弃市者150人；陈迪之党，杖戍者180人；司中之系，姻娅从死者80余人；胡闰之狱，全家抄提者317人；董镛之逮，姻族死戍者230人等。以上7个案子，牵连2200多人！史家对他们称赞道："忠愤激发，视刀锯鼎镬，甘之若饴，百世而下，凛凛犹有生气！"[②]

第二次，是明末李自成攻城陷地，大量明臣死节。首先崇祯帝被发跣足，自缢于煤山。同时，一批朝臣、名士，相继或投缳、或坠井、或自焚、或被杀。

第三次，是清军入主中原，剃发易服，许多士子面临生与死、仕与隐的抉择。他们表现"五死"——死战（在争战中牺牲）、死事（兵败或城陷捐躯）、死难（国变殉死）、死义（如抗剃发而死）、死节（如合家自杀或夫死妻殉）等。

明朝士人的爱国之死，举例如下：

第一，以身许国，临难殉职。清乾隆中期，已巩固政权，命修纂《钦定胜朝

---

①何冠彪：《生与死：明季士大夫的抉择》，台北：联经出版公司，2005年。
②《明史》卷一百四一。

殉节诸臣录》，共收录明末殉节之仕4043人。① 又，《生与死：明季士大夫的抉择》统计为3883人，"四库全书总目提要"统计为3787人。其中，北有孙承宗，南有史可法，凛凛生气，铮铮铁骨，感动天地，哀泣鬼神。明朝殉节之人数，超越汉、唐、宋、元，为历朝之冠。

第二，建言匡正，忠耿直书。例如：

李时勉（1374—1450），江西安福人。家境贫寒，童时读书，天气寒冷，身上裹着被子，脚放在热水桶里，诵读不已。永乐进士，官翰林侍读。李时勉性格刚耿，志愿宏大，以天下为己任，身历七朝，② 四蒙大难。

永乐一难。永乐时上疏，触犯了帝意，疏被扔在地上，复取后再读，多被采纳。不久，被谗下狱，关押年余。是为李时勉一难。

洪熙二难。洪熙帝立，李时勉又上疏。洪熙帝大怒，把李时勉召到便殿，时勉不屈答对。洪熙帝命武士将李时勉扑倒，以金瓜痛打，打断三根肋骨，拖出殿外，奄奄一息。明日，改为交阯道御史，命一天重审一名囚犯，一天上言一件要事。李时勉三上奏章，又被下狱。是为李时勉二难。

宣德三难。洪熙帝临终前，对尚书夏原吉说："时勉廷辱我。"当晚，帝崩于钦安殿。宣德帝继位后，听说李时勉得罪先帝皇父的事，大为震怒，立命使者："缚以来，朕亲鞫，必杀之。"寻又下令王指挥："我不见他，立即逮捕，斩于西市！"很巧，王指挥从西门出，前使者捆着李时勉从东门进，没有相遇。宣德帝遥见李时勉，骂道："尔小臣敢触先帝！疏何语？趣言之。"李时勉叩头说："臣言先帝不宜近妃嫔，皇太子不宜远左右。"宣德帝听后叹息，称赞李时勉忠心，立命赦免，官复原职。等王指挥回来，见李时勉已冠带整齐站在殿前。是为李时勉三难。

正统四难。后李时勉参与修纂《明成祖实录》告成，迁侍读学士。宣德帝到史馆，撒金钱赐诸学士。诸学士都俯身拾取，唯独李时勉正立不屈。宣德帝便取

①《钦定胜朝殉节诸臣录》，"文津阁四库全书本"。
② 洪武、建文、永乐、洪熙、宣德、正统、景泰。

出余下的钱赐给他。后与人修成《明宣宗实录》，升内阁学士，兼经筵讲官。正统六年（1441 年）为国子监祭酒。时大太监王振奉命到国子监，祭酒李时勉待王振没有格外奉承。王振记恨在心，伺机报复。一件小事被王振利用：彝伦堂前树木旁枝下垂，妨碍师生走路，便下令修剪。王振借此上纲上线，诬奏：李时勉擅伐官树入家。他派锦衣卫到国子监，时勉正在阅生员考卷，被押到院里，在师生前，戴枷示众。时值酷暑，戴枷三日，折磨不堪。千余"诸生圜集朝门，呼声震彻殿庭"。助教李继感于时勉旧恩，请于太后父亲孙忠，孙忠又转请太后，太后给皇帝说了，时勉才被释放。是为李时勉四难。

正统九年（1444 年），正统帝到国子监视学。李时勉进讲《尚书》，辞旨清朗，气宇轩昂，皇帝大悦。年老，退休。朝臣及国子监师生三千人，在都城门外为祭酒饯行。

景泰元年（1450 年）李时勉病故，年 77。李时勉一生，蒙四难，历七朝，为祭酒六年，训励严格，学风纯正，督令读书，灯火达旦，吟诵声不绝。他教育学生：重诚正，崇廉耻，抑奔竞（跑关系），别贤否。培养出一批杰出人才。贫穷生员，不能婚葬，他节省餐钱，给予补助。李时勉生前受到敬重——英国公张辅暨诸侯伯奏请，到国子监听讲。时勉升师席，诸生以次立，讲"五经"各一章。讲毕，设宴，诸侯伯谢让道："受教之地，当就诸生列坐。"以学生身份入座。李时勉身后受到称赞。[①]

第三，坚忍不拔，直指目标。

解缙（1369—1415），江西吉水人，洪武进士。大明门（大清门）门联相传是解缙写的——上联是：日月光天德；下联是：山河壮帝居。洪武进士，是个大才子、大学问家。永乐帝登极，他受到重用，参与机务，任翰林学士、大学士，主持修纂《明太祖实录》《永乐大典》。但得罪永乐帝，被下诏狱。一次，永乐帝问：

---

①《明史·李时勉传》。

解缙死了没有？官员以为让他死，便在雪夜让他立在风雪中，天亮一看，解缙雪中彻夜立冻而死。

文震孟（1574—1636），江苏吴县（今苏州市吴中区）人，是文徵明曾孙。震孟弱冠中举，但科试不顺，十赴会试，到天启二年（1622年），殿试状元，授修撰，入翰林，时49岁。时魏忠贤专权，斥逐忠臣。震孟气愤，上《勤政讲学疏》说："大小臣工，因循粉饰，官员上朝，长跪一诺，北面一揖，跪拜起立，如傀儡登场，这将使祖宗天下日销月削。"疏入，魏忠贤乘天启帝看戏，摘录疏中"傀儡登场"四字，说文震孟"比帝于偶人（傀儡），不杀无以示天下，帝额之"。一日，传旨，"廷杖震孟八十"①。首辅叶向高、次辅韩爌力争，言官上章疏救。文震孟被降级外调，又被斥为民。讲官文震孟，敢讲真话，敢犯天颜，时称"真讲官"。

崇祯元年（1628年），惩治阉党，起用正人，召文震孟入朝，官以侍读，充日讲官。又遭阉党余孽暗算。震孟在讲筵，态度严正，不畏邪恶，耿直规讽，营救大臣。后特擢文震孟为礼部左侍郎兼东阁大学士，入阁预政。他两次疏辞，皇帝不许。司礼太监曹化淳雅慕文震孟，让人转话，表示敬意，但他就是不相往来。文震孟做大学士仅三个月，遭小人暗算，被免官回乡。不久死，63岁。《明史》本传评论文震孟说："刚方贞介，有古大臣风。"其"二子秉、乘。乘遭国变，死于难"②。苏洵《管仲论》说："夫功之成，非成于成之日，盖必有所由起；祸之作，不作于作之日，亦必有所兆。"

第四，面对强敌，奋不顾身。

于谦（1398—1457），浙江钱塘（今杭州）人，永乐进士。他在众官混乱之际，挺身而出，排开众人，上前拉住郕王衣服，并晓之以利害。于是，郕王宣谕："马顺等人论罪该死，打人之事不再追究！"这才把群臣情绪安定下来。在这场乱局中，"谦袍袖为之尽裂"，也就是说，朝袍和衣袖都被撕破。于谦还曾力斥侍

①《明史·文震孟传》。
②《明史·文震孟传》。

讲徐珵（chéng，字有贞）迁都南京的主张，说："言南迁者，可斩也。京师天下根本，一动则大事去矣，独不见宋南渡事乎！"①这场斗争，王竑率先发难，于谦处置得当，都立下不朽功勋。当天退朝后，吏部尚书王直拉住于谦的手，感慨地说："朝廷正藉公耳！今日虽百王直，何能为！"就是说，国家真是全仰仗您了！今天就算有一百个王直，又能有什么作为啊！这代表了朝廷上下的共识，而于谦也毅然肩负起江山社稷安危的重担。此后，郕王在奉天门（太和门）东侧的左顺门（协和门）御朝办事，并即皇帝位。朝廷抄王振的家，得金银六十余库，玉上百盘，高六七尺的大珊瑚二十余株，其他珍玩，无以计数。

这里插叙于谦的故事。在正统年间，于谦任山西、河南巡抚。他在任上兴利除弊，赈贫济困，心系百姓，为民求福。但当时官场贿赂成风，特别是大太监王振公然索贿。坚不行贿，空手入京。山西、河南吏民颂曰："手帕麻姑及线香，本资民用反为殃。清风两袖朝天去，免得闾阎话短长。"（《山东日记》）拒不与贪官同流合污。他刚正不屈，被王振捏造罪名，定为论死（死缓）。山西、河南民众上千人请愿，颂扬于谦的功德。王振被迫释放于谦。后来于谦调到北京，任兵部侍郎，升为兵部尚书。于谦在奉天门前定乱安邦，并统率军民取得了北京保卫战的胜利，成为临危定乱安邦的栋梁之臣，也成为驰名四方的中华英杰。

戚继光（1528—1587），今山东蓬莱人。封侯非我意，但愿海波平。

袁崇焕（1584—1630）。策杖只因图雪耻，横戈原不为封侯。

史可法（1602—1645），今河南开封人，崇祯进士，官漕运总督，凤阳巡抚、南京兵部尚书。崇祯七年（1644年），崇祯帝死，在南京拥立福王朱由崧，加东阁大学士，督师扬州，孤军坚守，拒绝多尔衮诱降，城破被执，惨遭杀害。年43岁。

张煌言（1620—1664），号苍水，今宁波鄞州区人，崇祯举人，起兵抗清，拥戴鲁王，官至兵部侍郎，兵败退守南礵岛（今浙江象山南），被俘，不屈，义死于杭州。

---

①《明史·于谦传》。

第五，不断创新，弘扬文化。

徐渭（1521—1593），今绍兴人，号青藤道士。明代中期文学家、书画家、戏曲家、军事家。徐渭多才多艺，在诗文、戏剧、书画等方面有很深造诣，与解缙、杨慎并称"明代三才子"，又被称为中国"泼墨大写意画派"创始人。

三、清代士人：情操·坚毅

清代的士人，秉承前朝士风，或满、或汉、或蒙，都有忠烈之士。

第一，忍辱负重，忠直终生。

徐元梦（1655—1741），舒穆禄氏，满洲正白旗人。康熙十二年（1673年）进士，年19岁，改庶吉士，后充日讲起居注官。徐元梦以讲学负声誉，大学士明珠要笼络他，但他一次也不登权相明珠的大门。他的好友德格勒转送明珠送给他的衣服进行笼络，也予拒绝。徐元梦任翰林院掌院学士，为一代大儒，受三大坎坷。

一大坎坷。康熙二十六年（1687年）夏，康熙帝御乾清宫，召陈廷敬、汤斌、徐乾学、耿介、高士奇、德格勒和徐元梦等入试，题为《理学真伪论》。刚起草稿，传旨诘责德格勒和徐元梦二人。德格勒在文后申辩，徐元梦卷未答完。康熙帝看完卷，命同试官互校，太子师傅汤斌仍称徐元梦的文章为好。不久命徐元梦授诸皇子读书。

二大坎坷。同年秋，康熙帝御瀛台，教诸皇子射箭。徐元梦因不能弯强弓，康熙帝怒责徐元梦。徐元梦奏辩，康熙帝更怒，命扑倒杖责，并籍其家，戍其父母。当夜，康熙帝气消，派御医给他治疗创伤。第二天，命元梦照旧教诸皇子读书。徐元梦请求赦免父母，时他父母遣戍已经在路上，派官追还。

三大坎坷。同年冬，翰林院掌院学士库勒纳奏劾日讲起居注官德格勒私抹《起居注》，并揹说德格勒与徐元梦相标榜，命将德格勒夺官下狱[1]。康熙二十七年

---

[1]《清史稿·德格勒传》。

（1688 年）春，狱上，拟德格勒立斩，徐元梦绞。康熙帝命免徐元梦死，荷校（戴枷）三月，鞭一百，入辛者库（奴仆，或罪人家属）。

康熙帝经考察，徐元梦很忠诚。康熙三十二年（1693 年），命直上书房，仍授诸皇子读书。徐元梦学问醇厚，品德优秀。康熙五十年(1711 年)，康熙帝谕："徐元梦翻译，现今无能过之。"他的满语、满文应是清定都北京后水平最高的。翌年，任会试考官。康熙五十二年（1713 年），升为内阁学士，仍回归原旗。翌年，任浙江巡抚。行前，受赐《御制诗文集》及鞍马。在任期间，疏请赈灾，缓征额赋。又修复万松岭书院，康熙帝赐"浙水敷文"榜，因名敷文书院。康熙五十六年(1717 年)，任左都御史和翰林院掌院学士，后任工部尚书。康熙六十年（1721 年），康熙帝病中赐诗给徐元梦，诗前有小序："病中偶尔问及工部尚书、翰林院掌院学士，乃同学旧翰林，康熙十六年以前进士，再无一人矣。率赋一律，以遣闷怀。"诗曰："七旬彼此对堪怜，病里回思一慨然。少小精神皆散尽，老年岁月任推迁。常怀旧学穷经史，更想余闲力简编。诗兴不知何处至，拈毫又觉韵难全。"雍正帝即位，徐元梦仍直上书房，授诸皇子读书。雍正元年（1723 年），徐元梦署大学士，充明史总裁，后两次夺官。

乾隆帝即位，徐元梦奉诏与鄂尔泰等纂辑《八旗满洲氏族通谱》。不久，乞休，命解侍郎职，拿尚书俸，领诸馆编书事。徐元梦年虽逾 80 岁，仍在供职。乾隆六年（1741 年）秋，发病，遣御医诊视。十一月，病重，乾隆帝谕："尚书徐元梦，人品端方，学问优裕，践履笃实，言行相符。历事三朝，出入禁近，小心谨慎，数十年如一日，谓之完人，洵（xún）可无愧。"① 病危，乾隆帝遣使问有什么话要说。徐元梦伏枕流涕曰："臣受恩重，心所欲言，口不能尽！"使出，呼曾孙取《论语》检视良久。第二天病故，年 87 岁。② 他的孙子舒赫德，官武英殿大学士，以军功图形紫光阁。《清史稿》论道："朱轼以德望尊，徐元梦以忠謇重。世宗谴允禩、

---

① 《钦定八旗通志》卷一六〇。
② 《清史稿·徐元梦传》。

允禩，徐元梦言：'二人罪当诛，原上念手足情缓其死。'二人者既死，吏议奴其子，轼言：'二人子实为圣祖孙，孰敢奴之？'世宗皆为动容。谅哉，古大臣不是过也。古所谓大人长者，殆近之矣！"

第二，戒奢尚俭，敬慎一生。

张英（1637—1708），安徽桐城人，出身耕读之家，康熙进士，选庶吉士。任日讲起居注官。设南书房，张英入直。学习满文，成绩优异。平三藩时，辰入暮出，处理军书，日数百件，慎密勤敏，获得信任。官翰林院掌院学士，升礼部尚书，拜文华殿大学士，兼经筵讲官。性和易，不表襮，言语雅慎，做事稳重。推荐之官，获得重用，从不透露，亦不表功。康熙帝赐字"清慎勤"。诰诫子弟，随分知足，务本力田，诗书继世。一生简朴，衣服鞋履，夫人亲做。教育子女，尤其用心。举家节俭，读书修身。死后祀京师贤良祠。子廷瓒、廷瑑、廷璐、廷玉皆进士。其中廷玉，官至军机大臣、保和殿大学士兼工部、礼部、户部、吏部尚书，并兼翰林院掌院学士，直南书房，进三等伯。乾隆帝说："清朝文臣无爵至侯伯者，廷玉为例外。"死后配享太庙。"终清世，汉大臣配享太庙，惟廷玉一人而已。"其格言："读书者不贱，守田者不饥，积德者不倾，择交者不败。"张英一门，以科第世其家，四世讲官，六代翰林。为康熙、雍正、乾隆、嘉庆四帝之师。

张家有三个故事：

第一个是张英让路的故事。张英致仕之后，回到桐城乡里，在村外山脚下盖起草房，山林清幽，休闲写书。写书累了，到院外散步。山路崎岖狭窄，不能两人并行。这时，正巧对面走来一位樵夫，挑着重担，挥汗气喘地走来。当朝宰相张英看见后，挪到小路旁边，给挑担樵夫让路。樵夫回家后，向邻居讲述宰相给他让路的故事。一传十，十传百，代代相传，直到现在。

第二个是六尺巷的故事。桐城张家和吴家为邻。吴家欲扩建宅院，院墙扩出三尺，张家不愿意，状子告到知县。知县面对两家：一家是高官、一家是豪富，案子难断，拖延不决。张家写信给张英，请他给知县书信关照。张英看信后，回信写道："千里来书只为墙，让他三尺又何妨；万里长城今犹在，不见当年秦始皇。"张家接信后，找知县表示愿让出三尺；吴家知道后表示也让出三尺。于是在两家之间，出现一条六尺巷。巷口立碑，流传至今。我去桐城看了六尺巷，深受感动。

第三个是科举谦让的故事。张英之孙若霭（廷玉之子），自幼聪明，又勤读书。雍正进士。清制规定：家有应届科考者，其在官亲属回避。张廷玉也因此回避。张若霭会试后，在廷试时，雍正帝钦定一甲三名。拆卷之后，知若霭为廷玉之子。雍正帝遣内侍到军机处值班处，宣布这项谕旨。张廷玉坚辞，雍正帝说：我事先并不知道这是你的儿子。廷玉跪奏道："臣家已受皇恩，不应再占一甲名额。"雍正帝劝说，张廷玉仍跪地不起。雍正帝将若霭改为二甲第一名，而提原二甲第一名为一甲第三名。后授若霭为编修，直南书房，任军机章京。乾隆间，官升内阁学士。若霭擅长书画，尤精书画品鉴。后病死。

第三，继绝开来，文化创新。

顾祖禹（1631—1692），江苏无锡人，历史地理学家，继承高祖、曾祖、祖、父四代家学，著《读史方舆纪要》，从顺治十六年（1659 年）即 28 岁开始，隐居著作，到临终前，33 年，完成。

段玉裁（1735—1815），江苏金坛人，字若膺。乾隆举人，官四川夹江县知县。四十六岁，辞官回家，专心研究和著述，"键户不问世事者三十余年"。"玉裁于周、秦、两汉书，无所不读，诸家小学，皆别择其是非。於是积数十年精力，专说说文。"先作长篇《说文解字读》，凡 540 卷。后精练为《说文解字注》，为研究文字训诂学案头必备之书。卒年 81 岁。王念孙曰："若膺死，天下遂无读书人矣！"[1] 著《说文解字注》30 卷。

蒋衡（1672—1743），江苏金坛人，初名衡。

他在长安观摩碑林时，痛觉唐代《开成石经》出于众手，杂乱不齐，于是发

---

①《清史稿·段玉裁传》。

愿重写"十三经"——《周易》《尚书》《毛诗》《周礼》《礼记》《仪礼》《春秋左传》《春秋公羊传》《春秋穀梁传》《论语》《孟子》《孝经》《尔雅》。决心下定，矢志不移。自雍正四年（1726 年）至乾隆二年（1737 年），"键户十二年，写十三经"①62 万余字，书写工整，前无古人。蒋衡所书"十三经"，身后 50 年，乾隆帝命将蒋衡所书的"十三经"刻石，贞珉（mín）工竣，御制序文，立于太学，以垂万世。

蒋衡书写"十三经"的成功，得到三位贵人相助：

第一位是扬州富商马曰琯。马氏出资两千金，将蒋衡手书"十三经"装裱成 300 册，50 函册，②这才有可能进献给乾隆帝。

第二位是江南河道总督高斌。乾隆五年（1740 年），高斌将蒋衡手书装裱成册的"十三经"正文，进呈乾隆帝。后收藏在大内懋勤殿。清赏给蒋衡国子监学正（正八品）职衔，但终未出山。

第三位是乾隆帝。蒋衡手写"十三经"进呈后，乾隆帝先要将其雕版印刷，但受阻未果。乾隆五十六年（1791 年），命以蒋衡手书"十三经"为底本，刻石太学，定名"乾隆石经"。乾隆五十九年（1794 年），石碑刻成，立于国子监东西六堂。全部石碑 189 通，加上告成表文"谕旨"碑 1 通，共 190 通，现藏于北京孔庙和国子监博物馆。

蒋衡手书、乾隆刻石的"十三经刻石"，即"乾隆石经"，其规模之宏大、楷法之工整、笔力之雄健、毅力之坚韧、学志之专一、价值之珍贵，国内仅有，世界无双，从而成为中国，乃至世界文化艺术宝库中的稀世珍品。1956 年，将石经移至孔庙与国子监之间的夹道内专存；1981 年，在夹道上加盖屋顶；2011 年，重修，遮挡风雨，恒温恒湿，妥为保护。这是中国现存最完整的十三经刻石。

此外，今扬州大明寺东墙外"淮东第一观"五个大字，为蒋衡手书。蒋衡死

---

①《清史稿·蒋衡传》。
②《清史列传》卷七一。

后葬于扬州大明寺外斜坡下，有《蒋衡书十三经墨迹》《拙存堂诗文集》《拙存堂临古帖》《书法论》等传世。

阎若璩（1636—1704），山西太原人。迁居江苏淮安。集句题其柱云："一物不知，以为深耻；遭人而问，少有暇日。"年 20 岁，读《尚书》，至古文 25 篇，即疑其讹。沉潜 30 余年，乃尽得其症结所在，列 128 条，作《古文尚书疏证》8 卷。引经据古，陈其矛盾，确证东晋梅赜（zé，音啧）所献《古文尚书》为伪作，引起学术界震动。[①]大学者毛奇龄著书辩驳，终不能成立。

阮元（1764—1849），字伯元，江苏仪征人。乾隆五十四年（1789 年）进士，选庶吉士，散馆第一，授编修。后任两广总督、云贵总督、协办大学士、体仁阁大学士等。撰《十三经校勘记》《经籍纂诂》编《皇清经解》等百八十余种，撰《畴人传》，著《揅经室集》。道光二十九年（1849 年）卒，年八十有六。海内学者誉为"山斗"。[②]

王念孙（1744—1832），江苏扬州高邮人。父安国，雍正二年（1724 年）一甲二名进士，授编修，再迁侍讲。官左都御史、兵部尚书、礼部尚书、吏部尚书。安国父死，无钱归葬，赖同僚资助。安国初登第，拜谒大学士朱轼，轼诚之曰："学人通籍后，惟留得本来面目为难。"安国诵其语终身，至显仕，衣食器用不改于旧。深研经籍，子念孙，孙引之，承其绪，成一家之学。念孙承家学，八岁读"十三经"毕，旁涉史鉴。乾隆帝南巡，以大臣子迎銮，献文册，赐举人。乾隆进士，官永定河道。嘉庆初，首劾大学士和珅。史载：嘉庆"四年正月，高宗崩，给事中王念孙首劾其不法状，仁宗即以宣遗诏日，传旨逮治，命王大臣会鞫，俱得实。诏宣布和珅罪状"。[③]著《读书杂志》，校证文字，阐明古义，"一字之证，博及万卷"，精于校雠，可见一斑。多有创见。享年 89 岁。[④]

---

① 《清史稿·阎若璩传》。
② 《清史稿·阮元传》。
③ 《清史稿·和珅传》。
④ 《清史稿·王念孙传》。《清史稿·儒林传》共 285 人，王氏父子入传。

念孙之子引之（1766—1834），比其父小 20 岁，早逝世 2 年。嘉庆四年（1799年）一甲进士，官至工部尚书。著有《经传释词》《经义述闻》。王氏父子是训诂专家大家。

汪中（1744—1794），字容甫，江都人。生 7 岁而孤，家贫不能就外傅。母邹，授以四子书。稍长，助书贾鬻书于市，因遍读经、史、百家，过目成诵，遂为通人。年 20 岁，补诸生。乾隆四十二年（1777 年）拔贡生，提学使者谢墉，每试别置一榜，署名诸生前。尝曰："余之先容甫，爵也。若以学，当北面事之。"其敬中如此。以母老竟不朝考。五十一年，侍郎朱珪主江南试，谓人曰："吾此行必得汪中为选首。"不知其不与试也。[①]

唐英（1682—1756），出身正白旗满洲包衣，《清史稿》记他是汉军正白旗人不确。唐英不仅在御窑建功立业，而且工诗、善画、能书，还会制瓷，于戏剧也有贡献。唐英初到御窑厂，对于陶瓷烧制，如他自己所说："茫然不晓，日唯诺于工匠之意，惴惴焉，惟辱命误公之是惧。"唐英面临新的形势、任务、工作和责任，是退缩，是应付，是蛮干，还是奋进，放下官员架子，变外行为内行？唐英选择了后者。他说："用杜门，谢交游，聚精会神，苦心竭力，与工匠同其食息者三年。"

唐英做法：（1）闭门谢客，不应酬，不唱和，不访客，不出游；（2）放下架子，与工匠，同吃饭，同劳作，同休息，同交流；（3）刻苦钻研，用三年，学制胎，学色釉，学烧制；（4）第四，成为内行，会制胎，会彩绘，会釉料，会窑火。

三年之后，到雍正九年（1731 年），唐英说："于物料火候、生克变化之理，虽不敢谓全知，颇有得于抽添变通之道。向之唯诺于工匠意旨者，今可出其意旨唯诺夫工匠矣。因于泥土、釉料、坯胎、窑火诸务，研究探讨，往往得心应手。"

唐英平生最快乐之事，大概是悬赏征诗。他在九江任职时，捐款重修琵琶

[①]《清史稿·汪中传》。

亭。史载:

> 唐蜗寄英,榷九江,置纸笔于亭上,令过客赋诗,开列姓名,交关
> 吏投进。唐读其诗,分高下以酬之。投赠无虚日,坐是亏累,变产以偿,
> 怡然绝不介意。

文人骚客,纷至沓来,真是:"一角琵琶亭,千秋翰墨丛。公今既往矣,何人继高风?"著名文人袁枚曾躬逢其盛,后旧地重游,忆当年置酒高会、彻夜作乐的盛况。

唐英功业,灿烂辉煌。唐英既有论著又懂工艺,既能画样又能烧制,既敏于事又诚于人,既为官员又做工匠,既能绘画又能烧窑,既通文史又通艺术,"浮梁城下水,清照使臣心","未能随俗惟求己,除却读书都让人",其高尚精神,其勤慎敬业,其知行合一,其清廉情操——陶瓷千秋史,唐英第一人。

第五,以身报国,临死不惧。

王懿荣(1845—1900),福山(今山东省烟台市福山区)人。祖巡抚,父道台,少聪颖,学勤奋。光绪六年(1880年)进士,后为翰林,直南书房。甲午战起,日据威海,又陷荣城,登州大震,王懿荣请归练乡团。和议成,回北京,为国子监祭酒。凡三任,共七年,为人师表,诸生咸服。

国子监祭酒王懿荣,为后人永久记忆的是其学问与人品两件事。

其一,学问。王懿荣泛涉书史,酷嗜金石,"笃好古彝器、碑版、图画",历时19年,撰成《汉石存目》《南北朝石存目》《天壤阁藏器目》等书,成为著名的金石文字学家。他"平日不问家人生产,至购买书画古器,则典衣质物亦所不计"。他不仅几乎花尽了俸禄,甚至把妻子的嫁妆也拿去典卖得钱购买文物。他作诗说:"廿年冷臣意萧然,好古成魔力最坚。隆福寺归夸客夜,海王村暖典衣天。从来养志方为孝,自古倾家不在钱。墨癖书淫是吾病,旁人休笑余癫癫。"王懿

荣的重大贡献是，他最先发现了甲骨文。光绪二十五年（1899 年），他在中药"龙骨"中首先发现甲骨文刻辞，并断为古代文字，是我国第一位甲骨文学家。

其二，人品。光绪二十六年（1900 年），八国联军入侵，任团练大臣。王懿荣面陈："拳民不可恃，当联商民备守御。"时事已不可为。七月，八国联军攻东便门，王懿荣率勇抵拒，不胜。回家说："吾义不可苟生！"家人环跪泣劝，但死意已决。仰药未即死，在墙壁上题《绝命词》："主忧臣辱，主辱臣死。"掷笔后，投井死。妻谢氏等同殉。太学生捐钱埋葬之。[①] 王懿荣自杀殉国，舍身成仁，体现士人的高风亮节。

崇绮（1829—1900），蒙古正蓝旗人，是唯一蒙古族状元，同治帝皇后阿鲁特氏的父亲。父赛尚阿为大学士。史称："立国二百数十年，满、蒙人试汉文获授修撰者，止崇绮一人，士论荣之。"[②] 后迁侍讲、户部尚书、日讲起居注官等。义和团失败后，崇绮走保定，住莲池书院，自缢而死。崇绮妻瓜尔佳氏，在八国联军攻入北京时，她先派人预掘深坑，率一子四孙及儿媳等，分别男女，入坑活埋，阖门死难。

中国传统社会的"士人"，不是铁板一块，而是忠奸并存，良莠不齐，既有理想壮志、爱国情怀、顽强毅力、风骨丹心的积极面、阳光面，也有贪名图利、重言轻行、尔虞我诈、患得患失的消极面、阴暗面。现代的士人，既应继承先贤遗泽、发挥自身优长，又应弘扬先贤光辉、制约自身不足、扬善抑恶、纳清吐浊、奋发学习、与时俱进，为祖国伟大复兴事业而贡献力量。

（本文系 2019 年 3 月 15 日"扬州讲坛"讲稿）

[①]《清史稿·王懿荣传》。
[②]《清史稿·崇绮传》。

第四编　读书修身

读史·治国·修身

一、读　史

我觉得，每个公务员都应当读一点历史，不管工作有多忙。马克思和恩格斯说过："我们仅仅知道一门唯一的科学，即历史科学。"（《马克思恩格斯全集》第三卷，第二十页）我的理解，这句话的原意不是说历史科学以外的科学不重要，而是说历史科学重要。历史是先人的足迹，是亿万人经验与教训的记录。历史科学对于公务员来说，其重要性是：有助于提高资治能力，有助于陶冶人文素质，也有助于个人修身养性。

既然读史重要，那么怎样读史呢？一部"二十四史"从何读起呢？在"二十四史"中，有确切文字记载的历史大约3000多年。第一个一千年，主要是商、周，《三字经》中"东西周、八百年"，再加上商，概数是千年。其后的两千年，秦王嬴政二十六年（前221年），嬴政自以为"德高三皇、功过五帝"，而自称始皇帝，从此中国开始有了皇帝；到清宣统三年（1911年），辛亥革命推翻清朝、废除帝制。这段历史有一个特点，就是有皇帝。我将这段历史称作中国皇朝历史。中国皇朝历史，总计为2132年。

这2132年的皇朝历史，有多少皇帝呢？有人统计共492位皇帝，有人统计共349位皇帝，康熙帝让他的大臣统计说211位皇帝（加上尔后8位，共219位）。其统计数字之差异，主要是取样标准不同。这可以不讨论，我们重在思考这2132年皇朝的历史。

中国两千年皇朝历史，大体可以分作前后两段，前一段一千年，中国的政治中心主要是在西安。其间政治中心经常东西摆动——秦在咸阳，西汉在长安（今西安），东汉在洛阳，唐在长安，北宋在汴梁（今开封）。后一段一千年，中国的政治中心主要是在北京。其间政治中心经常南北摆动——辽上京在临潢（今内蒙古巴林左旗菠萝城），金都先在上京（今黑龙江省哈尔滨市阿城区）、后在中都（今北京），明都先在金陵（今南京）、后在北京，清都先在沈阳、后在北京。从上述可以看出一个有意思的历史现象：中国两千年皇朝历史政治中心的摆动，先是东西摆动，后是南北摆动，从而呈现出大"十"字形变动的特点。

就其后一千年来说，辽、金、元、明、清五朝，一个重要的特点是国内的民族融合。辽—契丹、金—女真、元—蒙古、清—满洲，五朝中有四朝是少数民族建立的。明朝虽然是汉族人建立的，但朱元璋以"驱逐胡虏，恢复中华"为号召，结果又被"鞑虏"替代。满族努尔哈赤以"七大恨告天"的民族旗号起兵，又被孙中山以"驱除鞑虏，恢复中华"为纲领推翻。

在后一千年以北京为政治中心的历史中，有三个重要的历史关节点：第一个是元末明初，第二个是明末清初，第三个是清末民初。前一个元末明初关节点，离我们今天较远，后一个清末民初关节点离我们今天太近，我们今天都不去讨论；中间一个明末清初关节点离我们今天不远不近，所以我今天就其有关问题进行讨论。这个关节点，从明万历十一年（1583年）清太祖努尔哈赤起兵，到康熙二十二年（1683年）统一台湾，前后变化整整一百年。当时的中国用了一百年的时间，基本上实现社会稳定、国家统一。这一百年的时间，最关键、最激烈的矛盾和斗争是明亡清兴的六十年。解剖这段历史，对整个中国历史关节点的研究，特别是对我们治国，对我们政治经验的丰富，有很大的帮助。

司马光《资治通鉴·进书表》说："监前世之兴衰，考当今之得失，嘉善矜恶，取是舍非，足以懋稽古之盛德，跻无前之至治。"也就是人们常说的，以史为鉴可以知兴替。总之，读史要考盛衰、知兴替，以史为鉴，达到至治。

二、治　国

明朝自洪武元年（1368 年），到崇祯十七年（1644 年），16 位皇帝，276 年。明朝为什么灭亡？清朝从万历十一年（1583 年）努尔哈赤起兵，到顺治元年（1644 年）清军入关、定都北京，整 60 年。清朝为什么兴起？明亡清兴历史给人们的启示是什么？

清初一些学者探讨明朝灭亡的原因。黄宗羲的《明夷待访录》一书，对明亡的原因做出多方面论述。他说："为天下之大害者，君而已矣！"（黄宗羲《明夷待访录·原君》）明朝君主集权固然是其灭亡的重要原因，但明太祖朱元璋、明成祖朱棣时也是君主高度集权啊！

有学者从明朝制度缺失分析其灭亡的原因。他们认为"由于缺乏宰相制，君主的无能和派系的争执这两大古老的难题，在明代越发难解了"（司徒琳《南明史·引言》）。就是说，"洪武十三年罢丞相"（《明史·职官志一》），大学士地位降低，正五品，侍左右，备顾问。然而，崇祯时大学士官一品，地位不低。所以也不能充分地说明这个问题。

还有学者从吏治败坏去探究其原因。明朝吏治腐败，各代都有。看来明朝灭亡原因，仍需进行具体分析。

明朝覆亡，原因复杂。从历史序列来说，有长、中、短三个层面——长者，要从洪武说起，明太祖朱元璋的制度、政策是双刃剑，它一面巩固了明朝社会秩序，另一面埋下了后世社会弊端；中者，要从万历说起，万历帝的怠政、泰昌帝的短命、天启帝的阉乱，加速了明朝的灭亡；短者，要从崇祯说起，崇祯帝想做"中兴"之主，却成了"亡国"之君。

作为历史明鉴来说，明朝覆亡的原因，可以从政治、经济、文化、军事、外交、民族、吏治、制度等多方面、多角度、多层次分析，每个问题都可以写专题论文，合起来可以写一部百万字的大书。现在大家非常忙，谁有工夫看探讨明亡原因的百万字大书呢？我有一个习惯，就是要把复杂问题简明化。把复杂的问题简明为"一"。《老子》说："天得一以清，地得一以宁，神得一以灵，谷得一以盈，万物得一以生，侯得一为天下正。"（《老子》第三十九章）我借用《老子》的"一"，从一个角度、一个侧面、一个时段、一个切入点分析明朝覆亡、清朝兴起的原因，虽有以偏概全之嫌，却可以简括为一个"分"字与一个"合"字。分与合是对立的。明朝灭亡的一个原因是"分"——民族分、官民分、君臣分；清朝兴起的一个原因是"合"——民族合、官民合、君臣合。

民族分？明朝灭亡的一个直接的、基本的原因，就是"民族分"。大家知道，明太祖朱元璋打着"驱逐胡虏，恢复中华"的旗子，推翻蒙古孛儿只斤氏（博尔济吉特氏）贵族的统治，建立明朝。明朝以"驱逐胡虏"起家，又被"鞑虏"取代。可见明朝的民族关系出了问题，特别是北方的民族关系出了问题。明朝北方的民族问题，前期主要是蒙古，后期主要是满洲。

先说满洲。明朝对女真——满洲的政策是"分"，就是使女真诸部"各相雄长，不相归一"（《明经世文编·杨宗伯奏疏》）。具体说来，就是："分其枝，离其势，互令争长仇杀，以贻中国之安。"（《神庙留中奏疏汇要》卷一）于是，明朝对女真各部，支持一部，打击另一部，拉此打彼，分而治之。

满洲先人女真原来是明朝民族大家庭中的一个成员。努尔哈赤先人是明朝建州左卫的朝廷命官，努尔哈赤也是朝廷的命官。他曾先后八次骑着马到北京，每次往返跋涉四千里，向万历帝朝贡。他说自己是为大明"忠顺看边"，就是忠心顺服地看守边疆。那么努尔哈赤怎么会成为明朝帝国大厦的纵火者，变成明朝的敌人呢？直接原因是明朝对女真政策出了问题，万历皇帝、李成梁总兵在古勒寨之战中，误杀了一个人，这个人就是努尔哈赤的父亲塔克世。结果呢？"潘多拉之盒"打开了，努尔哈赤以"十三副遗甲"起兵，挑战明朝，引发了一系列的严重后果。

谚语云："女真满万，天下无敌！"这话说得夸大了一点。努尔哈赤起兵之后，建立满洲八旗，大约有 6 万人。女真—满洲满了 6 万，就成为一种很大的军事力量。要是满洲分，而蒙古不分，明朝和蒙古联合起来共同对抗努尔哈赤，那么满洲的难题也可能有解；但明朝又把蒙古分了，蒙古原来是明朝自己的人，却变成了自己的敌人。

次说蒙古。明太祖朱元璋推翻元朝后，明朝为防止北元蒙古贵族复辟，采取许多措施：一是天子守边，二是修筑长城，三是设立九边，四是举兵北征——洪武年间，五次北征；朱棣期间，七次北征。永乐皇帝甚至死在北征蒙古的榆木川地方。到明正统十四年（1449 年），蒙古瓦剌部首领也先入塞，在土木堡之役俘虏明英宗皇帝。嘉靖年间，蒙古俺达兵薄京师，为此北京修建外城。"正统后，边备废弛，声灵不振。诸部长多以雄杰之姿，迭出与中夏抗。边境之祸，遂与明终始云。"（《明史·鞑靼传》）明以"西靖而东自宁，虎（林丹汗）不款，而东西并急，因定岁予插（察哈尔林丹汗）金八万一千两，以示羁縻"（《明史·鞑靼传》）。对蒙古实行"抚赏"政策。但林丹汗"恃抚金为命，两年不得，资用已竭，食尽马乏，暴骨成莽"（《明史·鞑靼传》）。漠南蒙古闹灾，明朝不予"市米"，袁崇焕主张以粮食换马匹，朝廷以袁崇焕"市米资盗"等罪，将其处死。

清则与明相反，皇太极对受灾蒙古进行救济。清对蒙古采取赈济、联姻、编旗、重教、封赏等一系列措施，蒙古察哈尔林丹汗死，诸部皆归于清。《明史·鞑靼传》评论道："明未亡，而插（察哈尔林丹汗）先毙，诸部皆折入于大清，国计愈困，边事愈棘，朝议愈纷，明亦遂不可为矣！"

在对待蒙古、满洲关系上，明朝先是"以东夷制北虏"，后又"以北虏制东夷"。结果是"东夷"与"北虏"联合，就是满洲与蒙古联合，出现满蒙联盟的局面——满蒙结成联盟，共同对付明朝。

我们再回顾一下满洲的历史。清朝兴起与强盛的一个重要原因就是民族合。首先是建州女真合，接着是海西女真合，再是东海女真合、黑龙江女真合，合成满洲。再者，满洲同蒙古联盟，同汉军联盟，同东北达斡尔、锡伯、赫哲、鄂伦春、索伦（鄂温克）等少数民族合，组成八旗满洲、八旗蒙古、八旗汉军——三只拳头合起来打明朝。显然，明朝就招架不住了。

明亡清兴的历史表明：中华民族演变的历史，就是汉族和各少数民族不断地在斗争中融合、发展、壮大的历史。当汉族和少数民族融合时，国家就强盛，反之就衰弱。现在我国有 56 个民族，民族协和，共同前进，我们国家将来一定会更强大。所以，只有民族融合，才能中华强盛。

官民分？明朝灭亡的另一个原因是中原的民变，其重要原因在于官民的矛盾，而严重自然灾害加深与激化了官民的矛盾。官民矛盾，试举三例。

卖官鬻爵。崇祯朝吏部尚书周应秋，公然按官职大小，秤官索价，卖官鬻爵。他"每日勒足万金，都门有'周日万'之号"（文秉《先拨志始》卷下）。官员花钱买官，做了官之后，就搜刮百姓，敛财还债。吏、兵二部，弊窦最多："未用一官，先行贿赂，文武俱是一般。近闻选官，动借京债若干，一到任所，便要还债。这债出在何人身上？定是剥民了。这样怎的有好官，肯爱百姓！"（孙承泽《春明梦余录》卷四八）这话出自崇祯皇帝之口，可见问题的普遍性和严重性。

无地立锥。官员贪，百姓呢？老百姓的土地被占了，有的地方田地"王府有者什七，军屯什二，民间仅什一而已。"（《明神宗实录》卷四二一）简直就是"惟余芳草王孙路，不入朱门帝子家"（汪价《中州杂俎》卷一），就剩下长满青草的道路，还没有归于王孙贵族之家，剩下的已经没有寸土属于百姓了。于是出现这样一幅黑暗图画："富者动连阡陌，贫者地鲜立锥。饥寒切身，乱之生也。"（《明清史料》甲编，第一〇本）这样，贫富两极分化，社会矛盾尖锐。

灾荒严重。赤地千里，危机加剧。"亢旱四载，颗粒无收，饥馑荐臻，胁从弥众。"（杨嗣昌《杨文弱先生集》卷一〇）饥民吃泥土、吃雁粪，甚至易子而食，析骨而爨。鬻人肉于市，腌人肉于家，人刚死而被割，儿刚死而被食。史料记载：

臣乡延安府，自去岁一年无雨，草木枯焦。八、九月间，民争采山间蓬草而食，其粒类糠皮，其味苦而涩，食之仅可延以不死。至十月以后而蓬尽矣，则剥树皮而食。诸树惟榆树差善，杂他树皮以为食，亦可稍缓其死。迨年终而树皮又尽矣，则又掘山中石块而食。石性冷而味腥，少食辄饱，不数日则腹胀下坠而死。民有不甘于食石而死者，始相聚为盗，而一二稍有积贮之民遂为所劫，而抢掠无遗矣。有司亦不能禁治。间有获者亦恬不知怪，曰："死于饥与死于盗等耳，与其坐而饥死，何若为盗而死，犹得为饱死鬼也。"（《马懋才备疏大饥》，载《明季北略》卷五）

更有甚者，据纪晓岚记载：

盖前明崇祯末，河南、山东大旱蝗，草根、木皮皆尽，乃以人为粮，官吏弗能禁。妇女幼孩，反接鬻于市，谓之菜人，屠者买去，如刲羊、豕。周氏之祖，自东昌商贩归，至肆午餐，屠者曰："肉尽，请少待。"俄见曳二女子入厨下，呼曰："客待久，可先取一蹄来。"急出止之，闻长号一声，则一女已生断右臂，宛转地上；一女战栗无人色。见闻并哀呼：一求速死，一求救。周恻然心动，并出资赎之。一无生理，急刺其心死；一携归，因无子纳为妾，竟生一男，右臂有红丝，自腋下绕肩胛，宛然断臂女也。（《阅微草堂笔记》卷二）

相反，后金——清处于上升时期，虽也有官民矛盾，但并不突出。后金进入辽河流域腹地后，发布"计丁授田"令，部民按丁分给土地。后金——清用八旗制度——固山、甲喇、牛录三级组织，将女真——满洲人编织在一起，形成一个有机的整体。如"出兵之时，无不欢跃，其妻子亦皆喜乐，唯以多得财物为愿"（李民寏《建州闻见录》）。这同明民"富者田连阡陌，贫者无地立锥"，明军"人人要逃，营营要逃"（《熊襄愍公集》卷三）的社会景象形成鲜明的对比。

官逼民反。民不聊生，官逼钱粮。财政紧缺，加紧搜刮。下面讲三个故事。

明大学士、首辅刘宇亮自请往前线督察，抵抗以李自成为首的农民军。他率军队过安平，得报清军将到，吓得面无人色，急往晋州（今河北省晋州市）躲避。知州陈宏绪闭门不纳，士民也歃血宣誓不让刘宇亮军进城。刘宇亮大怒，传令开城门，否则军法从事。陈宏绪也传话给刘宇亮说："师之来，以御敌也！今敌且至，奈何避之？刍粮不继，责有司；欲入城，不敢闻命！"（《明史·刘宇亮传》）知州陈宏绪将避敌逃生的大学士、宰相刘宇亮拒之城外。刘宇亮恼羞成怒，上疏弹劾陈宏绪。"州民诣阙讼冤，愿以身代者千计。"（《明史·刘宇亮传》）

李清路过山东恩县，亲见官吏"催比钱粮，血流盈阶，可叹！"（李清《三垣笔记》卷上）

到崇祯帝即位之年（1627 年），"秦中大饥，赤地千里"（《鹿樵纪闻》卷下）。饥民被迫鸠众墨面，闯入澄城县衙，杀死知县张斗耀，揭开明末农民大起义的帷幕。

官与民，既有利益矛盾，又有利益相同。但是，官民矛盾主要在官。

《孟子》说："仰足以事父母，俯足以畜妻子。"（《孟子·梁惠王上》）就是说，如果上不能养父母，中不能养自己，下不能养妻子，这样的社会必然动荡不安。

老百姓实在活不下去了，就出现"官逼民反"现象。官民分最突出的表现是，百姓被逼，铤而走险。崇祯皇帝在大灾之年，没有采取有效措施，缓解官民矛盾，而是加以激化。

民族分，加深官民分；官民分，又加深民族分。它们的背后，则是君臣分。

君臣分？甲申之变，明朝灭亡，农民起义与满洲兴起是外在的两个因素，执政集团内部的君臣分，则是其内在的因素。

明朝执政集团有两个肿瘤：一是宦官专权，二是朋党之争。万历帝、天启帝、崇祯帝就是在国家危难之际，宦官专横，朋党争吵。崇祯帝上台后，惩治以魏忠贤为首的阉党，仅作个案处理，而没有涉及宦官制度。他后来又信任太监，派太监监军，使万历、泰昌、天启三朝的宦官问题重演。由于执政集团内部的君与臣分，君臣之间或明或暗地搏杀，在很大程度上消耗了大明皇朝核心实力，慢慢地腐蚀了支撑朱明江山的基础。这就使得如清文馆降清汉官所说的："在事的好官，也作不得事；未任事的好人，又不肯出头。上下里外，通同扯谎，事事俱坏极了。"（《张文衡请勿失时机奏》，《天聪朝臣工奏议》卷下）明朝也有能臣，辽东如熊廷弼、孙承宗、袁崇焕，他们都没有好下场。熊廷弼被"传首九边"，孙承宗被逼辞职还乡，壮烈而死，袁崇焕则身遭磔刑。因此，朱明覆亡是从朱元璋开国以来各种弊端累积的总结果。

明亡清兴的六十年间，在清的政坛上，主要有三位君主——天命汗开创基业，兢兢业业地做事；崇德帝长于谋略，文治武功取得成效；睿亲王（实际君主地位）抓住历史机遇，入关定鼎北京。

仅就个人因素而言，万历帝、天启帝、崇祯帝都不是天命汗、崇德帝、睿亲王的对手。

在万历朝。长期怠政，君臣阻隔，彼此不协。万历帝二十几年不上朝，大臣跪在宫门外，几个时辰得不到接见。后金呢？清郑亲王济尔哈朗说："太祖创业之初，日与四大贝勒、五大臣讨论政事得失。咨访士民疾苦，上下交孚，鲜有壅蔽，故能扫清群雄，肇兴大业。"（《清史稿·济尔哈朗传》）

在天启朝。天启帝日夜贪玩，委政于魏阉忠贤。明大学士、兵部尚书兼蓟辽督师孙承宗想借给天启帝过生日的机会谏言，却不能相见。努尔哈赤呢？我举一个例子。后金开国五大臣之一额亦都次子达启，养育宫中，长为额驸，怙宠而骄。一日，额亦都"集诸子燕别墅，酒行，忽起，命执达启，众皆愕。额亦都抽刃而言曰：'天下安有父杀子者？顾此子傲慢，及今不治，他日必负国败门户，不从者血此刃！'众乃惧，引达启入室，以被覆杀之。额亦都诣太祖谢，太祖惊惋久之，乃嗟叹，谓额亦都为国深虑，不可及也。"（《清史稿·额亦都传》）

在崇祯朝。崇祯帝虽然勤政，却刚愎暴戾滥杀。十七年间共有五十名大学士，被称为"崇祯五十相"。其中，被罢、免、戍、死（非正常死亡）者二十七位，占其总数的百分之五十四。没有一位大学士陪伴他始终的。共八十位七卿（六部尚书加左都御史），在十三位兵部尚书中，王洽、陈新甲、袁崇焕、傅宗龙或被下狱，或被杀；八位户部尚书中，有四位下狱、削职或殉职。被他杀死的总督、巡抚，有人统计为十九人。而崇祯后期的将领，总兵巢丕昌剃发投降、兵部尚书张凤翼日服大黄求速死、总督梁廷栋尾随清军而不击。兵部尚书陈新甲受崇祯帝命，遣使与清议和，秘密进行。崇祯帝手诏往返者数十。一日，所遣职方司郎中马绍愉以密语报，新甲看完后放在书案上。他的家童误以为是"塘报"，就拿出去抄传。于是官员哗然。崇祯帝很生气，将新甲下狱。新甲从狱中上书乞宥，不许，遂弃新甲于市（《明史·陈新甲传》）。

清朝皇太极呢？范文程掌管军政机密事，每入对，必漏下数十刻始出；或未及吃饭和休息，又被召入。一次，皇太极请范文程吃饭，有珍味佳肴，文程想念父亲所未尝，逡巡不下箸。皇太极察其意，即命撤馔以赐他的父亲（《清史稿·范文程传》）。可以说，整个有清一代，执政集团虽有矛盾与冲突，但内部没有严重破裂与军事冲突。

崇祯帝在民族分、官民分、君臣分之后，只剩下孤家寡人。何以见得？举三条史料。

其一，《明史·庄烈帝本纪》记载：崇祯帝后来对文武大臣全不信任，而派亲信宫奴、太监去监军，去守北京的城门，守居庸关等重要关口，最后派太监王承恩提督北京城的守卫。北京城防"惟内监数万人而已"。后康熙帝从故明太监口中得知：李自成兵攻阜成门，"崇祯率内监数人，微行至襄城伯（襄城伯李国桢时为太子太保、总京营，后城陷被杀）家，其家方闭门演戏，不得入，回登万寿山，四顾无策，犹豫出奔。太监王承恩止之曰：'出恐受辱于贼！'崇祯乃止，以身殉国。"（《清圣祖实录》卷二四〇）

其二，《明史·后妃传》记载："帝令后自裁。后入室阖户，宫人出奏，犹云

'皇后领旨'。后遂先帝崩。帝又命袁贵妃自缢，系绝，久之苏。帝拔剑斫其肩，又斫所御妃嫔数人，袁妃卒不殊。"

其三，《明史·公主传》记载："长平公主，年十六，帝选周显尚主，将婚，以寇警暂停。城陷，帝入寿宁宫，主牵帝衣哭。帝曰：'汝何故生我家！'以剑挥斫之，断左臂；又斫昭仁公主于昭仁殿。"

崇祯皇帝最后杀老婆、杀女儿，只剩下孤家寡人，面对崛起的大清和强势的大顺，以寡对众，以分对合，所以必然灭亡。

明末的社会危机，主要是民族分、官民分、君臣分所直接造成的结果。民族分，是外层因素；官民分，是内层因素；君臣分，则是核心因素。如果没有君臣分，而是君臣一体，同心筹谋，那么，民族分的矛盾可以缓和、化解、消除，官民分的矛盾也可以缓和、化解、消除。在民族分、官民分的严重局势面前，再加上君臣分，那就面临江山易主、社稷倾覆的严重局面。明朝就是在民族分、官民分和君臣分的危局下覆亡的。

明亡也好，清兴也好，都不是皇帝个人，也都不是满族或汉族的民族事情，而是中华民族的事情，要有正确历史观，而不要有狭隘民族观。

总而言之，明末的民族分、官民分、君臣分，清初的民族合、官民合、君臣合——双方矛盾与斗争汇成总的结果，就是明亡清兴。

综上，中华民族历史发展的启示是：中华民族历史的漫长演变过程，不断地调整民族、官民、君臣之关系。中华民族合则盛，分则衰；合则强，分则弱；合则众，分则寡；合则治，分则乱。明亡清兴六十年的历史，再次充分地证明了这一点。

三、修　身

《大学》是一部重要的儒家经典，强调修身。《大学》原是《礼记》中的一篇，到了宋代才把它单列为"经书"，并被列为"四书"之首。《大学》分为"经"与

"传"两部分："经"一章，是全书的纲领，主要为"三纲领"——明德、亲民、至善，共 205 个字；"传"十章，是对经的阐释，主要为"八条目"——格物、致知、诚意、正心、修身、齐家、治国、平天下，共 1548 个字（朱熹统计为 1546 个字）；合计为 1753 个字（朱熹统计为 1751 个字）。《大学》的"三纲领、八条目"，简称作"三纲八目"。《大学》不仅被尊为"四书"之首，而且被视为"四书""五经"的入门津梁，登上儒家经典殿堂的阶梯。

《大学》的精髓与灵魂是什么？在中国科举制时代，特别是明清时期，所有的知识分子，对于《大学》全文，朗朗背诵，烂熟于胸。《大学》开宗明义的话："大学之道，在明明德，在亲民，在止于至善。"何谓"大学"？朱熹解释为"大人之学"。何谓"大学之道"？朱熹解释为"穷理正心修己治人之道"。《大学》的精髓是：明新至善。

"止于至善"的途径是格物、致知、诚意、正心、修身、齐家、治国、平天下，其道德期待是修身。"止于至善"是《大学》指明人性修养的最高境界，也就是达到"至善"的大境界。对于"至善"，有不同的解释。"至善"就是德性尽善尽美，但比较抽象。我的体会：具体说来，"止于至善"，就是要科学地调理天、地、人、己的四维关系。"止于至善"，是要达到"四合"，也就是要达到天合、地合、人合、己合。达到"四合"是个过程，不断趋近"四合"，攀升到人生的最高境界。

我在学习历史过程中，看了大量历史人物传记，特别是明清人物传记。从中归纳出一个道理：凡是能够"达到四合"者，就达到了《大学》中"止于至善"的境界，他们都是历史的成功者或胜利者，否则就是不完全成功者或失败者。列举读史实例，结合个人体验，说一点心得和体会，重点说一下"四合"，就是天合、地合、人合、己合。

天合　就是天人关系，是中华文化和人生智慧的一大特点。天，有多种解释：天命、天道、天帝、天理、天时等。我这里说的天，主要是指天时。一个人生活在世界上，首先面对的是天时。屈原作《天问》："明明暗暗，惟时何为？阴阳三合，何本何化？"问的是天人关系。司马迁说："究天人之际"，就是说要探究天与人的关系。董仲舒《春秋繁露·深察名号》说："天人之际，合二为一。"这里的"天人合一"，也是探讨天与人的关系。

"天时"有大天时、小天时。魏源在《圣武记》中说："小天时以决利钝，大天时以决兴亡。"就是说，成小事业者要有小天时，成大事业者必有大天时。《孟子·公孙丑下》说："五百年必有王者兴。"这里的五百年是一个概数，就是说王者兴，必定有大天时。明末清初，中国历史的"天时"到了一个大动荡、大变革的时期，也就是一个大的天时。

天时不停地在变。《易经》的"天行健，君子以自强不息"，说的是天在不停地运行，人要不断地努力。朱熹《大学·序》说"天运循环，无往不复"，也是说天时不停地运行。天时在不停地变，而人的认识却总是滞后，所以人经常是与天不合。要顺应天时，力求做到"天合"。既然人与天经常不合，那么怎样使它"合"呢？《易经》讲"顺天"，《荀子》讲"制天"。我想"天合"重要的是：察知天时，顺应天时，不失天时。

察知天时。《易经·贲》："观乎天文，以察时变。"也就是说，观察天文运行，了解时间变化。人们常说："知时务者为俊杰。"俊杰的一个特点是要"知时务"，就是要知天时、识事务。古代杰出人物的察天时，主要感悟天时、顺应天时。努尔哈赤、皇太极、多尔衮，开创清朝，逢了几百年一遇的大天时。这个天时的特点有五：一是明朝皇权衰落，控制地方减弱；二是蒙古各部分裂，满洲从中分化；三是明军抗倭援朝，辽东军事空虚；四是列强尚未崛起，暂未受到威逼；五是崇祯关内大灾，民变烽火蔓延。如果努尔哈赤等早生一百年，明朝处于强盛时期，他会像其先祖李满住、董山一样，受到明军的攻剿，寨破人亡，百年难复。同样，晚生一百年，清朝的历史，是另外局面。

天时对所有的人是公平的，但不同人逢遇同样的天时，却有不同的对待。元朝末年，发生灾荒。元顺帝不去救济，朱元璋利用灾荒，揭竿而起。其结果，明兴，元亡。这是两个不同对待天时而胜败的史例。

顺应天时。《老子》说："动善时。"《孟子·离娄上》也说："顺天者存，逆天者亡。"都是说行动要顺应天时。清朝北京叫顺天府、南京叫应天府、沈阳叫奉天府；紫禁城正门明称承天门、清改为天安门——都突出"天"。再举个人例子。"文革"是个小天时，个人不能左右，但可以利用、顺应这个小天时。我在"文革"期间，做了两件事情：一件是既不参加"保皇派"，也不参加"造反派"，而是"逍遥派"，静心读书，写出《努尔哈赤传》书稿，"文化大革命"后出版；另一件是借用"大串联"机会，骑自行车自北京到杭州，考察京杭大运河。这两件事对我研究明清史有重要意义。

不失天时。《晋书·宣帝纪》说："圣人不能违时，亦不失时也。"人与天的关系是：既不违时，也不失时。《嘉靖通州志略·序》说："作天下之事本乎机，而成天下之事存乎会；机以动之，会以合之，古今之所有事，率由是也。"两者说的是同一回事，抓住机会，既不违时，又不失时，而与天合。

地合　《孙子兵法》讲"地"，它重点说山川险隘。我这里说的地，含义更广阔，包括地理位置、山川形胜、自然条件、物产资源，等等。《孟子》讲"地利"，主要是利用地的有利因素；我讲"地合"，主要指环境与自身的平衡关系。"地合"的含义比"地利"更宽泛，它的含义主要有四：一是知地利，二是用地利，三是借地利，四是节地利。就是说人同地，既矛盾又协和，矛盾中求协和，协和中求发展，力求自身与环境的平衡。

知地利。努尔哈赤生长于赫图阿拉，就是今辽宁省抚顺市新宾满族自治县永陵镇赫图阿拉村。这里离明京师不远不近：太近了，比如说是在通州，努尔哈赤起兵不久就会被明军歼灭；太远了，比如说是在黑龙江漠河，也不容易形成气候。

大家知道曾国藩，湖南湘乡人，进士出身，在北京做礼部侍郎。母亲病故，回乡守制。太平军兴，打到湖南。曾国藩招募"湘勇"，组织湘军，为清社稷立下大功。这里我不对曾国藩做出评价，然而曾国藩之所以有"中兴以来，一人而已"

（《清史稿·曾国藩传》）之誉，湖南"地合"起了重要的作用。

用地利。举个个人的例子。我开始学先秦史，只考虑个人兴趣，没有考虑"地合"因素。杨向奎先生建议我研究清史，因为：研究先秦史，北京不如西安占地利；而研究清史，北京要比西安占地利。北京是清朝首都，有大量清代满文、汉文档案，有宫殿、坛庙、皇家园林。我学清史、满学如果说有一丁点成绩的话，"地合"是一个重要因素。

借地利。一些学子到外地、外国读书，一些官员到外地、外国考察，就是借外地、外国的地利，进行学习，报效祖国。

节地利。地利是有限的，应当珍惜，不可浪费。要爱惜自然，节约资源，以便可持续发展。美国的煤炭、石油节制开采，其保护资源的做法值得借鉴。

人合 《孟子·公孙丑下》说："天时不如地利，地利不如人和。"这里重点是强调"人和"，就是要和睦、和谐。我说的"人合"，既包括人与人之间的和睦、求同、融合，也包括人与人之间的差异、矛盾、冲突。做事、做人，为官、为政，"人合"是一个重要的条件。做大事业者，必有大"人合"。

我在总结清朝兴盛的历史经验时，提到了"人合"，包括民族合、官民合、君臣合，总之是指"人合"。可以说有多大的"人合"，就有多宽的胸怀，有多高的境界，成多大的事业。举几个例子。

其一，宁远大捷，社会原因，在于人合。在整个争战过程中，文武、将帅、官兵、军民等关系，可以说，做到了人合。袁崇焕是文官，他同武将满桂、祖大寿、朱梅、左辅、何可纲等，在整个宁远保卫战过程中，协调一致；他"刺血为书，激以忠义，为之下拜，将士咸请效死"；发动军民，坚壁清野，兵民联防，编派民夫，供给守城将士饮食；又派卫官裴国珍带领城内商民，运矢石，送弹药；派诸生员，组织民众，巡察街巷，搜索奸细。先是，辽东诸城——抚顺、清河、开原、铁岭、沈阳、辽阳、广宁，都是由于"内应外合"才失陷的。而"宁远独无夺门之叛民，内应之奸细"。宁远之战，军民一体，相互合作，同心同力，取得胜利。可以说，宁远大捷是"人合"的一个例证。

其二，举身边例子。每一个人，都在人群中，上下左右内外，有着六维关系。人的关系，重在和同，"君子和而不同，小人同而不和。"我们常遇到两种人：友人和贵人，小人和敌人。所谓"人合"，碰到的难题是：如何对待小人和敌人。

感谢小人。遇到友人和贵人，要恭敬；遇到小人和敌人，要感谢。后者，宋人张载《正蒙·太和篇》说："仇必和而解。"

工作中遇到小人和敌人怎么办？一次我作报告，听众提问："工作中遇到小人怎么办？"我回答："感谢！"进一步说，对小人、对敌人，都要感谢。我讲一个故事。相传古印度有一位王子，在率军征战凯旋宴会上，举起金杯感谢——父王、长者、功臣、将士，甚至于马夫。他的父王说："孩子，你还应该感谢一个人！"王子说："谁？"他的父王说："你的敌人！"袁崇焕应当感谢努尔哈赤，没有努尔哈赤他也成不了英雄。皇太极应该感谢自己的敌人袁崇焕：宁远、宁锦两次兵败，皇太极从失败中奋进，采取两招——一是研制红衣大炮，二是设反间计。我回顾四十四年清史、满学研究的历程，也认为：在取得大一点的成绩时，应当感谢小人、感谢敌人。

其三，举个我个人的例子。我下放时，自己的态度是"夹着尾巴做人"，人际关系比较平和，态度很恭谨，"一谦则四益"。一次，领导找我谈话问："你在看'封'字线装书？"我说："是。"问："你知道来这里是做什么的？"我答："下放劳动，改造思想。"又问："那你为什么还看'封'字线装书？"我说："我是学清史的，康熙、雍正、乾隆时没有洋装书，都是线装书。"这位领导让我回去。我等待着挨"批判"。三天后，这位领导又找我说："你的学习精神是可贵的，但要注意群众影响。给你排夜班，这样既照顾你的学习，又避免在群众中的不良影响。"我很高兴。下放劳动时的看瓜棚，就成了我的"书房"。我这次化险为夷，应当说是遇上了好人，"人合"起了重要的作用。

己合　一个人的修养，光有"天合""地合""人合"还不够，更要有"己合"。

什么是"己合"？这主要是生理平衡、心理平衡、伦理平衡。

其一，生理平衡。人的生理，经常处于不平衡状态，所以会生病。人们往往被疾病和痛苦折磨。生病有外因，更重要的是内因。要维持生理平衡，要促使身体健康。严格地说，有多健康的身体，能做多大的事业。要善于调整身体内在因素，尽可能保持一个平衡、健康的身体。

健身固本。劳逸有度，张弛有节。《史记·太史公自序》说："神大用则竭，形大劳则敝，形神骚动，欲与天地长久，非所闻也！"所以要注意劳逸结合、强身固本。张仲景《伤寒论·序》说：

> 竞逐荣势，企踵权豪，孜孜汲汲，惟名利是务。崇饰其末，忽弃其本；华其外而悴其内，皮之不存，毛将安附焉！卒然遭邪风之气，婴非常之疾患。及祸至而方震慄，降志屈节，钦望巫祝，告穷归天，束手受败，赍百年之寿命，持至贵之重器，委付凡医，恣其所措。咄嗟呜呼！厥身已毙，神明消灭，变为异物，幽潜重泉，徒为啼泣！痛夫，举世昏迷，莫能觉悟，不惜其命，若是轻生，彼何荣势之云足哉！而进不能爱人、知人，退不能爱身、知己。遇灾值祸，身居厄地，蒙蒙昧昧，蠢若游魂。哀乎，趋世之士，驰竞浮华，不固根本，忘躯徇物，危若冰谷，至于是也！

这是逆耳之忠言。

其二，心理平衡。人的心理，经常处于不平衡状态，所以有苦闷、烦恼、焦虑和烦躁。心理不平衡，严重时会出现心理疾患和人格障碍。报载：目前，我国每年约有 25 万人自杀，100 万人自杀未遂，2600 万人患抑郁症。有专家认为：威胁人类生存最大的病患，19 世纪是肺病，20 世纪是癌症，21 世纪是精神疾病（《光明日报》2007 年 6 月 7 日 11 版）。教育部决定在大学设心理咨询机构、设心理健康老师（《新京报》2007 年 6 月 5 日），说明学生心理问题的严重与紧迫。要使心理平衡，重要的是心态，要有阳光心态。所谓阳光心态，就是碰到困难要阳光、喜悦，遇到委屈要坦荡、豁达，遭遇坎坷要淡泊、宁静，面临胜利要谦虚、谨慎。具体来说，应注意事大气静、顺谦逆奋。

事大气静。遇大事，要气静。这是很难做到的，也是必须修炼的。万历二十一年（1593年），女真叶赫纠合哈达、乌拉、辉发等九部联军三万人，向建州进攻。努尔哈赤兵不满万，建州官兵，人心惶惶。报警的探骑，脸色都变了。深夜，努尔哈赤听完探报后，打着呼噜睡着了。他的福晋富察氏把他推醒后，说："敌兵压境了，你怎么还睡觉啊？你是方寸乱了，还是害怕了？"努尔哈赤说："要是我方寸乱了，害怕了，我能睡着吗？我听说九部联军要来打我，但是不知道什么时候来。现在知道他们已经来了，我心里就踏实了。"说完后又呼呼睡着了。第二天早晨，他带领众贝勒等先祭堂子，尔后统军出发，一举夺得胜利。努尔哈赤胸怀开阔，心境豁达，事大心静。相反，皇太极因爱妃故去，哀伤过度，不吃不喝，悲戚成疾，后得中风，未成大业，抱憾而终。

顺谦逆奋。人生在世，阴阳互转——得失、胜败、进退、浮沉、荣辱、顺逆。处顺境时，要谦敬——谦就是谦虚谨慎，敬就是敬天、敬地、敬祖、敬民。人们常说："满招损，谦受益。"这是普遍真理。处逆境时，要韧奋——百折不挠、愈挫愈奋。正如海瑞书温庭筠《早秋山居》诗云："树凋窗有日，池满水无声。"（《全唐诗》卷五八一）总之，处顺境时，既要享受顺利，又要想到背后的困厄；处逆境时，既要正视困难，又要看到未来的希望。然而，人生常不如意，如何调整心态？司马迁《报任安书》言："盖文王拘，而演《周易》；仲尼厄，而作《春秋》；屈原放逐，乃赋《离骚》；左丘失明，厥有《国语》；孙子膑脚，兵法修列；不韦迁蜀，世传《吕览》；韩非囚秦，《说难》、《孤愤》。"再加上司马宫刑，而愤修《史记》。人做事业，要有动力。要善于将压力变作动力，将厄运变为转机。善待自己，自解得失；心态平和，宠辱不惊；逆境发轫，气量宏阔；激扬正气，愈挫愈锐。

其三，伦理平衡。伦理平衡，重在修身。重视修身。《大学》的"八目"是：

格物、致知、诚意、正心、修身、齐家、治国、平天下。修身，既是格物、致知、诚意、正心的根本，也是齐家、治国、平天下的基础。所以，"八目"的核心是修身，而修身的要义是克己从善，其指归则是"止于至善"，也就是"达到四合"。修身所追求的目标是："仰不愧于天，俯不怍于人。"（《孟子·尽心上》）像范仲淹《岳阳楼记》所追求的修身最高境界："先天下之忧而忧，后天下之乐而乐。"

止于"四合"。"止于至善""达到四合"是一个过程，在过程中不断地完善自我。不合是常态，合是个过程，这个过程就是修身，以止于至善，达到"四合"的境界。在这里，我借用司马迁以《诗经》"高山仰止，景行行止"赞颂孔子的话："虽不能至，然心乡往之。"（《史记·孔子世家》）似可以说，虽不能完全达到"四合"的境界，却心向往之，行实践之。

总之，我们学习历史，有益于提高资治能力，有益于提高文化素质，有益于自我修身养性，也有益于净化个人的心灵。

（本文系 2007 年 6 月 23 日在文津讲坛的演讲稿，后略作修改，收入《部级领导干部历史文化讲座》，国家图书馆出版社，2008 年）

我读书与书读我

今天值第四届江苏书展在苏州开幕之际，我同诸位探讨读书的问题，以"我读书与书读我"为题，进行交流。

一、我读书

一次，我在一个地方讲读书，一位小学生的母亲恳切地问我："阎老师，我应当怎样教育孩子读书，怎样培养孩子爱读书的兴趣呢？"我说："您作为母亲，建议您做一件事，就是自己先读书，自己对读书有兴趣，影响孩子，潜移默化，他可能会逐渐养成读书的兴趣。身教重于言教啊！"

又一次，一位学校的老师问我："阎老师，我应当怎样培养、教育学生热爱读书呢？"我说："作为老师，引导学生热爱读书，主要不是说教，而应当是自己真的喜欢读书，热爱读书，以此影响学生，带动学生喜爱读书。"

另一次，一位单位领导问我："阎老师，我怎样领导单位的同志读书，培养单位的读书风气呢？"我没有直接回答他的问题，而是反问道："您去年一年，读了几本书呢？"他说："我读的都是上级指定的必读文件，自己选择的书，一本也没有时间读。"我说："我建议您，先从自己读书做起，带动和影响全单位的同志读书，养成全单位同志读书的风气。"

某地级市有一份关于在校学生读书状况的问卷调查。调查小学生、初中生、高中生、大学生除教科书和教辅读物外，课外读物，平均每人每年阅读册数是：

小学生七八册，初中生三四册，高中生一二册，大学生有的则一册都不到。

这个统计数字，令人十分惊讶。其原因复杂，就从家长、教师、领导来说，首先应当强调的是"我读"。

身教胜于言教。读书，首先不是别人读，而是自己率先读。不是以言教别人读，而是以行带别人读。

二、书读我

读书，不是读他，而是读我。怎么讲呢？

读书，首要是读我身。读书不要忘身，而要读身。为什么呢？因为身是人之本。人的身体是人精神、灵魂的载体，没有载体，人的精神、灵魂皆为空。躯体不在，灵魂焉附？所以，人们读书首先要读我身。

但是，人们往往在读书时，忽略身体，不读身体。这是不对的。司马迁说过："夫神大用则竭，形大劳则敝。形神骚动，欲与天地长久，非所闻也。"（《史记·太史公自序》卷一百三十）古今多少才俊秀贤，不重读我身，而形神过劳，英年早逝。

张仲景在《伤寒论·序》中特别告诫："竞逐荣势，企踵权豪，孜孜汲汲，惟名利是务。崇饰其末，忽弃其本；华其外而悴其内，皮之不存，毛将安附焉！"今天追名，明天逐利，天天繁忙，就是不注意自己的身体，最后病了，听任医院摆布，甚至一命呜呼。英年早逝者其拼搏精神固然可敬，但忽视生理平衡，忽视身体健康，英俊年华过早逝世，造成人生一大悲剧，则警然可鉴。

读书，既要读身，也要读心。

读书，还要是读我心。心是什么？心是精神，心是灵魂。人跟动物的根本区别是，人有精神，人有灵魂。这里的心，重点有三：

其一，读书要读我心善。人心的第一修养是善。《论语》中"善"字出现 42 次。子曰："笃信好学，守死善道。"（《论语·泰伯第八》）《孟子》说："禹，闻善言，则拜。"（《孟子·公孙丑上》）又说："孟子道性善，言必称尧、舜。"（《孟子·滕文公上》）还说："仁义忠信，乐善不倦。"（《孟子·告子上》）

但是，荀子不同意"人之性善"说，他认为"是不然"。《荀子》认为：人性恶。他说："若夫目好色，耳好听，口好味，心好利，骨体肤理好愉佚，是皆生于人之情性者也。"（《荀子·性恶篇第二十三》）荀子认为：人来到世间，就是眼好色，耳好听，舌好味，心好权利，体好安逸。因此，要通过读书、实践、再读书、再实践，来逐渐克服性恶，而达到性善。

正像白居易诗云："我身虽殁心长在，暗施慈悲与后人。"（白居易《开龙门八节石滩诗》）

所以，读书，首要是读我自身的善心、善容、善言、善行。

其二，读书要读我心大。一个人生下来之后，目所见，耳所闻，心所思，是极其有限的。空间不出乡里，时间不过百年。古今中外，书籍所在，驰骋历史长河，纵横世界各域，无所不有，无所不具。读书，可以使人心大。人心大，可以不囿于一时、一事、一人、一地，心境开阔，胸怀宽广，精神开朗，志向高远。诚如宋人张载（横渠）所言：为天地立心，为生民立命，为往圣继绝学，为万世开太平！

其三，读书要读我心硬。人的心，天生软；经磨炼，才会硬。讲一个故事：某名牌大学一年级新生某某，为当地高考状元。大学新生报到，兴高采烈，喜气洋洋。第一个学期末，本班 45 名同学，却排名第 43。他心想：放寒假回家，没有脸面见同学、师长、父母、乡亲，一急之下，跳楼身亡。这就是心太软。现在多是独生子女，从小受父母宠爱，受亲友奉承，非常脆弱，非常娇嫩，经不起风浪，受不了敲打。读书，要读那么多的英雄豪杰、那么多的贤达俊秀，他们有一颗坚硬而火烈的心："人生自古谁无死，留取丹心照汗青。"

其四，读书要读我心行。读书人，往往重读轻行，陶行知先生看出这一点，将自己的名字改为"知行"为"行知"，将"行"放在"知"之先。重知重行的一个突出的成功例子是司马迁和他的《史记》。司马迁说："(迁)生龙门，耕牧河山之阳。年十岁，则诵古文。二十而南游江、淮，上会稽，探禹穴，窥九疑，浮于沅、湘；北涉汶、泗，讲业齐、鲁之都，观孔子之遗风，乡射邹、峄；厄困鄱、薛、彭城，过梁、楚以归。于是迁仕为郎中，奉使西征巴、蜀以南，南略邛、笮、昆明，还报命。"(《史记·太史公自序》)也就是说，司马迁的足迹，东到齐、鲁、邹、峄，南到巴、蜀、滇、贵，西至陕、甘、秦、陇，北到河、洛、淮、泗，在当时来说，算是足迹遍天下。因为他有丰富的阅历，写出的《史记》生动、亲切。

重知轻行的突出例子是战国时期的赵国统帅赵括。《史记·廉颇蔺相如列传》记载了一个故事。战国时的赵国，有名将廉颇和名相蔺相如，这大家都知道。有出京剧《将相和》说的就是廉颇和蔺相如的故事。还有一个人叫赵奢，就是马服君，也很有名，司马迁说赵奢"与廉颇、蔺相如同位"。赵奢的声名是在战争中打出来的。一次，秦军伐韩国，赵惠文王问廉颇："可救不？"廉颇说："道远险狭，难救。"赵王又问乐乘，乐乘也同廉颇一样地回答。赵王再问赵奢，赵奢回答："其道远险狭，譬之犹两鼠斗于穴中，将勇者胜。"这就是"两军狭路相逢勇者胜"这一典故的由来。于是，赵王派赵奢率兵去救韩，果然大败秦军。而后，赵奢因立了大功，获得同廉、蔺相同的地位。

赵惠文王死后，其子赵孝成王继位。不久，秦派大将白起率军攻赵，到达长平。这时，赵奢已死，蔺相如老病，赵王派廉颇率军抵御秦军的进攻，廉颇知敌强己弱，彼众己寡，就坚守壁垒，拒不出战。秦见攻城不下，就施了个反间计——"秦之所恶，独畏马服子赵括将耳，廉颇易与，且降矣。"秦最痛恶、最惧怕的是马服君赵奢的儿子赵括为将！秦军破廉颇容易，而且廉颇已经暗自降了！赵王中了反间计，就任命赵括替代廉颇为将，同秦将白起对垒。

赵括出身将门，聪慧好学，熟读兵书，虽未经历战阵，却自以为天下没有人比自己更懂军事。赵括同他父亲谈兵，乃父也常难不倒他。但是，他父亲并不认为赵括能统兵打仗。赵括的母亲问其父为什么。他父亲说："兵，死地也，而括易言之。使赵不将括即已，若必将之，破赵军者必括也。"也就是说，赵括对兵事看得太容易了，又没有实战经验，如果有一天赵国以赵括为将军，那么打破赵军的，不是敌人，而是赵括！

赵王命赵括为将军，他母亲上书赵王："括不可为将！"赵王问原因，赵母讲了四点：其一，他父亲受命后，专心一意，废寝忘食，不问家事；其二，国王的赏赐都给了官兵，自己一点不取；其三，赵括为将，态度骄横飞扬，官兵不敢仰视；其四，赵括所得的赏赐金帛，全归藏在家里，大买田地、豪宅。赵王听了之后说，我已任命，不能改变。赵括的母亲又说："王终遣之，即有如不称，妾得无随坐乎？"赵王许诺。

赵括既已代廉颇为大将，更换军官，改变部署。秦将白起得到军报后，发出奇兵，佯败后退；同时，断其粮道，绝其援军。赵军被断粮四十六日，军内杀人而食。赵括亲率锐卒，出阵搏战。秦军射死赵括，赵军大败。《史记·白起列传》记载："括军败，卒四十万人降武安君。乃挟诈而尽坑杀之。前后斩首虏四十五万人。"（《史记·白起王翦列传》）据《史记·赵括列传》记载："数十万之众遂降秦，秦悉坑之。赵前后所亡凡四十五万。"赵国从此，一蹶不振，走向覆亡。这就是历史上有名的秦赵长平之战。赵括母亲因有言在先，而没有连坐被杀。（《史记·廉颇蔺相如列传》）

空言误国，实干兴邦。历史和现实都证明这是一条颠扑不破的真理。我们读书，切勿空谈，学以致用，认真读书，切实践行。

读书，更要是读我道。读书，要读术，更要读道。我国古代史上，有人轻器，轻视科学技术，轻视器物制造，这是我国现代科学技术落后的一个重要原因。我们要重视纠正之，克服之。

但是，读书要重道。这个道，有不同的诠释。我这里说的，不是道教的道，也不是宗教的道，而是易理的道，主要是阴阳的关系。

三、建　议

昨天，我参观了凤凰苏州书城。我到过的国内、国外，海内、海外的书城，虽不算多，但不算少，我认为：凤凰苏州书城是我见到书城中一座最好的书城。

好在十点：面积宽广，图书众多，分类明晰，设施清爽，布局合理，环境文雅，氛围和谐，服务亲热，细致周到，管理有序。

既然"我读"与"读我"，那么，我提出几点建议。

第一，读出书香家庭。让读书的氛围，笼罩每个家庭。由此，出现书香村镇、书香县市。带动每个人、每个家庭、每个村镇、每座城市，都洋溢着读书的气氛。德清人沈氏家族在两晋南北朝，沈氏充、昙庆、庆之、约，在正史立传者不下30人，盛门望族，显赫于世。明朝德清人陈霆的著作《四库全书》收录六部（其中存目五部）。清德清人胡渭著作，《四库全书》收其四部著作，即《易图明辨》十卷，《禹贡锥指》二十卷图一卷，《洪范正论》五卷，《大学翼真》七卷。

第二，读出书香城市。下面我介绍德清的故事。浙江德清县在唐宋两代，文脉传承，中进士者28人，占同时代全县进士的约一半。德清进士总数221人。德清人梁沈约著《宋书》，唐朝姚思廉著《梁书》《陈书》，二十四史中德清人著三部，占其总数的八分之一。《四库全书》收德清人著作42种，占其总数的1.2%。德清蔡氏在清朝一门出三位状元：蔡启僔、蔡以台、蔡升元。

德清俞氏一家，俞樾是清代大学者，他的格言是"拼命读书"。俞氏家族，传至当代俞平伯，为文学史的大家，以《红楼梦研究》著称于世。德清被誉为："德清书香传绪千年，著述立说代有名篇。"

第三，读出私人图书馆。下面我讲三个故事。

第一个是《比利时书村以书扬名》的故事。故事说：

在比利时，距离比利时首都布鲁塞尔东南郊一个小时车程的阿登山区，掩藏着闻名欧洲的书村——热社。热社建村已有1100年历史，全村不到250户，400

名居民，各类书店竟达 17 家，以买卖老版书、二手书著称。

热社现任村长（现称村主任）马努·胡加迪说：从 20 世纪 60 年代起，热社村由于其安宁的气氛和幽雅的环境，逐渐吸引城里的退休人员来此定居，其中包括记者出身、喜爱写作藏书的诺亚·安斯洛特。1981 年，安斯洛特偶识英国的书村创始人理查·布特，深受启发，旋即与邻居朋友们将热社村的一些废弃谷仓和马厩改造成书店。1984 年复活节，热社书村宣告落成。2004 年，热社村开始举办一年一度的复活节书节。仲夏的 8 月 3 日，热社村还有"书夜"。现在，热社村每年接待来自世界各地的访客 20 万人，以书为主体的活动也更加丰富。

热社村以书扬名，却不以书为生。胡加迪透露，17 家书店的主人或是领取退休金的老人，或是周末兼职，经营乡村书店对于他们而言或许是一种"高大上"的闲情逸趣。

已届而立之年的热社村还不满足于现有的名声。凭借欧洲宇航测控中心位于该村附近之便，该村正在发展建设欧洲宇航活动中心，里面的太空训练设施和宇航发展展览是科学爱好者的又一好去处。2014 年，热社村的新名片是"书和太空村"。（《今晚报》2014 年 5 月 16 日，王晓郡文）

第二个是我国古代的私人藏书的故事。在我国过去有许多私人藏书、借书、买书、卖书的书楼，明代有宁波的天一阁。清代有山东聊城的海源阁、浙江归安的皕宋楼、钱塘的八千卷楼、嘉兴的嘉业堂、苏州常熟古里镇的铁琴铜剑楼，五大私家藏书楼。其中铁琴铜剑楼，瞿家相传五代，节衣缩食，收藏图书。

据《中国私家藏书概述》统计，中国历代藏书家为 4715 人，其中苏州市区 268 人，常熟 146 人，列中国藏书家最多市县的第一位和第三位。（《苏州日报》2014 年 7 月 2 日第 A05 版）

常熟市古里镇瞿绍基在清嘉庆年间，在自家院里辟建藏书楼，名铁琴铜剑楼。瞿家保存图书，利在读者。读书人到铁琴铜剑楼读书，主人提供茶水、膳食、笔墨、纸砚。在太平天国期间，为防战火，瞿家以船携带书籍辗转南北，先后转移 7 次，才使书籍免于兵火，而其他人家藏书损失大半。中华人民共和国成立后，瞿家将图书捐献给国家图书馆、上海图书馆和常熟图书馆。

玉海楼位于浙江温州瑞安市区道院前街，是浙江四大藏书楼——宁波天一阁、杭州文澜阁、瑞安玉海楼、湖州嘉业堂之一——为清朝朴学大师孙诒让的宅第。清光绪十四年（1888年）由其父孙衣言所建，因敬慕宋代学者王应麟之通博，故取其巨著《玉海》作为楼名，以示藏书"若玉之珍贵，若海之浩瀚"。其建筑是集藏书、住居和园林于一体。楼前后三进，门厅五开间，正楼七开间，重檐二层，规格最高。

我说过，新兴建一座图书馆，可以少建一座监狱。因为图书馆使人读书向上，提高品质，振奋精神，激发智慧，自然可以降低犯罪率。

（本文系2014年8月8日在江苏凤凰苏州书城的演讲稿）

良师益友话读书

大家好!

在南京图书馆建馆一百周年、南京图书馆新馆全面开放之际，我作为一个图书馆的读者，向南京图书馆建馆一百周年，向南京图书馆新馆全面开放，表示热烈的祝贺，并致以诚挚的敬意!

今天，我非常高兴地到南京图书馆跟诸位见面。我是一个读者，我们在座的诸位也是读者，我以读者的身份和诸位做一个读者与读者之间的文化交流。今天的主题是图书，所以我演讲的题目是"良师益友话读书"。

一、书为师友

大家知道过去的八股文，开篇要破题。现在很多论文，开篇也是破题。我今天要讲的第一个内容就是"良师益友话读书"的解题。

先说"良师"。我是虚岁8岁（周岁7岁）开始正式上小学。我记得很清楚，上学的第一件事情，就是家长带着到学校，老师旁边引领，在孔夫子牌位前磕头。磕完头，老师就把我带到教室开始上课。所以我脑子里第一个印象是"师"，老师的师。第一位老师是谁？是孔夫子。我幼小心灵对老师由衷地崇敬。大家知道康熙帝六次南巡，康熙二十三年（1684年）第一次南巡，途中到了山东曲阜，第一件事情就是祭拜孔夫子。他进曲阜文庙大成门之前，孔子后裔衍圣公孔毓圻率子孙迎驾，孔氏的子弟，年16岁以上，跪着在道路两旁夹道欢迎康熙帝。这说明什么？说明孔子后裔接纳了康熙帝对儒学的尊重。康熙帝是满洲人，他坐着轿到了大成门前下轿，放下帝王尊严，步行到大成殿，对孔夫子塑像和牌位，行三跪九叩大礼。康熙是皇帝，大学士、六部尚书等都要给他三跪九叩，康熙帝却向一个汉人、向孔子的塑像和牌位，行三跪九叩大礼，这说明什么？说明康熙帝接纳了汉族的儒家文化。然后，康熙帝送了一个匾悬挂在大成殿正中，匾上四个大字："万世师表。"在这个地方，康熙帝还讲过一番话："先师德侔元化，圣集大成，开万世之文明，树百王之仪范，永言光烈，莫不钦崇。"先师指孔子，孔夫子开创了万世之文明，树立了百王之仪范。他以钦佩崇敬的心情，向孔夫子顶礼膜拜。然后就到了南京，明孝陵杂草丛生，明故宫也断垣残壁。他到明孝陵举行祭礼，然后说了一番话："明太祖系一代开创令主，功德并隆。"这个话不容易呀！他的爷爷是皇太极，他的曾爷爷是努尔哈赤，而皇太极怎么对待朱元璋的？皇太极说，明太祖朱元璋原来不过是一个穷和尚而已。爷爷把朱元璋看作一个穷和尚，孙子却说明太祖是一代开创令主。康熙帝后来又写"治隆唐宋"匾额，悬挂在明孝陵。明太祖朱元璋治理的一代王朝，等同于唐太宗、宋太祖，这就是接受了汉族的儒家文化，并表态要将满洲东北渔猎文化融入汉族中原农耕文化。

我在这里还是要强调一个"师"字。1966 年，我从北京骑自行车沿着京杭大运河，经天津、德州、扬州、苏州、南京，到达杭州。大约 3500 里，其中我骑到了曲阜，我说看看曲阜"三孔"——孔府、孔庙、孔林（孔氏坟墓）。

我还要说一点"师"。韩愈《师说》里讲："师者，传道、授业、解惑也。"师，有一时之师，有一地之师，有一事之师，也有一字之师，难得有终生之师。幼儿园、小学、中学、大学的老师，虽俗说是"一日为师，终生为父"；但这些老师往往是一个地方、一所学校、一段时间的老师，很少有终生的老师。当然，终生的良师更少。只有图书才是终生的老师。以上是说"良师"。

次说"益友"，朋友的友，师是传道、授业、解惑，而友呢？友是同道交心、友好相助。朋友第一是同道，你不同道能做朋友吗？第二是交心，有些高兴的事情，跟朋友分享一下；有些烦恼的事情，跟朋友倾诉一下。第三是相助，朋友有益友，也有损友。困难时倾力相助的是益友，困难时落井下石的是损友。友，有一时之友，有一地之友，有一事之友，也有一助之友，但难得有终生之友。一个人一辈子有几位终生良友就足矣。我个人认为，五同——同师、同学、同乡、同事、同行，虽很友善，很亲近，但不一定是朋友，更不一定是终生的朋友，只有图书才是终生的朋友。

况且，老师和朋友还是双向选择，我想跟您交朋友，您不愿意，我们还是不能成为朋友；老师也是这样，我想拜您为师，您不愿意，特别是艺术界更明显，还是不能成为恩师。两相情愿可以，一厢情愿不行。我想：一个人有没有终生的良师益友？我说有——这个终生的良师益友就是书，就是咱们南京图书馆藏的那些书。以上是说"益友"。

再说"读书"。《三字经》1122 个字，反反复复，砺人读书。开头 28 句、84 个字，讲读书；结尾 15 个故事、88 句、264 个字，劝读书。为什么要读书？因读书有八益：长知识、悦心目、健身心、增智慧、辨正邪、利资治、悟道理、达至善。下面我讲康熙帝"志学"读书的故事。

康熙 5 岁读书，8 岁登极，万几之暇，手不释卷。于儒家经典，日日必读，字字成诵。十七八岁时，"好学不倦，丙夜披阅，每至宵分！"（《清圣祖实录》卷一）读书过劳，至于咯血，仍不肯休息。"自元旦以至岁除，未尝有一日之闲，即巡幸所至，亦必以卷帙自随。"（《御制资治通鉴纲目·序》）康熙帝说："凡人进德修业，事事从读书起。多读书，则嗜欲淡；嗜欲淡，则费用省；费用省，则营求少；营求少，则立品高。读书之法，以经为主。苟经术深邃，然后观史。观史，则能知人之贤愚，遇事得失亦易明了。"（康熙《庭训格言》）读书能养身，科学有论证。有人做过调查和统计，心专志一的科学家、艺术家比一般人高寿。要读书，必心静。于谦诗云："清风一枕南窗卧，闲阅床头几卷书。"（《忠肃集》卷十一）静心读书，平淡如水，忘却烦恼，心理平衡，有利健康。心境不静，杂念丛生，内心躁动，生理失衡，免疫性弱，易染疾病。读书学习，既能养心，又能养身，身心双养，健康长寿。

人生当中，幼年时期以父母为伴，中年时期以事业为伴，老年时期以妻子为伴——然而，有没有终生为伴的？有没有单向选择终生的良师益友？有，这就是书。所以说，图书是我们终生为伴的良师益友。

古人说："宇宙间物，人尽取之，独书一事，留遗我辈。"（《戴名世集》卷一）人人都可以书做良师益友。所以，书是每一个人——不分男女老幼，不分贫富贵贱，不分民族宗教，不分时间空间，都可以作为良师益友的，而且可以做终生的良师益友。我今天讲"良师益友话读书"，破题就讲这么个意思，跟大家讨论。

二、择书"五要"

既然书可以做我们终生的朋友，朋友是要选择的，选什么书作朋友？书太多了，有一次我到北京图书大厦参加同读者见面的活动。这座图书大厦是八层楼，读者顺着楼梯排，从八层、七层、六层、五层、四层、三层、二层、一层，到地下一层、二层、三层，完了又转圈排。我顺便问书店总经理上架图书有多少？回答有 30 万种。有一次，我到深圳新开的图书城，单层面积据说是全世界书店最大的，何春华经理告诉我同时上架的书有 30 万种，而且每天在不停地更新。这么多的书，怎样选书？我想了几条，跟大家讨论。

第一，选读经典。经典是一个时代文化和智慧的精华。我个人的体会，有一定文化的人，不分男女老幼，都应该读一点经典。阅读经典，思想深邃。中国儒学传统经书叫作："四书"和"十三经"，"四书"包括《大学》《中庸》《论语》《孟子》，"十三经"包括《诗经》《尚书》《易经》《周礼》《仪礼》《礼记》《春秋左传》《春秋公羊传》《春秋穀梁传》《孝经》《尔雅》《论语》《孟子》（有重叠）。这十三本经书，我们不参加科举考试、不搞专业研究，没有时间，也没有必要全读。

咱们简化一点，从"四书"里学。"四书"中《大学》1753 个字，《中庸》3657 个字，《论语》15 876 个字，《孟子》35 261 个字，共计 56 547 个字。我建议读经先读一本书，就是读《大学》。《大学》开宗明义曰："大学之道，在明明德，在亲民，在止于至善。"这是"三纲"，还有"八目"即"格物、致知、诚意、正心、修身、齐家、治国、平天下"。过去念书，《大学》是一部入门书。《论语》《孟子》我们现在也没有时间读，大家都挺忙的。今年五月份我和于丹老师去台湾。她讲《论语》，我讲清史。台湾的一位女记者，大概有 30 岁，她说："我跟您说，《论语》啊，《孟子》啊，我们全会背。"我说："您是媒体精英，别人不一定会背。"她说："我们不会背中学就不能毕业，所以中学毕业的全会背。"我当时愣了一下，后来我回到宾馆就跟他们说这事。我们今天大陆大学中文系的，不要说学生，就是博士生导师能够把"四书"全背下来的，不敢说一个没有，大概是几乎没有。所以，我建议读一点经书，首先是读《大学》，有朱熹注释，并不太难懂。

第二，选读史书。有人说："我不是大学历史系的，也不是搞历史研究的，而是搞科技的，干吗要读史书？"我觉得搞自然科学，搞社会科学，都要读点历史。阅读史书，增长智慧。我讲一个例子来说明这个问题。我看报纸登了一个信息，就是新上任的卫生部部长陈竺（2007—2013 年任卫生部部长），他是学医的，是院士，在一个讨论中医和西医关系的研讨会上，他发言先讲《列子·汤问》中的一个故事：孔子有一次出去，看到两个小孩在争论，争得面红耳赤，争论什么问题呢？争论太阳。一个小孩说，这个太阳早上起来的时候，很大，离我们很近，中午太阳离我们很远，中午太阳会小；另一个小孩不同意，说不对，同你说的相反，早上起来，太阳离我们远，中午离我们近，理由呢？中午太阳很热啊，热不说明离我近吗？这实际上是引了历史的故事，然后他就说这两个小孩是各看一面，就跟人们看待中医和西医一样。他说西医看病局部清晰，总体模糊，胃长个瘤子，通过胃镜、CT（电子计算机断层扫描）等能看得很细；中医看病是局部模糊，总体清晰。他利用这个例子来说明中西医的特点。他在讨论中西医关系的时候，用了历史上的故事来进行讨论，说明什么呢？说明学习自然科学的、学习工程技术的，学一点历史也有好处。学一点历史从哪儿着手呢？你喜欢人物，就看历史人物传记，那我喜欢康熙，就看看康熙帝的传，喜欢张居正，就看张居正的传。或者喜欢某一段历史，历史的一个剖面，去年我讲"明亡清兴六十年"，就截取这段历史的一个剖面。我们从人物、事件、典制等剖面入手也可以。

　　第三，选读名书。就是读名家、名著、名篇。名家的作品，代表了一个时代或者一个群体或者一个地域的智慧与精华。譬如先秦七子——老子、庄子、孙子、墨子、荀子、管子、韩非子，又如唐朝李白、杜甫、白居易，他们的诗就是唐诗高峰的代表。大家知道有个《全唐诗》，《全唐诗》是康熙帝让江宁织造曹寅负责编纂的。南京的江宁织造署不是要复建吗？这曹寅很有意思，他妈妈孙氏在康熙帝小时候给他当保母，清朝有个规矩就是皇子皇女生下之后，从妈妈身边抱走，谁看着呢？乳母喂奶，保母照看，他妈妈很难再见到这孩子。康熙帝上学的时候，曹寅是伴读，陪伴着读书，所以曹寅后来受到康熙帝重用，被派到南京做江宁织造。康熙帝六次南巡，曹寅四次在这儿接驾。康熙帝委派曹寅主持编纂《全唐诗》，一年多的时间把它做出来不容易啊，48 900多首诗，收录2200多个作者，一共900卷。我们今天看的《全唐诗》基本上还是那个本子。那2000多个诗人你怎么去看啊？所以选名人，如唐诗选李白的，但名人也不是所有作品都是名著。一个人可能出了很多集子，其中有几本集子具有代表性，有几本集子搭配出书，所以要选名人、名著、名篇。读名人、名著、名篇，省时间，收效大。如名人司马迁，名著《史记》，名篇《太史公自序》。今人的书，也是如此。这样就像蜜蜂采蜜一样，从花蕊里选择最精华的东西来营养自己，从而可以事半功倍。

　　第四，选读新书。看书要抓两头，一头是古的，根源性的；另一头是新的，现代性的。前者如《康熙字典》，为什么受欢迎啊？其中一个原因就是它的例句，选用第一次出现的，有原生性、有学术性。这个例句汉朝有、唐朝有、宋朝有、元朝也有，但最早是汉朝，他选取汉朝那个例句，你一下就找到它的根源了。树要寻根，水要探源，最新的那个著作是流，不是那个源，跟长江一样，你要分清它的源和流。最新的著作，有代表性的著作，我建议翻一翻，我有时候书看不过来，但最近出版的影响大的书，我一定要翻一翻。反映当前文化和学术最新研究成果的书，要挤时间多读一些。

　　第五，选急需书。我举一个例子，一天，我看报看到两个字，这两个字我不认识：第一个字，左偏旁为"更"，右半边为"差"，不知道在座的有认识这个字的没有？第二个字，左偏旁还为"更"，右半边为"取"。这两个字念什么呢？当什么讲？不会读，不认得，这叫急需，赶紧查——查《辞海》没有；查《辞源》没有；查《现代汉语词典》更没有；查《中华字海》（收了 8 万多个字，据说到现在为止，是收字最多最全的一部辞书），也没有；再查《中文大字典》（四十二卷本），还没有。急需，你得查啊，查《康熙字典》里有，而且还有读音，前者念 chà，后者念 jù，古代音 chà jù，现在音 chā qú，是现在河北省行唐县属一个村的名字，村民叫甦趣村。什么意思呢？《康熙字典》说行唐县北村名，就是个村名、地名。

　　再举一个例子，大家都知道郑成功收复台湾，什么时候收复的？查《辞海》，康熙元年（1662 年）郑成功收复台湾。《辞海》还能有错吗？正好有几个搞台湾历史的博士到我家，我说考考你们：郑成功收复台湾是什么时候？两个博士说康熙元年啊！我说不对，错了，错在哪儿？《辞海》怎么错了？这是亟须解决的问题，要查！郑成功收复台湾，就是荷兰总督向郑成功投降、签字这天，是顺治十八年十二月十三日，顺治十八年是公元 1661 年；十二月十三日呢？其公历是 1662 年 2 月 1 日。《辞海》错在什么地方呢？如说帝王纪年，必须说顺治十八年；如说康熙元年则不对，为什么呢？因为顺治十八年十二月二十九日是其最后一天，第二天就是康熙元年元月元日。而顺治十八年十二月十三日收复台湾，到康熙元年元月元日还有十六天呢！过了这十六天才进入康熙元年呢！事情没有发生在康熙元年，而是发生在顺治十八年，对吧？要说公元也可以，那就是公元 1662 年 2 月 1 日；要说帝王纪年也可以，那就是说顺治十八年十二月十三日。《辞海》就在这个节骨眼上搞错了。所以，带着亟须解决的问题看书，印象深，学得牢。

以上五点建议，聊供大家参考。

三、读书"五贵"

怎么读书？我提点个人的看法和体会，就是读书"五之诀"：博学之，精约之，恒久之，思悟之，笃行之，就是贵博、贵精、贵恒、贵悟、贵行。

第一，贵博。食要吃五谷杂粮，书要读诸子百家。应当博览群书，不能读得太少、太窄，太少，太窄就会孤陋寡闻。这次我去台湾，招待我的林载爵先生也是做书的专家，50 岁上下，吃饭的时候，一会儿背唐诗，一会儿背汉赋，博学多闻，素养很高，给人的感觉是"腹有诗书气自华"。所以读书要博，以康熙帝来说吧！经书，"四书""五经"，他都读过；史书，前四史、《资治通鉴》他也都读过，甚至通读、熟读；诗，他自己做诗选，搞了宋、金、元、明的《四朝诗选》，还搞《唐诗选》等。这是人文社会科学方面。还有自然科学方面。他学数学、天文学、历法学、物理学、化学、地理学、测绘学、舆图学、生物学、医学、药学、音韵学、解剖学等，而且有些知识水平很高，比如说数学。做皇帝，处理完了公务，业余时间研究科学，写论文，他的论文集《几暇格物编》，收录 93 篇。康熙帝很有意思，到了山海关海边，见到海浪思考为什么有涨潮、退潮呢？到了钱塘江海边，这儿的海怎么也有涨潮、退潮啊？又问耶稣会士，知道地中海也有涨潮、退潮。他就看书研究，最后他的结论是月亮盈亏影响到地球海洋有潮涨、潮落，你看这做皇帝的都搞这么细，就是要博。清人张英书房自书联曰："读不尽架上古书，却要时时努力；做不尽世间好事，必须刻刻存心。"（姚元之《竹叶亭杂记》卷六）读书应当广博一些。

因此，我建议读书要博一点，这跟盖楼一样，我们单位盖的是十层楼，后来觉得矮了，想加盖几层，但不行，因为打的是 10 层楼的地基，往上加不了，如果当时打成 15 层楼地基的话，当然还可以再往上加。知识也是这样，你的知识博到什么程度，思想的高度就能到什么程度。

第二，贵精。朱熹说："为学之道，莫先于穷理。穷理之要，必在于读书。读书之法，莫贵于循序而致精。"（《朱文公文集》卷十四）这里强调读书要精。《三字经》也说："教之道，贵以专。"都是说读书贵精、贵专。书读了很多，应该有几本书把它读精、读烂、读熟、读透！我建议在自己书案上放几本看家的书，经常看，随时看，长久看。哪几本看家书？每个人情况不一样，自己选择。有一次有个记者问我："阎老师，您就说一本书，您经常看的一本书。"我说："好吧！我说一本，《说文解字注》。"他一愣，说："为什么要看《说文解字注》？"很简单，像我们这样的，吃饱饭就是看书，就是写东西，这是专业，天天跟文字打交道，和书打交道，没有一天不看书的，包括"五一国际劳动节"、"国庆节"、春节七天长假。你要看书，就要认字，字是所有文章的基础，要把字搞清楚。字要是搞不清楚，用北京的一句俗话——就是瞎掰！这个字的形音义要明白，训诂也要明白。中国所有字典的根，就是汉朝许慎的《说文解字》。碰到一个字，就查一查。不但明白了意思，而且了解了这个字的根源。我最近讲"御门听政"，我这四个字都查了："御"怎么讲，"门"怎么讲，"听"怎么讲，"政"怎么讲，电视里头我也这么说了。就说"御门听政"的"听"字，《新华字典》《现代汉语词典》《辞海》《辞源》都解决不了问题，但《说文解字注》就能解决问题。"听"的繁体字作"聽"，它的右偏旁是"直"和"心"，直心为德，有德，你才能听取正确意见，心歪了，意见就听歪了。右半边是会意，左半边呢？左边，上面是耳，用耳朵听；底下很多人认为是"王"字。那个"王"字就不好解释了，底下为什么是王字呢？查《辞海》就怎么也查不明白，查《说文解字注》就明白，那不是个王字，是上面一撇、中间一横一竖，底下又一横，这是一个"壬"字，这个字念廷，朝廷的廷。为什么念"廷"呢？我们的辞书，基本全错，那"壬"字写错了。如果是"壬"，它当中一竖，上面一横为撇，中间一横长、底下一横短，那"聽"的读音就不好理解了。应当是当中一竖，上面一撇、中间那横短、底下那横长，不信大家查《说文解字注》，这样"聽"的读音就好理解了。所以读书要精，一个字是这样，一本书也是这样。其实，每个人都要有几本书应经常翻，搞熟了，可能受益比较大。具体看哪本书，就不一样了，医生有医生的看家书，文学家有文学家的看家书，工程师有工程师的看家书，图书馆有版本学、目录学的看家书。根据自己的情况，选几本书，经常翻阅，把它读透了，读精了。

第三，贵恒。读书贵在恒久。一个人，读一本书不难，读一时书不难，难的是常年读书，手不释卷。康熙帝说自己读书："自元旦以至岁除，未尝有一日之闲，即巡幸所至亦必以卷帙自随。"（《御制资治通鉴纲目·序》）顾炎武也说："自少至老，未尝一日废书。"他常骑着二马二骡，四方游学，边走边读。星云大师谈到读书体验时说："读书贵在有恒。"读书要一以贯之，既有坚定不移之志，又有勇猛精进之心。我讲一个终生读书的故事。

张秀民（1908—2006）先生，浙江嵊县人（今嵊州市），《中国印刷史》的著者，2006年底故去，虚岁100岁。他到厦门大学中文系学图书分类，1931年24岁时毕业。毕业以后到北京图书馆，现在叫国家图书馆，管图书编目。在图书馆里工作的人太多了，能做出重大成绩的人却不容易。尽管守着图书馆这个金矿，但在这座金矿里能开发、提炼出黄金来实在很难。他花了多长时间啊？他1971年退休，在北京图书馆工作40年，退休后回老家，又继续工作差不多40年，还有上大学的几年，总算起来是80年的时间。张秀民先生花了大约80年的时间，做了一件事情——编著《中国印刷史》。他在北京图书馆工作时，因我常去看书，所以认识张先生。他工作条件很好，在北京图书馆工作的人很多，他能利用这个条件，做出了突出成绩。我特意买了一部《中国印刷史》，翻阅了一下，觉得他这部书可以说是空前绝后的。为什么说空前？因为前人没有做到；为什么说绝后？因为后人也难以做到。这是因为：第一，他看了 355 种宋版书，每本书都做了详细的著录，今天任何一个图书馆的人，很难看到 355 种宋版书的原书，且做著录，大概更难。一般人给你看缩微胶卷就不错，哪能亲手摸这多的宋版书！第二，一般人60 岁退休，退休以后摸善本就更困难了。第三，花 70 年到 80 年时间，集中精力，心不旁骛，专心致志地做一件事情的人，特别是在物欲横流、人心浮躁的情况下，埋头苦干七八十年的人不多。第四，还有个条件，他长寿健康，活了一百岁，还不糊涂，笔耕不辍。因此，要以这句话自勉：生命不息，读书不止。

第四，贵悟。我这些年读书的体验是，读书最难的就是一个"悟"字，水平高低和学问大小，其关键是这个"悟"字。读书，眼睛"看"并不难，但悟其道就比较难。有些人读书能悟出道理，就把书读透了，读破了，有收获，有新见。在这里，我讲三个和尚"悟"的故事。

第一个是释迦牟尼。他修行 12 年，受尽磨难，终未开悟。一日在菩提树下，冥思苦练，悟到正觉。他不是死读书，而是思考，有个升华，悟到佛的真谛，创立了佛教。

第二个是惠能。禅宗五世祖弘忍年老，他的衣钵要传下去，传给谁呢？大弟子神秀作偈曰："身是菩提树，心如明镜台，时时勤拂拭，莫使有尘埃。"这不是很好吗？惠能是扫地的小和尚，他也作偈曰："菩提本无树，明镜亦非台，佛性本清净，何处惹尘埃！"惠能达到佛学禅理的一个新境界。惠能的偈比神秀的偈，学理高明，禅心精明，悟出了佛教内在的精灵。

第三个是怀素。怀素苦练毛笔字，笔秃了，就扔掉，时间久了，形成"笔冢"。他还担笈杖锡西行，周游各地，寻师访友，刻苦学习，摩拓碑帖，可"功到自然成"这句话只说了一半，功到未必自然成。你功夫到、感悟到，就自然成；否则功到而没有悟到，就不会自然成。这个怀素，既功到，也悟到。有一天，天庭突然乌云密布，雷电交加，闪电亮光，龙飞蛇舞，他从中悟出一个道理，写狂草就应该像闪电那样："奔蛇走虺势入座，骤雨旋风声满堂。""笔下唯看激电流，字成只畏盘龙走。"（怀素《自叙帖》）怀素从此之后，狂草升华到一个新的境界，被后人誉为"草圣"，草书的圣人。

我讲这三个和尚的故事，就是要说明一个问题：读书，难就难在这个"悟"字上，最费心思也在这个"悟"字上，高明更在这个"悟"字上。王国维说过："昨夜西风凋碧树，独上高楼，望尽天涯路。"望尽天涯路就是说的博；"为伊消得人憔悴"，最后悟出一个道理，"那人却在灯火阑珊处"，才得到这个胜利的果实。

第五，贵行。读书为了行，学习为了用。有人饱读诗书，满腹经纶，束之高阁，空无一用。这种例子，不胜枚举。这里讲读书的用，主要是两层意思：一是述，二是用。当然，述中也有用。我还是分开来讲。

先说述。读书悟出道理，可能后来忘掉，应当把它著述出来。我讲一个自己的切身体会吧！我讲咸丰帝，电视台只给我40分钟，要把咸丰朝历史讲了。咸丰朝11年，那么多的大事，那么多的人物，40分钟怎么讲？你还要讲得有意思，否则大家不爱听。光讲故事，不讲事理，自然不行。中国社会科学院近代史研究所研究什么？道、咸、同、光、宣五朝，宣统朝在民国史里研究，近代史实际上重点研究道、咸、同、光四朝，每一朝都有若干个专家在研究。40分钟怎么把咸丰朝讲完、讲好，我真是发愁，吃不下饭、睡不着觉。一天夜里，我突然想起陆游的《钗头凤》："红酥手，黄縢酒，满城春色宫墙柳。东风恶，欢情薄，一怀愁绪，几年离索。错！错！错！"我立刻披衣起床，打开电脑，把这个悟想，快速敲入电脑。我想，咸丰皇帝这一辈子就"三错"：第一错是，错坐了皇帝宝座（这个宝座不应该他坐，他却坐了）；第二错是，错离了帝都北京（不应该逃跑到避暑山庄）；第三错是，错定了顾命大臣。我心想，我这40分钟——每个"错"讲10分钟，开头5分钟，结尾5分钟，正好是40分钟。后来一讲，大家说行！再举个例子，《明亡清兴六十年》最后一讲怎么讲？真发愁，就像咱们吃宴会一样，最后那道菜——酒足饭饱最后那道菜和那碗汤，最难办！怎么做都不是味道。写文章的结尾最难写，重要的话前头都说了，重复显得啰唆，离题又不行，实在是难写。这怎么办呢？明朝怎么亡的？清朝怎么兴的？一百万字也说不清楚啊，只给那 32 分 20 秒，让你把明亡清兴的事做个总体交代，我琢磨好几个月，一开始就琢磨结尾，但始终没解决这个问题。离讲大概还有 1 个月，有一天夜里两点钟，迷迷糊糊地突然想明白了，这时候千万别睡觉，一睡觉肯定会忘了，大家都有这个经验吧！我赶紧起床披上衣服，把电脑打开，就敲了两个字，关电脑睡觉。第二天早上醒了，噼噼啪啪，大概是 3 个小时就把文案稿敲完了。我晚上敲了哪两个字呢？明朝的灭亡就是一个"分"字——民族分、官民分、君臣分；清朝兴起就是一个"合"字——民族合、官民合、君臣合。一分一合，决定兴亡。当然还有别的原因，我就是从一个角度来说，你现在只有三四十分钟，只能从一个角度，只能做一字分析。读书的感悟，要总结，要著述。

再说用。读书之用，包括修身、齐家、治国、平天下，包括提高文化素养。公务员应带头读书，"凡为仕者，无论文武，皆须读书，探讨古今得失，加以研究"（《康熙起居注册》）。我们往往不大注意用。有一次，我遇到比我年长的一位先生，他身体非常好，我说您身体为什么这样好？有什么经验？他说，我的这点经验谁都知道，就是人们不能一贯地坚持做下去，我却能坚持一贯地做下去，我就能"行"、能"用"。我想他说的有道理。其实，"知"人都知道，就是不能"行"；"理"人都知道，就是不能"用"。知与行的关系，理与用的关系，既重知，也重行；既重理，也重用。读了书，就要行，就要用。总之，既读书，又要用，会帮助我们达到一种境界：上与天合，下与地合，外与人合，内与己合，以攀升"止于至善"——天合、地合、人合、己合的境界。

四、读书之用

读书学习，至为重要。孔子说："好仁不好学，其蔽也愚；好知不好学，其蔽也荡；好信不好学，其蔽也贼；好直不好学，其蔽也绞；好勇不好学，其蔽也乱；

好刚不好学，其蔽也狂。"（《论语·阳货》）

人的一生，重在志学。孔子说："吾十有五而志于学。"这里有两重意思，一是立志，二是勤学。康熙帝认为，圣人与凡人的重要区别，在于"志学"二字。他说："千古圣贤与我同类人，何为甘于自弃而不学？苟志于学，希贤希圣，孰能御之？是故志学乃作圣之第一义也。"（康熙《庭训格言》）

孔子说："仕而优则学，学而优则仕。"（《论语·子张》）人们在说到读书时，常强调"学而优则仕"，其利在于督促子女的学习；而常忽略"仕而优则学"，其弊在于放松自己的学习。说到读书之用，我讲一个故事。

陈梦雷（1650—1724），福建侯官（今福州市）人，聪明颖异，12 岁成秀才，19 岁中举人，20 岁中进士，虚岁 20 岁就把"四书""五经"读透了，容易吗？有的人 60 多岁，没有中进士，没有中举人，也没有成秀才。陈梦雷入翰林院，后任编修。他父母到北京看儿子，挺高兴的，但水土不服，母亲生病。陈梦雷送双亲回福州。刚一到福州，康熙十二年（1673 年），发生"三藩之乱"。福建耿精忠也跟着吴三桂发动叛乱，并让陈梦雷为他做官。陈梦雷做不做？做了就背叛清朝，不做就要被杀头。陈梦雷想了个办法：装病，到庙里穿上袈裟，养一养、躲一躲，是个托辞吧。这时候，一个叫李光地的很有名的福建人，也因故回到了福建，正好也回不了北京，两人谈了三天，找到一个脱身的办法，就是把他们掌握的军事情报写出来，做纸团，用蜡丸封起来，偷着运到北京，给清廷提供军事情报，立了功啊！三藩之乱平定后，李光地背弃前约，没有语及梦雷，将此事贪为己功。陈梦雷被流放到盛京（今沈阳），给八旗披甲为奴。从北京到沈阳 1500 里，到那儿后，因又气又累，病了。有个和尚帮助他，让他到一个庙里养好了病，他就在那儿看书，看了 17 年书，加上三藩之乱 8 年，共 25 年！他这 25 年主要做的一件事就是看书，"目营手检，无间晨夕"，其草堂自书联句："四壁图书列，烟光一径深。"他把各种各样的书，如物理、化学、天文、地理、历史等分类，用我们今天话说是分类做"卡片"。

康熙三十七年（1698 年），康熙帝东巡到抚顺（今辽宁省新宾满族自治县），他去那儿跪着要见康熙帝，侍卫不允。他说我写了诗歌颂康熙帝，于是受到接见。康熙帝问："当年你学了满语，现在还会吗？"答："现在还会。"君臣就用满语对话。接见之后，他把写的诗呈上。康熙帝说："因为我东巡祭祖，回来的时候你跟着我回去。"于是，他回到了北京。回到北京做什么？康熙帝让他给皇三子诚亲王允祉做老师。又赐给他一所房子居住、读书。允祉看他学问大，又有志向编纂图书，就跟皇父举荐。康熙帝正想分类编书，说干脆就交给他做得了。陈梦雷接受圣命，夜以继日地做，最后把这部书基本完成，总共花了 50 年的时间，约 1 亿字。我初步计算，平均一天要抄 6000 字，毛笔字，1 天 6000 字，10 天 6 万字，1 个月18 万字，1 年大约 200 万字，10 年 2000 万字，50 年 1 亿字。书做完了，就要刻版，怎么刻呢？当时不是木版，是铜铸活字。陈梦雷这个人真是命运多舛。书快印完了，就差几个月书就全部印完，但康熙帝死了，雍正皇帝即位。雍正帝命诚亲王允祉到康熙帝的景陵去守灵。尔后又调到景山给软禁起来，过一段时间诚亲王就死了。这陈梦雷因是允祉的老师，受到牵连，又被流放到卜魁（今黑龙江省齐齐哈尔市），这时他已经 73 岁，后来就病死了。他编的《古今图书集成》，雍正帝命蒋廷锡对该书进行修改，加以出版。出版时，把陈梦雷的名字抹掉。今天已经查清楚，可以恢复历史原貌，《古今图书集成》主要是陈梦雷做的。我讲这个故事是想说明一个道理，就是陈梦雷从 20 岁中进士算起，到他第二次发配，50 多年的时间，就做了一件事情，用他的话说，就是把"十三经"和"二十一史"等书，全部分类抄录，类编汇纂，成 1 万卷，共 1500 万字，而成《古今图书集成》。陈梦雷作为个人是个悲剧，但他为中华文化的传承，做出巨大贡献。他的学习精神与执着态度是值得学习的。

前面我讲了康熙帝、张秀民和陈梦雷三个人读书的故事，想说明一个问题：他们终生以书为师，以书为友，以书为伴，以书为乐。一个人，如果把时间和精力集中起来，认真读书，一以贯之，将一件事情做好，为社会文化事业发展，竭尽自己绵薄之力，做出一点贡献，是值得敬仰的，也是很不容易的。

既要提倡个人读书，又要推动社会读书。《汉书·韦贤传》说："遗子黄金满籝，不如一经。"家长留给子女的，不是金银和财宝，而是知识和智慧。《颜氏家训》也说："积财万贯，无过读书。"但是，读一本书、两本书并不难，难的是能终生读书、手不释卷；一人读书、两人读书不难，难的是全社会读书、蔚然成风。因此，要提倡全社会、全民族的读书风气。

我今天真的是向在座诸位，就读书学习，跟大家交流，不当之处，希望指正。

（本文系 2007 年 12 月 8 日，在南京图书馆建馆 100 周年纪念、南京图书馆新馆开馆会上的演讲稿，被列为"南图讲座"系列，收入《人文大家谈》，南京师范大学出版社，2010 年）

读书与悟书
——以《大学》为例

一

今天我要跟大家交流读书与悟书的问题。我想以我读《大学》为例。《大学》有不同的版本，我想以南宋朱熹的《四书集注》中的《大学》为版本。因为朱熹的《四书集注》是自宋以来在同类书中影响最大的一本书，也是比较简明、通俗的一本书。

我们在座的都是公务员，都在不同岗位上担任一定的领导职务，也都是知识分子。我们人生面临很多的问题，有时候一天从早忙到晚，到晚上下班后，算一算今天做了些什么事情，也算不清。我也有这个体会。我在北京市社科院做研究工作，我们星期三当班，这天早上7点钟就到，一直到晚上七八点钟才完事。回家想想，我今天做了些什么——说些什么话，见些什么人，做些什么事，说不清了。一天是这样，一年365天，就更说不清了。工作几十年，到退休算下来，都做些什么事情，很难算清楚。

我想，我们人生在世几十年，要做很多的事情，要处理很多的关系，概括来说，就是两个：一个是外向性的，一个是内向性的。外向性的就是齐家、治国：齐家是自身以外的自己的家庭，治国就是家庭以外的对国家所应当做出的贡献。所以人的一生外在性的就是齐家、治国；内在性的主要是：修身、养性。

怎么能够做好齐家、治国，修身、养性，方方面面，关系太多，不要说一个报告，就是十个报告也说不尽。所以，只能挑重要的说，我认为较好地处理齐家、治国，修身、养性，其中一个重要之点就是读书、悟书。所以，我今天围绕读书和悟书，同大家交流，谈一些想法。具体地说，就是读书、悟书和齐家、治国的关系，读书、悟书和修身、养性的关系，跟大家讨论。

二

我们人生面临的头一个问题是外向性的，所谓外向性——一个是家庭关系，另一个社会关系。《大学》是"四书"——《大学》《中庸》《论语》《孟子》中的第一本书，也是儒家学说的最基本书。

《大学》1753 个字，内容分作"三纲八目"。何谓"三纲"？就是《大学》开宗明义的第一句话："大学之道，在明明德，在亲民，在止于至善。"

《大学》的首句，"大学之道"，何谓"大学"？这有多种解释。一种解释是高大、远大、博大、大人的学问。通俗地说，是做有高尚道德、高洁情操、高风亮节、高度修养的人。何谓"道"？也有多种解释。如道德、道理、道路、原则。

《大学》的"三纲""在明明德，在亲民，在止于至善"有三层意思，我分三层，拆开来说。

第一是"在明明德"。"明明德"是什么意思呢？"明德"，就得了呗，干吗还要"明明德"？有的小学叫"明德小学"，有的中学叫"明德中学"，有的大学叫"明德学院"。"明德"这个词就是出自《大学》。"明德"的意思是"德"要"明"。既然人出生之后的德，已经是"明"的，为什么还要"明明德"呢？这个"德"，是人的优良德性，是不可或缺的，如果缺少德，人家就会骂"缺德"。但是，这个德要明，不要暗。

儒家对"德"，有不同学派、不同说法。其一，有的儒家认为："人之初，性本善。"人的本性是善的，是明的，是明德的。那么，为什么还要再"明"呢？其二，有的儒家认为，人的性有善、有恶，因为善被遮蔽、被污染，也就不明了。其三，有的儒家则认为：人之初，性本恶。《荀子·性恶》篇说："人之性恶，其善者伪也。"他分析人性恶的五种表现："若夫目好色、耳好声、口好味、心好利、骨体肤理好愉佚，是皆生于人之情性者也。"德要暗了，德被遮蔽，德被尘蒙，德被污染，容易轻则犯错，重则犯罪，所以德要明。而德要"再"明，怎么才能明？要把蒙在德上的灰尘、脏物给清除掉、洗涤掉。怎样清除呢？就要读书，就要修养。所以还要加一个讲修养的动词"明"，这就是"明明德"。

第二是"在亲民"。这个"亲"，就是父亲母亲的亲。这个"亲"字，许多学者认为就是亲民，为官要亲民，为士要亲民，为君要亲民。但著名理学家朱熹说，"亲"在这里不能读亲，应该读新，新旧的新。他说"新"是不断地革新，不断地求新，不断地创新，不断地与时俱进，为老百姓做事情。朱熹引《诗经》"周虽旧邦，其命维新"；又引《盘铭》"苟日新，日日新，又日新"来加以证明。朱熹为"亲民"注入新的理念、新的思想。

第三是"止于至善"。止于就是达到，达到什么境界呢？达到"至善"的境界。大家知道叶圣陶先生的儿子名字叫叶至善，就是取了《大学》中的这句话。"至善"就是把这个善达到极致，达到高峰。人的最高境界，佛家叫"涅槃"，儒家叫"至善"，其意思是有相通之处的。

怎么才能达到"至善"呢？《大学》里有八条，就是通常所说的"八目"，这就是：格物、致知、诚意、正心、修身、齐家、治国、平天下，来达到"至善"。

第一条讲"格物"。格外的格，事物的物。这个"格"字，我们今天不怎么用，但在古汉语中常用。格在这里是动词，用我们今天的话来说，格物就是探讨、求索、钻研、研究那个事物。

第二条讲"致知"。致，导致的致，知识的知。因为格物、研究了事物，才能导致有一种认知，有一种知识，有一种醒悟，有一种智慧，所以格物才致知。

第三条讲"诚意"。人，意要诚，不能伪；意要实，不能虚。要提倡诚心、诚意，实心、实意。

　　第四条讲"正心"。人，心要正，不能歪；心术要正，既不能斜，更不能邪。所以，要格物致知，诚意正心。这是前四句，还有后四句。

　　第五条讲"修身"。修身，就是个人修养。个人的修养，下面我要着重讲。

　　第六条讲"齐家"。人们的家庭关系，《大学》叫作"齐家"，就是处理家庭关系，处理好父母、兄弟、姊妹、姑嫂、夫妻、父子（女）、邻里等的关系。家庭是国家最基本的细胞。可以设想，一个人连自己的家庭关系都处理不好，很难想象他会处理好社会同事、同学、同乡、同行、上下、左右等的关系。

　　第七条讲"治国"。一个人在世上，前20年主要是学习，后20年主要是养老，中间的两个20年主要是工作，就是从事业务、治理国家。

　　第八条讲"平天下"。胸怀，不但要有国家，还要有天下。在古代社会有很多的方国、邦国，春秋战国时如鲁国、齐国、赵国、楚国、秦国等，不但要爱自己身在的国家，还要爱天下。今天也有国，中华人民共和国，我们要爱国，还要平天下，即天下太平，有一颗为普天之下奉献自己才华和智慧的心愿。

　　所以后四条是修身、齐家、治国、平天下。总之，格物、致知、诚意、正心、修身、齐家、治国、平天下，出现一个个人至善、家庭积善、社会和善、世界诚善的和谐天下。但我重点说齐家与平天下。

　　"八目"的关系是："物有本末，事有终始。知所先后，则近道矣。"这八目的关系是："欲明明德于天下者，先治其国；欲治其国者，先齐其家；欲齐其家者，先修其身；欲修其身者，先正其心；欲正其心者，先诚其意；欲诚其意者，先致其知；致知在格物。物格而后知至，知至而后意诚，意诚而后心正，心正而后身修，身修而后家齐，家齐而后国治，国治而后天下平。"我们外在性的使命，是齐家和治国。

　　首先是齐家。家不齐，国难治。齐家的内容是方方面面的，要做的事情很多，比如说处理同父母子女的关系，同兄弟姐妹的关系，同街坊邻居的关系，特别是同妻子的关系等。我想现在关于齐家，大家最关心的还是子女的教育。我就从这个方面说起。现在的小孩很不容易，现在各地是从幼儿园娃娃抓起，幼儿园从小班就开始上双语学校，又上音乐班、舞蹈班、绘画班、钢琴班、游泳班、滑冰班、编程班、跆拳道班等。一位家长和我说："一个小孩一个月算下来要 5000 多块钱。"我说："为什么要那么多钱啊？"他说："绘画班要交一笔钱，舞蹈班要交一笔钱，你要是不交，别的小孩上课了，自家孩子在那里不高兴，或者会哭。"可怜天下父母心啊！幼儿园就这么抓，完了上小学，小学三、四年级又学奥数，完了选一个好的初中，初中完了想法奔高中，高中完了再考一个好的大学，大学完了要考研，考研完了以后要考博，博士毕业以后要读博士后，有的还留洋。孩子大了要结婚，还要考虑房子、车子，还要考虑孙子、外孙，没完没了。那么多事情从哪里抓起啊？我说还从读书抓起。我们现在的家长有一个习惯，让孩子读书，考好分数，孩子没有考第一而考了第二，回到家里家长就不高兴。妈妈脸上露出不悦的表情：怎么去年考第一，今年考第二了？家庭啊，让孩子读书，我个人认为做家长的要先读书。家长读书成为习惯，有了家庭读书氛围，孩子就自然读书成习惯。

　　清朝张英家族教子读书的例子，很值得大家学习，可以看我讲过的张英的故事。

　　我讲一个故事给大家听。有一位朋友负责收发，每天我都要到我的信箱取信、取报，总跟这位老师打招呼，都很熟。有一天，这个同志和我说："阎老师，我为您服务这么些年了，您也没帮过我的忙！"她每天取报拿信等。我每次出差，人家都给保存得很好，我从来没帮过人家忙。她说，阎老师这次您要帮帮我忙。我说，没问题，我一定尽力帮你。我说，什么事啊？她说我这个孩子不爱念书，今年是中考，喜欢玩，学习不用心。"五一"七天长假，我请您"五一"前夕到我家去，跟我孩子讲一讲读书的重要，要他认真读书，抓紧时间，寸阴寸金，讲讲这个道理。她说，我说话孩子不听，孩子对您忒崇拜，您说一句顶一万句，您就用十分钟和我的孩子说一说。我说有个问题要问您："你五一这七天都干啥了？"她说："我就看电视啊，上午看、下午看、晚上还看。我就做三顿饭，没有别的事情啊。"我说:"孩子他爸爸做什么呢?"她说:"他爸啊,别提了,到处串门,七天都不着家。朋友那里喝酒,喝得醉醺醺的,回来倒头就睡,他是串七天门,喝七天酒。"因为北京人住的房子大多是很小的,她住的是一厅两室的房子,厅就是一个小过道,大室大概有 14 平方米,小室也就 8 平方米。我说:"你住这么个两间房子,北京'五一'就很热了,你肯定门窗都打开,孩子在 8 平方米的房子里看书,你在看电视,很吵、很乱,孩子心肯定静不下来。"她说:"是的,我一看电视,他就跑过来,我说回去看书去。我一放他又跑过来。"我说:"这就是您的不是了。我教给您一个灵丹妙方,您按照我的法治一治,可能管点用。"她说:"什么妙方快和我说。"我说:"放假前,去图书馆把自己喜欢的书、杂志往家借,抱一摞回家,您这七天什么事也不干,除做三顿饭外您就看书、看报、看杂志,坚持七天。""五一"长假后,我问她。她说:"阎老师您的方法真灵。每天早上吃完饭我就看书,孩子坐不住,只要一出来我就说,不要打扰我,我这七天都要看书,咱谁也不要看电视。我就这么坚持七天,孩子从来没有这样安安静静地看书学习过。"所以,我就说家庭读书要从父母做起。

　　我个人也有同样的体会。北京最近提出来一个口号:读书改变生活。这有一定的道理。我有个孩子,是北京的高考文科状元,让我介绍经验,我说就两个字"不管",我看书,他也看书,我的书放在哪里,他比我还清楚。我的书他基本都翻过。后来上了北大,保研、保博。他并不比别的小孩聪明,就是从小养成了读书的习惯。家长在日常生活中影响,让他喜欢读书。我刚才讲到桐城,桐城出了那么多的文人,不得了,我问那里的领导,你们桐城为什么出了那么多的文人呢?他们回答说:我们这有句土话——"富了不丢猪,穷了不丢书",家家户户不管多穷都读书,通过读书改变命运,明清时这一个县就出了 150 多个进士,其中有 4 个状元。互相砥砺、互相影响。过去门上的对联"读书传家久,勤俭日月长"。对联虽然显得有些平白,我想家族兴旺、人才辈出,与读书教育是分不开的。这就是读书齐家。

　　接着说治国。在座的各位都在为公家、为人民做事情，说治国可能有点大，我们不妨把治国称为"立命"，宋朝人张横渠说："为天地立心，为生民立命，为往圣继绝学，为万世开太平。"我们各级公务员，每天事情千头万绪，但有一点：一定要抓紧时间读书。我们经常说"学而优则仕"，实际上《论语》里还有前一句："仕而优则学。"要把工作做好，关键在于学习，在于读书。读书可以使人心明眼亮，思路开阔。宋朝赵匡胤的宰相赵普说：半部《论语》治天下。赵普的家里有一间书房，他回家到书房把门一关，静下心来读《论语》，几十年如一日，一直到死，从中研究治国的智慧。

　　再说康熙帝。咱们在座的多忙，再忙也忙不过康熙帝。康熙帝统管1400万平方公里的土地，治下人口有人估计有2亿，但他5岁开始读书，读《大学》《中庸》《论语》《孟子》，先朗读，后背诵，把"四书"刻印在脑子里。他还非常关心皇子们的读书，下朝到上书房（皇子读书的课堂），检查皇子们背书。在"三藩之乱"的紧张时期，康熙帝每天骑着马在大街上走，大臣说现在这么乱，圣上还骑着马在大街上走？康熙帝说，我就是要用我的心去安定百姓的心。他坚持让侍读进讲《资治通鉴》。"时方讨三藩，军书旁午，上日御乾清门听政后，即幸懋勤殿，与儒臣讲论经义。"（《清史稿·张英传》卷二百六十七）康熙帝一生是八个字：酷爱读书，手不释卷。不仅学经、学史，还学子、学集，学自然科学知识。现在故宫博物院保存着康熙帝做数学题的草稿纸1万多张。噶尔丹反乱，康熙帝御驾亲征，到达戈壁，非常困难，军粮不继，腹饥难耐，先是一日一餐，后又间日一餐，夜里御帐掌灯，还做数学题。他的数学水平达到了非常高的水平。通过对经纬度的观察确定出自己所在的准确位置。康熙帝写字，每天要坚持写1000字，现在好多著名书法家都自愧弗如。但康熙帝总体上不骄傲。晚年时，康熙帝有一个《庭训格言》，其中有一条讲，凡人、俗人与圣人、贤人区别在哪里？就是一个字"学"。孔子开始也是普通人，他努力认真地学，然后弟子整理出来《论语》；孟子开始也是俗人，孟母三迁，邻居读书影响了他，写出《孟子》。康熙帝说圣人、贤人与凡人、俗人的区别在于"学"。这既是他个人的人生经验，也是中国历史文化发展的重要经验。所以，我说齐家首先家长要读书学习，"立命"要做很多事情，更要读书。你考上公务员，被提拔为科级、处级、局级，甚至部级，还要继续学习。学习的途径很多，其中重要的一条就是读书、悟书。这是我和大家交流的前一部分，是人生外在的东西，就是齐家、立命。

三

人生在世，外在性的是为他人服务，内在性的是为自己服务。后者主要是修身、养性。如何处理好自己养心与养性的关系？我们看看古人怎样做。我学历史50多年，没有一天不看书，即使是生病住院、出国讲学也不会停止看书。读古人书我在研究一个问题：历史上有很多成功者，也有很多失败者，明清时每届科考都有一两万人、最多有三万人进京参加科举考试，金榜题名，榜贴在哪里？就贴在现在北京市劳动人民文化宫门前皇城那个红墙上。一般考取进士200来名，300来名算多的，还有八九十名的。我们就算300名，两三万人或者一两万人考试，两三百人题名，考中了，绝大部分人名落孙山，金榜题名可能就是个零头、尾数。成功者二三百人，失败者一万、二万、三万人，最后得出一个结论：成功者少，失败者多。就是考中了，中个进士，做个七品知县，老了退休可能觉得不知足，我的能力可以做个知府了，我的能力可以做个巡抚啊！总觉得自己才能没有充分施展，觉得失败。女士就更多了。在座的有些女士十七八岁、中学快毕业的时候，脑子里肯定很多人有个白马王子的梦想，到大学的时候有个白马王子的形象，后来结了婚，有了孩子，特别是现在四五十岁的时候，你再回过头来，你现在身边的人跟当年想象的白马王子能对上号的少，对不上号的多。

"千年暗室，一灯即明。"读书、悟书，就是黑夜里的一盏明灯。从历史学的角度，我就研究这个问题，为什么少数人是成功的，大部分人是失败的？你没找到你理想中的白马王子，就这点来说不如意，有的也可以算失败。原因是什么？当然各有各的原因，人家爸爸是大学士，儿子考进士就容易一点，你穷山沟的人考进士就更难一些。家庭背景不同，地理区位不同。我刚才说桐城，为什么出那么多进士？其中一个原因，它就挨着安庆，挨着长江，顺着长江就到南京，顺南京转大运河到北京。你要在偏远地区、交通不便的地方就困难了。我到安徽绩溪去考察，这里是胡适、胡雪岩的老家，我就研究，为什么绩溪这个地方出了这么多文人？出了这么多名人？我就和当地人讨论，他们说，我们民风好啊！我说，哪地儿的民风不好啊。他们说，我们这儿好学。我说，好学的地儿多了。我就实地考察、实地看，我明白了，学历史一定得读万卷书，行万里路。光读万卷书，不行万里路，好多事就搞不明白。我去绩溪一看我就明白了，为什么呢？第一，这地方交通好，就在新安江边上，新安江坐船顺流经过今千岛湖就到了杭州，杭州乘船经京杭大运河就到了北京，这交通条件对读书、考试太重要了。第二，这个地方自然比较条件差，当地没有大发展，怎么办呢？就读书。读书读到一定程度，一条出路是科举考试，另一条出路是出外经商。到哪儿呢？到扬州。扬州很多清朝的大盐商，都是徽商，他有一定经济基础，他发财了，他的儿子、孙子一代一代再接着读书，一代比一代强。第三，是民风，民风是整个地区读书学习的风气。民风、经济条件、交通条件，使这个地方出了那么多名人。当然还有其他原因，我就不一一分析了。如果我们持久、坚持不懈地提倡读书悟书，人人读书、家家读书、全市读书，形成了风气，10 年、20 年、30 年、50 年，肯定会有明显的社会效果。

（本文系 2010 年 4 月 20 日在总后的演讲稿）

读书与境界

诸位老师、诸位专家、诸位朋友，大家好！我今天同大家做一个读书的交流，题目是《读书与境界》。我对上图和上图讲座的朋友们，有一种特殊的感情。今天是第三次来上图做讲座，这在任何一个场合都是没有过的。上图领导和我说，你们有个纪念讲座，我说不管多忙，我愿意到上图，愿意和各位热心朋友做一个面对面的交流。

我先给大家讲一个故事。这个故事曾经感动了我，我转述给大家，我想对大家可能也是一个感动。故事说：

美国女宇航员帕马拉·梅洛伊，曾三次登天，在太空 38 天，亲眼看见每 90 分钟绕地球一周。在空中一分钟，在地上要一两年。至 2013 年 6 月 12 日，中国女宇航员王亚平升空，世界上有 58 位女宇航员升入太空。中央电视台女记者章艳专访帕马拉·梅洛伊。他们有一段对话：

问：你想到别的星球去居住或遨游吗？

答：想！

问：如果只许你带一件东西，你将带什么？

答：带书！我每次升空宇航，都必带一本书看。平常我也酷爱读书。

（CCTV—2，《章艳访谈美国女性宇航员帕马拉·梅洛伊》，2013 年 6 月 16 日）

这个故事令我感动。设想：我们碰到相同的提问，会如何回答呢？

通过这事，我就想，我们也出过差，不是移居到别的星球，只允许你带一样东西，你带什么？要问我，就只许带一样东西，我想有的人可能说，我一定要把我的牙膏、牙刷带上，有的女士要把最喜欢的首饰带上。还有人说，我要把我的宝贝儿子带上，但这位女宇航员没有，就带上书。就说明，她对书的喜爱和珍视。我也可以说，这位女宇航员把书作为自己的第二生命。第一生命上天了，要把第二生命书也带上天。

上海，我觉得是个例外。例外在哪儿？大家喜欢书，爱读书。在中国，上海人应该是很喜欢读书的，但在全国范围，读书的风气就差了。差到什么程度？差到全国每人、每年读的书少得可怜。我们国家每一年出版的书，37万种，大概几亿册（不算教科书）。可是我们读书的人，统计数据不一样，最低的统计数字，平均一人一年看一本书，最高的统计数据，平均一人一年看四本书。可是发达国家情况不一样，他们的统计数字，大体上，美国是30多本，英国、法国也是30多本，日本是40多本书，德国也是40本到50本，以色列最高，平均每个人每年是64本书。这么比较起来，我们读书少得可怜。有时候我就想，我们国家是有5000年历史文明的，是个文明之邦，应当说也是一个书香大国。现在留下那么多（包括上图在内）的线装书典籍。我们今天读书的状况，上海例外，全国的读书状况，和我们5000年的中华文明古国相比，差距太大。从当代来说，和一些发达国家比，美国、英国、法国、德国、日本等，我们全民读书差距也是太大。我们经济这些年已经崛起，我们的生产总量超过了英国，超过了法国，超过了德国，也超过了日本，居世界第二。但是，我们读书的情况远远跟不上。所以，读书虽然是一个老生常谈的话题，但还是要大谈、特谈，需要每一个假期、每一座城市，乃至全国，形成一个读书的风气。呈现：家庭，书香之家；城市，书香城市；全国，书香中国。

读书的问题，有许多侧面可以讨论。但是有一个问题值得考虑，什么问题呢？

2000 多年前，孔老夫子指出的，我们今天依然存在。孔子在《论语·宪问》里面讲过一句话，原话是："古之学者为己，今之学者为人。"对孔子这段话有不同的解释，我们今天对先秦诸子经典有不同的解释，时间过了 2000 多年，情况有变化，他当时说得也比较简单，可以这么理解，也可以那么理解。不管怎么解释，其中有一种解释是：古之学者，古，就是孔子之前的学者。这个学者不是我们今天说的专家学者的学者，孔子这里讲的是学习者，就是读书人。也就是古之读书为己，这个己不是自私的己，也不是一己的己，是什么？是修身，修己。古代的学者读书，是为了修身、修己。今之学者，现在读书的人是为什么？为人，这不是指人民的人，是指功利。也就是说，古代人读书为了和自己修身结合，锤炼自己，达到新的境界。今之学者读书，往往不是为了修身、不是为了境界，而是为了一种功利。比如说，小学还没毕业，就千方百计想怎么上一个好的初中。初中毕业，千方百计上一个好的高中。高中毕业，想上一个好的大学，等等。大学毕业，再读硕、读博，又毕业再读一个洋博士，一层层读，不错，也是对的。但是，没有把小学、初中、高中、大学、读研、读博和修身结合起来，往往和名利结合起来。什么地方赚钱多，去什么地方。什么工作既轻松，挣钱又多，去干什么工作，就是和个人利益想得比较多。

这样一来就产生一个问题，就是读书、修身、做人的关系问题，于是产生了以下若干种情况。

（一）不读书却会做人。不读书能会做人吗？可以的。

第一个例子：孔夫子的母亲颜氏没怎么读书，颜氏虽然没有读有字的书，没有读竹简，但是她读无字的书，从中国传统的历史文化读，悟出了做人的道理，会做人。所以孔子的母亲颜氏，教育、培养出了一个伟大的教育家、文学家、思想家。孔子的思想文化光芒，不仅照亮我们中国，而且在全世界依然放着光辉。

第二个例子：孟子的母亲仉（zhǎng）氏。这里有一个小故事，北京的古北口，有一个关卡要收税。一天，一个人挑着担子就要进古北口，税官说，我得收你的税。他说，你收我的税有一个条件，你要说出我的姓怎么叫，我就交税；说不出来，你就得免我的税。税官说，好吧，我也念过书啊。这个人说，我的姓和孟子的妈一个姓，你说姓什么吧？税官愣住了，没有答出来，放行，没有收税，让他进来了。孟子的母亲仉氏，读的是无字书，从中国传统文化里面读的书，知道怎么教育孩子。孟子小时候很调皮，所以孟母三迁，培养孟子成为一个圣人。

孔子的母亲和孟子的母亲，并不是当时不想读书，如果是今天至少是大本，也可能是女博士了。当时叫"学在官府"，一般人不可以读书，书也没有普及。不要说他们的时代，像我母亲那个时代，我母亲要健在的话，有100多岁了，那时候她也没读书。为什么不读书？说不让女人读书。我外祖父是老师，教书的，家里是私塾。男孩子可以读，女孩子不能读，她怎么办？她和我一个姨，就到教室的窗户外头去偷听，那个时代都是如此，更不要说孔子、孟子母亲的时代。他们的母亲虽然没有读传统的书，但是读中华传统文化这部大书，教育出了孔子、孟子。在座很多女士、男士，我始终认为，一个伟大的人物、杰出的人物背后，一定有一位伟大的母亲、杰出的母亲，我考察了，无一例外。孔子、孟子之所以伟大，原因之一是他们都有一位伟大的母亲。他们的母亲，虽然没怎么读书，但能够跟修身、做人结合在一起。

（二）会读书不会做人。这有吗？有啊！

举一个例子，明朝嘉靖皇帝的宰相严嵩。严嵩功课很好，考上秀才、举人、进士，完了又考庶吉士，相当于现在的博士研究生，毕业之后，到翰林院，很会读书，后来身体不好，回家了。回老家读了十年书，又回到朝廷里面做官，做到尚书、做到大学士，做到翰林院的掌院学士，做到国子监祭酒，大学校长。我兼了一个职务，就是北京孔庙和国子监博物馆的名誉馆长，我就查明清两代做国子监祭酒的这些人，我有一个发现：做过国子监祭酒的人，大部分是好官、清官，因为他要做学生楷模，少数是赃官、昏官、奸官、佞官，很少很少，但严嵩就是其中之一。严嵩，会读书，没有把读书和修己结合起来，他把读书和怎么使坏招、坏主意，怎么做奸臣、佞臣结合起来。他特别会拍马屁，拍嘉靖皇帝的马屁。嘉靖皇帝，脾气特坏，炼丹，吃药，这可能和炼丹吃药也有关系。生气了还喝酒，喝醉了发火，对宫女、妃子态度特别恶劣，打呀、罚呀，施种种酷刑来解气。事过之后又忘了，又赏赐什么的。有的宫女几次险些死在嘉靖皇帝手里，她记仇，要报复。一个手无寸铁只有缚鸡之力的宫女怎么报复？几个小姐妹就联合了起来。一天晚上，嘉靖在乾清宫睡觉，几个小姐妹偷摸地进去，没有点灯，点着蜡，就拿三尺白绫给他的脖子缠上，要把他勒死。想想三更半夜几个女孩子，要把皇帝勒死，多大的压力啊！太紧张了，打了个死扣，越勒，因为是死扣，发现不行，就掐脖子。过了一段时间，其中一个宫女害怕了，就跑出去报告皇后。皇后急忙来看，事大了，传御医。请大家注意，御医是 24 小时值班的，三班倒。这位御医叫许绅，过来一看，那时候没有仪器，做心电图、量血压怎么样？没有办法，就把手放在嘉靖帝鼻子上，看他有气没气，一试没有气，断气了。御医一想坏了，皇帝救过来有功，救不过来他就成替罪羊了。他怎么办？死马当活马医，把嘉靖皇帝的嘴撬开，用猛药往嘴里灌。灌完之后，大概过了两个小时，嘉靖皇帝突然"嗷"了一声，缓过一口气来。《明史·许绅传》记载："吐紫血数升，"就这样救过来了。然后吃药、调养，就活了。活了，嘉靖皇帝害怕了。说怎么住啊？再来勒我怎么办？他就想了一个办法，床是 9 张床，每张床是 3 层。高校学生宿舍，一个屋是两张床，一床两层共 4 个人。他这是一个床 3 层，9 张床，一共是 27 个床铺。晚上，所有的床都有枕头，和真的一样，你也不知道他睡哪张床。你要害他的话，摸摸这张床没有，摸摸那张床没有，再到顶上的床，时间长了，有动静，有声音，外面值班的太监也就听见了。有一次，我问故宫的专家，我们去瞧瞧嘉靖皇帝的床是什么样子吧？你们从库存找找，看有没有？拿出一张来。他们说，康熙时候重修乾清宫，这些东西没有了。这不是正史记载，正史不记这事，是野史记的。嘉靖帝还不放心，怎么办？搬家。觉得乾清宫风水不好，搬到西苑，就是现在的中南海。那儿弄一个房子，他就一条，想办法保命，炼丹、吃药，求长生不老。炼丹，信道教，有歌颂的词，叫青词：是一种专门的文体，专门在道教举行仪式的时候，念一些，有一定韵律，是歌颂的文章，一般人不会作。严嵩就琢磨怎么写青词，写得特别好。这写青词也得会拍马屁，嘉靖皇帝养了一只猫，他特喜欢这只猫。这只猫长得像狮子，叫狮猫。一天，这个狮猫死了。这个嘉靖皇帝，老百姓死了他不关心，他的猫死了很关心，吃不下睡不着，就想这事。他要举行一个仪式，要追悼这只猫。就让大学士、尚书、翰林给写一个青词悼词。正直一点的大学士不想写，将来传下去"大学士给猫写悼词"不好听啊，但又不敢说不写，说皇上，这事太重要了，我一定要把这青词写好，我仔细琢磨，就拖延时间。有一个奸臣叫袁炜，他说他写。他写了四个字：化狮为龙。嘉靖皇帝一看，太高兴了，我这个猫的形状像狮子，死了以后变成龙了，我不就是龙吗？还继续陪着我啊。一个死了在天上，一个在地下，继续陪着我，就把这个袁炜升了官。升侍郎，升副部，还不过瘾，升尚书部。严嵩、袁炜都是这一类拍马屁的人。嘉靖皇帝很高兴，升！严嵩是侍郎，升正部，还不行，升大学士。升建极殿大学士，最后升了华盖殿大学士。大学士也是排名次的，排在了前面。严嵩给皇帝上奏章，他就瞎说，说天上有一朵云彩，祥云，吉祥的、彩色的云彩，我突然看到了。这是一个祥瑞啊，象征着皇上您大吉大利，健康长寿。他当时不是我这种话，是文言体的。嘉靖皇帝特别高兴，说我们搞一个庆祝仪式，庆祝祥云。他就搞这套奉迎拍马屁的事。他揽权，不让其他人接近皇帝。他后来80岁了，脑子不太好用，就纵容他的儿子严世蕃。奸臣得道，鸡犬不宁，大家特别怨恨。后来，群臣不干了，联合上奏，就把他的儿子严世蕃惩办了，抄家。家里黄金、白银，数以百万计。珍珠、字画、宝物，一屋子一屋子的，数不清多少件。怎么办？杀了，就把他这儿子杀了、孙子杀了。家，抄了。严嵩83岁了，那个时代活83岁年纪已经很大了。应该把严嵩也杀了，嘉靖皇帝不舍得，就说免他一死吧。怎么办？抄家了，没房子了，让他回到老家。回到老家没有地，怎么办？就在他们家祖坟边上盖了一个茅草屋。过了不太长的时间，严嵩就死在他们家坟地旁边的小草屋。《明史》把他列入奸臣传。

　　所以，我说历史上有这种人，会读书不会做人。

再举一个例。国外也有，我看过一个材料，说希特勒酷爱读书，藏书很多。但是希特勒的读书，和怎么称霸世界结合起来了。他不是和怎么爱护生命，和行善结合起来，一杀犹太人，数以百万计地杀。所以，希特勒、严嵩，都是属于这种会读书，不会做人的例子。

（三）既不会读书又不会做人。这种人，在明清时代，帝制时代也不齿于人类，既不会读书又不会做人嘛。今天既不会读书、又不会做人，大家也是看不起的。

（四）既会读书又会做人。过去提倡这种人，今天我们更提倡这种人，既会读书又会做人。

既会读书又会做人，事例太多了，我讲几个故事。

第一个故事。上海人徐光启（1562—1633），大家都熟悉的。乡试，考第一。像上海高考，考第一是不容易的。过了7年，万历三十二年（1604年）中进士。

然后考庶吉士，也就是考研究生、考博，考取了。上海就是上海，他思想很先锐，吸收了西方的科学知识。他碰到一个问题，就是崇祯的时候，日食事先计算，算完了日食没有，时间不对。怎么办？徐光启说，这是郭守敬那时候定的，时间经过很久，变化很大，应该重修历法。清朝又接着修历法。后来，基本可以算出日食、月食。再后来，战争也很频繁，他提出购买和研制西洋大炮。他又和利玛窦一起翻译西方科学知识，徐光启在朝臣里面，大家对他格外敬重，威信很高。他是侍郎，又升到尚书，又升到内阁大学士。徐光启在《明史·宰相传》里面有他的传记。我觉得，徐光启是既会读书又会做人的一个范例。

第二个故事。张元济（1867—1959），是浙江海盐人，光绪的时候考的进士，后来清朝结束了。他在上海办商务印书馆，贡献很大。先生名言："数百年旧家无非积德，第一件好事还是读书。"他后来担任上海文史馆的馆长，故去也在上海，也算半个上海人吧，这是上海的一个光荣。

第三个故事。安徽桐城的张英，为了研究张英，我去桐城三次，看了他的故居，看了宰相府的遗迹。这个张英，家是种地的，不是大地主，稍微富裕一点，家里省钱，就让张英念书。张英很聪明，念书考了举人、考了进士，考了庶吉士，进了翰林院。张英有个特点，就把读书和做人结合起来，从小就开始。从小读书，家教很严。到北京，康熙皇帝觉得这个人很有学问，为人很敦厚、诚实，就愿意和他谈话。有些事情就把他找来问。大家注意，在皇帝身边不能乱说的。康熙每天都要见他，有时候一见见半天，有的时候见一宿。因为评定"三藩之乱"时，每天军报多的时候300多封，甚至到500封，都要批奏，康熙处理不过来，张英夜里加班帮着。张英住北京的城外，汉人不能住城里。那时候的交通不像现在这么发达，很多城门不能走，绕到东华门再进城，大概得绕几个小时。他刚走，康熙就说不行，又来紧急军报，再把他叫来。太不方便，就赐给西安门里、皇城以里给个房子，让他在那里住。这样往前走不久就是西华门，西华门进皇宫就是乾清宫。汉人在皇城以里住家的，张英是第一人。张英办公在乾清门里的南书房，两间，大家有机会可以到北京故宫看看。乾清门里，坐南面北的房子，一共5间，中间有2间是南书房，条件非常简陋，现在还有。南书房好几个人，有书法的、绘画的、诗词的，一般情况下是七八个人。那时候，没有像现在分小隔间。康熙帝找某人谈话的时候在屋里谈，其他人就到院子里去。为什么？保密。皇帝跟大臣谈话，每一句话都保密。某某怎么样？某某有什么优点？什么缺点？你和他说什么了？这传出去都不得了。皇帝对谁不满意，就可能杀头。皇帝有时候征求谁谁怎么样，张英很实在，经常就说谁谁好，应该升官。但是张英有一条，推荐任何人都不跟本人说，也不跟其他人说。

还有一个桐城的人叫方苞，乾隆也很喜欢他，经常找他谈学问，有的时候，有什么事情也找他交流一下。方苞住在一个人家，那时候很多在北京做官的，北京没房子，租的房子。方苞副部级，没有房子，借住于一家。那家人是尚书，正部级。但是，雍正不怎么喜欢这个尚书，后来贬了，贬到清溪林，现在河北义县那儿，在那儿看林。一个尚书去看林？有一次，方苞说，这个人还是不错，学问不错、人也不错，看林的时间也比较长了，还可以用。乾隆帝说，好吧，就让他官复原职，就口头和他说了。这话是任何人都不能说。他呢，太聪明了，不是在他们家住吗？就搬出来，搬到另外一家去。别人就揣测，为什么他搬家？肯定有道理。是不是谁要回来了？谁要一回来，是不是官复原职？就不断地推论，就传到乾隆帝耳朵里。乾隆要重新任命尚书，用今天的话来说，批文还没有正式下的时候，怎么就传开了？这事没有任何人知道，这事就是我和方苞两个人知道，肯定是方苞透露的。但是，你处罚也没有根据，说你给我透露了？我没说啊。乾隆帝憋了一口气，没说这事。又过不久，庶吉士考试，方苞相当于主考官，日期定了，皇帝要批准几月几号考。定了之后，方苞和乾隆帝说，是不是往后推两天？也没有详细说理由？乾隆帝，说好吧，那就推两天吧。朝里就传开了，为什么推两天？定了的日子怎么能推？后来了解，为什么要推？那时候的官员彼此间也有监督，一了解，方苞从尚书家搬出来，搬到另一家。这家主人的儿子要考，考试那天有一个特殊情况不能参加，晚两天就能参加了。一查，就是方苞为了自己的私利要改两天。乾隆帝一生气，本来要杀他。后来，觉得岁数大了，70多岁，也有功劳，你回家得了，回到安徽桐城。他回家没官做了，办一个书院，招收学生念书、教书，培养了一批人，就是安徽桐城派，方苞是领袖之一。在皇帝身边，说话可得谨慎。

张英说话很谨慎，修养又好，天天和皇帝讨论问题，皇帝从来没批评过，没有一次不满意，不容易啊。他在北京做官很清苦，在翰林院很清苦，就是死工资，没外快。家里也过得清苦，都翰林院翰林了，家里有时候粮食不够吃，他夫人还要向亲戚朋友借点粮，贴补一下。钱倒不过来，和别人借一些钱。有一天，张英回去了，就和他的夫人说，家里这么困难，我实在对不住你。夫人说，怎么了？回答有一个人送我1000两银子，我想我不能要，我就退回去了。如果要收了，家里的生活就可以补贴些，我对不住你。他的夫人说什么？说，你推得对。普通人家，人家送10两银子，仆人、丫鬟、老妈子都传开了，谁谁送了10两银子。这要送1000两银子，家里下人传开了，传出去名声太不好，不应该要。

他这位夫人姚氏，特别俭朴。她是一个县里的妇女，能作诗、填词，写字绘画都行，出过诗集，后来乾隆帝给作过序。有一次，康熙皇帝和张英说，你的儿子教育得很成功，主要功劳不是你，你在外面忙国事，你的夫人作用很大。他的夫人非常俭朴，衣服洗了干了再穿，时间久了都褪色，破了的地方缝一缝，再破的地方打个补丁。人家是一品夫人啊。今天，这都值得借鉴。有的人还没有封你一品夫人，就一会儿这个包，一会儿那个包，这么显摆那么显摆，这叫低级趣味。他这夫人戴花镜，康熙帝时候有花镜，比较稀罕，对康熙帝比较亲近的、信任的大臣，皇帝送礼物就送花镜。张英的夫人有花镜，我想可能是康熙帝送的，因为张英自己不会有花镜的。另外一个远方的官员家，派一个使唤丫鬟到张家办事。大家奴也不得了，打扮得花枝招展，涂脂抹粉的就去了。进门，说什么府的派我来找夫人。她进门了，一看一个老太太，头发花白，戴着眼镜还在做针线活，衣服洗得都掉色了。她想，肯定是张家的老妈子。她也不客气："老妈子，你们家夫人在哪儿？"这一品夫人也没有生气，眼镜摘了，说"就是我呀"。丫鬟扑通就跪地下了，你想想看，这要告诉他主人的话，少则解雇，重则责罚一通。夫人说："起来吧，孩子，你不懂事，起来吧。什么事？说吧。"说完，走了。

张英，读一辈子的书，一直到临死还读书。张英家训：务本力田，随分知足。他的家风，我说是一个书香世家，出了大学士、军机大臣，出宰相、出翰林，出了4个帝师。张氏一门，前后六代12位翰林，共有24位进士——这在清代是绝无仅有的。史称："自祖父至曾玄十二人，先后列侍从，跻鼎贵，玉堂谱里，世系蝉联，门阀之清华，殆可空前绝后矣。"［陈康祺《郎潜纪闻初笔》卷五］张英、张廷玉后人，一直到现在，还是书香门第，后代现在是当地博物馆的馆长、当地有名的书法家，其家风一直影响到现在。这是一个例子，耕读世家的例子。

再讲一个民营企业家的例子。北京有条胡同，叫丞相胡同，过去有一个丞相在那儿住，到底哪个丞相？传说不一。最近我查材料，查出来了。第一代，这家姓孙，叫孙扩图，山东济宁人，在当地开个小油盐店，运河从这儿流过，来往的人比较多。这家又忠厚、诚信，生意不错，积累了一些钱。积累了钱干什么？供孩子读书。我今天看报纸登的，个别民营企业家发了财，母亲死了，完了点着炮火烧人民币，这就是缺乏文化素养。这家有远见，供孩子读书。第二代叫孙玉庭，念书很好，考了进士。下一代又读书，他们家出了进士、大学士、军机大臣，出了湖广总督，出了浙江巡抚，出了顺天府尹（相当于今北京市委书记兼市长）。孙家五代六进士，其中一状元、一榜眼、一大学士、一军机大臣，另有户部尚书、刑部尚书、兵部尚书、直隶总督、江苏巡抚、浙江按察使、顺天府尹等。《清史稿》说："四世并历清要，家门之盛，北方士族，无与埒焉。"他们家的文脉后来断了，我怎么知道呢？原来我们中学的一个语文老师就是他们家的人。语文老师非常有学问，课教得好。他让我到他家去过，就是丞相胡同，他们家是一个很大的四合院，一进一进的，很大的宅子。我没有看全，当时是小孩子。他说，你看看我的书吧。一个四合院全是书，正房、南房、厢房，都是线装书。图书馆的不算，私人藏书没有看过这么多的。"文革"期间，给抄家了，用铁锹把书铲到卡车上，拉到造纸厂造纸，太可惜了。我就想，这些耕读世家，比如张英家、孙玉庭家，我想我们应该多出一些这样的家族，对个人有好处，对家庭有好处，对社会也有好处。你有钱买书，别人来看书，这也是公益事业。民营企业家赚了钱，钱都烧了干什么？你办一个私人图书馆，收藏书，开放，大家看，积德积善。现在，全社会提倡文化、提倡读书，要影响这批人，这是一个例子。

我再举的例子，都是读书和做人结合。读书，如果不和做人结合，读的书越多可能越麻烦。比如现在我们提廉政，有的官就贪，有的官就廉。我去河南南阳，过去是南阳府，现在是地级市，保留了一个府的衙门，保存基本完好。当时是一个机关占着，格局基本没有改，匾都有。进门第一道匾，两个字：公廉。我站着看了半天，讲清廉、讲廉政。古人多聪明啊！两个字——公廉，都有了。做官，一要公，二要廉，都齐了。有的地方，一搞就是多少条，像古人的智慧就是这样，六部：吏部、户部、礼部、兵部、刑部、工部。二院：都察院、理藩院，部一级八个单位。我们今天部里的名字太长了，有的长达 17 个字。古代文明有可取的地方，不能一概否定。我觉得，做官，不用说那么多，就是两个字，公怎么样？廉怎么样？

第二道大堂正面一个匾，三个字：清慎勤。这是康熙帝写的，后来发到各衙门。清，没有问题，大家都理解，做官要清廉。原来第二个字应该要勤，做官要讲政绩，第三个才是慎啊。为什么第二个字是慎，第三个字是勤呢？我在南阳广播电视局做过一场公开的节目，主持人问我，阎老师，为什么当时官衙，慎比勤还重要，排第二？我说康熙帝没解释，我认为就是慎比勤更重要。你要不慎，你勤，事办错了，越勤越坏，给老百姓造成的损失越大。是这样的吧？你勤，有一个前提，你得慎。我们不说当代了。后来有些官就是不慎，就是勤，就是搞政绩，闹得老百姓鸡犬不宁，祸国殃民。所以我觉得，做官第一是清，第二是慎，第三是勤。你很谨慎，事做对了越勤越好，事做错了越勤越坏。我觉得，先人的智慧还是很高的：两个字、三个字就说明了问题。

第三道匾是四个字：尔俸尔禄。本来16个字——尔俸尔禄，民膏民脂，下民可虐，上天难欺。（南阳府衙，黄庭坚书《戒石铭》），尔俸尔禄、民膏民脂，都是纳税人的钱。下民易虐，你怎么虐待老百姓，他们没有办法，手无寸铁，我没有武器怎么办？上天难欺，天不可欺。所以我说，官箴（zhēn），吸取古代的经验，简明易行、好记忆、好执行、好检查。

我去的几个地方，和大家吃饭的时候说，有的官就是非常勤，但不慎，事情根本就做错了，拼命地做、积极地做、努力地做、出色地做，那就激起当地民怨了。做官，一定要和读书结合起来。大家总是说境界，我有一个想法和诸位请教，和诸位讨论。

我觉得读书，分四个层次。第一个层次是知识，第二个层次是智慧，第三个层次是顿悟，第四个层次就是境界，或者叫至善。

一是知识。小孩读《十万个为什么》，为了长知识，这是第一个层次，格物致知，致知，为了得到知识，这个是需要，但这是最低层次。

二是智慧。就是把普通的知识升华，化为智慧。诸葛亮是智慧的化身，不是知识的化身。知识重要，但知识在现在来说，我就有网上的知识一查就查到了，但智慧，有的时候网上查不到。

对一个人来说，知识多很重要，更重要的是智慧。同样在一个单位工作，同样做一件事情，某人可能知识很多，但是智慧不够，所以没做好，或者失败了。台湾佛光山有个丛林学院，学院前面有块巨石，写着院训：悲智愿行。悲，慈悲，儒家讲仁爱。智，我的问题来了。我说，佛家的悲智愿行，智排第二；儒家是仁义礼智信，智排第四。儒家把智排第四，佛家把智排第二，为什么？星云大师没说话，旁边慈惠法师说，我替师傅回答一下吧。他说，我们佛学认为，第一重要的是慈悲，就是仁爱；第二重要是智慧。有一些人好心，事情没做好，因为智慧不够。有些人犯了错误，不是因为心不好，是因为智慧不够。所以，佛学把智上升到第二。我说，这有一定道理。我们在座的，我看很多年纪比较大的，我们在培养子女的时候，在知识层面之上，要着重培养他的智慧。这是工作做得好与不好，做得出色与不出色的关键之一。两军作战，两个司令，谁胜谁负，谁输谁赢，原因很多，其中一个主要原因就是哪个司令智慧更高一筹。诸葛亮会算，就是智慧。

三是顿悟。我们上学，小学、中学、大学，老师经常讲知识，也讲智慧。我觉得好像讲"悟"讲得少。我查了一下"悟"字，一本辞书的悟字怎么写？上面一个"五"，下面一个"口"，左面一个"心"，我说这字有意思。他的心，一个不够，五个不够，五个的心，才够了悟。这个悟字，我觉得作为一个书法家，作为一个画家，作为一个雕刻艺术家，作为一个文学家，各行各业，根据我学习历史的经验，悟字比知、比智还重要。我讲三个例子。

譬如，吴承恩《西游记》中唐僧的三个弟子——悟空、悟能、悟净，突出一个"悟"字，还有其他原因，而使此书被列为中国四大古典名著之一。

又如，禅宗法师弘忍的两个弟子——神秀和惠（慧）能，他们各作一偈，惠能的"菩提本无树，明镜亦非台，佛性本清净，何处惹尘埃"，这比神秀的偈，更能悟出佛学禅理。

再如，唐"草圣"怀素《自叙帖》表明，怀素不仅刻苦、聪明，更重悟性、灵性。他从夏空闪电划破长空的奇景，如激电流，似盘龙走，奔蛇走虺势入座，骤雨旋风声满堂——悟出草书的真谛，而被尊为"草圣"。

以上三个故事说明，读书很重要，悟性更重要。

四是境界。读书最根本的就是要修养境界。读书和境界的结合才是读书的根本目的。这个境界，用儒家的话来说就是大学开宗明义："大学之道，在明明德，在亲民，在止于至善。"最高的境界就是至善。至善，我们先人做了很好的说明，我举几个例子。

一是"一心"，心灵的心。我有一个习惯，不喜欢把简单问题复杂化，希望把复杂问题简明化。境界，就是依。有人说，历史上状元都没本事，不一定，文天祥就是状元出身，北京还有文天祥的祠，他最后死在北京。"人生自古谁无死，留取丹心照汗青"，这个"心"就够了。干部讲清廉，别那么复杂，你有这个"心"就够了。这个心，也就是诸葛亮说的"鞠躬尽瘁，死而后已"。

我讲一个故事，清朝有个官员叫陈鹏年，做过江苏的巡抚，开始是知县，后来做知府，后来做到河道总督。陈鹏年特别清廉，官做得好，清官，很难。别人都贪你清？他不容你。康熙帝南巡的时候就说，谁的官声比较好？有人说陈鹏年不错。他侧面一了解，不错，升，由知县升成知府，江宁知府。有人觉得你太清廉了，康熙帝南巡，要施工工程。某人推荐一个人，用今天的话说就是承包工程，拿回扣，陈鹏年坚决不同意。我亲自主持这工程，我一分钱不贪。他的上级是巡抚，就要治他，还有其他人也要治他。治他的办法也很简单，就是诬告。怎么诬告？陈鹏年做江宁知府的时候，江宁有个妓院，他觉得这不好，有碍民风，把妓院封了，让妓女从良、就业。房子干什么？粉刷一下，加以利用。用今天的话说要变成一个文化活动室，在这里宣讲皇帝的谕旨。陈鹏年一高兴，说挂个匾吧，为了宣扬皇上的恩德，匾上刻四个大字："天语丁宁。"天语就是皇帝的话，丁宁（叮咛）

就是反复嘱咐。本来这没有什么坏意思，有人诬告，皇上，您天语叮咛，您叮咛谁？叮咛妓女啊。这对您皇上是莫大的侮辱，杀头。康熙帝说，你们讨论怎么处理，让刑部讨论。刑部讨论说："论死（死缓）。"

我在这里插一句，前段时间给司法部门作过一次报告，我说明清叫三法司：刑部，大体相当于现在的法院；都察院，相当于现在的检察院；大理寺，主要管平反冤案，三法司共同定案。都察院管起诉，刑部管审判，大理寺管反驳，驳斥诉状和判决。必须三法司长官同时签字才可以报到皇帝那里，候裁死刑。我说这办法也有好处，可以减少一些冤假错案。

当时陈鹏年碰到一个好人，谁？曹寅，就是曹雪芹的爷爷。曹寅，在江南对知识分子态度比较好，保护了一些人。曹寅一听很着急，要杀头还得了？他要见康熙帝。康熙帝南巡住在江苏巡抚衙门，台阶挺高，曹寅到第一层台阶，不往上走，跪着磕响头。康熙帝都听得见，说你起来。他不起来。满面流血，头都磕破了。曹寅，他妈妈是康熙帝童年的保姆。康熙帝小时候念书，曹寅是伴读，两人一块儿长大的，但君臣关系不能直说。说你起来，他就把这事说了。他说，陈鹏年，是取缔了妓院，利用这房子宣传皇德圣恩，为了民风民意，他有罪，但还是免他一死吧。皇帝说我明白了，你起来吧。过了两天，把陈鹏年调到北京武英殿修书，当编辑，保护了起来。过了一段又放出来，做官。雍正时做河道总督，就是水利部部长，60岁了。黄河决口了，他亲自到工地合拢，就是堵决口。人家都是尚书，正部了，到哪儿，都可以住宾馆（那时官也有馆），也可以简朴一些住有钱人的宅子，但他没有，就在工地上搭一个棚子，吃住都在工地上。晚上，就在工地的工棚里睡觉。河口刚堵上，积劳成疾，就死在工地上了。一个尚书累死在工地上，这是大事，马上向雍正皇帝奏报。皇帝说，查，到家里看看去。到家里一看，家里有位80多岁的老母亲(过去做官不带家眷)，四壁空空，没有陈设。什么青花瓷、名人字画等都没有。家里就有一些米，还有半罐豆豉，还有一箱书，剩下什么都没有。雍正帝说了一句话："鞠躬尽瘁死而后已，陈鹏年矣。"我看到明清以来的清官，不是陈鹏年一例，还有很多。官都做到正部了，家里还是这样。杭州人于谦，做到兵部尚书了。杀了以后抄家，他家住在北京东裱褙胡同（今东长安街），抄于谦的家，于谦不带家眷的，就是一个老仆人，给他做饭、看门。下班以后，公务之余，于谦干什么？"清风一枕南窗卧，闲读床头几卷书。"家里没东西。抄家的不信啊，一个兵部尚书啊，军费那么多，你怎么能这么穷？他有间房子，很大，加着锁，还加着封条。这里头肯定是于谦的金银财宝，因为于谦是突然死的，没有机会转移金银。打开一看，人全愣了——全是皇帝赏赐的东西，整整齐齐地摆着，个人东西一件没有。

袁崇焕死的时候也是。袁崇焕不是一般的官，兵部尚书兼蓟辽督师，多大的官？大概和原沈阳军区司令差不多吧，大约相当现在的上将。经他手的钱粮军费、银子数以百万计。可是，他爸爸死了，要回家奔丧，盘缠、路费解决不了，朋友、同僚大家给他凑钱，回家给他父亲奔丧。死了抄家，其结果是，我看到一份明代崇祯年间的档案，这份资料很侥幸保存了下来。他、妻子、从子、两个女儿、仆役等20人，才抄出"铜钱，九千二百文，作（折合）银一十四两一钱五分"。袁崇焕真的是"家无余资"。我说，就是要这种境界。"人生自古谁无死，留取丹心照汗青。"

二是"二之"，"之乎者也"的"之"。大家都很熟悉，我重复一下，就是范仲淹的名句："先天下之忧而忧，后天下之乐而乐。"范仲淹写《岳阳楼记》的时候，他还没有在岳阳，而在今河南南阳下面的一个县，叫邓州，当时是邓州府。范仲淹那时候被贬官在这里做知府。他在州里办学校，叫花州书院，在那儿讲学。这时候，他的朋友拜托他写《岳阳楼记》，他没有看到岳阳楼，写下了"先天下之忧而忧，后先天之乐而乐"的千古名句。范仲淹做官非常清廉，他做官不能看他妈妈。他把妈妈接到衙门这儿母子相见，再送回去。这路费解决不了，朋友借钱给他，他说不要，说我还有一匹马，我把我的马卖了做盘缠，把我母亲接过来。历史上有一个故事，叫"卖马接母"，写的就是这件事情。范仲淹的"先天下之忧而忧，后先天之乐而乐"，正是他自己境界的文字表述。

三是"三立"。《左传》记载："太上立德，其次立功，其次立言。"最高的境界是立德，其次立功，就是官员的政绩，其次立言。立言，我对《左传》有些不同的看法，太上立德可以，其次立功也可以，把立言放在第三，这值得讨论。孔子的《论语》是立言，孟轲的《孟子》是立言，孙武的《孙子兵法》是立言，屈原的《离骚》是立言，司马迁的《史记》也是立言，李白、杜甫的诗都是立言，比某些官员立功更能流传千古。我觉得，立言在这里说低了。由这里有联想到，我们今天的人，文化普遍提高，大学文化程度很普遍，我们在座的 60 岁以上的老先生，有经历、有兴趣的，立言，留下一些东西来给子孙后代。

四是"四为"。就是宋代张载（字横渠）的名言："为天地立心，为生民立命，为往圣继绝学，为万世开太平。"心，要为天地立。对天和地不敬，不尊不敬，不知道感天恩，老要和天斗。和天斗什么？苍天之下，不如一只蝼蚁。天给我们阳光、空气，天降了雨我们才有水喝、才有粮吃。把天污染了，把空气污染了，下酸雨，罩雾霾。地，地生五谷，我们衣食之源全靠地啊，把土地污染了，把江河的水污染了，那怎么为天地立心？太功利心了！为生民立命，这个命是为老百姓立的。有的人，有些有权力的人，利用手中权力，100 万、1000 万不过瘾，1 亿、2 亿、10 亿！诸位，我去过一个县，是一个贫困县。县委宣传部部长说阎老师你想看什么，我陪你。我说，麻烦你陪我看看你们这个县最穷那户是什么样子。他说，阎老师你看不到，我说怎么了？他说在大山里面，要走好几天，翻几座山才能到那里，你的时间不够，去不了。他说，我可以陪你看一户比较穷的，我说那也可以，因为我就在县里停留一天。在一个小山上，孤立的一户。这个地方我不说是什么地方了，房子是草搭的，露着天，进屋的中间用三块石头支一个锅，锅里煮着土豆。这个地方土地贫瘠，土豆很小很小，地下堆着土豆。土豆吃完了，再放一些土豆在锅里。孩子饿了，从锅里夹个土豆搓一搓就吃，也无所谓一天吃几顿饭，没有菜，咸菜也没有。家里什么摆设都没有，电视不说了，收音机也没有。床，我没有细看了，反正空空的。最奇怪的是一进门屋子右侧，摆的洋灰袋摞到房顶。这洋灰袋干什么？我想，可能是拣了搁在那儿吧。洋灰袋在晃悠，我很警惕，是不是闹地震了？我赶紧看，晃悠晃悠，有一个老头儿，白头发的老人头在里面，他们家的老爷子就睡在那里。堆的洋灰袋既当床铺又当被褥，往里一钻就可以睡觉了。我们的老百姓还有这样生活的，你贪污几千万、几亿，杀一百个头都不足以平民愤。贪官如贼，我今天在上海台播的，一个小偷撬人家的保险柜，一次是1万块，那次是2万块、3万块，冒着险，头上戴着头套，你不是才偷3万块钱？那（贪官）一窃是几千万、几个亿，怎么着？我个人主张盛世用重典。当年，刘青山、张子善被杀了以后，震动全国。农民种一亩地，一年没几个钱，你一贪污几个亿，你还转到国外了。所以，为生民立命，为往圣继绝学，为万世开太平，这是读书的最高境界。

今天就讲到这里，谢谢大家。

主持人：谢谢，谢谢阎老师的精彩讲座，知识、智慧、顿悟、至善的境界，也让我们看到了学术大家的修养、境界，这都是从读书生活中悟出来的。由于今天的时间关系，我们不做现场的提问。

（本文系 2013 年 6 月 22 日在上图讲座的演讲稿）

读书与践行

今天我讲的题目是：读书与践行。主要讲为什么要读书，怎样读书，读书与践行的关系，特别讲践行的重要性。为了强调既读书又践行，送诸位一句话，与大家共勉：宁肯践行一尺，决不空说一丈。

下面分三个题目，同各位进行交流。

一、读书四宜

读书，这既是个古老的话题，也是个很现实的话题，更是一个永恒的话题。为什么要读书呢？我认为读书有"四宜"：一宜修己，二宜齐家，三宜治业，四宜天下。下面分开来说。

一宜修己 早在 2000 多年以前，孔子就说过："古之学者为己，今之学者为人。"（《论语·宪问》）古代儒家经典，文字简括，寓意深奥，各种理解，多有歧义。古往今来，许多专家，对《论语》有各种疏解，对上面引用孔子名言的一种解释是：

> 上半句："古之学者为己"的"古之"就是古代的；"学者"不是指专家学者，而是指学习者，就是读书人；"为己"不是为了自己私利，而是为了修身、修己。

> 下半句："今之学者为人"的"今之"就是当今的；"学者"如同前面所做的解释，也是指学习者，就是读书人；"为人"，不是为人民利益，

　　而是为了功名、利禄。

　　孔子在 2000 多年前说的话，今天仍然适用，现象依然存在。今人读书，读小学为了考上好初中，读初中为了考上好高中，读高中为了考上好大学，以后考硕、考博、留学，以及博士后，这种读书学习的理想追求、刻苦奋争都值得肯定，也都没有错，但是往往忽略把读书与修身、学习与修己结合起来。有的大学生在饮水机里投毒药，毒害同窗、同学；有的大学生开汽车撞人，见被撞者受伤没死不仅不救，反而回过头来，用刀将伤者捅死。这虽然是偶然的、个别的社会现象，但应引发人们思考：书读到大学，分数也考得不错，但没有把读书和做人相结合，未成为良民，而沦为罪人。这反映出家庭教育、学校教育、社会教育的一个大问题。

　　读书为什么要同修心相结合呢？原因之一是人性存在弱点。儒家对人性的认识，存在"性善"与"性恶"两种观点。前者，《孟子》说："人性之善也，犹水之就下也；人无有不善，水无有不下。"（《孟子·告子上》）所以《三字经》说："人之初，性本善。"儒家认为即使"性善"，也需要学习，因为人的善德，会被蒙上尘埃，所以《大学》开宗明义说："大学之道，在明明德。"后者，《荀子》则认为："人之性恶，其善伪也。"（《荀子·性恶》）人为什么"性恶"呢？荀子认为人生而有"五好"："目好色，耳好声，口好味，心好利，骨体肤理好愉佚。"（《荀子·性恶》）这"五好"都是人性邪恶的根源。要使人性由性恶向性善转化，一个重要的方法就是读书学习。所以，儒家无论是"性善"说或"性恶"说，都主张通过读书、学习来修身修心，达到人性完善。

　　要进德修业、完善人性，应当从读书、学习做起。康熙帝说："凡人进德修业，事事从读书起。多读书则嗜欲淡；嗜欲淡则费用省；费用省则营求少，营求少则立品高。读书之法，以经为主。苟经术深邃，然后观史。观史则能知人之贤愚，遇事得失亦易明了。故凡事可论贵贱老少，惟读书不问贵贱老少。读书一卷，则有一卷之益；读书一日，则有一日之益。此夫子所以发愤忘食，学如不及也。"（康

熙《庭训格言》

所以，读书对于个人有着向善抑恶、克己修心的作用。

二宜齐家 读书既宜修身，读书更宜齐家。读书不仅为自己，而且为家庭。一个现代的家庭，应当是一个书香家庭。而成为书香家庭，首先应从父母做起。做父母的、做祖父母的、做外公外婆的，自己的读书修养，直接影响着家庭的文化氛围和文化素养，并直接影响着下一代、下二代，甚至于下三代。

我讲一个古代读书教子齐家的故事。故事的主人公是清代浙江秀水人陈氏，她嫁给同省嘉兴人钱纶光为妻。陈氏，名书，父母希望她喜爱读书，以书为伴，故以"书"字为名。陈氏幼年，不负父望，喜爱读书，端庄娴静，教养很好，深通大义。结婚不久，丈夫和公爹外出上坟，陈氏从楼上望见有一少年，在殴打佃户，被打佃户，流淌鲜血，衣服染红。被打者的家人及其族人，气势汹汹，群聚楼下，声责钱家。陈氏问：打人者是谁？回答是自家的从子①。她吩咐家人将受伤的佃户抬到宅院室内，请来医生，看医敷药，又给受伤者的母亲银子和稻米，并命人当众将其从子用木棍杖打。愤怒乡民，怨气缓解，散去回家。她公爹和丈夫回家后，称赞她处理得体。陈氏孝敬公婆，侍奉丈夫，款待宾客，和善邻里，受到称赞。丈夫病死，儿子钱陈群年幼，她夜间纺织，授经教子。陈氏一面教子读书，一面赋诗作画，画的山水、人物、花草，功力深厚，清逸高秀。由于陈氏严于律己，重于身教，其子钱陈群康熙时中进士，入翰林院。雍正时，钱陈群奉命到外地给诸生巡讲，"反覆深切，有闻而流涕者"，有人被感动得流泪。雍正帝称赞钱陈群为"安分读书人"。乾隆时，钱陈群在南书房，官刑部侍郎，向乾隆帝献其母《夜纺授经图》，还呈上其母陈氏的画册。钱陈群为人敦厚，好学聪敏。插一个小故事：一天，乾隆帝赐侍臣、礼部侍郎、诗人沈德潜（字归愚）诗云："我爱德潜德，淳风挹古福。"刑部侍郎、诗人钱陈群从旁和诗道："帝爱德潜德，我羡归愚归。"上

---

① 从子，有两解：其一，为侄子，《朱子语录》载：汉人谓侄为从子；其二，为姨母之子，《大学衍义补·明礼乐·家乡之礼》载：母姊妹为从母，则当称其子为从子。

述赐诗与和诗，都巧妙地嵌入沈德潜的名"德潜"和字"归愚"。古人说："仁者寿。"
又说："智者寿。"钱陈群既是一位仁者，又是一位智者，享年 89 岁。他获尚书衔、
加太傅、入祀贤良祠。陈氏的孙子钱汝诚，也是进士，在南书房行走，官侍郎；
重孙钱臻，官江西、山东巡抚。其家一门四代，家风淳朴，读书明理，是个书香
门第。（《清史稿·列女一·钱纶光妻陈传》）

这个真实故事说明：身教重于言教。要孩子读书，自己先读书。同样，读书
明理，严于律己，在处理家庭各种关系时，往往会收到事半功倍的效果。

三宜治业 士农工商，各行各业，要想把事业做好、做出色，一靠修德，二
靠智慧，这都需要读书、学习。在这讲个宋初名相、贤相赵普读书治国的故事。

赵普（922—992），字则平，幽州蓟（今北京）人。早年跟随赵匡胤，颇受信任，
为掌书记。赵匡胤陈桥兵变，赵普有拥戴之功。后官集贤殿大学士、宰相。普"直
躬敢言"，被誉为唐太宗时的魏征。《宋史》记载：一天，他上朝举荐某人任某官，
皇帝不用。第二天，又举荐某人任某官，皇帝还不用。第三天，再举荐某人任某
官，皇帝大怒，将其奏章撕碎扔在地上。他颜色不变，跪在地上，捡起纸片，回
家粘贴。第四天又举奏如初。宋太祖赵匡胤感悟，允其奏，用其人。另一次，有
的大臣应当升官，但皇帝厌恶其人，不准；赵普坚持。宋太祖怒道："朕固不为迁官，
卿若之何？"赵普说："刑以惩恶，赏以酬功，古今通道也。且刑赏，天下之刑赏，
非陛下之刑赏，岂得以喜怒专之。"宋太祖生气，起驾回宫。赵普跟随，皇帝入
宫后，普立于宫门，久之不去，竟得俞允。史书评论说：普虽"开国元老，参谋
缔构，厚重有识，不妄希求恩顾以全禄位，不私徇人情以邀名望，此真圣朝之良
臣也。"（《宋史·赵普传》）赵普喜爱读书，他的"半部《论语》治天下"的故事，
被广泛流传。

四宜天下 读书宜身、宜家、宜业，更宜天下。纵览上下 5000 年，横观五
洲 8 万里，酷爱读书的人，优秀读书的人，贤达读书的人，饱读诗书，胸怀宽大。
大家知道范仲淹在《岳阳楼记》中的千古名句："先天下之忧而忧，后天下之乐而

乐。"这成为千百年中国士人博大胸怀的典范。宋代张载（字横渠）的名言："为天地立心，为生民立命，为往圣继绝学，为万世开太平！"当今的读书人，已经在地球村里生活，更应修炼或具有这种"为万世开太平"的恢宏境界、博大胸怀！

总之，修身应当读书，修心必须学习。孔子说："好仁不好学，其蔽也愚；好知不好学，其蔽也荡；好信不好学，其蔽也贼；好直不好学，其蔽也绞；好勇不好学，其蔽也乱；好刚不好学，其蔽也狂。"（《论语·阳货》）

读书学习，不仅有"四宜"，而且要"四忌"。

二、读书四忌

读书"四忌"是：一忌不选择，二忌不定时，三忌不消化，四忌不践行。

一忌不选择 据统计，中国图书品种量居世界第一位，仅 2013 年就出版了 40 万种图书。光图书目录每本按书名、作者或译者、出版社、出版年月、图书分类、提要等 100 计算，约 4000 万字，每本书若 40 万字，需要 100 本，我们光看目录也看不过来，怎能不选择呢？

怎样选择？一个方法照"书目"读书。当年，陈垣先生向我们推荐清末洋务派首领、著名学者张之洞（1837—1909）的《书目答问》，要我们根据其推荐的书目来选择书读。我到琉璃厂中国书店买了线装本《书目答问》，回家一看，所选的书目有 2493 种。我发现张之洞其意虽好，却不切实际。所以，不仅对所读的书要选择，而且对推荐书的书也要选择。

再如，老大妈到菜市场买菜，买条黄瓜还选新鲜、直溜、粗细、长短，挑来挑去，何况读书呢？女士到鞋店买双皮鞋，也是挑品牌、式样、质料、花色、大小，以至于后跟的高矮，挑来挑去，试穿试脱，更何况我们读书呢？

有人认为读书不必选择，开卷有益，碰到什么书，就读什么书。我的读书经验，以及很多人的读书经验，都是读书要选择。利用较少、宝贵的时间，获取更多、有益的知识，这就要选择图书来读。

怎样选择呢？如经，先读"四书"和"十三经"中的《大学》。为什么？读《大学》同读"十三经"比较来说，先读《大学》的好处是：第一，字数最少。如今大家都很忙，字数少，就容易卒读。第二，文字通俗。《大学》在儒家经典中是最为通俗易读的书。第三，内容精粹。全书分作"三纲"，即"明明德""亲民""止于至善"9个字；"八目"，即"格物、致知、诚意、正心、修身、齐家、治国、平天下"，17个字，总计才26个字，浓缩了儒家经典的精华。如史，读"四名"，即名人如司马迁、名著如《史记》、名篇如《太史公自序》、名句如"究天人之际，通古今之变，成一家之言"。如子，《老子》5000言。如集，喜欢屈原读《离骚》，喜欢唐诗读李白，等等。有人问我现代文学作品读什么，恕我孤陋寡闻，每年如果只读一本文学书的话，就读诺贝尔文学奖的作品，2010年我读出生于哥伦比亚、后移居墨西哥的加西亚·马尔克斯著、范晔译的《百年孤独》；2012年读莫言的《蛙》；2013年读加拿大艾丽丝·门罗著、李文俊译的《逃离》等。

二忌不定时　读书要定时间、定制度，才能持之以恒。我们一日三餐能够坚持，除肚子饿的因素外，六七点吃早餐，十一二点吃午餐，下午六七点吃晚餐，大体定时，家家如此，已成制度，才能坚持。读书也是一样。下面我举两个例子。

早上读书如康熙。康熙帝（1654—1722）是个喜爱读书的皇帝，数十年如一日，手不释卷。他说："朕自幼好看书，今虽年高，万几之暇，犹手不释卷。诚以天下事繁，日有万几，为君者一身处九重之内，所知岂能尽乎？时常看书，知古人事，庶可以寡过。故朕理天下事五十余年无甚差忒者，亦看书益也。"（康熙《庭训格言》）他在很长一段时间，早寅时（寅正四时）起，大约读一个时辰的书。卯时（卯正六时），吃早餐，做上朝准备。辰时（辰正八时）上朝御门听政。这样，每天早上的读书基本定时，形成制度，这就有了时间上的保证。

晚间读书如赵普。赵普勤读书，善读书，定时间，有制度。宋制，宰相以未时（未正下午二时）下朝归第。赵普回家后主要是读书。《宋史·赵普传》记载："普少习吏事，寡学术，及为相，太祖常劝以读书。晚年手不释卷，每归私第，阖户启箧取书，读之竟日。及次日临政，处决如流。既薨，家人发箧视之，则《论语》二十篇也。"（《宋史·赵普传》）《宋史》本传评论道："家人见其断国大议，闭门观书，取决方册，他日窃视，乃《鲁论》耳。昔傅说告商高宗曰：学于古训乃有获，事不师古，以克永世，匪说攸闻。"就是说，官员治国，重在读书，学习历史经验，借鉴历史教训，增加智慧，自身醇正，有益治国。

周末读书的人更多。许多人平时很忙，利用周末，或半天，或一天，集中读书。这也是一种好办法。

三忌不消化　读书的一个大忌是食而不化。这如同吃饭，吃的虽然很多、很好，但吃了之后不消化，也不吸收，不是等于白吃了吗？如果在脑子里存储大量的知识没有消化、没有吸收，那还不如把知识储存在电脑的硬盘里，或者 U 盘里。一个移动硬盘能存储 1000G，可以原样保存，既不出差错，也不会丢失。我们读书不是为了存储知识，而是一为知识，二为智慧，三为顿悟，四为圆通。因此，死读书，读死书，读书死，这种案例，史不绝书，应引为戒。

四忌不践行　读书要知行合一，学以致用。古人云："一语不能践，万卷徒空虚。"（明·林鸿《饮酒》）

下面我以史为例，特别讲一下读书与践行的关系。

三、读书四践行

读书人往往重视"格物致知"，忽视"知行合一"；往往重视想法，忽视践行。其实，知与行的关系，如智者王守仁所说："知者行之始，行者知之成。"（《传习录》）

人们常常犯一个毛病：只是读书，并不行动，学了等于没有用。只读不行，难以大成。所以，古往今来，人们经常议论一个话题：知在先？知行。行在先？行知。人们一直在争论知和行的关系，有人重知，提倡知在行之先；有人重行，提倡行在知之先。大家知道陶行知先生，就是针对行在知之先而提出的。我觉得：既重知又重行，二者不可偏废。对于从事体力劳动而不读书的人，应当强调读书；对于从事脑力劳动而不践行的人，应当强调践行。

当今，教育已经大普及，从幼儿园大班、小学、初中、高中、大学、读硕士、读博士、读博士后等，一般要读 20 多年的书。当然读书当中也有行，也有实践，譬如数学，学了公式要做题；又如理化，学了定律要做实验，这也都是实践。这种实践叫作科学实验，也是一种践行。但是，总体来说，现代的教育制度有一个特点，将学生从幼儿园就关在校园里，在校园里 20 多年，容易养成重知识、会考试，会动嘴、轻践行的缺憾。

儒家重视行，在《论语》中，"行"出现 82 次，仅次于"知"（118 次）和"仁"（112 次）。佛家也重视行，常说"修行"。"修行"尤其强调行、重视行。

因此，我认为：应当把读书和践行结合，尤其应当强调践行。为此，读书践行，注意四要。

一要立志践行　人们不仅读书立志，还要注重践行。俗话说："宁做行动矮子，不做空话巨人。"孔子说："行有余力，则以学文。"（《论语·学而》）子贡问君子。子曰："先行其言，而后从之。"（《论语·为政》）孔子又说："君子欲讷于言，而敏于行。"（《论语·里仁》）他还说："始吾于人也，听其言而信其行；今吾于人也，听其言而观其行。"（《论语·公冶长》）这都是说的"行"。

老子也重视"行"，《道德经》说："上士闻道，勤而行之。"（《老子》第四十一章）又说："合抱之木，生于毫末；九层之台，起于累土；千里之行，始于足下。"（《老子》第六十四章）大业从小事做起，远行由足下开始。

历史上重视"行"的大家举不胜举，以戚继光为例。戚继光（1528—1588），山东蓬莱人，著名抗倭民族英雄，著有《练兵实纪》和《纪效新书》等，在中国古代十大兵书中，戚继光所著占其二。这说明他在中国古代军事理论著作中的地位。戚继光又重训练"戚家军"，发明"鸳鸯阵"，指挥多次大战，取得抗倭胜利。

戚继光是理论结合实际的军事家、将军。在中国古代，著名将领多无兵书，兵书著者又多非名将。可以说，从秦始皇到万历帝，近两千年间，我国著名将领而有著名兵书者，唯有戚继光一人。应当说，戚继光是知行合一的著名军事家。

二要一贯践行 思想要约束，行为要约束，知行都要约束。"读万卷书，行万里路。"再举一例。蒋衡（1672—1743），江苏金坛人，初名衡，改名振生，字拙存，号湘帆。祖、父皆精书法，幼承家学，自小临摹，尤工行楷，苦练有成。蒋衡科试不第，转意游学，浪迹江湖，寻师访友，切磋书艺，足迹半海内。史书记载："先生好远游，既不遇，遂东诣曲阜，谒孔林，至会稽，涉西江，历嵩少，导荆楚，登黄鹤矶，过大庾岭，升白鹤峰，访东坡故宅，抵琼海，观扶桑日出，登雁门山，历井陉，逾龙门，为终南岳之游，浴骊山温泉，登慈恩寺雁塔，纵观碑洞金石遗刻，所至以笔墨自随，赋诗作画，或歌哭相杂，至不能自止。"（《国朝耆献类征·蒋衡传》初编，卷四三三）。

重写"十三经"——《周易》《尚书》《毛诗》《周礼》《礼记》《仪礼》《春秋左传》《春秋公羊传》《春秋榖梁传》《论语》《孟子》《孝经》《尔雅》。决心下定，矢志不移。雍正四年（1726 年）授英山教谕，自称才疏，力辞不赴。他书成一半时，上司又催促就职，他仍以老病为由，上疏求免，并抱病亲到官衙求情，终于获准。他在扬州琼花观（今扬州市文昌中路 360 号），专心写经。当年，琼花观内，亭台楼榭，轩坊花石，几焚几建，遗韵犹存。今扬州以琼花为市花。蒋衡在扬州琼花观，青灯相伴，中正灵静，握管不辍，笃志写经。自雍正四年（1726 年）至乾隆二年（1737 年），"键户十二年，写十三经"（《清史稿·蒋衡传》卷五○三），62 万余字，书写工整，前无古人。乾隆中，进上，后乾隆帝命刻石国学，授衡国子监学正，终不出。大成垂名，常在身后。

蒋衡书写"十三经"，先是书写，继是装裱成册，再是刻成石经。乾隆五十六年（1791 年），命以蒋衡手书"十三经"为底本，刻石太学，定名"乾隆石经"。乾隆五十九年（1794 年），贞珉工竣，御制序文，立于国子监东西六堂。全部石碑 189 通，加上告成表文"谕旨"碑一通，共 190 通，现藏于北京孔庙和国子监博物馆。乾隆刻石的"十三经刻石"，即"乾隆石经"，其规模之宏大，楷法之工整，笔力之雄健，毅力之坚韧，学志之专一，价值之珍贵，国内仅有，世界无双，从而成为中国，也成为世界文化艺术宝库中的稀世珍品。

三要排难践行　践行必定遭遇困难，克服困难方能前进。试举一例。通海法师，贵州人，托钵化缘，到凌云山，结草为寺，诵经修禅。凌云山在今四川省乐山市。山前岷江、大渡河、青衣江三江汇流，山水优美，风景秀丽。临江山体，陡立如削，山水斗突，激湍触崖，雷霆哮吼，过往船只，常出事故，舟毁人亡。通海法师认为"石可改而下，江或积而平"，并以为"善因可作，重力可集"，于是发愿，"夺天险以慈力，易暴浪为安流"，兴工雕塑佛像，为民兴利除害。四面八方，善男信女，"万夫竞力，千锤齐奋"，出资出力，开凿大佛。此佛为坐像，通高 71 米，头高 14.7 米，头宽 10 米，颈长 3 米，肩宽 24 米，眼长 3.3 米，鼻长 5.6 米，嘴宽 3.3 米，耳长 7 米，发髻 1021 个，面江端坐，慈祥庄严（遍能《乐山大佛》）。这是世界上最大的石刻端坐佛像，被列为世界文化遗产名录。但是，在工程进行中，当地贪官，向其索贿。通海法师说："自目可剜，佛财难得。"就是说我的眼睛可挖，造佛钱财却不可以得。贪官倚仗权势说："尝试将来！"好吧，那就把你的眼睛挖下我看看！通海法师"乃自抉其目，捧盘致之"，"吏因大惊，奔走祈悔"。这件事情，震动各方。通海法师圆寂后，未竟之业，后人接续，自唐开元元年（713年），到贞元十九年（803 年），历时 90 年，终于完成。（韦皋《嘉州凌云寺大弥勒石像记》）

通海法师排除千险万难，以至于挖下自己的双眼，终于完成修造乐山大佛之宏愿。

四要谦逊践行　养成谦虚的作风。子张学干禄，孔子说："多闻阙疑，慎言其余，则寡尤；多见阙殆，慎行其余，则寡悔。言寡尤，行寡悔，禄在其中矣。"（《论语·为政》）孔子对子产说："有君子之道四焉：其行己也恭，其事上也敬，其养民也惠，其使民也义。"（《论语·公冶长》）以上都是教人为人、为官，说话做事，都要谨言慎行，寡尤寡悔。

在成绩或功绩面前，有的人成绩越大越骄傲，有的人功绩越大越谦虚。前者，多半在前进路上摔跟头；后者，都会在行进路上步步前进。一个人既要读书，又要谦虚。我以下面话，同大家共勉。

金钱愈多愈谦，

地位愈高愈谦，

功绩愈大愈谦，

荣誉愈尊愈谦。

为什么有的人取得一点点成绩就骄傲了呢？主要是器量小，杯水即满，斗水即溢。为此，要立经天纬地之大志，要怀五湖四海之大器。

死读书，不践行，纸上谈兵，无不失败。空言误国，实干兴邦。历史和现实都证明这是一条颠扑不破的真理。我们读书，切勿空谈，学以致用，认真读书，切实践行。

（本文系 2013 年 9 月 16 日在 2013 年第二届北京国际图书节"名家大讲堂"首场报告会上的演讲稿，后做了修改和补充）

读书与知礼

人们常说："知书达理。"知书，就是要读书；达礼，就是有礼貌。知书与达礼的关系是，读书人能更自觉地文明有礼，文明有礼的人更会喜欢读书。本来，中华民族有 5000 年的文明历史，中国被外国人誉为是礼仪之邦。礼既是国家的政治理念，也是老百姓的行为规范。中国人以文明有礼，受到世界人民的尊重。但是，近百年来，特别在"文革"期间，不仅法受到了破坏，而且礼也遭到破坏。有人甚至于说："我们今天似乎出现了孔子曾经哀叹的那种'礼崩乐坏'的局面。"虽言之过重，却应当深思。难道说，有的人在国际航班上打架，有的人在凯旋门前撒野，还不值得国人深思吗？羊年春节，就要到来。北京人讲老礼儿，天津人也讲老礼儿。在这喜庆团圆、太平吉祥的节日里，我讲一讲"知书达理"——既要读书，也要知礼。

礼：天之经也，地之义也

中华民族历来重视礼，正如儒家经典《左传》所说："夫礼，天之经也，地之义也。"我们的先人，将礼看作是"天经地义"的大事。在儒家《易经》《尚书》《诗经》《春秋左传》《春秋公羊传》《春秋穀梁传》《周礼》《礼记》《仪礼》的 9 部经典中，带"礼"的经书就占了 3 部，占其总数的三分之一。仅从这个统计数字中就可以看出，"礼"在儒家经典中占有多么神圣、多么凸显的地位，"礼"在官民生活中具有多么重要、多么普遍的作用。所以，礼之重要，似可以说："国无礼不兴，人无礼不立。"

孔子在《论语》中谆谆地告诫弟子颜渊说："非礼勿视，非礼勿听，非礼勿言，非礼勿动。"这四个"勿"字，就是儒家教导做人应知书达礼的基本经验。

为着贯彻礼、落实礼，相传周朝定有3000条礼，就是史书记载的"周礼三千"（《大戴礼记》）。到了汉朝，《史记》设《礼书》，后或称《礼志》，历代相沿，绵延不断。如《明史·礼志》和《清史稿·礼志》列为五礼：吉礼，祭祀之礼等；嘉礼，天子登极之礼等；宾礼，藩国朝贡之礼等；军礼，与军事有关之礼等；凶礼，丧事之礼等。这些礼的规定，既太复杂，也太繁琐。我着重讲同我们老百姓有关的、日常讲究的礼。

礼由人起，礼重人养。礼，要重视养成，就是从小时候开始，日常的、慢慢的、自然的、滋润的，养成礼的习惯。老人们常说："习惯成自然。"养成礼的自然习惯，礼也就成为自然了。

礼仪的修养，祈盼厚、广、高、明4种境界，《史记·礼书》说："厚者，礼之积也；大者，礼之广也；高者，礼之隆也；明者，礼之尽也。"因此，要做一个正直的人、一个高尚的人、一个光明正大的人、一个摒弃陋俗的人，就要修养礼之厚、广、高、明四种境界。为此，首先应从居家日常和待人接物之礼说起和做起。

近些年，国家经济大有发展，人们生活较前富裕。富裕了怎么办？孔子说："富而好礼。"（《论语·学而》）经济愈好、财富愈多，愈要读书、愈要知礼。知礼，先要知行居家之礼和待人之礼。

礼：居家之礼，待人之礼

居家日常之礼，先从家庭做起。现在大家最关心的还是老百姓的家庭礼。我觉得京、津的老百姓是太讲礼了。咱们国家各个地方都讲礼，但跟外地比，京、津百姓则是更讲礼的，这跟京、津是文化中心或接近文化中心有着直接的关系。就拿日常生活的礼来说吧，早晨起床后的第一件事是请安礼，晚辈先要给长辈请安，儿子儿媳妇要给长辈请安，孙子孙女要给长辈请安。过去，五世同堂时，四代要给老人请安；四世同堂时三代要给老人请安。起床洗脸后，不能吃饭，应当先到老人的房间里请安。外地礼俗也请安，但不像京、津百姓这么严格、这么践行。

请安就是礼，礼同孝结合。对老人的孝，首先表现就是请安礼。请安实际是早晨起来去看望老人，身体怎么样？精神怎么样？有什么需求？有什么想法？都可以说一说。现代许多子女不跟父母住在一起，可以用周末或节假日，回家看看，或发条短信、打个电话问候。晚辈对长辈既表现全面关心，也表达孝顺尊敬。有学生的家庭，小孩请安后才能去上学，家家户户，都是如此。现在却颠倒过来了。当下过于强调长辈对子女的爱护了，应多倡导晚辈对长辈生活上的关爱、精神上的尊敬和语言上的沟通，这就是孝道，也就是礼。

家庭生活，处处讲礼。礼儿表现在生活的方方面面，吃饭就一定要讲礼，在《红楼梦》里，长辈不动筷子，晚辈就不能动筷子。吃还得吃你跟前的，不能乱扒拉。现在一些小孩吃饭筷子乱扒拉，哪儿饭菜好就往哪儿伸筷，吃饭不考虑别人，自己的父母、爷爷、奶奶都不考虑，那还能关心别人吗？

我在这里多说两句。吃饭用筷子，是中国人的发明，有人把中国文化叫作"筷子文化"。用筷子吃饭，影响到日本、韩国、朝鲜、越南等国家。可是，很多人不会正确地使用筷子。在宴会上，不会正确用筷子，也是一种失礼。还有用毛笔。写字用毛笔，也是中国人的发明。由用毛笔延伸到用钢笔，很多学生写字拿笔的方法不正确。所以，家长、教师要教育孩子从小学会正确地拿筷子、运用笔。这也是一种修养，一种礼仪。

由此及彼，推论他事。吃饭穿衣都得讲礼，言语举止更得讲理。讲礼就是尊重他人。

待人接物，更要讲礼。待人要尊重，接物要有礼。别人递东西过来，要双手接着；自己递东西过去，要双手奉送——对长者、尊者、贤者，贵人、客人、友人更应如此。一手接物，一手送物，都是对授受者不够礼貌、不够尊重的。

礼的养成，长者表率要从家里大人做起。我最近从南方回京坐火车。车上，一个 6 岁的小孩儿一张口就高嗓子嚷嚷，连嗓子都喊哑了。那小孩儿不懂礼，不会说话，我想这嗓子是喊哑的。做妈妈的也不会教育孩子。你可以好好地、慢慢地叫声妈妈，说："我要喝水，请给我拿杯水喝。"小孩儿不会说请字，而是大声喊："我要喝水！"这是没有家教。孩子说话怎么那么大声？吵架吗？不会好好说吗？所以小孩儿说话要慢慢地说。西方人说话就比较有礼貌，出国见到人们交谈都是轻声细语的。我国游客到国外旅游，外国人认为中国游客说话声音大，为此受到一些诟议。这里虽有东西方文化的差异，也说明我们一些人的礼仪修养是有待提高的。礼是渗透到生活的各个领域的。交往要讲礼，说话先要尊敬人家，慢慢地把事情说清楚，耐心地听人家讲完，赞成的话也好，批评的话也好，都要耐心地听完。所以，礼不能从孩子开始，而是先从大人开始。

礼：行为之礼，文明之礼

说礼，先说言谈，再说举止。

言谈，更要讲礼，彬彬有礼。礼的一个特点是敬，《礼记·乐记》说："礼者，敬也。"比如敬语"您"，老北京人、老天津人一直在说，现在年轻人说得少了。过去家庭教育孩子：对长辈、对别人一定说"您"，对同学也不能说你，对老师更应该说"您"。"您"属于通用的敬语。老北京人、老天津人说话，只要一张口先说"您"字。如"您吃饭了吗？""您早上好吗？""您"，就是敬语。过去最常用的词儿是"您好""劳驾"。京、津百姓讲话时，前面一定加一个"劳驾"，跟美国人说感谢一样随口就是，应该你感谢他，他还感谢你，他请你吃饭，他还感谢你。凡是请别人帮忙、麻烦别人，一定说劳驾，表示虔敬地感谢人家的心情。现在"劳驾""感谢"这个词很少听到了。西方人日常用得最多的一个词儿是"Thank you！（谢谢！）"。京、津人过去说"劳驾"，现在说"谢谢"。

　　言谈文明有礼，不能高声吵嚷。过去，如果在爷爷奶奶面前、在客人面前大声说话，那是不可以的。说话要讲究礼貌，要慢声细语说明白，求人帮助自己，前面定有敬语。

　　与人对话时，注意语音、语调、语态、语速、语言、语气，注意面部表情和肢体动作。有一次，我坐高铁火车，见到一个土豪似的男人，上车就打电话，不好好坐，跷着腿，声音特大，目中无人！说话是一种文明，也是一种艺术。所以说话要讲礼，要从家里的孩子开始，教育孩子怎样说话。

　　举止，要讲礼。比如，在夏天，穿衣服太敞胸露怀，就有点失礼仪了。现在，女孩子穿的超短裙、超短裤，短到不能再短了，如此裸露，也是失礼。有的人，穿着拖鞋满街走，说是跟美国学来的，而且在一些重要场合竟还穿着拖鞋、趿拉鞋，这是正确学西方吗？我觉得在西方，既有优秀的、文明的东西，也有不雅的、低俗的东西，我们不能学那些低俗、庸俗的东西。其实，美国的教授在一些正式场合，西装革履，系着领带，衣冠楚楚，规矩文明，即使休闲时稍微放松也是很庄重的。

　　又比如，买东西、等汽车、办事情需要排队的话，要安静排队，遵守礼序，不要嚷嚷，不要加塞，加塞是一种缺乏礼仪修养的行为。

　　再比如，随地吐痰是不礼貌、不文明的行为。我们的某些游客到国外旅游，把这样不礼貌的事带到国外，有失礼仪，影响不好。

　　古礼强调，坐、站、行、卧都要有礼有相：坐如钟，站如松、行如风、卧如弓，这才像一个男子汉。女人坐、站、行、卧更是有规有矩的。但现在不是这样，平时稍微注意观察一下，好多青年不会走路，坐着也七歪八扭，站着必靠着墙或柱，这就是缺乏礼。

　　客人相见，必施以礼。"无礼不相见。"（《礼记》）待人接物更要讲礼，出门进门都要打招呼，这是出行礼、进门礼。现在不讲这个了，不跟家人打招呼就出去玩了，找半天也找不着，回来钻进自己屋子也不打招呼。这是平常居家过日子中的失礼。上学要敬师，谓之敬师礼。见老师必须鞠躬，现在不讲这个了，见老师面打个招呼问候一下就行了。有的学校，家长把老师都打了，因为老师批评他孩子。老师正在写板书，家长带着孩子过去就是啪的一声，扇了老师一巴掌。这样的家长教育的孩子不可能有礼，所以礼的形成要从家长做起。

孔子说："礼之用，和为贵。"（《论语·学而》）处理人际关系，要以和谐为礼。自己不愿意做的，不要勉强别人去做。这就是"己所不欲，勿施于人"。人们之间的关系，以礼为先，互尊互敬。"你敬我一尺，我敬你一丈。"相敬相爱，和善和合。

北京市去年高考题目以"北京的老规矩"为题，这说明礼越来越受到重视。我们中国人，一要文明，二要有礼，文明表现在哪？表现在礼。中国是一个礼仪之邦，这是中国与别的国家区别的一个重要特点，当然，外国也讲礼仪，中国则更讲礼仪。

我觉得老礼儿就代表北京、天津百姓的特点。北京一向重视礼，不只是在今天，从官方到民间都重视。官方，远的不说，清朝的礼就有大祀十三，中祀十二，群祀就是小祀五十三，合一块是七十八，都是礼的规定，从天地到人际关系，处处讲礼，这就是北京的礼。当然，外地也有礼，我觉得北京是全国礼的集中表现地，比别的地方更完备，更系统，更制度化，也更持久。

礼：全民阅读，从我做起

有人问："怎样才能把优秀传统文化的礼传承给年轻人？"我觉得重要的一条是倡导全民阅读。现在有一个现象：有的家长总是叫子女读书，天天检查督促孩子读书，自己却根本不读书；有的老师总是让学生读书，检查批评学生读书，自己却基本不读书；有的领导总是讲认真读书，布置文件让属下去学习，自己却基本不读书。所以，读书知礼应从家长做起，从教师做起，从领导做起。

我这里说的读书，不是指家长读的炒股书，教师读的教辅书，领导读的文件书，这可以称作学习，但不能算是读书。读别人的书、思考其中的问题，这才叫读书。近年来，我参观了一些图书馆，气派、豪华、现代，硬件、软件、服务，可以说是世界一流的。这是文化建设的一项重大成就。我觉得建设一个图书馆，可以少设一座监狱。全社会提倡知书达礼，可以少设几座监狱啊！

礼是家长、学校、社会三个方面潜移默化培育出来的。礼在学校，是对老师尊敬，对同学友爱，对看门扫地的校工也一样尊敬。见面要给老师鞠躬或点头，叫声老师好。现在一些孩子很势利眼，给校长鞠躬、问好，给扫地的校工未必鞠躬、问好。从小要教育孩子劳动不分贵贱，地位不分高低，只是职业的不同。这是对劳动者的尊重。这就是礼。

社会秩序的维系：一个靠权，一个靠法，一个靠德，一个靠礼。我们强调行政、法律、道德来维持社会的平衡，但不能忽视礼的作用。《左传》有句话："礼不行则上下昏。"没有礼，上下昏乱了，还能干什么？《左传》又说："礼，王之大经。"作为一个国家来说，礼有经邦济世的作用。如果所有的小孩子都非常有礼貌，那么，社会一定有秩序。国家一定很安定，怎么会出现乱杀人的现象呢？现在犯罪的人那么多，监狱里关的人那么多！光靠法不行，法不责众。礼与法的关系，智者有云："夫礼者禁于将然之前，而法者禁于已然之后。"（《汉书·贾谊传》卷四十八）就是说，在事情发生之前，靠礼的约束；在事情发生之后，靠法的制裁。礼法并重，相辅相成。但是，社会的和谐，严格意义来说，礼比法的作用还大。

总之，德礼并重："道之以德，齐之以礼，有耻且格。"（《论语·为政》）

破坏容易，再建更难。就像一张桌子，要做好，需要许多道工序；要破坏，一锤子就砸烂了。对传统的批判、破坏是自辛亥以来有一百多年了，虽有些腐朽是该批判的，但也否定了优秀的传统。要恢复传统中优秀的礼，要慢慢来，急不得。要从胎儿开始，至少需要三四代人的时间。古话说，"三岁看大，七岁看老"，小孩7岁性格基本形成了。所以，礼的教育要从孩子刚懂事就开始学起。

有人认为：社会是倒退了。我觉得社会没有倒退，这是社会前进中产生的问题。过去有一段时间，重视了经济发展却忽视了精神文明。现在，经济的确是发展了，但是，出现了空气污染、土地污染、江河污染、工业污染、汽车污染等问题，特别是形成雾霾，治理起来至少需要一二十年。而改变几代人的失礼，建设文明有礼的社会，至少也需要数十年，这可能比治理雾霾所需的时间更长。

《荀子·修身》说：人无礼则不生，事无礼则不成，国家无礼则不宁。我补一句：民无礼则不安。

最后，羊年快到了，羊象征祥瑞。希望大家过一个欢乐祥和、文明有礼的羊年春节！

（本文系作者在《天津日报》大讲堂的讲稿，载于《天津日报》2015年2月2日第10版）

读史与修心

　　读书是中华民族的一个好传统。5000多年以来，中华民族是个礼仪之邦，也是一个重视读书的民族。但一些年来，对读书有普遍不重视的现象（在座的例外）。严重到有的外国人笑话我们。如有一位印度人发表文章《不阅读的中国人》，把我们叫作不阅读的中国人。这个人从法兰克福上飞机到中国来，在飞机场看到德国人在候机时都看书，中国人在候机时没有一个看书的。在飞机上，航行时间很长。他坐在机舱后排，到洗手间，一行一行穿行，没看到一个中国人在飞机上看书。他到上海飞机落地了，跟另一个外国人就说这件事情，那个外国人跟他同感，就是在机场候机、在飞机上，没有看见过中国人在读书。

　　我看了这篇文章不大相信，心里也不好过。到一个城市出差，主办方给我买头等舱机票，我在贵宾室里候机，包里带了本书。我在候机贵宾室看到有两桌打麻将的，但读书的人一个没有。我又一次候机，贵宾室比较大一点，我仔细看了，有外国人在读书，中国人有看报的，却没读书的。

　　有人说，我们地铁太挤了没法读书，但机场贵宾室条件很好却很少有读书的。后来，我注意观察，坐飞机时候也前后走一趟，见到有用iPad看照片、看电影的，但真正看书的也不能说一次没见，少之又少。中国是书香大国，却被一个印度人批评我们是"不阅读的中国人"，这使我非常感慨。

　　咱们国家新闻出版广电总局，有一个新闻出版研究院。他们做了统计，去年（2012年），全国出版图书是37万种。这个数字在全世界排第一。但是我们阅读的情况，差距就太大了。据统计，世界人均读书最多的是犹太人，平均每人年读

64 本书，日本和德国少一点，大概读五十几本书，英国、法国、美国等读四十几本书。我们中国人平均每人每年读三本书。联合国科教文组织对我们抽样调查，平均每人每年不到一本书。

这个问题很值得研究。我们国家经济发展总量，我记得 1958 年的口号是要超过英国，钢铁年产 1070 万吨。现在我们经济发展很快，总量已超过德国、英国、法国，也超过日本，我们排第二，美国第一。但我们读书的情况，太不能令人满意。中华人民共和国成立前我国有大量文盲。我记得中华人民共和国成立前在北京找工作，小学毕业就算有文化了，可以找一个文化工作。后来提高到初中毕业。我 20 世纪 50 年代初上中学时，当年苏联火车乘务员必须初中毕业，那时候咱们火车乘务员基本是小学毕业。现在我们大学教育基本普及（除了边远地区），我们阅读情况更要提高。

读书，有一个问题，就是孔子当年说的："古之学者为己，今之学者为人。"这句话有不同解释，其中一家解释是：古之学者为己，其中的"古"是指古代，"学者"是指学习者，"为己"是指修己。就是说，古代学者读书是为修己、修为。今之学者为人，其中的"今"是指当代，"学者"是指学习者，"为人"是指功名利禄。

前几天，我到一所大学去做一场报告，他们派一个博士来接我，路上堵车，一路走一路聊。他说，阎老师我特苦恼。我说，你苦恼什么？他说，从上初中被录取，就心里不高兴，发愁上好高中；考上理想高中后，心里不高兴，发愁上好大学；被一本大学录取，心里不高兴，发愁保硕。我说，你很好啊，到北京了，应该高兴。他说，考上大学那天，接了通知书我就开始苦恼，考虑怎么保硕。结果被保送读硕士研究生。我说，那很好啊，你应该高兴。他说，不，我又焦虑保博。我说，你现在也保上博士，应当高兴。他说，我又焦虑了。博士毕业后，我未必能留在"北、上、广"，因为我们博士生好几个人，有几个人比我条件好，所以我又焦虑。我说，这就是你的不是了，你这样焦虑也就没完了。我觉得小学升初中、高中、大学，想上一个好一点的学校，这都对，没有错，家长也都没错。但如果把功名利禄作为读书的根本，这问题就来了。就是没有把读书和修身结合起来。

为什么一定要把读书和修身结合起来，我想主要是四条。

一是人本身有弱点，要把这些弱点磨平了，需要读书来修养。我最近看了美国富兰克林写的一本智慧书，语录一条一条的，很好看。网购之后，我从北京乘飞机往乌鲁木齐，来回飞机上大概七八个小时，我就把这本书读完了。富兰克林讲的中心问题就是人的修养、知识的修养、身体的修养、道德的修养，这是各国普遍面临的一个问题。

古代以道德划分人——君子和小人。做君子，做正人，就要把读书和修养结合起来。在西方要做一个绅士，做一个有教养的人，也必须把读书和修养结合起来，因为人并不天生就是完美的。儒家于人性分两派，一派是"性善论"——人之初，性本善；一派是"性恶论"——人之初，性本恶。前者，既是性本善，为何还要"明明德"？于是，产生折中解释：人生下来之后就有德，但这个德后来受了尘埃的蒙蔽，它不明了，怎么办，要明明德，使这个德光明起来，明亮起来，这就需要修养，要读书。后者的代表是荀子。《荀子·性恶》篇说："若夫目好色、耳好声、口好味、心好利、骨体肤理好愉佚，是皆生于人之情性者也。"就是眼睛好见美色，耳朵好听美言，舌头喜欢美味——前两天有人跟我说，有个短信有意思，说人90%的病是吃出来的，是吃撑出来的，就是因为嘴馋、鼻子好闻香味、身体又好逸恶劳。怎么克服这些"恶"的东西？办法之一就是要读书、修养、学习，以理制情，磨掉人性的弱点，磨亮人性的亮点。

所以，儒家也好，道家也好，佛家也好，耶家也好，都提倡一定要把读书和修身结合起来。我们学历史也多少学点佛学的知识。佛学认为，人生下来就有三个弱点：贪、瞋、痴。第一是贪，贪财、贪权、贪色、贪吃、贪喝、贪穿。第二是瞋，贪不着怎么办，就嫉妒。人们所说的"羡慕、嫉妒、恨"。痴，痴呆的痴，上面一个"疒"字头，里头有个"知"，是说虽然念书了，但念歪了、念傻了，痴也是人性的一个弱点。所以，佛学认为，人要修行、修养。所以佛学和儒学看法有相通的部分，就是人需要读书、学习、磨炼和修养，修养道德，完美人性。这是从个人来说。

二是从家庭来看需要读书。现在中小学生读书很苦，如果考不好，有的家长还打孩子，有的家长给孩子脸色看。

大家知道康熙帝爱读书。他活了69岁，5岁上学，正式请师傅，到课堂上课。六十四年，手不释卷。康熙帝命不好，8岁丧父，10岁丧母，靠他奶奶孝庄太皇太后拉扯长大。康熙帝从小养成好的读书习惯，这要感谢他奶奶。这个习惯养成，一直到老。我说康熙帝之所以有过人之处，是因为他有过人的思想；康熙帝之所以有过人的思想，是因为他有过人的学习。你没看过的书我看过，你不懂的知识我懂，你没思考的问题我思考，你思考不深刻的东西我思考比你深刻，所以我能领导你、驾驭你。因之，为自己、为家庭、为事业、为国家，要读书。

经验告诉我们，凡是孩子没有好的读书习惯，基本上是家长没有好的读书习惯。所以，为了培养孩子喜欢读书，家长也要认真读书、学习。

三是社会影响。犹太人小孩刚会爬的时候，家长就培养他对书有兴趣。大家知道抓周，《红楼梦》里贾宝玉抓周，抓着胭脂了，所以贾宝玉后来就在女孩堆里混。犹太小孩刚会爬的时候，远处放一本书，倒在书上一点蜂蜜，小孩闻着香味，就往那儿爬，爬到书跟前就舔书上的蜂蜜。所以，孩子从小对书就养成一个好感，有兴趣，培养他的读书兴趣。所以做父母的、做爷爷奶奶的、做外公外婆的，要从孩子刚一懂事开始，就培养他的读书兴趣，给他一个学习的氛围。整个社会，提出读书，形成一个全社会读书的风气。

要把读书、修己与工作、事业相结合。我研究了很多人的历史经验，一个基本经验是善于学习。我讲一个故事。我们在座很多公务员，大家知道宋朝有个宰相叫赵普，赵匡胤的宰相。有兴趣的朋友可以翻一翻《宋史·赵普传》，讲了几个赵普读书的故事。

赵普是武人出身，不大爱读书。后来，赵匡胤做了皇帝跟他说，你要读书，治理国家要读书。于是，赵普重视读书，定了读书制度，每天下班回家，先到书房读书。宋朝是未时（未正 14 时）下班。他下朝回府进门之后，不到上房，而是一头钻到书房里，反锁上门，在里头读书。至少读一个时辰，或是更长。他把读书和工作联系起来，今天朝政发生什么事情，对照思考明天怎么应对。完了回到正房，再见夫人，喝茶吃饭。

赵普有一次推荐一个人升官，这个人能干，优秀，但赵匡胤讨厌这个人，不投缘。奏章上去了，赵匡胤看完以后就退回来。赵匡胤退朝回后宫，赵普就后头跟着。到了后宫门，他就不能再走了，他就在门口站着举着这个奏章。太监就奏报，赵匡胤说让他退下。他还举着，太监又奏，赵匡胤不高兴，命马上退下。他还不走，仍在宫门口举着奏章。又过了一阵子，赵匡胤说怎么他还没走，拿过来看看。奏章大意说，明君、贤君奖功，有功劳一定要奖励，要提拔，有罪要惩罚。不能以个人的恩怨好恶来定这个人升降，建议皇上摒弃个人恩怨和好恶，对他加以重用。赵匡胤接受，就批了。《宋史·赵普传》记载："（普）晚年，手不释卷，每归私第，阖户启箧取书，读之竟日。及次日临政，处决如流。既薨，家人发箧视之，则《论语》二十篇也。"所以，后人有赵普"半部《论语》治天下"之说。我觉得赵普之所以能这么做，一个重要原因就是不断用儒家的理论来完善自己，来指导工作。

康熙帝也是这样的，如果他不读书，我想他不会成为千年一帝。大家知道治河，当时黄河、运河、淮河交汇处，经常泛滥。他亲自派人，逆着黄河往上走，一直走到星宿海，回来走到黄河入海口，画了图，写了书。在康熙帝之前没有人把黄河全程考察，他派很重要大臣叫靳辅，做河道总督。靳辅是非常著名的水利专家，提出一个治理黄河的方案，简单来说，黄河不是淤了吗？淤了就挖，挖了淤泥垫到河堤上，河床疏通了，河水入海。原来淤泥地，卖了钱治河，不要国家出钱。这方案应该是不错的，就拿到朝廷会议上讨论。

大家知道《康熙起居注》，现在出版，有 54 册。原档半在北京，半在台北。两岸学者查阅很不便。这事怎么办？两岸都想出版，我就给做沟通工作，这边我找中国第一历史档案馆的馆长。她说，可以。我又到台湾地区那边找台北故宫博物院院长。她说，行，没问题。说好了，这边由中华书局出版，那边由联经出版公司出版，达成共识，签了协议。后来，碰到细节上的问题，比如纪年、署名等，未能共识，事搁浅了。中国人有智慧。后来商量，书的封面一样，开本一样，纸张一样，版式一样，装帧一样，统一编号。两岸用不同的纪年方法，在2009年出版。《康熙起居注册》详细记载了康熙帝每天的起居言行，具有重要的史料价值。比如治河，在乾清门御门听政会上，讨论靳辅的方案，有个人叫于成龙的反对，并陈述理由。康熙帝没有压制一方，支持一方。双方在御前辩论，康熙帝静听。没有结果，下次再议。议了几次，意见不一。康熙帝命凡是在北京做官、家在沿河附近的，每人写一份意见奏上。结果两种意见，基本各占一半。这怎么办？康熙帝就派了官员下去调查。调查回来报告，还是两种意见，因为利益不同。

一种意见，靳辅力主疏通河道，筑高河堤，淤出土地，计价出卖，得钱治河；另一种意见，于成龙力主深挖河道，河水入海，土地处置，富户得益。御前再讨论，还是不统一。经过一年多酝酿、探讨，康熙帝拍板支持于成龙的主意，并把靳辅河道总督免了，让于成龙来做。经过几年，治河成功。康熙帝去视察，果然修得不错。康熙帝问于成龙，你是怎么修的？于成龙这人还比较老实，跪下奏道：臣治河取得一些成效，第一，因为圣上英明，不敢居功；第二，是臣到了现场后，知道深挖河道、海水倒灌，自己的方案不行，采用了靳辅的方案，所以取得成功。臣有罪。康熙帝命靳辅官复原职，仍做河道总督。

康熙帝把历代治河的书几乎书都看了，自己又亲自考察，乘船沿着大运河，特别到关键河段，亲自考察，听取各种不同意见，反复研究，不断实践。有大臣拍马屁，说要把康熙帝治河指示出个集子，让世代都学习皇上治河经验。康熙帝说，不行。因为此河跟彼河，此河此时与彼时，其治理方法不同，今年治河和明年治河方法也不同，这一段治的河，和那一段治的河又不一样。他说如都照我的办法去治河，肯定不行，不能出书。

以上简单说读书、读史，下面简略说修身、修己。

历史上有三个人，大家比较熟悉。一位是宋代的文天祥，他说"人生自古谁无死，留取丹心照汗青"，就是人要有一个博大的胸怀，高尚的情志。另一位是宋代的范仲淹。他说"先天下之忧而忧，后天下之乐而乐"。这是中国士大夫的一个理想、一个追求、一个完美的道德观。宋朝还有个张载，提出"为天地立心，为生民立命，为往圣继绝学，为万世开太平"。我的这颗心要为天地而立，我的这条命为百姓而立，我们看书、著书立说，是为了继承孔子、孟子的绝学，实现天下大同的理想，要把古人优秀的思想接续、发扬下去。

既要读书，更要修身。我经常看历史人物传，我有个感受，历史人物成功者少，失败者多。唐宋元明清，每三年到京城考试，一次多者一万余人，录取少的时候七八十人，多的时候三百来人。金榜就贴在今北京市劳动人民文化宫门前头红墙上。上万人来考试，三百人左右金榜题名，大部分名落孙山。

总之，人要成就事情，人要完善自我，第一要跟天合，第二要跟地合，第三要跟人合，第四要跟己合。我们在读书与实践中，逐渐地修养"四合"，努力自我完善，以期止于至善。

（本文录 2012 年 12 月 24 日在宁波天一讲堂讲稿）

读书与读心

【题记】我们现在读书也好，读经也好，怎么把读书和行动结合起来？有一段争论，是"知在先"还是，"行在先"，是"知行"还是"行知"，也用不着争论那么多，就是要把读书和行动结合起来，把读书和修心结合起来。读书不是作秀，不是给别人看，而是"读书要读心"，读书是为了"修身、齐家、治国、平天下"。

我们读书怎么把读书和读心相结合，今天把我对学习历史、读书和读心的认识，跟各位朋友做个交流。

读　书

读书尤其是读史书对我们中国人很重要，因为我们中国有一个读史的传统，孔子修《春秋》、司马迁修《史记》、司马光修《资治通鉴》等都是明证。司马迁在《史记》中说："究天人之际，通古今之变，成一家之言。"司马迁重视历史，他父亲司马谈也重视历史。他的体会是：学习历史、阅读历史，要"究天人之际，通古今之变"。司马氏有两位大的史学家，一个是司马迁，还有一个是司马光。司马光也重视历史，他主持修了《资治通鉴》，就是为了研究历史，研究兴亡，以古鉴今。一直到近代、到现代，都重视历史。大家都很熟悉，《马克思恩格斯全集》有一句话，说："我们仅仅知道一门唯一的科学，即历史科学。"我领会这句话的意思，不是说其他科学不重要，而是强调历史科学的重要。那有人就说了，怎么会是仅仅一门科学？其他的科学呢？我的领会啊，马克思、恩格斯这些先哲说的——我们仅仅知道一门科学，就是这门历史科学。因为今天之前，所有的都是历史。昨天已经是历史了。过去有一句话，叫作："一些阶级胜利了，一些阶级失败了，这就是历史，这就是几千年的文明史。"这个话说得也对，但是说了一个侧面，没有说全面。那阶级斗争之外，譬如说蒸汽机的发明，譬如说火车的发明，譬如说电脑、手机的发明，互联网的发明，等等，是不是历史？当然也是历史。刘邦战胜项羽是历史，朱元璋揭竿起义建立明朝是历史，总的说来，历史更宽泛，也更深刻。

我们学习历史，碰到一个问题：就是觉得时间太紧，没有时间。特别是我们在座的领导、朋友，都是忙中加忙，没有时间。现在流行一句话，叫作"五加二，白加黑"，一周忙七天，一天忙到晚，哪有时间读书？这个问题怎么解决？我想就一个办法，就是重视历史，挤出时间来读历史。

我举个例子，就能说明这个问题了。我曾经说过，有没有人敢说自己比清朝的康熙皇帝还忙？如果有一位朋友说我比康熙帝还忙，那你就不要学习了，因为你比他还忙。他那么忙，每天还坚持读书、坚持学习。早上寅时，4点钟左右，起床的第一件事情是先读书，读一个时辰，大约读两个小时。完了，用我们今天的话来说，就是吃早点；完了，准备上班。辰时上班，也就是7点或者8点上班，因一年中夏时制和冬时制不一样，所以早朝的时间不一样。退朝之后，干吗？还是读书学习。他自己说："朕在宫中，日理万机之余，唯有读书而已。"他的业余时间主要是读书。这话是不是过分呢？他是不是故意夸张呢？我觉得他没有必要夸张，他已经是天下第一人了，他还用自我吹嘘吗？他都可以做到手不释卷——上午读书，下午读书，晚上读书。他亲征噶尔丹，骑着马到克鲁伦河地域。晚上，官兵都休息了，他还在那做数学题。康熙帝自己说，他这一辈子，从5岁开始就念书，到死之前，就是四个字——手不释卷。我说有这种精神，无论怎么忙，都能挤出时间来学习。

我们这个国家，这60年发展太快了。我是一直这么经历过来的，从1949年新中国成立，在天安门前参加开国大典，10月1日晚上提着灯笼参加庆祝联欢晚会，这么一直走过来的，一步一步看到我们国家强大。我们的国民生产总值超德国，也超过日本，现在位列世界第二，我们又是文明之邦，可我们读书的情况很不乐观。以色列民族重视读书。他们认为，家长留给子女的不是财产，不是房子，不是股票，不是土地，不是金银，也不是文物，是什么呢？一是知识和智慧，二是健康的身体。所以以色列人读书，全民读书，在全世界，按人口平均统计他们读书量是最高的。

孔子在《论语·宪问》中说："古之学者为己，今之学者为人。"这个"己"，不是自己的己，也不是自身的己，而是修身、修己。"今之学者为人"，指当今的学习者，读书为了"人"，这个"人"不是他人、人民，而是功名利禄。就是说，当今的一些人读书为了功名利禄。所以，有人就跟现在做了联系，古人把读书和个人的修养、修身、修心结合起来。今日学者为人，现在人读书啊，不为己，不为修身，不为别人。譬如说有一个现象：小学念书考试，好多人为了什么呢？升一个好的初中。考上初中以后，念念念、考考考，为了升一个好的高中。升上高中之后又是念念念、考考考，为了升一个好的大学。升了大学之后，念念念、考考考，为什么呢？为了读硕，读一个硕士研究生。硕士研究生毕业了，又读，又念，为了考博。博士读完了还考，考托福、考GRE（美国研究生入学考试），为了读个洋博士。洋博士读完了，那么，为找个工资高一点、工作条件好一点的事做。这些既没有错误，也没有不是，但其中相当多的人，没有把读书跟自己的修养、修心结合起来，没有把读书与读心结合起来。

我刚才说的那也都不错，初中升到高中，高中升到大学，大学后读硕、读博，甚至读个洋博士，都不错。但是，问题在于怎么把读书、学习和修心、修身结合起来。大家都感觉到社会上一些道德现象难以令人容忍。我们中国人怎么了？其中一个重要原因就是，不读书；或者是，读书而不和修心结合起来，为别人读书，不是为己，为了修炼自己、修养自己。读的是这本书，没有读这个心，心灵没有读进去，这是对自己来说。对家庭来说，也是这样。不仅仅是为了自己，也为了家庭的建设，为了子女教育，也要读书。我们做一个思考——凡是这个孩子比较用功读书的，喜欢读书的，养成读书习惯的，其中因素之一就是家里头有个好的读书环境，好的文化氛围。对孩子的教育，身教重于言教。为了家庭学习气氛，为了子女成长，我们做家长的，也应该养成很好的读书习惯。否则，吃了晚饭就搓麻将，就看电视，你让孩子在那里静下来看书，那也难为孩子。所以，为了自己的修养，为了子女的教育，为了工作，也要读书。

读　心

现在有一个问题，就是读书怎么跟读心结合起来。我提四点建议：第一是心香，第二是心学，第三是心悟，第四是心行。我就读书与读心，下面讲四个点建议，供诸位参考。

这四个心——心香、心学、心悟和心行，分开来说。

一说心香　读书一定要和心香结合起来。我们常说书香门第、书香家庭、书香城市。那这个书香城市的细胞是什么呢？是书香家庭。书香家庭的细胞是什么呢？就是个人，每一个人，心香。从读书里头读出心的这个香。大家知道儒家，讲心仁，孔子讲仁。儒家讲心仁；佛家呢，讲心善；基督教讲什么呢？讲心爱。儒家的心仁，佛家的心善，基督教的心爱，有一个共同点，就是心香。什么是心香？心香就是要把心读仁、读善、读公、读大。我讲几个故事。

第一个故事是明朝的事。电视剧里常用的题材之一是宫斗，尔虞我诈，彼此倾轧。宫廷有这一面，还有另外一面，就是宫和。明朝有一个皇后姓张。这个张皇后是谁呢？她的公公是永乐皇帝，她的婆婆是明朝开国大将徐达的女儿，她的先生是永乐皇帝的儿子洪熙皇帝。洪熙皇帝做太子的时候，她做王妃。这个张妃（皇后）读书有个特点，就是同"和"结合起来，跟心香结合起来。我说她会处理9种关系。

第一，会处理公婆关系。她公公是永乐皇帝，敢起兵去南京把他侄子的皇位夺过来，跟这个公公相处容易吗？她婆婆，可以说是相府的千金小姐，徐达的女儿。跟这种婆婆相处，好处吗？可这个张妃(皇后)跟公公、婆婆的关系很好，公公、婆婆很喜欢她。有好几次，永乐皇帝想把她先生给废了，就是因为这儿媳妇太孝顺、太贤惠，保住了她先生这皇储的地位。一直到公公、婆婆死，对这儿媳妇都很好。

第二会处夫妻关系。她先生是太子，后来做了皇帝。怎么处理和先生的关系？王妃也好，皇后也好，处关系和普通老百姓是不一样的。老百姓家先生不高兴，脾气发作了，闹几天就消停了。那皇帝可不一样，他脾气发作了，可以把你杀了或者打入冷宫。所以，她这个夫妻关系不好处。她的丈夫有个短处，就是太胖，上马都有困难。永乐皇帝几次想废他，原因之一就是因为他太胖。那他这个妻子怎么办？就帮她先生减肥。劝她先生少吃些，多活动。这不容易，他是太子，是皇储，你控制他饮食，他可能会不高兴。后来，果然太子体重减了。再后来，太子当了皇帝，是这位妻子帮了洪熙皇帝一个大忙。一直到死，她跟洪熙皇帝的关系处理得比较好。

第三，会处叔嫂关系。她这小叔子不是善茬儿，老想把他哥哥的皇储给废了，自己继承皇位。利益大，矛盾冲突也大。她就跟两个小叔子周旋。两个小叔子对这嫂子，不管内心怎么想，表面还是既尊重又客气。

第四，会处母子关系。洪熙皇帝做了一年多皇帝就死了，她成了皇太后。太后和小皇帝也有矛盾，可她处得挺好。一直到她儿子死，母子关系都很好。此外还有和孙子的关系、娘家的关系、后宫的关系、君臣关系等都处理得很好。

最后会处理君民关系，就是跟老百姓的关系。她从北京皇宫到十三陵去祭祖，走在路上，她跟儿子说，我们找个老百姓家歇一歇，吃点饭。于是，就到了村里。吃什么呢？就吃老百姓的家常饭。吃完了，儿子肯定觉得口味不如宫里头好，她就告诉她儿子，说老百姓今天做给你的饭，是他们最好的食物，你还不喜欢吃。

你吃饭的时候，要想想百姓的生活有多苦。回来的时候，换了一个村，还在那里吃饭，最后还要带点农家饭回宫，让皇帝时不时尝尝农家的饭。临走，还给当地老百姓银子，算是饭钱吧。所以老百姓也很喜欢她。

这个张皇后是把读书和自己行为结合起来的正面例子。有些人当上皇后，就觉得是铁饭碗了。不是的，皇后不会处关系也不行。明朝成化皇帝的皇后姓吴，就是吴皇后。吴皇后原来是王妃，先生继承皇位，自己被册为皇后。她当了皇后，才一个月，就得意忘形。怎么得意忘形了呢？当时有个万贵妃十分受宠，这让吴皇后很不高兴，她就把这万贵妃找来了，斥责万贵妃，叫太监打她。万贵妃找成化帝诉苦，成化帝发怒将吴皇后打入冷宫，吴皇后不久就死了。

吴皇后被废之后，成化帝立了原来的王妃做新皇后，就是王皇后。王皇后聪明，爱读书，如读《女诫》等书，不仅目读，而且心读。她首先处理好和万贵妃的关系。皇帝有时候喜欢别的妃子，她也让他去。还有的妃子皇帝见不大着，她主动推荐给皇帝。结果万贵妃对她很好，因为她不挡万贵妃的路。其他的妃子也觉得她不挡路，还向皇帝推荐自己，跟她关系也很好。她跟她丈夫关系也很好。她丈夫死了以后，她儿子做皇帝，她就变成太后了，关系还好。儿子又死了，孙子做皇帝，她就成为太皇太后，活了 70 多岁。她处理这些关系很好，自己也高兴，其原因是她把她读的书和她的实际活动结合起来的结果。

出现宫斗或者社会上的一些打斗的情况，是怎么回事？原因很多。我想原因之一，就是教育问题。有一段时间，有一些舆论，影响太深了，影响了一代两代甚至三代人。要完全消除，还需要若干年，甚至几代人。我们要强调心不要恶，不要坏；心要香，心要善，心要仁，心要爱。读书，不仅是读文字的书，透过文字净化、修炼我们的心灵。

二说心学　我们读书不是读这点文字的东西，一定要学精髓。现在老说传统文化。传统文化，有优秀的，也有糟粕的。我觉得我们学传统文化就像吃饭一样，把营养的东西、精华的东西吸收了，把无益的、糟粕的东西排除掉。传统文化不是所有的都是精华，传统文化的三纲：君为臣纲，父为子纲，夫为妻纲。它有一部分合理因素，也有部分不合理因素，如果完全继承，我认为是不妥当的。中华传统文化的精髓，有几句话可以代表：

第一句就是文天祥的"人生自古谁无死，留取丹心照汗青"。再一句就是范仲淹《岳阳楼记》的千古名言："先天下之忧而忧，后天下之乐而乐。"还有《左传·襄二十四年》讲的："大上立德，其次立功，其次立言。"这里把"立言"放在第三位，我觉得不妥当。孔夫子立言，留下《论语》，老子立言，留下《道德经》，孙子立言，留下《孙子兵法》，这些都被放到第三，行吗？总之，我们中华民族有个传统，要立德、立功、立言。特别是干部，离休也好，退休以后，立言，也可以接着立功立德。第四句，宋朝张载说："为天地立心，为生民立命，为往圣继绝学，为万世开太平。"这是我们中华传统文化个人修养的最高境界。

不光是在职的时候，就是在离退休之后，我常说的，一个人按读书、做事来说，可以有四个青春：第一个青春是从20岁到40岁，主要是学习；第二个青春是从40到60岁，主要是工作、事业，做出成绩；第三个青春是从60岁到80岁，继续学习，可能做出更大成绩；第四个青春是从80岁到100岁，如果健康长寿，继续前进，会有更大成绩和贡献。当然，还有一个青春，就是个别人100以上，如周有光现在108岁了，还在那里天天敲电脑，天天写文、著书呢，还在为往圣继绝学。

有很多人提一个问题，就是书太多了，读什么书啊？咱们国家每一年出版的书，30多万种，不要说读完，就把书目印成书，大约有100本，我们也看不过来。我建议还是选一下。选什么呢？

比如，经部，书太多了，《十三经注疏》一辈子也读不完。经部书，先看一本，我推荐《大学》。《大学》是"四书""五经"的精华。"四书"、"五经"总共60多万字，我们没工夫全看，就看《大学》这一本书，朱熹说1751个字，我数是1753个字。我相信朱熹啊，我数了三遍，还是1753个字。我是不相信自己。

我找来助手数。他数完说，阎老师啊，是 1753 个字。隔了 3 天我们继续数，以为那天糊涂了，结果还是 1753 个字。我就打电话给研究这本书的专家。专家说阎老师，朱熹不可能错，1751 个字，没错。过两天他打电话过来，说是 1753 个字，可能是朱熹太忙，让学生代数的，他自己就那么写上了。我们不管这些。《大学》在经部书中，字数最少，文字通俗，内容精粹，影响深远，所以我建议大家经部书，读一读《大学》。

又如，史部，书也太多了。司马迁的《史记》十二本纪、三十世家、十表、八书、七十列传，共一百三十篇，五十二万言，我们也没工夫全读了。就读他那个七十列传的最后一篇，《太史公自序》，读完大概对他之前的文化有个基本的了解。

再如，子部，书也太多，光是研究道家的书就有一千多种，读不过来，怎么办？建议读"二子"：一是《老子》，5322 个字；二是读《孙子》6072 个字，每部书相当于《人民日报》一个版面的字数。《老子》和《孙子兵法》都是智慧书，字字珠玑，句句精彩，读之不尽，用之不绝。

另如，集部，那就自己选了，喜欢什么，就看个什么。

三说心悟　我觉得我们读书，最大的一个问题就是悟。学，有些人还可以做；悟，就更难一些。但是，读书关键，还是在悟。因为学了很多，脑子记了很多，没悟出道理，又不去做，那还不如搁在湖北省图书馆里。五六十万字的书，搁在湖北省图书馆还保险一点。因为人生有限嘛，人活七十古来稀，到时候就被火化了，肚子的东西也一块儿都烧了，搁图书馆就保存下来了。所以一定要悟，悟出书中的道理。为了说明"悟"，我讲三个和尚的故事。

第一个是达摩，他强调悟，面壁十年，干什么呢？就是悟，悟佛经里的道理。他最后悟出来了，他开创了中国禅宗的学派，被誉为禅宗之祖。

第二个是惠能。惠能很大一个特点，就是读书会悟。他师父弘忍，老了，要把衣钵传下去，要找个接班人。让他最出色的弟子神秀作个偈，考一考。神秀用心写了一个偈，四句话："身是菩提树，心如明镜台。时时勤拂拭，莫使惹尘埃。"

师父一看，觉得虽然写得不错，但不大满意。这时有个小沙尼，叫惠能，他说我试一试。惠能也作了一个偈，四句话："菩提本无树，明镜亦非台。佛性本清净，何处惹尘埃。"就宗教哲学来说，惠能比神秀更高明一点。师父看了很欣赏，就把衣钵传给惠能了。后来，神秀与惠能发生争执，神秀成了禅宗北派的领袖；惠能则是禅宗南派的领袖，被称为禅宗的六师祖。禅宗有个特点，它更强调悟。佛家叫作"顿悟"。读书、学习，包括我们读中央的文件，大概很重要一点就是悟。悟出精髓，悟出真谛。我觉得一个人，聪明一点和不聪明一点，差异在哪儿呢？差异就在悟。一个人成就大一点，成就小一点，差异在哪里呢？差异就在悟。同样演一出戏，有人演得活灵活现，有人表演比较呆板，其中就是悟，悟艺术的真谛。

第三个是怀素。这个和尚写字把毛笔写秃了，扔了，后来堆成一个"笔冢"。他还很虚心，到处请教，拜名师，拓名帖，摹魏碑。字已经写得很好了，但是他觉得不行，就是觉得没有神韵。有一年的一个夏天，他在野地走，突然天上打惊雷。惊雷不有伴有闪电吗？他一看那闪电，顿悟了！他说："我草书啊，就应该像天上的闪电那样。"所以怀素的狂草如同闪电、走惊蛇。怀素被誉为"草圣"。他从一般写草书人，变成草书圣人，就是因为悟，悟到草书的精髓，得到升华。大概这一点是最难的。天天临帖，只要有毅力就可以，但是临出书法的精华，悟出其中的真谛，就难上加难了。

我觉得我们读文学，读历史，读艺术，读科学，都应该是这样子。书法也好，绘画也好，包括我们日常工作也好，能够悟出其中的真谛，上升到一个新的境界。读书大概是，苦读难，悟读更难。

《西游记》，大家都是当故事书看，我是当哲学看。《西游记》突出一个"悟"字。唐僧的三个弟子的法名都带"悟"——悟空、悟能、悟净，突出悟。我们从这里头领会一点，来做一种读书方法。

四说心行 读书学习，要在行动。好多军事家，兵法学得烂熟，就打败仗。明朝有几个很有名的将军，深通兵法。一个叫马林，他爸爸是将军，兵法学得好，还能作诗，酒也喝得好，一打仗就败，一败涂地，最后被杀头。还有一个将军，叫刘綎，他爸爸叫刘显，抗倭名将，将门出身。训练还好，实战有时行，有时不行。最后一仗，脸被劈掉一半，落马倒地，死在马下。所以，军事上的行，真太重要了，你行还是不行，你理论成还是不成，在战争里检验，一仗下来，就看清楚。我们读书，不是为了作秀，不是为了给别人看，是为己，是为自己用。

中国儒学，在先秦的时候，重点是讲仁，就是仁学。这是第一个阶段。第二个阶段到了汉朝，西汉、东汉都是一统皇朝，儒学上升到国家的学问，叫经学。董仲舒建议，汉武帝采纳，叫作"罢黜百家，独尊儒术"，把儒家学说上升为经典。由仁学发展到经学。到两晋，受道家、佛家影响，玄学盛行。再到宋朝，就变成理学，这个大家都很熟悉了。再到明朝，就发展为心学，如王阳明的心学。所以明朝的一些儒家，善空谈，尚心论。现在我们看到明朝的一些文件啊，皇帝的诏书啊，大话、空话、废话、假话、套话，长篇大论，玄而又玄。本来说打个仗，就照实说得了吗？他不，说天朝大兵如云，枪炮如林，以雷霆之势，定犁庭扫穴，云云。你说这些空话、大话干吗，最后被打败了。明朝后期的官方文件，大话、空话、废话、套话、假话，连篇累牍，满纸谎言。明末清初，大家感觉到这个心学不行，说大话说空话不行，要"经世致用"，就变成实学。所以，儒学由仁学、到经学、到玄学、到理学、到心学、再到实学。康熙帝公开说，他说儒家你光说空话不行，要实。明末清初，三个大思想家：王夫之，黄宗羲，顾炎武。顾炎武提出了"经世致用"，就是讲实、讲用。康熙帝支持实学，反对空说。这个很重要啊，诸位！清初之所以国家比较统一，经济比较发达，其哲学的根据，就是这个时期强调实学。因为认识到，明朝后期，心学误国，空话误国，大话、套话、废话、假话更是误国。

空言误国，实干兴邦。清朝前期，儒学强调实学，强调践行。我们现在读书也好，读经也好，如何把读书和行动结合起来？有一段争论，是"知在行先"还是"行在知先"？用不着争论。我们要将读书和行动结合，要讲读书和读心结合。

读书不是作秀，也不是给别人看，而是既读书，又修心。

明朝有个大和尚，叫道衍（姚广孝），苏州人。朱元璋把他派到北平（今北京），给燕王朱棣为傅。这个道衍，如何对待"当行则行，当止则止"？

"当行则行"，永乐皇帝要起兵，心理犹豫啊，任何人都没法直说，就只有道衍暗中商量。燕王说："天寒地冻，水无一点不成冰"；道衍如何对？道衍对："国乱民愁，王不出头谁作主？"你不是燕王吗？你一出头就做了主，就是当了皇帝。两人暗合。于是，燕王起兵，在燕京誓师，要往南京打。这时，天庭突变，狂风暴雨，电闪雷鸣，房瓦落地。永乐皇帝脸都黄了——是不是上天警示我不要起兵呢！这时道衍仰天大笑，说："飞龙在天，从以风雨，灰瓦落地，将易黄瓦。"朱棣转惊为喜，挥师南进，血战四年，夺得皇位，论功行赏。

"当止则止"，道衍如何？道衍功居为首：永乐皇帝赐他——一赐蓄发，坚辞；二封高官，坚辞；三给厚禄，坚辞；四给贵爵，坚辞；五给豪宅，坚辞；六赐土地，坚辞；七赏金银，坚辞；八给美女，坚辞。道衍要什么呢？要一座古庙，在那里青点一盏，精修诵经。永乐皇帝就赐给了他一座庆寿寺，俗称双塔寺，就在今北京西单电报大楼的原址。

道衍（姚广孝）文足以安邦，武足以定国，他的确高明：夺天下时独居首功，治天下时全身而退。知进知退，知行知止，胸怀大格局，心藏大智慧！道衍（姚广孝）的一生，当行则行，当止则止——读书读心，修身修心，高寿善终，美誉永垂。

最后，我想送大家8个字共勉：唯学唯悟，知行知止。当行不行的时候，失去机会；不当行行的时候，轻者摔跟头，重者有牢狱之灾，再重者可能掉脑袋。做人之要，在知行止。

（本文系 2014 年 3 月 18 日在湖北省图书馆的讲座稿）

国学与修养

【题记】本文《国学·读书·修养》，系于 2017 年 4 月 18 日，在西北大学张学良礼堂，为 500 余位师生所作的演讲，题目是《国学修养与人生智慧》。原西北大学副校长、长江学者李浩教授主持报告会，张茂泽教授点评。翌日晨，李浩教授发来短信，全文如下："尊敬的阎先生：能在西安聆听清论，非常荣幸，深感先生的成就除史学以外，传统之经学亦有正解，持论宏大，立意高远，与时下俗论有霄壤之别，佩服佩服。愿今后还能得到音教。叨叨不赘。诸希珍摄。敬颂道安。晚李浩叩首。"后经多次修改、补充而成此文。

一、国　学

现在的国学，我们国内所有媒体，几乎天天都在报道，一些学校成立了国学研究所、国学研究院、国学研究中心。我从 1949 年参加中华人民共和国成立的开国大典，一路走过来，68 年来，我第一次感受到国学的温暖。好多人问我"什么是国学"？我说"我说不清"。人家说你是"国学家"，我说"我绝不是"。我不专门从事国学研究。但是，我认为：国学是一个历史范畴，是一种历史现象，有自身历史演变的过程。

第一段，儒学。孔子在春秋时期，只是儒家，他的《论语》，也只是"儒学"，同其他的"道学""墨学""兵学""名学"等一样，都是一家之说，并没有上升到国家经典的地位，也没有上升到国学的地位。

第二段，经学。在先秦，无国学。中国从秦始皇元年（前221年），到清宣统三年（1911年），2132年的皇朝时代，没有一个适合所有历史时期的"国学"定义。譬如，"二子"即孔子和孟子，起初只是先秦诸子中两子，他们的两本书《论语》和《孟子》也只是两部书。《诗》《书》《礼》《易》《春秋》也只是五部书。到了汉朝，汉武帝采纳董仲舒谏言，罢黜百家、独尊儒术，设"五经博士"，《诗》《书》《礼》《易》《春秋》作为"五经"，列为经典，成为国家的学问。但还没有出现"国学"这个概念。在汉朝，研究一部经书就设立一个博士，而出现"五经博士"。于我个人来说，一部经书、半部经书都没研究好。但是我在思考，到底我们天天说的国学，是怎么回事。

第三段，玄学。东汉传入佛学。佛学传入中国后，同儒家、道家等学说既排斥又结合，魏晋南北朝时期，佛学大盛，坐而论道，大谈玄学。中国的佛学逐渐成为国学的一个组成部分。

第四段，理学。儒学在经历了从魏晋南北朝到唐朝的漫长边缘化后，传统儒学家认为有必要恢复儒学治国的主流地位。以北宋的程颐、程颢为代表，重新对儒学进行整理，开创了理学。到了南宋的朱熹，完成了对传统儒学的全面改造。朱熹把佛学、道学揉入儒学，把中国拉回孔孟之道，可以说，朱熹是儒家思想发展史上里程碑式的人物，是儒学最出色的阐释者。康熙帝说："朕以为孔孟之后，有裨斯文者，朱子之功，最为弘钜。"故朱熹"升于大成殿十哲之次，以昭表彰至意"。（《清圣祖实录》卷二四九、康熙五十一年二月丁巳初四日）两宋时期，以及明朝前期，理学成为儒学一个重要流派。到了晚明，心学兴起。

第五段，心学。到明朝，帝制社会进入晚期，出现王阳明的心学。

第六段，实学。清朝初期，明末清初思想家顾炎武、黄宗羲、王夫之等思考明亡的思想根因，执政者也总结明朝覆亡的思想原因、理论原因，认为晚明思潮一大弊端，就是空疏、高论、虚伪、清谈，华而不实，而提倡实学。顾炎武的"经世致用"为康熙帝所褒扬。

民国时期甚短，新中国初期，对儒家学说采取批判态度。近年来，提倡国学。国学的内容是什么？国学研究什么？这成了一个问题。本来，在汉、唐、明、清时期，没有我们现在国学的概念。比如元朝，蒙古语、蒙古文是国语、国文，但朱元璋提出"驱逐胡虏，恢复中华，立纲陈纪，救济斯民"（《明太祖实录》第二十六卷，第十页，吴元年十月丙寅二十三日）16个字纲领。他推翻元朝统治之后，蒙古语、蒙古文在明朝不算国语，更不算国学。又如清朝，满语和满文叫作国语，称"国语骑射"。满语和满文作为国语、国文，只有在清朝，其前没有，其后也无。明朝将满洲称作"东夷"，满洲语是不会称为国学的。辛亥革命之后的民国，更不承认满语、满文是国学。

我认为，我们对国学的理解可以从微观、中观、宏观三个不同的视角来解读。

第一，微观的认识。以微观来看国学，从隋朝开始科举考试，唐朝继续，宋朝接续，一直到清光绪三十一年（1905年）废除科举考试。特别是明清的科举考试，经典是"四书"——《大学》《中庸》《论语》《孟子》和"五经"——《诗经》《尚书》《周易》《周礼》《春秋》。后来，《春秋》一分为三，就是左丘明的《春秋左传》、公羊高的《春秋公羊传》和穀梁赤的《春秋穀梁传》。"五经"多出两部，就成为"七经"。"礼"呢？又分作"三礼"，就是《周礼》《礼记》《仪礼》。于是，"七经"又多出两部，成为"九经"。又把《论语》和《孟子》列为经典，"九经"加两经就成为"十一经"。唐朝再把《孝经》列为经典。"十一经"就成为"十二经"。读经要有字典和词典，于是将讲字词的《尔雅》列为经典，"十二经"加一经，就变成了"十三经"。所以，儒家经典最终的数字是"十三经"。这是儒家思想的基本经典、核心经典，也是科举考试最基本的教科书，还是考试出题范围、考试答卷的评判标准。原来"四书"的《大学》和《中庸》，本来就是《礼记》中的两篇，而《论语》和《孟子》又被列入"十三经"。明清许多学者认为，儒家这十三部经典，即"十三经"，就是国学的核心。这是国学的微观界定。这自然是狭义的国学。

第二，中观的认识。在微观与宏观之间，有没有个中观呢？我认为有。国学的中观认识，首先是经学，这在唐宋以来的帝制时代，是没有争议的。但"十三经"中，有两部史书，一部是《尚书》，另一部是《春秋》。但是，史学著作如纪传体的《史记》《汉书》，编年体的《资治通鉴》，纪事本末体的《宋史纪事本末》等，不能被排斥在国学之外！史学之外，还有子学。如《老子》《墨子》《荀子》《孙子》《管子》《韩非子》《黄帝内经》等，兵家、法家、墨家、医家、农家等算不算国学？诸子百家的百家算不算国学？还有集部如《李太白集》《杜工部集》《韩昌黎集》《苏东坡集》，以及《三国演义》《水浒传》《西游记》《红楼梦》等算不算国学？还有陆羽的《茶经》，唐英的《陶冶图说》等。这样，经、史、子、集都算国学。这个范围比微观宽一点，比宏观窄一点，所以我说这是中观的国学。

第三，宏观的认识。从宏观来讲，凡是研究中国历史、语言、文化、民族、宗教等学问的都算国学；汉学、满学、蒙古学、藏学、维吾尔学等，也都属于中国学。在这里，要关注西方一些学者的看法。他们把中国学叫作"汉学"，也叫作"华学"，而不把满学、藏学、蒙古学、维吾尔学等归入国学。他们或者出于不清楚，或者出于西方殖民者的偏见。具体说来：

（1）满学。满洲最盛时东北森林文化地区，很多学者认为属于草原文化、游牧经济。东北地区我这几年跑了一下，往北一直跑到伯力（现在俄罗斯叫哈巴罗夫斯克）、海参崴（现在俄罗斯叫符拉迪沃斯托克）、伊尔库茨克和贝加尔湖地区等。这一地区最明显的特点是森林，大兴安岭、小兴安岭、外兴安岭（南）、张广才岭、长白山，森林蔽天，一望无际，特别是前些年我去的时候，汽车完全在森林里头，跑一天不见太阳。我说整个东北地区，我把它叫作森林文化、渔猎经济。多大面积？在明清盛时，森林面积包括今辽宁、吉林、黑龙江、乌苏里江以东濒海地区、黑龙江以北外兴安岭以南地区，西到贝加尔湖，约 300 万平方公里。研究这一地区历史、文化、语言、满族、宗教的满学，显然是属于中国学的一个组成部分。

举一个例子。一次我在一所高校演讲，约有 2000 人，校长、书记都在场。

一个人忽然举手说:"阎教授我有话要说,我认为康熙帝不是中国人。"我说:"你认为康熙帝是哪国人?"因为当时人太多,我不便把话说深,而只说了一句话:"你呀你呀你呀,这句话会使'亲者痛,仇者快',你说康熙帝是哪国人,那我们中国清代国土都变成那个国家的。"所以,满学,原本没有这个学科,中华人民共和国成立几十年了,这门学科怎么办? 20 世纪 80 年代,我跟几个专家学者商量,我说咱们创立一个学科,叫作满学,就是满洲学。后来,建立北京社科院满学研究所,成立北京满学会,先后举行 5 次国际满学研讨会,现在亚洲的日本、韩国、蒙古国,欧洲的德国、法国、英国、意大利、瑞典,还有美国等国家学者都承认,这是一门新的学科,就是满学。那么,满学算不算国学? 当然应当算。

(2) 蒙古学。在明清盛时,漠南蒙古(今内蒙古)、喀尔喀蒙古(今蒙古国)、准噶尔蒙古(今新疆蒙古族地区)、布里亚特蒙古(贝加尔湖以东以南)唐努乌梁海(图瓦地区)蒙古等,共约 300 万平方公里。蒙古学显然是中国学的一个组成部分(现在蒙古学已成为一门国际性的学科)。

举个例子。我从阿拉善,经鄂尔多斯、锡林郭勒,一直到呼伦贝尔,长约2400 公里;蒙古国我也去过;前年到贝加尔湖去。蒙古草原,"天苍苍,野茫茫,风吹草低见牛羊",属于草原游牧文化,没有争议。研究蒙古历史、文化、语言、宗教、社会等学问的蒙古学,算不算中国学? 我说算国学。

20 世纪 80 年代,我作为访问学者到美国讲学,见到哥伦比亚大学有一个蒙古学研究中心。我记得前些年我去乌兰巴托参加一个国际的学术研讨会,会上我有一个发言,其中说到,元、明、清等,蒙古都是中国的。讲到这,一个蒙古国科学院的学者说,我们认为在元朝的时候中国是蒙古的。我当时就说,我根据历史研究的结论,在元朝的时候,蒙古是中国的。散会之后,他说,阎教授,我们政府的观点元朝时中国是蒙古的,我在会上必须坚持我们国家的观点;但在会下我是学者,我认为在元朝时候蒙古是中国的。

(3) 新疆学。新疆不仅有维吾尔族,还有蒙古族、哈萨克族、汉族、满族等,盛清时，其面积 215 万平方公里，相当于今英国、法国、德国、意大利、奥地利、西班牙和葡萄牙七国 213.5 万平方公里，当时新疆面积比以上七国面积总和还要大一些。我很有幸，整个新疆基本都跑过——东起吐鲁番，南到喀什，西到伊宁，北到阿勒泰。研究新疆历史、民族、语言、文化、宗教等学问的新疆学，应当算国学的一个组成部分。

（4）藏学。我国青藏高原 250 万平方公里，云贵高原 50 万平方公里，高原文化共约 300 万平方公里。在这个地域生活的藏族、瑶族、苗族、彝族等，特别是藏族，形成藏学。这显然是中国学的一个组成部分。那么高原文化，比如藏族区域、藏族历史、语言、宗教、文化等的藏学，算不算我们中国学问。我个人觉得应该算。

（5）台湾学。台湾学不必讨论，台湾士子每三年到北京来参加科举考试，清朝台湾籍考中进士共 33 名。台湾学完全属于国学的一个组成部分。

（6）汉学。我们总觉汉族文化地理面积很大。这要具体算：江苏 10 万平方公里，浙江 10.2 万平方公里，安徽 14 万平方公里，一个呼伦贝尔比江苏和浙江两省面积加一块还大。其他如山西、陕西、甘肃、河北、河南、湖北、湖南、广东、广西、山东、江苏、安徽、江西、福建等。其核心地区，大概算是 300 多万平方公里。

以上，农耕文化、草原文化、森林文化、高原文化，四个 300 万加在一块，是 1200 万平方公里，还有其他地区，在明清强盛的时候，中国领土大约为 1400 万平方公里。在这大地上生活的汉族、满族、蒙古族、维吾尔族、藏族等，其历史、文化、语言、宗教、经济、社会等，都应该算在我们中国国学研究的范围。

说起国学，我很惭愧。我这么多年历史学都没研究透，史学中的清史也没有研究透，清史中的康熙、雍正、乾隆时期的历史也没有研究透。诸位，一个人一天 24 小时不吃饭不睡觉，天天看书，用一百年的时间，也看不完乾隆朝的资料。所以，我说我不是清史专家，但我把努尔哈赤天命十一年的史料基本看了。我最多可以说是天命朝历史的专家。所以，我们谈国学要有微观、中观、宏观三个视角。

由上，我们可以得出一个结论：凡是中华暨中华各族在历史上形成的哲学、历史学、文化学、语言学、宗教学等的学术学问，都是国学。

那么，国学与传统文化有什么关系呢?

国学与传统文化的关系。国学是经悠久历史传承的中国之学，关系中国的学术、学问。国学与传统文化既相联系，又相区别——相联系如"四书"，既是儒家的经典，又在科举时代成为家喻户晓的传统文化；相区别如中国传统文化包括物质的与非物质的，前者如大长城、大运河、大故宫等，后者如书法、绘画、刺绣、陶瓷、制茶、戏曲等工艺和艺术。《大学》《中庸》《论语》《孟子》等既算国学，也算传统文化；北京绢花、天津泥人、南京刺绣、扬州漆雕、潍坊风筝等都算传统文化，但不算国学。中国的国学和传统文化之特点，主要具有六个特点，就是"六性"。

(1) 原生性，中华文化是在中华大地上自然生长的原生性、原创性的文化。

(2) 悠久性，中国历史，从北京人算起有 70 万年的历史，从夏朝算起有5000 年的历史，从有文字记载的甲骨文算起有三四千年的历史。

(3) 连续性，世界四大文明古国——古巴比伦楔形文字失传、古埃及象形文字失传、古印度原生文明遭毁灭，这三大世界古老文明的语言、文字都中断了，只有中华文明一脉相承，连绵不断。从前 841 年的编年史纪事至今从未中断。这在世界历史上是仅见的。

(4) 多元性，从文化类型来说，有中原农耕文化、西北草原文化、东北森林文化、西部高原文化、东暨南沿海及岛屿海洋文化；从宗教来说，儒、道、释教等；从族群来说，汉、满、蒙古、回、藏、维吾尔等 56 个民族的不同文化，共同组成中华文化大家庭。

(5) 包容性，中华各地域、各族群的文化，相互间虽有冲撞，更有融合，相互借鉴，相互包容，到清朝前期，融汇成统一而多元的大中华文化。

(6) 日新性，"苟日新，日日新，又日新"，生生不息，活水不断，是中华传统文化的又一个特点。

怎样学习国学和传统优秀文化? 一个重要方法，就是读书。

二、读 书

为什么要读书？董仲舒说："常玉不琢，不成文章；君子不学，不成其德。"（《汉书·董仲舒传》卷五十六）因为读书学习是己之需、家之需、业之需、国之需。

第一，己之需。学习首先是自身的需要。

其一，人生有缺憾。人生来具有自身的缺陷。儒家有性善说，认为"人之初，性本善"。那为什么还要"明明德""致良知"呢？儒家《荀子》提出性恶说："人之性恶，其善伪也。"因为"若夫目好色、耳好声、口好味、心好利、骨体肤理好愉佚"。（《荀子·性恶篇》）人生之后，又受到外界尘埃的污染，德性、良知受到影响，所以要"明明德"，要"致良知"，就是要读书，要修养。

其二，过去缺了课。我们在座的朋友，大部分都是 60 岁以下的，大部分都是 1949 年以后出生的。那个年代，耽误了读书的人不是少数。

南方一所高校请我去作报告。那天有 1000 多人。上来我就问，在座中文系的请举手。举手的人很多啊。我说中文系的学生不算，硕士研究生和导师算，但是研究现代文学如研究鲁迅、郭沫若的不算。只研究古典文学，还要研究先秦文学的算。我说在座的包括教授、博导，能背《论语》《孟子》的请举手，一个没有。这不能怪个人，这是一个时代的文化特点。既然我们缺了这一课，那么就应该补上这一课。

其三，历史有污染。历史有正面的精华，历史也有负面的糟粕。负面的东西也在传播，如赌博、吸毒。我们要抵制历史上的消极因素，需要读书，加强素养，提高免疫力。

其四，国际有垃圾。电信诈骗最早是从海外传来的。西方既有先进的科技，也有文化的垃圾，如拜金主义、恐怖主义、嬉皮士、吸毒贩毒等。现代社会不能完全阻止这些脏东西进来，那就需要读书学习，提高分辨能力、抵御能力。

第二，家之需。《孟子·离娄上》说："天下之本在国，国之本在家。"荀悦《申鉴·政体》也说："天下之本在家。"《大学》更进一步说："家齐而后国治，国治而后天下平。"家，从何做起？从父母做起。在座的有一部分成家有子女，年纪再长有孙子孙女，外孙子外孙女，现在幼儿园就开始学国学，背唐诗，国学进小学、进中学。你在家庭要教育孩子，不是家庭需要吗？小孩儿背诗让你给接着，你背不来，这就不好意思了。前两天我出差大家在吃饭，一位先生能背古典诗词，他请随便点，有人点张若虚的《春江花月夜》，他一气背下来。

第三，业之需。我们的公务员、事业单位员工、公司员工、部队官兵等，形势紧迫，工作繁重，时代发展，极为迅速，要做好工作，一个基本的素养，就是认真读书，不断学习，从中长知识、长智慧，提高国学素养、提升传统文化修养。

第四，国之需。我们面临世界科学文化腾飞猛进的时代，处于中华民族伟大复兴的时代，肩负着实现中华复兴梦的历史使命。为了国家的需要，民族的需要，人民的需要，天下的需要，我们得趁这个机会，在学校，在单位，在社会，在家庭，多读一点书，多读一点国学的书。于己、于家、于业、于国，都需要认真学点儿国学。

读什么书？怎样读书？读书——往小里说，过去是先念"四书"，再念"五经"，学习作文作诗，练习时策时论，参加科举考试——先秀才，再举人，再进士，再考翰林院庶吉士，就这么一个读书路径。

我今天重点讲"至善"。"至善"比较抽象，要具体化。我把"至善"，分解为"四个合"，就是要修养四个"合"。第一，天合；第二，地合；第三，人合；第四，己合。《孟子·公孙丑下》说："天时不如地利，地利不如人和。"他只是阐明地利比天时重要，人和又比地利重要，但他没有探讨、论述、阐明天和地、地和人的关系，更没有阐述己和己的关系，以及天、地、人、己四者之间的矛盾统一的辩证关系。

三、修　养

修养的修，《说文解字》："修，饰也；从彡，攸声。"彡，《说文解字》曰："彡，毛饰画文也"。读 shān，音衫，意为'毛饰画文'。"段玉裁注：巾部曰："饰者，刷也。又部曰："刷者，饰也。""饰，即今之拭字，拂拭之，发其光采。故引申为文饰。"又注云："不去其尘垢，不可谓之修；不加缛采，不可为之修。"又引《汉书·匡衡传》云：

> 治性之道，必审己之所有余，而强其所不足。盖聪明疏通者戒于大察，寡闻少见者戒于雍蔽，勇猛刚强者戒于大暴，仁爱温良者戒于无断，湛静安舒者戒于后时，广心浩大者戒于遗忘。必审己之所当戒，而齐之以义，然后中和之化应，而巧伪之徒不敢比周而望进。（《汉书·匡衡传》卷八十一）

所以，所谓修养就是：既要扬己之所长，更要克己之所短。为此，要从多方面下功夫，我这里重点讲要在四个方面下功夫。

修身 就是不断调整、维护、保持生理平衡，少得病，争取 90 岁之前做到：生活能自理、头脑不糊涂。

修心 就是修炼心善、心大、心宽、心硬。

孔子说"古之学者为己"，就是修身，今之读书为了什么呢，为了功名利禄？我觉得我们现在学国学的，还有沉静的，这个很好，其中有个问题值得我们思考，就是如何把国学和修心结合起来。特别我们在座的同学，修身、齐家、治国、平天下，先不考虑这个齐家、治国、平天下，先考虑修心。格物、致知、诚意、正心，我考一下，诚意、正心、修身这六个字怎么解释？以此我再说三点，学国学和修养——修己，不说修养，修养太大，就是想怎么通过学习儒家的经义，来使我们自己跟自己合。

修智 就是学习、积累、修炼、激发人的智慧。读书长知识，但知识与智慧不同；读书使人聪明，但聪明与智慧也不同。知识更多靠积累，聪明更多靠天分，智慧更多靠后天的修炼，靠思想火花的迸发。知识主要表现为知道得比别人多，聪明主要表现在耳聪目明，反应快、记忆好。人的聪明非常重要，智慧比聪明更重要。智慧主要表现在对事物内在联系的把握、思索、掌控和决断。人生之大事，不过三五件，智慧表现在——重大问题的思考、重大策略的决断、重大方向的把握、重大转折的选择。

修行　做官要严于操守。宋代学者陈襄在《州县提纲》中说："明有三尺，一陷贪墨，终身不可洗濯。故可饥、可寒、可杀、可戮，独不可一毫妄取。"

读书学习，更重修行。这就是：

> 心行合一（以行合心），善心善行，万事亨通。
> 言行合一（以行践言），空谈误国，实干兴邦。
> 知行合一（以行验知），知而不行，知者何用？
> 情智合一（以理制情），以理制情，事多顺通。

附录

问　答

【问题一】：读史"鉴前世之兴衰，考当今之得失"，于我们今天来说，历史上有哪些经验教训特别值得我们借鉴？

简　答：历史经验，是个宝库；历史教训，为其反面。亿万珍宝，无所不有；万千教训，遍藏史书。因此，既要扬己之所长，又要制己之所短。譬如，做纪检工作，要学习、研究历史上的清廉与贪腐，那就要学习历史上清廉的经验和防腐的教训。这反面可以多看"二十五史"的"循吏传"。又譬如女士，关心治家、教子的经验与教训，则选"列女传"非贞节，而是教子成才的著名列女传。

【问题二】：请您结合自己治学体会，谈一谈学习历史的正确途径和方法。

简　答：一是泛读，如选"前四史"、"唐史""明史""清史"，在断代史上下些功夫；二是专读，如看报、看书中提到匡衡谈修养，就查《汉书·匡衡传》，查个水落石出。

【问题三】：请您给非历史专业人员开一个学习传统文化的书单。

简　答：我主张读书从根源、从元典读起，要读"四名"即名家、名著、名篇、名句。名家如司马迁，其名著如《史记》，其名篇如《太史公自序》，其名句如"究天人之际，通古今之变"10个字。

再具体说，就是经、史、子、集各选若干。

（1）经，依次读学、庸、论、孟，就是《大学》（1753字）、《中庸》（3567字）、《论语》（15 876字）、《孟子》（35 261字），共计56 457字。然后再及其他。

（2）史，有纪传、编年、纪事本末、传记、地理、政书、史评等类，《四库全书》列为十五类。如依次读"前四史"，即《史记》《汉书》《后汉书》《三国志》，可得其源，而畅其流。

（3）子，"四库全书"列为十四类，如法家、兵家、医家、农家、杂家、小说家、释家、道家等。学习贵在探源，可读先秦九子：孔子、孟子、老子、庄子、荀子、孙子、墨子、韩非子、管子。

（4）集，《楚辞》最古，如别集、总集、诗集、文集等，如《李太白集》《杜工部集》《孟浩然集》《白香山诗集》等。

如果开一个五年读书的书单，如《中华基本藏书》（中华书局出版）60种（60本），一本约15万字，一月看一本，一年看12本，5年基本看完，会对国学和传统文化有一个基本、系统、全面、丰厚的了解和收获。

（本文系2017年4月18日在西北大学张学良礼堂为500余位师生所作的演讲，原题目是《国学修养与人生智慧》）

治学十二议

今天来到兰州大学，非常高兴，也非常荣幸。兰州大学是一所国内外著名的高等学府。今天在座的主要是历史学院的教授和教授指导的硕士、博士、博士后，都已经是或以后是专业历史学研究者。我以历史上前人治学经验和我个人治学体验，归纳 12 条，向在座诸位请教和交流。

第一，立志。古今中外，共同经验，成大业者，必立大志。孔子说："吾十有五而志于学。"圣人贤人与常人俗人主要区别在于"志"与"学"。为学有成，必先立志。这是因为如王阳明所言："立志者，为学之心也；为学者，立志之事也。"《史记·项羽本纪》记载："秦始皇帝游会稽，渡浙江，(项)梁与(项)籍俱观。籍曰：'彼可取而代也。'"项羽早年已立下射天之志，而后成为一世之雄楚霸王。学界也是如此。明朝文震孟，立下考中进士的宏愿，10 次会试，9 次落榜，屡败不馁，终中状元。清段玉裁，立志研究文字学，虽会试失败，却雄心不已，益奋钻研，辞官回家，"键户不问世事者三十余年"（《清史稿·段玉裁传》），加上其前 20 年积累，历时 50 年，终于雕梓《说文解字注》，卒年 81 岁。这成为"千七百年来无此作矣"。（王念孙语）顾祖禹接续父祖遗业，家贫而精研舆地之学，经十易其稿，历 21 年，完成《读史方舆纪要》，成为"此数千百年所绝无而仅有之书也！"（魏禧语）还有蒋衡，会试落第，研习书法，寻师访友，碑林摩拓，闭关扬州琼花观，"键户十二年，写十三经"。后乾隆帝命刻碑传世，而成《乾隆石经》190 通，被列入世界文化遗产名录。

必先立大志，才能出大力、吃大苦、克大难、成大事。所以，做一个优秀的历史学者，必先立志，以历史科学作为自己的事业、生命、灵魂和神明。

第二，定向。立志做研究之后，就要确定研究的基本方向。根据我个人的体会，在开始做研究的时候，首先要审慎选定研究方向。因为研究方向的选定，影响全局，事关一生。在选择研究方向的时候，应考虑三个因素：要根据自身的特点，要考虑社会的需要，还要考虑所在环境，最好是将三者结合，实现有机统一，务必谨慎，切勿轻率。当然，事有例外。有人只考虑社会需求、个人爱好，而力求改变自身的环境，以实现个人的理想。这种成功的例子很多，但道路非常艰难，并布满荆棘陷阱。

我这里说一下自身特点。自身特点主要意思有二：一是自己的喜好，二是自己的素质，这二者缺一不可。比如一名运动员，身体素质非常好，但不喜欢做运动员；或者说，自己非常想当一名运动员，但是身体的素质不宜——所以说，素质与喜好二者缺一不可。这在音乐、歌唱、体育、舞蹈、绘画、数学等方面表现尤为突出。严格来说，每个专业，要想做得出色，都需要具有本专业所需要的特殊素质。应当说，每一个人都有自己潜在的特质，要认识它，发现它，适合它。只有把个人素质同社会需求、事业平台三者结合在一起时，才可能做出更好、更多、更大的业绩。

一旦选定方向，下定决心之后，就要坚持下去。百折不挠，矢志不移。顾炎武诗云："永言矢一心，不变同山河。"我把"永言"改作"定向"，就成为："定向矢一心，不变同山河。"

第三，专一。我们面临的，不仅是甘肃省的学术竞争，也不仅是国内的学术竞争，而是世界的学术竞争。没有执着专一精神，见异思迁，浅尝辄止，是不行的。我跟别人交流过，作为一个优秀的学者，执着专一精神是起码的条件，没有这个条件，别的都谈不上。但是有了这个条件，也未必能做出成绩来，我见过的学者，读过很多的书，稿子一摞一摞的，最后在学术上也没有大的成就。光埋在书堆里，不行。执着就要始终如一，就是几十年如一，不要旁骛，不要停步，不要见异思迁，更不要知难而退。当然会遇到很多困难，时感山穷水尽，复见柳暗花明。既有饱尝困惑的苦涩，又有豁然开朗的喜悦。世事纷扰，要保持一种寻常、中正、平和、淡漠的心境。义理、考据、文章三者，俱不可缺，均可为主，又皆可为辅。学海无涯，探其奥秘，大家共同正反经验，需要倾注一生心力，需要甘于清苦寂寞。《荀子·解蔽》曰："好书者众矣，而仓颉独传者，壹也；好稼者众矣，而后稷独传者，壹也；好乐者众矣，而夔独传者，壹也；好义者众矣，而舜独传者，壹也。"所以，凡事成于一，而弊于两。

影响专一的因素很多，诸如自然因素如瘟疫，社会因素如运动，经济因素如金钱，健康因素如疾病，等等。都可以反其道而借用之——新冠疫情防控期间，禁足在家，可有更多时间研究；譬如下放，仍有可借用的时间；经济如挣钱少，要能够安贫而乐道；健康如患疾病，仍有可利用的条件。

总之，这个过程，应当有滴水穿石、锲而不舍、矢志如一、百折不挠的精神。在学术研究的过程中切忌"三躁"——急躁、浮躁、骄躁。康熙帝说："初学贵有决定不移之志，又贵有勇猛精进之心，尤贵有贞常永固不退转之念。"（康熙《庭训格言》，清内务府刻本）一个学者，有了决定不移之志，勇猛精进之心，贞常永固之念，那么就不会有做不成之事。

我举一个例子。《中国印刷史》的作者张秀民（1906—2007）先生，1931年入北京图书馆，1971年退休，在北图工作40年。退而不休，继续研究，清虚自守，黄卷青灯，七八十年，目标专一，锲而不舍。该书1958年出版，1989年修订再版，2006年增订再版，百余万言，被誉为印刷史上的时代巨著。

第四，创新。创新是学术研究价值之所在，灵魂之所系。这本应是义中应有之题，却成为一个突出的问题。学术研究，目标要新、立意要新、着手要新、成果要新。研究的问题，古今中外，无人碰过。"苟日新，日日新，又日新。"创新是学术的神明。网上下载的东西，固可以做研究参考，却不算是学术研究。因为历史学研究难点有二：其一是说别人没有说过的义理，其二是用别人没有用过的史料。这两点，网上的"学术"都不具备。学术论著首先要——"问题"是别人没有提出过、阐述过的，"资料"是别人没有发现、没用过的，"结论"是别人没有表述、没论证的。一定要站在学术研究的最高点：在自己的研究领域里，要"望尽天涯路"。否则，研究的成果是可能靠不住的，是经不起时间考验的。其次，成果是一流的、高端的。科学研究，只有第一，没有第二。治学之道，"愈入则愈深，愈进则愈密"（《清史稿·南怀仁传》）。现代世界已经连成一体，成果要经受国际的检验。

学术研究，在于未知。由未知，变已知，重在资料，贵在学习。我的《郑各庄行宫、王府、城址、兵营考》和《雍正理王府址考》两文，主要利用台北故宫博物院藏和北京第一历史档案馆藏清代内务府的两份满文档案，再辅以其他资料，综合分析，加以考证。这两份满文档案，从来没有学者全面引用并论证过。

学术研究的新，一是问题新，别人没有提出过。二是资料新，如马克思在《资本论》第二版"跋"中说："研究必须充分地占有材料。"就某种意义上说，谁掌握基础资料愈丰富、掌握第一手资料愈翔实，谁就会取得更新、更多的学术成果。正像王国维所说："独上高楼，望尽天涯路。"每研究一个新问题，都要重新"独上高楼，望尽天涯路"。废寝忘食，消得人憔悴。三是论述新，这就像清人姚鼐所说：义理、考据、文章要新。四是不断求新。

总之，（1）疑问——雄鹰盘旋，寻觅新问题；（2）资料——独上高楼，望尽天涯路；（3）求索——冥思苦索，消得人憔悴；（4）论证——精辟论述，惊断万人魂；（5）修正——生命尚存在，研究无止息。

第五，阙疑。我问天津大学王其亨教授："您教导学生做一个博士最重要的素质是什么？"他说："我跟他们说就四个字：'怀疑一切'。"古人早有"多闻阙疑"的论述。这就是：同中求异，相同中求不同；异中求同，不同中求相同。简单说，就是"无事不疑，无征不信"。学术研究从问题开始。如没有问题，就没有研究。一个好的研究人员，就像一个好的足球运动员，要有强烈的射门意识，就是要有问题意识。学术研究要创新，一个基本点就是善于发现问题。一位优秀学者脑子里，总有许多问题，存储许多问题。

第六，贵悟。《论语·为政》曰："学而不思则罔，思而不学则殆。"讲了学和思的关系。《荀子·劝学》曰："思索以通之。"学术贵在创新，不要重复自我。创新、超我，就要学，也要思，更要悟。学悟是学的问题，思悟则是思的问题。思比学难，悟比思更难。很多人能够做出一些成绩；除了第一个条件"执着"地学习之外，还要有第二个条件就是能够悟出一些新的东西来。但是，悟在书之外，不在书之内。

我举个怀素的故事。怀素，唐代大书法家。他在《自述帖》中说："经禅之暇，颇好翰墨。然恨未能远睹前人之奇迹，所见甚浅。遂担笈杖锡，西游上国。谒见当代名公，错综其事。"怀素幼年家贫，用叶作纸，漆盘练字，秃笔成冢，盘底磨穿的记载。但书法没有跃进。一天，他观夏云奇峰、闪电蛇舞，"奔蛇走虺势入座，骤雨旋风声满堂"，受到启发，顿悟书艺，成为狂草："笔下惟看激电流，字成只惟盘龙走。"从而成为书法大家，被誉为"草圣"，是中国书法史上的一座丰碑。

以上例子，说明"悟"是很重要的。对于做学问来说，难得做到"慧识两精"。所谓：天地之间，悟莫大焉！

第七，胆识。刘知几的《史通》讲史学家要"才、学、识"。三者之间，才，有一部分是先天的；学，大部分是刻苦努力得到的；识，则是很难很难的！张衡《东京赋》云："鄙夫寡识。"但是，这里又讲到"胆"。清代大学者阎若璩（1636—1704），字百诗，号潜丘，山西太原人，撰《古文尚书疏证》，确证东晋梅赜所献《古文尚书》为伪书。《尚书》是当时儒家经典之一，他居然提出并论证其实伪书，这是何等的胆量！明人袁崇焕说："勇猛图敌，敌必仇；奋迅立功，众必忌。任劳则必招怨，蒙罪始可有功。怨不深则劳不著，罪不大则功不成。谤书盈箧，毁言日至，从古已然。"（《明史·袁崇焕传》）著名的《石灰吟》也云："千锤万击出深山，烈火焚烧若等闲。粉身碎骨全不惜，要留清白在人间。"

一个学者，要有"刚大精神，直方气骨"。碰到困难，要有韧性。要相信一条真理："日月光华，旦复旦兮！"（《尚书大传·卿云歌》）

第八，学机。学机就是学术时机。《礼记·学记》曰："当其可之谓时。"所谓"可"就是介于"未发"与"已发"之机。时机，在军事上叫作军机，在商业上叫作商机，在学术上我叫作学机。总之，都说的是时机。大家都知道，在战场、在商场把握时机是非常重要的，甚至是生死攸关的。因为可能一时之差而全军覆没、全盘皆输。例子很多，不胜枚举。时机是非常重要的："机不可失，时不再来。"我讲过，努尔哈赤取得事业成功的重要因素是"天合"，主要是"天时"，就是时机。时机来了，要把握住，牢牢抓紧，不可丧失。努尔哈赤是怎样善于抓住时机的呢？我们从他进攻沈阳的时机选择上就可以看出来。先是，努尔哈赤召集诸贝勒、大臣及李永芳等会议，商讨军事进取方略：有人提出：当先辽阳，倾其根本；也有人提出：当先沈阳，溃其藩篱；还有人提出：当先叶赫，除去内患。努尔哈赤想先取沈阳和辽阳。但是，明朝降金将领李永芳谏议说："不应当先进攻沈阳和辽阳，因为明朝派熊廷弼到辽东任经略。"努尔哈赤说："辽东败坏至此，熊蛮子一人虽好，如何急忙整顿兵马？"李永芳说："凡事只在一人，如熊（廷弼）一人好，事事都好。"努尔哈赤曰："说得是，我意亦欲先取北关（叶赫），免我内顾，将来得用全力去败辽阳、沈阳。"努尔哈赤决策暂停向西进攻沈阳和辽阳。努尔哈赤还是未敢动手攻打沈阳和辽阳，而是先打开原、铁岭，再打叶赫，迟迟未敢向沈阳进攻。努尔哈赤利用的重要时机——就是明朝皇位更迭、明廷党争激烈、辽东经略易人，抓住时机，夺取沈阳。

我们从努尔哈赤"八城两战"——抚顺、清河、开原、铁岭、沈阳、辽阳、义州和古勒山之战，萨尔浒之战的胜利，可以总结出历史的经验。我同大家共同分享的一条历史宝鉴是：成大事者，善抓时机。事情千条万条，时机最为重要。我送大家一句话共勉：做大事，本乎机；成大事，存乎会。古今中西，盖由于此。

这里我解释一下。"机"字，《说文解字·机》字释曰："机，主发谓之机。

从木，几声。"段玉裁注："下文云：机持经者，机持纬者，则机为织具也。机之用，主于发。故主发者，皆为机。""会"字，《说文解字·会》字释曰："会，合也。从亼，曾省。"段玉裁注："会，为其上下相合。三合而增之。"可以做出新的解释，就是："机"为时机，"会"为相合，就是说，时机到了、会合有了，或者说时机具备了、条件成熟了，一定抓住，不可错过。

第九，不器。人们常说，这个人不成"器"，或者说，这个人成"器"。《礼记·学记》曰："大道不器。"孔颖达疏："大道不器者，大道亦谓圣人之道也，器谓物堪用者。夫器各施其用，而圣人之道弘大，无所不施，故云不器。不器而为诸器之本也。"就是说，不器而为群器之本。《论语·为政》曰："君子不器。"朱熹注曰："器者，各适其用，而不能相通。成德之士，体无不具，故用无不周，非特为一材一艺而已。"在这里，"器"有三种状态：一是"不成器"，二是"成器"，三是"不器"。澳大利亚医学教授、医生巴里·马歇尔，跳出器，反主流医学观点，对胃溃疡、十二指肠溃疡病因提出，由于性情阴郁等导致，通过研究而得出为幽门螺杆菌导致胃溃疡、十二指肠溃疡的新说，从而获得2005年诺贝尔医学奖。学术研究，敢于创新，只有"不器"，才能"成器"。

第十，改错。我最近作了一副对联：文章不怕百遍改，经典耐得千年读。以此自勉。一个学者应有三重身份——作者、读者、编者，或者说要从作者、读者、编者三个视角看自己写的著作。具体来说，读者总在挑错、编者总在找错，作者总在改错。

先说别人改自己的错。我这里讲"半字师"的典故。清朝人龚炜《巢林笔谈》卷六《半字师》记载："东海一闺秀，作《蓝菊诗》云：'为爱南山青翠色，东篱别染一枝花。'佳句也。予以别字尚硬，为去其侧刀，人称为半字师。"我还有一个"一字师"的真实故事。我的小册子《正说清朝十二帝》中引光绪帝17岁写的一首诗："西北积明雪，万户凛寒飞；惟有深宫里，金炉兽炭红。"我是从其他书上转引的。没有亲自直接核对原文。后接到一位读者来信，说从诗的韵律上讲，"飞"字应当是"风"字。我委托一位朋友查了《清德宗（光绪）御制诗文集》，说应当是"风"字。我立即通知中华书局编辑宋志军先生，下次重印时加以改正。此诗我没有亲自直接核对，心里总觉得不安。为此，我专门去故宫博物院图书馆查对《清德宗（光绪）御制诗文集》。在《围炉》诗中看到："西北积明雪，万户凛严风；惟有深宫里，金炉兽炭红。"

由上可以看出，我认识了一位"一字师"。学无止境，闻过则喜——这是正确的科学态度。清乾隆帝御书《弘德殿铭》，其中有句："求全之毁，吉德也；不虞之誉，凶德也。"就是说，逆言为吉，谀言为凶——这是一条朴素的真理。当然，做到这一点不容易，应陶冶这种博大胸怀。

次说自己改别人的错。我有个习惯，就是过一段时间，从报刊上找一篇文章，认真仔细地、挑错、修改。如某史学杂志的一篇文章说："明朝末年，后金在北方崛起。万历四十六年（1618年），努尔哈赤率领后金军队攻占东北抚顺，京师大震。兵部右侍郎杨镐率明军40万人前往东北同后金部队展开了激战，经过一个月交锋，明军几乎全军覆没。……天启六年（1626年），努尔哈赤围攻宁远（辽宁兴城），明朝守将袁崇焕用西方大炮轰击清军，打退了清军多次进攻，努尔哈赤也在轰轰的炮声中受伤身亡。"我从中挑出其错误或疏忽之处，共有18处。以此作为自己写文章的镜鉴。

再说找别人文中的错。我举一个例子。林琴南先生当年文中有"方姚卒不之踣"语。方为方苞，姚为姚鼐，都是桐城派古文大家。踣（bó），是跌倒的意思。1936年，北京大学招生国文考卷有改此语之错的题。此被胡适之先生死死揪住不放。更有人写小说进行挖苦。林琴南郁闷离开北大。胡适等先生此事不够大度，并不可取。

学无止境，不断进取。邓广铭先生跟我说，《岳飞传》《王安石传》，不断积累资料，不断进行修订。如果每十年修订一次，修订三五次，这本书应当是一部好书，是一部值得推敲的书，是一部经得起检验的书。如我的《努尔哈赤传》，经20年积累研究，1983年出版，以后每十年修订一次，已修订四次，出版五个版本，还要不断修正，直到生命终点。

第十一，重小。做事不要忽视小，应小中见大；文章不一定要长，能短尽量短。举例来说：《四书》中《大学》1753个字，《中庸》3657个字，《论语》15 876个字，《孟子》35 261个字，共计56 547个字。论文首要不在篇数，专著首要不是字数，时代不同，标准亦异。我的意思不是说要恢复古文，而是说要学习古人的"惜字如金"。人们往往想做大事，这固然好；但大事是从小事积累起来的，所以，千万不要轻视小事。

我讲台湾地区首富王永庆：从一粒米开始获得成功的故事。王永庆因家贫读不起书，16岁便从老家来到嘉义开米店。那时，嘉义已有米店近30家，竞争激烈。当时仅有200元资金的王永庆，只能在一条偏僻的巷子里承租一个很小的铺面。在新开张的时日里，生意冷清，门前罗雀。王永庆决定从每一粒米上打开突破口。那时，台湾稻谷在米里掺杂沙石。做饭之前，都要淘好几次米，但大家习以为常。王永庆却从中找到了切入点。他和两个弟弟一齐动手，一点一点地将夹杂在米里的秕糠、沙石之类的杂物拣出来，然后再卖。一时间，小镇上的主妇们都说，王永庆卖的米质量好，省去了淘米的麻烦。这样，一传十，十传百，米店的生意日渐红火起来。王永庆又主动送米上门，赢得更多顾客。如果给新顾客送米，王永庆就细心记下这户人家米缸的容量，并且问明家里有多少人吃饭，几个大人、几个小孩，每人饭量如何，据此估计该户人家下次买米的大概时间，记在本子上。到时候，不等顾客上门，他就主动将相应数量的米送到客户家里。王永庆精细、务实的服务，使嘉义人都知道在米市马路尽头的巷子里，有一个卖好米并送货上门的王永庆。有了知名度后，王永庆的生意更加红火起来。这样，经过一年多的资金积累和客户积累，王永庆自己办了个碾米厂，在最繁华热闹的临街处租了一处比原来大好几倍的房子，临街做铺面，里间做碾米房。于是，王永庆从小小的米店生意开始了他后来问鼎台湾首富的事业。（《东方青年》2007年第10期）

其实，做学问也是同样道理，先抓个小或较小的题目，做精、做细、做新、做好，积累经验，逐渐做大。

应当提倡学术论著重质量、重创新。盲目追求论文篇数和专著字数是一种不良的学风。爱因斯坦以《狭义相对论》和《广义相对论》而奠定了他在物理学史上的地位。这个经典事例，应当引起重视。

第十二，四合。研究历史，旨趣在于，为民族立丰碑，为人民长智慧。读书明德、体悟人生、立身为人、陶冶性格。人生在世，都应四合，即正确处理同天、同地、同人、同己四个方面的关系。不管主动或被动，也不管意识到或没有意识到，更不管是自在或自为，都要处理这四种关系。怎样算是最佳处理这四种关系呢？概括地说，就是力求做到"四合"。"四合"是天合、地合、人合、己合。做人做事，为官为民，做研究，应考虑，要处理同天的关系、同地的关系、同人的关系、同己的关系，特别是自己同自己的关系。

学术研究，贵在激情，贵在专一，贵在创新。积累题目，脚踏实地，心高志远，不断创造，抢占学术先机，掌握学术主动。而要做到这一点，必须生理平衡、心理平衡。为此，必须做到"己合"。我们的胸臆，要有"四合"。一个人做点事情，要有天时、地利、人合，还要有"己合"。"己合"主要是个人得把握自己，懂得自处，心态平和、心情豁达、心境坦荡。一个人的健康心态、健康身体很重要，因为很多心理困扰和身体疾病是同"己不合"有关。健康心态和健康身体是成就学术事业的基本条件。司马迁说："夫神大用则竭，形大劳则敝。形神骚动，欲与天地长久，非所闻也。"（《史记·太史公自序》）试想，如果没有"己合"，哪还有什么"天合""地合""人合"呢？

做一个学者，享受不到常人所享受的幸福，但享受别人享受不到的乐趣。

（本文系作者 2005 年 10 月 18 日在兰州大学历史学院的讲话稿，后多次增补修改）

说话的艺术与智慧
——史事杂评

大家好！去年丰金国学学校新学年开学，我给学校赠送题词："崇德、启智、健体、重行。"学校是培养青少年成长的园地，课程门类很多，老师要求也多，而最重要的是四条——"崇德、启智、健体、重行。"这也是我八十多年人生的基本体验。我还着重阐述了影响人生成败的两个重要因素——"尊重"和"坚韧"。今天，我讲与"崇德"和"启智"相关的一个议题。

我想，我们在座各位、我们的子女、我们的学生，都要以"五会"自勉，这就是会吃饭、会睡觉、会说话、会做人、会做事。前两者是人生命的基础，后两者是人事业的基础，会说话则是人的基本修养。唐朝选官四个字即"身（形象）、言（说话）、书（书写）、判（分析判断能力）"，将"言"即"说话"列作选官的第二条标准，可见"说话"之重要。我今天就要讲"学会说话"——《说话的艺术与智慧》。

一

我为什么要选《说话的艺术与智慧》做本讲的题目呢？因为在我小时候，祖母、父母经常叮嘱一句话，就是："福从口中来，祸从口中出。"我虽牢牢地记住，却常常犯错误。人老了经常回忆过去，哪些事情做对了，原因是什么？哪些事情做错了，原因又是什么？我明年虚岁88，回顾八十多年人生，最大遗憾就是不大会说话。有人说："不对，您在《百家讲坛》侃侃而谈，滔滔不绝，口若悬河，不看讲稿，怎么可能不会说话呢？"我经过认真反省认为，我确实"不会说话"。我今天根据个人体验和读书心得，就"说话的艺术与智慧"做一次交流。

我先讲一个真实的小故事，作为今天讲课的"引子"。

日本医生日野原重明，日本帝国大学医学系博士，曾留学美国。他在行医之余，写作出版二百余部著作，并做过多次演讲。他用语言和文字同听众和读者进行交流。他的身体很好，100岁时还每天到医院门诊上班，出席音乐会并担任指挥。他在105岁临终前，每天接受记者采访，约一个月，并留下最后一部著作——记者访谈的记录文字《活好》。这本书出版后，记者拿着新书到他家，他看了之后很高兴，之后不久就告别了人生。

采访者和日野原重明有下面的对话。

问："不被别人的评价左右，活出真实的自己，有秘诀吗？"

答："不在乎身外之物，不被别人的评价左右，顺其自然。"

问："当与亲人或恋人这样重要的人发生激烈争执时，可以不顾后果表达情绪吗？"

答："我们常常以深爱对方的名义，说话时不假思索、脱口而出，结果说出来的话往往很生硬，让最亲近的人心里感到不舒服。"

到现在我还时常发生这种口不择言的情况，每天发生这样不近人情的事情也让我不断反思。

"无论发生什么状况，先要问自己，我是否拥有一颗温暖柔软的心。我经常这样要求自己。"

问："家庭意味着什么？"

答："家庭就是一起围着吃饭。

"想与某个人建立更加亲密的关系，不妨邀请对方'一起吃顿饭吧'。聚餐可以产生亲近感，这是我从家庭生活中学到的智慧。

"冬天的天气越寒冷，春日的暖阳越明媚。

"孩子身上的潜能如同宇宙，深不可测，远远超乎你的想象。上天已赋予每个孩子特殊的才能，家长要做的是耐心等待。"我认为这句话讲的是：细心观察和耐心等待。

"感谢逆境和疾病，给我们机会发现未知的自己。

"不断结交新朋友，不断充实新生活。终生工作，永不休息。"

日野原重明先生在诗中说：

清风拂过满庭芳，细言漫语诉衷肠；

得见此景唯言谢，悄然归去又何妨？

日野原重明先生在《活好》这本书中说："就如语言支撑我的一生一样，我希望我说的话，能进入你内心深处，慰藉你曾经困惑受伤的心灵。"

日野原重明先生 105 岁临终前留给世人一句话."语言支撑我的一生。"

二

书画、音乐、舞蹈、戏曲都是艺术，哲学、历史充满智慧。说话则是艺术与智慧的一个集中体现。为什么呢？

人是社会的动物，人具有社会性，人与人之间的关系是社会关系。人与人之间的交往、交流，有两种最基本的形式：说话和文字。这是人与动物最根本的区别。说话是人最常用的、最普遍的一种交流形式。说话，既是人们口才和思想的一种展示，也是人们艺术和智慧的一种展现。所以，我们要在说话中，学习艺术，增长智慧。

孔子的《论语》，共 15 876 个字。《论语》中"言"字出现 132 次，可见其频率之高，也可见孔子是多么重视说话。

因此，我以《论语》中有关说话的"子曰"、个人生活经验和多年读书心得，概括说话应注意、应讲求的要点，这就是说话应讲求的十个"要"：

（一）说话要有礼貌。晚辈对长辈、少年对老人、下级对上级、中国人对外国人，说话一定要彬彬有礼、礼仪有加。下面我举三个例子。

一例，在北京，一位晚辈，一次见到一位长辈说："大叔，等我有空去看你！"这位长辈回答："你有空，我还不一定有空呢！"本来是好意，因说话缺乏礼貌，受到软驳斥。应当说："大叔，您有空，我去看您！"

二例，在某省，一位文化部门的职工，对一位文化长者说："我们的博物馆很好看，等我有空领你去参观！"这位长者立马回答："我又不是小孩子，不用你领着！"本来是热心的话，却接到冰冷的回答。

三例，明大理寺评事（正七品）雒于仁，冒死于万历十七年（1598年）十二月二十一日，奏了一道《酒色财气四箴疏》，直指万历皇帝酒、色、财、气俱全。万历帝为此召见大学士申时行等到寝宫御榻前，以雒于仁为"沽名"气朕，将奏本递给申时行，并说："你去票拟重处。"申时行接着皇帝的话说："他既是沽名，皇上若重处之，适成其名，反损皇上圣德，唯宽容不较，乃见圣德之盛。"说完，将其奏疏放在御前。万历帝又取其疏，再授申时行，让他详阅，并说："朕气他不过，必须重处。"申时行说："此本原是轻信讹传，若票拟处分，传之四方，反以为实。臣等愚见，皇上宜照旧留中为是。"就是不外传，将其奏疏封存。于是，又将其疏送到御前。万历帝再说："如何设法处他？"申时行等说："此本既不可发出，亦无他法处之。还望皇上宽宥，臣等传语本寺堂官，使之去任可也。"万历帝听后点头。这时"天颜稍和"，气消了很多。（申时行《召对录》）数日之后，雒于仁借病回乡，遂斥为民，很久之后，病死。

申时行既维护了皇帝的面子，又保护了谏臣的安全，既想到皇帝的处境和气愤，又考虑大臣的意愿和祈望，终于得到两全的解决办法。这里充满了说话的艺术与智慧。

　　说话得当，获益；说话不当，获咎。孔子说："察言而观色，虑以下人（谦退之意）。在邦必达，在家必达。"（《论语·颜渊》）可见说话对一个人的祸福极为重要。

　　（二）说话要看时机。话说早了不行，说晚了也无益，要不早不晚、恰是应说该说之时。这正像民谚所说："蒸馒头火候不到不揭锅。"朱元璋提出："驱逐胡虏，恢复中华，立纲陈纪，救济斯民。"（《明太祖实录》卷二十六）后来推翻元朝，建立明朝。这话早一百年行吗？成吉思汗骑兵横扫欧亚大陆，朱元璋势力必然被踩踏在蒙古铁骑之下。同样，孙中山提前一百多年，号召"驱除鞑虏，恢复中华"，也必定失败。个人说话也是这样，话说得对，但时间不当，或使人生气、或得罪朋友、或因言落狱、或被斩首，甚至被灭十族。"祸从口出"，就是说话的时间不当。所以，说话的艺术与智慧，要考虑说话的时机。

　　（三）说话要看空间。就是要看说话的场合，譬如在家里、在茶室、在饭馆、在单位、在朝廷等，那是有区别的。在办公室说话、在会议室发言、在报告会上讲话、在电台播音讲话、在电视台演播厅讲话、在网络录音室讲话、直播讲话与录播讲话也是不一样的——录播可以剪辑，直播如泼出去的水，已无法收回。

　　（四）说话要看对象。说话，不是自言自语，而是面对他人交流。所以首先要明确自己身份和对方身份，这包括亲疏、血缘、年龄、性别、辈分、级别、地位、职业、地域、文化等。讲话的人如是家人、亲人，可以亲密些、随意些；同是家人、亲人，儿子和儿媳对父母和公婆、女儿和姑爷对父母和岳父母的讲话也有不同。听话者的年龄、性别、长幼、辈分、血缘、级别、职业、性格、文化、身份——领导与被领导、老板与员工，说话的口气、轻重、深浅、礼仪、态度等都不同。

　　（五）说话要有分寸。就是要掌握说话的火候。有些话可说，有些话不可说，有些要"话到舌尖留半句"，有些话要倾尽肺腑。孔子说："侍于君子有三愆（qiān，过失）：言未及之而言，谓之躁；言及之而不言，谓之隐；未见颜色而言，谓之瞽。"

《论语·季氏》）孔子又说："可与言，而不与之言，失人；不可与言，而与之言，失言。知者不失人，亦不失言。"（《论语·卫灵公》）

（六）说话要料后果。从帝王将相，到普通民众，通过说话交流都是非常重要的。当然，地位、身份不同的人，其正面或负面影响是不同的。比如：

（1）对于一位封建君主来说，"一言而可以兴邦"或"一言而丧邦"。（《论语·子路》）

（2）对于一位政府官员来说，可能"一句话得到升迁"或"一句话而受到贬责"。

（3）对于一位旧文人来说，可能"一句话而成为国师"或"一句话而灭门九族"。

（4）对于一位企业家来说，可能"一言而成一笔生意"或"一言而失一笔生意"。

（5）对于一位军事统帅来说，可能"一言而成胜局"或"一言而成败局"。

（6）对于一位普通人来说，可能"一言而成友"或"一言而结仇"。

（7）对于一位特殊岗位者来说，如做过地下党员的老作家、106 岁的马识途所说："情报工作人员微不足道的一句话都可能给本人带来杀身之祸。"（《北京日报·人物》2020 年 8 月 18 日）

（七）说话要讲真诚。说话不能油腔滑调，孔子说："巧言令色，鲜矣仁。"（《论语·学而》《论语·阳货》）孔子反对夸夸其谈："君子耻其言而过其行。"（《论语·宪问》）孔子说："言忠信，行笃敬，虽蛮貊（mò）之邦，行矣；言不忠信，行不笃敬，虽州里，行乎哉？"（《论语·卫灵公》）

（八）说话要讲谨慎。孔子曰："非礼勿视，非礼勿听，非礼勿言，非礼勿动。"（《论语·颜渊》）这里的礼，用今天的话来说，就是讲原则，讲政治。"祸从口出"，就是说话不谨慎，说了不该说的话，严重的会惹出祸来，如挨批评、降职务、下放、遣戍、入狱、甚至杀头。孔子说："言寡尤，行寡悔，禄在其中矣。"（《论语·为政》）说话时要考虑到后果。但是，言官批评皇帝，是职责，不怕死，留清名。如海瑞，上书之前，备好棺材，安置眷属，遣散家人。因嘉靖皇帝病死，而得以不死反升。孔子的弟子子贡说："君子一言以为知，一言以为不知，言不可不慎也。"（《论语·子

张》）说话要诚。孔子说："与朋友交，言而有信；虽曰未学，吾必谓之学矣。"（《论语·学而》）

先举一例。北宋元丰二年（1079 年），苏东坡因同宰相王安石变法政见不合，被外调湖州。按规定要向皇帝写《谢恩表》。他说："知其生不逢时，难以追陪新进。查其老不生事，或可牧养小民。"这被政敌抓住，说他讥讽朝廷。进一步查他文集中的话，找出一句"根到九泉无曲处，世间唯有蛰龙知"。被上纲为：皇帝如飞龙在天，苏轼却要向九泉之下寻蛰龙。被下狱定罪论斩，最后被免死，贬到黄州。不过，苏轼在黄州写下《寒食帖》（二首），成为苏轼诗书中的绝品。

再举一例。1976 年美国总统选举前，共和党、民主党总统候选人进行选前辩论。美国共和党谋求连任的总统候选人福特，在同民主党总统候选人卡特辩论时，本来二人选情基本持平，而福特在位更显优势。但福特在电视辩论时顺口说了一句："我认为苏联没有主宰东欧，在我的任期内没有发生过。"当时，苏联完全控制东欧的东德、波兰、捷克斯洛伐克、匈牙利等国。福特的这次口误，使得美国民众觉得他对世界政治无知，结果让卡特最后赢得了这场总统选举。这至少从一个侧面说明：福特因一句话失言而失去获得连任美国总统的机会。（石留风：《福特因口误惹麻烦》，载《环球时报》2020 年 10 月 22 日）

（九）说话要讲艺术。京剧艺术有四项基本功，就是"唱、念、做、打"，"念"就是说话，把说话作为艺术。说话时，力求准确、力求节奏、力求简明、力求文采。说话是一门艺术，要注意抑扬顿挫、轻重缓急、有节有奏、逻辑严密、简明清晰、文味诗意。如介绍戚继光，可用很多话，也可用联句："丹心映日月，伟业壮山河。"朱熹讲"新"，用诗歌语言，其《观书有感》诗云：

半亩方塘一鉴开，天光云影共徘徊。

问渠那得清如许，为有源头活水来。

　　诗分四层，因果递进：因源头活水，方渠清如许；因渠清如许，才光影徘徊；因光影徘徊，故方塘如鉴。所以，朱熹这首诗的旨趣就是"活水"，也就是"日新"。正如《礼记·大学》引述汤之《盘铭》所说的"苟日新，日日新，又日新"。

　　（十）说话要有智慧。我讲一个故事。万历四十三年（1615 年）五月初四日，有个男子，名叫张差，手持枣木棍，闯入太子朱常洛居住的慈庆宫，见人便打，一直打到殿前的檐下才被抓住。这人后供出系由郑贵妃手下太监引导而闯入慈庆宫，时人怀疑郑贵妃欲谋害太子。消息传开，舆论大哗，要求查个水落石出。大学士吴道南见这件事涉及万历帝、郑贵妃、皇太子、郑贵妃太监（庞保、刘成）和当事人张差五个方面，非常棘手，便咨问编修孙承宗。孙答："事关东宫，不可不问；事连贵妃，不可深问；庞保、刘成以下，不可不问；庞保、刘成以上，不可深问也。"郑贵妃闻之，便对万历帝哭泣。万历帝说："须自求太子。"郑贵妃向太子哭诉。贵妃拜、太子亦拜，贵妃哭泣、太子也哭泣。万历帝去找王皇后商量。王皇后答道："此事老妇亦不作主，须与哥儿面讲。"哥儿是对太子的爱称。这时，郑贵妃过来了，太子也过来了，两人争了起来。朱常洛认为："张差所为，必有主使。"郑贵妃指天发誓，呼喊"奴家万死"。万历帝见后，非常生气。朱常洛见皇父生气，便态度缓和，改口说道："此事只拿张差是问就可以了。"朱翊钧这才眉开眼笑，连连点头："哥儿说得是。"于是，万历帝下了一道谕旨："疯癫奸徒张差持梃闯入青宫，震惊皇太子。朕考虑到皇太子乃是国家根本，已经传谕本宫添人守门，关防护卫。若有主使之人，即著令三法司会同拟罪上奏。"（文秉《先拨志始》卷上）

　　次日，朝廷大臣都到慈宁宫听诏，这是近二十年来，万历帝难得的一次召见朝廷群臣。万历帝说："前几天，忽然有个叫张差的疯癫，闯入东宫伤人。外廷有许多闲话，你们谁无父子，竟要离间我们父子。如今此事只需将本内犯人张差、庞保、刘成凌迟处死，其他人不许波及。"说着，他拉住朱常洛的手说道："这个儿子极孝顺，我很喜爱。"朱常洛明白父亲的用意，便大声说："像张差这样疯疯癫癫的人，正法算了，不必株连。"第二天，张差磔死，庞保、刘成在内廷击毙，于是"梃击案"乃定。(《明神宗实录》卷五百五十二)

再举一例。如果努尔哈赤在万历十一年（1583 年）就举起杏黄旗，要推翻明朝，行吗？辽东总兵李成梁提兵围剿，只需一个月，就有覆巢之虞。努尔哈赤从起兵到成事，花了 40 年时间，他不紧不慢，巧用谋略，可用四句话来概括：

> 明称臣，不称雄；
>
> 明称臣，暗称雄；
>
> 边称臣，边称雄；
>
> 不称臣，只称雄。

这充分体现了努尔哈赤的大智慧。

三

孔子说："君子敏于事而慎于言。"(《论语·学而》)孔子又说："夫人不言，言必有中。"(《论语·先进》)为此，说话应注意八个"忌讳"：

(1) 忌没礼貌。说话没有礼貌，开口不被喜欢。

(2) 忌乌鸦嘴。四处说人坏话，久之必然失友。

(3) 忌叨叨嘴。说话没有重点，听者不留印象。

(4) 忌乌龙话。说话云山雾罩，听者不知所云。

(5) 忌抢说话。说话礼让他人，记者抢先例外。

(6) 忌单向说。不会换位思考，商鞅三次碰壁。

(7) 忌说大话。大话说得太多，朋友越离越远。

(8) 忌说假话。假话说得太多，必然深受其害。

在用语言与对方交流时，要考虑时、地、人、事、情、理、亲、疏等因素，要换位思考、亦情亦理、多元角度、预设后果。说话有多种形式，如奉承式（如对老奶奶）、对谈式、述说式、陈述式、报告式、教学式、讨论式、启发式、劝说式、解说式、汇报式、训诫式、谈判式、演讲式、辩论式、命令式等多种方式，因时、因地、因人、因事而制宜。

曾有人问：崇祯皇帝讲"九思"，有的堂号"九思堂"，"九思"的典故出自什么地方？出自《论语》。孔子说："君子有九思：视思明，听思聪，色思温，貌思恭，言思忠，事思敬，疑思问，忿思难，见得思义。"（《论语·季氏》）

由上所说，君子有九种之思，当用心思虑，以符合礼义。"九思"的集中表现就是"说话的艺术与智慧"，得之则益，失之则害。

最后，我强调一点，上面讲的"十要""八忌"都是说讲话要"避害趋利"，但在帝制时代，正义之士、骨鲠之臣，敢于谏言，敢于逆鳞。如春秋时齐国大夫崔杼杀了国君，《左传》记载：齐太史公书"崔杼弑其君"，遭杀；其继者仍书之，又遭杀；后继者再书之，再遭杀；太史公之弟仍书，没有被杀；时"南史氏闻大史尽死，执简以往。闻既书矣，乃还"。这是为真理、为科学而牺牲的先贤。又如《明史·刘球传》记载，明太监抓刘球入诏狱，刘球"大呼太祖、太宗。颈断，体犹植。遂支解之，瘗狱户下"。他的好友钟复，原要和刘球共同上疏，但被妻子阻拦，刘球杖死，钟复抑郁，不久病死。他的妻子后悔，与其抑郁死去，不如流芳而死。她的儿子钟同听到，暗地修炼正气，后中进士做官。景泰帝废太子见深为沂王，立己子见济为太子，不久太子死。钟同等上疏请复立见深为太子，章纶、廖庄也上疏赞同，景泰帝大怒，命下诏狱，廷杖。钟同被杖死，年三十二。这些直言敢谏之士，有的谏止荒淫，有的谏请勤学，"明知山有虎，偏向虎山行"，昂然浩气，奋不顾身，前仆后继，视死如归，表现了坚持正义、维护正义的高卓品格和高尚精神。

（本文系作者于 2020 年 8 月 30 日在烟台丰金公益讲堂的演讲稿）

济济多士　　善待学生

《诗经·大雅·文王》说："济济多士，文王以宁。"意思是说，周文王和他的儿子周武王，父子两代，以周代殷，君临天下，西周东周，以礼治国，达八百年，是中国有文字记载以来，时间最长的朝代。周文王和周武王治国的经验是什么？《诗经》作者认为其基本经验在于："济济多士。""士"的培养成才，有多种渠道，其中最重要、最基本的渠道在于教育——小学、中学、大学、硕士、博士的培养教育。

教育在当今社会，具有重要的地位，教师又具有更为特殊的重要地位。三百六十行，行行都重要。但我最敬重的职业是两个"师"：一个是教师，另一个是医师。因为医师为人治病、救命，维护健康；教师则是教书育人，培养人才。我对教师的印象是从上小学一年级开始的。我上小学的第一天，印象最深的是两件事：第一件，家长告诉我：从今天开始你就是学生了，要记住"天地君亲师"，要尊敬老师。第二件，家长把我带到学校，亲手交给老师，接着老师带我到孔子牌位前磕头。我知道孔子是"至圣先师""万世师表"，由衷地恭敬孔子，也恭敬老师。这是我童年上学第一天的记忆。

后来，自己也做过教师。我给小学生、中学生、大学生、硕士、博士研究生上过课，从 2004 年开始在中央电视台《百家讲坛》给数以千万计的观众、听众上过课，其中有文学家、艺术家、科学家、政治家、教授、院士，在年龄上从六龄学童到百岁老先生。我自慰的、我高兴的是，我是一个不在教育系统教师编制的一名教师。

教师的主要教育对象是学生。做一名教师，应当是：尊敬学生、热爱学生、帮助学生、善待学生。善待学生，特别要善待四种学生。

第一，善待状元生

状元生是学生中功课优秀者。历朝历代、各地各方，都敬重状元生。然而，曾经有一种看法，认为自古状元无作为。这是无视历史的偏见。也曾有另一种看法，认为状元只闪光一次。人生有多次闪光固然好，但闪一次光也不容易。中国自隋朝开始科举取士以来，历朝相沿，直至清末。由于科举考试在中国已有一千多年的历史，高中进士，光耀门楣，荣誉乡里，社会上也形成以拥有状元为荣的社会风尚。所谓"十年寒窗无人问，一举成名天下闻"，正是科举考试影响下所传诵的诗句，也表明了当时的社会心理。儒士高中，春风得意，勒石题名，以示荣宠。北京自元皇庆元年（1312 年），金榜题名者的姓名都刻在石上，立于孔庙，这就是著名的进士题名碑。明代则常将元代进士题名碑上的文字磨去，刻上当时进士的姓名，所以元代进士题名碑记保存较少。孔庙内今存元、明、清进士题名碑 198 通，上面记载 51 624 名进士的姓名、籍贯和名次，是一份极为珍贵的史料和文物。从永乐十三年（1415 年）乙未科，到崇祯十六年（1643 年）癸未科，共有 77 科，22 649 人在北京成进士。清代共举行会试 114 科，有 26 840 人在北京成为进士。明清两朝仅在北京就举行会试 191 科，明清约有 200 位状元。宋元明清状元的佼佼者，不乏其例。例如：

文天祥（1236—1283），南宋江西吉水人，年 20 中进士，对策集英殿。当时，宋理宗赵昀在位久，政理浸怠，文天祥以《法天不息》为对，洋洋万言，不打草稿，一挥而成。卷面不许涂改，字迹不得潦草，逻辑必须顺畅，文章必须漂亮。如一小时写 1000 个毛笔字的话，需要 10 个小时。皇帝亲拔为状元第一。考官王应麟奏道："是卷古谊若龟鉴，忠肝如铁石，臣敢为得人贺。"（《宋史·文天祥传》）后蒙古军侵逼，文天祥变卖家产，自费组织军队，进行抵抗活动。他兵败被俘，所过作《过零丁洋》。其末有云："人生自古谁无死，留取丹心照汗青。"文天祥在被俘押解道路上，八日不食，气节高尚。他被押到大都，元世祖忽必烈亲自劝降，拒从。后被杀于市。年47岁。数日后，其妻欧阳氏收其尸，见其衣带中有遗文："孔曰成仁，孟曰取义，惟其义尽，所以仁至。读圣贤书，所学何事，而今而后，庶几无愧。"（《宋史·文天祥传》）宋有文天祥，明有杨慎。

杨慎（1488—1559年），四川成都人，其父杨廷和12岁成为举人，19岁成为进士，官为当朝首辅。他在明正德六年（1511年）殿试第一，点为状元，年24岁，授翰林修撰。正德帝死后无子，杨廷和与太后等商定由其堂弟朱厚熜继位，也就是嘉靖皇帝。杨慎，为人忠正，性格耿直，敢于谏言，四次犯颜。一次，他率官员"撼门大哭，众皆哭，声震阙廷"，得罪皇上，遭廷杖，被流放，谪戍云南永昌卫。惨遭折磨，坚强不屈。嘉靖三十八年（1559年）七月卒，年72岁。杨慎在戍所35年，写下千古传诵的《临江仙》——我看《宋词三百首》中的几首《临江仙》，以杨慎的一首为最好："滚滚长江东逝水，浪花淘尽英雄，是非成败转头空，江山依旧在，几度夕阳红。白发渔樵江渚上，惯看秋月春风，一壶浊酒喜相逢，古今多少事，都付笑谈中。"杨慎不自恃聪明，不断学习。史载：他"尝奉使过镇江，谒杨一清（官武英殿大学士、户部尚书、首辅），阅所藏书。叩以疑义，一清皆成诵。慎惊异，益肆力古学。既投荒多暇，书无所不览。尝语人曰：'资性不足恃。日新德业，当自学问中来。'故好学穷理，老而弥笃。"（《明史·杨慎传》）《明史·杨慎传》评论道："明世，记诵之博，著作之富，推慎为第一。诗文外，杂著至一百余种，并行于世。"所以，杨慎在中国政治史、文化史、文学史上占有重要地位。

状元另如明商辂、舒芬、文震孟，清王杰、崇绮、张謇等，皆贤能之士，耿烈之臣，一代雄杰，不可贬褒也。

状元生、优秀生为士人之精华，文化之精粹，学校、老师、社会都应加意培养、精心爱护。

第二，善待落榜生

落榜生，很痛苦。遭白眼，受鄙视。做老师一定要善待落榜生。下面举几个例子。

文震孟（1574—1636），吴县（今苏州市吴中区）人，文徵明曾孙，少年聪颖，但"十赴会试，至天启二年（1622年），殿试第一，授修撰"（《明史·文震孟传》）。诸位，一个考生，九次落榜，考了30年，这需要有多么坚强的意志、多么刚强的毅力，第10次才考中状元。文震孟为讲官，"帝尝足加于膝，适讲《五子之歌》，至'为人上者，奈何不敬'，以目视帝足，帝即袖掩之，徐为引下。时称'真讲官'"（《明史·文震孟传》）。一日，"讲筵毕，（魏）忠贤传旨，廷杖震孟八十。"《明史·文震孟传》）崇祯时，文震孟起复，官拜大学士。仅三个月，遭罢斥。回家半年，其甥姚希孟（为甥舅、同窗关系）为讲官，遭诬陷，在乡卒，文震孟哭灵悲恸，也卒。

蒋衡（1672—1742），金坛（今常州）人。考取举人后，屡试不登，于是改学书法，早岁好游，足迹半海内，观碑关中，获晋、唐以来名迹，临摹300余种，名《拙存堂临古帖》。撰《续书法论》各一卷，兼工画。在扬州榴花庵，键户12年，写"十三经"。乾隆中，有人资助，加以装裱，呈送乾隆帝，命刻石国学，授学正，终不出。其言曰："汉、魏字体不同，性情各异。书须悬臂中锋，而用力以和平为主。作画之提顿逆折，参差映带，其理一尔。"（《清史稿·蒋衡传》）一次落第，只是一次失败，或再考——如文震孟；或弃考，转攻其他，如蒋衡，终成名家。

第三，善待特长生

任何时代，任何地方，都可能有特长生。作为老师，不要歧视他们，不要忽视他们，要尊重他们，要善待他们。下面我讲几个例子。

段玉裁（1735—1815），金坛人，生活在雍、乾、嘉三朝。乾隆二十五年（1760年）举人，时年26岁，没有再参加会试。在贵州、四川任过职。时大小金川之役，分管后勤，事务繁忙，仍挤出时间，夜间篝灯，著述不辍。后任巫山县知县，年46岁，以父老病请归乡里，键户不问世事者30余年，周、秦、两汉文献，无所不读，著成《说文解字注》30卷。他说："尔雅以下，义书也；声类以下，音书也；说文，形书也。凡篆一字，先训其义，次释其形，次释其音，合三者以完一篆，故曰形书。"嘉庆二十年（1815年）卒，年81岁。王念孙说："若膺死，天下遂无读书人矣！"（《清史列传·段玉裁》）段玉裁如果考进士，中国可能没有《说文解字注》一书，并可能少一位杰出的文字学家。

历史上有许多特殊才能的人，他们或没有举人学历，或没有进士学历，但都各专所长，成就斐然。

邓石如（1743—1805），安徽怀宁人。居僻乡，鲜闻见，独好刻石，仿汉人印篆甚工。早年孤贫，游寿州，梁巘见其篆书，惊为笔势浑鸷。他到江宁（今南京），谒见都御史梅瑴成之子梅镠。其家多弆（jǔ）藏金石善本，尽出让他阅读，并为他提供衣食住宿和笔墨纸砚。他好石鼓文、李斯峄山碑、泰山刻石，汉开母石阙、敦煌太守碑、吴苏建国山碑、皇象天发神谶碑，以及唐李阳冰城隍庙碑、三坟记，每种临摹各百本。又苦篆体不备，写《说文解字》20本。搜三代钟鼎，秦、汉瓦当、碑额。五年，篆书成。乃学汉分，临史晨前、后碑，华山碑，白石神君，张迁，潘校官，孔羡，受禅，大飨诸碑，各五十本。三年，分书成。石如篆法以二李为宗，纵横辟阖，得之史籀，稍参隶意，杀锋以取劲折，字体微方，与秦、汉当额为近。分书结体严重，约峄山、国山之法而为之。自谓："吾篆未及阳冰，而分不减梁鹄。"客梅氏八年，学既成，遍游名山水，以书刻自给。游黄山，至歙，鬻篆于贾肆。编修张惠言故深究秦篆，时馆修撰金榜家，偶见石如书，语榜曰："今日得见上蔡真迹。"乃冒雨同访于荒寺，榜备礼客之于家。荐于尚书曹文埴，偕至京师，大学士刘墉、副都御史陆锡熊皆惊异道："千数百年无此作矣！"时京师论篆、分者，多宗内阁学士翁方纲，方纲以石如不至其门，力诋之。石如乃客两湖总督毕沅。沅故好客，吴中名士多集其署，裘马都丽，石如独布衣徒步。居三年，

辞归，沉为置田宅，俾终老。年四十六始娶，常往来江、淮间。卒年 64 岁。（《清史稿·邓石如传》）

明末清初画坛——"四僧"释道济（字石涛）、髡残（字石溪）、朱耷（字雪个、号八大山人）、弘仁；"四王"王时敏（大学士王锡爵之孙）、王鉴、王原祁、王翚，都自学成才。《清史稿》中的刘源和唐英，都没有进士的身份，其中唐英，自学成才，被誉为千年一瓷人！

我所举的上述史例，不是说正常学历不重要，而是告诉学生：一旦高考落第——或学文震孟，复读，再学，第十试，中状元；或学蒋衡，刻苦学习成为书法家，留下"十三经刻石"，成为国宝！

第四，善待特殊生

特殊生各有各的原因，如受家庭、社会、同学的不良影响，而沾染不良习惯、不良习气。他们有的在几十年后，成为雄杰，成绩皎然。对他们的教育，应当不厌弃、不鄙视、不孤立、不打击，本着《论语·卫灵公》"有教无类"的教育思想，对特殊学生要有耐心、爱心、善心、决心。

总之，所有学生，都应既重智，又重德；既重书，又重行；既重精，又重博；既重学，又重体。

三为教育：教育，既在教，又在育。先说教。

一是教（jiào）育，教（jiào）指教化、教育。《说文解字》："教，上所施，下所效也。"有一种文体为"教"，就是上对下的"告谕"，如《昭明文选》有南朝宋傅亮《为宋公修张良庙教》。

二是教（jiāo）育，教（jiāo）指帮助、辅导，如教绣花、做饭等。

次说育。育，可分为五：

一为孕育：

胎儿期，有一个完美外部环境，包括温度、营养、水分等。

幼儿期，也有一个良好的外部环境。

小学期，为少年期，应既重德育、智育，亦重体育、美育。

中学期，为青年发育期，教育学生的读书能力、口才能力、写作能力、交流能力、组织能力等。

二为养育：养成仁爱习惯，养成读书习惯，养成礼仪习惯，养成合作习惯，养成求新习惯。特别是"致良知"和"知行合一"。

这里，我说一下体：学校有体育课，体育不仅是体育课、运动会、组织各种运动队，重在培养学生学会自觉管理自己身体，管理各个器官之间的平衡，使其正常发育、正常生长。减少疾病，身体健康。

作为小学、中学的校长，办好所在学校，提高教育质量，因素很多，其中之一，要会"四借"借天合、借地合、借人合、借己合。

（本文系 2017 年 8 月 21 日在上海图书馆的讲座稿）

正确传承历史：从戏说到正说

现场各位有的是领导，有的是著名的编导，有的是著名的主持人，都是各方面的专家，所以当我接到通知，跟大家交流的时候，心里就觉得非常不安，主要是因为大家时间非常宝贵，怕浪费大家的时间，所以心里不安。

前几天，我到天津去了一趟，天津在举办第十五届全国书市，因为我在央视的清十二帝讲座，后来稿子印成书，中华书局说让我去签名售书，我不怎么愿意去，反正车一来，就坐上车跟着去了。到了现场之后，读者排了很长很长队，来回转。其中一个人跟我说，请您写一句话。我说，给谁写呀？他说，给他的孩子。我说，您孩子多大？他说，我孩子 1 岁。我说，一岁怎么写啊？他说，您写了以后，做一个纪念，等这个孩子长大认字了，上学了，我就把这本书给他。他还说，中央电视台的录像，光盘我也买了，我要给孩子，来教育这个孩子，以后好好学习。听了这些话以后，我很感动，他的孩子刚 1 岁，他就考虑这个事了。这是第一件事。

第二件事情就是在这之前三天，南京市委宣传部和南京市社科联邀我去给大家讲一次，因为他们的领导认识我们单位的院长，等于是给我派了一个活儿。13号晚上去了，14 号上午去作报告。讲座礼堂能坐 1700 人，上下两层。他们跟我说总共 1700 张票，从开始发票到票发完一共 30 分钟。但早上起床他们主持人就给我打电话，说今天下大雨，可能来听讲的人数会受影响。我说没关系，1700 人有 17 个人来，咱们就可以交流，就可以讲。这是个市民讲座，叫"南京市民大讲堂"。主办方怎么保证听众不迟到呢？方法是到开讲的 9 点就关门，凡是不迟到的听众可以抽奖，抽上之后就有奖，迟到就没有奖了。大概是讲座开始 10 分钟还是

15 分钟后就关门，不许进了。他们通知我下雨，可能来的人比较少，我说没关系。九点钟，我去了之后，主办方跟我说："座无虚席，连走道、阶梯也铺上报纸坐着人。"外面下着倾盆大雨，当天晚报形容说"大雨如注"。当时我就想，外面下着大雨，里面满满当当，1700 多人，为什么？我想还是咱们中央电视台的影响力太大了。这是第二个例子。

第三件事是一个老先生写的信，老先生 90 岁了，因为收看中央电视台的栏目而给我写信。所以，我就想上到 90 岁的老人，下到来信的 8 岁的孩子，再到 1 岁婴儿（其父让我签名转赠），就是因为中央电视台的影响力太大了，不是因为阎崇年讲得好还是不好，不是这个原因，或者阎崇年书写得好还是不好，也不是这个原因，就是因为中央电视台的影响力大。从领导、编导、摄像，一直到包装、化妆、剪辑，我与十频道的《百家讲坛》打交道，整整 1 年的时间。所以，我借这个机会，给中央电视台，给在座的诸位，向参加《百家讲坛》栏目的各位先生、女士，鞠一个躬，向中央电视台表示感谢。

今天讲的题目，是《正确传承历史：从戏说到正说》，分三个小问题跟大家交流。

一、传承历史的三维思考

"百家讲坛"这个栏目，观众的地域很广，南到海南岛，北到黑龙江，东到山东日照，西到新疆伊犁。为什么这么多人看？好多人跟我说，中午看完之后，夜里 12 点还要看。我觉得不是主讲个人的原因，而是出于这个栏目内容上的考虑非常周全。

我说三维思考，第一维就是时间的思考。清史到底多少年，按照中国通史算是 268 年，我接了好多来信，说您怎么算的，我算的 267，因为 1911 减 1644 是 267。我说两头算就是 268。这是一种算法。第二种算法是从皇太极崇德元年（1636

年）算，268 加 8 是 276 年，就是从有清这个年号算起到宣统最后一年，是 276 年。那 298 年是怎么回事？从清太祖努尔哈赤建元天命（1616 年），建立后金或者说叫大金，就是万历四十四年（1616 年）到宣统三年（1911 年），是 298 年。讲通史，讲 268 年就可以了。讲清史必须讲 296 年，否则来龙去脉，那个"来龙"闹不清楚，底下"去脉"的脉络也难以闹清楚。现在修大清史，从什么时候开始，从万历十一年（1583 年）努尔哈赤起兵写起。所以，我在这里附带说一下，清朝历史可以有三种算法，根据不同的场合、不同的需要，有不同的算法。

这 296 年的历史都已经过去了，对这段历史的评价，我说三段式，叫作正题、反题、合题。清朝统治者自己写它的清朝历史，当时是作为正题。民国，辛亥革命，"驱除鞑虏"、推翻清朝就是一个反题。同一段史实，清朝历史说平定江南，民国说什么呢？说"扬州十日""嘉定三屠"，完全是反过来看。那到了 1949 年之后，中华人民共和国成立之后，应该是合题了。因为辛亥革命革清朝的命，新中国的政权跟清朝不存在直接利害冲突。但是正题、反题、合题，这段历史的过程怎么正确评价？清朝 296 年，它自己对自己有评价，但不可能是完全公正的评价。那么清朝之后，从 1905 年孙中山先生在东京成立中国同盟会算起，到今年恰好 100 年。这 100 年对清朝历史怎么评价？我认为分四段，这 100 年是四个 25 年。第一个 25 年，就是"驱除鞑虏，恢复中华"。咱们有一个高层的领导是满族人，已经故去了，他生前亲口跟我说，"驱除鞑虏，恢复中华"，把我们满族人驱除到什么地方？赶出中国？就是到了 20 世纪 90 年代了，这个口号里还有一种民族的情感。因为"驱除鞑虏，恢复中华"，这个口号有正面作用，就是推翻清朝帝制，但是也有民族的局限，所以 20 世纪第一个 25 年，不可能对清朝历史有公正评价。

第二个 25 年，这个时期还是不行。这个时期，满族人还是受到别样的对待，包括溥杰先生，他亲口跟我说过，当时人们找工作，同样一个职务，说我是汉族就可以吸收你工作，说我是满族对方就会说我们这儿不需要人。所以很多满族人把民族成分改成汉族，这是第二个 25 年。

第三个 25 年，就是 1949 年之后的这个 25 年。这个 25 年对清朝历史、清朝皇帝、清朝宫廷，应该有一个客观评价了。但是，不。这个时期，中国史学界最热点问题叫作"五朵金花"——第一朵，汉民族形成问题；第二朵，奴隶制与封建制分期问题（满族历史还有这个问题吗？有，讨论关外，女真时期、努尔哈赤时期奴隶制与封建制怎么分期）；第三朵，封建土地所有制问题（满族的土地所有制是怎么回事）；第四朵，资本主义萌芽问题；第五朵，农民战争问题。20 世纪第三个 25 年，中国史学界的热点问题就是这"五朵金花"。对康熙帝、雍正帝、乾隆帝不可能有一个公正的评价，因为帝王将相、才子佳人都在"批判""扫荡"之列。大家可以去翻一翻，那个时候没有一篇比较公正全面地评价康熙帝、雍正帝和乾隆帝的文章吗？

到"文化大革命"快结束的时候，我写过一篇论文叫《论努尔哈赤》。为了这个事情，我查论文的索引，从 1900 年以来到 1975 年，所有发表清朝的论文，没有一篇论努尔哈赤的。我当时很惊讶，后来一想也不奇怪。20 世纪，第一个 25 年、第二个 25 年他们批判努尔哈赤，第三个 25 年对帝王将相还是批判，所以直到第四个 25 年才考虑这个问题。

第四个 25 年，就是 1976 年之后这 25 年。粉碎"四人帮"之后，拨乱反正，改革开放。但是这个时候又出现了一个新的文化现象，就是从海外刮了一股"戏说"风，清朝的皇帝、清朝的宫廷、清朝的人物，纷纷戏说，铺天盖地。

第一维是时间的考虑。现在我们回头看，从 90 岁上下的老人，到八九岁的小学生，说我们对清史了解，就是看电视剧的知识。因此，不可能客观公平地评价清朝的历史。四代人，从南方到北方，其实都是挺关心清史到底是怎么回事，这样就出现了一股清史之热。

第二维是空间的考虑。因为清朝曾经统治中国 268 年。这个地域南起曾母暗沙——这个曾母暗沙，北到外兴安岭，就是现在俄罗斯的西伯利亚，有几个地方我去过，当时就是清朝的，俄国也承认，东起鄂霍次克海，西到萨雷阔勒岭（伊犁河那个地方我去过）。北到贝加尔湖，清朝的实际统治力量到贝加尔湖。总面积达 1400 万平方公里。

第三维是人文考虑。在这里主要是民族关系。我国现有 56 个民族，清朝虽没有这么区分，却是多民族的。清朝是皇朝，我看现在有些清宫电视剧或者其他地方也提到"王子"。康熙是帝，他的儿子是王，王的儿子才是王子，所以雍正（胤禛）不是王子，而是皇子，大阿哥、二阿哥都不是王子，都是皇子。康熙的孙子其父封王的才是王子。这是个概念的不确切。

很多的民族问题，在清朝之前没有完全解决。大家知道蒙古族，再早就是匈奴，一直是中原皇朝北部的难题。秦始皇修万里长城不就是为了防匈奴吗？匈奴、蒙古问题在清朝之前没有解决。明朝为什么把都城从南京迁到北京，原因很多，其中之一，就是"天子守国门"，永乐皇帝在北京守着国门，挡着蒙古人南进。蒙古人几次打到北京，大家都很熟悉了。正统十四年（1449 年），蒙古瓦剌打到北京，明英宗做了俘虏。明朝不是叫作"俘虏"，而称"西巡"，就是皇上到西面去巡狩去了，实际上做了俘虏。嘉靖的时候，又一次蒙古人打到北京，朝廷修了南城，咱们北京的南城，不就是为了防蒙古吗？蒙古骑兵打来之后，南城的汉人都在城墙里头围着，城外、郊区的一些农民、手工业者也到城里，保护起来。到了清朝，这个问题解决了，蒙古的问题解决了，解决的途径很多。第一个就是通婚，清朝通婚跟汉朝不一样，跟昭君出塞不一样，跟唐朝的文成公主下嫁也不一样。是我的女儿嫁给你，你的女儿娶过来，咱们是儿女亲家，平等的，我的儿子是你的外甥，你的儿子是王，亲王则是我的外甥，再加上重教（重视喇嘛教）、赏赐等一些其他的措施，把蒙古问题解决了。维吾尔族问题，就是新疆的维吾尔问题也解决了。先设伊犁将军，实行军府制，后设新疆省，清政府任命官员、驻扎军队、征收赋税、统一货币，实行全面管辖。当然在统一的过程中也死了不少人，这个也不要隐讳。而西南的民族问题，施行"改土归流"很重要，原来有少数民族实行土司制，土官改成流官，由皇帝亲派，对皇帝负责。东南台湾问题，也就是高山族问题，也解决了。所以，我说从时间、空间和民族三个维度来考虑清朝这段历史，应当给予正确、公正的评价。

二、秘史与正史的关系

历史不是要传承吗？戏说和正说现在说得比较多了，大家基本上有了一个共识，就是戏说不是历史，戏说是故事、是小说、是电影、是电视剧，它们是文艺作品，而不是历史著作。现在又出来一个"秘史"。秘史和正史是什么关系？秘史是不是历史？现在在电视上演了不少的秘史，《太祖秘史》《孝庄秘史》等，我这个人有很大的缺点就是基本上不看电视剧，偶尔看一看。所以这几个秘史电视剧我都没看。但是有人问这方面的问题，有一个观众，来一封信，说 CCTV-8 正在热播《太祖秘史》，说的是清太祖努尔哈赤建立大金国所发生的故事。这位观众就问，努尔哈赤跟他弟弟舒尔哈齐的关系，努尔哈赤跟几个女人的关系，哪些是真的，哪些是假的；哪些可信，哪些不可信。他认为都是历史，如何如何。这是一个中学生的提问，让我给回答。中学生把《太祖秘史》当作历史来看。《太祖秘史》我没看，我也不评价，但我想我们一块交流一下，"秘史"跟正史的关系。

以《太祖秘史》来说，有两层意思：一是"太祖"，很明确，就是清太祖努尔哈赤；二是"秘史"。"秘史"二字怎么解释？先说"史"字，这个"史"字是有解释的，不能乱用的。许慎的《说文解字》对历史的"史"字有一个解释，"史"上面是一个中国的"中"，底下是一个"又"。他解释说"中"就是正，不能偏；"又"就是手，手拿着笔，在记言记事。记言记事有一个原则，就是要中，这是史。所以，史的特点，第一是要中，第二是要正。就是要求实，要公正，要真实，要客观。这是史。那"秘"字怎么解释？汉朝以前好像没有这个字。许慎《说文解字》释"祕"，左偏旁一个"示"，右边是一个"必须"的"必"，后来就演化成左偏旁为"禾"，右边是一个"必"。"祕"与"秘"这两个字，意思是一样的。秘史的"秘"，这个左边原是一个"示"，本来是神的意思，神秘，神圣，后来又演化成秘密。秘史这个"秘"，还是带有点私密的意思，但是不表明这个事是假的、虚构的，没有这个意思。就是说历史，有一部分是公开的，有一部分当时是隐秘的，特别是宫廷的秘史它不便于公开。但是，这一部分是历史还是虚构？是历史。大家知道有个《蒙古秘史》，也叫《元朝秘史》，它是用"秘"字，但是这个"史"是历史，它怎么叫历史呢？因为原来的历史它是不公开的，朝廷记载下来之后往下传，后来才公开发表了，所以开始带有隐秘的意思。大家都知道清朝皇帝的"实录"，原来是秘密的，不公开的，一直到民国初年，清朝推翻了，人们还看不到"实录"。到20世纪50年代，那个"实录"还是善本，一般人想看都很困难，现在影印并公开了。还有《起居注》，《康熙起居注》《雍正起居注》《乾隆起居注》等也是秘史，外人不能看，就是皇帝自己也不能看。康熙帝今天做什么事情，有记载，他自己不能看他的《起居注》，这是有规定的。从这个意义来看，这段历史是秘史。

我们再看看现代人理解的秘史。比如说《太祖秘史》，讲了一个皇帝和五个女人的故事。这个皇帝明确的就是清太祖努尔哈赤，这是历史上的真人了。

努尔哈赤一共有16个妻子，这是有记载的——没记载的闹不清楚。《清史稿·后妃传》记载是14个，满文档案里还有两个，加一块就是16个。

第一个女人是佟佳氏。这个佟佳氏，是真有其人。是努尔哈赤长子褚英、次子代善和女儿东果格格三个人的母亲。努尔哈赤认识佟佳氏是不是在佟家的庄园？那个时候没有庄园，也没有佟氏庄园。那怎么认识的？努尔哈赤10岁时母亲就死了，死了以后有记载说父母对他不好，父亲老是听他后妈的话，这样他到19岁就分家，娶了佟佳氏。佟佳氏过门的时候努尔哈赤是比较穷的，他自己还去到马市赶集，去进行贸易。佟佳氏给他生了两儿一女。佟佳氏哪年生的没有记载，哪年死的也没有记载，现在推断她生了第二个儿子代善不久就死了。

这个时候有五大臣，就是努尔哈赤的五个哥们，他们是怎么认识的呢？是不是在佟佳氏的庄园认识的？不是的。

第一个大臣叫额亦都。这个额亦都，世居长白山，他的父亲和母亲被仇人给杀了，他躲到一个地方，所以没被杀。额亦都 13 岁的时候把那个仇人杀了，替他父母报了仇，然后就离开当地，跑到他姑姑那儿。他比努尔哈赤小 4 岁。努尔哈赤这时候已经起兵了，额亦都觉得努尔哈赤这个人很有作为，就要跟着努尔哈赤。他姑姑不让，他就死活跟着，努尔哈赤走哪儿他跟哪儿，一块打仗，后来成为开国五大臣之一。这个人非常勇敢，身上中箭镞、中刀伤的疤痕，前胸、后背数不清。攻城的时候，爬云梯，他带头先上，刚要上到墙顶的时候，对方一箭，射到股部，箭头扎在城墙的缝里，他上不去又下不来，于是自己拿着佩刀，把这个箭杆砍断了，残留箭杆还穿在股上，这么爬着上了城，底下官兵跟着上，把这座城攻占了。回来以后，才想办法把这个箭杆取出来，就这么勇敢。

第二个大臣叫费英东，也不是在佟家庄园认识的。费英东家住苏完地方，他父亲为苏完部长，带着 500 户投靠了努尔哈赤，这个时候努尔哈赤已经起兵了。这年费英东 25 岁，努尔哈赤就封了他一个官。费英东也非常勇敢，有勇有谋，后来成为卅国五大臣之一。

第三个大臣叫何和礼，也不是在佟家庄园认识的。何和礼这个部落在什么地方呢？在今辽宁怀仁的五女山地带，离建州很远。何和礼和努尔哈赤同岁，努尔哈赤起兵之后要到哈达娶哈达的格格，何和礼就带着 30 个骑兵跟着他，觉得努尔哈赤这个人将来能成大事，就投靠他。努尔哈赤把大女儿，就是佟佳氏生的女儿东果格格嫁给了何和礼，东果格格活得岁数很大，活了 75 岁，这在公主里算很高寿了。

第四个大臣叫安费扬古，也不是在佟家庄园认识的。是随他的父亲完布禄投靠努尔哈赤的。

第五个大臣叫扈尔汉，扈尔汉同努尔哈赤不是哥儿们——扈尔汉比努尔哈赤小 28 岁，儿子辈的，努尔哈赤收其为养子，不能论哥们了。所以，五个开国大臣没有一个是在佟佳庄园认识的，都是后来在事业发展当中，逐渐形成的五个大臣、领导核心。

　　再说这五个女人，其中一个就是叶赫那拉氏。这个叶赫那拉氏确有其人，但实情不是电视剧《太祖秘史》里说的那样。她出身叶赫部落。这个叶赫部落大家都很关心，因为牵扯慈禧的事。叶赫部落在什么地方？在现在的吉林省四平市梨树县叶赫乡。女真多山城，主要是在山上建城。叶赫贝勒哥儿两个，一个住东山城，一个住西山城，两个城相距4里。东城这个贝勒叫扬佳努，努尔哈赤落难的时候历史有明确记载是到了叶赫部。叶赫部贝勒扬佳努看这个青年将来会有出息，所以要把幼女嫁给他。努尔哈赤说既然要嫁女给我，就把长女嫁给我，我好结婚。扬佳努说不行，因为我这个幼女既聪慧，又漂亮，只有她才配你。说多大了？8岁。那怎么办？等她长大以后再举行结婚仪式。不久，叶赫部这两个贝勒都被明朝辽东总兵李成梁杀了。这两个贝勒怎么被杀的呢？就是用在开原的贸易，其场地有围墙给围起来，两贝勒到这儿贸易，进来之后对方说你不能带很多人，只许带30个人。两贝勒带30个人进去了，里面设了埋伏，把他们俩给杀了。杀了以后，又派军队打叶赫部这两个城。扬佳努死了之后，儿子纳林布禄当贝勒。纳林布禄本来不愿意把他的妹妹嫁出去，但是因为他父亲讲好了，就把妹妹送到努尔哈赤的部里去。他妹妹叶赫那拉氏结婚的时候——14岁，虚岁，后来生了个儿子就是皇太极。但是，她的命不好，二十几岁就死了，死之前她就一个要求，要见她妈妈。努尔哈赤说，行啊，满足她吧。就派人到叶赫部联系。叶赫部说，不行，不能见！为什么不能见呢？因为努尔哈赤曾经和叶赫打过一仗，叫古勒山之战，叶赫部这时有两个贝勒，一个是纳林布禄，一个是布寨。布寨是九部联军头头，率着3万军队打努尔哈赤。努尔哈赤也很巧妙，敌强我弱，就使计，把树砍了，留树桩子，派额亦都带60人去挑战，一打就退，佯败，布寨有勇无谋，认为对方真败了，打马就追，马碰到树桩上绊倒了，他从马上摔下来，建州兵回过头就把布寨杀了。纳林布禄，就是皇太极的大舅，一看他哥哥死了，扑通一声也从马上落下来，叶赫这一仗完全失败了。历史记载，努尔哈赤恨叶赫，下令把叶赫贝勒布寨的尸体用刀劈成两半，一半由叶赫拉回去，另一半留在建州，从此叶赫与努尔哈赤结下不共戴天之仇。所以，叶赫那拉氏得病要死，请求娘家母亲来看一眼，叶赫贝勒纳林布禄说不行，两家是仇人，到底没有见，皇太极的母亲是含恨而死的，这是真实的叶赫那拉氏。

还有一个叶赫那拉氏也许配给努尔哈赤了，就是叶赫老女，她是皇太极母亲的侄女，叶赫贝勒布扬古的妹妹，就是布寨的女儿，比皇太极母亲晚一辈。这个人许给努尔哈赤的时候是 12 岁，那个时候贝勒之间的婚姻基本上是政治婚姻，许给你但又不嫁，牵制着你，你要打我，咱们有一个姻亲关系；不打我，又不嫁给你——就老是这么牵制着你，牵制了 20 年。为什么叫老女，这时候她已经老了，33 岁了。现在 33 岁不出嫁不算事，当时可不得了。布扬古贝勒，就拿着他这个妹妹当政治筹码，许给努尔哈赤而不嫁，又答应给哈达贝勒布占泰，要求布占泰站在他一边，反对努尔哈赤。布占泰说，行。努尔哈赤把哈达灭了，她哥哥又把她嫁给乌拉贝勒。乌拉部在今吉林省吉林市乌拉街，现在还有古城的遗址。努尔哈赤又把乌拉部给灭了。

叶赫老女已经牵连三个部了。辉发部贝勒又想娶她，结果努尔哈赤把辉发部也灭了。灭了三个部了，就为了这一个女人。蒙古部一个贝勒介赛想娶她，她哥哥又同意了。老女不干了，死活不嫁，说："你一定要我嫁，我就自杀！"她哥也没强迫她，这是第四个部。蒙古还有一个部的贝勒莽古尔岱也要娶她，这个时候离老女许给努尔哈赤已过了 21 年了，老女已经 33 岁了。这时候，努尔哈赤手下的所有贝勒都不干了，说这个老女已经是 3 个部都要娶她，现在蒙古有两个部也要娶她，一共 5 个部落，除了努尔哈赤之外，许给 5 个男人了。他们说，要发兵，把她抢过来！努尔哈赤说，不行，为一个女人发动战争不好。过了一段时间，叶赫老女真的要嫁。这些贝勒又说，咱们在他们成亲的路上抢亲，把她抢回来！当时，努尔哈赤有这个实力，完全可以抢回来，派一两千军队不就可以抢回来了吗？但是，努尔哈赤说，不行，说为了这个女人不能发动战争！那些贝勒剑拔弩张，非常气愤。努尔哈赤说："这个女人是许给我的，我都没生气，你们生什么气？"别人没办法了。最后，叶赫老女就嫁给了蒙古的莽古尔岱。第二年，叶赫老女就死了。她33岁出嫁，34岁便死了。这是一场爱情悲剧。这是努尔哈赤第三个女人的故事。

　　第四个是乌拉贝勒布占泰的侄女。乌拉是一个很大的部，乌拉贝勒名字叫满泰，满泰也荒唐，当了贝勒，他和他儿子晚上到民间去奸淫民女，那家女人丈夫发现后，夜里把他们父子杀了。乌拉就没贝勒了。此前，布占泰带兵被努尔哈赤俘虏了，被俘之后态度比较好，努尔哈赤没有杀他。正好乌拉缺一个贝勒，就扶植他当乌拉部的贝勒。努尔哈赤把一个女儿，还有他弟弟舒尔哈齐的女儿，都嫁给布占泰，布占泰为了报答努尔哈赤，就把他哥哥的女儿，就是他侄女嫁给努尔哈赤，她就是阿巴亥，多尔衮的母亲。阿巴亥嫁给努尔哈赤的时候是12岁（虚岁）。

　　阿巴亥嫁过来之后，努尔哈赤对她比较好，因为他们俩相差37岁。阿巴亥给努尔哈赤生了三个儿子，分别是阿济格、多尔衮和多铎，没生女儿。满族的习惯是重视幼子，跟汉族不一样，汉族更多重视嫡长子。努尔哈赤到天命初的时候是八个旗，他自己占两个黄旗，阿巴亥生了三个儿子，而努尔哈赤喜欢小儿子，所以把两个白旗给了多尔衮和多铎。努尔哈赤死的时候，这个皇位给谁？努尔哈赤的意思是想给多尔衮，他是有这个意思，朝鲜人做了记载。但是，多尔衮还小，15岁，所以在皇权皇位继承的问题上，八大贝勒讨论的时候，赞成给皇太极，最后就给了皇太极。因为多尔衮他兄弟占两个旗，还有他们的母亲阿巴亥才37岁，皇太极感到威胁就让她殉葬，这个事情《清史》没有记载，《清实录》也没有记载，满文档案里有记载，阿巴亥真的殉葬了。皇太极说当年父亲有遗嘱让你殉葬——这个到现在查不到，没有文字的——反正是殉葬了。留下了多尔衮和弟弟多铎，两人小啊，一个15岁，一个13岁，还得依靠皇太极。以上说的是第四个女人阿巴亥的情况。

　　还有一个女人没说，就是富察氏。努尔哈赤第一个娶的是佟佳氏，第二个娶的就是富察氏，富察氏历史上也有记载。大概努尔哈赤非政治婚姻的，第一个就是佟佳氏，因为那时候他还小，第二个就是富察氏。富察氏先是和努尔哈赤的堂兄结婚了，生了三个男孩子，尔后堂兄作战死了，富察氏守寡，努尔哈赤就把她给娶过来，她和努尔哈赤又生了两个儿子，一个女儿，分别是莽古尔泰、德格类和女儿莽古济，这个女人跟努尔哈赤关系比较好，历史对她有记载。但她后来死得很惨，是被自己亲生儿子莽古尔泰给杀了。因为她犯了罪，得罪了努尔哈赤，所以莽古尔泰就把他亲妈给杀了，杀了之后他就得到了父亲政治上的信任，管一个蓝旗。

努尔哈赤还有个小福晋德因泽。德因泽和皇太极同谋，她向努尔哈赤告密，那时候宫廷里也兴告密，她说大贝勒代善和大妃两个之间有私情。证据：第一，就是大妃送好吃的给代善，代善接受而且吃了；送给皇太极，皇太极接受了没吃。第二个，贝勒开会的时候，大妃是穿金戴银，打扮一番。这两个"诬据"其实经不起推敲，大贝勒的庶母送点吃的给他，他吃了，不能说明他们之间有暧昧关系，送给皇太极，皇太极没吃，你这个小福晋在后宫里，你怎么会知道？正式场合大妃打扮一番，也不能说明她与大贝勒之间有暧昧关系啊。但在这种情况下，努尔哈赤就把大妃废了。"大妃"现在有争论，一种说法是富察氏，另一种说法是阿巴亥，各有各的证据，到现在仍是一个历史疑案。

我再补充一下，德因泽告密有功，得到一个特殊待遇，就是和努尔哈赤同桌吃饭。一块吃饭是一种政治待遇，努尔哈赤死的时候还让德因泽跟着殉葬。德因泽得到的利益就是和努尔哈赤一块吃饭，付出的代价则是殉葬。

由上我们可以看出来，这个秘史，我个人认为也是史，只不过是宫廷的、私密的，有些是不便于公开的事情，但也是史。既然是史，要公正、要客观、要真实，要有据，张三的安在李四上，李四的安在张三上，这事就值得讨论了。

努尔哈赤的 16 个后妃历史都有记载。娘家是什么地方，谁生了哪个孩子，都是有明确记载的。如果把张三安在李四上，李四安在张三上，有故事性，也很好看，但那就是编故事，不是正史，也不是秘史，因为我刚才说这个"秘"字是有解释的，"史"字也是有解释的，我说要把正史和秘史弄清楚，把正说和戏说弄清楚，不能把正说看成戏说，也不能把秘史当作正史。既然是秘史，80% 也好，百分之几十也好，应当是正确的，那就是史。历史不能够乱编，乱编不是史，而是艺术作品，是故事。

我再补一件事情，也是秘史跟正史的关系。

一件是康熙帝的事，也是打着秘史的说法。说的是康熙帝和苏麻喇姑的关系，也是一部电视剧里的。苏麻喇姑历史上真有其人。苏麻喇姑是个什么人呢？是顺治帝的母亲庄妃嫁给皇太极时候的一个陪嫁丫鬟。庄妃结婚的时候是 13 岁。那这个丫鬟多大，不能太大，丫鬟不能十七八岁，因为十七八岁的话，这事就容易出麻烦，她整天在宫里来回走动，皇太极若喜欢她了，这事反倒麻烦，所以不能比格格大五六岁，但也不能太小，太小就没法照顾格格。我想，年龄应该和庄妃大体差不多，小一两岁或者大一两岁。要这么算的话，庄妃 27 岁才生的顺治，到顺治死的时候，顺治十八年（1661 年）就 45 年了。到康熙，再加上 8 年，就 53 岁了，就是说到康熙八年（1669 年）的时候，苏麻喇姑就应该 50 多岁了。康熙第一个孩子出生的时候，康熙大概是 12 岁。康熙 12 岁，苏麻喇姑 50 多岁，两个还爱得死去活来，这个不大可能吧。另外苏麻喇姑还是康熙帝的老师，他的蒙古语就是苏麻喇姑教的，所以说苏麻对康熙是奶奶辈的，两人不可能产生恋情，更不可能爱得死去活来。康熙帝后宫里，十五六岁的女孩子有多少呢？有人做过统计，分皇后、皇贵妃、贵妃、妃、嫔、贵人、美人、常在、答应，还有学生这一级别的，同时记载的，大概是有 242 个人，他又何必和一个 50 多岁老太太爱得死去活来呢？不大可能。可以肯定地说，《康熙起居注》也好，《清圣祖实录》也好，康熙朝的满文档案也好，没有任何关于这件事的记载。

再一件事情是"康熙帝微服私访"，很多人问。我可以在这儿说，根据当年的记载——每天都有实录文献记载——康熙帝的确从来没有微服私访过。为什么？

第一，康熙帝没有微服私访的意识。微服私访是我们现代人的观念，康熙帝是"真龙天子"——真龙天子出世的时候，他妈妈裙子的旁边还有红光环绕着，我跟你们老百姓不一样，我是天子——上天的儿子，我干吗混到你们老百姓家去私访？他没有这个意识。所以微服私访完全是一种现代人的意识，不是当时帝王的认识。不要说康熙帝这样一代君主，就是溥仪——大家看过溥仪《我的前半生》吧，后来当了战犯了，在战犯管理所里头还摆谱呢，还摆皇帝的谱呢——你就不要说康熙帝是盛世的君主。

第二，康熙帝没有微服私访的必要。微服私访目的不就是了解真实情况吗？康熙帝这样下去的话——假如说下去——未必能够得到真实情况。康熙帝去看义仓粮食有还是没有，主事官员可以把别的仓粮挪来给补满，康熙帝看了有，他走了以后，再把粮食搬走，他们可以作假。康熙帝的时候有严格的密折制度。密折写好之后有一个匣封起来，派人直接送到康熙帝的御前，中间没有任何环节，只有康熙帝可以打开看看说的是什么。哪个官贪，哪个官廉，用不着我亲自下去看，那个密折已经上来了。顺天府一个府尹揭发顺天府乡试主考官和副主考官作弊，这不得了，主考官、副考官职很高的，经常是尚书一级的，他得查。朝廷去查，查完了之后说是诬告，没有这回事。府尹就又上了奏折，说他如果是诬告，可以把他的头劈开，半悬国门。朝廷会议讨论，说这个顺天府尹是对皇帝大不敬，应该杀头。康熙帝怎么处理的？他肯定是事先通过密折制度已经了解清楚了，有科考作弊。康熙帝最后做出的处理是，主考官和副主考官你们都退休回家养老，揭发的人官照做。他就是通过密折制度了解下面很多真实情况。这是一个例子，所以他不需要亲自下去私访。

第三，没有微服私访的可能。皇帝出去必须有驿站，就是没有驿站，总得有保镖，领侍卫内大臣、宫廷侍卫、一等侍卫、二等侍卫都要跟着，便服化装也要跟着。大家想想看，领侍卫内大臣多大的官呢？清朝八旗制度有上三旗和下五旗，上三旗就是两黄加正白，这三个旗子各出两位领侍卫内大臣，负责皇帝身边总的警卫，这六个人轮班。领侍卫内大臣得跟着皇帝去，一等侍卫、二等侍卫等都要跟着，小侍卫就不要说了，为了皇帝安全。这些人从北京来的，肤色、服饰、语音、神态、举手投足到了农村去肯定是不一样的，到了地方小店肯定看出来了，就是一品大臣下去穿着便服也不一样，那不就认出来了吗？所以，微服私访不可能，是民间一种想象，一种期盼。当作故事讲可以，很有意思。要说这些是历史则是不可以的，历史没有这些事。这就是第二个问题，正说和戏说，秘史和正史的关系。

三、历史传承文化责任的问题

有时候，我想，历史学工作者的任务是什么呢？就是四个字——传承历史。那么影视剧也好，或者小说也好，把戏说的东西用秘史的名义做正史，这样我们中华民族历史怎么传承？历史如果不传承，我们在座的，大家怎么会知道秦皇汉武，怎么会知道唐宗宋祖？必须要有历史传承，要一代一代传承，而正确传承是谁的责任？仅仅是历史工作者的责任吗？

原来我一直认为，历史工作者有一个责任：传承历史。最近我觉得不够，所有的文化工作者都有一个责任和义务来正确传承历史。特别是媒体，再进一步说，每一个公民都有责任，也有义务正确地传承历史，历史不能歪曲。是戏说，就是戏说，不是历史，是编的故事，是一种娱乐，是一种娱乐文化。但是别打出一个旗帜，说我这是正史。史就是史，戏就是戏；正说是正说，戏说是戏说。秘史一定是史，只要挂上秘史就算史，要不就别叫秘史。

有一次，北京市管文化方面的一位领导向我提了一个问题：为什么清朝戏说多？我说当代史不能戏说，民国史也不行，民国那些大员，有的他儿子、孙子在，有的他同学在，有的他亲戚朋友在，你跟人家戏说行吗？他喜欢谁，不喜欢谁，跟谁私通，跟谁乱伦，如果完全乱编成故事，非常好看，肯定有观众，但是行吗？清朝的历史或者我们整个中华民族的历史，我觉得我们每一个中国公民都有责任也有义务正确传承。编可以，《红楼梦》里贾宝玉、林黛玉就是编的，《西游记》

里猪八戒、孙悟空是编的，创造一个或一群艺术形象，也可以。但努尔哈赤是真人，皇太极是真人，康熙帝是真人，雍正帝是真人，乾隆帝是真人，他们的子女、后妃，特别是子女，《玉牒》里面记得清清楚楚。那是非常严肃的，工工整整地墨写在上面，谁是谁的女儿，哪年娶的，家庭情况，生的几儿几女，什么时候生的，都有详细记载，怎么可以乱安呢？我觉得是不可以的。有一位老先生，很沉重地专门打电话跟我说，他说某某人这么歪曲历史是千古罪人，历史怎么可以这么篡改，这么歪曲，这么胡编，这么瞎闹呢？历史不是某一个人的，我们中国人每一个人都有义务正确传承。

我查了一下，"一个皇帝和五个女人的故事"，与历史上的记载基本都对不上，个别名字对，事情全不对。我们也不是说批评谁，不是这个意思，我是说我们大家有一个共同的义务，都要尽这个义务。如果这么乱编，这么乱传，都说我这是正史，小学生就有很多的困惑，问哪个是真的，哪个是假的。所以，我们史学工作者、文化工作者、传媒工作者、文艺工作者，大家都有一个共同任务——正确传承历史。

附录

问答环节

大家可能有一些问题，接下来，我留出一点时间与大家交流。为了给大家准备的时间，我先把已经提的问题简单回答一下。

我认为清朝所有制度里面最重要的就是八旗制度。前世没有，后世也无。开始的时候，努尔哈赤起兵就30多人，没有一个制度。哥们几个起来一指挥就行动了，后来人多了怎么办？要解决这个问题，他没有用中原王朝按军队的编制、按照府州县的编制。大家有机会去赫图阿拉看一下，当时的情况完全不是像电视剧说的那样，努尔哈赤写毛笔字，我说他根本不识汉字，那时候满文也没有，他毛笔肯定也不会拿，线装书根本也看不懂，电视剧里摆那么多线装书，绝对不可能。还有奏折，最早出现是顺治末年，还没有形成制度，现在保存的奏折最早的是康熙时候的，努尔哈赤穿得也没有那么讲究，当时他穿着什么？他是掳掠到什么穿什么，掳掠到戏装就穿戏装。吃饭不是这么摆桌，努尔哈赤和贝勒之间吃饭坐在地上，没有桌子。后来，努尔哈赤成事了，才有桌子，弄几个椅子，大家坐着吃饭。那时官殿也没有，城墙是木栅围的，所以叫栅城，城门怎么关？朝鲜记载，用将军木横着，就是门闩闩着，没有锁。城门的岗楼是什么呢？就是用树棍架起来，上面一个草棚，值班用的。努尔哈赤都城的房子是平房、草房，不是瓦房，最讲究一个殿是用灰瓦盖的，努尔哈赤自己住的也是草房。努尔哈赤没有上过学，电视剧里他又能看《三国演义》，又能看《水浒传》，那完全是戏说了。整个《清太祖实录》，从来没有提过一次努尔哈赤说过《三国演义》《水浒传》的事。皇太极好一点儿，努尔哈赤请一个师傅教他，教他汉文的师傅是浙江绍兴人龚正陆，被掳掠到了辽东，做买卖的，大概粗通文化，起草的文件送到朝鲜去，文法不通，凑合能说明白。满族的民族英雄就这么起家的，礼法就更说不上了。努尔哈赤的大臣犯罪怎么办呢？当时没有监狱，就在平地画一个圈，说在这儿禁你们三天三夜，还有一个大臣犯了罪，家属女的被罚在这儿坐着，周围派几个女的转着圈走，往那儿吐唾沫，表示对她的羞辱，转三圈走三圈，这是当时不成文的法律。后来入关了，制度才逐渐完善了。

八旗就是在这么一个基础上建立的。没有吃的怎么办呢？他们打猎，满洲人狩猎的时候要围猎野兽，从四面八方围起来，然后射这个野兽。一般是十个人一个小组，一个人一个箭，组长的箭大一点儿，叫大箭。大箭满语叫牛录；组长，满语叫额真，牛录额真就是大箭组长。后来兵多了，就三十个人，再后来兵多了到三百人，一个牛录三百人，后来又多了，五个牛录，就一甲喇，后来人口多了，五个甲喇，就成一个旗，人数不一样，有多有少，一个旗后来又多了，变成两个旗。努尔哈赤跟弟弟各一个旗，后来两个旗变成四个旗，努尔哈赤和他弟弟各两个，他弟弟死了后，他侄子一个，他大儿子一个，二儿子一个，四个人一个人管一个旗，兵多了，再分，最后变成八个旗。旗的颜色、形状，开始也是乱糟糟的，也不统一，后来统一成四正四镶，正黄、正白、正蓝，正红，镶红、镶白、镶蓝、镶黄，之后又加上蒙古八个旗，汉人八个旗，最多是二十四个旗，没有再多了。旗不光是军事组织，也是经济组织，行政组织，它还是分配组织和司法组织。一个族投靠努尔哈赤了，族长做牛录额真，打仗的时候你还是统领，分配的事管，民事也管，打架、结婚、官员推荐也管。八旗制度就是这么一个综合性的，到后来仍然是具有多元功能的社会组织。

这说的是八旗制，大家看还有什么问题提问，举手说一下，我知道的我会回答。

听众提问：现在我们看影视剧的时候，所有清朝的皇帝一开始全都说汉语，但是我不知道在历史上，从什么时候才开始说汉语的？从哪位皇帝开始说的？

阎崇年：努尔哈赤说满语，汉语多少会一点儿。因为他到抚顺做生意，所以多少会说一点儿汉语。他8次到北京，从赫图阿拉骑马行2000多里地来北京进贡，一共8次。他沿途要走，会用一点儿汉语交流，汉文他基本上不会。皇太极的时候正式有满文了，皇太极会一点儿汉语，因为他和大臣要交流，《金史》《元史》让别人翻译成满文以后，用满文给他念。顺治小时候还是说满语，到听政的时候，用汉文做批示他就批不了，他的汉文不行，他们在后宫里头完全说满语和蒙古语。到康熙的时候，后宫是以满语为主，因为老一代还在，康熙帝从汉族大臣说话中学习汉语，他受汉文教育不错，从毛笔字就可以看出。他非常用功，每天必须写1000个汉字，除了有病发外。过年也写，过年不仅写1000个汉字，还写福字。康熙帝对汉族大臣说汉语，对蒙古大臣说蒙古语，蒙古语和满语都属于阿尔泰语系，所以借了蒙古语字母来创造满文，满族人学蒙古语很容易，他们基本上通着。康熙帝的时候，重要的战报一律是满文，重要的机密文件一律是满文。雍正帝时间短，不用说了，到乾隆帝的时候，很多人不愿意学满文，乾隆帝几次指示，"国语骑射，不能忽视"，但是究竟汉人文化比较发达，汉人也多，经常接触，经常交往，所以满族青少年里头汉文普遍很好，满语逐渐淡漠。乾隆帝的时候在后官还是说满语，在外面跟汉人讲汉语，对蒙古人讲蒙古语，对班禅讲藏语，对维吾尔族讲维吾尔语。所以，香妃也好，容妃也好，乾隆帝可以用维吾尔语跟她交流。乾隆帝以后就不行了，满文使用的地方逐渐开始少了，汉文档案在逐渐增多。到了咸丰统治之后，满语基本上就不行了，溥仪的弟弟溥杰先生跟我说，我现在什么满语都不会，就会说"你好"这么几句话。现在满文档案还有，康熙朝之后，汉文档案逐渐大量增加。

听众提问： 现在还有没有满文？如果有的话，有没有人专门在研究？

阎崇年： 满文实际上已经消失了，20世纪60年代在黑龙江省富裕县三家子屯等村子60岁以上的老人，他们彼此聊天的时候，还讲满语，这些老人现在也都去世了。乾隆的时候锡伯族1万来人西迁到新疆，现在有8万来人，在新疆察布查尔锡伯族自治县，在伊犁河边，我到那里考察过，有一条修的大水渠，沿渠布设8个牛录。这8个牛录，"文化大革命"的时候叫8个公社，现在又叫8个乡。他们每一个乡有一座城墙，很高，现在保存得比较好，封闭的，晚上就关城门。跟其他民族不通婚，所以小孩必须说锡伯语，锡伯语跟满语什么关系？新疆维吾尔族、锡伯族的学者认为满语和锡伯语是一回事，满文和锡伯文也是一回事，但是在民国年间有一锡伯知识分子把满文的元音字母"u"，长音和短音"u"和"ü"合并为一个"u"，元音6个字母变成5个了，这个就变成锡伯文了，6个元音字母是满文，5个元音字母就是锡伯文。现在由于民族情感问题，锡伯族说我们不是满文，是锡伯文，我们的语言是锡伯语，不是满语。20世纪90年代，我去的时候，小孩在家里头完全说锡伯语，就是满语，因为他母亲是锡伯人，小孩上小学一年级的时候，开始学汉语，小学是双语教学，中学开始是双语教材。现在不行了，现在高考考英语，不考锡伯语，小孩看电视要看汉语的电视，锡伯语的电视台全县只有一个，节目很少，也很单调，所以锡伯语慢慢就不行了。现在学满语的，到新疆锡伯去，日本、美国学者考察满语的情况，都到新疆锡伯去。

听众提问：我和我的几个朋友了解康雍乾三朝，主要是通过二月河的"清朝三部曲"、女作家凌力的《少年天子》。《少年天子》得到过茅盾文学奖，还有我们台播的《康熙王朝》《雍正王朝》，对这几部文艺作品，您觉得它们的可信度有多高？

阎崇年：二月河先生是很优秀、很杰出的作家，他的"康雍乾三部曲"影响很大。他的这几部历史小说和据此改编的电视剧，我没有看，所以我不能评论。但是有一点，历史就是历史，艺术作品就是艺术作品，影视小说是艺术类，可以有历史的影子，但不能等同于历史。我觉得看历史小说的时候，就当小说来看，电视剧就当电视剧来看，不能当历史来看，要了解历史还是看历史著作。

听众提问：您好，我有一个问题，"满清"入关大战，到底吴三桂在当中起了什么样的作用？

阎崇年：我在这里补充一下，现在咱们老说"满清"。20世纪50年代，国务院正式下发了一个中央文件，不称"满清"，清就是清。现在因为时间太长，人们就不注意了。搞清史的，不称作"满清"。一片石这个地方我去过，地势险要，非常壮观，也非常好看。历史学界对吴三桂的争议很大，一种意见完全肯定是汉奸，一种意见就是吴三桂曲线救国。先投降清朝，完了再反清，再复明，完了再维护汉族利益，等等。还有其他的看法。这里头有一个问题，就是李自成当时政策上有一个错误，本来政权他已经得到，崇祯帝上吊死了，在北京已站稳了，他这时这个政策错误就是不能够团结人。明朝的一些官员，尚书、侍郎等，都在观望中，看李自成对他们的态度怎么样，用他们还是不用他们，用他们他就为你服务，不用他们有的就回家了，回江南当地主、当缙绅，有的在苏州还有园子呢。李自成所犯的错误政策就是"拷掠"，他有一个名单，一个一个抓来了，吊起来打，你家有多少银子？比如说有5000两，交来，交来还打，还有1000两，还打，最后打得实在挤不出来了，有的被打死了。这样一来，就失去很多人的支持。多尔衮比他们高明。

多尔衮到了北京之后，明朝的官员官复原职。你原做尚书还做尚书，六部照常办公。做知县还接着做知县，政权稳定之后再慢慢换，总督基本上都是满洲人，六部尚书，主要是满人，也有汉人，逐渐把政权稳住了。李自成失去了相当一批人的支持，吴三桂就是一个例子。吴三桂本来准备投降李自成的，他父亲已经投降了，吴三桂在东北做过明总兵，他已经对后金有所了解了，明朝已经不行了，是李自成把吴三桂逼到了清朝那边去的，使吴三桂和清朝力量结合起来了。这个档案有记载、文献有记载，吴三桂在山海关和多尔衮达成一个协议，共同来对付李自成。至于吴三桂后来反清，发动三藩之乱，那是另外一个问题，比较复杂，但是吴三桂降清加快了清朝进关的进程。如果吴三桂不降清，根据当时的力量对比，清军也可以进关。因为清军的力量，大约有 16 万，当时多尔衮的八旗军队，是当时中国最强大、最有战斗力的一支骑兵。李自成的军队对付不过多尔衮的军队。我查了一下，努尔哈赤跟皇太极凡是发动一场大战的时候都是闹灾荒，无一例外。解决不了吃饭问题的时候，他们就到关内，一直打到济南府，金银财宝有了，粮食有了，牲口也有了。李自成后来犯了很多的错误，自己毁掉了已经取得的政权。没有吴三桂降清，根据当时的实际情况，清军也可以入关。李自成对付明朝军队可以，对付清朝的骑兵肯定打不过，他们交过手，李自成的军队不是对手。

听众提问： 刚才听了您说的历史剧，我觉得我也挺赞同您的观点，历史本身是一门科学，是一门学问，是需要严谨的态度，但是我觉得历史剧这么戏说，这本身也说明了一些问题，一个是老百姓的清官情结，还有一个，咱们一般历史学的知识的普及基本上是不够的，然后才会有种种的现象。您在做学问的时候，尤其在做历史方面学问的时候，因为不可能存在绝对的真实，您怎么看待作为时代的历史，还有皇权的、文史上记载的历史，与真实的历史情况之间的关系。现在，又有了新的历史观：平民历史。因为我知道的清史的资料是比较多的，一开始看的时候肯定会有不同的历史观，您怎么看待真实的历史和相对真实的？

阎崇年： 实际上您说了两个问题，第一个问题我赞成。"文化大革命"之后，戏说大家都有兴趣，有时候一个电视剧会"空巷"，可能第一个原因是"文革"十年大家精神太空虚了，就几个样板戏，我刚开始看香港的《三笑》，还觉得很开眼界，这是一种文化的需要。另外，这些年大家比较紧张，也需要松弛一下，满足观众的娱乐和文化的需要，所以有戏说，这个我赞成。但是从另外的角度说，戏就是戏，史就是史，两个不同的范畴，所以对观众受众来说，戏说和正史始终要弄清楚，不要混合起来。

第二个问题，关于历史的问题。历史通常是这样的，它有几个层次，第一个层次是事情本身。第二个层次是有人记录下来，记录的人就有区别了，有选择，有侧重，有详略，有真伪，这是第二个层次。第三个层次，后面人的解读，在解读的时候有取舍，有褒抑，也不一样，分若干个层次。举一个例子，赫鲁晓夫在联合国大会上拿皮靴敲桌子，大家都知道这个事情。现在发生争议了，一种意见，说赫鲁晓夫没有拿靴子敲桌子，他拍着靴子敲；还有一种说他拿着靴子了，但他用胳膊敲；还有人说他拿着靴子，但是用另一只手敲，没有用靴子敲。有几种解释，但事实真相只能是一个，是拿靴子敲，还是拿胳膊敲，举着靴子敲，还是根本没有靴子，时间很久的事，就弄不清楚了，所以历史学家有一个任务，就是考据，这事是真是假，是怎么回事，这是历史学里一个分支学科，叫考据学。平民的历史，贵族的历史，谈的是历史不同的侧面，有人研究平民的历史，特别是最近的几年很强调社会史的研究，就是研究平民的衣食住行。怎么生活的，还有研究帝王史、宫廷史等，都是分若干不同的领域在进行研究。但是所有的领域都得有一条，所有的史学工作者，前提都是要把自己的史料要考证真实了。第一步是搜集资料；第二步是辨伪，哪个是真的，哪个是假的；第三步叫分析材料；第四步才能够论述，有很多层次和过程。

听众提问： 明朝灭亡，袁崇焕所起到的作用是什么？

阎崇年： 我也一直在思考这个问题。《明史·袁崇焕传》说袁崇焕死后，边疆将军就没有人了，明朝灭亡就决定了。这个对袁崇焕估计有所夸大，写《袁崇焕传》过于强调袁崇焕的功劳，袁崇焕的功劳的确是很大的，打了三个大的胜仗，第一个"宁远大捷"，第二个"宁锦大捷"，第三个保护北京的大捷，连着打了三次大的胜仗。但是明朝灭亡，现在看起来，明末就跟一个瓜一样，烂透了。我看到一个材料说，到了明朝后期，军队不发饷，像宁远、锦州很重要的地方，5个月一分钱饷不发，没钱，士兵得吃饭，怎么办？就抢，违反军纪就要处罚，于是就发生军事哗变。官员的腐败更不要说了，我看后来只有袁崇焕为了崇祯皇帝调兵勤王，调各地军队到北京保卫崇祯皇帝，一部分军队走到半道上没有粮饷，户部发粮饷发不到，走到半道军队就哗变，就散了，或者抢老百姓的粮食，甚至变成土匪，后来出现农民起义队伍。大家知道袁崇焕率领9000骑兵到北京来，是阴历的十二月初一，正是数九寒天的时候，到北京城外不许进城，没有帐篷，露天驻扎，一粒粮饷不给。皇太极的军队可以抢，他抢老百姓，抢到牛羊杀了，吃饱了以后再打。

袁崇焕的军队纪律很严明，不许抢老百姓的东西，有一个士兵太饿了，抢了老百姓家一个饼吃了，他就把这个兵，斩首示众，这点跟岳飞的做法是一样的。在这种情况下，他同皇太极作战，打了胜仗。如果崇祯皇帝对袁崇焕一直信任到底，打败皇太极军队是有可能的，但是，历史不能"如果"，因为明末整个政权系统腐败，明朝的中央政权，到袁崇焕死的时候，完全是小人在那儿执政，就是原来阉党的余孽。这些阉党余孽本来都被打击，后来又纷纷官复原职，有几个受到处分了，已经告老还乡了，又回到内阁当了内阁大臣。引用梁启超《宋史·岳飞传》里面说的，宋朝的时候，本来金的军队打到淮河附近的时候，已经打不动了，岳飞的军队很强，金军准备后撤了，大军以淮河为界。但是有一个人拦着，说不要退，说自古以来没有奸臣掌握朝政的时候，武将能在外立功的。当时，秦桧等一批奸臣实际上是执掌大宋朝政的人，岳飞不可能在外面给你立功。后来，果然就把岳飞抓了杀了，杀了以后宋与金就开始议和。

袁崇焕有很重大的历史功绩。岳飞做到，"文臣不爱钱，武臣不惜死"；袁崇焕比岳飞说的还高一层，"做文官不爱钱，做武官既不爱钱又不怕死"。袁崇焕做知县，老百姓的民房着火了，他是县太爷，亲自爬到房子顶上给老百姓救火。这种知县，我说现在也很难找。他父亲死的时候，他已经做了辽东巡抚，辽东巡抚多大的官呢？大体上相当现在的沈阳军区司令，这么大的官，他父亲埋葬的时候，没有钱。往家寄的钱是同僚、大臣、朋友凑的，派人捎回去埋葬他父亲。做到这么大的官了，还这么穷，这是做文官不爱钱，做武官既不爱钱又不怕死。在袁崇焕的时候，现在的锦州都是明朝的。朝廷换了一个阉党派的辽东经略，叫高第，此人就下令从锦州大撤退，8个城全撤，4个城也撤，一直撤到山海关，所有的都撤了，军队也撤了，老百姓也撤了，老百姓把家都扔了，紧急撤了，拖儿带女的，粮食也没法拿，10万人，哭声震野。袁崇焕不撤，他说："我宁前道也，官此当死此，我必不去！"袁崇焕誓言"我独卧孤城，以挡虏耳！"他在这种情况下，率领宁远孤城军民打败了努尔哈赤号称20万军队的进攻。因为明朝总体腐败，所以还是灭亡了，个人的作用受一定历史的局限。

听众提问： 我有两个问题：第一个是黑龙江一带，有的传说努尔哈赤是北宋皇室的后代，因为金人入侵以后，把宋朝的三千多人逼到边地了，而那会儿，女真人南下入主中原，中原的一些被俘虏的士兵，还有皇室都去了关外，汉人女真化和女真人汉化。还有满族皇帝姓爱新觉罗，爱新觉罗正好跟宋朝时候的姓都是一样的，都是姓赵的。文献有没有记载这方面的东西？第二个问题，关于袁崇焕有没有后代，有人说黑龙江寿山将军是袁崇焕的后代，但是广东那边说没有后代了，就是想问一下，他究竟有没有后代？

阎崇年： 第一，这个传说很多。宋徽、钦二宗的后代就变成满洲的后代了，所以爱新觉罗就姓赵，经过反复地研究，不是这么回事。这是满洲人为了减少一些汉人的抵触情绪而编造出来的故事。

第二，袁崇焕有没有后人，有争议。一种考证就是寿山将军的后代，上海外语学院一位先生跟我说，他姓原，原因的"原"，说是袁崇焕的后代。另外，福建的一位先生也给我写信，他姓永远的"远"，有可能也是"袁"改的。到现在为止，根据可靠的材料，袁崇焕没有后代，至于寿山将军是袁崇焕的后代，还需要挖掘更多的史料，进行更深的研究。我看过抄袁崇焕家的奏疏，明朝派官员抄袁崇焕的家，当时广西藤县、广东东莞和辽东宁远都有官员关于抄家的记载，这些史料很珍贵，都说袁崇焕没有后代。

今天谢谢大家。

（本文为 2005 年 5 月 27 日，在中央电视台大审片厅，为中央电视台的领导、编导和主持人所做的演讲稿。收入本书时做了适当修改）

我与《清十二帝疑案》

中央电视台 10 频道《百家讲坛》播出《清十二帝疑案》栏目，共 38 讲，从去年三月准备到今年三月结束，历时整整一年。广大观众通过网上、电话、信函，说了许多赞美的话，誉之为"既叫好、又叫座"。我觉得这实在是过奖了。《百家讲坛》栏目之所以有现在这样的社会结果，就我而言客观的因素是：一在天，二在地，三在人。

一在天　这个"天"不是"天意""天命""天道""天帝"，我这里主要指的是"天时"。1905 年孙中山先生在日本东京成立"同盟会"，到今年恰恰 100 周年。同盟会纲领的第一句话是"驱除鞑虏"，后来孙先生又提"五族共和"。纵观百年的历史，20 世纪上半叶，对清朝、对清帝、对清宫的历史，不能给予公正、客观的评价。20 世纪下半叶，中华人民共和国成立以来的半个世纪，可以分作前后两个 25 年。前 25 年，由于特殊文化环境、极"左"学术思潮，帝王将相、才子佳人都在"批判"之列。因此，对清朝、对清帝、对清宫的历史，也不能给予公正、客观的评价。后 25 年，小说、戏曲、影视出现"戏说"之风。20 世纪 80 年代以来，长达 20 年间，中国的影视和文学作品，对清朝、对清帝、对清宫，情有独钟，戏说成风。这对渴求文化与艺术的观众来说，既丰富了他们的精神文化生活，引发对清史的关注，也给他们带来许多历史疑惑不解。一时之热，百年之积。人们普遍期待正说清史，如同"久旱望甘雨"。这就渴求历史学工作者、特别是清史专家，用正说来回答观众的困惑。

二在地　观众盼望对《清十二帝疑案》的解答，对清朝、清帝、清宫的历史的正说，需要有一个载体、一个平台。这个传媒不在天，而在地。当代中国最大的主流强势传媒就是中央电视台。中央电视台可以说是经天纬地，它的信号发到天上，回到地面，广泛传布，覆盖全国。因为有了CCTV—10频道这个全国强势的传媒，才能收到如此之广大的社会效果。从观众来信看，南自海南，北到黑水，东起山东，西到伊犁，可以说面对不同年龄、不同职业、不同民族、不同地域、不同文化，不同学历的观众。特别是今年元月1日、2日、3日，春节长假期间初一到初七，在CCTV—1频道播出，更加扩大了影响。天、地的因素固然重要，事情还是要人去做，它的另一个因素在人。

三在人　从中央电视台领导，科学·教育中心主任，《百家讲坛》栏目制片人、编导、摄像、录音、灯光、制作、包装等所有相关人员及主讲人，上下一心，全力以赴，废寝忘食，倾注心血，合作融洽，如同家人。中央电视台的同志，认真负责，精益求精，双休日经常不休息，晚上经常到夜里十一二点，还在机房插配画面、润色串词、核对史实、订正文字。他们不厌其烦地同我沟通，互相交流。中央电视台编导们的敬业精神令我十分感动。还有北京社会科学院、北京满学会的专家学者，以及广大的观众，不断给我支持和鼓励，增强了我的信心。中国有个"千人糕"的古老故事，我们的《清十二帝疑案》栏目就是一盘"千人糕"，是大家共同努力的成果。

以上，天、地、人三方面因素合在一起，而获得了比较好的社会效果。至于我个人，可以说是对我学养、素质、态度、性格、语言、作风等方面的一次全面考试。在这场考试中，第一是乡试，考官是制片人和编导；第二是会试，考官是台领导和中心主任；第三是廷试，考官是观众。在这场考试过程中，我的讲稿是怎样做的？讲稿内容贯穿对清史的"正""细""慎""通""新"五说，试图有助于观众了解历史真相，走出"戏说"误区。

一是"正说"　人类历史演变，主要靠口述、文字、文物和音像去传承，其中文字是文明传承的主要手段。历史如果没有文字记载，今人怎么会知道秦皇、汉武、唐宗、宋祖？文字传承历史，贵在一个"正"字。《汉书·艺文志》载："左史记言，右史记行。"记言记事，中正求真。许慎《说文解字·史》字解曰："史，记事也。从又，持中。中，正也。"《说文解字·又》字释曰："又，手也，象形。""史"，就是用手，记言载事，持中公正。因此，"中正真实"是历史学的基本特征。"正说"就是按照历史原貌，向广大观众中正地、真实地讲述历史。"正说"是对"戏说"而言。"正说"讲的是历史，"戏说"编的是故事。小说家、影视家对清史、对清帝、对清宫，进行戏说，塑造人物，编创故事，那是艺术家们的事。对观众来说，看"戏说"时应知道这是"戏"，瞧的是热闹，不可以当真。史学家对清史、对清帝、对清宫进行正说，传承历史知识，提高文化素养，这是史学家们的事。对观众来说，看"正说"时应知道这是"史"，了解的是"真实"，不必图热闹。人们对"正说"与"戏说"都需要，既不能要求史学家去"戏说"，也不必苛求影视家去"正说"。然而，史学工作者有责任、有义务向广大观众，正面讲述真实的历史人物、真实的历史事件、真实的历史故事。

二是"细说"　历史是有血有肉、丰富多彩的。教科书和史学著作通常是概括地梳理历史发展脉络，阐述重大历史事件，评述重要历史人物。"细说"，把学术视野聚焦在历史长河中的一些小事件上，进行深入细致的叙述。这些小事件多为观众所关注的重点、热点、疑点。人们往往需要了解历史人物与历史事件的细节，并期望学者给予特别的关心和解答。这就给历史学者一个机会，尽可能细致地讲述清史。我在《清十二帝疑案》中突出"正说"的同时，也注重"细说"。比如，人们需要了解光绪帝的死因，我就把有关光绪帝死因的5种说法，详列档案、文献、口碑、论著的观点与资料，分析综合，深入浅出，雅俗共赏，加以解说，既有鲜明观点、丰富史料，又有细致讲说、深入分析，并将自己的见解寓于讲述中，而不强加于人。"细说"要注意语言，电视广告按秒算钱，我怎能浪费时间？我想：语言要不文不俗，简洁生动，争取：一句废话没有，一句啰嗦话没有，一句重复话没有，一句克呗话没有。例如，讲建州初起时，可以用俗语"明末那个时候，东北兵荒马乱，各个部落经常打仗，你抢我夺，天下很不安宁，百姓生活在水深火热之中"（41 字）。可以更简练一些："各部蜂起，互相战伐，强陵弱，众暴寡"（14 字）。《圆明园惨遭焚劫》播出后，有的观众来信说"我流着眼泪观看，受到生动的爱国主义教育"。

三是"慎说" 电视台的讲座，面对社会广大观众，必须慎之又慎，认真对待，如履薄冰。正像《诗经·小雅·小旻》所言："如临深渊""如履薄冰"。开始，我每讲写两万字的稿子。每天四个单元，敲 5000 字，边查资料，边写文稿。星期五，总串梳理，进行修改。晚上给家人试讲，听取批评。星期六白天修改讲稿，晚上个人默道一遍，熟悉讲稿。星期天登台演讲。第二周依此循环。在整个过程中，不但内容不敢懈怠，就是连感冒也不敢得。每一个人物，每一件史实、每一条分析、每一个论断，都要言之有据，不虚美、不隐恶，求真求是、科学缜密。讲稿、书稿可能有错误，正确的态度如《孟子·公孙丑》记载：子路，闻有过，则喜；大禹，闻善言，则拜。就是说，闻过则喜，闻善则拜。我的《正说清朝十二帝》问世四个月，已经重印 11 次，每次都对个别疏误进行修正。既不能掩盖错误，也不能文过饰非。凡是来信指出我讲错的观众，我要寄一本书给他，表示谢意。史学工作者应有责任感，让社会上广大观众，对讲座既觉得可亲，更觉得可信。严肃的历史是，文直事核，劝奖箴诫。

四是"通说" 司马光《资治通鉴·进书表》言："监前世之兴衰，考当今之得失，嘉善矜恶，取是舍非，足以懋稽古之盛德，跻无前之至治，俾四海群生，咸蒙其福。"我在《百家讲坛》栏目中，横向讲了清朝十二个皇帝，纵向讲了清朝十二个专题，既有横向阐析，也有纵向探索。贯通清朝全史、清朝列帝衍化的内在联系，其兴衰、成败、治乱、福祸之镜鉴，需要集中地、系统地进行解说。比如，清朝的历史地位，296 年间的 12 帝，各有其历史贡献，也各有其治策弊端。那么，清朝的兴、盛、衰、亡，有些什么经验与教训呢？我说过：清太祖努尔哈赤既播下了"康乾盛世"的种子，也埋下了"光宣哀世"的基因。显然八旗制度是其"种子"与"基因"的一个关键。八旗制度是清朝根本性的社会制度。八旗盛则清兴，八旗衰则清亡。比如，清朝图强维新的八次历史机遇。单独看一次维新机会的丧失，可能看不清事物的本质。如果将顺、康、雍、乾、嘉、道、同、光八朝的历史机遇丧失，加以联系，贯通来看，论考行事，察敝通变，从中找到一条鲜明线索。最后一讲的大结局，我总结清朝兴起与强盛的原因，主要是一个字：合；而清朝衰落与危亡的原因，主要也是一个字：僵。"合"则盛，"僵"则衰，从而得到一点新的历史启迪。

五是"新说" 学术研究，贵在创新。历史学的学术功能，要促进历史学科自身发展。我尽量运用了一些新视角、新资料、新分析、新论述。比如，关于顺治帝，从其同母后、叔王、爱妃、洋人、僧人 5 个关系切入；又如，康熙帝，则从其对自己讲学习、对朝政讲勤慎、对臣民讲仁爱、对西学讲吸纳、对子孙讲教育5 个方面切入。再如，道光时鸦片战争失败的历史责任，既应看到其失败之必然性，又要剖析其失败之偶然性——指出道光帝应对鸦片战争失败负主要历史责任。复如讲咸丰帝，我从陆游《钗头凤》的"错、错、错"入手，比平铺直叙有意思一点。另如，关于辛酉政变，以往多从"承德集团"与"北京集团"对立的角度进行"二元分析"。我则从帝后、朝臣、帝胤三股政治势力的对抗与整合做出"三元分析"。宣统帝，于现行教科书、专著所论的"张勋复辟"，提出新见，切磋商榷。"复辟"一词，"复"者意为恢复，"辟"者意为帝位；张勋作为一个长江巡阅使、安徽督军，其有何"辟"之可"复"？所以，我以"张勋兵变，宣统复辟"为题而展开对这段历史的阐述。

总之，"正说""细说""慎说""通说""新说"，旨趣在于体现史学传承、文化、社会、资治、学术的功能。这种尝试，尚在求索。

最后，我说一下对历史应采取的态度。应当敬畏历史：为什么要"敬"？因为吸取前人经验，会得到宝贵的智慧；为什么要"畏"？因为重蹈前人错误，要受到历史的惩罚。对历史有两种极端的倾向：一种是忘却历史的耻辱，另一种是抹去历史的辉煌。所以，对待清朝的历史，既不要忘却历史的耻辱，更不要抹去历史的辉煌。应正视以往的辉煌，要总结历史的经验。

（本文系 2005 年 3 月 31 日在中央电视台《清十二帝疑案》研讨会的发言稿）

历史学者的五项素养

先讲三点希望，对北京社会科学院这块学术平台，希望大家一要珍惜、二要利用、三要增辉。北京是中华人民共和国的首都，是世界著名的大都会之一。北京的社科院在全国各省、市、自治区社科院中应当是"首善之院"。因此，大家应当为之自豪，也应当加以珍惜。北京不仅是全国学术网络的中心，而且是国际学术网络的一个中心。希望大家充分利用它，作出学术贡献。通过大家的学术成果和学术交流，在北京、在全国、在世界不断地增大它的知名度、它的贡献，大家要为之增辉。

既然我们肩负重要学术使命，那么我们应当具备怎样的学术素养呢？我认为，作为一名历史学的学者，应当具备五项基本的素养或素质。

第一，选定基本的研究方向。根据我个人的体会，在开始做研究的时候，首先要审慎选定研究方向。因为研究方向的选定，影响全局，事关一生。在选择研究方向的时候，既要根据自身的特点，也要考虑社会的需要，务必谨慎，切勿轻率。

第二，滴水穿石精神。社会科学研究需要长时间积累，"板凳一坐十年冷"，要耐得住寂寞，要甘心于清贫。古训"滴水穿石"，治学不要旁骛。既自强不息，又广泛切磋。在学术研究的过程中、切忌"四躁"——急躁、浮躁、焦躁和骄躁。

第三，重视研究资料。大楼建得愈高，其基础需要愈深广、愈坚固；同样，研究水平高、学术成果多，其资料基础要打得广些、深些。马克思在《资本论》第二版"跋"中说："研究必须充分地占有材料。"王国维也说："昨夜西风凋碧树，独上高楼，望尽天涯路。"也就是说，要全面掌握学术信息、学术资料。就某种意义上说，谁掌握基础资料愈丰富、掌握第一手资料愈翔实，谁就会取得更新、更多的学术成果。

第四，抢占学术先机。学术研究，贵在激情，尤在创新。积累题目，脚踏实地，心高志远，抢占先机。研究课题的选定，要做多方面学术思考、多渠道信息分析、多种利弊之比较、主客观条件评估，还要考虑是短期（譬如一年）、中期（譬如二三年）和长期（五年以上）等因素，结合社会需要和个人积累，进行选择和决定。

第五，胸臆要有"四合"。"四合"是天合、地合、人合、己合。一个人做点事情，要有天时、地利、人合，还要有"己合"。"己合"主要是个人的心态平和、心情豁达、心境坦荡。一个人的健康心态、健康身体很重要，因为很多心理困扰和身体疾病是同"己不合"攸关。健康心态和健康身体是成就学术事业的基本条件。试想，如果没有"己合"，哪还有什么"天合""地合""人合"呢？

以上的希望和建议，我愿意同大家共勉。

（本文系 2004 年北京社科院人事处为在院研究人员培训班上所做讲话的记录稿）

大运动员的五大素养

国家蹦床运动队李格主任提出大运动员的理念，我来做个注解。做医生要做大医生，当作家要做大作家，当学者要做大学者，当演员要做大演员，同样当运动员要做大运动员。大医生、大作家、大演员、大学者、大运动员等，应当具备什么样的素养呢？历史上的大作家、大军事家、大学者、大政治家等，具有什么样的素养呢？我讲一点看法，同李主任，同各位教练，同各位同学，讨论、商量、交流、请教。

大作家、大学者、大医生、大演员、大运动员等，我认为应当具有五项素养，这就是：仁、智、勇、功、谦，也就是说，应具备大仁、大智、大勇、大功、大谦。下面我将修大德、养大智、拼大勇、立大功、行大谦，分开来讲。

一、修大仁。仁，是儒家学说的基本思想。孔子的弟子樊迟问老师什么叫仁，孔子回答两个字："爱人。"所以，仁，就是爱人。"夫仁者，己欲立而立人，己欲达而达人。"（《论语·雍也》）子曰："志士仁人，无求生以害仁，有杀身以成仁。"（《论语·卫灵公》）文天祥的慷慨就义、袁崇焕的惨遭磔死，都是舍身成仁的典范。他们的实现了大仁大德："人生自古谁无死，留取丹心照汗青。"

重仁就是重德。大家知道《易经》里说的一句话："天行健，君子以自强不息"；"地势坤，君子以厚德载物"。《左传》说："大上立德。"为什么把"立德"列为"大上"呢？因为立德能够长存："虽久不废，此之谓不朽。"做人要厚德，做人德为首，万事德为先。德就是仁，就是爱，有五个梯次：爱自己，爱家庭，爱社会，爱国家，爱天下。爱天下是最高的层次。

《老子》说:"重积德,则无不克。"(《老子》第五十九章)

张英的故事。张英做宰相时,有一个"六尺巷"的故事。说的是:安徽桐城张家和吴家为邻,吴家要拓展院墙,影响张家,张家不让。官司打到县衙,张家是显宦,吴家是豪富,谁也得罪不起,知县非常为难。张家写信给当朝宰相张英,希望他修书给知县关照。张英见信后,提笔写道:"一纸书来只为墙,让他三尺又何妨。长城万里今犹在,不见当年秦始皇。"(六尺巷石碑)张家见信后,主动让出三尺。吴家受感动,也让出三尺。于是出现至今犹在的"六尺巷"。张英退休回乡后,更加谦逊低调。相传晚年他在家乡西山居住,有条山间小道,他出来散步时,遇见挑柴的樵夫,总要退到路边草地上,让樵夫先行。此事至今传为美谈。

大德的人,要像宋朝张载(字横渠)所言:"为天地立心,为生民立命,为往圣继绝学,为万世开太平!"

二、养大智。智慧的表现,一是知人,二是知己。《老子》说:"知人者智,自知者明。"(《老子》第三十三章)这表现在就是要知己知彼——扬己之长,避己之短;逼迫对方用己之短,弃己之长。

智慧的一个重要表现是"不轻敌"。《老子》说:"祸莫大于轻敌,轻敌几丧吾宝。"(《老子》第六十九章)

智慧,个人、家庭、社会、国家、天下五个内容,分作大智慧、中智慧、小智慧。小智慧表现为"鸡伶狗俐",中智慧表现为常人的智慧,大智慧表现为大政治家安邦定国、造福于民的大智慧。大军事家智慧表现为争战获取大胜的智慧,大运动员智慧表现为摘取奥运金牌的大智慧。

朱棣的大智慧。梅兰芳先生有一出著名的京剧《宇宙锋》。这出戏说的是秦赵高已嫁女儿艳容,二世胡亥欲纳为嫔妃,赵高也献女逢迎。一边是君命,另一边是父命,赵艳容急中生智,金殿装疯,逃过一劫。这出戏又叫"金殿装疯"。燕王演出的舞台不在金殿,而在王府,简直就是一出"王府装疯"的政治滑稽剧。事情是这样的:朝廷从南京派官,前来北平察看燕王朱棣的动静。一到燕王府,接待的不再是从前那位堂堂威武的燕王，而是一个疯疯癫癫的狂人朱棣。北平三伏，挥汗如雨，可是燕王身上穿着破棉袄，围着火炉，蓬头散发，哆里哆嗦，嘴里大喊："冷啊，冷啊！"他理智紊乱，满口胡言。使者一见，扭头就走，回南京报告说，燕王疯了，不足为患！有的大臣不信，认为朱棣是装疯。朝廷派官到燕王府再探。这次燕王把戏演到了厅堂之外，在大街上呼喊乱走，抢夺酒食，狂言乱语，躺在泥地，满脸污垢。使臣回到南京报告，燕王真的是疯了！这下朝廷不再怀疑，暂时对燕王放松了警惕。透过燕王的"王府装疯"，可以看出朱棣是一位胸藏大智慧、大谋略的政治家，可谓能屈能伸、大智若愚。相比之下，年轻气盛的建文帝根本不是这位皇叔燕王朱棣的政治对手。

道衍的大智慧。道衍（1335—1418），俗名姚广孝，江苏长洲（今苏州市相城区阳澄湖镇）人。他14岁出家，修禅理，悟性高，通儒道，谙韬略，习兵法，工诗画，受朱元璋指派，侍随燕王朱棣。燕王同道衍共同谋划举兵大事，但事关天机，属绝对机密，需要彼此试探，以明隐秘心意。《长安客话》记载了一个故事：一天特冷，道衍陪燕王吃饭。酒席之间，二人对话——

朱棣说："天寒地冻，水无一点不成冰！"

道衍答："国乱民愁，王不出头谁作主！"

朱棣话的字面意思是：虽然天寒地冻，但是"水"字缺一"点"，就不成"氷"（冰）字——"氷"与"兵"谐音，言外之意，就是"起兵如何"？

道衍话的字面意思是：国家混乱、庶民愁苦，此时"王"字的一竖若不出头（加一点），怎么能成为"主"字呢！这分明是鼓励燕王朱棣起兵"出头"，做天下之"主"。

对坐饮茶，经过试探，两人所想，暗自合掌。于是，密室策划，刻期起兵。燕王起兵之时，狂风暴雨，房瓦坠地。朱棣大惊，脸色骤变。道衍说：大吉祥啊！飞龙在天，从以风雨；灰瓦坠地，将易黄瓦。（《明史·姚广孝传》卷一百四十五）燕王转惊为喜，师向南京，征战四年，夺取帝位。

大智慧的最高境界是"一"。"一"在数字中是最小，也是最大。训练时练到一，就是练到简单得不能再简单；比赛得到一，就是第一，也是最大。所以，《老子》说："天得一以清，地得一以宁，神得一以灵，谷得一以盈，万物得一以生，侯王得一以为天下正。"（《老子》第三十九章）

三、拼大勇。《荀子》将"勇敢"列为三等："有上勇者，有中勇者，有下勇者。"（《荀子·性恶》）什么叫勇？孔子说："勇者不惧。"（《论语·子罕》）勇敢，要不惧强敌，敢于拼搏，精神抖擞，夺取胜利。

在两军狭路相逢的时刻："两军相逢勇者胜。"（《史记·赵奢列传》）

勇，要自强。《老子》说："胜人者有力，自胜者强。"（《老子》第三十三章）

勇，要好学。孔子说："好勇不好学，其蔽也乱。"（《论语·阳货》）

勇，要讲礼。孔子说："勇而无礼则乱。"（《论语·泰伯》）

下面讲袁崇焕和额亦都大勇的故事。

袁崇焕"凭坚城，用大炮"保卫北京的故事。袁崇焕兵临敌，马颈相交，中矢如猬，拼杀不屈，终获胜利。

额亦都中箭的故事。额亦都率军攻城，将登顶，中箭穿股，钉在城墙上。他拔刀砍断箭杆，登上城墙，夺取攻城胜利。

四、立大功。《左传》说："大上立德，其次立功，其次立言。"（《左传》鲁襄公二十四年）这里的立功，对公务员来说，就是政绩；对于运动员来说，就是成绩。

功，有大功，有中功，有小功。做大运动员要立大功。应当是：

——想做别人没想做的事，

——敢做别人不敢做的事，

——能做别人不能做的事，

——做成别人做不成的事。

通海法师的故事。通海法师，贵州人，托钵化缘，到凌云山，结草为寺，诵经修禅。凌云山在今四川省乐山市。山前岷江、大渡河、青衣江三江汇流，山水优美，风景秀丽。临江山体，陡立如削，山水斗突，激湍触崖，雷霆哮吼，过往船只，常出事故，舟毁人亡。通海法师发愿"夺天险以慈力，易暴浪为安流"，兴工雕塑佛像，为民兴利除害。四面八方，善男信女，"万夫竞力，千锤齐奋"，出资出力，开凿大佛。此佛为坐像，通高71米，头高14.7米，头宽10米，颈长3米，肩宽24米，眼长3.3米，鼻长5.6米，嘴宽3.3米，耳长7米，发髻1021个，面江端坐，慈祥庄严。（遍能：《乐山大佛》）这是世界上最大的石刻端坐佛像，被列为世界文化遗产名录。但是，在工程进行中，当地贪官，向其索贿。通海法师说："自目可剜，佛财难得。"就是说，我的眼睛可挖，造佛钱财却不可以得。贪官倚仗权势说："尝试将来！"好吧，那就把你的眼睛挖下我看看！通海法师的回答是："师乃自抉其目，捧盘致之。吏因大惊，奔走祈悔。"这件事情，震动各方。通海法师圆寂后，未竟之业，后人接续，自唐开元元年（713年），到贞元十九年（803年），历时90年，终于完成。（韦皋《嘉州凌云寺大弥勒石像记》）

五、行大谦。一个人，应当成绩越大越谦虚，不应成绩越大越骄傲。谦虚是一个人的素养，也是一个人的品质。

《老子》说："终不自为大，故能成其大。"（《老子》第三十四章）

孔子说："君子泰而不骄，小人骄而不泰。"（《论语·子路》）容易骄傲和不易骄傲，是君子与小人的一个分界线。

《老子》说："上德若谷。"（《老子》第四十一章）高尚的大仁大德，为人谦虚，而不骄傲。

谦逊的品格应当是："直而不肆，光而不耀。"（《老子》五十八章）

下面讲几个古人谦虚的故事。

徐达的故事。明朝开国元勋徐达，少有大志，刚毅武勇，朱元璋称帝，为右丞相，大将军，后封魏国公，追谥中山王。

故事一：不住豪宅。帝尝从容言："徐兄功大，未有宁居，可赐以旧邸。"旧邸者，太祖为吴王时所居也。达固辞。一日，帝与达之邸，强饮之醉，而蒙之被，舁卧正寝。达醒，惊趋下阶，俯伏呼死罪。帝觇之，大悦。乃命有司即旧邸前治甲第，表其坊曰"大功"。病笃，遂卒，年54岁。追封中山王，谥武宁，赠三世皆王爵。赐葬钟山之阴，御制神道碑文。配享太庙，肖像功臣庙，位皆第一。（《明史·徐达》卷一百二十五）

故事二：非常低调。徐达"所平大都二，省会三，郡邑百数，闾井宴然，民不苦兵。归朝之日，单车就舍，延礼儒生，谈议终日，雍雍如也。帝尝称之曰：'受命而出，成功而旋，不矜不伐，妇女无所爱，财宝无所取，中正无疵，昭明乎日月，大将军一人而已。'"（《明史·徐达传》卷一百二十五）。

道衍的故事。燕王"靖难之役"成功，他在南京奉天殿登极称帝，年号永乐，对有功诸臣，论功行赏，重奖道衍：赐蓄发，道衍坚辞，是为一；赐府第，道衍坚辞，是为二；赐土地，道衍坚辞，是为三；赐美女，道衍坚辞，是为四；赐金银，道衍坚辞，是为五；赐高官，道衍坚辞，是为六；赐厚禄，道衍坚辞，是为七；赐爵位，道衍坚辞，是为八。道衍和尚八次婉拒永乐皇帝的赏赐，只请求到大庆寿寺（在今西长安街路北，后称双塔寺）青灯一盏，念经修行。道衍上朝时穿官服，退朝后披袈裟。道衍和尚文足以安邦，武足以定国，他的确高明：夺天下时独居首功，治天下时全身而退，知进知退，知行知止，胸怀大格局，心藏大智慧！

从古人谦虚的故事，可以悟到一点体会：

——成绩愈大愈谦，

——地位愈高愈谦，

——进步愈快愈谦，

——金牌愈多愈谦。

德、智、勇、功、谦的品格培养，需要学习修炼，日积月累——"合抱之木，生于毫末；九层之台，起于累土；千里之行，始于足下。"（《老子》第六十四章）

最后，为备战巴西奥运会，祝大家成为大运动员，为此而修大德，养大智，拼大勇，立大功，行大谦，向祖国、向人民、向世界、向天下汇报！

（本文系 2013 年 12 月 10 日，在国家体育总局训练局，备战巴西奥运会的演讲稿）

第五编　爱国精神

厚德：北京精神之魂

"厚德"，是北京人传统精神、北京人首善精神之魂。北京建城三千多年、建都近千年的历史，培育了北京人崇德、尚德、重德、厚德的精神品格。"厚德"这个理念，最早见于我国传统经典"十三经"之首的《周易》。《易·坤·象》说："地势坤，君子以厚德载物。"与之对应的是《易·乾·象》所载："天行健，君子以自强不息。"唐朝大学者孔颖达对"厚德载物"的疏解是："君子以此地之厚德容载万物。"也就是说，君子要既像日月星辰运行一样自强不息，又像大地山川广阔一样厚德载物。"厚德"的"厚"字，意思与"薄"字相对；"德"字，左偏旁为"彳"，是行走、行动的意思；右半部分为"悳"——有的解释作"直心"，就是心地正直。就是说"德"，内在为德性，外在为德行。"厚德"就是要用像大地一样宽厚的德性德行来容载万众、万象、万事、万物。做人德为上，做事德为先。这正是过去、当代和未来北京精神的品德。

"厚德"既有历史传统，又有时代特点。今天看来，"厚德"主要有两层含义：一是日常道德修养，二是高远博大胸怀。

日常道德修养是北京精神厚德的一个展现。俗话说"北京老礼儿多"。北京是五朝帝都，形成厚德风尚：重仁爱、讲友善，重情义、讲互助，重礼仪、讲孝敬，重诚信、讲承诺，重奉献、讲公益，重群体、讲谦让，重开拓、讲拼搏，重自强、讲勤奋。重视日常道德，修养个人品德、家庭美德、职业道德和社会公德。

北京像一座文化熔炉，外地到北京的人，融入北京厚德精神之中，影响全国各地社会风貌。清朝人张英，在京中进士，官至大学士，受到京师厚德精神的熏陶，以德性、德行待人、处事。他老家与邻居吴家因院墙争执，互不相让，打起官司。家中来书让他写信给当地知县关照。他回信说："一纸书来只为墙，让他三尺又何妨。长城万里今犹在，不见当年秦始皇。"张家见信后，主动退让三尺。吴家受感动，也让出三尺。于是出现至今犹在的"六尺巷"，成为古今人们传颂的佳话。

总之，北京市民道德修养，源远流长，历久弥新，孕育了这座城市德泽化人、容载万物的城市精神品格。

高远博大胸怀是北京精神厚德的又一个展现。君子以厚德容载万物，要有高远博大的胸怀。过去北京以"北京湾"为地域载体，先承载蓟、燕都城的责任，又承载北方重镇的责任，继而承载北中国的责任，进而承载全中国的责任。在中华统一多民族国家形成和壮大的过程中，北京以高远博大的胸怀，承载、吸引、融合、发展各地区各民族的文化——古典的、现代的，民族的、世界的，京腔京韵的、五湖四海的……今天的北京，以北京奥运会为例，成为不同国度、不同区域、不同民族、不同宗教、不同肤色、不同语言、不同性别、不同才能的人，世界融合的文化平台。

北京文化像滚雪球一样，以中原农耕文化为核心，吸纳蒙古草原文化、东北森林文化，现在又吸纳国际海洋文化，不仅成为中华文化的中心，而且成为世界文化的一个中心。

君子以厚德容载万物，北京人一向以肩负使命感、责任感为大德。古人文天祥在大都（北京）就义，留下了"人生自古谁无死，留取丹心照汗青"的千古名句；今人李大钊也说："铁肩担道义，妙手著文章。"这都表现出强烈的历史使命感和时代责任感，是体现北京"厚德"精神的大德范例。使命与责任，贵在高和远：

高，就是要高瞻远瞩，仰望天空。北京最早是燕国的都城。"燕"字甲骨文里就有，写作"𠁥"，为象形字，有向上、吉祥的意思。所以，北京又称"燕京"，历史绵延，直到现在。北京人喜欢这个"燕"字，因为它体现出北京人高远的厚德精神。

远，就是要眼光远阔，俯瞰大地。北京在元、明、清，作为全中国的政治中心，放眼四周——茫茫西北草原，莽莽东北森林，茵茵中原绿野，巍巍西域昆仑，洋洋东面大海，所以北京人有望眼天下的气概。

北京人高远大度，修养大德，胸怀祖国，放眼世界，如宋朝人张横渠所言："为天地立心，为生民立命，为往圣继绝学，为万世开太平！"

为中华民族复兴，为实现人类和平，北京人以厚德精神，承载着历史与时代赋予的使命和责任。

修养厚德品格，应当读书学习。康熙帝在教育子女的《庭训格言》中说："凡人进德修业，事事从读书起。多读书则嗜欲淡，嗜欲淡则费用省，费用省则营求少，营求少则立品高。"

儒家以"大学之道，在明明德"为《大学》的开篇和纲领，道家以"道德"为《道德经》的篇名和总纲，都是重德、厚德。厚德是中华文化精神之魂，凝练在北京人精神品格之中。北京在新时期特别需要提倡"厚德"，德性德行，一以贯之，形成社会道德的新风尚：念念厚德，事事厚德，时时厚德，处处厚德——爱祖国，勇创新，能包容，尚厚德，风清气正，勤奋学习，严以律己，自强不息，使北京成为中华精神的首善之区。

（本文系 2011 年 11 月 2 日在北京会议中心举办的北京精神表述语发布会上的发言）

爱　国

"爱国"，是中华民族每位公民的权利和义务；爱国是中华各族儿女的灵魂。今天就"爱国"讲我的学习、理解和感悟。

爱国：核心价值观的灵魂

《歌唱祖国》这首歌激发出我们心灵之声：爱国。为什么"爱国"是社会主义核心价值观的灵魂？我从亲身经历的一个没齿难忘的小故事讲起。

我是 1934 年生人。在我出生之前的 1931 年，发生了"九一八"事变。在我刚记事的 1937 年，发生了"七七"事变。我上初小的时候，我的家乡是半解放区。老师组织我们演一出话剧，剧名是《锁着的箱子》。剧中只有四个人物：一个母亲，一个儿子，一个八路军伤兵，一个日本鬼子兵。我扮演的是剧中农妇的儿子。剧情很简单，八路军战士抗日受了伤，被日军追杀，躲避到村里一户人家。外面鬼子兵搜查八路伤兵，就到了这户人家。农家主妇急中生智，把这位伤兵藏到空箱子里，并加上锁。这时，鬼子兵闯进家里来问："看见一个八路伤兵吗？"农妇大胆地说："没看见！"鬼子兵说："我亲眼看见他跑到你家。"鬼子兵又问我："你看见没有？"我也说："没看见！"鬼子兵端着刺刀威吓我，我还说："没看见！"忽然，鬼子兵发现地上有血迹，就问："这血是怎么回事？"农妇答："家里刚杀了一只鸡。"农妇机警地从抽屉里抓了几个鸡蛋送给鬼子兵，鬼子兵就揣着鸡蛋走了。鬼子兵走后，被锁在箱子里的八路军伤员出来了。这个故事发生在 1942 年。

　　不久，日本兵进村扫荡。村里人都藏了起来，大多藏在海边的海带草垛里。传说日军扫荡是为了报复村里窝藏八路军，要抓的名单就有演出《锁着的箱子》的人。我听了之后，心里很害怕。这次鬼子扫荡，一个老实村民男子，被日军开枪打死：鬼子进村后，见一个男人在街上走，喊他站住，他听不懂日本话，吓得就跑，被日军一枪撂倒，鲜血淌了一地。我亲眼看到这悲惨的一幕，事过七十多年，至今如在眼前。

　　这个故事给我幼小的心灵播下了一粒种子，告诉我一个道理：国家没有主权，个人哪有尊严？国家没有尊严，个人哪有幸福？仇恨鬼子，热爱祖国！后来长大，读书知理：要爱国，就要国家富强，维护主权，保卫祖国。后来学了历史，懂得一条真理：中华民族五千年文明，生生不息，绵延发展，形成以爱国主义为核心的光荣传统。爱国主义是中华民族精神的核心和灵魂，是中华各族人民的美德和情操。因此，爱国是社会主义核心价值观的灵魂。

　　说到爱国，人们常问："屈原的爱国，岳飞的爱国，林则徐的爱国，王进喜的爱国，有什么不同？"我说："爱国，在不同历史时期，有不同层面内涵。"

爱国：不同时代不同内涵

　　爱国，不是一个笼统的概念，在不同时期，在不同地域，分不同层面，有不同内涵。从有了国家，就有了爱国的观念。回顾中国有文字记载三千多年的历史，爱国的基本内涵，主要有四个层面：

　　第一，对诸侯之国的爱。在商、西周、春秋、战国时期，有很多的方国、诸侯国。周武王伐纣，孟津会盟，八百诸侯，就是有八百个方国、诸侯国。春秋五霸，战国七雄，都是在周天子下面的诸侯国。这个时期的爱国，是建立在爱诸侯国的层面上，怎么看呢？举例来说。

　　如屈原，我们称他是伟大的爱国诗人。屈原爱楚国，并不爱秦国。屈原为了挚爱的楚国，"颜色憔悴，形容枯槁（gǎo）"（《史记·屈原贾生列传》），怀抱着石头，自沉汨（mì）罗江。屈原的《离骚》成为千古绝唱。人们为了纪念爱国诗人屈原，留了下端午节赛龙舟、吃粽子等全国性传统风俗，成为非物质文化遗产。

又如荆轲，司马迁在《史记·荆轲列传》里记载：秦王政二十年（前227年），燕国的太子丹，怕秦兵攻打燕国，就派荆轲刺杀秦王嬴政。荆轲在易水边，壮士送行，群情悲壮，头发上指，垂泪涕泣，荆轲慷慨歌曰："风萧萧兮易水寒，壮士一去兮不复还！"荆轲在秦的咸阳宫向秦王献《督亢图》，秦王展图卷，图穷匕首见（xiàn），荆轲奋争，互相格斗，结果被杀。这里，荆轲爱的是燕国，而不是秦国。在诸侯国时代，虽然爱国是在诸侯国层面的爱、是有局限的爱，但这种爱国精神是可贵的。

第二，对君主之国的爱。秦统一六国后，到了汉朝，中原农耕的汉民族形成。此后汉族人的爱国，主要是爱中原汉族建立的君主皇朝，爱君主之国。

例如岳飞。岳飞小时候，出生未满月，黄河决口，母亲抱着他在瓮里随洪水漂泊，被冲到岸边，才活了下来。岳飞家虽贫，却力学，文武兼备，能左右射。他母亲教育他要爱国，有一出戏叫作《岳母刺字》，说岳飞母亲在他后背刺上四个字："精忠报国。"岳飞从小就有强烈的爱国忠君思想。时南宋与金朝对峙，岳飞爱的是南宋，而不是金国。岳飞立下大功，皇帝御书"精忠岳飞"，并赐给豪宅，他坚持说："敌未灭，何以家为？"没有接受。岳飞行为俭约，家无侍姬。岳飞曾说："文臣不爱钱，武臣不惜死，天下太平矣。"（《宋史·岳飞传》）在当下，"文臣"不爱钱，就是拒腐反贪，清正廉洁，慎勤工作，为民为国；"武臣"不惜死，就是平时不怕吃苦，战时不怕牺牲，抗震救灾为民，保卫边疆为国。

又如文天祥。南宋末年，元军进逼，陆秀夫背着年仅9岁的末帝赵昺（bǐng）在厓山（今广东新会海上）跳海自尽。宰相文天祥被俘不屈，押解北上，八日绝食，表示坚贞。文天祥《过零丁洋》诗云："人生自古谁无死，留取丹心照汗青。"文天祥到元大都（今北京），守节不屈，惨遭杀害，才47岁，成为民族英雄。他的妻子欧阳氏收尸，在其衣带中发现了绝命书："孔曰成仁，孟曰取义，惟其义尽，所以仁至。读圣贤书，所学何事，而今而后，庶几无愧。"（《宋史·文天祥传》）今北京府学胡同有文天祥祠，纪念这位正气浩然、气贯长虹的爱国英雄。虽然文天祥爱的是南宋而不是元，但是他的爱国精神可赞并千古流芳。

第三，对中华祖国的爱。从明开始，到了清朝，中国受到外国侵略，中国反抗外来侵略的爱国斗争，产生了中华民族的爱国英雄。

明代有两位著名反抗外来侵略的民族英雄：戚继光和郑成功。

先说戚继光。明朝有一个新的历史特点：倭寇从海上侵略、骚扰中国，于是产生了抗倭民族英雄戚继光。戚继光，山东蓬莱人，出身将门，招练"戚家军"，发明"鸳鸯阵"，军纪严明，声闻天下。戚继光抗倭，"飚发电举，屡摧大寇"。一次攻城，"人持草一束，填壕进。大破其巢，斩首二千六百"。并乘胜进击，"连克六十营，斩首千数百级"。又一次，他率军攻敌，斩级二千二百，并解救被掠乡民三千人。（《明史·戚继光传》）他"一年三百六十日，多是横戈马上行"。戚继光豪迈的爱国志向是："封侯非我意，但愿海波平。"

再说郑成功。明朝又有一个新的历史特点：荷兰从海上侵占台湾，于是产生了民族英雄郑成功。先是，荷兰殖民者占领我国领土台湾。郑成功率军登陆台南，围攻荷兰总督驻地赤嵌城（今台南市安平），荷兰总督揆一投降，台湾重回祖国怀抱。郑成功是我国第一位同西方殖民者抗争并取得胜利的民族英雄。

在清朝，最著名反抗外来侵略的中华民族英雄，北有萨布素，南有林则徐、西有金顺。

先说萨布素。萨布素，满洲镶黄旗人，是康熙设立黑龙江将军衙门后，第一任黑龙江将军。他率领汉、满、蒙古、达斡尔、鄂温克、鄂伦春、锡伯、赫哲等各族健儿组成的联军，高扬爱国精神，克服艰难困苦，先后两次打败沙皇俄国侵略军，取得雅克萨自卫反击战的胜利。随之在康熙二十八年（1689年），中俄签订了《尼布楚条约》。

　　次说林则徐。林则徐，福建闽侯（今福州）人，清道光年间，受命前往广州禁鸦片，态度坚决，措施果断，收缴二百三十七万多斤鸦片，在虎门海滩当众销毁。主张积极反对西方侵略，督率军民打退英国侵略军，却反遭遣戍新疆伊犁。他在新疆修水渠，引伊犁河水，灌溉农田，后被称为"林公渠"。他在新疆"周历南八城，浚水源，辟沟渠，垦田三万七千余顷，请给回民耕种"，得到谕准。林则徐有政治远见，史载："海疆事起，时以英吉利最强为忧，则徐独曰：'为中国患者，其俄罗斯乎！'后其言果验。"（《清史稿·林则徐传》）林则徐武能反抗侵略，文能治河兴农，是一位既有远见卓识又脚踏实地、既有豪迈气概又忠心尽职的中华爱国民族英雄。

　　再说金顺。金顺，满洲镶蓝旗人，少年孤贫，孝事继母。从军作战，非常骁勇，被赐号巴图鲁（英雄）。出生入死，屡立战功，擢乌里雅苏台将军。光绪二年（1876年），任伊犁将军。时俄国占领伊犁地区，崇厚未经清政府同意，同俄国签订《里瓦几亚条约》，中国损失重大。金顺向朝廷陈奏，力主收复失地。迫于舆论压力，下令将崇厚革职拿问，拒绝批准崇厚签订之约。左宗棠、曾纪泽等多方努力，签订《中俄伊犁条约》，结束俄国在伊犁 10 年的占领，收回伊犁地区 2 万多平方公里土地。金顺率军进驻伊犁，并筹划重建伊犁的工作。光绪十一年（1885 年），转战新疆二十余年的金顺，在回京途中，行至肃州（今甘肃酒泉）病逝。金顺"身后不名一钱，几无以为敛。寮采醵金，丧始归。部伍缟素，步行五千里至京者，达二百人云。事闻，赠太子太保，谥忠介，予建祠"（《清史稿·金顺传》）。他的妻子讬莫洛氏也有故事：新婚刚满月，金顺嘱咐侍奉继母，抚养诸弟，出家从戎，转战二十余年，到新疆，派人迎接夫人。讬莫洛氏对来迎接者说："太夫人老矣，宁能涉万里？"竟不亲往。时论贤之。金顺爱国、清廉的精神，光彩四射，名垂千古。

　　第四，对社会主义祖国的爱。近百年来，无数英雄豪杰，披荆斩棘，大智大勇，谱写出惊天地、泣鬼神的壮丽诗篇。天安门广场人民英雄纪念碑上的浮雕英雄群像，是爱国英雄的写照，也是我们学习的榜样。中华人民共和国成立六十年来，铁人王进喜，干部焦裕禄，科学家钱学森，北京奥运会，上海世博会，神七升天，嫦娥探月等，都是爱国主义的课堂，极大地提升民族的自信心和自豪感、向心力和凝聚力。而"两弹一星功勋"钱学森，是一位伟大的爱国者。他把为国争光、报效祖国看得高于一切。本来，他在美国已经成为国际知名的专家教授，有着合适的工作和优裕的生活，但他为了祖国，毫不犹豫地抛弃这一切，冲破重重阻力，毅然回到祖国。他在美国法庭上说："我的根在中国，我的一腔热血只图报国！"这种爱国主义精神，令人敬佩，值得学习。

爱国尽管时代不同、内涵不同，但是精神相同、志气相同。屈原、岳飞、文天祥、戚继光、林则徐、金顺、王进喜等都有伟大志向："封侯非我意，但愿海波平"、"石油工人一声吼，地球也要抖三抖"；都有坚贞气节："人生自古谁无死，留取丹心照汗青"、"杀了夏明翰，自有后来人！"他们都有为国为民"仁至义尽"的高贵品德和高尚情操。

宋人张载说："为天地立心，为生民立命，为往圣继绝学，为万世开太平。"要以"为万世开太平"的宏大志愿与博大胸怀，实现中华民族伟大复兴之梦。

爱国：以心热爱以身践行

爱国的"爱"字，繁体字写作"愛"，中间是一个"心"字。在社会主义核心价值观的 12 个关键词中，只有"爱国"带"心"。这就启示我们：爱国是社会主义核心价值观的心灵之魂。爱国，要化作我们的心灵美德和日常行动。爱国，以心热爱，以身践行，从我做起。

我先做 国是由家组成的，家是由我组成的，爱国先从我做起。十四亿中华儿女，爱国首先从我做起。我国有个优良的历史文化传统，就是从小孩咿呀懂事的时候，讲故事，看图画，熏陶、教育他爱国。上学之后，升国旗，唱国歌，学文化，教育他热爱祖国。爱祖国的国旗、国歌、人民、英雄，爱祖国的山河、历史、文化、宝藏。从青少年起，把爱国的思想、行动，渗透到血液中、灵魂里。爱国主义就自然而然地成为发自内心的良知，溶化在血液中的美德。一旦人民的需要，祖国的召唤，便挺身而出，排除万难，不怕牺牲，勇往直前，为国家统一，为民族团结，为抗击外敌，为金瓯完整，贡献出自己全部的力量，甚至献出自己的生命！

"千里之行，始于足下。"我们都是普通人，没有更多的机会代表国家和民族彰显自己的爱国热情。那么，我的爱国精神怎样表现？凡是对国家和社会有益的细小行动，都能体现我们的爱国行为。我们在表达爱国之心、践行爱国之志的过程中，应当远处着眼、近处入手，大事着眼、小事入手。大事可以突出检验一个人的精神和境界，小事同样可以显现一个人的情操和品德。掏粪工人时传祥，以一人脏换来万家洁，赢得了全国人民的尊敬，这就是最好的爱国行为。每个人，都要安其位、尽其心、谋其事、履其职。应把我们的爱国精神，洋溢于脸上，流露于语言，反映于举手投足，落实于每个行动。

我问过边防战士，你认为最高的爱国表现是什么？答：为保卫祖国，平时不怕苦，战时不怕死！

我问过国家运动员，你认为最高的爱国表现是什么？答：在国际大赛的颁奖台上，升国旗，奏国歌！

这就是：爱国，既要心灵爱，也要行动爱。

齐家做　爱国必爱家，爱家必爱国。讲一个同治帝皇后一家的故事。同治帝皇后阿鲁特氏，她的父亲崇绮（qǐ）是清代唯一的"蒙古状元"，是有清一代满洲、蒙古以汉文获得翰林院修撰的第一人。满蒙士林，以其为荣。在八国联军侵入北京时，崇绮先走保定，在莲池书院，自缢而身死。其妻瓜尔佳氏，阖门殉国而死。史载："崇绮妻，瓜尔佳氏，先于京师陷时，预掘深坑，率子散秩大臣葆初及孙员外郎廉定，笔帖式廉容、廉密，监生廉宏，分别男女，入坑坐瘗（yì），阖门死难。"

《清史稿·崇绮传附崇绮妻传》这是虽然身殁、却不受辱——阖家死难的爱国主义思想和情操的表现。

举部做 就是地区、民族整体爱国。清末民初，外蒙古（今蒙古国）有人要闹独立，蒙古贤达指出："蒙古疆域，向与中国腹地，唇齿相依，数百年来，汉蒙久成一家。……我蒙同系中华民族，自宜一体出力，维持民国，与时推移。"〔《西盟会议始末记》，第43页，商务印书馆，民国二年（1913年）〕。

总之，要形成中华儿女人人爱国、家家爱国、地域爱国的社会主义新风尚。

举国做 爱国不仅人人做、家家做，而且要举国做。爱国要以贡献力量建设和保卫社会主义祖国为光荣，以言行损害国家的尊严和民族的利益为耻辱。过去的"昭忠祠"有许多是表彰爱国英雄的。现代的抗日战争纪念馆等，都是表彰爱国英雄、进行爱国主义教育的。历朝历代，先哲先贤，仁人志士，英雄豪杰，都具有强烈的忧国忧民思想，以国事为己任，前仆后继，临难不屈，保卫祖国，关怀民生，这种可贵的精神，使中华民族历经劫难而益加坚强。如《清史稿·邦交志》所载，鸦片战争以来，屡败丧师，割地赔款，痛心疾首，辱莫大焉！但是，中华人民共和国成立以来，泱泱中华大国，屹立世界之林，已有171个国家在北京建立使领馆。2008年北京奥运会成功举办，有204个国家和地区的运动员、官员和观众莅临北京。

以我国体育健儿为例。中华人民共和国成立以来，"东亚病夫"，荡然扫除，在世界大赛上，从1959年容国团获得第一个世界冠军，到2013年，我国乒乓球队、体操队、游泳队、蹦床队等全体运动员，队队拼搏，人人奋争，共破纪录1263次，夺得金牌2902枚。这些辉煌成绩，是爱国精神的光亮展现。当国歌高奏、国旗冉升的时刻，群体爱国精神得到最高回报，国人也跟着受到生动形象、激动人心的爱国主义教育。

爱国——要用心热爱，要用身践行。在现阶段，爱国主义最基本、最重要的表现，就是地不分南北东西，人不分男女老幼，每个单位，每所学校，每家企业，每支部队，都要做好本职工作，维护祖国统一，加强民族团结，构建和谐社会。十三万万中国人，向伟大祖国宣誓：祖国啊，祖国，我们中华儿女，向着实现中华民族伟大复兴的目标，而为之团结，为之前进，为之学习，为之创新，为之奋斗，为之牺牲，为之自豪，为之讴歌！

最后，我用《爱我中华》的歌词做本讲的结语。歌词唱道：五十六族兄弟姐妹是一家，五十六种语言汇成一句话——爱我中华，爱我中华，爱我中华！

（本文系 2014 年 12 月 27 日，在中央电视台的演讲稿）

优良家风与文化自信

优良家风与文化自信，可以从"国""区""家"，也就是中国历史、雄安新区、自己家庭三个视角，作比较，看一看。

一、国之文化自信

中国的文化自信是有科学根据的。譬如说，中国传统文化的特点：

一是原生性，在中华大地上生长起来的。70 万年前就有"北京人"在华北周口店地区生活。美国就不是，现代美国人主要是从欧洲的英格兰、苏格兰、爱尔兰、法兰西、日耳曼等移民过来的。小国如新加坡，是华人（占 78%）、马来人（占14%）、印度人（占 8%）。

二是悠久性。中华文明史五千年，有文字记载历史三千多年。

三是连续性。从甲骨文到现在，文字三千多年从未间断，这在世界主要古老大国中是唯一的。古印度、古巴比伦、古埃及的古文字都中断了。

四是多样性。中华文明是由五种文化形态组成的，包括中原农耕文化、西北草原文化、东北森林文化、西部高原文化、沿海暨岛屿海洋文化。

五是包容性。以汉族农耕文化为主体的多元文化，彼此既碰撞更融合，既区别又联系，互相交流，共同发展。

六是统一性。中华文明发展史上，虽有时是分治的，但总体是一统的，商、周、秦、汉、隋、唐、元、明、清、民国都是如此，中华人民共和国更是如此。

七是国际性。早在商朝就同国外有文化交流，如青铜器受西亚影响，又有创造和特色。西瓜、葡萄、胡桃、西红柿、洋葱、马铃薯、玉米、棉花、胡椒、胡琴等是从域外或他地引进的，瓷器、茶叶、丝绸等是中国发明的，又影响世界。

八是日新性。《大学》说："苟日新，日日新，又日新。"不断求新，不断进步。现在又一日千里地发展、前进。

就国家层面来说，有国训、国规、国礼、国法。康熙帝制定《庭训格言》这既是皇家的家训，也是国家的国训。

我国是世界上一个历史悠久的伟大的国家。大家打开世界地图，从历史到当下，世界真正的大国，如联合国有中国、美国、俄罗斯、英国和法国五个常任理事国，其中英国面积约24万平方公里，与中国呼伦贝尔市面积差不多，人口约5000多万，我们河北省人口七八千万。法国约55万平方公里，人口约6000万。中国的新疆，清朝面积最大时215万平方公里，相当于英国、法国、德国、意大利、奥地利、西班牙、葡萄牙七国面积总和，比他们还大一些。可以说，世界三个大国——美洲的美国，欧洲的俄罗斯，亚洲的中国，都处于北温带地域。我国近70年的发展，惊天动地，世人震惊。

二、区之文化自信

今天在座的诸位，有公务员，有青年才俊（高中学生），有各界精英等，都是雄安地区的俊彦英秀。

生活在雄安新区的朋友，有一种外地人感受不到的幸福，就是雄安是一块宝地。为什么这样说呢？宋代苏东坡有句名言："不识庐山真面目，只缘身在此山中。"大家身在的雄安，左临沧海，右依太行，北为首都北京，南为千里沃野，同前述的五种文化都相通相连。在中国具备这么好的地理条件，别的地方也有，但是不多。雄安就是其中之一。

雄安地区，在明清时，包括容城、雄县、安州和新城，就是今雄安新区的容城、雄县、安新。以明清历史为例，这个地区古代属于燕赵地域，自古多英雄豪杰、慷慨悲歌之士。

容　城

明清史上最著名的两个人，一位是杨继盛，另一位是孙奇逢。

杨继盛（1516—1555），容城人，别号椒山。7岁丧母，继母让他放牛。他见邻里同伴读书，请求让他读书。家长说："你年幼。"他说："年幼能放牛，不能读书吗？"后来家长同意，13岁开始到私塾读书，家虽贫，更刻苦。后考中进士，官主事（处长）。后升兵部员外郎（副厅局）。因敢于直言，遭诬告下狱，被贬边远地区。当地不读诗书，继盛选子弟优秀者百余人，聘师教之。卖掉自己所乘的马资助学生。又帮助县民开采煤矿，解决烧柴难题。当地百姓感恩戴德，称杨继盛为"杨父"。后来调回北京，任刑部员外郎。他上任刚一个月，就上疏弹劾当朝奸臣严嵩，列十大罪，受杖刑一百，被下诏狱，又判死刑。他的妻子张氏到京上书，言："愿即斩臣妾首，以代夫诛。"严嵩截书不奏，于嘉靖三十四年（1555年）十月初一弃西市，年40岁。临刑赋诗曰："浩气还太虚，丹心照千古。生平未报恩，留作忠魂补。"天下涕泣，广泛传颂。

初，继盛之将受廷杖，有人给他蚺蛇胆。他谢绝说："椒山自有胆，何蚺蛇为！"入狱受刑，创甚，夜半苏醒，碎磁碗，手割腐肉。肉尽，筋挂膜，复手截去。狱卒执灯颤欲坠，继盛意气自如。朝审时，观者塞衢，皆叹息，有泣下者。后七年，严嵩败。隆庆帝立，赠太常少卿，谥忠愍，予祭葬，任一子官。后建祠保定，名旌忠。（《明史·杨继盛传》）北京有杨椒山祠，为国家级文保单位。

孙奇逢（1584—1675），容城人。万历二十八年（1600年）顺天乡试中举。因父母死，庐墓六年，旌表孝行。与定兴鹿善继讲学，诵读经书，互相切磋。

天启时，逆阉魏忠贤窃朝柄，左光斗、魏大中、周顺昌以党祸被逮。孙奇逢、鹿善继与这三人友善。这时，善继以主事赞大学士孙承宗军事。奇逢上书承宗，责以大义，请急疏救。承宗欲假入觐面陈，谋未就而光斗等已死厂狱。逆阉诬坐光斗等赃钜万，严追家属。奇逢等集士民醵金代输，光斗等卒赖以归骨入葬。大学士孙承宗、尚书范景文请他出山，俱辞不就。奇逢携家入易州五峰山，门生亲故从而相保者数百家。顺治二年（1645 年），国子监祭酒薛所蕴以奇逢学行可比元许衡、吴澄，荐长成均（校长），奇逢以病辞。后马光裕资助以夏峰田庐，遂率子弟躬耕。居夏峰 25 年，屡征不起。

奇逢之学，以慎独为宗，以体认天理为要，以日用伦常为实际。其治身务自刻厉。人无贤愚，苟问学，必开以性之所近，使自力於庸行。他诚善待人，武夫捍卒、野夫牧竖，必以诚意相待。奇逢学易于雄县李崶，发明义理，切近人事。其生平之学，主于实用。明亡隐居不仕，专心著述。著《读易大旨》五卷、《理学传心纂要》八卷。康熙十四年（1675 年），卒，年 92 岁。河南北学者祀之百泉书院。后从祀文庙。他有两个著名的学生：一个是睢州汤斌、一个是登封耿介，"闻容城孙奇逢讲学夏峰，负笈往从，亲临受业"。汤斌后官江宁巡抚，升礼部尚书"将行，吴民泣留不得，罢市三日，遮道焚香送之"，后任上书房总师傅，死后配祀文庙。

"当是时，海内硕儒，推容城（孙奇逢）、盩厔（李颙）、馀姚（黄宗羲）、昆山（顾炎武）。"（《清史稿·王夫之传》）还有衡阳（王夫之），合称清初五大鸿儒。

雄　县

袁宗儒（？—1539），雄县人。明正德进士。授御史。后帝在大同，以郊祀将回銮，既而复止。宗儒率同官力谏。宗儒等复引灾异，力请罢皇店，语极危切。皆不报。擢大理寺丞。嘉靖三年（1524 年）争"大礼"，遭廷杖。历官右佥都御史，巡抚贵州。遂解职归。以荐起左副都御史。扈跸承天，还京卒。（《明史·袁宗儒传》）

王安（？—1621），雄县人，万历朝为皇长子(朱常洛)伴读。时郑贵妃谋立己子，数使人传言皇长子过。王安善调护，贵妃无所得。"梃击"事起，贵妃心惧。安为太子属草，下令旨，释群臣疑，以安贵妃。帝大悦。泰昌帝即位，擢司礼监秉笔太监。劝帝行诸善政，发帑金济边，起用直臣邹元标等，中外翕然称贤。大学士刘一燝、给事中杨涟、御史左光斗等皆重之。初，西宫李选侍怙宠陵熹宗生母王才人，安内忿不平。及光宗崩，选侍与心腹阉李进忠（魏忠贤）等谋挟皇长子自重，安发其谋于杨涟。涟偕一燝等入临，王安绐选侍抱皇长子出，择吉即位，选侍移别宫去。安为人刚直而疏，又善病，不能数见帝。魏忠贤始进。及安怒朝与忠贤争客氏也，勒朝退，而忠贤、客氏日得志，忌安甚。天启元年（1621 年）五月，帝命安掌司礼监，安以故事辞。忠贤意乃决，嗾给事中霍维华论安，降充南海子净军，使杀安。既至，绝安食。安取篱落中芦菔啖之，三日犹不死，乃扑杀之。安死三年，忠贤遂诬东林诸人与安交通，兴大狱，清流之祸烈矣。庄烈帝立，赐祠额曰昭忠。（《明史·王安传》）

安　州

陈惪华（1697—1779），直隶安州（今雄安）人。雍正二年（1724 年）一甲一名进士，授修撰，再迁侍读学士。遭母丧归，未终制，召充一统志馆副总裁官。乾隆元年（1736 年），迁詹事，上书房行走，再迁刑部侍郎。四年，迁户部尚书。七年，调兵部尚书。德正具密摺拟揭部科，为书告惪华，惪华沮之，未奏闻。上以惪华既知德正事非是，当奏闻，乃为隐匿，非大臣体，且曰："父为子隐，子为父隐，直在其中。朕非不知以此风天下。然君臣之伦，实在弟兄之上。"下部议夺职，命左迁兵部侍郎。乾隆十二年（1747 年），以议处江西总兵高琦武备废弛，违例邀誉，夺职。乾隆十四年（1749 年），起为左副都御史，上书房行走。以督诸皇子课怠，屡诘责夺俸。乾隆二十二年（1757 年），迁工部侍郎。乾隆二十三年（1758 年），迁礼部尚书。乾隆二十九年（1764 年），致仕。乾隆三十六年（1771 年），皇太后万寿，诏绘九老图，以惪华入致仕九老中。乾隆四十四年（1779 年），卒，年 83 岁。

惪华性笃俭，缊袍蔬食，萧然如寒素。立身循礼法，而不自居道学。尝谓："士大夫之患，莫大於近名。求以立德名，则必有迂怪不情之举而实行荒；求以立言名，则必有异同胜负之论而正理晦；求以立功名，则必务见所长，纷更旧制。立一法反生一弊，而实行无所裨。"方为尚书时，京师富民俞民弼死，诸大臣皆往吊。上闻，察未往者，惪华与焉。（《清史稿·陈惪华传》卷三百四）

陈德荣（1689—1747），直隶安州人。康熙五十一年（1712年）进士，授湖北枝江知县。修百里洲堤，除转饷杂派。雍正三年（1725年），迁贵州黔西知州，父忧归。服阕，署威宁府。未几，威宁改州，补大定知府。乌蒙土司叛，东川、镇雄附之，德荣赴威宁防守。城陴颓圮，仓猝聚米桶，实土石，比次甃筑，墉堞屹然。贼焚牛卫镇，去城三十里，德荣日夜备战，贼不敢逼。总兵哈元生援至，贼败走。寻以母忧去官。服阕，授江西广饶九南道。九江、大孤两关锢弊尽革之。

乾隆元年（1736年），经略张广泗疏荐，擢贵州按察使。时群苗交煽，军事方殷，古州姑卢米洪文诸叛案，德荣治鞫，详慎重轻，咸称其情，众心始安。及苗疆渐定，驻师与屯将吏多以刻急见能。乾隆二年（1737年），贵阳大火，德荣谒经略曰："天意如此，当竭诚修省，苗亦人类，曷可尽杀？"广泗感动，戒将吏如德荣言。

乾隆四年（1739年），署布政使，疏言："黔地山多水足，可以疏土成田。小民难于工本，不能变瘠为腴。山荒尤多，流民思垦，辄见挠阻。桑条肥沃，亦不知蚕缫之法。自非牧民者经营而劝率之，利不可得而兴也。今就邻省雇募种棉、织布、饲蚕、纺绩之人，择地试种，设局教习，转相仿效，可以有成。应责各道因地制宜，随时设教。一年必有规模，三年渐期成效。"诏允行。乃给工本，筑坝堰，引山泉，治水田，导以蓄泄之法。官署自育蚕，于省城大兴寺缫丝织作，使民知其利。六年（1741年），疏陈课民树杉，得六万株。七年（1742年），贵阳等诸州、县报垦田至三万六千亩。开野蚕山场百余所，比户机杼相闻。数被温旨嘉奖。又大修城郭、坛庙、学舍。广置栖流所，收行旅之病者。冬寒，恤老疾鳏孤之无衣者。

亲课诸生，勖以为己之学。设义学二十四所于苗疆，风气丕变。乾隆十二年（1747年），卒于官。

德荣在贵州兴蚕桑，为百世之利。时遵义知府陈玉壂，山东历城人，到郡见多檞树，土人取为薪炭。玉壂曰："此青莱树也，吾得以富吾民矣。"乃购历城山蚕种，兼以蚕师来，试育五年，而蚕大熟，获茧八百万，自是遵绸之名大著。正安州吏目徐阶平，亦自浙江购茧种，仿玉壂行之正安，亦大食其利。遵义郑珍著樗茧谱，以传玉壂遗法。（《清史稿·陈德荣传》）

邢敦行（？—1789），直隶安州（今雄安）人。乾隆四十三年（1778年）一甲一名武状元。授头等侍卫，累迁广东三江口协副将。阮惠攻黎城，战死。敦行事母孝，将出战，解衣付其仆，使归告母。为维护清统一而战死。（《清史稿·邢敦行传》）

新 城

周氏，新城王永命妻，登州都督周遇吉兄女也。幼通《孝经》《列女传》。崇祯五年（1632年），叛将耿仲明、李九成等据登州反，纵兵淫掠。一小校将辱之，氏绐之去，即投缳死。明日，贼至，怒其诳己，支解之。事平，永命侦贼所在，击斩之，以其首祭墓。

张永（1465—1529），保定新城（今雄安）人。明朝宦官，有贪婪残暴祸国，也有忠勤报国者，后者如郑和、侯显等。其亦失哈、张永等，也有贡献。张永与大学士杨一清言，欲奏太监刘瑾不法事。一清曰："彼在上左右，公言能必入乎？不如以计诛之。"因为永画策："公顿首据地泣，请死上前，剖心以明不妄，上必为公动。苟得请，即行事，毋须臾缓。"（《明史·杨一清传》）永大喜。是时，瑾兄都督同知景祥死，京师籍籍谓瑾将以八月十五日俟百官送葬，因作乱。适永捷疏至，将以是日献俘，瑾使缓其期，欲俟事成并擒永。或以告永，永先期入献俘，是夜遂奏诛瑾。

宁王宸濠反，帝南征，永率边兵二千先行。时王守仁已擒宸濠，槛车北上。

永以帝意遮守仁，欲纵宸濠于鄱阳湖，俟帝至与战。守仁不可，至杭州诣永。永拒不见，守仁叱门者径入，大呼曰："我王守仁也，来与公议国家事，何拒我！"永为气慑。守仁因言江西荼毒已极，王师至，乱将不测。永大悟，乃曰："群小在侧，永来，欲保护圣躬耳，非欲攘功也。"因指江上槛车曰："此宜归我。"守仁曰："我何用此。"即付永，而与永偕还江西。忠等屡谗守仁，亦赖永营解获免。武宗崩，永督九门防变。世宗立，诏永闲住。嘉靖八年（1529 年），大学士杨一清等言，永功大，不可泯，乃起永掌御用监，提督团营。未几卒。（《明史·张永传》）

民国时，保定府有"保定军校"，培养一批将领。抗日战争时，这里是冀中抗日根据地，还有"雁翎队"。红色的种子要保留、发扬。

三、家之文化自信

雄安不仅有地利，还有天时。这就是中央决定大兴雄安新区的原因。可以说，这是千年难遇的大好天时。

回顾我 80 多年的人生，遇到两次大的搬迁：第一次是由农村搬到城市，第二次是由平房四合院搬到楼房居住。现在回想起来，有两个留恋，也有两个遗憾。

第一个留恋故乡，临离开时，编写"家谱""家规"，合个影，聚个餐，留纪念；当时没有这样做而留下遗憾。

第二个留恋邻居，搬进楼房前，编写"族谱""族训"留给子孙，教育后代，当时也没有这样做而留下遗憾。

（本文系 2019 年 12 月 30 日在雄安新区讲座的演讲稿）